Sophie Simon

- passende Erklärvideos für Schülerinnen und Schüler
- Aufgaben: üben, anwenden und vernetzen lassen

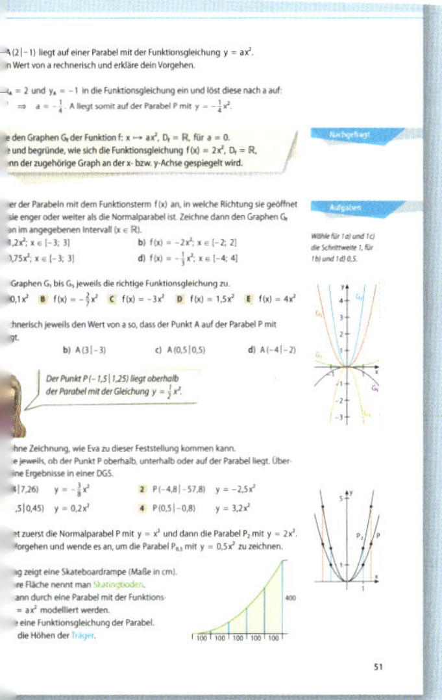

Entdecken

- erkunden und entdecken lassen
- alternative Einstiege gestalten

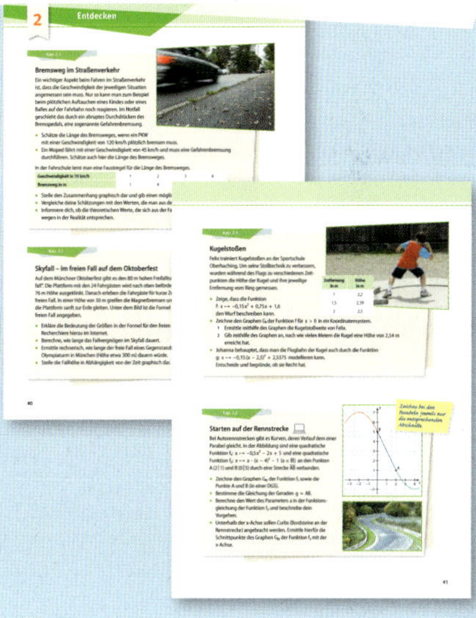

Alles im Blick

- Grundwissen des Kapitels im Überblick

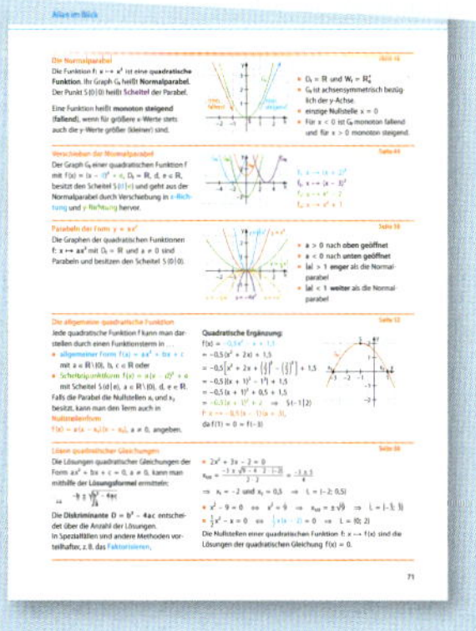

Am Ziel!

- Kompetenzzuwachs erlebbar machen und sichern
- Lösungen im Anhang

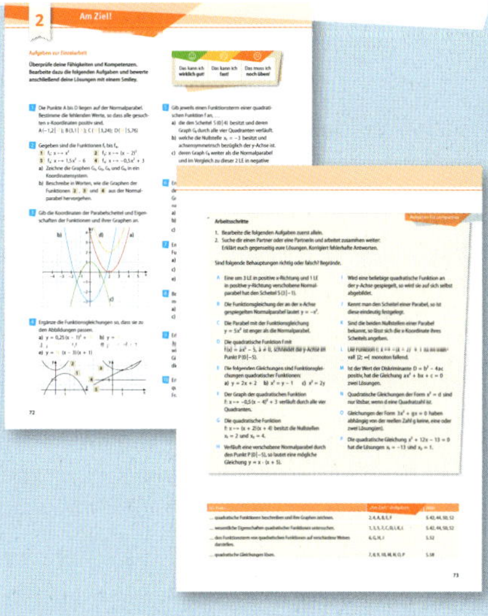

mathe.delta 9

Mathematik für das Gymnasium

Bayern

C.C.Buchner

mathe.delta
Bayern
Herausgegeben von Anne Brendel und Franz Eisentraut

mathe.delta 9 – Bayern
Bearbeitet von Dieter Bergmann, Anne Brendel, Franz Eisentraut,
Eva Fischer, Christoph Kastner, Stephan Kessler, Verena Lauffer,
Christian Lindermayer, Martina Schmidt-Kessel und Kathrin Stauber

Zu diesem Lehrwerk sind erhältlich:
- **Trainingsband 9** (ISBN 978-3-661-61059-7)
- **Lösungsband 9** (ISBN 978-3-661-61069-6)
- Digitales Lehrermaterial **click & teach 9** (ISBN 978-3-661-61149-5)

Weitere Materialien finden Sie unter www.ccbuchner.de.

Dieser Titel ist auch als digitale Ausgabe unter www.ccbuchner.de erhältlich.

Die enthaltenen Links verweisen auf digitale Inhalte, die der Verlag in eigener Verantwortung zur Verfügung stellt. Um diese Materialien zu verwenden, wird im Suchfeld auf www.ccbuchner.de/medien der jeweils angegebene Mediencode eingegeben.

1. Auflage, 1. Druck 2021
Alle Drucke dieser Auflage sind, weil untereinander unverändert, nebeneinander benutzbar.

Dieses Werk folgt der reformierten Rechtschreibung und Zeichensetzung. Ausnahmen bilden Texte, bei denen künstlerische, philologische oder lizenzrechtliche Gründe einer Änderung entgegenstehen.

An keiner Stelle im Schülerbuch dürfen Eintragungen vorgenommen werden.

Layout und Satz: tiff.any GmbH & Co. KG, Berlin
Illustrationen: Jacqueline Urban, Berlin
Umschlag: mgo360 GmbH & Co. KG, Bamberg
Druck und Bindung: Firmengruppe Appl, aprinta Druck, Wemding

www.ccbuchner.de

ISBN 978-3-661-**61049**-8

Inhaltsverzeichnis

1 Quadratwurzeln

2 Quadratische Funktionen und quadratische Gleichungen

3 Quadratische Funktionen in Anwendungen

4 Wahrscheinlichkeit verknüpfter Ereignisse

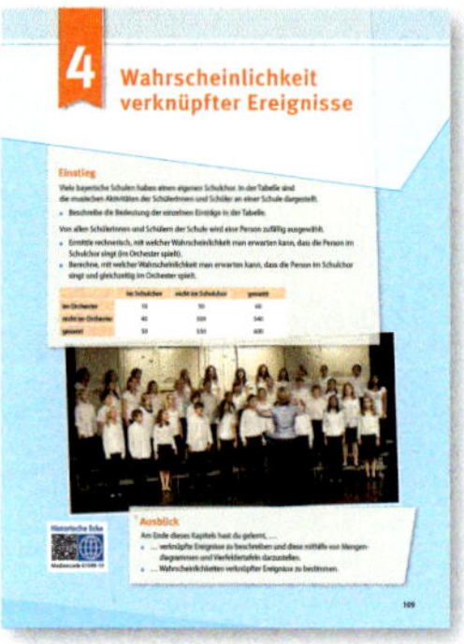

5 Ähnlichkeit und Strahlensatz

6 Potenzfunktionen und Erweiterung des Potenzbegriffs

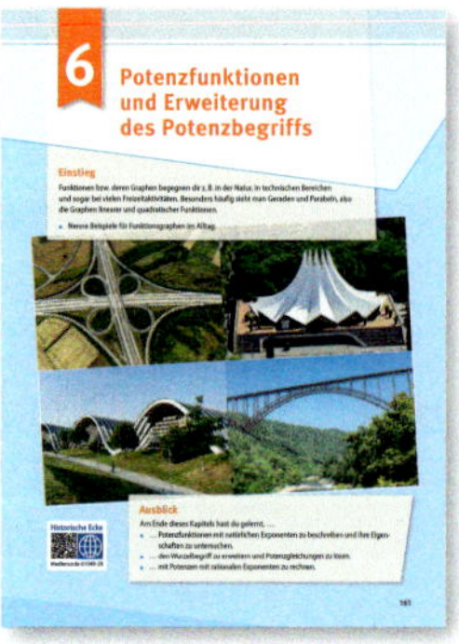

7 Satz des Pythagoras

8 Trigonometrie

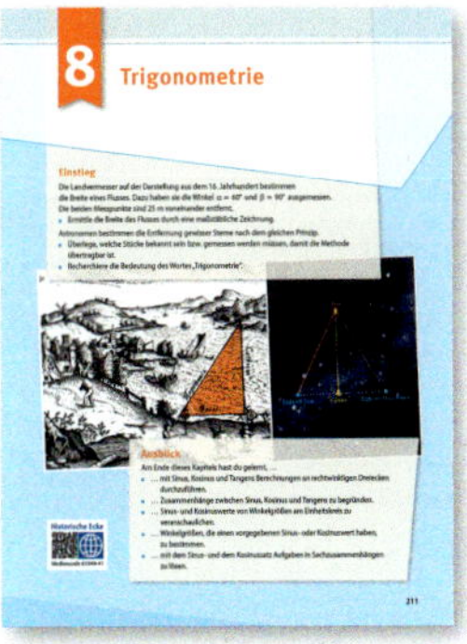

mathe.delta ermöglicht einen kompetenzorientierten Mathematikunterricht. Die klare Strukturierung des Buchs sowie Seitenkategorien mit differenzierten und motivierenden Lernangeboten unterstützen dabei die konsequente Umsetzung des LehrplanPLUS.

Jedes Kapitel ist in mehrere Untereinheiten gegliedert und enthält eine Reihe verschiedener, aber in jedem Kapitel immer gleicher Seitentypen. Die folgenden Ausführungen erläutern die didaktischen Intentionen der einzelnen Strukturelemente und unterstützen Sie als Lehrkraft bei Ihrem Unterricht mit mathe.delta.

Startklar!

- **Startklar!** ist ein Eingangstest zur Wiederholung und Aktivierung des für das jeweilige Kapitel benötigten Vorwissens. Die erforderlichen Kompetenzen sind tabellarisch aufgeführt.
- Die Lösungen der Aufgaben im Anhang ermöglichen den Schülerinnen und Schülern eine selbstständige Überprüfung ihrer Fähigkeiten.
- Anhand der Kompetenzentabelle können die Schülerinnen und Schüler bei Bedarf das vorausgesetzte Grundwissen mithilfe des angegebenen Mediencodes abrufen.

Auftaktseite

- Die **Auftaktseite** bietet zum **Einstieg** einfache Impulsfragen zur kognitiven Aktivierung in einem für die Schülerinnen und Schüler lebensnahen und motivierenden Kontext.
- Der **Ausblick** fasst die wichtigsten neu in diesem Kapitel erworbenen oder weiterentwickelten Kompetenzen für Schülerinnen und Schüler verständlich zusammen.

Entdecken-Doppelseite

- Die **Entdecken**-Doppelseite stellt motivierende, schüleraktivierende Einstiege in die einzelnen Unterkapitel bereit, die fakultativ genutzt werden können. Dieses Angebot ermöglicht der Lehrkraft auch eine Niveau- oder Interessendifferenzierung bei den Zugängen zu neuen Inhalten.
- Die Lernumgebungen sind so gewählt, dass sie der Lehrkraft große methodisch-didaktische Freiheiten belassen.

Unterkapitel

- Jedes Unterkapitel beginnt mit einem motivierenden **Einstiegsbeispiel** mit Arbeitsaufträgen („**Entdecken**"). Diese Einstiegsbeispiele bieten den Schülerinnen und Schülern einen selbstständig-entdeckenden Zugang zu den Inhalten des Unterkapitels.
- An das Einstiegsbeispiel schließt sich die Gliederungseinheit **Verstehen** an. Sie besteht aus einer kurzen **Hinführung**, den verbindlichen **Lerninhalten** sowie zugehörigen **Musterbeispielen**.
- Die **Lerninhalte** selbst sind kompakt und für Schülerinnen und Schüler gut verständlich und leicht auffindbar im Merkkasten dargestellt. Diese Inhalte werden ihrer allgemeinen Gültigkeit entsprechend absichtlich ohne Bezug zum Einstiegsbeispiel formuliert.
- Die unmittelbar anschließenden **Beispiele** greifen konsequent alle mathematischen Kompetenzen auf und unterstützen das Verständnis durch ausführlich dargestellte Musterlösungen.

- Vor dem Üben und Anwenden des Gelernten in den Aufgaben regt die Gliederungseinheit **Nachgefragt** zur Reflexion über die neuen Lerninhalte und zum Weiterdenken an. Die Kompetenzen Argumentieren, Begründen und Kommunizieren werden dabei in besonderem Maße gefördert und Verständnislücken geschlossen.
- Jedes Unterkapitel enthält ein reichhaltiges Angebot an kompetenzorientierten **Aufgaben**. Die Aufgaben sind nach Schwierigkeitsgrad aufsteigend geordnet und die Aufgabennummern entsprechend farblich gekennzeichnet (grün: üben; blau: anwenden; rot: vernetzen).
- Der Umfang des Aufgabenangebots eröffnet der Lehrkraft die Möglichkeit einer gezielten Auswahl nach eigenem Ermessen.
- Aufgaben, die sich besonders gut für Partner- oder Gruppenarbeit eignen, sind mit dem Symbol gekennzeichnet. Dennoch belassen auch diese Aufgabenstellungen der Lehrkraft die Möglichkeit, frei über die methodischen Vorgehensweisen zu entscheiden und auch solche Aufgaben z. B. als Hausaufgaben zu stellen.
- Aufgaben, die sich auch für die Bearbeitung mit einem Computerprogramm, z. B. einem Tabellenkalkulationsprogramm oder einer dynamischen Geometriesoftware (DGS) eignen, sind mit dem Symbol gekennzeichnet.
- Aufgaben, die ohne Taschenrechner bearbeitet werden sollen, sind mit dem Symbol gekennzeichnet.
- Methoden und Werkzeuge sowie vertiefende Anwendungs- und Alltagsbezüge werden in Kästen (z. B. „Methode“, „Alltag“) behandelt. Der Kasten zum Heronverfahren (S. 17) ist verbindlicher Lehrplaninhalt.

Trainingsrunde

- Die **Trainingsrunde** vertieft die im jeweiligen Kapitel gelernten Inhalte.
- Der erste Teil, die **Trainingsrunde differenziert**, stellt paralleldifferenzierte Aufgaben zum jeweiligen Kapitel bereit: in der linken Spalte entsprechend Anforderungsbereich I, in der rechten Spalte Anforderungsbereich II. Dies ermöglicht es den Schülerinnen und Schülern, ihren individuellen Kenntnissen entsprechend auf unterschiedlichen Niveaustufen zu üben.
- Die anschließende **Trainingsrunde kreuz und quer** bietet dann vermischte Aufgaben zum Kapitel auf allen drei Niveaustufen.

Alles im Blick

- Die Seite **Alles im Blick** am Ende jedes Kapitels fasst das Grundwissen des Kapitels mit einschlägigen kurzen Beispielen kompakt zusammen. Diese Seiten eignen sich zum Nachschlagen der wichtigsten Lerninhalte des Kapitels.

Am Ziel!

- Das Ende eines Kapitels bildet der doppelseitige Abschlusstest **Am Ziel!**. Er besteht aus **Aufgaben zur Einzelarbeit** und **Aufgaben für Lernpartner**.
- Die Aufgaben für Lernpartner eignen sich in besonderem Maße zur Förderung der Kompetenzen Argumentieren, Begründen und Kommunizieren.
- Die Lösungen der Aufgaben im Anhang ermöglichen den Schülerinnen und Schülern eine selbstständige Überprüfung ihrer Ergebnisse.
- Anhand der Hilfen in der Kompetenzentabelle können die Schülerinnen und Schüler bei Bedarf im Kapitel gezielt nachschlagen.

1 Startklar!

Grundwissen

Mediencode 61049-01

Aufgabe	Ich kann schon …
1, 2, 18	… sicher mit rationalen Zahlen rechnen.
4, 5, 18	… Terme und Bruchterme vereinfachen sowie Bruchgleichungen lösen.
6, 9	… gebrochen-rationale Funktionen untersuchen und ihre Graphen zeichnen.
4, 11, 12	… lineare Gleichungen, Ungleichungen und Gleichungssysteme lösen.
3, 6	… proportionale Zuordnungen erkennen.
4, 8	… binomische Formeln anwenden.
7, 13, 14	… lineare Funktionen beschreiben, zeichnen und mit ihnen argumentieren.
10, 17	… Dreiecke konstruieren und Kongruenzsätze anwenden.
6, 15, 16	… Flächeninhalt und Umfang von Kreisen ermitteln.
15, 16	… Netze und Schrägbilder von Prismen und Zylindern zeichnen, deren Oberflächeninhalt und Volumen berechnen.

1 Berechne jeweils den Wert des Terms vorteilhaft.

a) $\frac{7}{11} \cdot \frac{2}{13} - \frac{4}{13} \cdot \frac{4}{11}$ **b)** $0{,}25 + 3{,}57 + 2{,}43$ **c)** $-\frac{3}{5} : (-0{,}2) + \frac{9}{20}$

d) $\frac{3}{4} + \frac{1}{5} + 0{,}25 + 0{,}8 + \frac{1}{2}$ **e)** $\left(-\frac{1}{4} + 2{,}45\right) + \left(-0{,}75 + 1\frac{55}{100}\right)$ **f)** $\frac{2}{5} \cdot \frac{4}{3} + \frac{7}{3} \cdot 0{,}4 + \frac{10}{6} \cdot \frac{2}{5}$

g) $(0{,}5)^2 \cdot (-0{,}3) - 0{,}7 \cdot (0{,}5)^2 + 2$ **h)** $(-4) \cdot \frac{1}{5} \cdot 0{,}25 - \frac{2}{5} \cdot 0{,}5$ **i)** $\left(-\frac{1}{2}\right)^2 \cdot \frac{5}{9} - \left(\frac{1}{3}\right)^2 \cdot 2$

2 Gib jeweils eine rationale Zahl an, die zwischen den gegebenen Zahlen liegt. Erläutere deine Vorgehensweise.

a) $\frac{1}{4}$ und $\frac{1}{5}$ **b)** $-\frac{1}{7}$ und $-\frac{2}{7}$ **c)** 0,7 und 0,71 **d)** −3,201 und −3,20

3 Entscheide und begründe jeweils, ob die Zuordnung proportional ist. Gib bei direkt proportionalen Zuordnungen den Proportionalitätsfaktor an.

a) Ein Turm aus zwanzig 5-Cent-Münzen ist 33,4 mm hoch.

b) Zwei Semmeln kosten 80 ct. Eine Tüte mit 10 Stück kostet 3,60 €.

c) Ein Pkw fährt 100 km. Erhöht er seine Geschwindigkeit um 100 %, so benötigt er die Hälfte der Zeit.

4 Bestimme rechnerisch jeweils die Lösungsmenge über der angegebenen Grundmenge G.

a) $7 + 3(x - 2) = 5x - 3$; $G = \mathbb{Z}$ **b)** $0{,}5(x + 4) - 3{,}5x = 5$; $G = \mathbb{N}$

c) $(17 + x) \cdot 5 + x(x + 1) = (7 + x) \cdot x - 26$; $G = \mathbb{Q}$ **d)** $\frac{1}{x^2 + 5} < 0$; $G = \mathbb{Q}$

e) $x(17 + x) - x^2 > 34(0{,}5x + 1{,}5)$; $G = \mathbb{Q}$ **f)** $\frac{4 + x}{x} > \frac{2x - 1}{2x}$; $G = \mathbb{N}$

g) $\frac{4 + x}{3 + 2x} = \frac{3 + 2x}{4x + 1}$; $G = \mathbb{N}$ **h)** $\frac{1}{x} + \frac{1}{x + 1} = \frac{14}{2x(x + 1)}$; $G = \mathbb{Z}\setminus\{-1; 0\}$

i) $\frac{x - 2}{x + 2} + 4x = \frac{2x(3 + 2x)}{x + 2}$; $G = \mathbb{Z}$ **j)** $(x + 2{,}5)^2 = 11 + (x - 3)^2$; $G = \mathbb{Q}$

5 **a)** Begründe, dass der Wert des Terms $T(x) = (x - 1) + x + (x + 1)$; $x \in \mathbb{N}$, stets durch 3 teilbar ist.

b) Begründe, dass der Wert des Terms $T(y) = (y - 1)y(y + 1)$; $y \in \mathbb{N}\setminus\{1\}$, stets durch 2 teilbar ist.

c) Begründe, dass der Wert des Terms $T(z) = \frac{(z - 1)z(z + 1)}{6}$ für jeden Wert von $z \in \mathbb{N}\setminus\{1\}$ eine natürliche Zahl ist.

6 Übertrage die Tabelle jeweils in dein Heft und ergänze sie. Ermittle einen Term der Zuordnung und zeichne deren Graphen. Entscheide und begründe jeweils, ob die Zuordnung direkt proportional ist.

a)

Fruchtjoghurt	
Menge	Nährwert
50 g	64 kcal
150 g	
175 g	
	352 kcal

b)

Vieleck	Anzahl der Diagonalen
4-Eck	2
8-Eck	
12-Eck	
n-Eck	

c)

Radius	Kreisflächeninhalt
7 cm	
10 m	
	113,1 cm^2
12 cm	
	12,56 mm^2

d)

Radius	Kreisumfang
7 cm	
10 m	
	414 dm
12 cm	
	628 mm
	12,56 mm

e)

Pizza: $A_{Pizza} = 0{,}072\ m^2$	
Anzahl der gleich großen Stücke	Flächeninhalt eines Stücks
12	
8	
	2,4 dm^2
2	

f)

Apfelernte	
Anzahl der Arbeiter	Äpfel in kg/h
1	140
4	
	1260
	2940

7 **a)** Gib jeweils eine Gleichung einer Geraden g durch den Punkt $P(1|2)$ an, die …

1 die x-Achse nicht schneidet.
2 auf der Geraden h_1 mit der Gleichung $x + 2y + 5 = 0$ senkrecht steht.
3 durch den Punkt $Q(-4|-3)$ verläuft.
4 zur Geraden h_2 mit der Gleichung $3x - y + 1 = 0$ parallel ist.
5 durch den I., II. und III. Quadranten verläuft.
6 nur durch den I. und III. Quadranten verläuft.

b) Zeichne die Graphen der Funktionen aus Teilaufgabe a) (in einer DGS). Entscheide und begründe, in welchen Teilaufgaben es mehr als einen möglichen Funktionsterm gibt.

8 Löse jeweils die Klammern auf und vereinfache die Terme.

a) $(x - 5)^2$ **b)** $(x + 4)^2$ **c)** $-(2a - b)^2$ **d)** $(3x + y)^2$ **e)** $(0{,}25a^2 - y^0)^2$
f) $(0{,}5a^2 + b)^2$ **g)** $(a + c^3) \cdot (a - c^3)$ **h)** $(3v - z^2) \cdot (z^2 + 3v)$ **i)** $(4x - y)^2 - (y - 4x)^2$

9 Ordne jedem Funktionsterm f(x) die passende(n) Aussage(n) über den zugehörigen Graphen G_f zu. Gib dann zu jeder Funktion f die maximale Definitionsmenge D_f an und zeichne den Graphen G_f in einer DGS.

A Der Graph G_f hat eine senkrechte Asymptote $x = 3$.
B Der Graph G_f verläuft durch den Ursprung.
C Der Graph G_f besitzt die Nullstelle $x = 3$.
D Der Graph G_f hat die waagrechte Asymptote $y = -2$.
E Der Graph G_f verläuft durch den Punkt $P(0|-3)$.
F Die Asymptoten des Graphen G_f schneiden sich im Punkt $A(-1|1)$.
G Der Graph G_f hat die waagrechte Asymptote $y = 2$.
H Der Graph G_f hat eine senkrechte Asymptote $x = -1$.

1 $f(x) = \frac{2}{x - 3} + 2$ **2** $f(x) = x - 3$ **3** $f(x) = -\frac{4}{x + 1} + 1$ **4** $f(x) = \frac{4}{x - 2} - 2$
5 $f(x) = -\frac{1}{x - 3} - 2$ **6** $f(x) = \frac{1}{x + 1} + 2$ **7** $f(x) = -\frac{3}{x - 1} - 3$ **8** $f(x) = -\left(\frac{3}{x + 3} + 2\right)$

10 Konstruiere jeweils das Dreieck ABC. Begründe, falls es nicht konstruierbar ist.

a) $a = 4\,\text{cm},\ b = 5\,\text{cm},\ c = 6\,\text{cm}$ **b)** $b = 3{,}9\,\text{cm},\ a = 2b,\ c = 3b$

c) $a = 5\,\text{cm},\ b = 3\,\text{cm},\ \gamma = 50°$ **d)** $b = 6\,\text{cm},\ c = 3{,}5\,\text{cm},\ \beta = 90°$

e) $a = 4{,}7\,\text{cm},\ \beta = 40°,\ \gamma = 75°$ **f)** $a = 5\,\text{cm},\ b = 4\,\text{cm},\ \beta = 100°$

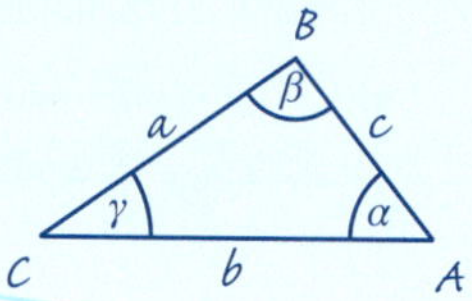

11 Ermittle die Lösungsmenge des linearen Gleichungssystems möglichst vorteilhaft.

a) I: $y = 3x + 2$
II: $x + y = -4$

b) I: $x = 5y - 27$
II: $3y = \frac{1}{2} \cdot (3x - 9)$

c) I: $x + 1{,}5y = -19$
II: $8x - 1{,}5y = 10$

d) I: $\frac{4}{7}x - 1 = -y$
II: $2x = \frac{7}{2} \cdot (1 - y)$

12 Die Notenverteilung einer Schulaufgabe der Klasse 9a mit 28 Schülerinnen und Schülern ist unvollständig. Bestimme die fehlenden Anzahlen unter der Bedingung, dass der Notendurchschnitt 3,25 beträgt.

Note	1	2	3	4	5	6
Anzahl	1	6		7		0

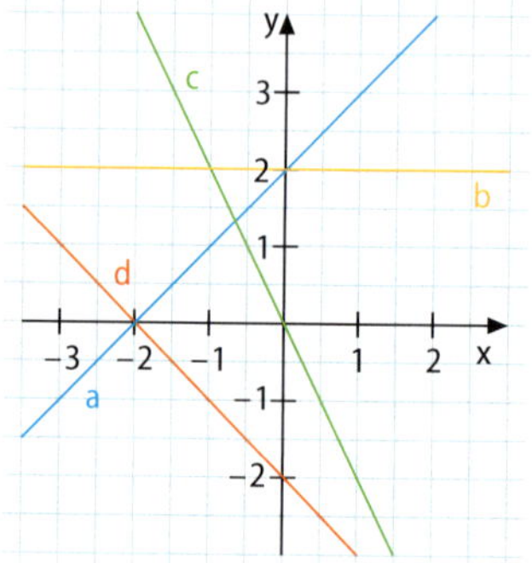

13 Gib jeweils eine Funktionsgleichung der abgebildeten Geraden an und beschreibe dein Vorgehen für eine der Geraden.

14 Ermittle jeweils eine Funktion $f: x \mapsto mx + t$, deren Graph G_f durch die Punkte A und B bzw. durch den Punkt A verläuft und den y-Achsenabschnitt t besitzt. Überprüfe deine Lösung in einer DGS und beschreibe dein Vorgehen.

a) $A(-2\,|\,1),\ B(2\,|\,-3)$ **b)** $A(-2\,|\,-4),\ B(0{,}5\,|\,2{,}5)$ **c)** $t = 2,\ A(1\,|\,-3)$

15 Zeichne jeweils das Schrägbild des Körpers und berechne sein Volumen und seinen Oberflächeninhalt.

a) Der Körper ist ein gerader Kreiszylinder der Höhe 5 cm, dessen Grundfläche den Durchmesser 6 cm besitzt.

b) Der Körper ist ein gerades Prisma der Höhe 7 cm, dessen Grundfläche ein Quadrat mit dem Umfang 20 cm ist.

16 Bestimme jeweils das Volumen und den Oberflächeninhalt der Werkstücke (Maße in cm).

a)

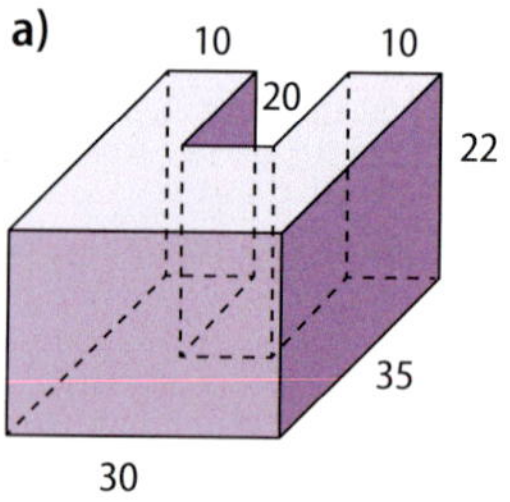

b)

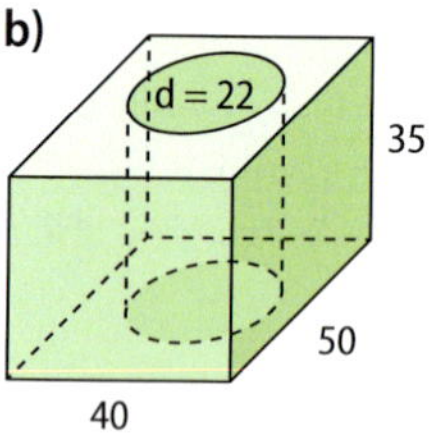

17 Beweise: In einem gleichschenkligen Dreieck sind die Strecken von den Mittelpunkten der Schenkel zu den gegenüberliegenden Ecken gleich lang.

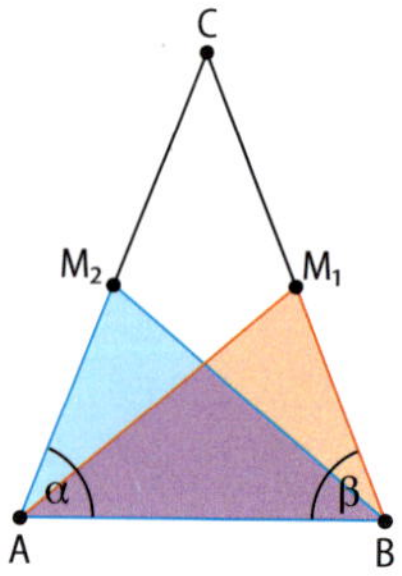

18 Finde jeweils den Fehler und berichtige ihn.

a) $a^3 + a^5 = a^{3+5} = a^8$

b) $2d^4 + 4d^2 = (2 + 4) \cdot d^{4+2} = 6d^6$

c) $b^4 \cdot b^2 = b^{4 \cdot 2} = b^8$

d) $-5e^4 : 2e^2 = (-5 - 2)\, e^{4-2} = -7e^2$

e) $z^4 + 5z^4 = 6z^8$

f) $2^4 - 2^3 = 2$

1 Quadratwurzeln

Einstieg

- Der Pariser Platz in Berlin ist ein rund 1,5 ha großer quadratischer Platz, an dem das Brandenburger Tor steht. Du läufst einmal um den Pariser Platz herum. Ermittle die Länge des Weges, den du dabei zurücklegst. Beschreibe deinen Lösungsweg.
- Bestimme zeichnerisch, wie lang die Strecke ist, wenn man einmal diagonal über den Pariser Platz läuft.
- Auf dem Pariser Platz sind rechteckige Gartenanlagen. Berechne, welche Seitenlänge ein Quadrat mit gleichem Flächeninhalt besitzt. Beschreibe dein Vorgehen.

Ausblick

Am Ende dieses Kapitels hast du gelernt, …

- … Werte von Quadratwurzeln zu bestimmen.
- … die Existenz irrationaler Zahlen zu beweisen und Näherungswerte irrationaler Zahlen zu bestimmen.
- … irrationale und rationale Zahlen zu unterscheiden und die Zahlbereichserweiterung zu den reellen Zahlen richtig zu deuten.
- … mit reellen Zahlen zu rechnen und Wurzelterme zu vereinfachen.

Historische Ecke

Mediencode 61049-02

Kap. 1.1

Wer braucht schon einen Taschenrechner?

Liam und Juna knobeln:

Liam: „Ein Quadrat mit dem Flächeninhalt 4 cm^2 besitzt die Seitenlänge …"

Juna: „Das ist leicht: 2 cm, denn 4 ist die Quadratzahl von 2."

Liam: „Ein Quadrat mit dem Flächeninhalt 5625 cm^2 besitzt die Seitenlänge …"

Juna: „Das ist auch nicht viel schwerer: Die nächstkleinere Quadratzahl vor 56 ist 49, also ist die Zehnerziffer eine 7. Die einzige Ziffer zwischen 0 und 9, deren Quadratzahl auf 5 endet, ist die 5. Also lautet das Ergebnis 75 cm.

- Prüfe Junas Ergebnis rechnerisch nach.
- Recherchiere, wie man die Umkehrung des Potenzierens nennt.
- Beschreibe Junas „Rechentrick". Beachte dabei ihren Tipp.
- Wende das Verfahren auf die Zahlen 2025, 3249 und 9604 an.

Juna sagt, dass ihr Verfahren auch für fünfstellige Quadratzahlen funktioniert, wenn man die Quadratzahlen der Zahlen bis 31 kennt.

- Erkläre, warum die größte Quadratzahl, die man kennen muss, 31^2 ist.
- Wende das Verfahren auf die Zahlen 12 100, 24 649 und 41 616 an.

Junas Tipp:
Bei den Einerstellen 1, 4, 6 und 9 gibt es zwei Möglichkeiten für die Einerziffer. Um die richtige Zahl zu ermitteln, berechnet man das Produkt der Zehnerziffer und ihres Nachfolgers. Ist der Wert des Produkts größer als die Ausgangszahl, so ist die kleinere Zahl die richtige Endziffer.

Kap. 1.2

Geometrie in der Kunst

Portugal ist für Wandgestaltungen mit kunstvollen Kacheln bekannt. Die Abbildung zeigt eine Dekoration aus dem Ort Arouca. Die Komposition ist quadratisch und besitzt einen Flächeninhalt von 1 m^2.

- Notiere ein mögliches Vorgehen, um die Seitenlänge eines kleinen Quadrats näherungsweise zu bestimmen. Stelle deine Ergebnisse in der Klasse vor.
- Ermittle mithilfe der Abbildung näherungsweise die Länge der Diagonale des Musters.

Alexander hat die Länge d der Diagonale eines Quadrats rechnerisch mithilfe der Abbildung bestimmt: $2 \cdot (1\,\text{m})^2 = d^2 \Rightarrow d = \sqrt{2}\,\text{m}$.

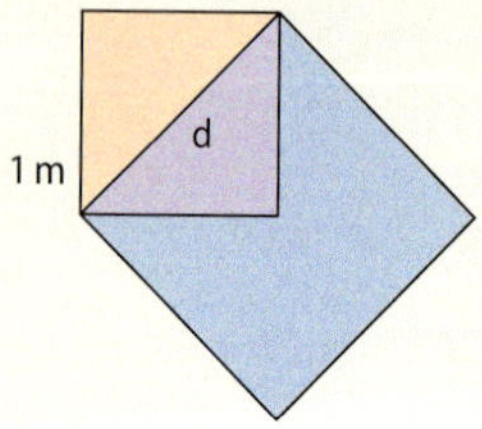

- Erläutere schrittweise die Vorgehensweise von Alexander.
- Recherchiere, zu welcher Zahlenmenge $\sqrt{2}$ gehört und wie Euklid dies bereits im 3. Jahrhundert v. Chr. bewiesen hat.
- Fasse deine Ergebnisse in einer Kurzpräsentation zusammen.

Kap. 1.2

Babylonisches Wurzelziehen

Heron von Alexandria war ein griechischer Mathematiker, Physiker und Erfinder. Er hat im 1. Jahrhundert n. Chr. gelebt. Ihm wird ein Verfahren zur näherungsweisen Bestimmung von Quadratwurzeln zugeschrieben, das ursprünglich wohl aus Babylon stammt. Dieses Verfahren kann man auch geometrisch interpretieren.

Levi möchte näherungsweise die Quadratwurzel von 7 bestimmen. Dazu zeichnet er den Graphen der Funktion f mit $f(x) = \frac{7}{x}$ und die Gerade $g: x \mapsto x$. Jeder Punkt P_0, der auf dem Graphen G_f liegt, besitzt die Koordinaten $P_0\left(x_0 \middle| \frac{7}{x_0}\right)$.

- Erläutere, weshalb jedes Rechteck, das die Eckpunkte $O(0|0)$ und $P_0\left(x_0 \middle| \frac{7}{x_0}\right)$ besitzt, den Flächeninhalt $A = 7$ Flächeneinheiten hat.

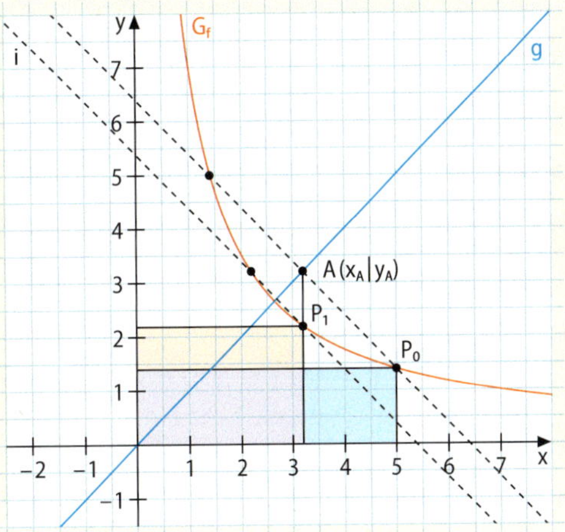

Levi fällt das Lot zu g durch P_0 und erhält den Lotfußpunkt $A(x_A|y_A)$. P_1 hat die Koordinaten $P_1\left(x_A \middle| \frac{7}{x_A}\right)$.

- Erstelle Levis Zeichnung in einer DGS und prüfe seine Behauptung, dass $x_{P1} = \frac{x_{P0} + 7 : x_{P0}}{2}$ gilt.
- Erkläre (mithilfe von Seite 17), weshalb Levi im Grunde nur den Schnittpunkt der Geraden g mit dem Graphen G_f betrachten muss.
- Ermittle näherungsweise den Wert der Quadratwurzeln von 5, 11 und 17 auf Zehntel genau.

Kap. 1.3

Immer Ärger mit den Hausaufgaben

Helin hat in ihren Hausaufgaben viele Fehler gemacht.

- Überprüfe die Ergebnisse mithilfe deines Taschenrechners. Beschreibe die Fehler.
- Erarbeite mit einer Partnerin oder einem Partner anhand von Beispielen Regeln zur
  1 Addition 2 Subtraktion
  3 Multiplikation 4 Division
  von Wurzeltermen.
  Diskutiert eure Ergebnisse in der Klasse.

a) $\sqrt{16} \cdot \sqrt{5}$
$= 4 \cdot \sqrt{5}$
$= \sqrt{20}$

b) $\frac{\sqrt{9}}{\sqrt{16}} = \sqrt{\frac{3}{4}}$

c) $\sqrt{3} + \sqrt{3} = \sqrt{9} = 3$

Entdecken

Im Jahr 2018 wurde jede Minute Regenwald von der Größe von 30 Fußballfeldern abgeholzt. Dies entspricht ungefähr 214 000 m^2 Regenwald pro Minute. Auf einer Klimademonstration soll diese Fläche veranschaulicht werden, indem die Teilnehmerinnen und Teilnehmer ein flächengleiches Quadrat abstecken.

- Gib die abgeholzte Fläche pro Minute in den Einheiten km^2 und ha an.
- Ermittle mithilfe deines Taschenrechners einen Näherungswert für die Seitenlänge des Quadrats auf Dezimeter gerundet.

Verstehen

Ist der Flächeninhalt eines Quadrats gegeben, so kann man dessen Seitenlänge berechnen. Das Verfahren zum Ermitteln dieses Werts nennt man **Radizieren (Wurzelziehen)**.

$\underbrace{\sqrt{2 \cdot x - 1}}_{\text{Radikand}} = 3$ für $x = 5$
radix (lat.): Wurzel

Für $a \geq 0$ heißt die **nichtnegative** Zahl, deren Quadrat a ergibt, **Quadratwurzel aus a.** Man schreibt $\sqrt{a}$ (kurz: „Wurzel aus a").

Die Zahl (oder allgemein: der Term) unter dem Wurzelzeichen heißt Radikand und darf nicht negativ sein.

Es gilt für …
- $a \geq 0$: $\sqrt{a} \geq 0$, $\sqrt{a^2} = a$ und $(\sqrt{a})^2 = a$.
- beliebige a: $\sqrt{a^2} = |a|$. Es gilt $|a| = \begin{cases} a & \text{für } a > 0 \\ 0 & \text{für } a = 0 \\ -a & \text{für } a < 0 \end{cases}$

Den Wert einer Quadratwurzel kann man z. B. mithilfe des **Heronverfahrens** (Seite 17) näherungsweise ermitteln.

*Der Abstand einer Zahl a von der Zahl Null heißt **Betrag** $|a|$ von a.*

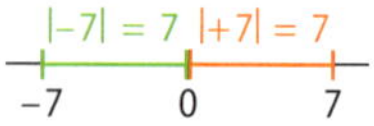

Beispiele

Auf dem Taschenrechner nutzt man die Taste [√] je nach Modell in unterschiedlicher Reihenfolge:
1 Wurzeltaste zuerst: [√] 25 = 5
2 Wurzeltaste zum Schluss: 25 [√] = 5

I. Gib unter Verwendung der Wurzelschreibweise die Wurzel aus jeder der Zahlen 64; 625; 8100; 1 000 000; 2,89; 0,0001 an.
Lösung:
$\sqrt{64} = 8$; $\sqrt{625} = 25$; $\sqrt{8100} = 90$; $\sqrt{1\,000\,000} = 1000$; $\sqrt{2{,}89} = 1{,}7$; $\sqrt{0{,}0001} = 0{,}01$

II. Vereinfache die Terme unter Verwendung des Betragszeichens möglichst weitgehend:
$\sqrt{(-7)^2}$; $\sqrt{(-b)^2}$ für $b \in \mathbb{Q}^+$; $\sqrt{(x-2)^2}$ für $x \in \mathbb{Q}$.
Lösung: $\sqrt{(-7)^2} = |-7| = 7$; $\sqrt{(-b)^2} = |-b| = b$, da $b > 0$

$$\sqrt{(x-2)^2} = |x-2| = \begin{cases} x-2 & \text{für } x-2 > 0, \text{ also } x > 2 \\ 0 & \text{für } x-2 = 0, \text{ also } x = 2 \\ -(x-2) & \text{für } x-2 < 0, \text{ also } x < 2 \end{cases}$$

III. Begründe, warum die Quadratwurzel aus einem negativen Radikanden nicht erklärt ist.
Lösung: Die Quadratwurzel von a ist definiert als diejenige nichtnegative Zahl, deren Quadrat a ergibt. Da das Quadrat einer Zahl stets positiv oder gleich null ist, kann es nicht gleich einem negativen Radikanden sein. Das bedeutet, dass nur Zahlen $a \geq 0$ eine Quadratwurzel besitzen.

Nachgefragt

- Entscheide und begründe, ob es zu jeder positiven Zahl a zwei verschiedene Zahlen b gibt, so dass $b^2 = a$ gilt.
- Entscheide und begründe, ob es Zahlen gibt, bei denen die Quadratwurzel und der Radikand den gleichen Wert besitzen.

Aufgaben

1 Berechne jeweils den Termwert.

a) $\sqrt{121}$ b) $\sqrt{\frac{4}{9}}$ c) $\sqrt{225}$ d) $\sqrt{1{,}96}$ e) $\sqrt{\frac{49}{64}}$

f) $\sqrt{0{,}0064}$ g) $\sqrt{1024}$ h) $\sqrt{289}$ i) $\sqrt{10^8}$ j) $\sqrt{10^{-2}}$

k) $\sqrt{6\frac{1}{4}}$ l) $\sqrt{25 - 16}$ m) $\sqrt{25} - \sqrt{16}$ n) $\sqrt{36 + 64}$ o) $\sqrt{36} + \sqrt{64}$

2 Entscheide mithilfe einer Überschlagsrechnung, zwischen welchen beiden natürlichen Zahlen die jeweilige Quadratwurzel liegt.

$5^2 = 25 < 27 < 36 = 6^2$, also liegt die Wurzel aus 27 zwischen 5 und 6.

a) $\sqrt{87}$ b) $\sqrt{205}$ c) $\sqrt{308}$ d) $\sqrt{23{,}7}$

e) $\sqrt{2\pi}$ f) $\sqrt{357}$ g) $\sqrt{915}$ h) $\sqrt{2^{20} - 5}$

3 Berechne jeweils und beschreibe deine Überlegungen.

1 $\sqrt{625} = 25$: $\sqrt{62\,500}$ $\sqrt{0{,}0625}$ $\sqrt{6{,}25}$ $\sqrt{625\,000\,000}$

2 $\sqrt{3{,}61} = 1{,}9$: $\sqrt{3\,610\,000}$ $\sqrt{0{,}000361}$ $\sqrt{361}$ $\sqrt{36\,100}$

3 $\sqrt{48\,400} = 220$: $\sqrt{\square} = 2{,}2$ $\sqrt{\square} = 0{,}22$ $\sqrt{\square} = 22\,000$ $\sqrt{\square} = 22$

4 Ergänze die fehlenden Ziffern. Gib, falls möglich, mehrere wahre Aussagen an.

1 $\sqrt{1\square1} = 11$ 2 $\sqrt{\square00} = 10$ 3 $\sqrt{14\square} = 12$ 4 $\sqrt{\square25} = \square5$

5 $\sqrt{\square4} = 8$ 6 $\sqrt{\square00} = 20$ 7 $\sqrt{25\square} = 16$ 8 $\sqrt{\square76} = 2\square$

5 Vereinfache jeweils den Term unter Verwendung des Betragszeichens möglichst weitgehend.

a) $\sqrt{(-x)^2};\ x \in \mathbb{Q}^+$ b) $\sqrt{(x - 3)^2};\ x < 3$ c) $\sqrt{(x - 3)^2};\ x \in \mathbb{Q}$

d) $\sqrt{(2x - 4)^2};\ x \in \mathbb{Q}$ e) $\sqrt{(12 - 4x)^2};\ x \in \mathbb{Q}$ f) $\sqrt{(x^2 + 1)^2};\ x \in \mathbb{Q}$

g) $\sqrt{(-4x)^2};\ x \in \mathbb{Q}^-$ h) $\sqrt{x^2 - 8x + 16};\ x \in \mathbb{Q}^+$ i) $\sqrt{4x^2 + 8x + 4};\ x \in \mathbb{Q}$

6 Das Quadrat mit der Seitenlänge a und das Rechteck mit den Seitenlängen b und c sollen jeweils flächengleich sein. Übertrage die Tabelle und vervollständige sie in deinem Heft.

	a)	b)	c)	d)	e)	f)
A	324 cm²		12,25 dm²		1,69 ha	
a		24 m		116 mm		
b	27 cm			2,9 cm	100 m	3,5 dm
c		14,4 m	49 cm			1,4 m

Lösungen zu 6
Maßzahlen:
130; 169; 49; 7; 134,56; 46,4; 35; 25; 576; 40; 12; 18

7 Gib für die Platzhalter alle möglichen Ziffern an, die zu einer wahren Aussage führen.

a) $6 < \sqrt{4\square} < 7$ b) $9 < \sqrt{\square2} < 10$ c) $7 < \sqrt{\square\square} < 8$

8 a) Berechne jeweils die Länge der Strecke a.

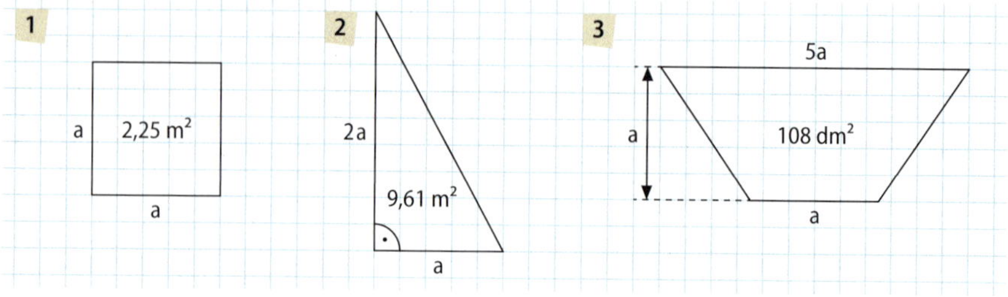

$\text{Oberflächeninhalt}_{\text{Würfel}} = 150\ \text{cm}^2$ $\text{Oberflächeninhalt}_{\text{Quader}} = 6{,}5\ \text{m}^2$

b) Gib zu jeder Teilaufgabe eine andere Maßzahl an, sodass die Länge der Strecke a in der angegebenen Einheit eine natürliche Zahl ist. Präsentiere deine Lösung in der Klasse.

9 Übertrage die Tabelle in dein Heft und fülle sie aus. Recherchiere zunächst die auf hundert Quadratkilometer gerundeten Flächeninhalte. Ermittle dann rechnerisch die Seitenlänge eines Quadrats mit gleichem Flächeninhalt. Runde geeignet.

	Alaska	Baikalsee	Belgien	China	Deutschland	Frankreich	Ukraine
Flächeninhalt							
Seitenlänge des Quadrats							

10 a) Berechne $\sqrt{10^6}$, $\sqrt{10^{-4}}$ und $\sqrt{10^{12}}$.

b) Erläutere, wie sich der Exponent einer Potenz beim Radizieren verändert.

Denke an die Primfaktorzerlegung.

11 Gib möglichst viele natürliche Zahlen an, aus deren Quadratwurzel man nochmals (oder sogar noch zweimal) die Quadratwurzel ziehen kann, sodass das Endergebnis eine natürliche Zahl ist. Erkläre, wie du solche Zahlen finden kannst.

12 Bestimme jeweils die Lösungsmenge der Gleichung durch Überlegen und gezieltes Probieren. Mache anschließend die Probe.

a) $\sqrt{2x} = 7$; $G = \mathbb{Q}_0^+$ b) $\sqrt{x - 2} = 6$; $G = \mathbb{Q}_0^+$ c) $\sqrt{(x - 1)^2} = 3$; $G = \mathbb{Q}$

13 x und y sind beliebige von null verschiedene Zahlen mit $x \neq y$. Begründe, ob der Term $T(x;\ y) = \frac{|x|}{x} + \frac{|y|}{y} + \frac{|x - y|}{x - y}$ jeden der vier Werte −3; −1; 1 und 3 annehmen kann.

$\sqrt{29} \approx 5\frac{4}{10} = 5\frac{2}{5}$
$29 - 5^2 = 4$
$2 \cdot 5 = 10$

14 Liv hat einen Näherungswert zu $\sqrt{29}$ ermittelt.

a) Erläutere, weshalb $\sqrt{29}$ keine natürliche Zahl sein kann.

b) Beschreibe das Vorgehen und vergleiche das Ergebnis mit dem Wert des Taschenrechners.

c) Berechne mit dieser Strategie Näherungswerte weiterer Quadratwurzeln.

Das Heron'sche Näherungsverfahren zur Bestimmung von Quadratwurzelwerten

Werkzeug

Herons Werke zeigen den hohen Wissensstand der angewandten Mathematik in der Antike. Das Heronverfahren (auch „Babylonisches Wurzelziehen" genannt) ist ein Algorithmus zur näherungsweisen Bestimmung des Werts einer Quadratwurzel aus einer gegebenen positiven Zahl A.

Heron von Alexandria (1. Jh. n. Chr.)

Grundidee: Man erzeugt eine Folge von Rechtecken, die alle einen vorgegebenen Flächeninhalt A besitzen und sich immer mehr einem Quadrat annähern. Für die Länge a der Quadratseite gilt dann: $a = \sqrt{A}$.

Beispiel: Gesucht ist der Wert von $\sqrt{6}$, d.h. die Seitenlänge eines Quadrats mit dem Flächeninhalt A = 6 Flächeneinheiten.

Die meisten Taschenrechner wenden das Verfahren intern an, wenn man die „Quadratwurzeltaste" drückt.

Schritt 1: Man wählt einen Startwert, z.B. $a_1 = 2$ und berechnet die zugehörige Seitenlänge $b_1 = \frac{A}{a_1} = \frac{6}{2} = 3$ des Rechtecks so, dass A = 6 FE gilt.

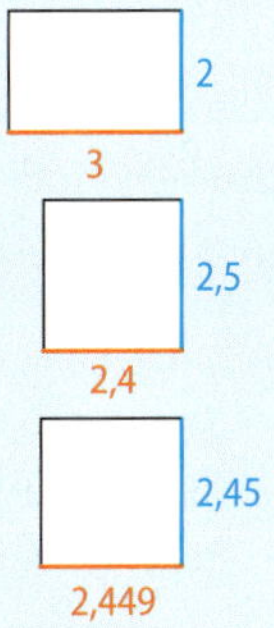

Schritt 2: Da die gesuchte Quadratwurzel zwischen a_1 und b_1 liegt, wählt man als Länge a_2 das **arithmetische Mittel** von a_1 und b_1:

$$a_2 = \frac{a_1 + b_1}{2} = \frac{2 + 3}{2} = 2{,}5 \quad \Rightarrow \quad b_2 = \frac{A}{a_2} = \frac{6}{2{,}5} = 2{,}4$$

Wähle z.B. 2 als Startwert, da $2 < \sqrt{6} < 3$ gilt. Man kann auch immer A als Startwert wählen, dann ist $b_1 = 1$.

Schritt 3: Man wiederholt Schritt 2 nun mit a_2 und b_2:

$$a_3 = \frac{a_2 + b_2}{2} = \frac{2{,}5 + 2{,}4}{2} = 2{,}45 \quad \Rightarrow \quad b_3 = \frac{A}{a_3} = \frac{6}{2{,}45} \approx 2{,}449$$

Die Werte a_3 und b_3 unterscheiden sich nur noch um etwa ein Hundertstel. Im nächsten Schritt wäre es nur noch etwa ein Millionstel.

*Da beim Heron-Verfahren immer wieder die gleichen Schritte durchgeführt werden, ist es ein **Iterationsverfahren**.*

Wegen des **iterativen Charakters** eignet sich das Verfahren sehr gut, um es mithilfe eines Tabellenkalkulationsprogramms durchzuführen.

Beispiel: Ermittle den Wert von $\sqrt{2}$.

	A	B	C	D	E
1		**Länge a**	**Länge b**	**arith. Mittel**	**Flächeninhalt**
2	Startwert	2,00			2,00
3	1. Nährung	2,00	1,00	1,50	
4	2. Nährung	1,5000000000000	1,3333333333333	1,4166666666667	
5	3. Nährung	1,4166666666667	1,4117647058824	1,4142156862745	
6	4. Nährung	1,4142156862745	1,4142114384749	1,4142135623747	
7	5. Nährung	1,4142135623747	1,4142135623715	1,4142135623731	
8	6. Nährung	1,4142135623731	1,4142135623731	1,4142135623731	
9	7. Nährung	1,4142135623731	1,4142135623731	1,4142135623731	
10					

C3=E2/B3

D3=(B3+C3)/2

B4=D3

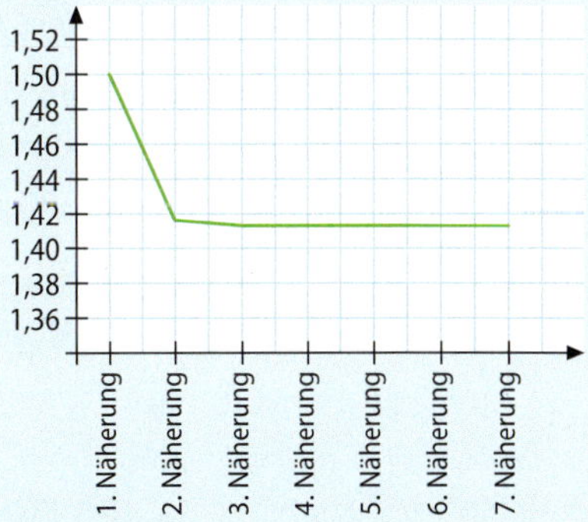

1 Erkläre die Formel $a_{n+1} = \frac{a_n + A : a_n}{2}$, $n \in \mathbb{N}$.

2 Ermittle in einem Tabellenkalkulationsprogramm jeweils möglichst genau einen Näherungswert für die Quadratwurzel. Stelle die Näherung anhand eines dynamisch verknüpften Diagramms graphisch dar.

a) $\sqrt{3}$ **b)** $\sqrt{25}$ **c)** $\sqrt{13{,}85}$ **d)** $\sqrt{99}$ **e)** $\sqrt{178\,923}$

3 Untersuche, wie schnell das Heronverfahren sich auch bei einem vom wahren Wert weit entfernten Startwert einem stabilen Wert nähert.

Entdecken

- Stelle mithilfe einer Internetrecherche Fakten zum mathematisch bedeutenden Problem der „Quadratur des Kreises" zusammen.
- Präsentiere dein Wissen über die Kreiszahl π in der Klasse und gib an, worin sich die Zahl von rationalen Zahlen unterscheidet.

Verstehen

Alle rationalen Zahlen lassen sich als Brüche oder Dezimalbrüche schreiben. Die Kreiszahl π, die man für die Berechnungen am Kreis benötigt, lässt sich aber weder als endlicher noch als periodischer Dezimalbruch darstellen.

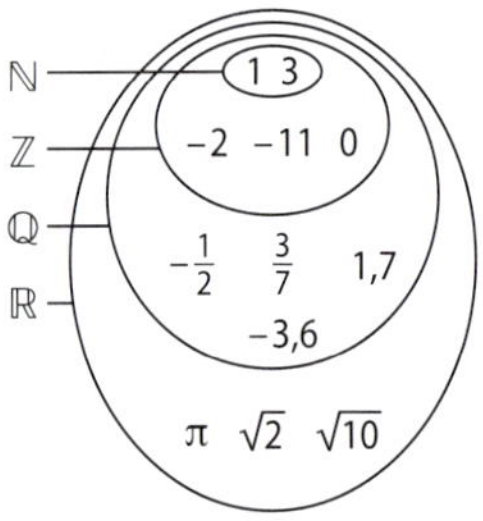

Zahlen, die sich weder als endlicher noch als periodischer Dezimalbruch darstellen lassen, heißen **irrationale Zahlen**. Sie können auch nicht als Bruch zweier ganzer Zahlen dargestellt werden.

Die Menge der rationalen Zahlen und die Menge der irrationalen Zahlen bilden zusammen die **Menge ℝ der reellen Zahlen**.

Die reellen Zahlen können auch auf der Zahlengeraden angeordnet werden. Sie liegen dort dicht **und** lückenlos.

Strategiewissen
Der indirekte Beweis („Widerspruchsbeweis") ist eine häufig verwendete Methode in der Mathematik.

Beweis: Zeige, dass $\sqrt{2}$ keine rationale Zahl ist. Erläutere deine Überlegungen.

Der Beweis wird **indirekt** geführt, indem man zunächst annimmt, dass $\sqrt{2}$ eine rationale Zahl sei. Diese Annahme führt zu einem **Widerspruch**, also ist die Annahme falsch.

Annahme: $\sqrt{2}$ ist eine rationale Zahl.

Wenn $\sqrt{2}$ eine rationale Zahl ist, kann man $\sqrt{2}$ als **vollständig gekürzten Bruch** schreiben:
$\sqrt{2} = \frac{p}{q}$ mit p, q ∈ ℕ. Quadriert man beide Seiten der Gleichung, folgt:

$$2 = \frac{p^2}{q^2} \quad \Leftrightarrow \quad 2 \cdot q^2 = p^2 \quad \Leftrightarrow \quad 2 \cdot q^2 = p \cdot p \quad \text{(I)}$$

In Aufgabe 9 wird das nochmal ausführlich bewiesen.

$2 \cdot q^2$ ist durch 2 teilbar, also ist auch $p \cdot p$ durch 2 teilbar. Das ist nur möglich, wenn p selbst durch 2 teilbar ist. Deswegen kann p z. B. in $p = 2 \cdot r$ mit $r \in \mathbb{N}$ zerlegt werden.
Einsetzen in (I) liefert:

$$2 \cdot q^2 = (2 \cdot r)^2 \quad \Leftrightarrow \quad 2 \cdot q^2 = 4 \cdot r^2 \quad \Leftrightarrow \quad q^2 = 2r^2$$

Somit ist auch q^2 durch 2 teilbar und deshalb ist auch q selbst durch 2 teilbar.

Der Bruch $\frac{p}{q}$ kann daher mit 2 gekürzt werden. Dies ist ein Widerspruch dazu, dass der Bruch $\frac{p}{q}$ vollständig gekürzt ist.

Die Annahme ist also falsch und $\sqrt{2}$ ist keine rationale Zahl; $\sqrt{2}$ ist eine irrationale Zahl.

Beispiele

I. Erläutere, welche Mengen durch $\mathbb{N}$, $\mathbb{Z}$, $\mathbb{Q}^+$, $\mathbb{Q}$, $\mathbb{R}^+$, $\mathbb{R}^-$ bzw. $\mathbb{R}$ beschrieben werden. Gib jeweils mindestens drei Elemente dieser Zahlenmengen an sowie drei Zahlen, die nicht Elemente dieser Mengen sind.

Lösung:

	$\mathbb{N}$	$\mathbb{Z}$	$\mathbb{Q}^+$	$\mathbb{Q}$	$\mathbb{R}^+$	$\mathbb{R}^-$	$\mathbb{R}$
beschreibt die Menge aller	natürlichen Zahlen.	ganzen Zahlen.	positiven rationalen Zahlen.	rationalen Zahlen.	positiven reellen Zahlen.	negativen reellen Zahlen.	reellen Zahlen.
Elemente dieser Menge sind z. B.	3; 12; 100	3; 0; −12	$0{,}51$; 3; $\frac{1}{6}$; $2{,}\overline{7}$	$-0{,}51$; 3; $\frac{1}{6}$; $-2{,}\overline{7}$	1; 0,6; $\sqrt{2}$; 3	$-0{,}51$; -3; $-\frac{1}{6}$; $-\sqrt{2}$	0; π; $-\sqrt{2}$; 3; $-2{,}\overline{7}$
Nicht Elemente dieser Menge sind z. B.	-2; 0; $\frac{1}{2}$; 0,7	$-2{,}5$; $\frac{1}{2}$; 0,7	0; $\sqrt{2}$; $-\frac{1}{6}$; $-2{,}7$	π; $-\sqrt{2}$; $\sqrt{48}$	0; $-\pi$; $-\frac{1}{6}$; $-\sqrt{2}$	1; 0,6; π; 0; $\sqrt{2}$	$\sqrt{-4}$; $\sqrt{-2}$; $\sqrt{-1}$

Um die Wurzel aus einer negativen Zahl ziehen zu können, muss man die Zahlenmenge nochmals erweitern.

II. Gib an, welche Zahl durch den Punkt P auf dem Zahlenstrahl dargestellt wird. Beschreibe dein Vorgehen.

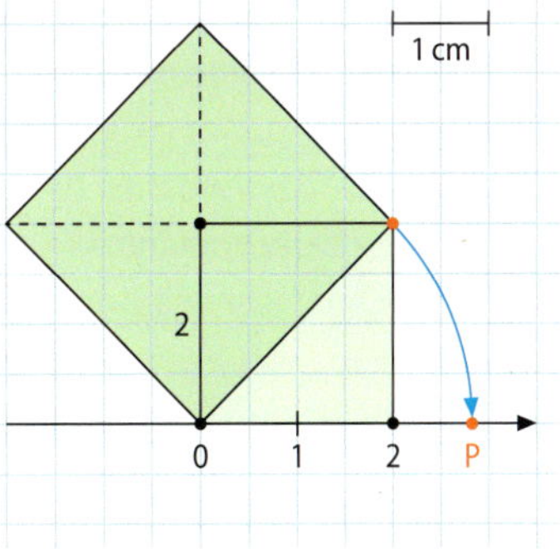

Lösung:

Das „kleine" Quadrat hat die Seitenlänge 2 cm, also den Flächeninhalt 4 cm².

Der Flächeninhalt des „großen" Quadrats ist doppelt so groß; sein Flächeninhalt beträgt somit 8 cm² und seine Seitenlänge $\sqrt{8}$ cm.

Durch den Punkt P wird also die (irrationale) Zahl $\sqrt{8}$ am Zahlenstrahl dargestellt.

Nachgefragt

- Gib zwei irrationale Zahlen an, die zwischen 2 und 3 liegen.
- Begründe, dass der Wert der Summe $\frac{a}{b} + \frac{c}{d}$ aus zwei rationalen Zahlen mit a, b, c, $d \in \mathbb{Z} \setminus \{0\}$ stets eine rationale Zahl ist.
- Entscheide und begründe, ob stets $a > \sqrt{a}$ $(a \in \mathbb{R}_0^+)$ gilt.

Aufgaben

1 Gib von den Zahlenmengen $\mathbb{N}$, $\mathbb{Z}$, $\mathbb{Q}$ und $\mathbb{R}$ alle diejenigen Mengen an, zu denen die gegebene Zahl gehört.

a) $2{,}4$	b) -3	c) $-1{,}3$	d) 0	e) $-3{,}\overline{7}$
f) $5{,}2\overline{3}$	g) $2\frac{1}{7}$	h) $\sqrt{4}$	i) $-\sqrt{9}$	k) $\sqrt{25^{-1}}$
l) $\frac{7}{12}$	m) $\sqrt{\frac{16}{9}}$	n) $\sqrt{4} + \sqrt{5}$	o) $\sqrt{7}$	p) $\frac{1}{\sqrt{81}}$
q) $\sqrt{\frac{2}{3}}$	r) $\pi - 1$	s) $(\sqrt{17{,}4})^2$	t) $\sqrt{6{,}25}$	u) $\frac{\sqrt{16}}{5}$
v) $2 \cdot \frac{1}{7} - 5$	w) $\left|-3\frac{1}{7}\right|$	x) $-\left|\sqrt{\sqrt{256}}\right|$	y) $\sqrt{5\frac{4}{9}} - \frac{1}{3}$	z) $\sqrt{10^{-2}}$

2 Ersetze jeweils in deinem Heft den Platzhalter ▢ so durch eines der Zeichen <, > bzw. =, dass eine wahre Aussage entsteht.

a) $\sqrt{17}$ ▢ 17 b) $\sqrt{0{,}17}$ ▢ 0,17 c) $\frac{22}{7}$ ▢ π d) $\sqrt{2}$ ▢ 1,5

e) $\sqrt{\frac{12}{5}}$ ▢ 1,5 f) $\frac{2}{5}$ ▢ $\sqrt{0{,}16}$ g) $-\frac{1}{9}$ ▢ $-\sqrt{\left(-\frac{1}{3}\right)^2}$ h) $\sqrt{\left(-\frac{25}{4}\right)^2}$ ▢ 2,5

3 Herr Langfinger wird von der Polizei verdächtigt, in St. Englmar einen Juwelier ausgeraubt zu haben. Er behauptet, zur Tatzeit allein beim Angeln am Tegernsee gewesen zu sein; das Juweliergeschäft kenne er gar nicht. Doch bei einer kriminaltechnischen Untersuchung eines am Tatort gefundenen Handschuhs kann die DNA von Herrn Langfinger nachgewiesen werden.

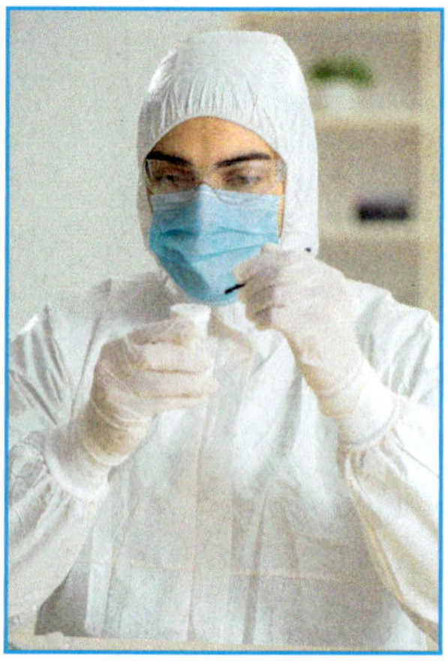

a) Erläutere, inwieweit bei solchen polizeilichen Ermittlungen ein „Widerspruchsbeweis" eine Rolle spielen kann.

b) Recherchiere zum Thema „DNA-Beweise" und begründe, warum sie keine Beweise im mathematischen Sinn darstellen.

4 a) Erkläre das Vorgehen bei einem indirekten Beweis.

b) Peter berechnet den Wert von $\sqrt{3}$ mit dem Taschenrechner. Begründe, dass die vom Taschenrechner ausgegebene Dezimalzahl nicht exakt sein kann.

5 Entscheide und begründe jeweils, ob die folgenden Aussagen wahr oder falsch sind.

a) Jede natürliche Zahl ist auch eine reelle Zahl.

b) Die Menge der reellen Zahlen ist eine Teilmenge der Menge der rationalen Zahlen.

c) Jeder Punkt auf der Zahlengeraden stellt eine reelle Zahl dar.

d) Zwischen 0,5 und 0,6 liegen auf der Zahlengeraden unendlich viele rationale Zahlen.

e) Zwischen −0,4 und −0,3 liegen auf der Zahlengeraden unendlich viele reelle Zahlen.

f) Es gibt irrationale Zahlen, deren Quadrate rationale Zahlen sind.

Beispiel II zeigt, wie man vorgehen muss.

6 Zeichne jeweils ein Quadrat mit dem Flächeninhalt $A_Q = \frac{1}{2}A$. Gib die Seitenlänge x des Quadrats mit dem Flächeninhalt A an und konstruiere den Punkt, der die Zahl x auf einer Zahlengeraden (Einheit 1 cm) abbildet.

a) $A = 18\ cm^2$ b) $A = 50\ cm^2$ c) $A = 72\ cm^2$ d) $A = 128\ cm^2$

Denke an $m_g \cdot m_h = -1$.

7 a) Zeichne die Gerade g: $x \mapsto \sqrt{2} \cdot x$ und begründe, dass der Ursprung der einzige Gitterpunkt ist, durch den g verläuft (Gitterpunkte haben ganzzahlige Koordinaten).

b) Bestimme eine Gleichung der Geraden h, die g im Punkt $P(\sqrt{2}\,|\,g(\sqrt{2}))$ senkrecht schneidet.

8 Zeige anhand einer geeigneten Skizze, dass die Diagonale eines Quadrats der Seitenlänge 1 LE die Länge $\sqrt{2}$ besitzt.

Denke an die Primfaktorzerlegung.

9 Im Beweis zur Irrationalität von $\sqrt{2}$ wurde folgender Satz verwendet: Wenn die Quadratzahl n^2 einer natürlichen Zahl n gerade ist, dann ist auch n eine gerade Zahl. Beweise, dass dies gilt.

10 Ermittle jeweils, welche reelle Zahl durch die Punkte A, B, C, … bzw. K auf der Zahlengeraden abgebildet ist.

11 Konstruiere mit einem Quadrat der Seitenlänge 7 cm den Punkt der Zahl $\sqrt{98}$ auf der Zahlengeraden und erläutere dein Vorgehen.

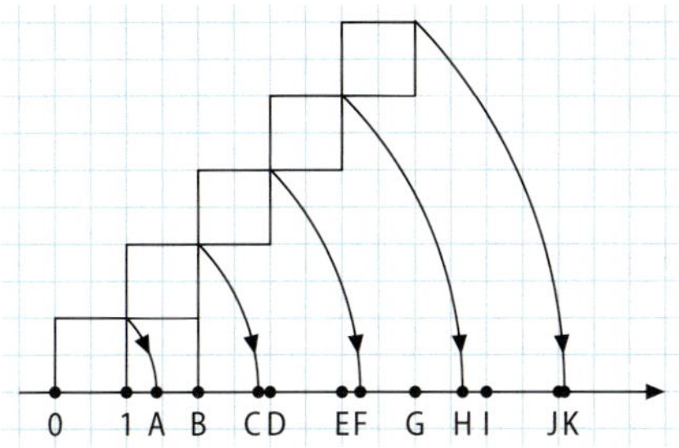

12 Gib jeweils zunächst an, welchen Wert x^2 besitzt, und bestimme dann x.

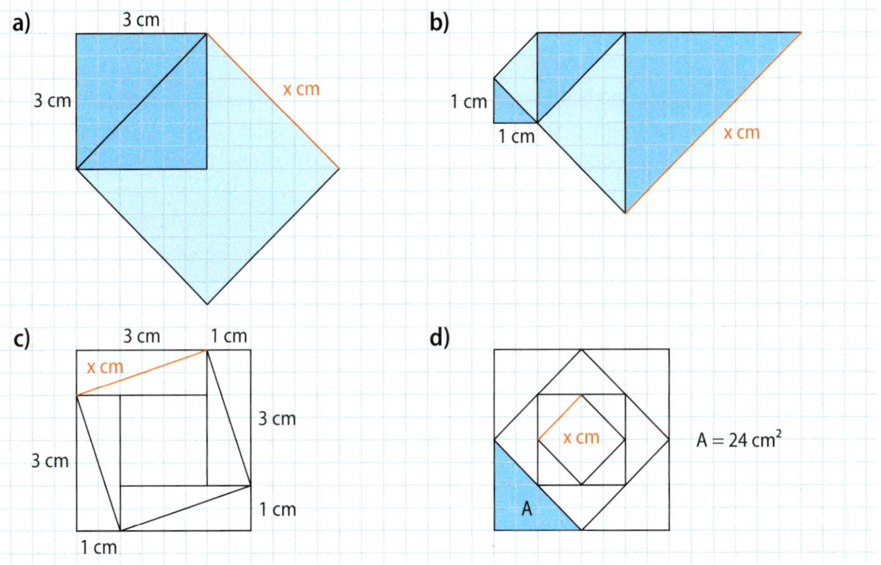

13 Erstelle mithilfe eines Tabellenkalkulationsprogramms eine Wertetabelle für die Funktion $f: x \mapsto \sqrt{x}$ im Bereich $0 \leq x \leq 18$ mit Schrittweite 0,6 und zeichne den Graphen G_f der Funktion.

Geschichte

Irrationale Zahlen in der Geschichte der Mathematik

Schon seit langem sind die Menschen darum bemüht, Näherungswerte für $\sqrt{2}$ zu finden, obwohl der Begriff der „irrationalen Zahlen" erst sehr viel später aufkam.
Die **Inder** bestimmten $\sqrt{2}$ näherungsweise durch $\frac{577}{408}$, die **Babylonier** nutzten um 1800 v. Chr. die Näherung $\sqrt{2} \approx 1 \cdot 60^0 + 24 \cdot 60^{-1} + 51 \cdot 60^{-2} + 10 \cdot 60^{-3}$.

Platon (427–347 v. Chr.) stellte fest, dass nicht nur $\sqrt{2}$ und $\sqrt{3}$ irrational sind, sondern z. B. auch $\sqrt{5}$ und $\sqrt{17}$.

Die Grundlagen für die Bestimmung eines Näherungswertes über eine Intervallschachtelung legten **Karl Weierstraß** (1815–1897) und **Georg Cantor** (1845–1918).

- Berechne die prozentuale Abweichung der Näherungswerte der Inder und der Babylonier von $\sqrt{2}$. Verwende dabei für $\sqrt{2}$ den Taschenrechnerwert.

Karl Weierstraß

Georg Cantor

14 Ordne die folgenden Zahlen in einer steigenden Ungleichungskette und markiere die irrationalen Zahlen:
2^0; π; $2\pi - 1$; 3,1; $3,\overline{1}$; 3,15; $3,\overline{14}$; $\sqrt{2}$; 1,4; $-\sqrt{3}$; $-\sqrt{2}$; $\sqrt{5}$; $\frac{139}{99}$.

15 Gib jeweils die Lösungsmenge der Gleichung über der Grundmenge $G = \mathbb{R}$ an. Erläutere dein Vorgehen.

a) $x^2 = 81$ **b)** $x^2 + 11 = 111$ **c)** $2x^2 + 1 = 97$
d) $(x - 4)^2 = 0{,}25$ **e)** $x - \sqrt{49} = 0$ **f)** $x^2 = \left(-\frac{5}{3}\right)^2$
g) $(x + 1)(x - 1) = -1$ **h)** $x^2 + 13 = 5$ **i)** $\sqrt{3} - x = 2$

16 **a)** Der Schweizer Mathematikprofessor Alexander Aigner hat ein Gedicht geschrieben, das eine Näherung für $\sqrt{2}$ enthält. Beschreibe, wie er den Näherungswert im Gedicht versteckt hat.
b) Recherchiere weitere Beispiele, in denen irrationale Zahlen in der Kunst, im Alltag oder in den Wissenschaften eine Rolle spielen. Präsentiere deine Ergebnisse in der Klasse.

Die Irrationale

O kann 's denn Menschenwort beschreiben?
Der Geist bringt Zahlprobleme her.
Seitdem wir Rechnungen betreiben,
drohn Unverständlichkeiten sehr.

Erläuterungsbereit erklärte
Pythagoras: „O denket rational!"
Trotzdem bestehn da grundverkehrte
Definitionen manchesmal.

Unbändige Quadratdiagonale!
Beweisbar wirklich irrational.
Versagt, entzogen jedem Hoffnungsstrahle.
Verflixte Wurzel, reinste Teufelszahl.

17 Laurin behauptet, dass es einen Bruch $\frac{p}{q}$ ($p, q \in \mathbb{N}$) gibt, dessen Quadrat den Wert 2 besitzt. Entscheide und begründe, ob er Recht hat.

τ: tau

18 Mitunter diskutieren Mathematiker, ob es nicht sinnvoll wäre, die Kreiszahl π durch eine neue Kreiszahl $\tau = 2\pi$ zu ersetzen.
a) Gib die dir bekannten Formeln für den Kreisumfang und für den Flächeninhalt eines Kreises unter Verwendung von τ an.
b) Zeige, dass auch τ eine irrationale Zahl ist.
c) Beurteile anhand der dir bekannten Formeln, die π enthalten, ob die Verwendung von τ für dich derzeit sinnvoll wäre.

19 Entscheide und begründe, ob die Wurzel aus einer Primzahl rational sein kann.

20 **a)** Erläutere, warum der Dezimalbruch 0,1010010000100000 … eine irrationale Zahl ist.
b) Gib weitere Beispiele irrationaler Zahlen nach dem Muster aus Teilaufgabe a) an.
c) Begründe, warum auch die Zahl 0,123456789101112 … irrational ist.
d) Formuliere aus den vorangegangenen Teilaufgaben ein Kriterium, mit dessen Hilfe man irrationale Dezimalzahlen erkennen kann. Präsentiere dein Ergebnis.

21 Neben π ist die Euler'sche Zahl e eine bedeutsame irrationale Zahl. Recherchiere zur Euler'schen Zahl und präsentiere deine Ergebnisse.

22 Entwerft in Kleingruppen ein Puzzle zum Beweis der Irrationalität von $\sqrt{2}$.

Werkzeug

Die Intervallschachtelung

Der Taschenrechner gibt auch für Wurzeln, deren Radikand keine Quadratzahl ist, „Dezimalbrüche" aus, z. B. für $\sqrt{2}$ den Wert 1,414213562. Dies ist mathematisch nicht exakt. Es handelt sich um einen Näherungswert, den man mithilfe einer **Intervallschachtelung** finden kann. Erste Grundideen dazu wurden z. B. von Zenon von Elea (5. Jahrhundert v. Chr.) und Aristoteles (4. Jahrhundert v. Chr.) formuliert.

1887 veröffentlichte der deutsche Mathematiker Richard Dedekind eine Schrift, in der er Wurzelterme aus Intervallschachtelungen ableitete und so eine exakte Definition für die Zahlenerweiterung der rationalen Zahlen lieferte.

$\sqrt{2}$ liegt im Intervall …

$[1; 2]$, da $1^2 \leq 2 \leq 2^2$

$[1{,}4; 1{,}5]$, da $1{,}4^2 \leq 2 \leq 1{,}5^2$

$[1{,}414; 1{,}415]$, da $1{,}414^2 \leq 2 \leq 1{,}415^2$

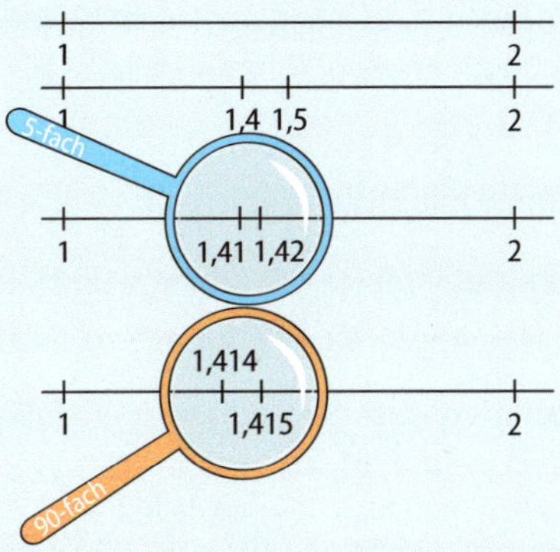

Eine **Intervallschachtelung** besitzt folgende Eigenschaften:
- Die gesuchte Zahl liegt in jedem der Intervalle.
- Jedes der Intervalle ist kürzer als das vorhergehende.
- Jedes Intervall liegt ganz im vorhergehenden Intervall.
- Die Intervalllänge wird beliebig klein.

Mithilfe einer Intervallschachtelung kann man z. B. auch Näherungswerte für die Dezimaldarstellung von Brüchen finden.

1 **a)** Erkläre das Verfahren der Intervallschachtelung mit eigenen Worten.
b) Ermittle mithilfe einer Intervallschachtelung Näherungswerte für $\sqrt{3}$; $\sqrt{5}$ und $\sqrt{21}$ auf Hundertstel gerundet.
c) Recherchiere im Internet das Verfahren der Intervallhalbierung und wende es auf $\sqrt{3}$; $\sqrt{5}$ und $\sqrt{21}$ an. Vergleiche die Näherungswerte der jeweiligen Schritte mit deinen Ergebnissen aus Teilaufgabe b).

2 Untersuche jeweils, ob die Serie von Intervallen die Anforderungen einer Intervallschachtelung erfüllt, und gib gegebenenfalls an, für welche Zahl die Intervallschachtelung gelten könnte.
a) $[2; 3]$; $[2{,}2; 3{,}1]$; $[2{,}4; 3{,}2]$; $[2{,}6; 3{,}3]$
b) $[2; 3]$; $[2{,}2; 2{,}3]$; $[2{,}23; 2{,}24]$; $[2{,}236; 2{,}237]$
c) $[4; 5]$; $\left[4\frac{1}{2}; 5\right]$; $\left[4\frac{2}{3}; 5\right]$; $\left[4\frac{3}{4}; 5\right]$; $\left[4\frac{4}{5}; 5\right]$

3 Gib jeweils fünf Schritte einer Intervallschachtelung für folgende Zahlen an.
a) $\frac{1}{3} = 0{,}\overline{3}$ **b)** $\pi = 3{,}14159265\ldots$ **c)** $\sqrt{99} = 9{,}94987437\ldots$

Entdecken

$\sqrt{9} \cdot \sqrt{4} \overset{?}{=} \sqrt{9 \cdot 4}$ $\sqrt{16} \cdot \sqrt{100} \overset{?}{=} \sqrt{16 \cdot 100}$ $\sqrt{81} + \sqrt{16} \overset{?}{=} \sqrt{81 + 16}$

$\frac{\sqrt{225}}{\sqrt{100}} \overset{?}{=} \sqrt{\frac{225}{100}}$ $\sqrt{\frac{144}{169}} \overset{?}{=} \frac{12}{13}$ $(\sqrt{9} + \sqrt{16})^2 \overset{?}{=} 9 + 16$

$7 + \sqrt{9} \overset{?}{=} \sqrt{49} + 9$ $\sqrt{16 - 9} \overset{?}{=} \sqrt{16} - \sqrt{9}$ $\sqrt{25} - \sqrt{16} \overset{?}{=} \sqrt{25 - 16}$

- Entscheide und begründe jeweils, ob das Gleichheitszeichen gesetzt werden darf.
- Beschreibe die beobachteten Gesetzmäßigkeiten und überprüfe sie an weiteren Beispielen.

Verstehen

Die bekannten Rechengesetze gelten auch für reelle Zahlen. Für Wurzelterme, in denen Produkte und Quotienten vorkommen, gibt es Rechenregeln.

Für das Rechnen mit reellen Zahlen gilt ($a, b, c \in \mathbb{R}$):

- das **Kommutativgesetz** der Addition und Multiplikation: $\mathbf{a + b = b + a}$ und $\mathbf{a \cdot b = b \cdot a}$.
- das **Assoziativgesetz** der Addition und Multiplikation: $\mathbf{a + (b + c) = (a + b) + c}$ und $\mathbf{a \cdot (b \cdot c) = (a \cdot b) \cdot c}$.
- das **Distributivgesetz:** $\mathbf{a \cdot (b + c) = a \cdot b + a \cdot c}$.

Für das **Rechnen mit Wurzeln** gilt:

- $\mathbf{(a + b)\sqrt{c} = a\sqrt{c} + b\sqrt{c}}$ und $\mathbf{(a - b)\sqrt{c} = a\sqrt{c} - b\sqrt{c}}$; $a, b \in \mathbb{R}$; $c \in \mathbb{R}_0^+$
- $\mathbf{\sqrt{a} \cdot \sqrt{b} = \sqrt{ab}}$; $a, b \in \mathbb{R}_0^+$ Sonderfall $\mathbf{\sqrt{a} \cdot \sqrt{a} = \sqrt{(a \cdot a)} = \sqrt{a^2} = a}$
- $\mathbf{\frac{\sqrt{a}}{\sqrt{b}} = \sqrt{\frac{a}{b}}}$; $a \in \mathbb{R}_0^+$; $b \in \mathbb{R}^+$

Wurzelterme vereinfacht man durch **teilweises Radizieren** und Bruchterme durch das **Rationalmachen des Nenners.**

Anstelle von $a \cdot \sqrt{c}$ schreibt man $a\sqrt{c}$.

Der Nenner des Endergebnisses enthält keine Wurzeln.

Achtung:
$\sqrt{a + b} \neq \sqrt{a} + \sqrt{b}$
$\sqrt{a - b} \neq \sqrt{a} - \sqrt{b}$

Beweis (Rechenregeln):
Mit den Abkürzungen $\sqrt{a} = x$ und $\sqrt{b} = y$; $a, b, x, y \in \mathbb{R}_0^+$ gilt für …

- das Multiplizieren von Wurzeln:
  Es ist einerseits $\sqrt{a} \cdot \sqrt{b} = xy$.
  Andererseits ist $(\sqrt{a})^2 = a = x^2$ und $(\sqrt{b})^2 = b = y^2$, d.h.
  $ab = x^2y^2 = (xy)^2$, also $\sqrt{ab} = xy$. Somit ist $\sqrt{a} \cdot \sqrt{b} = \sqrt{ab}$.
- das Dividieren von Wurzeln für $b > 0$ und $y > 0$:
  Es ist einerseits $\frac{\sqrt{a}}{\sqrt{b}} = \frac{x}{y}$.
  Andererseits ist $(\sqrt{a})^2 = a = x^2$ und $(\sqrt{b})^2 = b = y^2$, d.h.
  $\frac{a}{b} = \frac{x^2}{y^2} = \left(\frac{x}{y}\right)^2$, also $\sqrt{\frac{a}{b}} = \frac{x}{y}$. Somit ist $\frac{\sqrt{a}}{\sqrt{b}} = \sqrt{\frac{a}{b}}$.

Beispiele

Strategiewissen
Mache den Nenner rational.

I. Zeige, dass **1** $\frac{1}{\sqrt{2}} = \frac{\sqrt{2}}{2}$ und **2** $\frac{1}{1+\sqrt{3}} = \frac{\sqrt{3}-1}{2}$ gilt.

Lösung:

1 Erweitere $\frac{1}{\sqrt{2}}$ mit $\sqrt{2}$: $\frac{1\cdot\sqrt{2}}{\sqrt{2}\cdot\sqrt{2}} = \frac{\sqrt{2}}{2}$

2 Erweitere $\frac{1}{1+\sqrt{3}}$ mit $(1-\sqrt{3})$: $\frac{1}{1+\sqrt{3}} = \frac{1\cdot(1-\sqrt{3})}{(1+\sqrt{3})\cdot(1-\sqrt{3})} = \frac{1-\sqrt{3}}{1-3} = -\frac{1-\sqrt{3}}{2} = \frac{\sqrt{3}-1}{2}$

3. binomische Formel:
$(a+b)(a-b) = a^2 - b^2$

II. Vereinfache die Wurzelterme **1** $\sqrt{8}$ und **2** $\sqrt{\frac{54}{50}}$ möglichst weitgehend.

Lösung:

1 $\sqrt{8} = \sqrt{4\cdot 2} = \sqrt{2\cdot 2}\cdot\sqrt{2} = 2\sqrt{2}$ **2** $\sqrt{\frac{54}{50}} = \sqrt{\frac{2\cdot 3\cdot 3\cdot 3}{2\cdot 5\cdot 5}} = \frac{3}{5}\sqrt{3}$

Strategiewissen
*Das Verfahren nennt man **teilweises Radizieren**.*

III. Vereinfache jeweils möglichst weitgehend und gib das Ergebnis exakt und auf Tausendstel gerundet an.

a) $2\sqrt{7} + 8\sqrt{7} - \sqrt{7}$ b) $5\sqrt{2} + 3\sqrt{5} - 0{,}5\sqrt{2} + 7\sqrt{5}$

Lösung:

a) $2\sqrt{7} + 8\sqrt{7} - \sqrt{7} = (2+8-1)\sqrt{7} = 9\sqrt{7} \approx 23{,}812$

b) $5\sqrt{2} + 3\sqrt{5} - 0{,}5\sqrt{2} + 7\sqrt{5} = (5-0{,}5)\sqrt{2} + (3+7)\sqrt{5} = 4{,}5\sqrt{2} + 10\sqrt{5} \approx 28{,}725$

IV. Vereinfache jeweils möglichst weitgehend.

a) $(\sqrt{33})^2$ b) $(2\sqrt{7})^2$ c) $\sqrt{3}\cdot\sqrt{2}$ d) $\sqrt{2}(\sqrt{2}+\sqrt{4})$

Lösung:

a) $(\sqrt{33})^2 = 33$ b) $(2\sqrt{7})^2 = 4\cdot 7 = 28$ c) $\sqrt{3}\cdot\sqrt{2} = \sqrt{3\cdot 2} = \sqrt{6}$

d) $\sqrt{2}(\sqrt{2}+\sqrt{4}) = (\sqrt{2})^2 + \sqrt{2}\cdot 2 = 2 + 2\sqrt{2} = 2(1+\sqrt{2})$

V. Vereinfache jeweils möglichst weitgehend unter Verwendung des Betragszeichens.

a) $\sqrt{a^2b^2}$, wenn $a, b \in \mathbb{R}_0^+$ b) $\sqrt{a^2} + a$, wenn $a \in \mathbb{R}^-$

Lösung:

a) $\sqrt{a^2b^2} = |ab| = ab$, da $a \geq 0$, $b \geq 0$

b) $\sqrt{a^2} + a = |a| + a = -a + a = 0$, $(|a| = -a$ für $a < 0)$

Nachgefragt

- Gib an, für welche Zahlen $\sqrt{(-x)^2} = -x$ bzw. $\sqrt{(-x)^2} = x$ gilt.
- Bestimme die maximale Definitionsmenge des Terms $T(x) = \sqrt{2x-7}$ und ermittle x_0, so dass $T(x_0) = 5$ gilt.

Aufgaben

1 Gib die Termwerte an.

a) $(\sqrt{2})^2$ b) $(\sqrt{2})^3$ c) $(\sqrt{2})^4$ d) $(3\sqrt{2})^2$

e) $\sqrt{\frac{1}{121}}$ f) $\sqrt{\frac{1}{49}}$ g) $\sqrt{0{,}25} + \sqrt{0{,}25^2}$ h) $-\sqrt{81} + \sqrt{3^8}$

i) $\sqrt{0{,}04^2} + \sqrt{0{,}04}$ k) $(\sqrt{3{,}4})^0$ l) $(\sqrt{9} + \sqrt{16})^{-1}$ m) $\sqrt{\sqrt{625}}$

n) $\sqrt{\sqrt{4^4}}$ o) $\sqrt{8}\cdot\sqrt{2}$ p) $(\sqrt{12} : \sqrt{48})^{-2}$ q) $2{,}5\sqrt{3} - 3\frac{2}{3}\sqrt{3}$

r) $\sqrt{1\,000\,000}$ s) $\sqrt{\frac{243}{27}}$ t) $\sqrt{8^4\cdot 8^{-2}}$ u) $\sqrt{7^3 : 7^{-1}}$

v) $0{,}5\sqrt{6}\cdot\sqrt{150}$ w) $2\cdot(\sqrt{2}+1)(\sqrt{2}-1)$ x) $\left(\sqrt{\sqrt{8}}\right)^4$ y) $\sqrt{5}\cdot\sqrt{45}$

Erklärvideo
Mediencode 61049-03

2 Erstelle eine Mindmap zur Menge $\mathbb{R}$ der reellen Zahlen sowie den in der Menge $\mathbb{R}$ geltenden Rechengesetzen und Rechenregeln.

3 Vereinfache die Wurzelterme durch teilweises Radizieren möglichst weitgehend. Kontrolliere deine Ergebnisse mithilfe des Taschenrechners. Erläutere, ob die Ergebnisse des Taschenrechners exakt sind.

a) $\sqrt{18}$ b) $\sqrt{12}$ c) $\sqrt{40}$ d) $\sqrt{75}$ e) $\sqrt{125}$ f) $\sqrt{300}$
g) $\sqrt{72}$ h) $\sqrt{147}$ i) $\sqrt{80}$ j) $\sqrt{320}$ k) $\sqrt{99}$ l) $\sqrt{500}$
m) $\sqrt{1000}$ n) $\sqrt{450}$ o) $\sqrt{68}$ p) $\sqrt{\frac{162}{289}}$ q) $\sqrt{\frac{243}{36}}$ r) $\sqrt{\frac{288}{12}}$

4 Schreibe jeweils als Wurzel. **Beispiel:** $4\sqrt{2} = \sqrt{4^2} \cdot \sqrt{2} = \sqrt{16 \cdot 2} = \sqrt{32}$

a) $3\sqrt{2}$ b) $2\sqrt{5}$ c) $5\sqrt{2}$ d) $3\sqrt{7}$ e) $7\sqrt{3}$ f) $11\sqrt{3}$
g) $3\sqrt{11}$ h) $0{,}5\sqrt{24}$ i) $\frac{1}{2}\sqrt{12}$ j) $\frac{2}{3}\sqrt{27}$ k) $\frac{2}{5}\sqrt{18{,}75}$ l) $\frac{3}{2}\sqrt{1\frac{1}{3}}$
m) $5\sqrt{0{,}2}$ n) $1{,}5\sqrt{\frac{8}{3}}$ o) $0{,}5\sqrt{0{,}2}$ p) $0{,}2\sqrt{20}$ q) $0{,}1\sqrt{1000}$ r) $0{,}05\sqrt{5000}$
s) $\sqrt{\sqrt{4}}$ t) $\sqrt{\sqrt{64}}$ u) $\sqrt{\sqrt{1024}}$ v) $\sqrt{\sqrt{625 - 225}}$ w) $\sqrt{\sqrt{10^6}}$

5 Übertrage jeweils die Angabe in dein Heft und ersetze die Platzhalter ($\square \in \mathbb{N}$) so, dass eine wahre Aussage entsteht. Beschreibe deine Überlegungen.

a) $\sqrt{4} + \sqrt{9} = \sqrt{\square}$ b) $\sqrt{121} + \sqrt{144} = \sqrt{\square}$ c) $\sqrt{9} + \sqrt{\square} = \sqrt{81}$
d) $\sqrt{18} - \sqrt{\square} = 2\sqrt{2}$ e) $\sqrt{27} + 3\sqrt{\square} = \sqrt{\square}$ f) $\sqrt{10} + \sqrt{40} = \sqrt{\square}$
g) $\sqrt{169} - \sqrt{25} = \sqrt{\square}$ h) $\sqrt{\square} + \sqrt{\square} = \sqrt{9}$ i) $\sqrt{\square} + \sqrt{\square} = \sqrt{16}$

6 Vereinfache die Terme durch teilweises Radizieren möglichst weitgehend ($a, x \in \mathbb{R}_0^+$).

a) $\sqrt{a^3}$ b) $\sqrt{9a}$ c) $\sqrt{216a}$ d) $\sqrt{343x^3}$ e) $\sqrt{180a + 181a}$
f) $\sqrt{\frac{75}{5}a}$ g) $\sqrt{0{,}01x^3}$ h) $\sqrt{24x^5}$ i) $\sqrt{500x - 244x}$ j) $\sqrt{32a^3x^5}$
k) Begründe anhand einer der Teilaufgaben a) bis j), dass die Einschränkung $a, x \in \mathbb{R}_0^+$ wichtig ist.

7 Vereinfache jeden der Terme so weit wie möglich und gib bei den Teilaufgaben a) bis j) den Termwert auf Hundertstel gerundet an. Erläutere deine Rechenschritte.

a) $4\sqrt{2} + 6\sqrt{2} - 15\sqrt{2}$ b) $6\sqrt{3} - 3\sqrt{3} + 5\sqrt{3}$ c) $\sqrt{5} + \sqrt{5} - 2\sqrt{5}$
d) $\sqrt{2} + \sqrt{8} - \sqrt{18}$ e) $\sqrt{50} - \sqrt{98} + \sqrt{8}$ f) $\sqrt{0{,}5} + \sqrt{1} + \sqrt{2}$
g) $11\sqrt{5} + 6\sqrt{2} - (8\sqrt{5} - 3\sqrt{2})$ h) $\sqrt{75} + 3\sqrt{18} - 2\sqrt{12} - 2\sqrt{50}$
i) $5\sqrt{18} - 7\sqrt{12} + 5\sqrt{2} - \sqrt{98}$ j) $3\sqrt{128} - 2\sqrt{72} - (2\sqrt{50} - 2\sqrt{162})$
k) $\sqrt{x} + 2\sqrt{x}$; $x \geq 0$ l) $\sqrt{x} + 2\sqrt{x} - \sqrt{9x}$; $x \geq 0$ m) $2\sqrt{2x} - \sqrt{8x}$; $x \geq 0$
n) $\sqrt{a^2b^2}$; $a, b \in \mathbb{R}^-$ o) $\sqrt{a^2b^2}$; $a \in \mathbb{R}^+$; $b \in \mathbb{R}^-$ p) $\sqrt{a^4b^4}$; $a, b \in \mathbb{R}$

8 Vereinfache jeden der Terme möglichst weitgehend. Erläutere deine Rechenschritte.

a) $3(2 + \sqrt{4})$ b) $2\sqrt{5}(\sqrt{5} - 1)$ c) $2\sqrt{3}(3 + \sqrt{3})$
d) $(\sqrt{6} + \sqrt{24})^2$ e) $(1 + \sqrt{2})(\sqrt{2} - 1)$ f) $(\sqrt{6} - \sqrt{54}) \cdot (-\sqrt{2})$
g) $(\sqrt{12} + 4)(2 - \sqrt{3})$ h) $(\sqrt{45} + \sqrt{75})(5\sqrt{3} - 3\sqrt{5})$ i) $(\sqrt{27} - \sqrt{48}) \cdot \sqrt{3}$

9 Prüfe, ob aus den angegebenen Seitenlängen ein Dreieck eindeutig konstruierbar ist, und gib gegebenenfalls den Umfang exakt und auf Millimeter gerundet an.

a) $a = \sqrt{2}\text{ cm},\ b = \sqrt{3}\text{ cm},\ c = 4\text{ cm}$ **b)** $a = 2\sqrt{7}\text{ cm},\ b = \sqrt{3}\text{ cm},\ c = 5\text{ cm}$
c) $a = 2{,}4\text{ dm},\ b = 2\sqrt{5}\text{ cm},\ c = 0{,}21\text{ m}$ **d)** $a = 3\sqrt{5}\text{ cm},\ b = 2\sqrt{7}\text{ cm},\ c = \sqrt{73}\text{ cm}$

Nutze die Dreiecksungleichung.

10 Vereinfache die Terme jeweils möglichst weitgehend ($x, y, z \in \mathbb{R}^+$).

a) $\sqrt{x} \cdot \sqrt{x}$ **b)** $\sqrt{3x} \cdot \sqrt{27x}$ **c)** $\sqrt{0{,}1xy^2} \cdot \sqrt{0{,}4x}$
d) $\left(2\sqrt{x \cdot x^3}\right)^2$ **e)** $\sqrt{6y} \cdot \sqrt{24yz^2}$ **f)** $\left(\sqrt{x}\right)^5 : \sqrt{xz^4}$
g) $\sqrt{75x} : \sqrt{\frac{32}{6x}}$ **h)** $\sqrt{8x^5} : \sqrt{\frac{1}{8x}}$ **i)** $\sqrt{\frac{x}{2}} : \left(\sqrt{\frac{y}{9x}} : \sqrt{\frac{y^3}{2}}\right)$

11 Klammere jeweils die in der Klammer angegebene Zahl aus ($x, y, z \in \mathbb{R}^+$).

a) $\sqrt{3} + \sqrt{6}\ \ [\sqrt{3}]$ **b)** $5 + \sqrt{5}\ \ [\sqrt{5}]$ **c)** $\sqrt{10} - \sqrt{2}\ \ [\sqrt{2}]$
d) $2 + \sqrt{2}\ \ [\sqrt{2}]$ **e)** $\sqrt{3x^2} - \sqrt{3y^2} + \sqrt{3z^2}\ \ [\sqrt{3}]$ **f)** $\sqrt{6} + \sqrt{12} + \sqrt{18}\ \ [\sqrt{6}]$

$\sqrt{12} - \sqrt{8} = \sqrt{2} \cdot (\sqrt{6} - 2)$

12 Vereinfache jeden der fünf Terme $\sqrt{3^3}$, $\sqrt{3^2}$, $\left(\sqrt{3^3}\right)^2$, $\sqrt{\frac{1}{3}\sqrt{3^2}}$ und $\sqrt{\frac{3}{\sqrt{3}}}$ möglichst weitgehend und ordne dann die Terme in Form einer steigenden Ungleichungskette. Berechne, um wie viel Prozent der größte Termwert größer ist als der kleinste.

13 Alexis behauptet, dass $\sqrt{2\frac{2}{3}} = 2\sqrt{\frac{2}{3}}$ und auch $3\sqrt{\frac{3}{8}} = \sqrt{3\frac{3}{8}}$ gilt. Prüfe mit dem Taschenrechner, ob Alexis Recht hat. Erläutere die Ergebnisse mithilfe der Rechenregeln und finde gegebenenfalls weitere solche Beispiele.

14 Vereinfache die Terme möglichst weitgehend und gib das Ergebnis mit rationalem Nenner an. Beschreibe deine Vorgehensweise.

a) $\frac{1}{\sqrt{5}}$ **b)** $\frac{1}{\sqrt{3}}$ **c)** $\frac{3}{\sqrt{15}}$ **d)** $\frac{14\sqrt{2}}{\sqrt{98}}$ **e)** $\frac{3}{2\sqrt{6}}$
f) $\frac{\sqrt{80} - \sqrt{20}}{\sqrt{2}}$ **g)** $\frac{1{,}5\sqrt{3}}{\sqrt{45}}$ **h)** $\frac{\sqrt{2} + \sqrt{8}}{\sqrt{2}}$ **i)** $\frac{\sqrt{60} - \sqrt{135}}{\sqrt{15}}$ **j)** $\frac{\sqrt{96} + \sqrt{150}}{\sqrt{72} - \sqrt{200}}$

15 Übertrage jeweils das Rechennetz in dein Heft und vervollständige es dort. Vereinfache die Terme möglichst weitgehend. Entlang derselben Richtung wird immer mit derselben Zahl multipliziert bzw. durch dieselbe Zahl dividiert.

a)
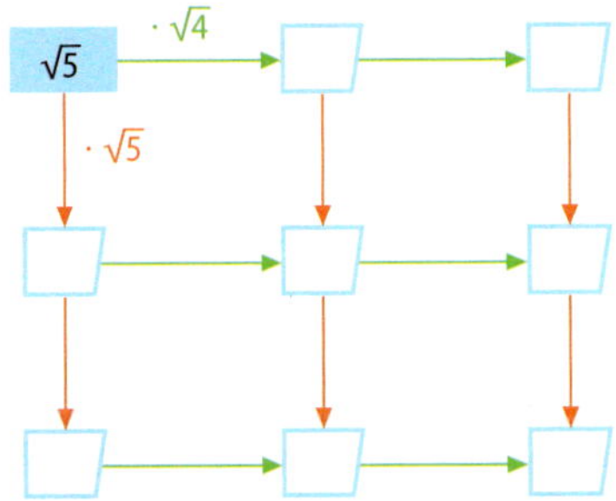

b)
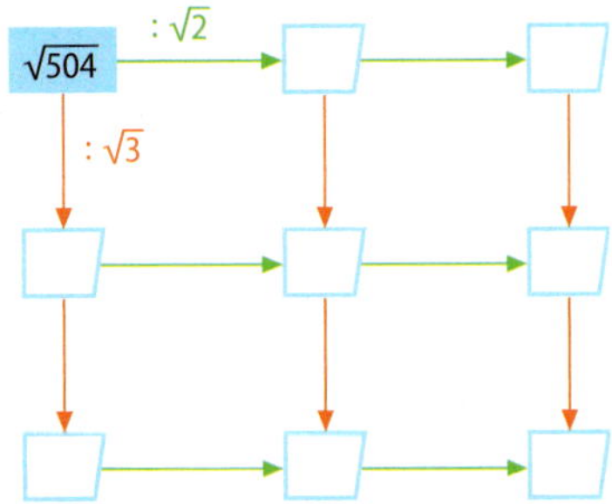

16 Untersuche, ob Fehler gemacht wurden, und korrigiere diese gegebenenfalls.

a) $\frac{12}{\sqrt{6}} = 2 \cdot \sqrt{6}$ **b)** $2 \cdot \sqrt{6} = 5 \cdot \sqrt{3}$ **c)** $\sqrt{\frac{5}{20}} = 0{,}4$

17 Vereinfache die Wurzelterme durch teilweises Radizieren und notiere den Weg vom Start zum Ziel ($a, b \in \mathbb{R}^+$).

$5a^2bc\sqrt{7ac}$	$\frac{\sqrt{18a^3b}}{\sqrt{27}}$	Start	$\sqrt{5a^2}$	$\frac{1}{2} \cdot \sqrt{2}$	Ziel
$a \cdot \sqrt{5}$	$\sqrt{27a^3}$	$5a^3\sqrt{2a}$	$\frac{\sqrt{80a^4 + a^4}}{\sqrt{2b^2}}$	$3a\sqrt{3a}$	$\sqrt{175a^5b^2c^3}$
$\frac{9a^2}{b} \cdot \sqrt{\frac{1}{2}}$	$\frac{\sqrt{3a^3 \cdot 2b^4}}{\sqrt{4a^3 \cdot 3b^4}}$	$a \cdot \sqrt{\frac{2ab}{3}}$	$\sqrt{21a^7 + 29a^7}$		

18 a) Entscheide und begründe, welche Terme zu $\sqrt{18}$ äquivalent sind.

$\frac{\sqrt{18}}{\sqrt{1}}$ | $5\sqrt{2} - 2\sqrt{2}$ | $\frac{\sqrt{144}}{2\sqrt{2}}$ | $\frac{\sqrt{72}}{\sqrt{4}}$ | $\frac{\sqrt{60}}{\sqrt{2} \cdot \sqrt{3} \cdot \sqrt{5}}$ | $\frac{\sqrt{18}}{\sqrt{0}}$ | $3\sqrt{2}$

b) Nutze dein Wissen aus a), um weitere äquivalente Terme zu $\sqrt{18}$ zu finden. Lass einen Partner oder eine Partnerin deine Terme überprüfen.

19 Mache den Nenner jeweils rational ($a, x \in \mathbb{R}^+$).

a) $\frac{1}{\sqrt{a}}$ b) $\frac{x}{\sqrt{x}}$ c) $\frac{(2\sqrt{x})^3}{\sqrt{x^3}}$ d) $\frac{2x\sqrt{x}}{\sqrt{x+3x}}$ e) $\frac{\sqrt{10x} - \sqrt{40x}}{\sqrt{10x}}$ f) $\frac{2x}{\sqrt{\sqrt{16x^2}}}$

20 a) Begründe, dass man in einen Term der Form $T(x;\ y) = \sqrt{x \cdot y}$ auch negative Werte für x und y einsetzen kann.

b) Vereinfache die Terme jeweils möglichst weitgehend.

1 $\sqrt{-18 \cdot (-2)}$ 2 $\sqrt{\left(-\frac{2}{25}\right) : \left(-\frac{3}{18}\right)}$ 3 $\sqrt{-3 \cdot 121 \cdot (-27)}$ 4 $\sqrt{(-5)^2 \cdot (-98) \cdot (-2)}$

21 a) Gib jeweils die größtmögliche Definitionsmenge der Terme $T_1(x) = \sqrt{25 - x^2}$ und $T_2(x) = \sqrt{25 + x^2}$ an.

b) Gib jeweils mindestens vier Werte von x an, für die $T_1(x)$ bzw. $T_2(x)$ …

1 eine rationale Zahl ist. 2 eine irrationale Zahl ist.

22 Übertrage die Tabelle in dein Heft und ergänze sie dann dort. Runde sinnvoll.

Kreis	a)	b)	c)	d)	e)
Radius					
Umfang					
Flächeninhalt	4π cm²	1,0 m²	25 cm²	62,8 dm²	1,0 ha

23 Gegeben sind jeweils ein Term und ein maximaler Definitionsbereich der Variablen x. Überprüfe, ob der maximale Definitionsbereich korrekt ist. Begründe deine Entscheidung.

a) $\sqrt{x - 5}$ für $x \geq 5$ b) $\sqrt{5 - x}$ für $x \geq 5$ c) $\sqrt{x^2}$ für $x > 0$

d) $\sqrt{\frac{1}{2}x - 5}$ für $x \geq 2{,}5$ e) $\frac{\sqrt{5}}{\sqrt{x}}$ für $x \geq 0$ f) $\frac{\sqrt{5}}{\sqrt{1 - x}}$ für $x < 1$

24 Ermittle, wie oft eine Strecke der Länge $\sqrt{3}$ mm auf eine Strecke der Länge $\sqrt{75}$ mm abgetragen werden kann.

25 Vereinfache die Wurzelterme unter Verwendung der binomischen Formeln.

a) $\sqrt{4x^2 + 4xy + y^2}$ b) $\sqrt{a^2 + ab + \frac{b^2}{4}}$ c) $\sqrt{x^4 + 2x^2y^2 + y^4}$ d) $\sqrt{8x^2 - 48x + 72}$

26 a) Berechne den Radius eines Kreises mit Flächeninhalt 5 dm^2.

b) Bestimme rechnerisch, um wie viel Prozent der Radius des Kreises aus Teilaufgabe a) kleiner ist als der Radius eines Kreises mit dreifachem Flächeninhalt.

c) Zeige, dass der Prozentsatz aus Teilaufgabe b) unabhängig vom Radius konstant ist, wenn man zwei Kreise vergleicht, von denen der Flächeninhalt eines Kreises dreimal so groß ist wie der des anderen Kreises.

27 a) Vereinfache beide Terme möglichst weitgehend. Beschreibe deine Beobachtungen.

1 $\left(\frac{\sqrt{7} + 1}{2} : \frac{3}{\sqrt{7} - 1}\right)^{1000}$ 2 $\left(\frac{\sqrt{18} + \sqrt{3}}{3} : \frac{5}{\sqrt{18} - \sqrt{3}}\right)^{2000}$

b) Bilde weitere Terme mit dem gleichen Ergebnis wie in Teilaufgabe a).

28 Mache jeweils den Nenner rational und erläutere deine Vorgehensweise.

a) $\frac{2}{3 - \sqrt{5x}}$, $x > 0$ b) $\frac{-3}{-2 - \sqrt{5} - \sqrt{6}}$ c) $\frac{1}{1 + \sqrt{x - \sqrt{2}}}$, $x > \sqrt{2}$

29 Mika behauptet, dass die Summe bzw. Differenz wie auch das Produkt bzw. der Quotient zweier irrationaler Zahlen irrational ist. Entscheide und begründe, ob Mika Recht hat.

30 Für die beiden positiven reellen Zahlen x und z gilt $2z^2 = 5x$. Ermittle, auf das Wievielfache die Zahl z zunimmt, wenn die Zahl x auf das angegebene Vielfache anwächst.

a) auf das Doppelte b) auf das $6\frac{1}{4}$-Fache c) auf das r-Fache ($r \in \mathbb{R}^+$)

Vertiefung

Erweiterung der reellen Zahlen zu den komplexen Zahlen

Nach der Zahlbereichserweiterung zu den reellen Zahlen gibt es noch immer Gleichungen, die nicht lösbar sind, z. B. $x^2 + 1 = 0$. Durch Einführung einer **imaginären Einheit i** mit der Eigenschaft $i^2 = -1$ können auch solche Gleichungen gelöst werden. Man erweitert die Menge der reellen Zahlen $\mathbb{R}$ zur **Menge der komplexen Zahlen** $\mathbb{C}$.
Es gilt dann: $x^2 + 1 = 0 \Rightarrow x^2 = -1 \Rightarrow x = \pm i$.

Der Begriff „komplexe Zahlen" wurde von Carl Friedrich Gauß 1831 eingeführt. Die komplexen Zahlen umfassen die reellen Zahlen.

Komplexe Zahlen können u. a. in der Form $z = x + i \cdot y$ mit $x, y \in \mathbb{R}$ dargestellt werden. x heißt **Realteil** und y **Imaginärteil** der komplexen Zahl. Auch in der Menge der komplexen Zahlen gelten die Rechengesetze der reellen Zahlen. i^2 wird immer durch −1 ersetzt.

Für die Addition zweier komplexer Zahlen gilt, dass man jeweils die Realteile und die Imaginärteile addiert, z. B. $(2 + i) + (5 + 3i) = (2 + 5) + (1 + 3)i = 7 + 4i$.
Analog subtrahiert man zwei komplexe Zahlen.

- Formuliere das Kommutativ- und Assoziativgesetz der Addition in $\mathbb{C}$.
- Recherchiere, wie man zwei komplexe Zahlen z_1 und z_2 multipliziert bzw. dividiert.

Carl Friedrich Gauß (1777–1855)

In der Elektrotechnik verwendet man den Buchstaben j statt i. Man benötigt die komplexen Zahlen auch in der Nachrichtentechnik und in der Physik, sowie in vielen anderen Anwendungsgebieten.

1 Trainingsrunde

Zu 1.1

1 Berechne jeweils den Termwert.

a) $\sqrt{225}$ b) $\sqrt{10^6}$ c) $\sqrt{62\,500}$
d) $\sqrt{1{,}44}$ e) $\sqrt{25 + 144}$ f) $\sqrt{\frac{4}{9}}$

a) $\sqrt{1{,}21}$ b) $\sqrt{3^4}$ c) $\sqrt{10^{-4}}$
d) $\sqrt{\left(\frac{9}{16}\right)^{-1}}$ e) $\sqrt{11\,881 - 8281}$

2 Übertrage die Angabe in dein Heft und gib die fehlenden Ziffern an.

a) $\sqrt{□5} = 5$ b) $\sqrt{10□00} = 100$
c) $\sqrt{1□9} = □3$ d) $\sqrt{3□4} = 1□$

a) $\sqrt{□□□} = 30$ b) $\sqrt{2□□} = □7$
c) $\sqrt{\frac{1}{1□4}} = \frac{□}{□□}$ d) $\sqrt{\frac{64}{1□24}} = \frac{□}{□□} = \frac{□}{□}$

3 Bestimme alle natürlichen Zahlen, deren Quadratzahlen im angegebenen Intervall liegen. Beschreibe dein Vorgehen.

a) $100 \leq x^2 \leq 500$
b) $300 \leq x^2 \leq 700$
c) $900 < x^2 \leq 1024$

a) $1000 \leq x^2 < 1300$
b) $625 < x^2 \leq 1024$
c) $12\,000 < x^2 < 13\,000$

4 Ein Schokoladenhersteller möchte quadratische Schokoladentafeln herstellen und überlegt, ob die folgenden Anzahlen ebenfalls quadratischer kleiner Stücke möglich wären: 16, 46, 87, 115, 169.

a) Entscheide und begründe, welche der Stückzahlen zu einer quadratischen Schokoladentafel führen.
b) Gib an, wie viele Stückchen man bei den Werten ergänzen müsste, die zu keinem Schokoladenquadrat führen.

a) Bestimme für die Stückzahlen, die zu einer quadratischen Schokoladentafel führen, die Anzahl der Stücke in einer Reihe.
b) Beurteile, welche Stückzahlen für den Verkauf der Schokoladentafeln sinnvoll sind.

5 Berechne, sofern möglich, jeweils den Wert des Terms für die angegebenen Werte von x. Bestimme dann jeweils den maximalen Definitionsbereich der Terme.

1 $x = -2$ 2 $x = 0$ 3 $x = 1$ 4 $x = 10$ 5 $x = \frac{1}{2}$ 6 $x = 6^2$

a) $\sqrt{0{,}5x}$ b) $\sqrt{x - 2}$ c) $\sqrt{-2x}$

a) $\sqrt{-x + 2}$ b) $\sqrt{-2x + 1}$ c) $\sqrt{\frac{5}{x - 4}}$

Zu 1.2

6 Gib für x jeweils zwei rationale und eine irrationale Zahl an, so dass gilt:

a) $2 < x < 3$
b) $10{,}0 < x < 10{,}5$

a) $4{,}17 < x < 4{,}18$
b) $5{,}234 < x < 5{,}235$

7 Entscheide und begründe, ob die folgenden Aussagen wahr sind.

a) Jede rationale Zahl ist eine reelle Zahl.
b) Zwischen 0,5 und 0,6 liegen unendlich viele rationale Zahlen.

a) Jede reelle Zahl ist eine ganze Zahl.
b) Quadriert man eine reelle Zahl, so erhält man stets eine positive rationale Zahl.

8 Für $\sqrt{7}$ gibt der Taschenrechner nur einen Näherungswert an. Dieser wird mithilfe des Heronverfahrens berechnet.

a) Beschreibe das Heronverfahren in Worten.
b) Bestimme mit dem Heronverfahren einen Näherungswert für $\sqrt{7}$ auf Tausendstel genau.

a) Beweise, dass $\sqrt{7}$ eine irrationale Zahl ist.
b) Erkläre, warum das Heronverfahren als Iterationsverfahren bezeichnet wird.

9 Entscheide jeweils, ob der Wert des Terms rational oder irrational ist.

a) $\sqrt{3}$ b) $\sqrt{4+7}$ c) $4 \cdot \sqrt{2} : \sqrt{5}$
d) $\sqrt{64} + 6$ e) $\sqrt{9} + \sqrt{0{,}09}$ f) $\sqrt{\frac{1}{4}}$

a) $\sqrt{100}$ b) $\sqrt{900} + \sqrt{100}$ c) $\sqrt{6} \cdot \sqrt{\frac{1}{14}}$
d) $\sqrt{2{,}45}$ e) $\frac{\sqrt{16}}{\sqrt{20}}$ f) $\sqrt{1{,}21} - \sqrt{0{,}4}$

10 Übertrage jeweils die Angabe in dein Heft und gib die fehlenden Zahlen bzw. Ziffern an. Zu 1.3

a) $\sqrt{5} \cdot \sqrt{\square} = \sqrt{10}$ b) $\sqrt{7} \cdot \sqrt{\square} = \sqrt{21}$
c) $\frac{\sqrt{12}}{\sqrt{\square}} = \sqrt{3}$ d) $\sqrt{\square} \cdot \sqrt{2{,}5} = \sqrt{20}$
e) $\frac{\sqrt{30}}{\sqrt{\square}} = \sqrt{30}$ f) $\sqrt{13} \cdot \sqrt{\square} = 13$

a) $\frac{\sqrt{\square}}{\sqrt{11}} = \sqrt{11}$ b) $\sqrt{12} \cdot \sqrt{\square} = \sqrt{576}$
c) $\sqrt{\square} \cdot \sqrt{36} = 18$ d) $\sqrt{\square 36} : \sqrt{\square 1} = 4$
e) $\sqrt{121} \cdot \sqrt{\square} = 0$ f) $\sqrt{169} : \sqrt{\square} = \sqrt{13}$

11 Fasse die Terme möglichst weitgehend zusammen ($a, b, x, y \in \mathbb{R}_0^+$).

a) $4\sqrt{5} + 3\sqrt{5}$ b) $2\sqrt{4b} - 3\sqrt{25b}$
c) $3\sqrt{50x} + \sqrt{8x}$ d) $11\sqrt{x} - \sqrt{121x}$

a) $4\sqrt{20} + 2\sqrt{5}$ b) $3\sqrt{8b} - 2\sqrt{18b}$
c) $2\sqrt{x^2y} + x\sqrt{9y}$ d) $\sqrt{324x} + \sqrt{81x}$

12 Übertrage die Termmauer in dein Heft und vervollständige sie dort. Vereinfache die Terme möglichst weitgehend.

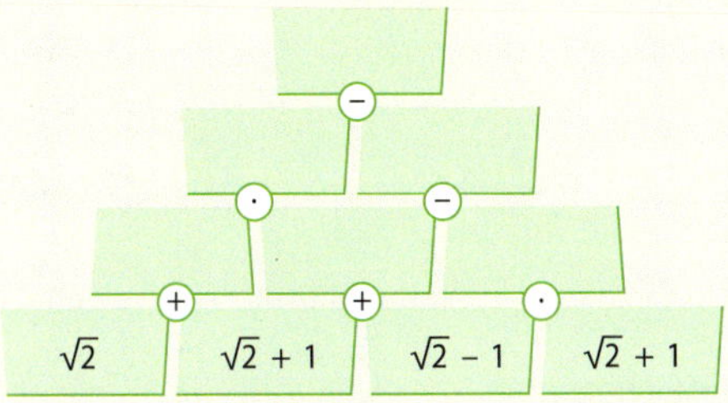

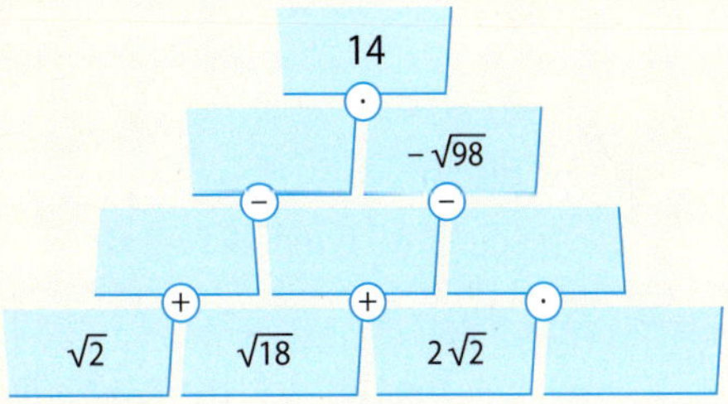

13 Mache jeweils den Nenner rational und vereinfache den Term möglichst weitgehend.

a) $\frac{2}{\sqrt{10}}$ b) $\frac{3}{4\sqrt{3}}$ c) $\frac{\sqrt{2} + \sqrt{3}}{\sqrt{6}}$

a) $\frac{2\sqrt{5}}{15\sqrt{15}}$ b) $\frac{3}{\sqrt{10} - 1}$ c) $\frac{\sqrt{54}}{\sqrt{27} - 2}$

14 Gib jeweils die maximale Definitionsmenge des Terms an. Mache den Nenner rational und vereinfache den Term möglichst weitgehend.

a) $\frac{x}{\sqrt{x^3}}$ b) $\frac{4x}{\sqrt{2x}}$ c) $\frac{\sqrt{x} - 5}{\sqrt{x} + 5}$

a) $\frac{2\sqrt{x^2}}{\sqrt{12x + 4x}}$ b) $\frac{\sqrt{2x} + 1}{\sqrt{2x} - 1}$ c) $\frac{\sqrt{8x} - \sqrt{32x}}{2\sqrt{2x}}$

15 Gib je zwei benachbarte natürliche Zahlen an, zwischen denen die Wurzel liegt.

a) $\sqrt{33}$ b) $\sqrt{287}$ c) $\sqrt{1\,000\,007}$ d) $\sqrt{8^3}$ e) $\sqrt{326{,}7}$

16 In der politischen Demokratietheorie gibt es den Vorschlag, Stimmgewichte in internationalen Gremien wie folgt zu ermitteln:

Für die Stimmen, die Land A erhält, würde man die Quadratwurzel aus der Bevölkerungszahl des Landes ziehen.

a) Ermittle, wie viele Stimmen nach dieser Berechnung den einzelnen Ländern der EU im Rat der Europäischen Union zustehen würden.
b) Berechne den Anteil der Stimmen jedes Landes an der Gesamtstimmenanzahl und erstelle ein Diagramm in einem Tabellenkalkulationsprogramm.
c) Vergleiche deine Ergebnisse mit den derzeit gültigen Stimmenverteilungen und beurteile die Umsetzbarkeit des Vorschlags.

Johann Heinrich Lambert (1728–1777) hat 1767 bewiesen, dass die Kreiszahl π eine irrationale Zahl ist.

17 Merlin hat im Internet einige Näherungswerte für die Kreiszahl $\pi = 3{,}14159265358979\ldots$ gefunden. Berechne die zehn Näherungswerte jeweils mit deinem Taschenrechner. Beurteile, welche Näherungswerte im Alltag angewendet werden sollten.

1 $\frac{22}{7}$ 2 $\frac{355}{113}$ 3 $\sqrt{10}$ 4 $\frac{9}{5} + \sqrt{\frac{9}{5}}$

5 $\sqrt{\frac{227}{23}}$ 6 $\frac{99^2}{2 \cdot 1103 \cdot \sqrt{2}}$ 7 $\frac{99 \cdot 7 \cdot (7 + 3\sqrt{2})}{80 \cdot 31}$ 8 $\frac{63 \cdot (17 + 15\sqrt{2})}{25 \cdot (7 + 15\sqrt{2})}$

9 $\sqrt{\sqrt{\frac{2143}{22}}}$ 10 $\sqrt{\sqrt{\sqrt{\frac{161\,305}{17}}}}$

18 Ordne wertgleiche Terme einander zu. Ein Term bleibt übrig. Gib für diesen einen äquivalenten Term an.

$\sqrt{100 + 44}$ $(\sqrt{2})^2 \cdot \sqrt{2}$ 2^2 $\sqrt{100} + \sqrt{44}$

12 $2^2 \cdot \sqrt{2}$ $\sqrt{8}$ $\sqrt{32}$ $\frac{\sqrt{32}}{\sqrt{2}}$

19 Für die Körperoberfläche S (in m²) eines Menschen der Größe x (in cm) und der Masse y (in kg) gilt näherungsweise die Formel
$S = \frac{\sqrt{x \cdot y}}{60}$.

	x	y
Gregor	183	65
Laura	164	55
Lucas	167	56
Sophie	168	51
Simon	144	33

a) Berechne anhand der Tabelle die Körperoberflächen von Gregor, Laura, Lucas, Sophie und Simon in Quadratmeter auf eine Dezimale gerundet.
b) Stelle die Zuordnung $y \mapsto S$ für eine Körpergröße von 180 cm graphisch dar. Beschreibe, wie sich eine größere Masse bei konstanter Körpergröße auf die Körperoberfläche auswirkt.

20 Übertrage die Angabe in dein Heft und ersetze den Platzhalter durch eines der Zeichen <, > bzw. =, sodass eine wahre Aussage entsteht. Begründe deine Entscheidung.

a) $\sqrt{2} + \sqrt{3}$ ▢ $\sqrt{2 \cdot 3}$ b) $\sqrt{100} - \sqrt{50}$ ▢ $\sqrt{50}$ c) $\sqrt{45} - \sqrt{5}$ ▢ $\sqrt{45 : 5 + 1}$

21 Entscheide jeweils, welcher der fünf Terme nicht zu den anderen „passt“ und gib eine Begründung an.

a) $\sqrt{36}$; $\sqrt{36+36}$; $36\sqrt{36}$; $\sqrt{36} - \sqrt{12} \cdot \sqrt{3}$; $\sqrt{36} + \sqrt{72} : \sqrt{2}$

b) $\sqrt{\frac{64}{4}}$; $\frac{\sqrt{64} + \sqrt{16} + \sqrt{4}}{\sqrt{64} - \sqrt{4} : 2}$; $\frac{\sqrt{64}}{\sqrt{16} + \sqrt{16}}$; $(\sqrt{64} - \sqrt{8} + \sqrt{4}) : \sqrt{2}$; $\sqrt{128} : \sqrt{8}$

22 Radiziere die Wurzelterme möglichst weitgehend. Die Silben in der Tabelle ergeben in der Reihenfolge r) bis a) ein Zitat von Albert Einstein.

a) $\sqrt{24}$ b) $\sqrt{48}$ c) $\sqrt{50}$ d) $\sqrt{98}$ e) $\sqrt{125}$
f) $\sqrt{288}$ g) $\sqrt{250}$ h) $\sqrt{363}$ i) $\sqrt{1250}$ j) $\sqrt{2000}$
k) $\sqrt{2450}$ l) $\sqrt{4050}$ m) $\sqrt{348 \cdot 10^6}$ n) $\sqrt{3{,}50 \cdot 10^{10}}$ o) $\sqrt{6{,}25 \cdot 10^{-6}}$
p) $\sqrt{18}$ q) $\sqrt{12}$ r) $\sqrt{96}$

re	wir	sa	Das,	nen	gen	rech	Be	un
$2000\sqrt{87}$	$5\sqrt{2}$	$5\sqrt{10}$	$4\sqrt{6}$	$5\sqrt{5}$	$25\sqrt{2}$	$35\sqrt{2}$	$45\sqrt{2}$	0,0025

fall.	dem	Zu	nun	ver	nen	se	bei	gen,
$2\sqrt{6}$	$3\sqrt{2}$	$4\sqrt{3}$	$20\sqrt{5}$	$11\sqrt{3}$	$7\sqrt{2}$	$50\,000\sqrt{14}$	$2\sqrt{3}$	$12\sqrt{2}$

Albert Einstein (1879–1955)

23 Gegeben sind die folgenden Terme:

a) $\sqrt{3{,}5} \cdot \sqrt{14}$ b) $\sqrt{12} \cdot \sqrt{3}$ c) $\sqrt{27} \cdot \sqrt{3}$ d) $\sqrt{9{,}8} \cdot \sqrt{500}$
e) $\sqrt{12{,}5 \cdot 50}$ f) $\sqrt{3{,}5 \cdot (225 - 1)}$ g) $\sqrt{3} \cdot (\sqrt{0{,}2} \cdot \sqrt{5{,}4})$ h) $\sqrt{52} : \sqrt{0{,}13}$
i) $\sqrt{169 - 25}$ j) $0{,}5\sqrt{2} - \frac{1}{\sqrt{2}}$ k) $\frac{9}{\sqrt{3}} - \sqrt{48} + \frac{\sqrt{6}}{\sqrt{2}}$ l) $\frac{8020}{\sqrt{2}} - 4010\sqrt{2}$

1 Vereinfache jeden der Terme so weit wie möglich. Kontrolliere deine Ergebnisse mithilfe des Taschenrechners.

2 Yara behauptet: „Wenn man das Ergebnis von Teilaufgabe l) kennt, kann man sofort den Wert des Terms $\left(1000\sqrt{\frac{8020}{\sqrt{2}} - 4010\sqrt{2}} - \sqrt{7}\right)^2$ angeben.
Entscheide und begründe, ob Yara Recht hat.

24 Vereinfache die Terme so weit wie möglich ($a, b \in \mathbb{R}^+$). Erläutere deine Rechenschritte.

a) $\sqrt{a^2} : (2\sqrt{a})^3$ b) $\sqrt{a^3} : \sqrt{a}$ c) $3\sqrt{a} + 3\sqrt{4a} - 5\sqrt{9a}$
d) $\sqrt{2ab} : \sqrt{ab}$ e) $\left(\sqrt{a^2 b} : \sqrt{b^2 a}\right)^2$ f) $\sqrt{ab} : \sqrt{ab^{-1}}$ g) $(2\sqrt{a})^3 - \frac{64}{a} \cdot \left(\frac{\sqrt{a}}{2}\right)^5$
h) $\sqrt{(-a)^4}$ i) $\sqrt{a^2\sqrt{a^4}}$ j) $\sqrt{0{,}08\,b^{-4}}$ k) $\sqrt{128\,b^5} : \sqrt{0{,}5\,b^{-1}}$
l) $\sqrt{5\frac{1}{3}b} \cdot \sqrt{12b}$ m) $\sqrt{\frac{3}{8b}} : \sqrt{\frac{32a^2}{27b}}$ n) $\sqrt{\frac{343a^4}{18b}} : \sqrt{\frac{7a^2}{324b^2}}$ o) $\sqrt{\frac{10b}{75a^5}} : \left(\sqrt{24a^3b}\right)^{-1}$

25 a) Führe jeweils mit dem Heronverfahren und einer Intervallschachtelung vier Schritte durch, um einen Näherungswert für $\sqrt{47}$ zu erhalten.
b) Beurteile, mit welchem Verfahren man schneller eine „bessere“ Näherung erzielt.
c) Beurteile die Verfahren hinsichtlich ihres rechnerischen Aufwands und der Möglichkeit, sie „einfach“ in einem Tabellenkalkulationsprogramm umzusetzen.

26 Vereinfache den Term $\sqrt{144} \cdot z + \sqrt{144 \cdot z^2}$ und gib an, für welche Werte von z der Termwert null ist.

27 Gib jeweils die maximale Definitionsmenge des Terms an und schreibe ihn – wenn möglich – ohne Wurzelzeichen.

a) $\sqrt{36x^4y^2}$ b) $\sqrt{(-a)^2}$ c) $\sqrt{(1-2z)^2}$ d) $\sqrt{(a-b)^2}$

e) $\sqrt{a^2+b^2}$ f) $\sqrt{a^2\cdot b^2}$ g) $\sqrt{(-a)\cdot b^2}$ h) $\sqrt{\frac{1}{x^2}}$

28 Ordne die sechs Terme $\sqrt{3}$; $2\sqrt{3}-1$; $\sqrt{3}+1$; $2\sqrt{3}$; $\sqrt{13}$ und $\sqrt{3}-1$ in einer steigenden Ungleichungskette. Beschreibe dein Vorgehen.

29 a) Begründe rechnerisch und geometrisch, warum man beim Heronverfahren nicht den Startwert null wählen kann.

b) Erläutere, welche Auswirkungen die Wahl eines negativen Startwerts beim Heronverfahren auf das Ergebnis hat.
Entscheide und begründe, ob ein solcher Startwert zielführend ist.

30 Frau Müller besitzt ein großes trapezförmiges Grundstück mit den in der Abbildung angegebenen Maßen.

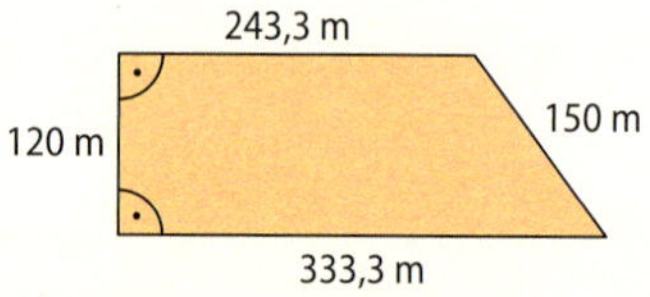

a) Berechne den Flächeninhalt des Grundstücks.

b) Vergleiche den Umfang des trapezförmigen Grundstücks mit dem eines flächengleichen quadratischen Grundstücks.

c) Jassin behauptet: „Man hätte nicht rechnen müssen, um zu wissen, dass der Umfang des Quadrats kleiner ist als der des Trapezes."
Entscheide und begründe, ob Jassin Recht hat.

31 Torben hat eine Gleichung gelöst. Zeige, dass seine Überlegungen fehlerhaft sind.

Für alle reellen Zahlen gilt: $(x-1)^2 = (1-x)^2$.
Durch Radizieren folgt: $x - 1 = 1 - x$.
Daraus folgt: $L = \{1\}$.

32 Die besten Weitspringerinnen der Klasse 9a sind Laura und Carolin. Eine der beiden soll beim Stadtsportfest die Schule vertreten.

Laura	4,50 m	3,93 m	3,62 m	4,05 m	4,65 m
Carolin	4,01 m	4,28 m	4,22 m	4,15 m	4,09 m

Die Sportlehrerin überlegt anhand der Tabelle, wer von beiden besser abgeschnitten hat. Sie berücksichtigt dabei neben der durchschnittlichen Sprungweite d auch die „Zuverlässigkeit der Leistung", die sie anhand der sogenannten Standardabweichung

$\sigma = \sqrt{\frac{(x_1-d)^2+(x_2-d)^2+(x_3-d)^2+(x_4-d)^2+(x_5-d)^2}{5}}$ vergleicht.

x_1, x_2, x_3, x_4 und x_5 sind die erzielten Sprungweiten, und d ist ihr Mittelwert.

a) Berechne für beide Schülerinnen die durchschnittliche Sprungweite d.

b) Ermittle rechnerisch für beide Schülerinnen die Standardabweichung σ und entscheide, wen die Sportlehrerin zum Sportfest schicken soll.

c) Informiere dich über sogenannte Streumaße und präsentiere deine Ergebnisse in der Klasse.

Die Quadratwurzel

Seite 14

Für $a \geq 0$ heißt die **nichtnegative** Zahl $\sqrt{a}$, deren Quadrat a ergibt, **Quadratwurzel aus a.**

Es gilt für …

- $a \geq 0$: $\sqrt{a} \geq 0$, $\sqrt{a^2} = a$ und $(\sqrt{a})^2 = a$.
- beliebige a: $\sqrt{a^2} = |a|$.

Der Abstand einer Zahl a von der Zahl Null heißt **Betrag** $|a|$ von a.

Wurzelzeichen

$\underbrace{\sqrt{2 \cdot x - 1}}_{\text{Radikand}} = 3$ für $x = 5$

$\sqrt{225} = 15$, da $15^2 = 225$ $\quad \sqrt{(-55)^2} = |-55| = 55$

$$\sqrt{(x-3)^2} = |x-3| = \begin{cases} x - 3 & \text{für } x > 3 \\ 0 & \text{für } x = 3 \\ -(x-3) & \text{für } x < 3 \end{cases}$$

Heronverfahren

Seite 17

Beim Heronverfahren werden stets dieselben Rechenschritte durchlaufen, um $\sqrt{A}$ $(A > 0)$ zu bestimmen.

Ein Rechteck mit vorgegebenem Flächeninhalt A und den Seitenlängen a_n und b_n wird dabei schrittweise einem Quadrat mit der Seitenlänge $\sqrt{A}$ $(A > 0)$ angenähert.

Für den jeweils nächsten Schritt $(n + 1)$ gilt:

$$a_{n+1} = \frac{a_n + b_n}{2} \text{ und } b_{n+1} = \frac{A}{a_{n+1}}$$

Bestimme einen Näherungswert für $\sqrt{10}$.

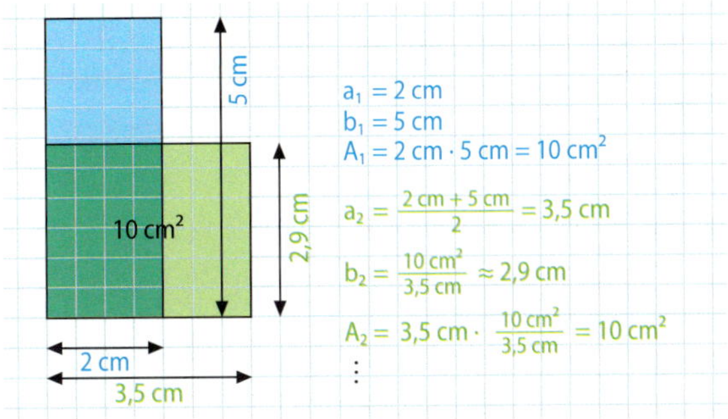

Irrationale und reelle Zahlen

Seite 18

Zahlen, die sich weder als endlicher noch als periodischer Dezimalbruch darstellen lassen, heißen **irrationale Zahlen.**

Die Menge der rationalen Zahlen und die Menge der irrationalen Zahlen bilden zusammen die **Menge ℝ der reellen Zahlen.**

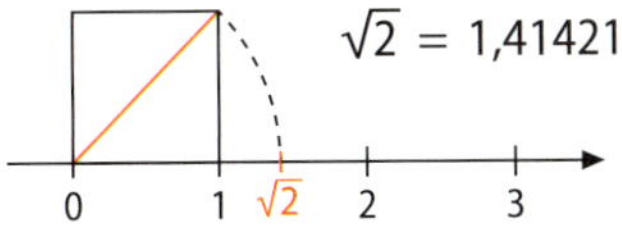

$\sqrt{2} = 1{,}414213562\ldots$

Mithilfe eines **indirekten Beweises** („Widerspruchsbeweis") kann man zeigen, dass die Gleichung $x^2 = 2$ in $\mathbb{Q}$ keine Lösung besitzt.

Rechnen mit reellen Zahlen

Seite 24

Für das Rechnen mit reellen Zahlen gelten das **Kommutativgesetz** und das **Assoziativgesetz** für die Addition und Multiplikation sowie das **Distributivgesetz.**

Multiplikation von Wurzeltermen:

$\sqrt{a} \cdot \sqrt{b} = \sqrt{ab}$; $a, b \in \mathbb{R}_0^+$

Division von Wurzeltermen:

$\frac{\sqrt{a}}{\sqrt{b}} = \sqrt{\frac{a}{b}}$; $a \subset \mathbb{R}_0^+$; $b \in \mathbb{R}^+$

Bei der Addition und Subtraktion lassen sich zwei Wurzelterme **nicht** zu einer Wurzel **zusammenfassen.**

Ergebnisse gibt man mit rationalem Nenner und so weit wie möglich **radiziert** an.

$\sqrt{3} \cdot \sqrt{4} = \sqrt{4} \cdot \sqrt{3} = 2\sqrt{3}$

$\sqrt{a} + (\sqrt{b} + \sqrt{c}) = (\sqrt{a} + \sqrt{b}) + \sqrt{c}$; $a, b, c \in \mathbb{R}_0^+$

$4\sqrt{3} + 7\sqrt{3} - 9\sqrt{3} = (4 + 7 - 9)\sqrt{3} = 2\sqrt{3}$

$\sqrt{3} \cdot \sqrt{6} = \sqrt{18} = \sqrt{9 \cdot 2} = 3\sqrt{2}$

$\sqrt{a^4 b} = \sqrt{a^4} \cdot \sqrt{b} = a^2\sqrt{b}$; $a, b \in \mathbb{R}_0^+$

$\sqrt{\frac{4}{3}} = \frac{\sqrt{4}}{\sqrt{3}} = \frac{2}{\sqrt{3}} = \frac{2 \cdot \sqrt{3}}{\sqrt{3} \cdot \sqrt{3}} = \frac{2\sqrt{3}}{3} = \frac{2}{3}\sqrt{3}$

$\sqrt{\frac{x}{y^2}} = \frac{\sqrt{x}}{\sqrt{y^2}} = \frac{1}{y}\sqrt{x}$; $x, y \in \mathbb{R}^+$

aber:

$\sqrt{9} + \sqrt{16} = 3 + 4 \neq 5 = \sqrt{25} = \sqrt{9 + 16}$

Aufgaben zur Einzelarbeit

Überprüfe deine Fähigkeiten und Kompetenzen. Bearbeite dazu die folgenden Aufgaben und bewerte anschließend deine Lösungen mit einem Smiley.

☺	😐	☹
Das kann ich **wirklich gut!**	Das kann ich **fast!**	Das muss ich **noch üben!**

1 Vereinfache die Wurzeln so weit wie möglich.
a) $\sqrt{49}$ b) $\sqrt{128}$ c) $\sqrt{363}$ d) $\sqrt{450}$

2 Ersetze den Platzhalter jeweils durch $\in$ bzw. $\notin$, so dass eine wahre Aussage entsteht.
a) $0,\overline{7}\ \square\ \mathbb{R}$ b) $0,\overline{7}\ \square\ \mathbb{Q}$ c) $\sqrt{5}\ \square\ \mathbb{Q}$
d) $\sqrt{5}\ \square\ \mathbb{R}$ e) $0\ \square\ \mathbb{Z}$ f) $\pi\ \square\ \mathbb{Q}$

3 a) Führe die ersten drei Schritte des Heronverfahrens durch, um eine Näherung für $\sqrt{11}$ zu erhalten. Beschreibe dein Vorgehen.
b) Veranschauliche deine Berechnungen aus Teilaufgabe a) durch geeignete Skizzen.

4 Nenne jeweils zwei rationale Zahlen, zwischen denen die Wurzeln liegen. Gib eine kurze Begründung an.
a) $\sqrt{28}$ b) $\sqrt{55}$ c) $\sqrt{1,10}$ d) $\sqrt{0,05}$

5 Vereinfache die Terme weitestgehend.
a) $\sqrt{2} \cdot \sqrt{2}$ b) $\sqrt{2} \cdot \sqrt{18}$ c) $\sqrt{3} \cdot \sqrt{27}$
d) $\sqrt{6} \cdot \sqrt{24}$ e) $\sqrt{3} \cdot \sqrt{75}$ f) $\sqrt{8} \cdot \sqrt{50}$
g) $\frac{\sqrt{8}}{\sqrt{18}}$ h) $\frac{\sqrt{72}}{\sqrt{50}}$ i) $\frac{\sqrt{24}}{\sqrt{54}}$ j) $\frac{\sqrt{192}}{\sqrt{147}}$

6 Übertrage in dein Heft und setze Ziffern ein, so dass eine wahre Aussage entsteht. Gib, falls möglich, mehrere Lösungen an.
a) $\sqrt{2} \cdot \sqrt{\square} = \sqrt{50}$ b) $\sqrt{\square 9} \cdot \sqrt{\square} = \sqrt{196}$
c) $\sqrt{\square 0} \cdot \sqrt{5} = \sqrt{1\square\square}$ d) $\sqrt{432} : \sqrt{\square\square} = 6$
e) $\frac{\sqrt{1083}}{\sqrt{\square}} = 19$ f) $\sqrt{\square} \cdot \sqrt{57,\square} = 17$

7 Vereinfache den Wurzelterm $\sqrt{(x-6)^2}$ unter Verwendung des Betragszeichens.

8 Gib die maximalen Definitionsmengen der Terme an.
a) $\sqrt{x-4}$ b) $(\sqrt{-9x})^2$ c) $\sqrt{(81x-16)^2}$

9 Mache jeweils den Nenner rational und vereinfache die Terme so weit wie möglich.
a) $\frac{4}{\sqrt{10}}$ b) $\frac{\sqrt{360}}{\sqrt{240}}$ c) $\frac{50}{2\sqrt{50}}$
d) $\frac{9-15}{\sqrt{9}+15}$ e) $\frac{\sqrt{50}+40}{\sqrt{50}-40}$ f) $\frac{\sqrt{6}}{\sqrt{3}+1}$

10 Vereinfache die Terme jeweils möglichst weitgehend ($x, y \in \mathbb{R}^+$).
a) $(2\sqrt{x} - \sqrt{y}) \cdot 2\sqrt{xy}$ b) $\frac{\sqrt{x^3}}{\sqrt{2x}}$ c) $\frac{8x}{(2\sqrt{4x})^3}$
d) $\frac{7x+7y}{\sqrt{x+y}}$ e) $|x| + x$ f) $x - |x|$
g) $(2\sqrt{xy} + \sqrt{y})(2\sqrt{x} - \sqrt{y}) - 2\sqrt{x^2y} - 2\sqrt{xy^2}$

11 Berechne die Seitenlänge x. Beschreibe dein Vorgehen.

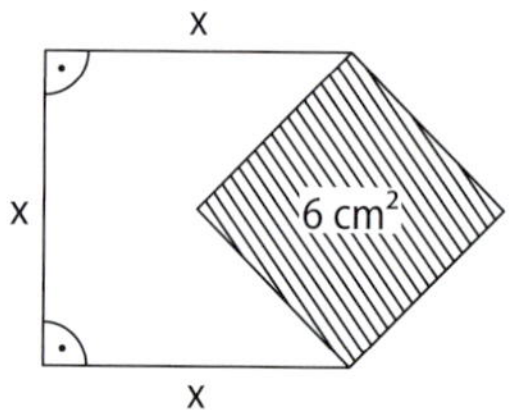

12 Bei kaltem und windigem Wetter empfinden wir die Luft als kälter als bei gleicher Temperatur und Windstille. Die „gefühlte Temperatur" lässt sich mit der Formel

$$T_W = 33 - \frac{(10{,}45 + 10\sqrt{v} - v)(33 - T)}{22}$$

in °C berechnen. Dabei bedeutet T die gemessene Temperatur (in °C) und v die Windgeschwindigkeit (in m/s).

a) Bestimme jeweils die „gefühlte Temperatur" T_W in °C für …
1 T = 5 °C; v = 4 m/s.
2 T = 0 °C; v = 6 m/s.
b) Erläutere, wie sich die „gefühlte Temperatur" mit steigender Windgeschwindigkeit verändert.

Aufgaben für Lernpartner

Arbeitsschritte

1. Bearbeite die folgenden Aufgaben zuerst allein.
2. Suche dir einen Partner oder eine Partnerin und arbeitet zusammen weiter: Erklärt euch gegenseitig eure Lösungen. Korrigiert fehlerhafte Antworten.

Sind folgende Behauptungen richtig oder falsch? Begründe.

A Die Quadratwurzel aus 13 liegt zwischen den ganzen Zahlen 4 und 5.

B Beim Heronverfahren kann man jede beliebige reelle Zahl als Startwert wählen.

C Jede Zahl, die man als Wurzel schreiben kann, ist irrational.

D $\sqrt{\pi}$ ist eine rationale Zahl.

E Der Betrag einer reellen Zahl kann negativ sein.

F Ein Rechteck mit den Seitenlängen 3 cm und 4 cm ist flächengleich zu einem Quadrat mit der Seitenlänge $\sqrt{12}$ cm.

G Eine negative Zahl ist nie eine irrationale Zahl.

H Jede natürliche Zahl ist eine reelle Zahl.

I Jede Wurzel, deren Radikand eine durch 4 teilbare Zahl ist, lässt sich teilweise radizieren.

J Jede irrationale Zahl lässt sich als Bruch zweier ganzer Zahlen darstellen.

K Es gilt $\sqrt{-x} < x$ für alle $x \in \mathbb{R}^-$.

L Ermittelt man den Wert einer Quadratwurzel, so ist dieser stets kleiner als der Radikand.

M Zwei Quadratwurzeln, die multipliziert werden, lassen sich zu einer Quadratwurzel zusammenfassen.

N Es gilt $\sqrt{100} : \sqrt{36} = \frac{5}{3}$.

O Jede Gleichung $x^2 = a$, $a \in \mathbb{R}^+$, hat mindestens eine Lösung.

P Das Heronverfahren ist ein Iterationsverfahren.

Q Es gilt $3\sqrt{7} + 2\sqrt{7} = 5\sqrt{7}$.

R Wenn man eine Zahl quadriert und anschließend die Wurzel zieht, so erhält man die Ausgangszahl.

S Der Wert des Produkts zweier irrationaler Zahlen kann rational sein.

T Der Taschenrechner gibt für $\sqrt{8}$ einen exakten Wert aus.

Ich kann …	„Am Ziel!"-Aufgaben	Hilfe
… Werte von Quadratwurzeln bestimmen und den Begriff der Quadratwurzel sicher anwenden.	1, 4, 6, 7, A, E, F, K, L, R	S. 14
… die Existenz irrationaler Zahlen beweisen und Näherungswerte irrationaler Zahlen mit dem Heronverfahren bestimmen.	3, A, B, D, P	S. 18
… irrationale und rationale Zahlen unterscheiden und die Zahlbereichserweiterung zu den reellen Zahlen richtig deuten.	2, 4, C, D, G, H, J, T	S. 18
… mit reellen Zahlen rechnen und Wurzelterme vereinfachen.	5, 6, 7, 8, 9, 10, 11, 12, I, M, N, O, Q, S, T	S. 24

2 Startklar!

Grundwissen

Mediencode 61049-04

Aufgabe	Ich kann schon …
1, 2, 3, 4	… Funktionsterme linearer Funktionen aufstellen, interpretieren und deren Graphen zeichnen.
4	… lineare Gleichungssysteme lösen.
5	… Eigenschaften gebrochen-rationaler Funktionen und ihrer Graphen benennen und erkennen.
6, 7	… binomische Formeln anwenden.

1 Gegeben sind Funktionen der Form $x \mapsto mx$.

a) Zeichne für **1** $m_1 = \frac{1}{3}$ **2** $m_2 = -4$ **3** $m_3 = 0{,}25$ **4** $m_4 = -2{,}5$ jeweils den Graphen der zugehörigen Funktion in ein Koordinatensystem. Beschreibe Gemeinsamkeiten und Unterschiede der Funktionsgraphen.

b) Verschiebe die Gerade mit der Funktionsgleichung $y = \frac{1}{2}x$ wie angegeben und gib jeweils die zugehörige Funktionsgleichung an.

1 um 2 Einheiten in negative y-Richtung **2** um 1,5 Einheiten in positive y-Richtung

2 Gegeben ist die Funktion $f\colon x \mapsto 2x + 4$ und ihr Graph G_f.
Begründe jeweils, ob die Aussage wahr oder falsch ist.

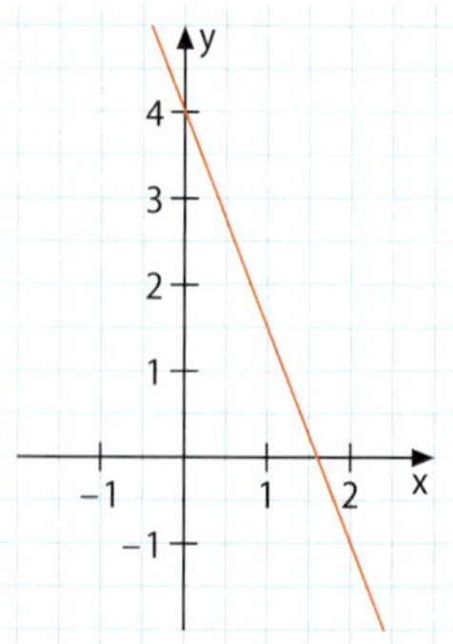

a) Im Koordinatensystem rechts ist G_f dargestellt.

b) Die Funktion f besitzt die Nullstelle $x = 2$.

c) G_f verläuft nicht parallel zum Graphen der Funktion $g\colon x \mapsto 2(4 - x)$.

d) G_f schneidet die y-Achse im Punkt $T(0|2)$.

e) $P(1|-3)$ liegt oberhalb von G_f.

3 Die Punkte $P(1|-1)$ und $Q(3|-6)$ bestimmen eine Gerade, die durch die lineare Funktion f beschrieben wird.

a) Zeichne (in einer DGS) die Gerade und ermittle die Funktionsgleichung von f.

b) Bestimme die Schnittpunkte dieser Geraden mit den Koordinatenachsen.

4 Berechne die Lösungsmenge des Gleichungssystems und prüfe dein Ergebnis zeichnerisch (in einer DGS).

a) I: $x + 4y = 2$ II: $-x + 2y = 0$ **b)** I: $x - 1 = 2y$ II: $4x - 5y = 1$

5 Gegeben sind die Funktionen $f\colon x \mapsto \frac{10}{x-1}$ und $g\colon x \mapsto 5$ mit ihren Graphen G_f bzw. G_g.

a) Gib die maximale Definitionsmenge D_f der Funktion f an sowie die Gleichung der senkrechten Asymptote von G_f.

b) Ermittle den Schnittpunkt der Graphen G_f und G_g rechnerisch und überprüfe dein Ergebnis graphisch in einer DGS.

6 Erkläre, wie man den dritten Summanden des Terms $x^2 + 12x + \square$ bestimmen kann, wenn es sich um eine binomische Formel handelt.

7 Ermittle jeweils die fehlenden Termglieder, sodass die Aussage wahr ist.

a) $(x - 4)(x + \square) = x^2 - 16$ **b)** $(x - \square)^2 = \square - \square + 4$ **c)** $(\square + y)^2 = 16x^2 + \square + \square$

d) $(5z - \square)^2 = \square + 20xz + \square$ **e)** $(\square + \square)^2 = x^2 + \square + 9$ **f)** $(\square - \square)^2 = x^2 - 16xy + \square$

2 Quadratische Funktionen und quadratische Gleichungen

Einstieg

- Beschreibe Gemeinsamkeiten und Unterschiede in den Formen und Linien der Abbildungen.
- Es gibt Funktionen, deren Graphen die Linien in den Abbildungen näherungsweise beschreiben. Versuche, einen solchen Graphen in einer DGS zu zeichnen, und beschreibe weitere Situationen, die sich durch solche Graphen modellieren lassen.

Ausblick

Am Ende dieses Kapitels hast du gelernt, …

- … quadratische Funktionen zu beschreiben und ihre Graphen zu zeichnen.
- … wesentliche Eigenschaften quadratischer Funktionen zu untersuchen.
- … den Funktionsterm quadratischer Funktionen auf verschiedene Weisen darzustellen.
- … quadratische Gleichungen zu lösen.

Historische Ecke
Mediencode 61049-05

Kap. 2.1

Bremsweg im Straßenverkehr

Ein wichtiger Aspekt beim Fahren im Straßenverkehr ist, dass die Geschwindigkeit der jeweiligen Situation angemessen sein muss. Nur so kann man zum Beispiel beim plötzlichen Auftauchen eines Kindes oder eines Balles auf der Fahrbahn noch reagieren. Im Notfall geschieht das durch ein abruptes Durchdrücken des Bremspedals, eine sogenannte Gefahrenbremsung.

- Schätze die Länge des Bremsweges, wenn ein PKW mit einer Geschwindigkeit von 120 km/h plötzlich bremsen muss.
- Ein Moped fährt mit einer Geschwindigkeit von 45 km/h und muss eine Gefahrenbremsung durchführen. Schätze auch hier die Länge des Bremsweges.

In der Fahrschule lernt man eine Faustregel für die Länge des Bremsweges.

Geschwindigkeit in 10 km/h	1	2	3	4
Bremsweg in m	1	4	9	16

- Stelle den Zusammenhang graphisch dar und gib einen möglichen Funktionsterm an.
- Vergleiche deine Schätzungen mit den Werten, die man aus der Faustformel ermitteln kann.
- Informiere dich, ob die theoretischen Werte, die sich aus der Faustregel ergeben, den Bremswegen in der Realität entsprechen.

Kap. 2.3

Skyfall – im freien Fall auf dem Oktoberfest

Auf dem Münchner Oktoberfest gibt es den 80 m hohen Freifallturm „Skyfall". Die Plattform mit den 24 Fahrgästen wird nach oben befördert und in 76 m Höhe ausgeklinkt. Danach erleben die Fahrgäste für kurze Zeit einen freien Fall. In einer Höhe von 30 m greifen die Magnetbremsen und lassen die Plattform sanft zur Erde gleiten. Unter dem Bild ist die Formel für den freien Fall angegeben.

- Erkläre die Bedeutung der Größen in der Formel für den freien Fall. Recherchiere hierzu im Internet.
- Berechne, wie lange das Fallvergnügen im Skyfall dauert.
- Ermittle rechnerisch, wie lange der freie Fall eines Gegenstands vom Olympiaturm in München (Höhe etwa 300 m) dauern würde.
- Stelle die Fallhöhe in Abhängigkeit von der Zeit graphisch dar.

Freier Fall:
$x(t) = \frac{1}{2} g t^2$

Kap. 2.4

Kugelstoßen

Felix trainiert Kugelstoßen an der Sportschule Oberhaching. Um seine Stoßtechnik zu verbessern, wurden während des Flugs zu verschiedenen Zeitpunkten die Höhe der Kugel und ihre jeweilige Entfernung vom Ring gemessen.

Entfernung in m	Höhe in m
1	2,2
1,5	2,39
2	2,5

- Zeige, dass die Funktion
  f: $x \mapsto -0{,}15x^2 + 0{,}75x + 1{,}6$
  den Wurf beschreiben kann.
- Zeichne den Graphen G_f der Funktion f für $x > 0$ in ein Koordinatensystem.
  1 Ermittle mithilfe des Graphen die Kugelstoßweite von Felix.
  2 Gib mithilfe des Graphen an, nach wie vielen Metern die Kugel eine Höhe von 2,54 m erreicht hat.
- Johanna behauptet, dass man die Flugbahn der Kugel auch durch die Funktion
  g: $x \mapsto -0{,}15\,(x - 2{,}5)^2 + 2{,}5375$ modellieren kann.
  Entscheide und begründe, ob sie Recht hat.

Kap. 2.5

Starten auf der Rennstrecke

Bei Autorennstrecken gibt es Kurven, deren Verlauf dem einer Parabel gleicht. In der Abbildung sind eine quadratische Funktion f_1: $x \mapsto -0{,}5x^2 - 2x + 5$ und eine quadratische Funktion f_2: $x \mapsto a \cdot (x - 4)^2 - 1$ ($a \in \mathbb{R}$) an den Punkten A(2 | 1) und B(0 | 5) durch eine Strecke $\overline{AB}$ verbunden.

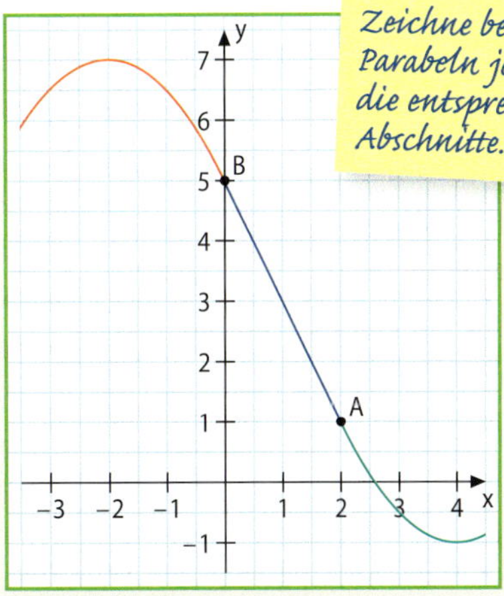

Zeichne bei den Parabeln jeweils nur die entsprechenden Abschnitte.

- Zeichne den Graphen G_{f1} der Funktion f_1 sowie die Punkte A und B (in einer DGS).
- Bestimme die Gleichung der Geraden g = AB.
- Berechne den Wert des Parameters a in der Funktionsgleichung der Funktion f_2 und beschreibe dein Vorgehen.
- Unterhalb der x-Achse sollen Curbs (Bordsteine an der Rennstrecke) angebracht werden. Ermittle hierfür die Schnittpunkte des Graphen G_{f2} der Funktion f_2 mit der x-Achse.

Entdecken

a	0 cm	0,5 cm	1 cm	2 cm	3 cm
A = a²					

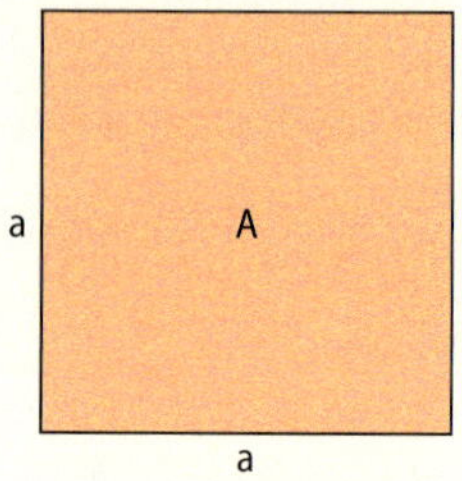

- Vervollständige die Tabelle und trage die Wertepaare in ein Koordinatensystem ein.
- Begründe, dass die Zuordnung $a \mapsto A$ nicht direkt proportional ist.

Verstehen

Die Zuordnung einer Kantenlänge zum Flächeninhalt eines Quadrats ist nicht direkt proportional. Man beschreibt sie mithilfe einer quadratischen Funktion.

Die Funktion **f:** $\mathbf{x \mapsto x^2}$, $D = \mathbb{R}$, ist eine **quadratische Funktion**. Ihr Graph G_f heißt **Normalparabel**.

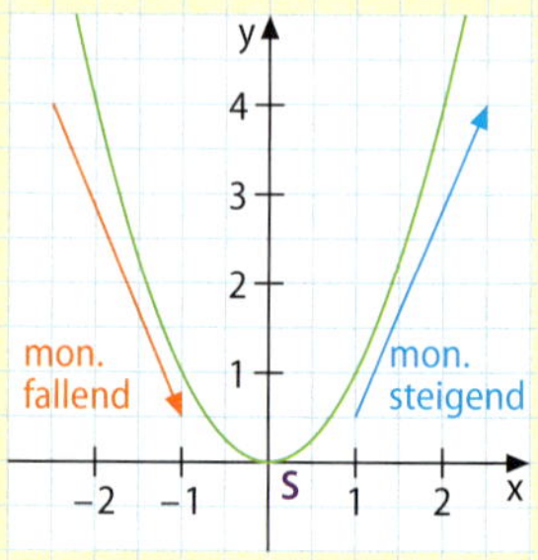

- G_f ist **achsensymmetrisch bezüglich der y-Achse.**
- Die Wertemenge ist $W = \mathbb{R}_0^+$, da $x^2 \geq 0$ für alle $x \in \mathbb{R}$.
- $x_N = 0$ ist die einzige Nullstelle der Funktion, da $x^2 = 0$ als einzige Lösung $x = 0$ besitzt.
- Der Punkt S (0 | 0) ist der tiefste Punkt von G_f. Er heißt **Scheitel S.**
- **Monotonieverhalten**
  1. Wird mit größer werdendem x-Wert der Funktionswert **f (x) größer oder bleibt gleich**, so heißt die Funktion f **monoton steigend**.
  2. Wird mit größer werdendem x-Wert der Funktionswert **f (x) kleiner oder bleibt gleich**, so heißt die Funktion f **monoton fallend**.

  Die Normalparabel ist in $]-\infty; 0[$ monoton fallend und in $]0; \infty[$ monoton steigend.

Beispiele

I. Gegeben ist die Funktion f mit $f(x) = x^2$.

a) Prüfe rechnerisch, ob der Punkt P (−15,5 | 250,25) auf, oberhalb oder unterhalb der Normalparabel liegt.

b) Die Punkte **1** $Q(-0{,}5 \,|\, y_Q)$ und **2** $R(x_R \,|\, 0{,}81)$ liegen auf der Normalparabel. Ermittle die fehlenden Koordinaten. Gib dabei alle möglichen Lösungen an.

Lösung:

a) Setze $x_P = -15{,}5$ in den Funktionsterm $f(x) = x^2$ ein:
$y = f(-15{,}5) = (-15{,}5)^2 = 240{,}25 < 250{,}25 = y_P$.
P liegt somit oberhalb der Normalparabel.

b) **1** Setze x_Q ein: $y_Q = f(x_Q) = f(-0{,}5) = (-0{,}5)^2 = 0{,}25$. Somit ist $Q(-0{,}5 \,|\, 0{,}25)$.

2 Setze y_R in die Funktionsgleichung $y = x^2$ ein und löse die Gleichung nach x auf:

$0{,}81 = x^2 \quad \Rightarrow \quad x = \pm\sqrt{0{,}81}$.

Es gibt zwei Lösungen: $x_{R1} = -0{,}9$ und $x_{R2} = 0{,}9$.

Somit gibt es zwei Punkte mit der y-Koordinate 0,81: $R_1(-0{,}9 \,|\, 0{,}81)$ und $R_2(0{,}9 \,|\, 0{,}81)$.

II. Begründe, weshalb man den Scheitel der Normalparabel auch als deren Tiefpunkt bezeichnet.

Lösung:

Der Scheitel besitzt die Koordinaten S (0 | 0). Gemäß der Wertemenge $W = \mathbb{R}_0^+$ ist $y = 0$ der kleinste y-Wert, den die Funktion f mit $f(x) = x^2$ annehmen kann.

Nachgefragt

- Beschreibe Unterschiede zwischen den Funktionen $f: x \mapsto 2x$ und $g: x \mapsto x^2$.
- Gib den Term einer Funktion an, die auf ihrer gesamten Definitionsmenge monoton abnehmend ist.

Aufgaben

1 Die Punkte A bis F liegen jeweils auf der Normalparabel.

a) Berechne die fehlenden y-Koordinaten der Punkte.

A (−2,8 | ▢)   B (−1,4 | ▢) $C\left(-\frac{1}{3} \middle| ▢\right)$ D (0,8 | ▢) $E\left(\frac{6}{5} \middle| ▢\right)$ F (2,3 | ▢)

b) Berechne die fehlenden x-Koordinaten der Punkte. Gib jeweils beide Lösungen an.

A (▢ | 100)   B (▢ | 0,01) $C\left(▢ \middle| \frac{64}{75}\right)$ $D\left(▢ \middle| \frac{4}{9}\right)$ E (▢ | 1,69)   F (▢ | 0,25)

2 a) Die Punkte A, B und C liegen auf der Normalparabel. Gib jeweils den Spiegelpunkt bezüglich der y-Achse an. **1** A (1 | 1), **2** B (−4 | 16), **3** C (7 | 49)

b) Entscheide und begründe, ob zu jedem Punkt P der Normalparabel ein von P verschiedener Spiegelpunkt P* bezüglich der y-Achse existiert.

3 Gegeben sind die Punkte A (−12,5 | 156,25), B (−3,8 | −14,44), C (−0,2 | 0,4), D (0,81 | 0,65), E (5,1 | 26,01) und F (16,4 | 268,96).

a) Ermittle rechnerisch, ob die Punkte auf, oberhalb oder unterhalb der Normalparabel liegen. Überprüfe deine Ergebnisse in einer DGS.

b) Nevio behauptet, dass man ohne Rechnung sofort sehen kann, dass der Punkt B unterhalb der Normalparabel liegt. Begründe, weshalb Nevio Recht hat.

4 a) Du kannst dir eine eigene Schablone zum Zeichnen der Normalparabel basteln. Zeichne zunächst die Normalparabel auf Millimeterpapier. Berechne dazu im Intervall $-3 \leq x \leq 3$ möglichst viele Werte. Klebe nun deine Zeichnung auf Pappe und schneide die Normalparabel aus.

b) Panju erstellt sich eine Schablonenvorlage in einer DGS. Erkläre, worauf man achten muss, um die Schablone im Heft nutzen zu können.

5 Sandra soll mithilfe einer Wertetabelle eine Normalparabel mit $f(x) = x^2$ zeichnen und Eigenschaften der Normalparabel in einer Mindmap veranschaulichen.

a) Erkläre, weshalb Sandra in der Wertetabelle keine negativen x-Werte angeben muss.

x	0	0,5	1	1,5	2	2,5	3
f (x)							

b) Erstelle eine Mindmap mit den wichtigsten Eigenschaften der Normalparabel und präsentiere sie deiner Klasse.

6 Ermittle jeweils zeichnerisch, für welche Werte von x die Ungleichung erfüllt ist.

a) $x^2 < x$ b) $x - 2 \geq x^2 - 4$ c) $2x < x^2 < 4$

Tipp: Forme die Ungleichung in b) so um, dass du eine Normalparabel und eine Gerade zeichnen kannst.

Entdecken

Romy erstellt in einer DGS zwei Schieberegler d und e und untersucht die Graphen G_f und G_g der Funktionen $f: x \mapsto (x - d)^2$ und $g: x \mapsto x^2 + e$.

- Ermittle Funktionsterme zum blauen und grünen Graphen, indem du die gleiche DGS-Datei erstellst.
- Beschreibe deine Beobachtungen für positive und negative Werte der Parameter d und e.

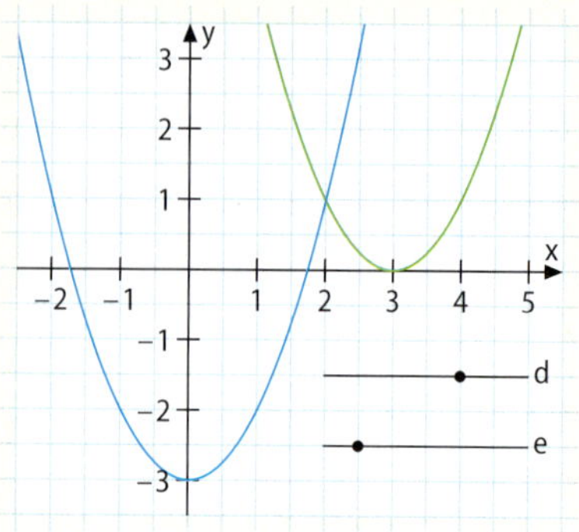

Verstehen

Eine Normalparabel kann man parallel zur x- und y-Achse verschieben.

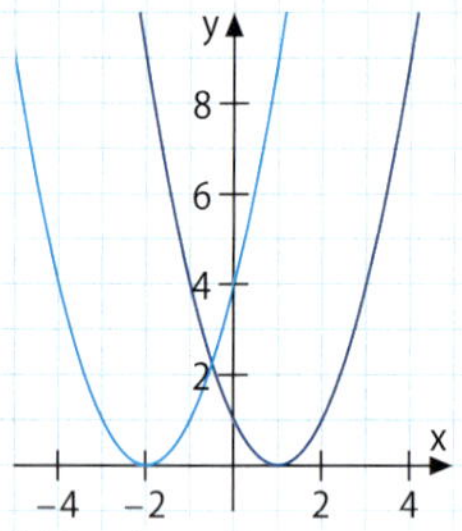

$f_1(x) = (x - 1)^2$
$f_2(x) = (x + 2)^2$

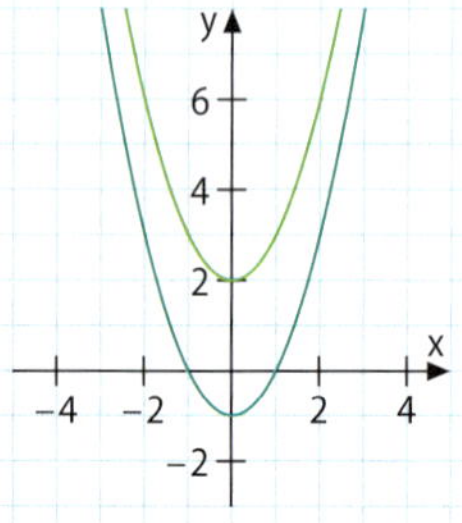

$f_3(x) = x^2 + 2$
$f_4(x) = x^2 - 1$

Der Graph G_f einer quadratischen Funktion …

1 $f: x \mapsto (x - d)^2$ ($d \in \mathbb{R}$) entsteht durch **Verschiebung der Normalparabel um d Einheiten entlang der x-Achse.** G_f besitzt den Scheitel **S (d | 0)**.

Es gilt für
- $d > 0$ Verschiebung in positive x-Richtung
- $d < 0$ Verschiebung in negative x-Richtung

G_f ist achsensymmetrisch bezüglich der Geraden $x = d$.

2 $f: x \mapsto x^2 + e$ ($e \in \mathbb{R}$) entsteht durch **Verschiebung der Normalparabel um e Einheiten entlang der y-Achse**. G_f besitzt den Scheitel **S (0 | e)**.

Es gilt für
- $e > 0$ Verschiebung in positive y-Richtung
- $e < 0$ Verschiebung in negative y-Richtung

G_f ist achsensymmetrisch bezüglich der y-Achse.

Aus dem Funktionsterm $f(x) = (x - d)^2 + e$ kann man den **Scheitel S (d | e)** direkt ablesen. Der zugehörige Graph G_f ist kongruent zur Normalparabel und wurde um d Einheiten entlang der x-Achse und um e Einheiten in Richtung der y-Achse verschoben.

Die Funktionsgleichung $\mathbf{f(x) = (x - d)^2 + e}$ einer quadratischen Funktion f kann man durch Umformen auch in der Form $\mathbf{f(x) = x^2 + bx + c}$ angeben und umgekehrt.

Beispiele

Strategiewissen
*Dieses Verfahren nennt man **quadratische Ergänzung**.*

I. Gegeben ist die Funktion $f: x \mapsto x^2 + 12x + 4$. Bestimme deren Scheitel, indem du den Funktionsterm in der Form $f(x) = (x - d)^2 + e$ angibst. Beschreibe dein Vorgehen.

Lösung:

1 Man ergänzt den Term $x^2 + 12x$ zu einer binomischen Formel. Um den Wert des Terms nicht zu verändern, muss man das Quadrat allerdings sofort wieder subtrahieren:
$f(x) = x^2 + 12x + \left(\frac{12}{2}\right)^2 - \left(\frac{12}{2}\right)^2 + 4.$

$x^2 + 2dx + d^2$
$= (x + d)^2$
$2dx = 12x$
$\Rightarrow d = \frac{12}{2} = 6$

2 Man fasst die ersten drei Summanden zum Quadrat eines Binoms zusammen:
$f(x) = (x + 6)^2 - 36 + 4.$

3 Man fasst die Summanden hinter dem Quadrat zusammen: $f(x) = (x + 6)^2 - 32.$

4 Man liest die Koordinaten des Scheitels der Parabel ab: $S(-6 | -32)$.

II. Gib zunächst jeweils den Scheitel der Funktionen an und zeichne anschließend die Funktionsgraphen in ein Koordinatensystem.

1 f_1: $x \mapsto x^2 - 0{,}5$
2 f_2: $x \mapsto (x + 1{,}5)^2$
3 f_3: $x \mapsto (x + 1)^2 + 2$
4 f_4: $s \mapsto (x - 3)^2 - 1$

Lösung:

1 $S_1(0\,|\,-0{,}5)$ **2** $S_2(-1{,}5\,|\,0)$
3 $S_3(-1\,|\,2)$ **4** $S_4(3\,|\,-1)$

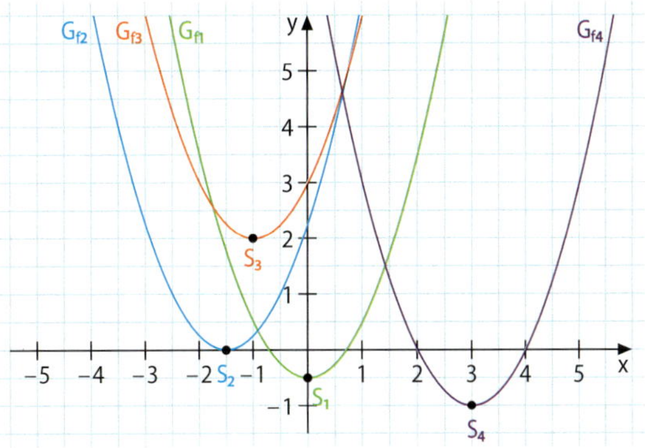

Erklärvideo

Mediencode 61049-06

III. Die abgebildeten Graphen sind alle zur Normalparabel kongruent. Gib jeweils eine zu den Graphen passende Funktionsgleichung in der Form $y = (x - d)^2 + e$ an und beschreibe dein Vorgehen.

Lösung:

1 Man liest die Koordinaten des Scheitels ab: $S_1(-5\,|\,0)$, $S_2(0\,|\,-4)$ und $S_3(3\,|\,1)$.

2 Diese setzt man dann in die Funktionsgleichung $y = (x - d)^2 + e$ ein:
$f_1(x) = (x + 5)^2$ $f_2(x) = x^2 - 4$
$f_3(x) = (x - 3)^2 + 1$

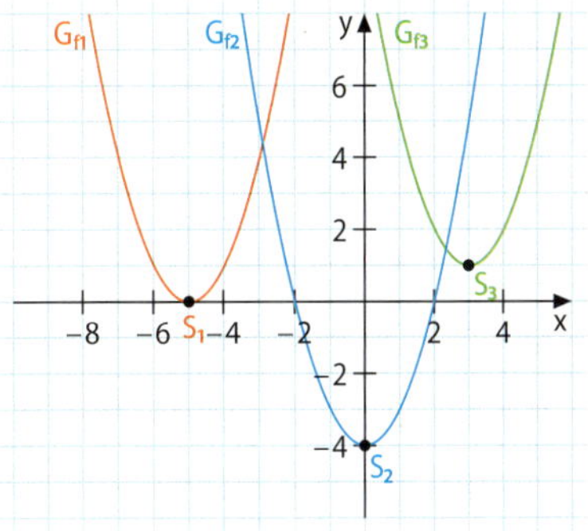

IV. a) Gegeben ist eine zur Normalparabel kongruente Parabel G_f, die um 1 LE nach links und um 4 LE nach unten verschoben ist. Zeichne die Parabel G_f, gib die Koordinaten des Scheitels und eine Funktionsgleichung der Parabel in der Form $f(x) = x^2 + bx + c$ an.

b) Lies die Koordinaten der Schnittpunkte des Graphen G_f mit der x- und y-Achse ab und prüfe deine Ergebnisse rechnerisch.

c) Beschreibe das Monotonieverhalten des Graphen G_f.

Lösung:

a) Scheitel $S(-1\,|\,-4)$:
$f(x) = (x + 1)^2 - 4 = x^2 + 2x + 1 - 4 = x^2 + 2x - 3$

b) Schnittpunkt mit y-Achse: $P(0\,|\,-3)$, denn:
$f(0) = (0 + 1)^2 - 4 = 1 - 4 = -3$ ✓
Schnittpunkte mit x-Achse:
$N_1(-3\,|\,0)$ und $N_2(1\,|\,0)$, denn:
$f(-3) = (-3 + 1)^2 - 4 = (-2)^2 - 4 = 4 - 4 = 0$ ✓
$f(1) = (1 + 1)^2 - 4 = 2^2 - 4 = 4 - 4 = 0$ ✓

c) Der Graph G_f fällt im Intervall $]-\infty; -1[$ monoton und steigt monoton im Intervall $]-1; \infty[$.

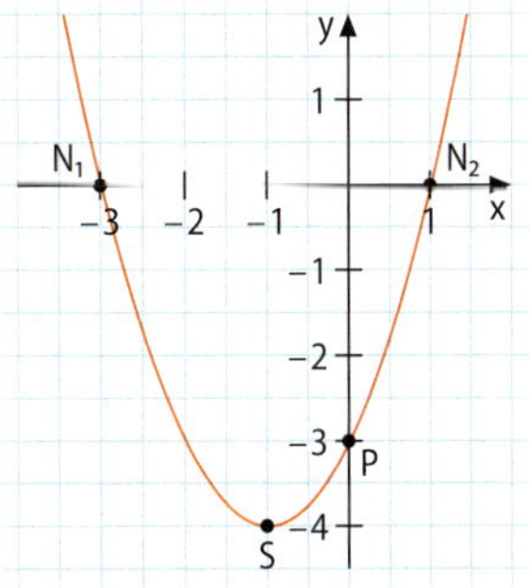

Nachgefragt

- Lucia: „Eine Funktion f mit $f(x) = x^2 + e$ besitzt immer höchstens eine Nullstelle.“ Entscheide und begründe, ob Lucia Recht hat.
- Gabriel: „Jede Parabel besitzt einen Schnittpunkt mit der y-Achse.“ Entscheide und begründe, ob Gabriel Recht hat.

Aufgaben

Erklärvideo

Mediencode 61049-07

1 Begründe, dass Clara den Graphen die Funktionsgleichungen richtig zugeordnet hat.

$f_1: x \mapsto (x-1{,}5)^2$ $f_2: x \mapsto x^2 + 1{,}5$

$f_3: x \mapsto (x+1{,}5)^2 - 1{,}5$ $f_4: x \mapsto (x-1{,}5)^2 + 1{,}5$

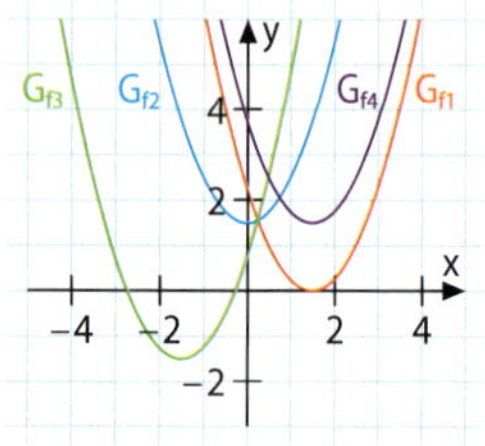

2 Gib jeweils die Koordinaten des Scheitelpunktes der zur quadratischen Funktion gehörenden Parabel und deren Schnittpunkt mit der y-Achse an.

a) $f_1: x \mapsto x^2 - 7$ **b)** $f_2: x \mapsto (x-2)^2 + 3$ **c)** $f_3: x \mapsto (x+4)^2$

d) $f_4: x \mapsto (x+6{,}5)^2 - 1$ **e)** $f_5: x \mapsto \left(x+\frac{1}{4}\right)^2 - \frac{3}{4}$ **f)** $f_6: x \mapsto (x-0{,}6)^2 - 2$

3 **1** $f_1: x \mapsto x^2 + 1$ **2** $f_2: x \mapsto (x-0{,}5)^2$ **3** $f_3: x \mapsto (x-3)^2 + 2$

4 $f_4: x \mapsto \left(x+\frac{5}{2}\right)^2 - 1$ **5** $f_5: x \mapsto (x+2)^2 + \frac{1}{2}$ **6** $f_6: x \mapsto (x-1)^2 - 3$

a) Skizziere jeweils den zugehörigen Funktionsgraphen und beschreibe, durch welche Verschiebungen dieser aus der Normalparabel hervorgeht.

b) Gib jeweils die Symmetrieachse des Funktionsgraphen an und beschreibe das Monotonieverhalten der Funktion.

4 Ordne jeweils den gegebenen Graphen die zugehörige Funktionsgleichung zu.

A $f(x) = x^2$ **B** $f(x) = x^2 - 0{,}5$ **C** $f(x) = x^2 + 0{,}5$ **D** $f(x) = (x-0{,}5)^2$

E $f(x) = 2x + \frac{1}{2}$ **F** $f(x) = (x+0{,}5)^2$ **G** $f(x) = x^2 - 2{,}5$ **H** $f(x) = (x+2{,}5)^2$

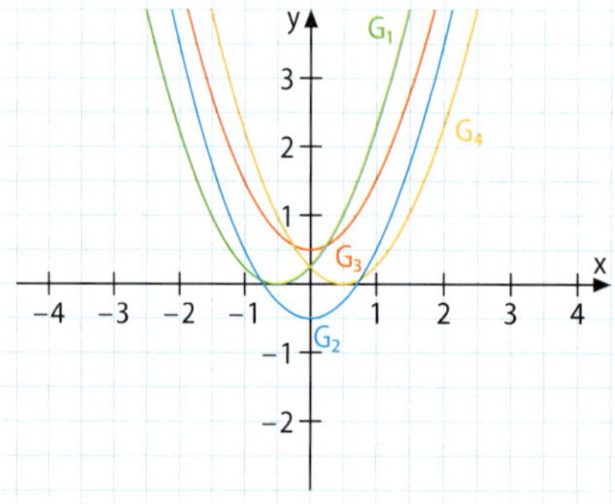

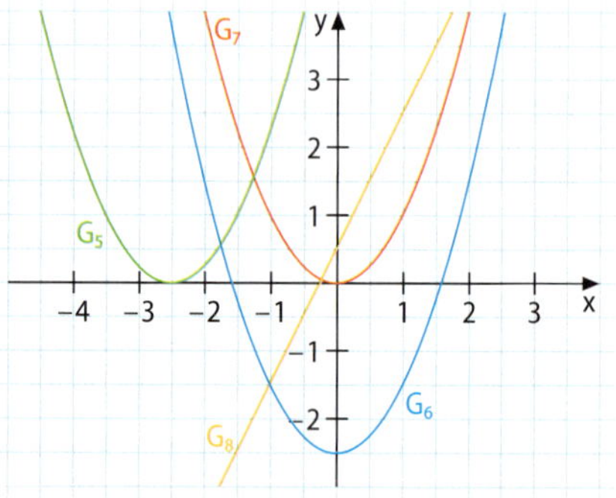

5 **1** $f: x \mapsto (x+2)^2 + 1$ **2** $g: x \mapsto (x-3{,}5)^2$ **3** $h: x \mapsto (x+1)^2 - 4$

4 $k: x \mapsto (x-2{,}5)^2 - 1$ **5** $l: x \mapsto x^2 - 1{,}5$ **6** $m: x \mapsto (x-2)^2 + 0{,}5$

a) Gib jeweils den Scheitelpunkt der zu der Funktion gehörenden Parabel sowie ihre Wertemenge an und beschreibe das Monotonieverhalten der Funktion.

b) Zeichne jeweils den Graphen der Funktion (in einer DGS) und lies, falls vorhanden, die Nullstellen der Funktion möglichst genau ab.

6 Ermittle jeweils rechnerisch, ob die gegebenen Punkte auf, oberhalb oder unterhalb des Graphen G_f der quadratischen Funktion f liegen.

a) $f: x \mapsto (x+5)^2 - 1$ $A(-2|5)$ $B(-3|3)$ $C(0{,}5|31{,}25)$

b) $f: x \mapsto \left(x+\frac{1}{3}\right)^2 + \frac{2}{3}$ $A(1|2)$ $B\left(\frac{5}{3}\middle|4\frac{2}{3}\right)$ $C\left(-2\frac{2}{3}\middle|\frac{58}{9}\right)$

7 Eine quadratische Funktion f, deren Graph G_f zur Normalparabel kongruent ist, besitzt den Scheitel S (2 | 4).

a) Gib eine Funktionsgleichung der Funktion f an und bestimme deren Wertemenge W_f sowie die Symmetrieachse des Graphen G_f.

b) Berechne die y-Koordinate des Punktes P (5 | f (5)) und gib den Punkt der Parabel an, der die gleiche y-Koordinate besitzt.

Erklärvideo

Mediencode 61049-08

8 Gegeben sind Punkte quadratischer Funktionen f, deren Graphen G_f kongruent zur Normalparabel sind.

1 $S_1(0 | 3)$ **2** $S_2\left(-\frac{3}{4} \middle| 0\right)$ **3** $S_3(-3{,}5 | 1)$ **4** $S_4(4 | -4)$ **5** $S_5(-0{,}5 | 2{,}25)$

a) Gib jeweils eine Funktionsgleichung in der Form $y = x^2 + bx + c$ an, sodass die gegebenen Punkte die Scheitelpunkte sind.

b) Zeichne jeweils den zugehörigen Graphen G_f (in einer DGS).

c) Gib jeweils an, für welche x-Werte der Graph der Funktion monoton steigend bzw. monoton fallend ist.

d) Nenne jeweils mindestens zwei weitere Eigenschaften der Funktion bzw. des zugehörigen Funktionsgraphen.

9 Gib jeweils an, in welchem Quadranten bzw. auf welcher der Koordinatenachsen der Scheitel S der Funktion f: $x \mapsto (x - d)^2 + e$ liegt und wie viele Nullstellen die Parabel besitzt. Übertrage dazu die Tabelle in dein Heft und gib auch jeweils ein Beispiel an.

	$d < 0$	$d = 0$	$d > 0$
$e < 0$	*S liegt im III. Quadranten. Die Funktion hat zwei Nullstellen. Beispiel: f: $x \mapsto (x + 1)^2 - 3$*		
$e = 0$			
$e > 0$			

10 Gib jeweils den Term einer quadratischen Funktion an, deren Graph G_f kongruent zur Normalparabel ist und folgende Eigenschaften besitzt. Prüfe deine Ergebnisse in einer DGS.

a) G_f ist um 1,5 Einheiten nach rechts verschoben.

b) G_f besitzt den Scheitelpunkt $S(-\sqrt{2} | 0)$.

c) G_f ist um eine halbe Einheit nach unten verschoben.

d) G_f ist achsensymmetrisch bezüglich der Geraden mit der Gleichung $x = 2$.

e) G_f ist um 2 Einheiten nach unten und um 1,5 Einheiten nach links verschoben.

f) G_f hat den Scheitelpunkt $S(-3 | 4)$.

g) G_f ist monoton fallend für $x < -7$ und monoton steigend für $x > -7$.

h) G_f hat die Wertemenge $W = [-1; \infty[$ und ist achsensymmetrisch bezüglich der y-Achse.

11 Ermittle rechnerisch jeweils die Koordinaten des Parabelscheitels der quadratischen Funktion und gib die Funktionsgleichung in der Form $y = (x - d)^2 + e$ an.

a) $y = x^2 + 2x - 3$ b) $y = x^2 - 4x - 4$ c) $y = x^2 + x$

d) $y = x^2 - x + 0{,}25$ e) $y = x^2 - 3x + 5{,}25$ f) $y = x^2 + 6x + 12$

g) $y = x^2 + 10x$ h) $y = x^2 - x + 1{,}75$ i) $y = x^2 + 10x + 25$

Scheitelkoordinaten zu 11: $(-5 | -25)$; $(-5 | 0)$; $(-3 | 3)$; $(-1 | -4)$; $(-0{,}5 | -0{,}25)$; $(0{,}5 | 0)$; $(0{,}5 | 1{,}5)$; $(1{,}5 | 3)$; $(2 | -8)$

12 a) Bestimme den Wert von c so, dass der Scheitel S der Funktion f: $x \mapsto f(x)$ auf der x-Achse liegt.

1 $f(x) = x^2 + 8x + c$ 2 $f(x) = x^2 - 6x + c$ 3 $f(x) = x^2 + 2{,}4x + c$

b) Bestimme jeweils den Wert von b, für den der Scheitel S der Parabel P auf der positiven x-Achse liegt.

1 $f(x) = x^2 + bx + 16$ 2 $f(x) = x^2 - bx + 49$ 3 $f(x) = x^2 + bx + 3$

c) Beschreibe, wie sich der Wert von b in Teilaufgabe b) ändert, wenn der Scheitel S der Parabel P auf der negativen x-Achse liegt.

13 Torben sollte den Scheitel der Funktion f: $x \mapsto x^2 - 16x + 5$ berechnen. Erläutere, welche Fehler er gemacht hat und berichtige sein Ergebnis.

$f(x) = x^2 - 16x + \left(\frac{16}{2}\right)^2 - \left(\frac{16}{2}\right)^2 + 5$

$= (x + 8)^2 + 64 + 5 = (x + 8)^2 + 69$

$S(8 \mid 69)$

14 Gib jeweils die Funktionsgleichungen von mindestens zwei Parabeln an, die zur Normalparabel kongruent sind und deren Scheitel auf der Geraden g liegen.

a) g: $x = 0$ b) g: $x = 4$ c) g: $y = 4$ d) g: $y = 1 - 4x$

Betrachte möglichst viele Eigenschaften der Funktionen.

15 Zeichne in einer DGS (mithilfe von Schiebereglern) die Graphen der Funktionen.

1 f_e: $x \mapsto x^2 + e$, $-2 \le e \le 2$ 2 h_d: $x \mapsto (x - d)^2$, $-2 \le d \le 2$

3 g_c: $x \mapsto x^2 + 4x + c$, $-2 \le c \le 2$

Gib jeweils Gemeinsamkeiten und Unterschiede der zugehörigen Funktionsgraphen an.

16 Bestimme jeweils die Werte von b und c so, dass die Punkte A und B auf dem Graphen der Funktion f: $x \mapsto x^2 + bx + c$ liegen, und gib dann die Scheitelkoordinaten an.

a) $A(1 \mid 2)$, $B(0 \mid 0)$ b) $A(1 \mid 3)$, $B(-1 \mid 11)$ c) $A(1 \mid -1)$, $B(-1 \mid 1)$

Eine Funktionenschar besitzt neben der „Funktionsvariable" (z. B. x) einen weiteren Parameter (z. B. b).

17 Die Graphen der Funktionen f_b: $x \mapsto x^2 + bx + b$, $D_f = \mathbb{R}$, mit $b \in \mathbb{R}$ bilden eine Schar von Parabeln P_b.

a) Zeichne die drei Parabeln P_0, P_2 und P_{-2}.

b) Zeige, dass der Punkt $G(-1 \mid 1)$ auf jeder der Parabeln P_b liegt.

c) Bestimme b so, dass die Parabel P_b durch den Punkt $(1 \mid 9)$ verläuft.

d) Lucas behauptet, dass $S_b\left(-\frac{b}{2} \middle| b - \frac{b^2}{4}\right)$ der Scheitel der Parabel P_b in Abhängigkeit von b ist. Entscheide und begründe, ob er Recht hat.

e) Zeige zunächst, dass die Scheitel der Parabeln P_0, P_2 und P_{-2} auf der Parabel P* mit der Funktionsgleichung $y = -x^2 - 2x$ liegen, und dann, dass die Scheitel aller Parabeln P_b auf P* liegen.

18 Erstelle in einer DGS zwei Schieberegler für d und e mit einer Schrittweite von 0,1 im Intervall von –5 bis 5 und zeichne den Graphen G_f der Funktion f: $x \mapsto (x - d)^2 + e$. Ermittle dann jeweils alle möglichen Werte von d und e, für welche …

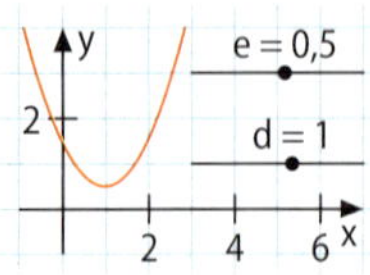

a) der Graph G_f für $x < -0{,}5$ monoton fallend und für $x > -0{,}5$ monoton steigend ist.

b) die Funktion nur im Intervall $]-2; 2[$ negative Funktionswerte besitzt.

c) die Funktion die beiden Nullstellen $x_1 = -1{,}5$ und $x_2 = 2{,}5$ hat.

d) der Graph symmetrisch zur Geraden $x = 2$ verläuft und die Funktion zwei Nullstellen hat, die mindestens 2 LE voneinander entfernt sind.

Methode

Bekannte Lerntechniken in Mathematik nutzen

Du hast bereits verschiedene Funktionen kennengelernt, z. B. direkt und indirekt proportionale funktionale Zusammenhänge, lineare und quadratische Funktionen. Eine einfache und sehr gute Methode, um den Überblick zu behalten, ist die **Mindmap**. Du kennst diese Methode schon aus anderen Fächern und weißt sicher, dass das Lernen mit Mindmaps unserem Gehirn aufgrund der „Netzwerkstruktur" besonders leicht fällt.

1 Nimm das Blatt immer quer und schreibe genau in die Mitte das Thema.
2 Von der Mitte aus werden an die Hauptäste die wichtigsten (Ober-)Begriffe geschrieben.
3 Jeden Zweig kann man weiter verästeln, um neue Begriffe aufzuführen oder mehr ins Detail zu gehen.

Kaja hat anhand dieser Regeln eine Mindmap zu linearen Funktionen erstellt.

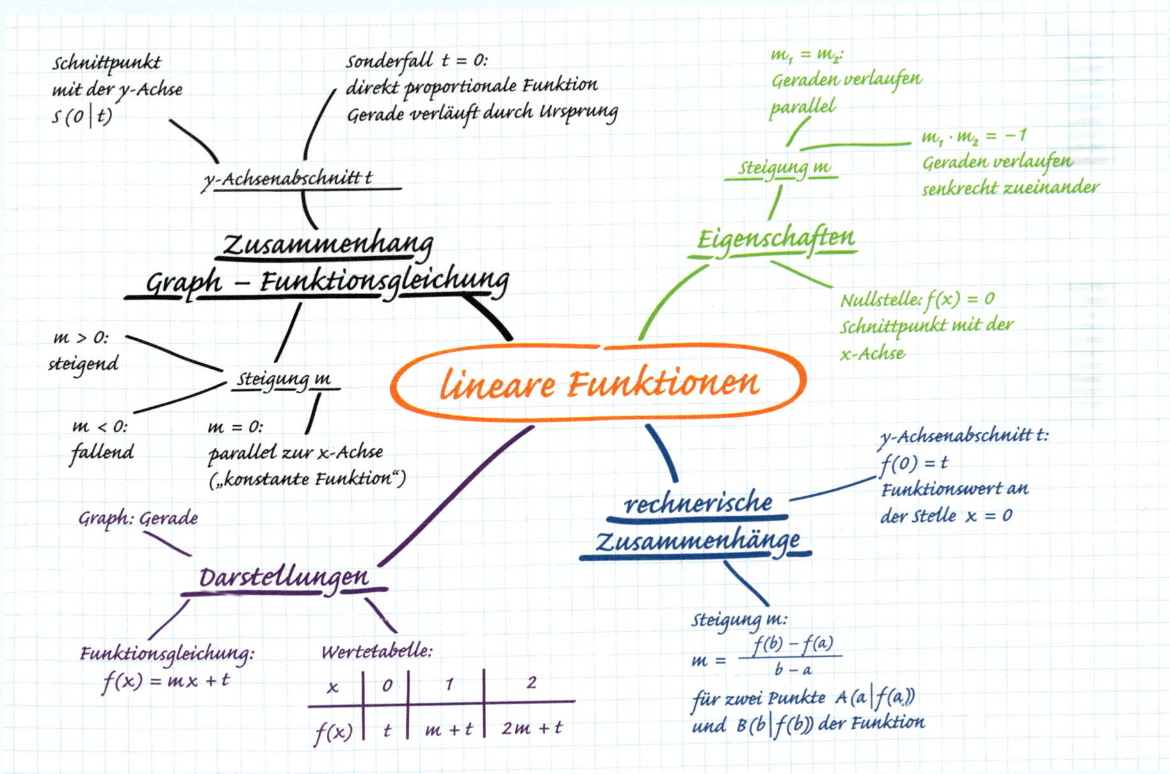

- Diskutiere mit Mitschülerinnen und Mitschülern, ob du die Mindmap anders anordnen würdest.
- Recherchiere, welche Software du zur Erstellung von Mindmaps nutzen kannst.
- Erstellt in Kleingruppen eine Mindmap zu eurem bisherigen Wissen über quadratische Funktionen und präsentiert diese in der Klasse.
  Ideen für Bestandteile:

  Normalparabel | Parabelscheitel | Verschiebungen | $y = x^2 + bx + c$ | $y = (x - d)^2 + e$

Mindmaps kann man auch digital erstellen. Hierzu gibt es Apps und Software.

Entdecken

Baumeister Bodo zeigt seinem Lehrling, wie er die Tiefe eines Aufzugsschachts im Rohbau eines Bürogebäudes bestimmen kann: Er lässt vom obersten Ende des Schachts eine Stahlkugel fallen und bestimmt deren Fallzeit in Sekunden. Die Funktion f mit $f(x) = 5x^2$ ordnet der Fallzeit (in Sekunden) ungefähr die Höhe des Schachts (in Metern) zu.

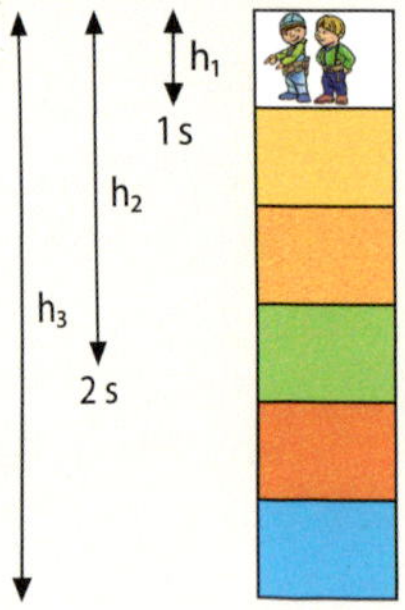

- Erstelle für f eine Wertetabelle und zeichne den Graphen G_f. Berechne, aus welcher Höhe die Stahlkugel fallen gelassen wurde, wenn
  1 $x = 1{,}5$; **2** $x = 2{,}0$ ist.
- Zeichne in einer DGS mithilfe eines Schiebereglers a die Normalparabel sowie die Graphen der Funktionen zu $f_a: x \mapsto ax^2$ mit $x \in \mathbb{R}$ und $-5 \leq a \leq 5$.
- Vergleiche die Graphen miteinander und beschreibe deine Beobachtungen.

Verstehen

Durch einen geeigneten Faktor $a \in \mathbb{R} \setminus \{0\}$ erhält man Parabeln, die enger oder weiter als die Normalparabel sind und gegebenenfalls an der x-Achse gespiegelt werden.

Die Graphen der quadratischen Funktionen **f: x ↦ ax²** mit $D_f = \mathbb{R}$ und $a \neq 0$ sind Parabeln und besitzen den Scheitel $S(0|0)$.

Für **a > 0** ist die Parabel **nach oben geöffnet** und der Scheitel ist der tiefste Punkt der Parabel:

$a > 1$	enger als die Normalparabel
$a = 1$	die Normalparabel
$0 < a < 1$	weiter als die Normalparabel

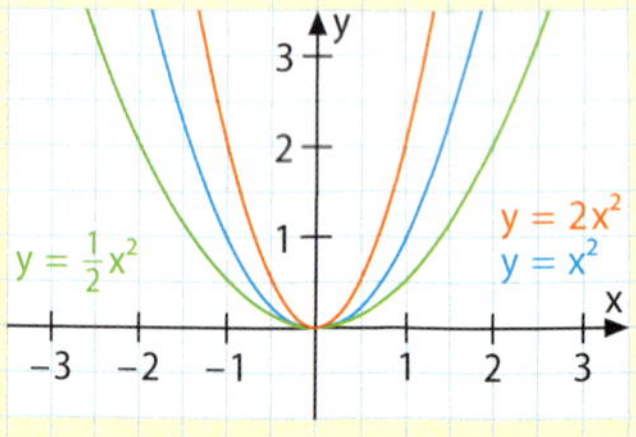

Für $a = -1$ wird die Normalparabel an der x-Achse gespiegelt.

Für **a < 0** ist die Parabel **nach unten geöffnet** und der Scheitel ist der höchste Punkt der Parabel:

$-1 < a < 0$	weiter als die Normalparabel
$a = -1$	kongruent zur Normalparabel
$a < -1$	enger als die Normalparabel

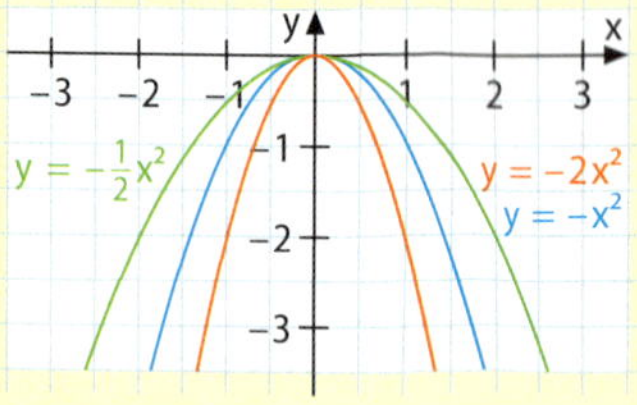

Beispiele

Erklärvideo
Mediencode 61049-09

I. Gib bei jeder der vier Parabeln P_1 mit $y = 8x^2$, P_2 mit $y = -3x^2$, P_3 mit $y = 0{,}4x^2$ und P_4 mit $y = -0{,}6x^2$ an, ob sie nach unten oder nach oben geöffnet ist und ob sie enger oder weiter ist als die Normalparabel.

Lösung:

Funktionsgleichung	Faktor a	enger	weiter	nach oben	nach unten
		als die Normalparabel		geöffnet	
$y = 8x^2$	$8 > 1$	x		x	
$y = -3x^2$	$-3 < -1$	x			x
$y = 0{,}4x^2$	$0 < 0{,}4 < 1$		x	x	
$y = -0{,}6x^2$	$-1 < -0{,}6 < 0$		x		x

II. Der Punkt A (2 | −1) liegt auf einer Parabel mit der Funktionsgleichung $y = ax^2$.
Ermittle den Wert von a rechnerisch und erkläre dein Vorgehen.

Lösung:

Man setzt $x_A = 2$ und $y_A = -1$ in die Funktionsgleichung ein und löst diese nach a auf:
$-1 = a \cdot 2^2 \Rightarrow a = -\frac{1}{4}$. A liegt somit auf der Parabel P mit $y = -\frac{1}{4}x^2$.

Nachgefragt

- Beschreibe den Graphen G_f der Funktion $f: x \mapsto ax^2$, $D_f = \mathbb{R}$, für a = 0.
- Entscheide und begründe, wie sich die Funktionsgleichung $f(x) = 2x^2$, $D_f = \mathbb{R}$, ändert, wenn der zugehörige Graph an der x- bzw. y-Achse gespiegelt wird.

Aufgaben

1 Gib bei jeder der Parabeln mit dem Funktionsterm f(x) an, in welche Richtung sie geöffnet ist und ob sie enger oder weiter als die Normalparabel ist. Zeichne dann den Graphen G_f der Funktion im angegebenen Intervall ($x \in \mathbb{R}$).

a) $f(x) = 1{,}2x^2$; $x \in [-3; 3]$ **b)** $f(x) = -2x^2$; $x \in [-2; 2]$
c) $f(x) = 0{,}75x^2$; $x \in [-3; 3]$ **d)** $f(x) = -\frac{1}{3}x^2$; $x \in [-4; 4]$

Wähle für 1 a) und 1 c) die Schrittweite 1, für 1 b) und 1 d) 0,5.

2 Ordne den Graphen G_1 bis G_5 jeweils die richtige Funktionsgleichung zu.

A $f(x) = 0{,}1x^2$ **B** $f(x) = -\frac{2}{7}x^2$ **C** $f(x) = -3x^2$ **D** $f(x) = 1{,}5x^2$ **E** $f(x) = 4x^2$

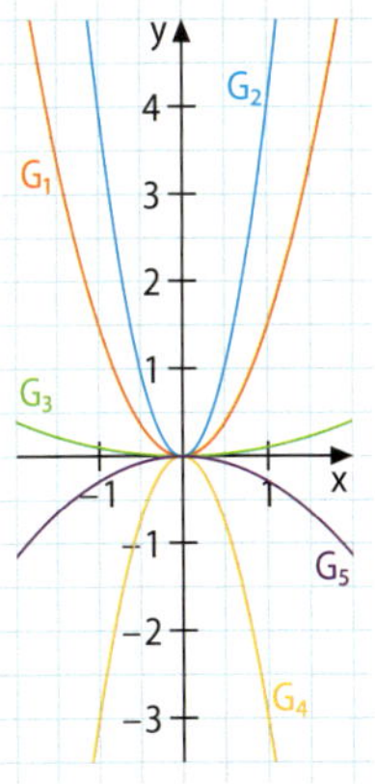

3 Ermittle rechnerisch jeweils den Wert von a so, dass der Punkt A auf der Parabel P mit $y = ax^2$ liegt.

a) A (1 | 5) **b)** A (3 | −3) **c)** A (0,5 | 0,5) **d)** A (−4 | −2)

4

Der Punkt P (−1,5 | 1,25) liegt oberhalb der Parabel mit der Gleichung $y = \frac{1}{2}x^2$.

a) Erkläre ohne Zeichnung, wie Eva zu dieser Feststellung kommen kann.
b) Begründe jeweils, ob der Punkt P oberhalb, unterhalb oder auf der Parabel liegt. Überprüfe deine Ergebnisse in einer DGS.

1 P (4,4 | 7,26) $y = -\frac{3}{8}x^2$ **2** P (−4,8 | −57,8) $y = -2{,}5x^2$
3 P (−1,5 | 0,45) $y = 0{,}2x^2$ **4** P (0,5 | −0,8) $y = 3{,}2x^2$

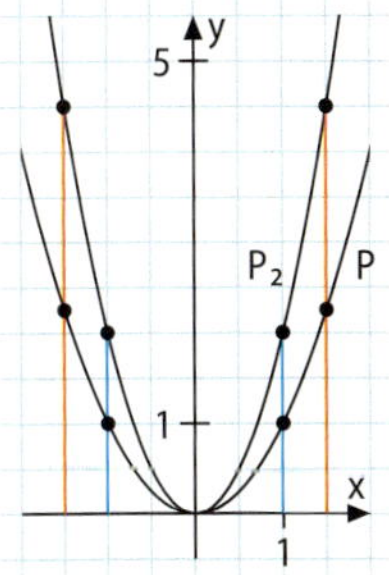

5 Liam zeichnet zuerst die Normalparabel P mit $y = x^2$ und dann die Parabel P_2 mit $y = 2x^2$. Erkläre sein Vorgehen und wende es an, um die Parabel $P_{0,5}$ mit $y = 0{,}5x^2$ zu zeichnen.

6 Die Abbildung zeigt eine Skateboardrampe (Maße in cm).
Die befahrbare Fläche nennt man Skatingboden.
Die Rampe kann durch eine Parabel mit der Funktionsgleichung $y = ax^2$ modelliert werden.

a) Bestimme eine Funktionsgleichung der Parabel.
b) Berechne die Höhen der Träger.

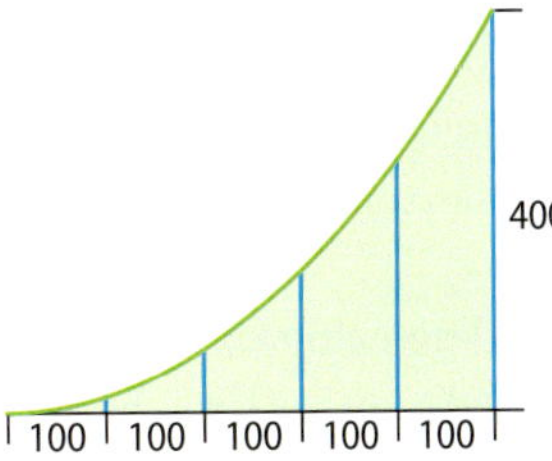

Entdecken

Wilma, Daniel und Feli sollen einen Funktionsterm zum Graphen aufstellen.

Wilmas Lösung: $f(x) = 0{,}5x^2 - 2x + 1{,}5$
Daniels Lösung: $f(x) = 0{,}5(x - 1)(x - 3)$
Felis Lösung: $f(x) = 0{,}5(x - 2)^2 - 0{,}5$

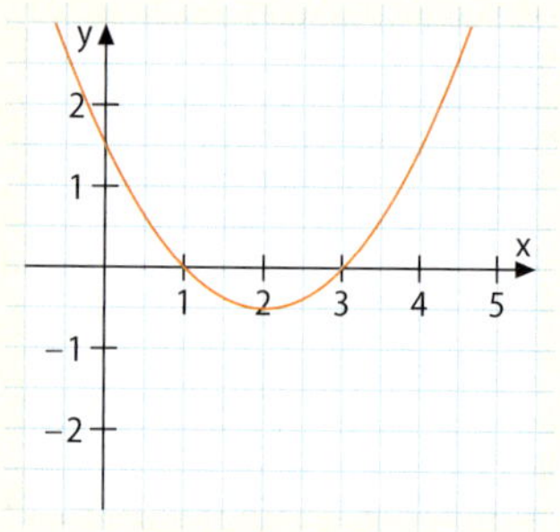

- Überprüfe (mithilfe einer DGS), wer die Aufgabe richtig gelöst hast.
- Beschreibe das unterschiedliche Vorgehen und welche Informationen man besonders gut aus dem jeweiligen Funktionsterm ablesen kann.

Verstehen

Bei quadratischen Funktionen gibt es verschiedene Darstellungsmöglichkeiten für die Funktionsgleichung. Man setzt sie je nach Aufgabenstellung vorteilhaft ein.

*$y = ax^2 + bx + c$ nennt man auch **allgemeine Form** der quadratischen Funktion.*

Jede Funktion **f:** $x \mapsto ax^2 + bx + c$, $a \in \mathbb{R}\setminus\{0\}$, $b, c \in \mathbb{R}$, heißt **quadratische Funktion**. Ihr Graph ist eine **Parabel**.

Den Term einer **quadratischen Funktion** kann man auch in der …
- **Scheitelpunktform** $f(x) = a(x - d)^2 + e$ mit dem **Scheitelpunkt** $S(d\,|\,e)$ angeben oder in der …
- **Nullstellenform** $f(x) = a(x - x_1)(x - x_2)$ mit den **Nullstellen** x_1 **und** x_2, wenn der Graph G_f Schnittpunkte mit der x-Achse besitzt.

Die Scheitelpunktform ermittelt man mithilfe von **quadratischer Ergänzung**.

Beispiele

Strategiewissen
*Durch die **quadratische Ergänzung** kann man eine binomische Formel anwenden.*

I. Ermittle rechnerisch die Scheitelpunktform der Funktion f: $x \mapsto -0{,}5x^2 + 2x + 10$ und beschreibe dein Vorgehen.

$f(x) = -0{,}5x^2 + 2x + 10$
$= -0{,}5(x^2 - 4x) + 10$ — Klammere aus dem quadratischen und linearen Teil den Faktor $a = -0{,}5$ aus.
$= -0{,}5(x^2 - 4x + 2^2 - 2^2) + 10$ — Ergänze den Term in der Klammer quadratisch um $+\left(\frac{b}{2}\right)^2 - \left(\frac{b}{2}\right)^2$, also $+\left(\frac{4}{2}\right)^2 - \left(\frac{4}{2}\right)^2 = +2^2 - 2^2$.
$= -0{,}5[(x - 2)^2 - 4] + 10$ — Fasse zu einer binomischen Formel zusammen.
$= -0{,}5(x - 2)^2 + 2 + 10$ — Multipliziere die eckige Klammer aus und fasse zusammen.
$= -0{,}5(x - 2)^2 + 12$

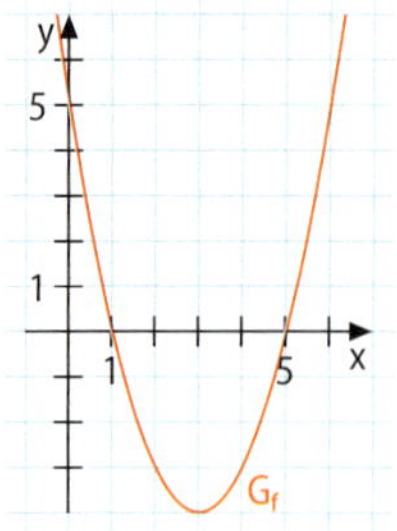

II. Eine Parabel, die kongruent zur Normalparabel ist, hat die Nullstellen $x_1 = 1$ und $x_2 = 5$. Bestimme den Funktionsterm in der Nullstellenform, in der allgemeinen Form und in der Scheitelpunktform. Beschreibe dein Vorgehen und zeichne den Funktionsgraphen.

Lösung:

Nullstellenform: Die Parabel ist eine verschobene Normalparabel, also $a = 1$.
Man setzt die Nullstellen und a in die Nullstellenform ein:
$f(x) = 1 \cdot (x - 1)(x - 5) = (x - 1)(x - 5)$.

Allgemeine Form: Man erhält sie durch Ausmultiplizieren der Nullstellenform:
$f(x) = (x - 1)(x - 5) = x^2 - 5x - 1x + 5 = x^2 - 6x + 5$.

Scheitelpunktform: Da eine Parabel achsensymmetrisch zur Geraden $x = d$ ist, liegen die beiden Nullstellen symmetrisch zum Scheitelpunkt. Deshalb gilt: $x_s = \frac{5+1}{2} = 3$.
Die zugehörige y-Koordinate erhält man durch Einsetzen in den Funktionsterm:
$y_s = f(x_s) = (3 - 1)(3 - 5) = -4$. Es gilt somit $S(3|-4)$. Damit folgt $f(x) = (x - 3)^2 - 4$.

III. Zeichne die Graphen G_f bzw. G_g der Funktionen $f: x \mapsto 2(x + 1)^2 - 3$ und $g: x \mapsto -\frac{1}{2}(x - 4)^2 + 1$. Gib die Koordinaten der Scheitelpunkte und die allgemeine Form an. Nenne jeweils zentrale Eigenschaften der Funktionen.

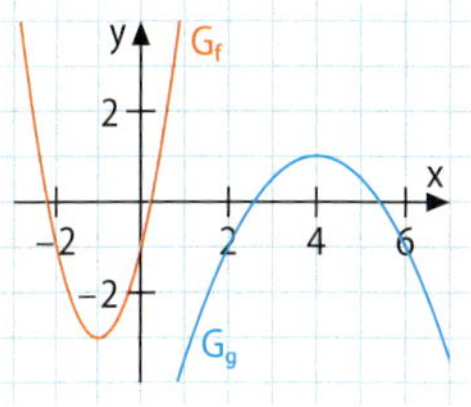

	Funktion f	Funktion g
Scheitelpunkt	$S(-1\|-3)$	$S(4\|1)$
allgemeine Form	$f(x) = 2(x^2 + 2x + 1) - 3$ $= 2x^2 + 4x - 1$	$g(x) = -\frac{1}{2}(x^2 - 8x + 16) + 1$ $= -\frac{1}{2}x^2 + 4x - 7$
Monotonieverhalten	G_f monoton fallend im Intervall $]-\infty; -1[$ und steigend im Intervall $]-1; \infty[$	G_g monoton steigend im Intervall $]-\infty; 4[$ und fallend im Intervall $]4; \infty[$
Symmetrieachse	$a: x = -1$	$a: x = 4$
Wertemenge	$W_f = [-3; \infty[$	$W_g =]-\infty; 1]$

IV. Gegeben ist die Funktion f mit $f(x) = 4(x - 0{,}5)^2 - 25$. Berechne die Nullstellen der Funktion und gib die Funktionsgleichung in der Nullstellenform an. Benenne die Intervalle mit positiven bzw. negativen Funktionswerten und beschreibe, wie der Graph G_f aus der Normalparabel hervorgeht.

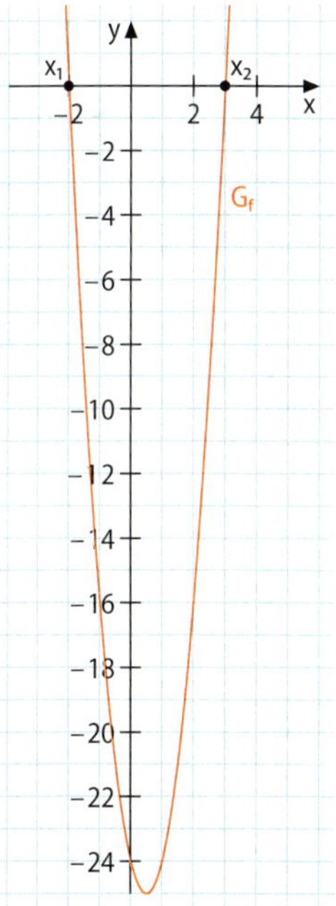

Lösung: $f(x) = 0$

$$4(x - 0{,}5)^2 - 25 = 0 \quad | + 25$$
$$4(x - 0{,}5)^2 = 25 \quad | : 4$$
$$(x - 0{,}5)^2 = 6{,}25$$
$$x - 0{,}5 = \pm\sqrt{6{,}25} \quad | + 0{,}5$$
$$x_1 = -2{,}5 + 0{,}5 = -2$$
$$\text{und } x_2 = 2{,}5 + 0{,}5 = 3 \quad \Rightarrow \quad \text{Nullstellenform } f(x) = 4(x + 2)(x - 3)$$

Da G_f eine nach oben geöffnete Parabel ist, gilt $f(x) < 0$ im Intervall $]-2; 3[$ und $f(x) > 0$ in den Intervallen $]-\infty; -2[$ und $]3; \infty[$.
G_f ist enger als die Normalparabel und wurde um 0,5 LE in positive x-Richtung sowie um 25 LE in negative y-Richtung verschoben.

Nachgefragt

- Begründe, ob für jede quadratische Funktion alle drei Darstellungsformen existieren.
- Begründe, warum die x-Koordinate des Scheitelpunkts in der Mitte zwischen den Nullstellen liegt.

Aufgaben

1 Gib bei jeder der durch ihre Scheitelpunktform $f: x \mapsto f(x)$ gegebenen Parabeln ihren Schnittpunkt mit der y-Achse an. Bestimme die allgemeine Form der Funktionsgleichung.

a) $f(x) = (x - 1)^2 + 2$	**b)** $f(x) = 2(x - 3)^2 - 4$	**c)** $f(x) = 0{,}5(x - 4)^2 + 0$
d) $f(x) = (x + 3)^2 + 3$	**e)** $f(x) = -(x + 2{,}5)^2 - 4$	**f)** $f(x) = (x - 7)^2$
g) $f(x) = -2(x - 1)^2$	**h)** $f(x) = -2x^2$	**i)** $f(x) = 0{,}2(x - 2{,}5)^2 - 3$

2 Ermittle rechnerisch jeweils die Nullstelle(n) der Funktion $f\colon x \mapsto f(x)$ und bestimme die allgemeine Form der Funktionsgleichung sowie die Scheitelpunktform.

a) $f(x) = (x - 1)(x + 5)$ **b)** $f(x) = -2(x + 9)(x - 3{,}5)$ **c)** $f(x) = x(x - 1)$
d) $f(x) = 9(x - 2)(x + 2)$ **e)** $f(x) = (x + 5)(x + 5)$ **f)** $f(x) = (x - 7)^2$
g) $f(x) = 2(x - 1)^2$ **h)** $f(x) = 3x^2$ **i)** $f(x) = 0{,}5x(x + 3)$

Denke an die quadratische Ergänzung.

3 Ermittle rechnerisch jeweils die Scheitelpunktform der Funktion $f\colon x \mapsto f(x)$ und gib die Scheitelkoordinaten sowie den Schnittpunkt des Graphen G_f mit der y-Achse an.

a) $f(x) = x^2 + 2{,}4x + 1{,}44$ **b)** $f(x) = 2x^2 + 6x + 7$ **c)** $f(x) = -x^2 + 2x + 2$
d) $f(x) = 3x^2 + 12x + 13$ **e)** $f(x) = -0{,}5x^2 + 2x + 4$ **f)** $f(x) = -2x^2 + 8x - 10$

Für die Normalparabel gilt $a = 1$.

Erklärvideos

Mediencode 61049-10

4 Bestimme jeweils einen Funktionsterm zur Parabel in zwei Darstellungsformen. Begründe jeweils, welche Form für die Aufgabenstellung besonders vorteilhaft ist.

a) Der Graph ist eine nach unten geöffnete zur Normalparabel kongruente Parabel, welche die x-Achse an den Stellen $x = 1$ und $x = -2$ schneidet.

b) Der Graph ist eine verschobene Normalparabel. Er verläuft durch die Punkte $A(0|3)$ und $B(1|4)$.

c) Der Graph ist eine verschobene Normalparabel. Die Parabel nimmt bei $x = 3$ ihren kleinsten Funktionswert $y = -10$ an.

5 Ordne jedem Graphen seine Funktionsgleichung zu. Begründe deine Entscheidung.

A $y = (x - 2)^2$
B $y = -x + 3$
C $y = 2x^2 + 1{,}5$
D $y = 0{,}5(x + 2)^2 - 3$
E $y = -(x - 3)^2$
F $y = 4 - 4x + x^2$

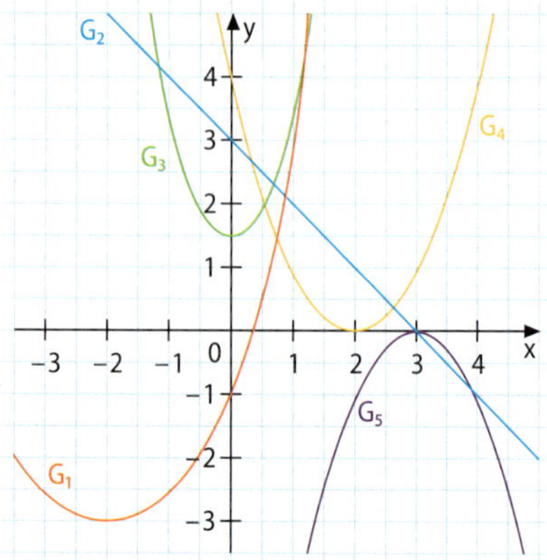

6 Max hat bei der Bestimmung der Scheitelpunktform Fehler gemacht. Beschreibe seine Fehler und gib die Koordinaten der Parabelscheitel korrekt an.

a) $f(x) = 0{,}5x^2 + 4x - 4 = 0{,}5(x^2 + 2x - 2) = 0{,}5(x^2 + 2x + 1 - 1 - 2)$
$= 0{,}5[(x + 1)^2 - 3] = 0{,}5(x + 1)^2 - 1{,}5$

b) $f(x) = -x^2 - 4x + 3 = -(x^2 + 4x) + 3 = -(x^2 + 4x + 2 - 2) + 3$
$= -[(x + 2)^2 - 2] + 3 = -(x + 2)^2 + 5$

c) $f(x) = -0{,}5x^2 + 2x = -0{,}5(x^2 - 4x) = -0{,}5(x^2 - 4x + 2^2 - 2^2)$
$= -0{,}5[(x - 4)^2 - 4] = -0{,}5(x - 4)^2 + 2$

7 Ermittle rechnerisch die Koordinaten des Scheitelpunkts der Parabel. Gib die Anzahl der Nullstellen der Funktion an und begründe dein Ergebnis.

a) $y = -0{,}5x^2 + 8x + 18$ **b)** $y = -3x^2 - 6x + 9$ **c)** $y = \frac{2}{3}x^2 + 4x$
d) $y = -4x^2 + 16x - 16$ **e)** $y = -x^2 - 3x - 1{,}25$ **f)** $y = 5x^2 - 10$

8 Berechne den größten bzw. kleinsten Funktionswert, den die Funktion annehmen kann. Gib jeweils mindestens drei weitere Eigenschaften der Parabel an. Prüfe deine Ergebnisse in einer DGS.

a) $y = -1{,}5x^2 + 3$ **b)** $y = -(x - 2)^2 + 2$ **c)** $y = -(x + 2)^2$
d) $y = (x + 3)^2 + 5$ **e)** $y = 2x^2 - 5$ **f)** $y = 0{,}25\,(x + 0{,}5)^2 + 0{,}75$

9 Lege in einer DGS drei Schieberegler a, d und e an und zeichne den Graphen G_f der Funktion $f\colon x \mapsto a(x - d)^2 + e$.

a) Prüfe, unter welchen Bedingungen der Funktionsgraph keine, genau eine oder zwei Nullstellen besitzt.

b) Beschreibe ein Vorgehen, mit dem man direkt anhand der Scheitelpunktform einer Parabel erkennen kann, ob der Funktionsgraph keine, genau eine oder zwei Nullstellen besitzt. Stelle deine Ergebnisse in einer Tabelle übersichtlich dar.

10 Ordne den Funktionsgleichungen die Eigenschaften der zugehörigen Graphen zu, ohne diese zu zeichnen. Es können mehrere Eigenschaften zutreffend sein.

A $y = 2x^2 - 1$ **B** $y = -2x^2 - 1$ **C** $y = -0{,}5x^2 + 1$
D $y = -x^2 + 2$ **E** $y = x^2$ **F** $y = -2x^2 + \frac{1}{2}$

Der Graph der Funktion …

1 ist weiter als die Normalparabel.
2 ist enger als die Normalparabel.
3 ist nach oben geöffnet.
4 verläuft durch den Punkt P (1 | 1).
5 hat zwei Nullstellen.
6 ist symmetrisch bezüglich der y-Achse.
7 ist nach unten geöffnet.

11 Die Tabelle beschreibt Eigenschaften verschobener Normalparabeln mit den gegebenen Scheitelpunkten. Doch der Fehlerteufel hat zugeschlagen. Korrigiere fehlerhafte Einträge.

	Scheitelpunkt	Wertemenge	Symmetrieachse	monoton fallend	monoton steigend	Nullstellen
1	S (0 | −9)	W = [0; +∞[	$x = -9$	$x < -9$	$x > 9$	$x_1 = 4;\ x_2 = 6$
2	S (5 | −1)	W = [5; +∞[	$y = -1$	$x < 5$	$x > 5$	$x_1 = 0;\ x_2 = 3$
3	S (1 | 1)	W =]1; +∞[	$x = 1$	$x < 1$	$x > 1$	$x_1 = 1;\ x_2 = 1$
4	S (2 | −16)	W = [−4; +∞[	$x = 2$	$x < 0$	$x > 0$	keine
5	S (−4 | −4)	W = [2; +∞[	$x = \sqrt{4}$	$x < 2$	$x > 2$	$x_1 = -2;\ x_2 = -6$
6	S (3 | 0)	W = [−16; +∞[	$x = 9$	$x < -4$	$x > 5$	$x = 3$
7	S (1,5 | −2,25)	W = [1; +∞[	$x \geq 0$	$x < 2$	$x > -4$	$x_1 = 3;\ x_2 = -3$

12 Der Term f (x) einer quadratischen Funktion $f\colon x \mapsto f(x)$ ist in Nullstellenform gegeben.

1 $f(x) = [x - (-2)]\,(x - 2)$ **2** $f(x) = 2\,[x - (-3)]\,(x - 1)$ **3** $f(x) = -\frac{1}{2}(x - 3)(x + 9)$
4 $f(x) = -x\,(x - 4)$ **5** $f(x) = 3\,(x + 1)(x + 7)$ **6** $f(x) = 0{,}1\,(x + 0{,}5)(x - 2{,}7)$

a) Gib die Schnittpunkte des Graphen G_f der Funktion f mit den Koordinatenachsen an. Bestimme rechnerisch anhand der Nullstellen die Scheitelkoordinaten der Parabel und gib die Scheitelpunktform an.

b) Gib die Intervalle an, in denen die Funktionswerte von f negativ sind.

c) Beschreibe jeweils das Monotonieverhalten der Funktion.

13 Bestimme jeweils, für welche Werte von b, $c \in \mathbb{R}$ der Scheitel der Parabel P auf der x-Achse liegt. Gib dann für diesen Wert den Funktionsterm in Scheitelpunktform an.

a) $y = x^2 + bx + 25$ **b)** $y = x^2 - bx + 0{,}81$ **c)** $y = x^2 - bx + 5$

d) $y = x^2 + 6x + c$ **e)** $y = x^2 - 2\sqrt{2}\,x + c$ **f)** $y = -2x^2 - 8x + c$

14 Erkläre, wie man in den drei Darstellungsformen – falls möglich – erkennt, ob …

a) eine Parabel zwei Nullstellen besitzt.

b) der Scheitelpunkt auf der x-Achse liegt.

c) die Parabel weiter als die Normalparabel ist.

d) die Parabel die y-Achse im negativen Bereich schneidet.

15 Entscheide und begründe jeweils, ob Sid und Mike Recht haben.

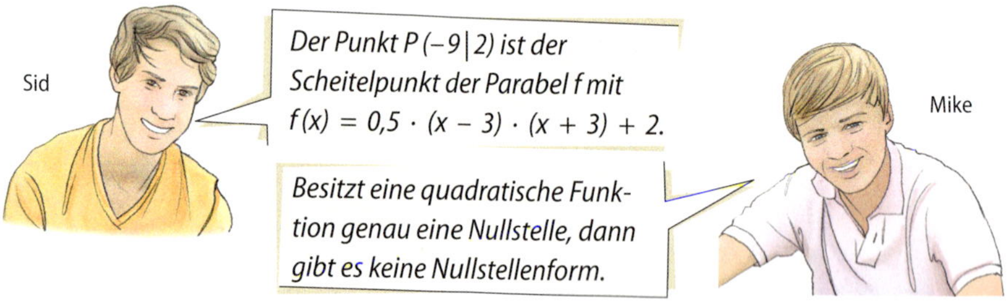

16 Gegeben ist die quadratische Funktion f: $x \mapsto f(x)$.

1 $f(x) = (x + 1)^2$ **2** $f(x) = 2(x + 2)^2 + 4$

3 $f(x) = -(x - 3)(x + 3)$ **4** $f(x) = 0{,}5(x - 2)(x - 4)$

a) Zeichne jeweils den Funktionsgraphen G_f in ein Koordinatensystem.

b) Spiegle jeweils den Graphen G_f der Funktion f an der x-Achse und gib einen Funktionsterm g (x) des Spiegelgraphen G_g in allgemeiner Form an.

c) Spiegle jeweils den Graphen G_f der Funktion f an der y-Achse und gib einen Funktionsterm h (x) des Spiegelgraphen G_h in Scheitelpunktform an.

17 Gegeben sind die Funktion f: $x \mapsto 0{,}5x^2 - 3x - 3{,}5$ und ihr Graph G_f.

a) Ermittle rechnerisch die Nullstellenform und die Scheitelpunktform der Funktion f.

b) Gib die Schnittpunkte des Graphen G_f mit den Koordinatenachsen an.

c) Beschreibe das Monotonieverhalten des Graphen G_f und gib die Intervalle mit positiven bzw. negativen Funktionswerten an.

d) Zeichne den Graphen G_f in ein Koordinatensystem. Spiegle ihn an der x-Achse und gib einen Funktionsterm der gespiegelten Funktion f* an.

e) Erläutere, wie man aus dem Monotonieverhalten des Graphen G_f das Monotonieverhalten des Graphen G_{f^*} ableiten kann.

f) Begründe, dass die Nullstellen und Scheitelpunkte der Graphen G_f und G_{f^*} eine Raute bilden. Berechne deren Flächeninhalt und beschreibe dein Vorgehen.

18 **a)** Übertrage den Graphen G_f in dein Heft und zeichne ein Koordinatensystem so ein, dass der Scheitelpunkt bei (1 | −1) liegt. Bestimme dazu den Funktionsterm f (x).

b) Übertrage den Graphen G_f in dein Heft und zeichne ein Koordinatensystem so ein, dass $x_1 = -3$ und $x_2 = 1$ die Nullstellen der Funktion f sind. Bestimme dazu den Funktionsterm f (x).

19 Gegeben sind die quadratische Funktion $f\colon x \mapsto -x^2 - 6x - 9$ und die Funktionen $g_a\colon x \mapsto x^2 - 6x + a$ mit $a \in \mathbb{R}$.

a) Berechne den Wert von a so, dass der Graph G_a der Funktion g_a den Graphen G_f …

1 im Scheitel berührt. **2** in keinem Punkt schneidet.

3 in zwei Punkten schneidet.

b) Zeichne G_f und die Graphen G_{ga} zu den Funktionen g_a in einer DGS. Verwende einen Schieberegler für den Parameter a. Überprüfe deine Ergebnisse aus Teilaufgabe a).

Vertiefung

Scheitelpunkte von Funktionsscharen

Leander hat die allgemeine Form $y = ax^2 + bx + c$, $a \in \mathbb{R}\setminus\{0\}$, $b, c \in \mathbb{R}$, in die Scheitelpunktform umgewandelt:

$$y = a\cdot\left(x^2 + \frac{b}{a}x\right) + c$$

$$\Leftrightarrow\ y = a\cdot\left[x^2 + \frac{b}{a}x + \left(\frac{b}{2a}\right)^2 - \left(\frac{b}{2a}\right)^2\right] + c$$

$$\Leftrightarrow\ y = a\cdot\left[\left(x + \frac{b}{2a}\right)^2 - \frac{b^2}{4a^2}\right] + c$$

$$\Leftrightarrow\ y = a\cdot\left(x + \frac{b}{2a}\right)^2 + c - \frac{b^2}{4a^2} \quad\Rightarrow\quad S\left(-\frac{b}{2a}\,\middle|\,c - \frac{b^2}{4a}\right)$$

- Erläutere Leanders Umformungen einer Mitschülerin bzw. einem Mitschüler.
- Ermittle mithilfe von Leanders Umformungen jeweils ohne quadratische Ergänzung den Scheitelpunkt der Funktion $f\colon x \mapsto f(x)$.

1 $f(x) = x^2 - 8x + 7$ **2** $f(x) = 2x^2 - 16x + 5$

3 $f(x) = -2x^2 + 10x - 20$ **4** $f(x) = 5x^2 - 6x + 4$

Leander betrachtet die Graphen G_{f_a} quadratischer Funktionen der Form $f_a\colon x \mapsto ax^2 + 2x$, $a \in \mathbb{R}\setminus\{0\}$, mithilfe eines Schiebereglers a in einer DGS. Er soll die Frage beantworten, auf welcher Geraden g die Scheitelpunkte der Graphen G_{f_a} liegen. Um dies herauszufinden, nutzt er das Ergebnis seiner Umformungen und gibt den Scheitelpunkt von G_{f_a} in Abhängigkeit des Parameters a ein: $S_a\left(-\frac{1}{a}\,\middle|\,-\frac{1}{a}\right)$.

Die Gerade, auf der die Scheitelpunkte der Graphen G_f liegen, kann Leander in der DGS anzeigen, wenn er die **Spur des Punkts S** ausgeben lässt und dann den Schieberegler bewegt. Da $y_{S_a} = x_{S_a}$ gilt, liegen alle Scheitelpunkte der Graphen G_{f_a} auf der Geraden $y = x$.

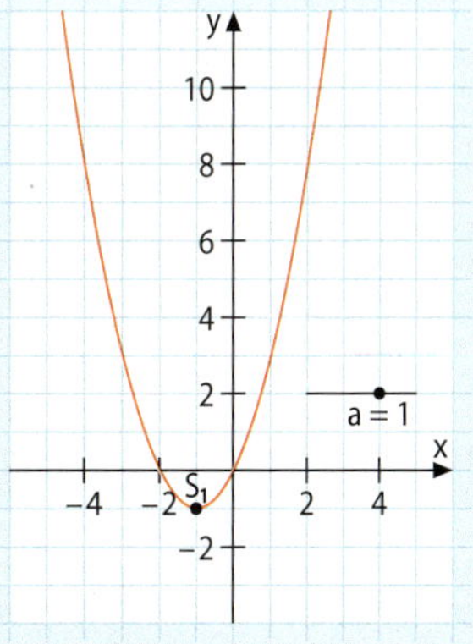

- Erstelle Leanders Zeichnung in einer DGS und beschreibe einer Mitschülerin bzw. einem Mitschüler, wie du die Spur eines Punkts in der DGS anzeigen lassen kannst.
- Ermittle jeweils mithilfe einer DGS, auf welchem Graphen G mit $y = g(x)$ bzw. auf welcher Geraden mit $x = b$ die Scheitelpunkte der Graphen G_{f_a} liegen, und gib $g(x)$ bzw. den Wert b an.

1 $f_a\colon x \mapsto 0{,}5ax^2 + ax$ **2** $f_a\colon x \mapsto x^2 + ax + 1$ **3** $f_a\colon x \mapsto x^2 - 2ax + 2a^2 - 1$

Entdecken

5 Löse die Gleichungen möglichst geschickt:

1 $x^2 - 4x + 3 = 0$ **2** $x^2 - 169 = 0$ **3** $2x^2 - 4x = 0$ **4** $x^2 + 6x + 9 = 0$

Mara: *„Ich verwende eine DGS und lese die Nullstellen der zugehörigen Funktion ab."*
Phil: *„Ich wende bei einigen binomische Formeln an."*
Janina: *„Ich kann einige Lösungen direkt erkennen."*

- Erkläre, welche Vorgehensweise beim Lösen der Gleichungen jeweils vorteilhaft ist, und gib die Lösungen der Gleichungen an.

Verstehen

Das graphische Lösen einer quadratischen Gleichung liefert oft nur Näherungswerte. Deshalb benötigt man ein allgemein anwendbares, rechnerisches Verfahren, das exakte Werte liefert. Damit lassen sich auch Nullstellen quadratischer Funktionen berechnen.

Die quadratische Gleichung $\mathbf{ax^2 + bx + c = 0}$ ($a \in \mathbb{R}\setminus\{0\}$; $b, c \in \mathbb{R}$) kann **zwei Lösungen, genau eine Lösung oder keine Lösung** haben. Sofern die Lösungen x_1 und x_2 existieren, kann man diese mit der **Lösungsformel** berechnen:

$$x_{1/2} = \frac{-b \pm \sqrt{b^2 - 4ac}}{2a}$$

Der Term $\mathbf{D = b^2 - 4ac}$ heißt **Diskriminante** der quadratischen Gleichung und gibt die Anzahl der Lösungen an:

- $D > 0$: Es gibt zwei Lösungen $x_1 = \frac{-b + \sqrt{b^2 - 4ac}}{2a}$ und $x_2 = \frac{-b - \sqrt{b^2 - 4ac}}{2a}$.
- $D = 0$: Es gibt genau eine Lösung $x = -\frac{b}{2a}$.
- $D < 0$: Es gibt keine Lösung.

In Spezialfällen sind andere Lösungsmethoden aber vorteilhafter:

- Gleichungen der Form $ax^2 + bx = 0$ **faktorisiert** man **durch Ausklammern**:

  $ax\left(x + \frac{b}{a}\right) = 0 \Rightarrow x_1 = 0$ und $x_2 = -\frac{b}{a}$

- **Rein quadratische Gleichungen** der Form $ax^2 - c = 0$ formt man äquivalent um:

  $ax^2 = c \Rightarrow x^2 = \frac{c}{a} \Rightarrow x_{1/2} = \pm\sqrt{\frac{c}{a}}$

Die Lösungen der Gleichung $ax^2 + bx + c = 0$ sind die Nullstellen der Funktion $f: x \mapsto ax^2 + bx + c$.

Gleichungen der Form $\boldsymbol{x^2 + px + q = 0}$ *löst man mit der* ***p-q-Formel*** *(siehe Aufgabe 18).*

Die zugehörige Funktion $f: x \mapsto ax^2 + bx + c$ *kann in Abhängigkeit von a, b und c zwei Nullstellen, genau eine Nullstelle oder keine Nullstelle haben.*

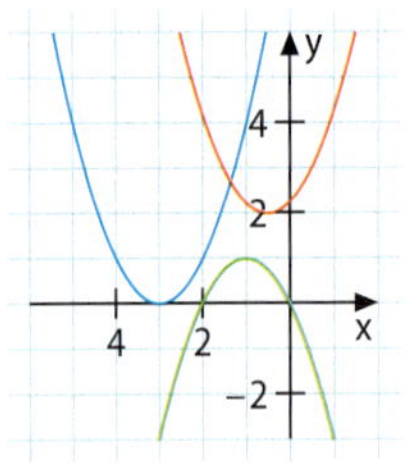

Beispiele

I. Ermittle rechnerisch für jede Gleichung die Anzahl der Lösungen.

a) $-x^2 + 5x - 2 = 0$ **b)** $3x^2 - 6x + 3 = 0$ **c)** $2x^2 + 3x + 10 = 0$

Lösung:

a) $a = -1, b = 5, c = -2$: $D = b^2 - 4ac = 25 - 4 \cdot (-1) \cdot (-2) = 17 > 0$
$\Rightarrow$ zwei Lösungen

b) $a = 3, b = -6, c = 3$: $D = b^2 - 4ac = 36 - 4 \cdot 3 \cdot 3 = 0 \Rightarrow$ genau eine Lösung

c) $a = 2, b = 3, c = 10$: $D = b^2 - 4ac = 9 - 4 \cdot 2 \cdot 10 = -71 < 0 \Rightarrow$ keine Lösung

II. Leite durch das Umformen der allgemeinen quadratischen Gleichung die Lösungsformel her. Beschreibe dein Vorgehen.

Herleitung der Lösungsformel

Lösung:

$ax^2 + bx + c = 0 \quad \mid : a \ (a \neq 0)$	Dividiere durch a.
$x^2 + \frac{b}{a}x + \frac{c}{a} = x^2 + \frac{b}{a}x + \left(\frac{b}{2a}\right)^2 - \left(\frac{b}{2a}\right)^2 + \frac{c}{a} = 0$	Ergänze quadratisch.
$\left(x + \frac{b}{2a}\right)^2 - \frac{b^2}{4a^2} + \frac{c}{a} = 0 \quad \mid + \frac{b^2}{4a^2} - \frac{c}{a}$	Fasse zum Quadrat eines Binoms zusammen.
$\left(x + \frac{b}{2a}\right)^2 = \frac{b^2}{4a^2} - \frac{c}{a} = \frac{b^2 - 4ac}{4a^2}$	Bringe die Gleichung in die Form $z^2 = d$.
$x + \frac{b}{2a} = \pm\sqrt{\frac{b^2 - 4ac}{4a^2}} = \pm\frac{\sqrt{b^2 - 4ac}}{2a} \quad \mid - \frac{b}{2a}$	Ziehe die Quadratwurzel und radiziere teilweise.
$x_{1/2} = -\frac{b}{2a} \pm \frac{\sqrt{b^2 - 4ac}}{2a} = \frac{-b \pm \sqrt{b^2 - 4ac}}{2a}$	

Die quadratische Ergänzung ist in Kapitel 2.4 ausführlich erklärt.

III. Bestimme rechnerisch jeweils die Nullstellen der quadratischen Funktionen vorteilhaft. Überprüfe die Lösungen durch eine geeignete Skizze und beschreibe den Verlauf des Funktionsgraphen.

a) $f: x \mapsto -x^2 - 2x$ **b)** $f: x \mapsto 2x^2 - 8$ **c)** $f: x \mapsto 0{,}5x^2 - x - 1{,}5$

Lösung:

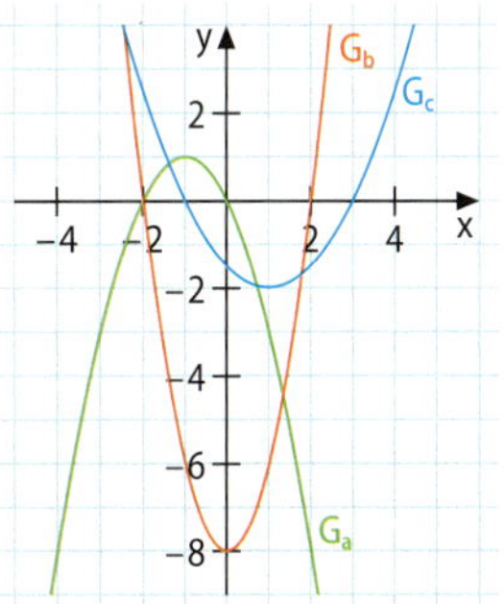

a) $-x^2 - 2x = 0 \quad \Leftrightarrow \quad -x(x + 2) = 0 \quad \Rightarrow \quad x_1 = -2;\ x_2 = 0$
Es gilt $a = -1$. Der Graph der Funktion f ist eine nach unten geöffnete Parabel, die zur Normalparabel kongruent ist. Sie besitzt den Scheitel $S(-1 \mid 1)$.

b) $2x^2 - 8 = 0 \quad \Leftrightarrow \quad 2x^2 = 8 \quad \Leftrightarrow \quad x^2 = 4$
$\Leftrightarrow \quad x_{1/2} = \pm 2 \quad \Rightarrow \quad x_1 = -2;\ x_2 = 2$
Die Parabel ist nach oben geöffnet und enger als die Normalparabel $(a = 2)$. Sie hat den Scheitel $S(0 \mid -8)$.

c) $0{,}5x^2 - x - 1{,}5 = 0$
$a = 0{,}5;\ b = -1;\ c = -1{,}5$

$$x_{1/2} = \frac{-b \pm \sqrt{b^2 - 4ac}}{2a} = \frac{1 \pm \sqrt{(-1)^2 - 4 \cdot 0{,}5 \cdot (-1{,}5)}}{2 \cdot 0{,}5} = \frac{1 \pm \sqrt{4}}{1} = 1 \pm 2$$

$\Rightarrow \quad x_1 = 1 + 2 = 3;\ x_2 = 1 - 2 = -1$
Es gilt $a = 0{,}5$. Der Graph der Funktion f ist nach oben geöffnet und weiter als die Normalparabel. Die Parabel besitzt den Scheitel $S(1 \mid -2)$.

Nachgefragt

- Erläutere anschaulich (ohne den Wert der Diskriminante zu berechnen), dass die Gleichung $x^2 + 1 = 0$ keine Lösung besitzt.
- Peter behauptet: „Wenn a und c unterschiedliche Vorzeichen besitzen, dann hat die quadratische Gleichung $ax^2 + bx + c = 0$, $a \neq 0$, $c \neq 0$, immer zwei verschiedene Lösungen."
Entscheide und begründe, ob Peter Recht hat.

Aufgaben

1 Beschreibe jeweils in Worten, auf welche Weise die Gleichung gelöst wurde.

a)
$$x^2 - 2x = 0$$
$$x \cdot (x - 2) = 0$$
$$x_1 = 0; \; x_2 = 2$$

b)
$$2x^2 - 4x + 2 = 0 \quad |:2$$
$$x^2 - 2x + 1 = 0$$
$$(x - 1)^2 = 0$$
$$x = 1$$

c)
$$9x^2 - 4 = 0 \quad |+4$$
$$9x^2 = 4$$
$$x^2 = \frac{4}{9}$$
$$x_1 = -\frac{2}{3}; \; x_2 = \frac{2}{3}$$

2 Ermittle rechnerisch für jede der quadratischen Gleichungen die Lösung(en) vorteilhaft und überprüfe dein Ergebnis graphisch (in einer DGS).

a) $2x^2 - 32 = 0$ b) $5x^2 + 15x = 0$ c) $x^2 + 10x + 25 = 0$
d) $x^2 - 3x = 0$ e) $x^2 + 9 = 0$ f) $6x^2 - 11x - 10 = 0$

Erklärvideo

Mediencode 61049-11

3 Bestimme jeweils die Lösungsmenge mithilfe der Lösungsformel.

a) $x^2 + 14x + 48 = 0$ b) $x^2 - 16x + 15 = 0$ c) $x^2 + 3x - 88 = 0$
d) $x^2 + 5x = 0$ e) $x^2 - 7{,}5x - 8{,}5 = 0$ f) $x^2 - \frac{2}{3}x + \frac{1}{12} = 0$
g) $12x + 3x^2 - 15 = 0$ h) $0{,}4x^2 - 4x - 4{,}4 = 0$ i) $0{,}5x^2 - 0{,}5x - 0{,}375 = 0$
j) $-6x^2 + 6x + 36 = 0$ k) $\frac{1}{2}x^2 - \frac{1}{4}x + \frac{1}{32} = 0$ l) $\frac{4}{9}x^2 + \frac{5}{2} = 0$

4 Bringe die Gleichungen in die Form $ax^2 + bx + c = 0$ und bestimme die Lösungen.

a) $x^2 = 2{,}4x - 1{,}43$ b) $1{,}5x^2 + 0{,}75x = 1{,}26$ c) $x^2 - 7x = 2{,}75$
d) $2x^2 = 0{,}4x + 0{,}48$ e) $x \cdot (x - 4) = -4$ f) $(3 - x) \cdot 3x = -15$

5 Begründe, warum die Gleichung $x^2 - 2x + 7 = 0$ keine Lösung besitzt. Ändere die Zahl 7 so ab, dass die Gleichung genau eine Lösung hat.

Lösungen zu 6:
-23; $-14{,}5$; -13; -4; $-2{,}5$; -2; $-\sqrt{2}$; $-\frac{2}{3}$; 0; 1; $\sqrt{2}$; 1,5; 3; 3,5; 5; 8; 9; 11; 14; 16

6 Bestimme jeweils die Lösungsmenge der Gleichung vorteilhaft.

a) $x^2 - 14x + 33 = 0$ b) $x^2 + 14x = 207$ c) $x^2 - 12x = 64$ d) $x^2 - 10x = 56$
e) $y^2 + 11y = 50{,}75$ f) $-y^2 - 13y = 0$ g) $7y + 14 = 21$ h) $2y^2 + 98 = 28y$
i) $4z^2 + 9 = 12z$ j) $120z - 5z^2 = 640$ k) $2z^2 - 5 = -3z$ l) $z + 2 - 3z^2 = 0$
m) $u^2 - 6u + 5 = 0$ n) $u^2 - 2 = 0$ o) $0{,}5u = u$ p) $u^2 + u - 2 = 0$

7 Vereinfache jeweils die Gleichung und löse sie möglichst vorteilhaft.

a) $6x^2 + 14x + 23 = 7x^2 + 23x - 29$ b) $\frac{1}{2}x^2 - \frac{1}{2}x - 16 = x + 19$
c) $9x^2 + 13x - 3 = 7x^2 + 14x + 7$ d) $8x - 3x^2 - 12 = 9 - 2x - 2x^2$

8 Berechne jeweils einen passenden Wert für c. Die Gleichung $x^2 + 8x = c$ wünscht sich …

a) zwei Lösungen. b) -2 und eine weitere Zahl als Lösung.
c) zwei positive Lösungen. d) zwei negative Lösungen.
e) nur eine Lösung. f) eine positive und eine negative Lösung.

9 Entscheide und begründe jeweils, ob die Gleichung zwei, eine oder keine Lösung(en) hat.

a) $\frac{1}{2}x^2 - \frac{7}{10}x + \frac{1}{4} = 0$ b) $\frac{1}{2}x^2 - \frac{1}{3}x + \frac{1}{6} = 0$
c) $\frac{1}{24}x^2 + \frac{1}{12}x + 1{,}5 = 0$ d) $x^2 - \frac{x}{2} + \frac{17}{18} = 0$
e) $x^2 + \frac{26}{5}x + 1 = 0$ f) $x \cdot (x + 4) + 5 = -1 - (2x + 3)$

10 Gegeben sind die folgenden Funktionen:

1 f: $x \mapsto x^2 + 3x - 22{,}75$, $D_f = \mathbb{R}$ **2** g: $x \mapsto 0{,}5x + 3$, $D_g = \mathbb{R}$
3 h: $x \mapsto 1{,}5x^2 + 2x - 7{,}5$, $D_h = \mathbb{R}$ **4** k: $x \mapsto -\frac{1}{6}x^2 + \frac{1}{3}x + 1$, $D_k = \mathbb{R}$

a) Ermittle für jede der vier Funktionen die Nullstellen.
b) Gib für die quadratischen Funktionen die Nullstellenform an.
c) Ermittle für die quadratischen Funktionen möglichst vorteilhaft die Scheitelpunktform.

11 Vervollständige die Gleichung jeweils so, dass sie die Lösungsmenge L besitzen.

a) $x^2 + 6x + \square = 0$ $L = \{-2; -4\}$ b) $b^2 - \square = 10b$ $L = \{2; 8\}$
c) $a^2 + 8a = \square$ $L = \{-6; -2\}$ d) $3g^2 - 4g + \square = 2g^2$ $L = \{-1; 5\}$

12 Jana, Irini und Cem machen Hausaufgaben. Vergleiche ihr Vorgehen, beschreibe auftretende Fehler und verbessere sie.

Jana:

$x^2 - 6x = 7$
$a = 1;\ b = -6;\ c = 7$
$x_{1/2} = \frac{6 \pm \sqrt{36 - 4 \cdot 1 \cdot 7}}{2}$
$x_{1/2} = \frac{6 \pm \sqrt{36 - 28}}{2}$
$x_{1/2} = \frac{6 \pm \sqrt{8}}{2}$
$x_1 \approx 4{,}41;\quad x_2 \approx 1{,}59$

Irini:

$x^2 - 6x = 7 \quad | -7$
$x^2 - 6x - 7 = 0$
$a = 1;\ b = -6;\ c = -7$
$x_{1/2} = \frac{-6 \pm \sqrt{(-6)^2 - 4 \cdot 1 \cdot (-7)}}{2 \cdot 1}$
$x_{1/2} = \frac{-6 \pm \sqrt{36 + 28}}{2} = \frac{-6 \pm 8}{2}$
$x_1 = 1;\quad x_2 = -7$

Cem:

$x^2 - 6x = 7$
$x(x - 6) = 7$
$x_1 = 0;\quad x_2 = 6$

13 Entscheide und begründe, ob die folgenden Aussagen wahr oder falsch sind.

a) Die Funktion f: $x \mapsto 2x^2 - 7{,}5x - 2$ besitzt genau eine Nullstelle.
b) Die Funktion f: $x \mapsto -0{,}5x^2 - 3$ kann man in der Nullstellenform darstellen.
c) Die Funktion f: $x \mapsto 4(x - 2)^2 - 12$ besitzt zwei Nullstellen.
d) Der Scheitel der Funktion f: $x \mapsto 4(x - 3)(x + 3)$ liegt auf der y-Achse.
e) Die Funktion f: $x \mapsto \frac{1}{5}x^2 + 7$ besitzt keine Nullstelle.
f) Die Funktion f: $x \mapsto 3(x - 4)^2$ besitzt keine Nullstelle.

14 a) Bestimme rechnerisch eine positive reelle Zahl, die um eins kleiner ist als ihr Quadrat.
b) Bestimme rechnerisch eine reelle Zahl, die um eins größer ist als ihr Kehrwert.

15 Gib jeweils drei quadratische Gleichungen an, die die Lösungsmenge L besitzen.

a) $L = \{-1; 1\}$ b) $L = \{0\}$ c) $L = \{\ \}$ d) $L = \{-\sqrt{3}; \sqrt{3}\}$ e) $L = \{4\}$

16 Gegeben sind die folgenden Funktionen f.

1 f: $x \mapsto 4x^2 - 20$; $D_f = \mathbb{R}$ **2** f: $x \mapsto 3x - 2$; $D_f = \mathbb{R}$
3 f: $x \mapsto 2x^2 - 4x$; $D_f = \mathbb{R}_0^+$ **4** f: $x \mapsto x^2 - 4x + 4$; $D_f = \mathbb{R}$
5 f: $x \mapsto \frac{2}{x^2} - \frac{1}{2}$; $D_f = \mathbb{R}^+$ **6** f: $x \mapsto (x - 1)^2 - 1$; $D_f = \mathbb{R}$

a) Ermittle jeweils die Nullstelle(n) der Funktion f graphisch mithilfe einer DGS.
b) Entscheide und begründe, ob alle Nullstellen in der DGS exakt angegeben werden.

17 Tami hat in einem türkischen Mathematikbuch folgendes Beispiel gefunden. Beschreibe, wie der Text im Deutschen lauten könnte.

> $2x^2 - 2x + 3 = 0$ denkleminin çözümesini bulalim
> Çözüm: Verilen denklemde $a = 2$, $b = -2$ ve $c = 3$ tür.
> $\Delta = b^2 - 4ac = (-2)^2 - 4 \cdot 2 \cdot 3 = -20 < 0$
> $\Delta < 0$ olduğundan, denkleminin gerçek kökleri yoktru. $Ç = ø$

Diese Formel wird auch als ***p-q-Formel*** *bezeichnet.*

18 a) Stelle anhand des Beispiels eine Vermutung auf, mit welcher Formel man Gleichungen der Form $x^2 + px + q = 0$ ($p, q \in \mathbb{R}$) lösen kann.

$x^2 + 4x - 5 = 0$

$x_{1/2} = -\frac{+4}{2} \pm \sqrt{\left(\frac{+4}{2}\right)^2 - (-5)}$

$= -2 \pm \sqrt{2^2 + 5}$

$= -2 \pm \sqrt{9} = -2 \pm 3$

$x_1 = -2 + 3 = 1$

$x_2 = -2 - 3 = -5$

b) Entwickle aus der Lösungsformel für allgemeine quadratische Gleichungen $ax^2 + bx + c = 0$ ($a \in \mathbb{R}\setminus\{0\}$, $b, c \in \mathbb{R}$) die im Beispiel benutzte p-q-Formel.

c) Löse die Gleichung jeweils mithilfe der p-q-Formel.

1 $x^2 - 16x + 15 = 0$ **2** $x^2 - 7{,}5x - 8{,}5 = 0$

3 $x^2 + 3x - 88 = 0$ **4** $x^2 - \frac{2}{3}x + \frac{1}{12} = 0$

d) Erläutere, wie man Gleichungen der Form $ax^2 + bx + c = 0$ ($a \in \mathbb{R}\setminus\{0\}$, $b, c \in \mathbb{R}$) mithilfe der p-q-Formel lösen kann, und begründe, in welchen Fällen dies sinnvoll ist.

19 Beschreibe das Vorgehen aus den folgenden Beispielrechnungen mit eigenen Worten.

1 Für welche Werte von m ist $x^2 - 8x + 2 - m = 0$ in $\mathbb{R}$ nicht lösbar?

> $a = 1$; $b = -8$; $c = 2 - m$
> $D = b^2 - 4ac$
> $D = (-8)^2 - 4 \cdot 1 \cdot (2 - m)$
> $= 64 - 8 + 4m$
> $= 56 + 4m$
> Die Gleichung ist für $D < 0$ nicht lösbar:
> $56 + 4m < 0 \quad \Leftrightarrow \quad m < -14$
> $L = \{\,\}$ für $m < -14$.

2 Für welche Werte von s hat die Gleichung $x^2 + 2sx - 8 = 0$ zwei Lösungen in $\mathbb{R}$?

> $a = 1$; $b = 2s$; $c = -8$
> $D = b^2 - 4ac$
> $D = (2s)^2 - 4 \cdot 1 \cdot (-8) = 4s^2 + 32$
> Die Gleichung hat für $D > 0$ zwei Lösungen:
> $4s^2 + 32 > 0 \quad \Leftrightarrow \quad s^2 > -8$
> Für alle $s \in \mathbb{R}$ gilt $s^2 > -8$.
> Somit hat die Gleichung stets zwei Lösungen.

20 Löse jeweils das Zahlenrätsel und gib eine sinnvolle Definitionsmenge an.

a) Die Summe einer natürlichen Zahl und ihrer Quadratzahl ergibt 132.

b) Das Produkt zweier aufeinanderfolgender natürlicher Zahlen beträgt 812.

c) Zwei Zahlen unterscheiden sich um 7. Das Produkt beider Zahlen ist 450.

d) Die Summe der Quadrate von vier aufeinanderfolgenden geraden natürlichen Zahlen beträgt 1176.

e) Von zwei Zahlen ist eine um 12 größer als die andere. Ihr Produkt beträgt 864.

21 Theo soll die Koordinaten des Scheitelpunkts der Funktion f mit $f(x) = \frac{1}{4}(x-1)(x+5)$ ermitteln. Er beschreibt sein Vorgehen wie folgt:

Ich multipliziere den Funktionsterm aus, ergänze quadratisch und lese dann die Koordinaten des Scheitelpunkts ab.

Beurteile Theos Lösungsweg. Ermittle möglichst vorteilhaft die Koordinaten des Scheitelpunkts des Graphen G_f der Funktion f.

Strategiewissen

Concept Map

Jutta hat eine Übersicht über die Darstellungsformen quadratischer Funktionen erstellt:

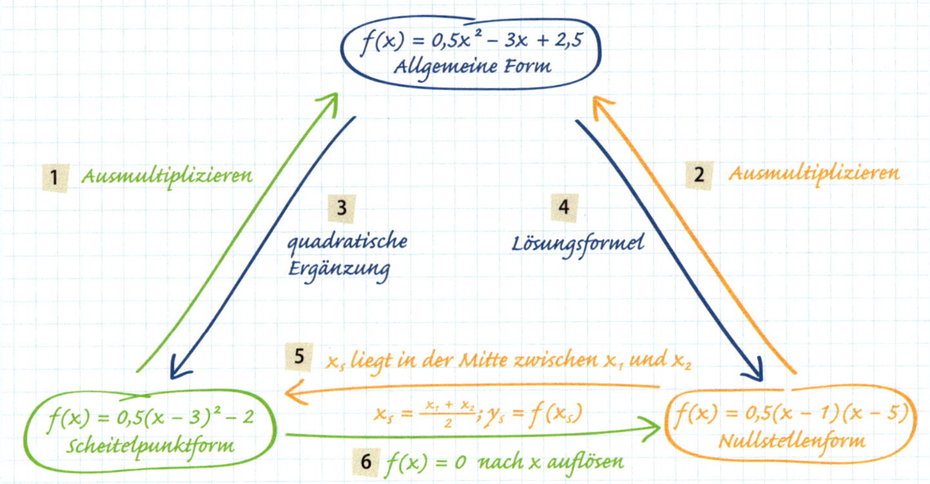

1 $f(x) = 0{,}5(x-3)^2 - 2 = 0{,}5(x^2 - 6x + 9) - 2 = 0{,}5x^2 - 3x + 2{,}5 = f(x)$

2 $f(x) = 0{,}5(x-1)(x-5) = 0{,}5(x^2 - x - 5x + 5) = 0{,}5x^2 - 3x + 2{,}5 = f(x)$

3 $f(x) = 0{,}5x^2 - 3x + 2{,}5 = 0{,}5(x^2 - 6x) + 2{,}5 = 0{,}5(x^2 - 6x + 3^2 - 3^2) + 2{,}5$
$= 0{,}5[(x-3)^2 - 9] + 2{,}5 = 0{,}5(x-3)^2 - 4{,}5 + 2{,}5 = 0{,}5(x-3)^2 - 2 = f(x)$

4 $f(x) = 0 \;\Rightarrow\; 0{,}5x^2 - 3x + 2{,}5 = 0 \;\Rightarrow\; x_{1/2} = \frac{3 \pm \sqrt{(-3)^2 - 4 \cdot 0{,}5 \cdot 2{,}5}}{2 \cdot 0{,}5} = \frac{3 \pm 2}{1}$
$\Rightarrow\; x_1 = 3 - 2 = 1;\, x_2 = 3 + 2 = 5 \;\Rightarrow\; f(x) = 0{,}5(x-1)(x-5)$

5 Aus $f(x) = 0{,}5(x-1)(x-5)$ kann man die Nullstellen $x_1 = 1$ und $x_2 = 5$ ablesen. Die Mitte zwischen $x_1 = 1$ und $x_2 = 5$ ist $x_S = \frac{1+5}{2} = 3$. Einsetzen in f(x):
$y_S = f(3) = 0{,}5(3-1)(3-5) = -2 \;\Rightarrow\;$ Scheitel $S(3\,|-2) \;\Rightarrow\; f(x) = 0{,}5(x-3)^2 - 2$

6 $f(x) = 0{,}5(x-3)^2 - 2 = 0 \;\Rightarrow\; 0{,}5(x-3)^2 = 2 \;\Rightarrow\; (x-3)^2 = 4$
$\Rightarrow\; x - 3 = \pm 2 \;\Rightarrow\; x_1 = 1;\, x_2 = 5 \;\Rightarrow\; f(x) = 0{,}5(x-1)(x-5)$

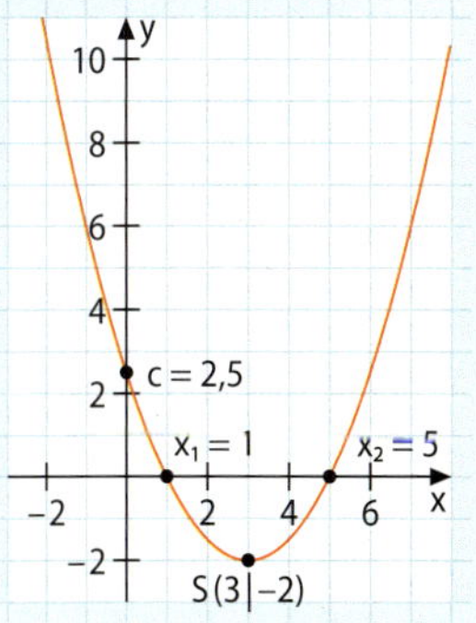

- Notiere die Vorteile der einzelnen Darstellungsformen.
- Bestimme jeweils, sofern vorhanden, die nicht angegebenen Darstellungsformen der quadratischen Funktion $f: x \mapsto f(x)$ und gib, falls möglich, jeweils die Nullstellen und die Koordinaten des Scheitelpunkts an. Kontrolliere deine Ergebnisse in einer DGS.

a) $f(x) = 2(x-1)(x+2)$ **b)** $f(x) = 2(x+1)^2 - 4$ **c)** $f(x) = 0{,}5x^2 - 2x + 3$

d) $f(x) = -3x^2 + 4x + 7$ **e)** $f(x) = -(x-4)(x-2)$ **f)** $f(x) = \frac{1}{4}(x+3)(x+5)$

g) $f(x) = -\frac{1}{3}(x-1)^2 + 12$ **h)** $f(x) = 0{,}2x^2 - x$ **i)** $f(x) = -4x(x-1)$

22 Gegeben sind quadratische Gleichungen mit den Parametern $t, k, m \in \mathbb{R}$. Untersuche jeweils den Einfluss des Parameters auf die Anzahl der Lösungen (mithilfe einer DGS).

a) $x^2 + 4tx + 1 = 0$ b) $-x^2 + 6kx + 6 = 0$ c) $2 \cdot (2x + 1) + 4m = 4x^2$

23 a) Multipliziert man eine Zahl mit dem 4-Fachen dieser Zahl, erhält man 100. Formuliere eine passende Gleichung und löse sie.

b) Das Produkt zweier Zahlen beträgt –124. Wenn man eine Zahl um 3 vermindert, erhält man den fünften Teil der anderen Zahl. Untersuche, ob Zahlen mit den geforderten Eigenschaften existieren.

c) Denke dir selbst ähnliche Zahlenrätsel aus und präsentiere diese in deiner Klasse.

24 Gib bei jeder der Bruchgleichungen zunächst die maximale Definitionsmenge über der Grundmenge $\mathbb{R}$ an; berechne dann die Lösungsmenge und mache die Probe.

a) $\frac{x}{3} + \frac{3}{x} = 2$ b) $\frac{x}{n} + \frac{n}{x} = 2;\ n \in \mathbb{N}$ c) $\frac{x}{2x - 1} - \frac{2x}{x - 0{,}5} = 0$

d) $\frac{x}{1 + x} = \frac{4 - x}{1 - x^2}$ e) $\frac{\sqrt{x}}{n} = \frac{n}{\sqrt{x}};\ n \in \mathbb{N}$ f) $\frac{6}{3x - 1} - 1 = \frac{8}{3 + x}$

25 a) Beschreibe die Anzahl der Diagonalen eines n-Ecks durch einen Term.

b) Berechne die Anzahl der Diagonalen eines 12-Ecks (17-Ecks, 100-Ecks).

c) Ermittle jeweils mittels einer quadratischen Gleichung die Eckenzahl eines n-Ecks mit 35 Diagonalen (65 Diagonalen, 135 Diagonalen, 5150 Diagonalen).

Leonhard Euler (1707–1783)

26 Der Mathematiker Leonhard Euler hat herausgefunden: Sind bei der quadratischen Gleichung $ax^2 + bx + c = 0$ mit $D > 0$ die Koeffizienten a und c gleich, dann ist die eine Lösung gleich dem Kehrwert der anderen.

a) Zeige, dass Eulers Aussage für jede der beiden Gleichungen $x^2 - 2{,}5x + 1 = 0$ und $3y^2 + 10y + 3 = 0$ zutrifft.

b) Die Zahl $4\frac{1}{60}$ soll so in zwei Summanden zerlegt werden, dass der eine Summand gleich dem Kehrwert des anderen ist. Ermittle die beiden Summanden und den Wert ihres Produkts.

27 Luis hat die Gleichung $2x^4 - 3x^2 + 1 = 0$ gelöst.

Substituiere $u = x^2$

$2u^2 - 3u + 1 = 0 \Rightarrow u_{1/2} = \frac{3 \pm \sqrt{(-3)^2 - 4 \cdot 2 \cdot 1}}{2 \cdot 2} = \frac{3 \pm \sqrt{9 - 8}}{4} = \frac{3 \pm 1}{4}$

$u_1 = \frac{3 - 1}{4} = \frac{1}{2} \Rightarrow x_{1/2} = \pm\sqrt{0{,}5}$ $u_2 = \frac{3 + 1}{4} = 1 \Rightarrow x_{3/4} = \pm\sqrt{1}$

$L = \{-1; -\sqrt{0{,}5}; \sqrt{0{,}5}; 1\}$

a) Erkläre Luis' Vorgehen einer Mitschülerin bzw. einem Mitschüler.

b) Löse die folgenden Gleichungen möglichst vorteilhaft.

1 $x^4 - 5x^2 + 4 = 0$ **2** $(y^2 + 1)(y^2 - 64) = 0$ **3** $(\sqrt{x})^2 - 5\sqrt{x} + 4 = 0$

4 $2x^4 - x^2 = 1$ **5** $-0{,}5x^4 + 4x^2 - 7 = 0$ **6** $8x^4 + 7 = 0$

7 $3x^4 - x^2 = 2$ **8** $3y^2 + 10 = y^4$ **9** $16x^2 - x^4 = 0$

28 Ein Handballverein bietet seinen Fans eine Busfahrt zum Aufstiegsspiel in die Bundesliga an. Es wird mit einem vollen Bus gerechnet, der insgesamt 450 € kostet. Bei der Abfahrt erscheinen aber fünf der angemeldeten Personen nicht, sodass sich der Fahrpreis für jeden der übrigen Fans um 1 € verteuert. Bestimme rechnerisch, um wie viel Prozent sich durch das Fernbleiben der fünf Fans die Fahrt für jeden der übrigen Fans verteuert.

Strategiewissen

Quadratische Gleichungen mit dem Satz von Vieta lösen

François Viète war ein französischer Hobbymathematiker. Er entdeckte u. a. den Zusammenhang zwischen den Nullstellen einer quadratischen Funktion (verschobene Normalparabel) und der allgemeinen Form der zugehörigen Funktionsgleichung. Dieser Zusammenhang heißt „Satz von Vieta" (Vieta ist die lateinische Form seines Nachnamens).
Mithilfe des Satzes von Vieta lassen sich die Lösungen einer quadratischen Gleichung, wenn sie ganzzahlig sind, häufig durch Überlegen finden.

- Erstelle eine Präsentation über das Leben von François Viète.
- Recherchiere weitere bedeutende Erkenntnisse des Mathematikers François Viète.

François Viète (1540 – 1603)

Satz von Vieta
Wenn x_1 und x_2 die Lösungen der quadratischen Gleichung $x^2 + bx + c = 0$, $b, c \in \mathbb{R}$, sind, dann gilt $x_1 + x_2 = -b$ und $x_1 \cdot x_2 = c$.

Beweis des Satzes von Vieta
Da x_1 und x_2 die Lösungen der Gleichung $x^2 + bx + c = 0$ sind, kann man den Term $x^2 + bx + c$ in der Form $(x - x_1)(x - x_2)$ darstellen.
Sind x_1 und x_2 Lösungen der Gleichung $x^2 + bx + c = 0$, gilt:
$(x - x_1)(x - x_2) = x^2 - xx_1 - xx_2 + x_1x_2 = x^2 + (-x_1 - x_2)x + x_1x_2 = x^2 + bx + c$
$\Rightarrow \quad -x_1 - x_2 = b \quad \Rightarrow \quad -b = x_1 + x_2$ und $c = x_1x_2$

Beispiel: Ermittle die Lösungsmenge der Gleichung $x^2 - 8x + 15 = 0$, $G = \mathbb{Z}$.
Lösung: Da $c = 15 = 3 \cdot 5$ und $-b = -8 = -(3 + 5)$ ist, gilt $x_1 = 3$ und $x_2 = 5$.
Somit lässt sich $x^2 - 8x + 15 = 0$ als Produkt von Linearfaktoren darstellen:
$(x - 3)(x - 5) = 0$.
Die quadratische Gleichung besitzt also die Lösungsmenge $L = \{3; 5\}$.
Dabei wurde die Tatsache verwendet, dass ein Produkt genau dann den Wert null besitzt, wenn mindestens einer seiner Faktoren gleich null ist.

- Faktorisiere jeweils zunächst den Term $x^2 + bx + c$. Ermittle dann die Lösungsmenge L der Gleichung $x^2 + bx + c = 0$ mithilfe des Satzes von Vieta.

a) $x^2 - 4x - 21 = 0$	**b)** $x^2 + 3x - 10 = 0$	**c)** $x^2 + 3x - 4 = 0$	**d)** $x^2 + x - 6 = 0$
e) $x^2 + 8x + 7 = 0$	**f)** $x^2 - 15x + 26 = 0$	**g)** $x^2 + 5x + 6 = 0$	**h)** $x^2 - 5x - 6 = 0$
i) $x^2 - 5x + 6 = 0$	**j)** $x^2 + 5x - 6 = 0$	**k)** $x^2 + x - 2 = 0$	**l)** $x^2 - 3x + 2 = 0$

Lösungen:
−7; −6; −5; −4; −3; −2; −1; 1; 2; 3; 6; 7; 13

- Entscheide und begründe, ob …
  1. man bereits an der Gleichung $x^2 + bx + c = 0$ sieht, ob die beiden Lösungen gleiche oder unterschiedliche Vorzeichen besitzen.
  2. der Satz von Vieta auch auf die Gleichung $4x^2 - 5x + 8 = 0$ anwendbar ist.

2 Trainingsrunde

Zu 2.1

1 Gegeben sind die Normalparabel P mit $y = x^2$ und die Punkte A, B und C:

A(−5,5 | 30,25) B(1,2 | −1,44) C(−1,5 | 2,35)

Prüfe rechnerisch, ob die Punkte auf der Normalparabel liegen.

Entscheide, ob die Punkte auf, oberhalb oder unterhalb der Normalparabel liegen.

Zu 2.2

2 Zeichne jeweils die Parabel zu der Funktion. Gib an, wie sie aus der Normalparabel entsteht.

a) $f: x \mapsto x^2 + 1$
b) $f: x \mapsto (x - 2)^2 - 1$

a) $f: x \mapsto (x + 1)^2$
b) $f: x \mapsto (x - 4)^2 + e,\ e \in \mathbb{R}$

3 Gib jeweils einen Funktionsterm der Parabel und die Koordinaten ihres Scheitels an.

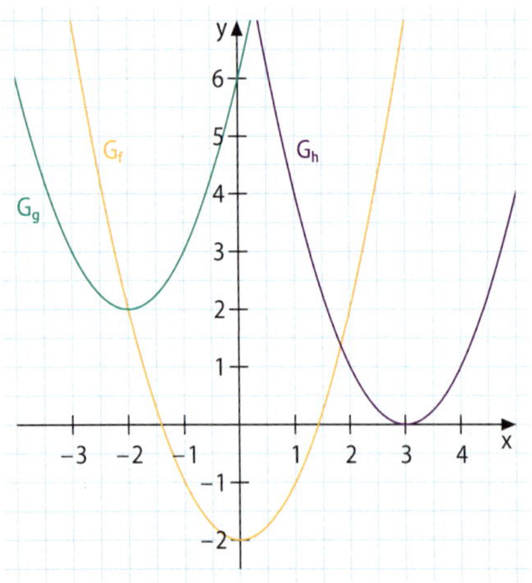

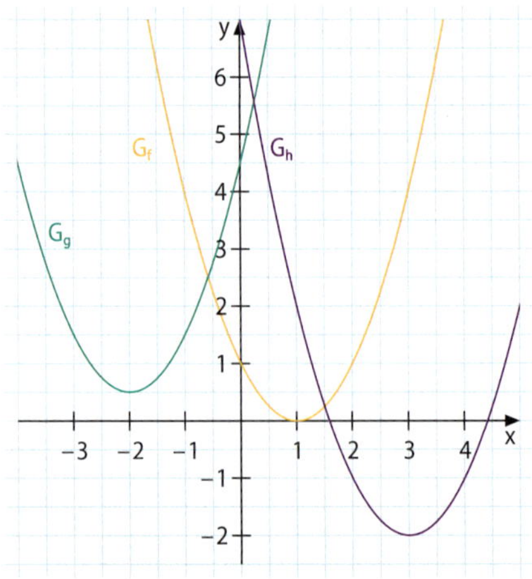

4 Gegeben sind die Scheitelkoordinaten verschobener Normalparabeln. Gib ihre Gleichung in der allgemeinen Form an und skizziere ihre Graphen.

a) S(0 | −1) b) S(1 | 3)

a) S(0 | −4) b) S(−2 | −4)

5 Bestimme den Wert des Parameters c so, dass der Graph G_f der Funktion f durch den Punkt P verläuft.

a) $f: x \mapsto x^2 + c$ P(0 | 1)
b) $f: x \mapsto (x + 2)^2 + c$ P(1 | 1)

a) $f: x \mapsto x^2 + c$ P(2 | 6)
b) $f: x \mapsto (x + c)^2 + 4$ P(1 | 4)

Zu 2.3

6 Entscheide und begründe jeweils, ob die Aussage für Funktionen der angegebenen Form wahr oder falsch ist.

1 Wenn $a > 0$, dann ist der Graph G_f immer nach oben geöffnet.
2 Wenn $a < 0$, dann hat die Funktion f immer zwei Nullstellen.
3 Der Graph G_f der Funktion ist um c Einheiten entlang der y-Achse verschoben.
4 Der Koeffizient a gibt an, ob der Graph G_f enger oder weiter als die Normalparabel ist.
5 Wenn $a = 1$, dann ist G_f eine verschobene Normalparabel.
6 Wenn $a = 0$, dann ist G_f eine Normalparabel.

$f: x \mapsto ax^2 + c$

$f: x \mapsto ax^2 + bx + c$

7 Gib jeweils Eigenschaften (Definitions- und Wertemenge, Scheitelkoordinaten, Anzahl der Nullstellen, Monotonieverhalten, Gleichung der Symmetrieachse) der Funktion $f: x \mapsto f(x)$ und ihres Graphen G_f an. Zu 2.4

a) $f(x) = (x - 5)^2 + 2$
b) $f(x) = -2x^2 + x$

a) $f(x) = x^2 + 2x - 8$
b) $f(x) = -2x^2 + 2x - 4$

8 Ermittle jeweils die Koordinaten des Parabelscheitels der Funktion $f: x \mapsto f(x)$.

a) $f(x) = (x - 3)^2$
b) $f(x) = 2x^2 + 2x$

a) $f(x) = (x - 3)^2 + 1$
b) $f(x) = 2x^2 + 4x + 6$

9 Gib jeweils eine Gleichung einer Parabel mit folgenden Eigenschaften an. Die Parabel …

a) ist nach oben geöffnet, hat eine Nullstelle, ist um 2 Einheiten in positive x-Richtung verschoben.
b) ist enger als die Normalparabel (Faktor 3), hat den Scheitelpunkt $S(-1|-6)$.
c) hat eine Nullstelle im Koordinatenursprung.

a) ist nach unten geöffnet, hat keine Nullstelle, hat den Scheitelpunkt auf der y-Achse.
b) ist weiter als die Normalparabel (Faktor 0,5), ist nach unten geöffnet, hat den Scheitelpunkt $S(1|1)$.
c) hat zwei Nullstellen bei $x_1 = 2$ und $x_2 = 4$.

10 Nadine soll den Term durch eine quadratische Ergänzung vereinfachen. Doch sie hat ein wenig gekleckst. Übertrage die Umformungen in dein Heft und vervollständige die verschmierten Stellen.

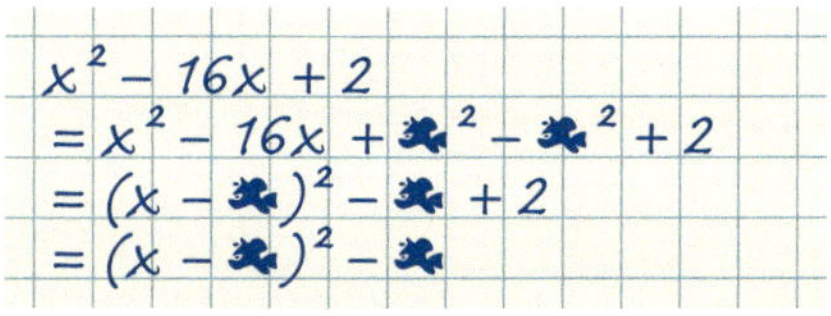

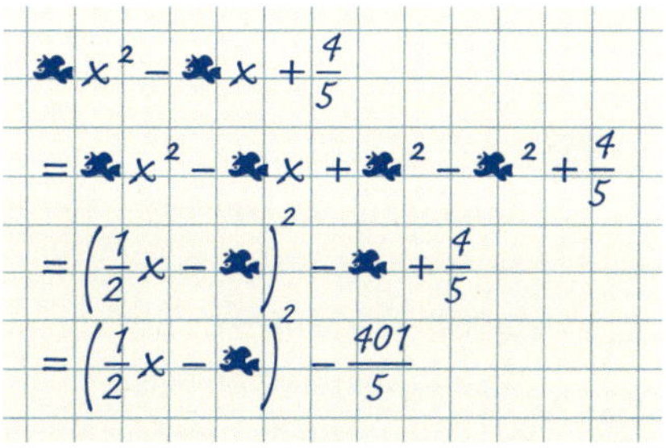

11 Löse die Gleichungen jeweils vorteilhaft. Beschreibe dein Vorgehen. Zu 2.5

a) $x^2 - 9{,}5x = 0$
b) $7x - x^2 = 0$
c) $x^2 - 5x + 6{,}25 = 0$
d) $x^2 + 12x + 36 = 144$

a) $2x^2 + 5x = 0$ b) $9x^2 + 6x + 1 = 49$
c) $\frac{2}{3}x^2 - 9 = 3 \cdot (x^2 - 3) + x$
d) $x^2 - \frac{8}{3}x + \frac{16}{9} = \frac{25}{121}$

12 Jan möchte die quadratische Gleichung graphisch lösen. Beschreibe ein mögliches Vorgehen.

$x^2 = -x + 2$

$-0{,}5x^2 = 0{,}5x - 2$

13 Ermittle rechnerisch die Nullstellen der Funktion $f: x \mapsto f(x)$.

a) $f(x) = x^2 - 2x - 5{,}25$
b) $f(x) = (x - 1{,}5)^2 - 6{,}25$

a) $f(x) = 2 \cdot (x + 2{,}5)^2 - 4{,}5$
b) $f(x) = -\frac{1}{3}x^2 + \frac{2}{3}x + 5$

14 1 $f(x) = x^2 - 1$ 2 $f(x) = x^2 - 0{,}25$ 3 $f(x) = x^2 + 5$ 4 $f(x) = x^2 + 1{,}5$

a) Zeichne jeweils den Graphen G_f der Funktion $f\colon x \mapsto f(x)$ mithilfe einer Wertetabelle $(-3 \le x \le 3)$.

b) Gib die Koordinaten des Parabelscheitels S an und bestimme die Nullstellen der Funktion, falls vorhanden.

15 Bestimme rechnerisch, ob der Punkt A oberhalb, unterhalb oder auf dem Graphen G_f der Funktion $f\colon x \mapsto f(x)$ liegt.

a) $f(x) = x^2$; $A(1{,}9\,|\,3{,}9)$
b) $f(x) = x^2 - 3{,}25$; $A(1{,}5\,|\,-1)$
c) $f(x) = x^2 - 12$; $A(3\,|\,3)$
d) $f(x) = x^2 + 20$; $A(-\sqrt{5}\,|\,25)$

16 Entscheide und begründe jeweils, ob die Aussage für die Funktion f mit $f(x) = ax^2 + e$ wahr oder falsch ist.

a) Wenn a negativ ist, ergibt sich eine nach unten geöffnete Parabel.
b) Für $a > 0$ ist der Scheitelpunkt S der Tiefpunkt der Parabel.
c) Der Summand e gibt den Schnittpunkt der Parabel mit der y-Achse an.
d) Je größer e ist, desto weiter ist die Parabel nach oben verschoben.
e) Ist $a = 0$ und $e = 0$, dann erhält man eine Normalparabel.
f) Je kleiner a, desto schmaler ist die Öffnung der Parabel.
g) Wenn a positiv und e negativ ist, dann schneidet die Parabel die x-Achse in genau zwei Punkten.
h) Für $a = 0$ ist der Graph eine Gerade, die parallel zur x-Achse verläuft.
i) Der Koeffizient a gibt an, um wie viele Einheiten die Parabel in y-Richtung verschoben wird.

17 In einem Experiment fährt ein Wagen eine 3,8 m lange Rampe herunter und hinterlässt dabei eine Tropfenspur. Die Tropfen entstehen dadurch, dass aus einem Flüssigkeitsbehälter regelmäßig nach einer Viertelsekunde ein Tropfen fällt.

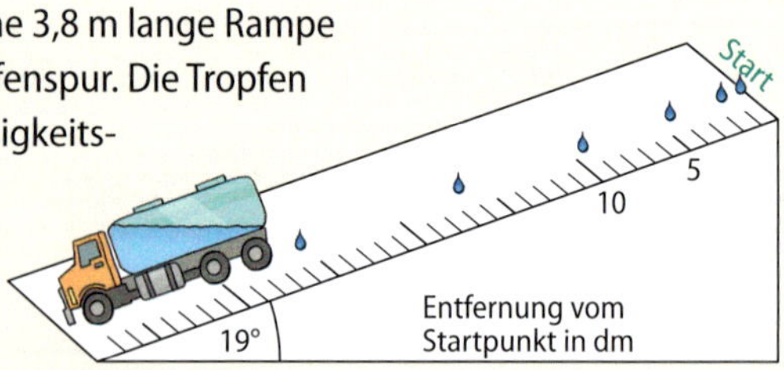

a) Beschreibe die Tropfenspur und erläutere deine Beobachtungen.

b) Übertrage die Tabelle in dein Heft und ergänze sie.

Fahrzeit t (in Viertelsekunden)	**0**	**1**	**2**	**3**	**4**
Entfernung s des Tropfens vom Startpunkt (in dm)	0				

c) Stelle die Wertepaare in einem Koordinatensystem dar.

d) Gib einen Term an, der die Fahrstrecke in Abhängigkeit von der Fahrzeit beschreibt.

18 Bestimme jeweils möglichst viele Eigenschaften (Schnittpunkte mit den Koordinatenachsen, Scheitelkoordinaten, Monotonieverhalten usw.) der Funktion $f\colon x \mapsto f(x)$ sowie ihres Graphen G_f und zeichne diesen (in einer DGS).

a) $f(x) = -x^2$
b) $f(x) = x^2 + 4$
c) $f(x) = -\frac{1}{2}x^2 + 4$
d) $f(x) = (x - 1)^2$
e) $f(x) = x^2 + 4x + 1$
f) $f(x) = x^2 - x + 1$
g) $f(x) = -x^2 + 1{,}5$
h) $f(x) = 2x^2 - 8$
i) $f(x) = 0{,}5x^2 + 2x - 1$
j) $f(x) = -2x^2 + x + 3$
k) $f(x) = -\frac{5}{3}x^2 - 4x - 5$

19 Gib jeweils einen Funktionsterm einer quadratischen Funktion in der allgemeinen Form an, deren Graph ...

Findest du mehrere Lösungen?

a) eine verschobene Normalparabel mit dem Scheitelpunkt $S(-4|-2)$ ist.
b) enger als die Normalparabel und symmetrisch bezüglich der y-Achse ist sowie keine Nullstelle besitzt.
c) eine nach unten geöffnete Parabel ist, die weiter als die Normalparabel ist und die Symmetrieachse $x = 3$ besitzt.
d) eine verschobene Normalparabel mit den Nullstellen $x_1 = -2$ und $x_2 = 5$ ist.
e) eine nach unten geöffnete Parabel mit den Nullstellen $x_1 = 0$ und $x_2 = 5$ ist.

20 Berechne jeweils den Wert der Diskriminante der quadratischen Gleichung. Ermittle rechnerisch die Lösungsmenge nur, wenn die Gleichung zwei Lösungen besitzt.

a) $4x^2 + 3x - 1 = 0$ **b)** $81x^2 - 18x + 1 = 0$ **c)** $x^2 - x + 1 = 0$
d) $2x^2 + 4x + 15 = 0$ **e)** $2x^2 - 4x - 30 = 0$ **f)** $14x^2 - 53x + 1 = 0$

21 Entscheide und begründe, welche Funktionsterme jeweils denselben Graphen besitzen.

1 $f_1(x) = \frac{3}{4}x^2 - 2x + 1{,}5$
2 $f_2(x) = \sqrt{2} \cdot \left(x - 4\sqrt{2}\right)^2 - 33\sqrt{2}$
3 $f_3(x) = -\frac{3}{4}x^2 + x - 4$
4 $f_4(x) = -\frac{3}{4} \cdot \left(x - \frac{2}{3}\right)^2 - 3\frac{2}{3}$
5 $f_5(x) = \sqrt{2}x^2 - \sqrt{8}x + 5$
6 $f_6(x) = -\frac{3}{4} \cdot \left(x + \frac{4}{3}\right)^2 - 2\frac{5}{6}$
7 $f_7(x) = \sqrt{2}x^2 + 16x - \sqrt{2}$
8 $f_8(x) = \sqrt{2} \cdot (x - 1)^2 - \sqrt{2} + 5$

22 Bestimme, falls möglich, jeweils die fehlenden Darstellungsformen der quadratischen Funktionen $f\colon x \mapsto f(x)$. Gib die Koordinaten des Scheitelpunkts und, falls möglich, die Nullstellen der Funktion f an. Beschreibe das Monotonieverhalten des Graphen G_f der Funktion f.

Kontrolliere deine Ergebnisse in einer DGS.

a) $f(x) = \frac{1}{4}(x - 4)(x - 1)$ **b)** $f(x) = -2x^2 + 3x + 5$
c) $f(x) = -(x - 2)^2 - 3{,}5$ **d)** $f(x) = 0{,}3x^2 - \sqrt{6}x$
e) $f(x) = 2(x + 1{,}5)(x - 3)$ **f)** $f(x) = -0{,}5x^2 + 1{,}75x$
g) $f(x) = -0{,}4x^2 + 4$ **h)** $f(x) = \frac{1}{3}x^2 + \frac{4}{3}x - 4$

23 Gegeben sind folgende Funktionen $f\colon x \mapsto f(x)$.

1 $f(x) = x^2 + 2x + 3$ 2 $f(x) = -0{,}5x^2 + 8x + 18$ 3 $f(x) = -3x^2 - 6x + 9$
4 $f(x) = \frac{2}{3}x^2 + 4x$ 5 $f(x) = 3x^2 - 30x + 70$ 6 $f(x) = -4x^2 + 16x - 16$
7 $f(x) = -x^2 - 3x - 1{,}25$ 8 $f(x) = 5x^2 - 10$ 9 $f(x) = -2x^2 + 12x + 19$

a) Ermittle jeweils die Koordinaten des Parabelscheitels, die Gleichung der Symmetrieachse und die Wertemenge der Funktion f.
b) Gib jeweils anhand deiner Ergebnisse aus Teilaufgabe a) die Anzahl der Nullstellen der Funktion f an.

24 Bestimme jeweils, für welchen Wert bzw. welche Werte des Parameters k ($k \in \mathbb{R}$) die Gleichung $x^2 + 2x + k = 0$ ...

a) genau eine Lösung hat. **b)** zwei Lösungen hat. **c)** keine Lösung hat.

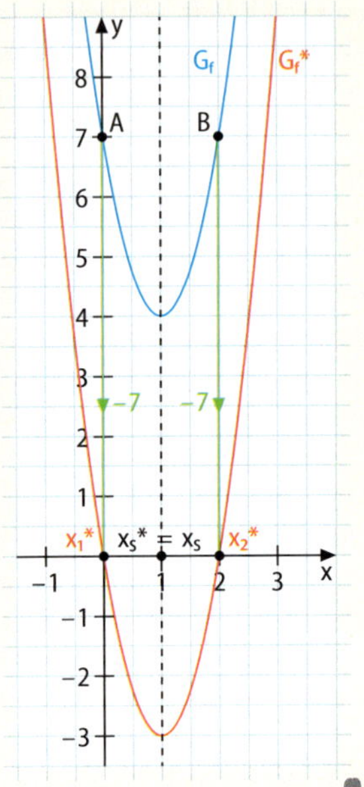

25 Ida soll die Koordinaten des Scheitelpunkts der Funktion f mit $f(x) = 3x^2 - 6x + 7$ ermitteln. Beschreibe Idas Vorgehen in Worten und bestimme rechnerisch auf die gleiche Weise die Koordinaten des Scheitelpunkts der Funktion $g: x \mapsto -0{,}5x^2 + 2x + 3$.

$f(x) = 3x^2 - 6x + 7 \quad \rightarrow \quad f^*(x) = 3x^2 - 6x = 3x(x-2)$

$\Rightarrow \quad x_1^* = 0$ und $x_2^* = 2$

$\Rightarrow \quad x_s = \frac{0+2}{2} = 1$ und $y_s = f(x_s) = 3 \cdot 1 - 6 \cdot 1 + 7 = 4$

$\Rightarrow \quad S(1 \mid 4)$

26 x_1 und x_2 sind die Lösungen der quadratischen Gleichung $12x^2 - 11x + 2 = 0$. Prüfe, welche der folgenden Gleichungen die Lösungen $\frac{1}{x_1}$ und $\frac{1}{x_2}$ besitzt. Erkläre dein Vorgehen.

1 $11x^2 + 2x - 12 = 0$ **2** $2x^2 + 11x - 12 = 0$
3 $2x^2 - 11x + 12 = 0$ **4** $11x^2 - 2x + 12 = 0$

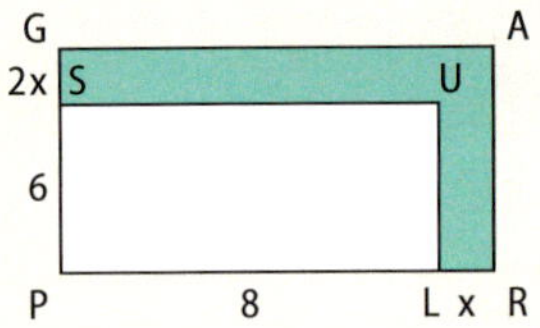

27 Die Vierecke PRAG und PLUS sind Rechtecke; die Maßeinheit für alle Streckenlängen ist cm. Die Abbildung ist nicht maßstäblich.

a) Für die Maßzahl A* des Flächeninhalts (Maßeinheit: cm²) des getönten Sechsecks sind vier verschiedene Ansätze angegeben:

1 $A^* + 8 \cdot 6 = (8 + x)(6 + 2x)$ **2** $A^* = x(6 + 2x) + 8 \cdot 2x$

3 $A^* = 2x(8 + x) + x \cdot 6$ **4** $A^* = \frac{6 + 6 + 2x}{2} \cdot x + \frac{8 + 8 + x}{2} \cdot 2x$

Erkläre jeden dieser Ansätze geometrisch.

b) Ermittle denjenigen Wert der Variablen x, für den der Flächeninhalt des getönten Sechsecks halb so groß ist wie der Flächeninhalt des Rechtecks PLUS.

28 Gegeben ist die biquadratische Gleichung $(x^2)^2 - 5x^2 + 4 = 0$. Aaren behauptet, dass er die Lösungsmenge der Gleichung auch mithilfe der Lösungsformel für quadratische Gleichungen ermitteln kann. Vervollständige seine Lösungsidee und gib die Lösungsmenge der Gleichung an.

$(x^2)^2 - 5x^2 + 4 = 0$ Setze x^2 gleich z: $z^2 - 5z + 4 = 0$

29 Gib eine quadratische Gleichung der Form $ax^2 + bx + c = 0$ mit dem angegebenen Koeffizienten an, die die angegebene Lösungsmenge besitzt. Beschreibe dein Vorgehen.

a) $L = \{-2; 3\}$ $a = 2$ **b)** $L = \{-7; 3\}$ $b = 4$
c) $L = \{-3{,}5; 1{,}5\}$ $c = -2$ **d)** $L = \{-0{,}1; 0{,}5\}$ $a = 5$

30 Lina behauptet: „Wählt man nicht die Grundmenge $\mathbb{R}$, so kann auch die quadratische Gleichung $x^2 + 1 = 0$ zwei Lösungen besitzen."
Recherchiere, ob Linas Behauptung richtig ist.

31 Gib jeweils die maximale Definitionsmenge an und löse die Gleichung. Führe eine Probe durch.

a) $\sqrt{x - 2} = 4 - x$ **b)** $2x - 5 = -\sqrt{x - 1}$ **c)** $7 - \sqrt{4x + 1} = 2x$

Die Normalparabel

Seite 42

Die Funktion **f: $x \mapsto x^2$** ist eine **quadratische Funktion**. Ihr Graph G_f heißt **Normalparabel**. Der Punkt S(0|0) heißt **Scheitel** der Parabel.

Eine Funktion heißt **monoton steigend** (**fallend**), wenn für größere x-Werte stets auch die y-Werte größer (kleiner) sind.

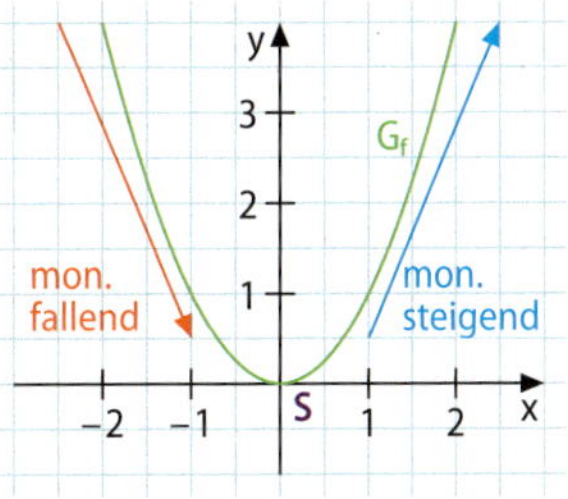

- $D_f = \mathbb{R}$ und $W_f = \mathbb{R}_0^+$
- G_f ist achsensymmetrisch bezüglich der y-Achse.
- einzige Nullstelle $x = 0$
- Für $x < 0$ ist G_f monoton fallend und für $x > 0$ monoton steigend.

Verschieben der Normalparabel

Seite 44

Der Graph G_f einer quadratischen Funktion f mit $f(x) = (x - d)^2 + e$, $D_f = \mathbb{R}$, d, e $\in \mathbb{R}$, besitzt den Scheitel S(d|e) und geht aus der Normalparabel durch Verschiebung in **x-Richtung** und **y-Richtung** hervor.

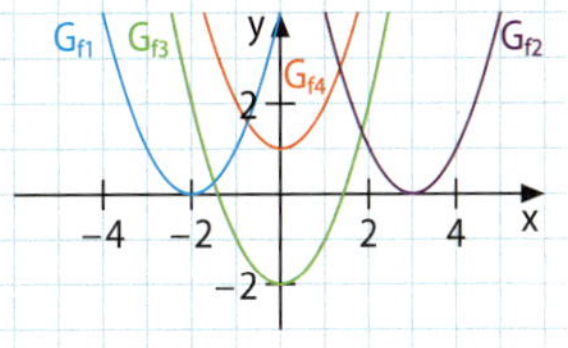

f_1: $x \mapsto (x + 2)^2$

f_2: $x \mapsto (x - 3)^2$

f_3: $x \mapsto x^2 - 2$

f_4: $x \mapsto x^2 + 1$

Parabeln der Form $y = ax^2$

Seite 50

Die Graphen der quadratischen Funktionen **f: $x \mapsto ax^2$** mit $D_f = \mathbb{R}$ und $a \neq 0$ sind Parabeln und besitzen den Scheitel S(0|0).

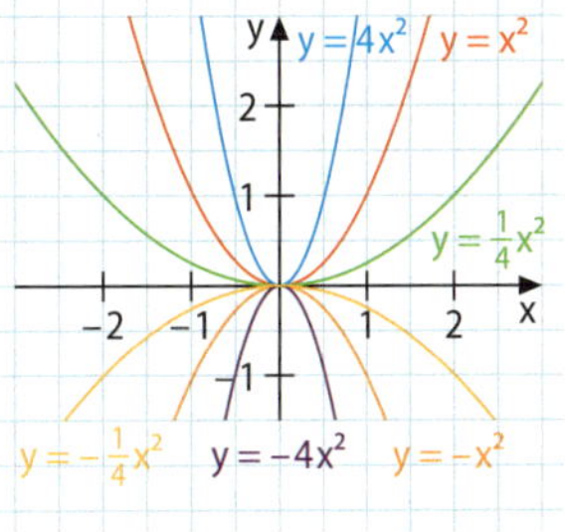

- **$a > 0$** nach **oben geöffnet**
- **$a < 0$** nach **unten geöffnet**
- **$|a| > 1$ enger** als die Normalparabel
- **$|a| < 1$ weiter** als die Normalparabel

Die allgemeine quadratische Funktion

Seite 52

Jede quadratische Funktion f kann man darstellen durch einen Funktionsterm in …

- **allgemeiner Form $f(x) = ax^2 + bx + c$** mit $a \in \mathbb{R}\setminus\{0\}$, b, c $\in \mathbb{R}$ oder
- **Scheitelpunktform $f(x) = a(x - d)^2 + e$** mit Scheitel S(d|e), $a \in \mathbb{R}\setminus\{0\}$, d, e $\in \mathbb{R}$.

Falls die Parabel die Nullstellen x_1 und x_2 besitzt, kann man den Term auch in **Nullstellenform** $f(x) = a(x - x_1)(x - x_2)$, $a \neq 0$, angeben.

Quadratische Ergänzung:

$f(x) = -0{,}5x^2 - x + 1{,}5$

$= -0{,}5(x^2 + 2x) + 1{,}5$

$= -0{,}5\left[x^2 + 2x + \left(\frac{2}{2}\right)^2 - \left(\frac{2}{2}\right)^2\right] + 1{,}5$

$= -0{,}5[(x + 1)^2 - 1^2] + 1{,}5$

$= -0{,}5(x + 1)^2 + 0{,}5 + 1{,}5$

$= -0{,}5(x + 1)^2 + 2 \quad \Rightarrow \quad S(-1|2)$

f: $x \mapsto -0{,}5(x - 1)(x + 3)$,

da $f(1) = 0 = f(-3)$

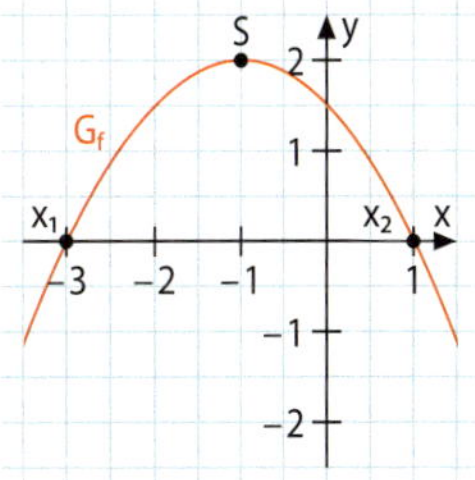

Lösen quadratischer Gleichungen

Seite 58

Die Lösungen quadratischer Gleichungen der Form $ax^2 + bx + c = 0$, $a \neq 0$, kann man mithilfe der **Lösungsformel** ermitteln:

$$x_{1/2} = \frac{-b \pm \sqrt{b^2 - 4ac}}{2a}$$

Die **Diskriminante $D = b^2 - 4ac$** entscheidet über die Anzahl der Lösungen.

In Spezialfällen sind andere Methoden vorteilhafter, z. B. das **Faktorisieren**.

- $2x^2 + 3x - 2 = 0$

  $x_{1/2} = \frac{-3 \pm \sqrt{9 - 4 \cdot 2 \cdot (-2)}}{2 \cdot 2} = \frac{-3 \pm 5}{4}$

  $\Rightarrow \; x_1 = -2$ und $x_2 = 0{,}5 \;\Rightarrow\; L = \{-2; 0{,}5\}$

- $x^2 - 9 = 0 \;\Leftrightarrow\; x^2 = 9 \;\Rightarrow\; x_{1/2} = \pm\sqrt{9} \;\Rightarrow\; L = \{-3; 3\}$
- $\frac{1}{2}x^2 - x = 0 \;\Leftrightarrow\; \frac{1}{2}x(x - 2) = 0 \;\Rightarrow\; L = \{0; 2\}$

Die Nullstellen einer quadratischen Funktion f: $x \mapsto f(x)$ sind die Lösungen der quadratischen Gleichung $f(x) = 0$.

Aufgaben zur Einzelarbeit

Überprüfe deine Fähigkeiten und Kompetenzen. Bearbeite dazu die folgenden Aufgaben und bewerte anschließend deine Lösungen mit einem Smiley.

☺	😐	☹
Das kann ich **wirklich gut!**	Das kann ich **fast!**	Das muss ich **noch üben!**

1 Die Punkte A bis D liegen auf der Normalparabel. Bestimme die fehlenden Werte, so dass alle gesuchten x-Koordinaten positiv sind.
A (−1,2 | ☐); B (3,1 | ☐); C (☐ | 3,24); D (☐ | 5,76)

2 Gegeben sind die Funktionen f_1 bis f_4.

1 f_1: $x \mapsto x^2$ **2** f_2: $x \mapsto (x-2)^2$
3 f_3: $x \mapsto 1{,}5x^2 - 6$ **4** f_4: $x \mapsto -0{,}5x^2 + 3$

a) Zeichne die Graphen G_1, G_2, G_3 und G_4 in ein Koordinatensystem.
b) Beschreibe in Worten, wie die Graphen der Funktionen **2**, **3** und **4** aus der Normalparabel hervorgehen.

3 Gib die Koordinaten der Parabelscheitel und Eigenschaften der Funktionen und ihrer Graphen an.

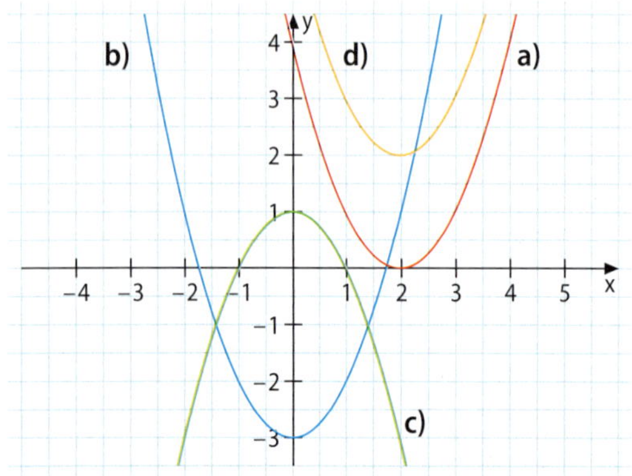

4 Ergänze die Funktionsgleichungen so, dass sie zu den Abbildungen passen.
a) $y = 0{,}25(x-1)^2 +$ ☐ b) $y =$ ☐
c) $y =$ ☐ $x + 1{,}5$ d) $y =$ ☐ $x^2 + 2$
e) $y =$ ☐ $(x-3)(x+1)$

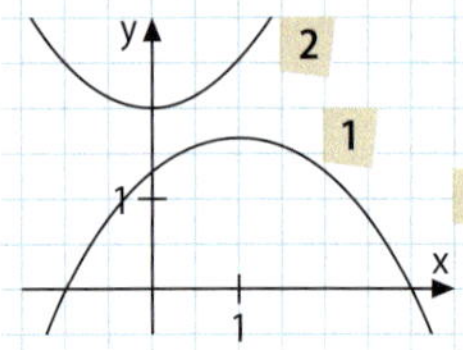

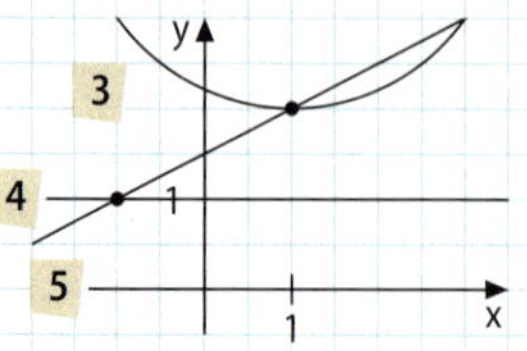

5 Gib jeweils einen Funktionsterm einer quadratischen Funktion f an, …
a) die den Scheitel S (0 | 4) besitzt und deren Graph G_f durch alle vier Quadranten verläuft.
b) welche die Nullstelle $x_1 = -3$ besitzt und achsensymmetrisch bezüglich der y-Achse ist.
c) deren Graph G_f weiter als die Normalparabel und im Vergleich zu dieser 2 LE in negative x-Richtung verschoben ist.

6 Ermittle jeweils alle möglichen Darstellungsformen der quadratischen Funktion f und zeichne deren Graphen G_f. Gib die Schnittpunkte mit den Koordinatenachsen an.
a) f: $x \mapsto -(x+1)(x-3)$
b) f: $x \mapsto 0{,}5(x-3)^2 - 1$
c) f: $x \mapsto -\frac{1}{4}x^2 + 3x - 4$

7 Entscheide und begründe, wie viele Nullstellen die Funktion f: $x \mapsto f(x)$ besitzt.
a) $f(x) = 4x^2 - 7x - 3$ b) $f(x) = -7x + 1$
c) $f(x) = 5$ d) $f(x) = -\frac{1}{3}(x-1)^2$
e) $f(x) = 2x^2 - 8x + 12$ f) $f(x) = -0{,}1x^2 + 4$

8 Berechne jeweils die Lösungsmenge der Gleichung möglichst vorteilhaft.
a) $4x^2 + 12x - 91 = 0$ b) $6x^2 - 12x = 0$
c) $x^2 + 10x + 16 = 0$ d) $-3\sqrt{7}y - 3y^2 = -42$

9 Erläutere, welche Gleichung Julius graphisch gelöst hat und wie er dabei vorgegangen ist. Gib an, welche Lösungsmenge die Gleichung besitzt.

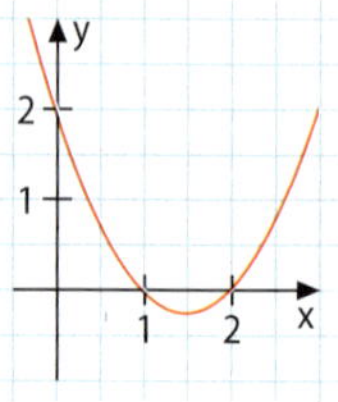

10 Erläutere, was man unter der Diskriminante einer quadratischen Funktion versteht und für welche Fragestellungen sie hilfreich ist.

Aufgaben für Lernpartner

Arbeitsschritte

1. Bearbeite die folgenden Aufgaben zuerst allein.
2. Suche dir einen Partner oder eine Partnerin und arbeitet zusammen weiter: Erklärt euch gegenseitig eure Lösungen. Korrigiert fehlerhafte Antworten.

Sind folgende Behauptungen richtig oder falsch? Begründe.

A Eine um 3 LE in positive x-Richtung und 1 LE in positive y-Richtung verschobene Normalparabel hat den Scheitel $S(3\,|-1)$.

B Die Funktionsgleichung der an der x-Achse gespiegelten Normalparabel lautet $y = -x^2$.

C Die Parabel mit der Funktionsgleichung $y = 5x^2$ ist enger als die Normalparabel.

D Die quadratische Funktion f mit $f(x) = ax^2 - 5$, $a \neq 0$, schneidet die y-Achse im Punkt $P(0\,|-5)$.

E Die folgenden Gleichungen sind Funktionsgleichungen quadratischer Funktionen:
a) $y = 2x + 2$ **b)** $x^2 = y - 1$ **c)** $x^2 = 2y$

F Der Graph der quadratischen Funktion $f\colon x \mapsto -0{,}5\,(x - 4)^2 + 3$ verläuft durch alle vier Quadranten.

G Die quadratische Funktion $f\colon x \mapsto (x + 2)(x + 4)$ besitzt die Nullstellen $x_1 = 2$ und $x_2 = 4$.

H Verläuft eine verschobene Normalparabel durch den Punkt $P(0\,|-5)$, so lautet eine mögliche Gleichung $y = x \cdot (x + 5)$.

I Wird eine beliebige quadratische Funktion an der y-Achse gespiegelt, so wird sie auf sich selbst abgebildet.

J Kennt man den Scheitel einer Parabel, so ist diese eindeutig festgelegt.

K Sind die beiden Nullstellen einer Parabel bekannt, so lässt sich die x-Koordinate ihres Scheitels angeben.

L Die Funktion $f\colon x \mapsto -(x - 2)^2 + 1$ ist im Intervall $]2; \infty[$ monoton fallend.

M Ist der Wert der Diskriminante $D = b^2 - 4ac$ positiv, hat die Gleichung $ax^2 + bx + c = 0$ zwei Lösungen.

N Quadratische Gleichungen der Form $x^2 = d$ sind nur lösbar, wenn d eine Quadratzahl ist.

O Gleichungen der Form $3x^2 + gx = 0$ haben abhängig von der reellen Zahl g keine, eine oder zwei Lösung(en).

P Die quadratische Gleichung $x^2 + 12x - 13 = 0$ hat die Lösungen $x_1 = -13$ und $x_2 = 1$.

Ich kann …	„Am Ziel!"-Aufgaben	Hilfe
… quadratische Funktionen beschreiben und ihre Graphen zeichnen.	2, 4, A, B, E, F	S. 42, 44, 50, 52
… wesentliche Eigenschaften quadratischer Funktionen untersuchen.	1, 3, 5, 7, C, D, I, K, L	S. 42, 44, 50, 52
… den Funktionsterm von quadratischen Funktionen auf verschiedene Weisen darstellen.	6, G, H, J	S. 52
… quadratische Gleichungen lösen.	7, 8, 9, 10, M, N, O, P	S. 58

3

Startklar!

Grundwissen

Mediencode 61049-12

Aufgabe	Ich kann schon …
1, 6	… Schnittpunkte linearer Funktionen bestimmen.
2	… lineare Gleichungssysteme lösen.
3, 6	… wesentliche Eigenschaften quadratischer Funktionen beschreiben, ihre Funktionsvorschrift ermitteln und ihre Graphen zeichnen.
3, 4, 5, 6	… quadratische Gleichungen und Bruchgleichungen lösen.
4, 6	… Graphen gebrochen-rationaler Funktionen beschreiben und zeichnen.

1 Ermittle jeweils zeichnerisch und rechnerisch, ob sich die Graphen G_f und G_g der linearen Funktionen f und g schneiden. Gib, falls möglich, die Koordinaten des Schnittpunkts an.

a) $f\colon x \mapsto x + 3$; $g\colon x \mapsto 3 - x$ **b)** $f\colon x \mapsto \frac{3}{4}x + 2$; $g\colon x \mapsto -\frac{7}{4}x - 3$ **c)** $f\colon x \mapsto -2$; $g\colon x \mapsto 3x - 2$

2 **a)** Bestimme rechnerisch jeweils die Lösungsmenge des linearen Gleichungssystems.

1 I: $x + 4y = 2$ II: $2x = 3 - 4y$

2 I: $2x + y = 2 - 4x$ II: $3x - 2y = 5$

3 I: $-2x = 2 + 4y$ II: $x - 2y = 4$

4 I: $2(3x - 2y) = -5$ II: $4x = 3 + y$

5 I: $1{,}5x - 2{,}5y = 3$ II: $x - y = 1$

6 I: $2{,}5x - 3y = 5$ II: $2x = 2{,}4y + 4$

7 I: $2x = 3 - y$ II: $5x + 1 = 2{,}5y$

8 I: $2{,}2y + 3 = 1{,}6x$ II: $2{,}4x - 1{,}2y = 4{,}5$

b) Beschreibe jeweils die gegenseitige Lage der Geraden bei der zeichnerischen Lösung eines linearen Gleichungssystems mit zwei Unbekannten, wenn dieses …

1 eine Lösung besitzt. **2** keine Lösung besitzt. **3** unendlich viele Lösungen besitzt.

3 Gegeben sind die quadratischen Funktionen $f\colon x \mapsto x^2 - 4x + 2$ und $g\colon x \mapsto -\frac{1}{4}x^2 + 2x - 1$.

a) Bestimme jeweils rechnerisch die Nullstellen der Funktion und gib an, ob der Scheitel der höchste oder der tiefste Punkt der Parabel ist.

b) Ermittle jeweils die Scheitelpunktform der Parabel und zeichne die Graphen G_f und G_g der Funktionen f und g.

4 Bestimme jeweils die maximale Definitionsmenge der Funktion $f\colon x \mapsto f(x)$, ermittle rechnerisch die Koordinaten der Schnittpunkte des Graphen G_f mit den Koordinatenachsen und zeichne den Graphen G_f (in einer DGS).

a) $f\colon x \mapsto \frac{1}{x} - 1$ **b)** $f\colon x \mapsto \frac{1}{x + 1} + 2$ **c)** $f\colon x \mapsto \frac{1}{3 - x} - 4$ **d)** $f\colon x \mapsto -\frac{4}{x - 2} + 3$

5 Gib bei jeder Gleichung die Definitionsmenge an und berechne ihre Lösungsmenge. Mache mit einer DGS die Probe.

a) $\frac{6}{3x} = \frac{3}{x - 2}$ **b)** $\frac{x}{x^2 + 1} = \frac{2}{2x - 1}$ **c)** $2{,}5 = \frac{5x - 2}{7 + 2x}$ **d)** $x\left(4 - \frac{8}{4x + 1}\right) = 0$

6 Entscheide und begründe jeweils, ob die Aussage richtig ist.

a) Zwei Geraden schneiden sich nicht, wenn für ihre Steigungen m_1 und m_2 gilt $m_1 = -m_2$.

b) Eine Parabel, deren Scheitel im vierten Quadranten liegt, besitzt immer zwei Nullstellen.

c) Eine quadratische Gleichung der Form $ax^2 + bx + c = 0$, $a \in \mathbb{R}\setminus\{0\}$, $b, c \in \mathbb{R}$, besitzt keine Lösung, wenn der Wert der Diskriminante negativ ist.

d) Die gebrochen-rationale Funktion $f\colon x \mapsto \frac{1}{x^2 + 1}$ besitzt keinen Schnittpunkt mit der x-Achse.

3 Quadratische Funktionen in Anwendungen

Einstieg

Der Sprung eines Delfins lässt sich annähernd mit einer quadratischen Funktion f beschreiben.

- Beschreibe in Worten, wie du die Sprungweite des Delfins bestimmen kannst, wenn ein Funktionsterm gegeben ist.
- Erläutere, wie du die Sprunghöhe des Delfins ermitteln kannst, wenn du dessen Sprungweite kennst und ein Funktionsterm gegeben ist.
- Stelle eine Vermutung auf, wie viele Punkte, die auf dem Graphen G_f der Funktion liegen, man kennen muss, um einen geeigneten Funktionsterm angeben zu können.

Ausblick

Am Ende dieses Kapitels hast du gelernt, …

- … Problemstellungen mithilfe quadratischer Funktionen zu beschreiben.
- … Extremwertaufgaben und Optimierungsprobleme aus unterschiedlichen Anwendungskontexten zu lösen.
- … lineare Gleichungssysteme mit drei Unbekannten aufzustellen und zu lösen.
- … gemeinsame Punkte von Funktionsgraphen zu ermitteln.
- … Bruchgleichungen zu lösen, die sich auf quadratische Gleichungen zurückführen lassen.

Historische Ecke

Mediencode 61049-13

Kap. 3.1

Gold im Weitsprung

Bei den Weltmeisterschaften 2017 hat die US-Amerikanerin Brittney Reese die Goldmedaille im Weitsprung mit einer Weite von 7,02 m gewonnen.

Sprunganalysen zeigen, dass die Flugbahn des Körperschwerpunkts der Weitspringerin durch folgende Punkte beschrieben werden kann: Beim Absprung war der Schwerpunkt in einer Höhe von 1,1 m über dem Boden, bei der Landung hingegen nur 4 cm über dem Boden. Einen Meter nach dem Absprung bewegte sich der Schwerpunkt ungefähr 1,25 m über dem Boden. Die Flugbahn kann durch eine Parabel modelliert werden.

- Ermittle rechnerisch eine Funktionsgleichung der Flugbahn von Brittneys Körperschwerpunkt. x soll dabei die horizontale Entfernung (in cm) vom Absprungpunkt beschreiben und y die Höhe des Schwerpunkts (in cm) über dem Boden.
- Zeichne die Flugbahn in dein Heft und gib an, für welche Werte der Funktionsterm sinnvoll definiert ist.
- Ermittle die horizontale Entfernung vom Absprungpunkt, bei welcher der Körperschwerpunkt seinen höchsten Punkt erreicht.
- Bestimme rechnerisch die horizontale Entfernung vom Absprungpunkt, bei welcher sich der Körperschwerpunkt in einer Höhe von 50 cm befand.
- Entscheide und begründe, ob Brittney Reese bei diesem Sprung ein Hindernis mit einer Höhe von 1,2 m und einer Länge von 2 m hätte überspringen können.

Kap. 3.1 und 3.2

Speerwurf – Lernen von Profisportlern

Thomas Röhler wurde 2016 in Rio de Janeiro Olympiasieger im Speerwurf mit einer Weite von 90,3 m. Die Wurfbahn des Speers lässt sich, wenn man den Luftwiderstand vernachlässigt, durch eine Parabel modellieren. Die Flugbahn des „Gold-Wurfs" hat annähernd den skizzierten Verlauf.

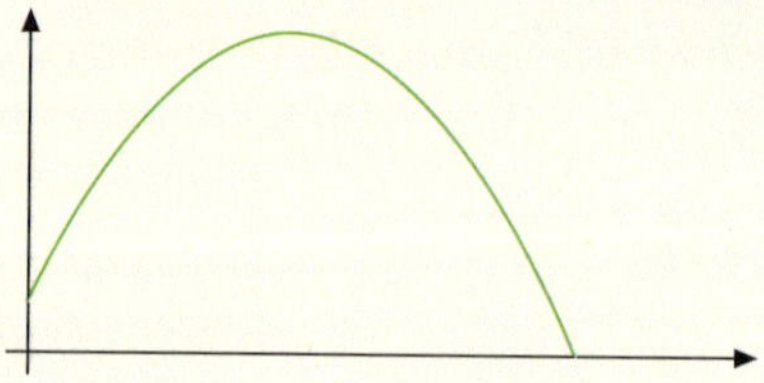

- Übertrage die Skizze in dein Heft und beschrifte die Koordinatenachsen. Berücksichtige dabei, dass Röhler 1,91 m groß ist und sich der Abwurfpunkt des Speers ungefähr auf Schulterhöhe (0,85-mal Körpergröße) befindet.
- Erläutere die Bedeutung der Schnittpunkte des Graphen mit den Koordinatenachsen.
- Bestimme graphisch so genau wie möglich, wie hoch der Speer bei diesem Wurf geflogen ist.
- Erkläre, welche Informationen du benötigst, um den höchsten Punkt des Speers rechnerisch zu ermitteln. Beschreibe, wie du dabei vorgehen würdest.

Kap. 3.1 und 3.2

Kann man rechtzeitig bremsen?

Um zu wissen, wann ein Pkw bei einem Bremsvorgang tatsächlich zum Stehen kommt, muss man zusätzlich zum Bremsweg auch den Reaktionsweg betrachten. Die Summe aus Bremsweg x_B und Reaktionsweg x_R bezeichnet man als Anhalteweg x_A:

$$x_A\colon y = x_R + x_B = t_R \cdot v + \frac{v^2}{2a}$$

(v: Geschwindigkeit in m/s; a: konstante Bremsverzögerung in m/s^2, t_R: Reaktionszeit in s).

- Recherchiere, von welchen Faktoren die konstante Bremsverzögerung und die Reaktionszeit abhängen.
- Erstelle in einer DGS zwei Schieberegler für die Variablen a und t_R und stelle den Zusammenhang zwischen Geschwindigkeit und Anhalteweg in Abhängigkeit der Variablen graphisch dar. Vervollständige den Satz: „Der Anhalteweg ist umso länger, je …".
- Erläutere, weshalb es in diesem Fall ausreichend ist, zwei Wertepaare von Geschwindigkeit und Anhalteweg zu kennen, damit die zugehörige quadratische Funktion des Anhaltewegs eindeutig bestimmt ist.
- Frau Schuster fährt in der Dämmerung bei Regen ($a = -3\ m/s^2$) von der Arbeit nach Hause und wirft gerade einen Blick auf ihr Handydisplay ($t_R = 2\ s$). Ermittle die minimale Entfernung, in der ein Reh auf die Straße laufen könnte, wenn Frau Schuster 90 km/h fährt und ihr Auto gerade noch rechtzeitig zum Stehen kommt.

Kap. 3.3

Angepasste Geschwindigkeit

Um beim Autofahren immer rechtzeitig reagieren zu können, muss man seine Geschwindigkeit den jeweiligen Straßen- und Wetterverhältnissen anpassen.

Zu Weihnachten besuchen Luan und Josy mit ihren Eltern ihre Oma. Diese wohnt 73 km von der Familie entfernt. Für die Rückfahrt bei Schneesturm benötigt die Familie eine halbe Stunde länger als für die Hinfahrt. Sie sind auf dem Rückweg mit einer durchschnittlich um 22 km/h geringeren Geschwindigkeit unterwegs.

- Stelle eine Bruchgleichung auf, die diesen Sachverhalt modelliert. Dabei beschreibt v die durchschnittliche Geschwindigkeit der Hinfahrt in km/h.
- Ermittle die durchschnittliche Geschwindigkeit der Hinfahrt graphisch. Kontrolliere deine Ergebnisse in einer DGS.
- Bestimme die durchschnittliche Geschwindigkeit der Rückfahrt rechnerisch.

Entdecken

Der Gateway Arch ist das zentrale Bauwerk des gleichnamigen Nationalparks in St. Louis, Missouri (USA). Der Bogen besitzt 24 m vom linken unteren Ende entfernt bereits einen Abstand von 84 m zum Boden und nach 72 m eine Höhe von 180 m.

- Ermittle eine Funktionsgleichung einer Parabel P, die den Gateway Arch näherungsweise beschreibt.
- Bestimme rechnerisch, in welcher Höhe die Aussichtsplattform ist, die sich im Scheitel des Bogens befindet.

Verstehen

Aus drei beliebigen Punkten einer Parabel kann man mithilfe eines linearen Gleichungssystems mit den drei Unbekannten a, b und c den Funktionsterm $f(x) = ax^2 + bx + c$ der zugehörigen Funktion f rechnerisch ermitteln.

Man sagt, eine Variable wird ***eliminiert****.*

Ein **lineares Gleichungssystem mit drei Unbekannten** (z. B. x, y und z) kann man rechnerisch lösen. Dabei geht man wie folgt vor:

1 Löse eine der Gleichungen nach einer Variablen (z. B. x) auf und setze das Ergebnis in die beiden anderen Gleichungen ein. So erhält man zwei Gleichungen die nur noch zwei Variablen (z. B. y und z) enthalten.

2 Bestimme die Werte der beiden verbliebenen Variablen (z. B. y und z) mithilfe eines Rechenverfahrens für das Lösen linearer Gleichungssysteme mit zwei Unbekannten.

3 Setze die Ergebnisse aus 2 in die Gleichung aus 1 ein. So erhält man den Wert der dritten Variablen (z. B. x) und kann die Lösungsmenge angeben: $L = \{(x|y|z)\}$.

Beispiele

Strategiewissen
Lineare Gleichungssysteme mit drei Unbekannten lösen

I. Bestimme rechnerisch die Lösungsmenge des Gleichungssystems. Gehe geschickt vor und beschreibe deine Strategie.

I: $3x - 2y + z = 0$
II: $x - y + z = 0$
III: $4x + 2y - 3z = 5$

Lösung:

1 Eliminiere eine der Unbekannten:

Löse die Gleichung II nach y auf: II': $y = x + z$

Setze das Ergebnis in die Gleichungen I und III ein und vereinfache sie:

I': $3x - 2(x + z) + z = 0 \Leftrightarrow x - z = 0$
III': $4x + 2(x + z) - 3z = 5 \Leftrightarrow 6x - z = 5$

2 Löse das lineare Gleichungssystem mit zwei Unbekannten:

III': $6x - z = 5$
I': $x - z = 0$

III' − I': $5x = 5 \Rightarrow \mathbf{x = 1}$
$x = 1$ in I' eingesetzt: $\mathbf{z = 1}$

3 Bestimme den Wert der dritten Unbekannten und gib die Lösungsmenge an:

$x = 1$ und $z = 1$ in II' einsetzen:
$\mathbf{y} = x + z = 1 + 1 = \mathbf{2}$
Lösungsmenge $L = \{(1|2|1)\}$

II. Bei der Tischtennis-Weltmeisterschaft 2017 in Düsseldorf verteidigte der Chinese Ma Long mit einer sogenannten „Ballonabwehr". Der Tischtennisball wurde dabei auf Höhe der Tischtennisplatte getroffen und in einem 3,8 m hohen Bogen 10,6 m weit zurück auf die Platte gespielt. Ermittle auf zwei verschiedene Arten eine Funktionsgleichung der Parabel, mit der man den Bogen modellieren kann. Beschreibe deine Strategie.

Lösung:

1 Lege das Koordinatensystem geschickt fest:

Legt man den höchsten Punkt auf die y-Achse, so kennt man seine Koordinaten $S(0|3{,}8)$ und die Nullstelle $N_1(5{,}3|0)$, in welcher der Ball wieder auf der Platte auftrifft.

2 Bestimme die Funktionsgleichung:

A mithilfe der **Scheitelpunktform**:

Setze $S(0|3{,}8)$ in die Scheitelpunktform ein: $y = a(x - 0)^2 + 3{,}8 = ax^2 + 3{,}8$.

Berechne den Wert von a durch Einsetzen von $N_1(5{,}3|0)$:

$0 = a \cdot 5{,}3^2 + 3{,}8 \quad \Rightarrow \quad a \approx -0{,}14$.

B mithilfe der **Nullstellenform**:

Wegen der Lage des Koordinatensystems und der Symmetrie der Parabel bezüglich der y-Achse liegt auch der Punkt $N_2(-5{,}3|0)$ auf der Parabel.

Setze $N_1(-5{,}3|0)$ und $N_2(5{,}3|0)$ in die Nullstellenform ein:

$y = a(x - 5{,}3)(x + 5{,}3)$.

Berechne den Wert von a durch Einsetzen von $S(0|3{,}8)$:

$3{,}8 = a(0 - 5{,}3)(0 + 5{,}3) \quad \Rightarrow \quad a \approx -0{,}14$.

3 Gib die gesuchte Parabelgleichung an:

$y = -0{,}14x^2 + 3{,}8 = -0{,}14(x - 5{,}3)(x + 5{,}3)$

Strategiewissen
Funktionsgleichung einer Parabel geschickt ermitteln

*Sind die **Nullstellen** oder der **Scheitel** einer Parabel P bekannt, so ist es günstiger, die **Nullstellenform** oder die **Scheitelpunktform** anstelle der allgemeinen Form zur Bestimmung der Funktionsgleichung zu nutzen.*

III. Die Punkte $A(-1|7)$, $B(2|1)$ und $C(4|17)$ liegen auf der Parabel P. Ermittle rechnerisch eine Funktionsgleichung von P und beschreibe dein Vorgehen.

Lösung:

1 Setze die drei verschiedenen Punkte in die Funktionsgleichung $y = ax^2 + bx + c$ ein:

$A \in P$: $(-1)^2 \cdot a + (-1) \cdot b + c = 7, \quad \Rightarrow \quad$ I: $a - b + c = 7$;

$B \in P$: $2^2 \cdot a + 2 \cdot b + c = 1, \quad \Rightarrow \quad$ II: $4a + 2b + c = 1$;

$C \in P$: $4^2 \cdot a + 4 \cdot b + c = 17, \quad \Rightarrow \quad$ III: $16a + 4b + c = 17$.

2 Eliminiere eine Variable:

Löse die Gleichung I nach c auf: I': $c = 7 - a + b$

Setze das Ergebnis in die Gleichungen II und III ein und vereinfache sie.

II': $4a + 2b + (7 - a + b) = 1 \quad \Leftrightarrow \quad 3a + 3b = -6$

III': $16a + 4b + (7 - a + b) = 17 \quad \Leftrightarrow \quad 15a + 5b = 10$

3 Löse das entstehende Gleichungssystem mit zwei Unbekannten:

Löse II' nach b auf: $b = -a - 2$. Setze in III' ein: $15a + 5(-a - 2) = 10 \Leftrightarrow$ $15a - 5a - 10 = 10 \Leftrightarrow \mathbf{a = 2}$. Setze $a = 2$ in II' ein: $\mathbf{b} = -2 - 2 = \mathbf{-4}$.

4 Bestimme den Wert der dritten Unbekannten und gib die Parabelgleichung an:

Setze $a = 2$ und $b = -4$ z. B. in I' ein: $\mathbf{c} = 7 - 2 - 4 = \mathbf{1}$.

Somit erhält man P mit $y = 2x^2 - 4x + 1$.

Strategiewissen
Funktionsgleichung einer Parabel aus drei Punkten rechnerisch ermitteln

*Durch Einsetzen der drei Punkte in die Funktionsgleichung kann man die **Probe** machen, um die Ergebnisse zu überprüfen.*

Nachgefragt

- Beschreibe, nach welchen Kriterien du die Unbekannte auswählst, die du aus den Gleichungen zuerst eliminierst.
- Entscheide und begründe, ob ein lineares Gleichungssystem mit drei Unbekannten eine leere Lösungsmenge besitzen kann.

Aufgaben

Lösungsmengen zu 1:
{(1|4|4)}; {(1|2|5)}; {(5|−3|1)}; {(18|16|66)}; {(−18|−3|−4)}; {(−2|2|0)}; {(2|2|4)}

Lösungsmengen zu 2:
{(−2|−1|−3)}; $\left\{\left(\frac{2}{3}\middle|1\middle|\frac{2}{3}\right)\right\}$; {(1|0|2)}; {(1|1|1)}; {(1|−2|4)}; {(3|4|5)}; {(1,8|−0,1|−1,2)}; {(2|0|0)}; {(4|0|5)}

1 Berechne jeweils die Lösungsmenge.

a) I: $x + 2 = 3$ II: $y = 2x$ III: $z = 5x$

b) I: $x^2 = 4$ II: $y = 0{,}5x^2$ III: $z = x + y$

c) I: $x = y + 2$ II: $y = 144 : 9$ III: $z = x + 3y$

d) I: $x + y + z = 0$ II: $x - y + z = -4$ III: $x + y - z = 0$

e) I: $x + y = 5$ II: $y = z$ III: $y + z = 8$

f) I: $x = 5$ II: $y = 7 - 2x$ III: $z = (x + y) : 2$

g) I: $x = 2y + 3z$ II: $y = 0{,}75z$ III: $z + 12 = -2z$

h) I: $x + y + z = 9$ II: $x + y = 5$ III: $y + z = 8$

2 Ermittle rechnerisch jeweils die Lösungsmenge. Mache jeweils die Probe und erläutere bei den Teilaufgaben c) und d) deinen Lösungsweg.

a) I: $6x + y - 3z = 9$ II: $2x + 2y - z = 3$ III: $5x - 4y - 4z = 0$

b) I: $x + y + z = 12$ II: $x - y + z = 4$ III: $x - y - z = -6$

c) I: $2x - 2y + 3z = 18$ II: $5x - y - z = 3$ III: $12x + 4y - 2z = -4$

d) I: $3x - 2y + 3z = -13$ II: $x - 3y = 13 + 4z$ III: $x - 2y + z = -3$

e) I: $2x - 6y = 5 - 5x - 4z$ II: $7x - 3(x - y) = 7$ III: $2(x + 3y) + 1 = 6y + 3z$

f) I: $4y - 6x = 3z - 2$ II: $1{,}5(x + z) + 1 = 3y$ III: $x = 2(y - z)$

g) I: $x + 2y = 1$ II: $y + 3z = 6$ III: $2x + z = 4$

h) I: $-3x - 4y - 5z = 1$ II: $3x - 4y + 4z = 1$ III: $-3x - 2z = -3$

i) I: $x + y + z = 2$ II: $x - y + z = 2$ III: $x - y - z = 2$

3 Die Punkte A, B und C liegen jeweils auf der Parabel P.

1 A(0|2), B(4|18), C(−1|8) **2** A(1|3), B(−2|0), C(3|−5)
3 A(1|0), B(2|−0,5), C(0|1) **4** A(0|3), B(−1|0), C(2|−9)

a) Trage die Punkte in ein Koordinatensystem ein und skizziere einen möglichen Verlauf der Parabel.
b) Ermittle jeweils rechnerisch eine Funktionsgleichung der Parabel. Zeichne dann jeweils die Parabel mithilfe einer Wertetabelle und vergleiche sie mit dem in Teilaufgabe a) skizzierten Verlauf.
c) Gib alle nach oben geöffneten Parabeln in Scheitelpunktform an.
d) Ermittle bei allen Parabeln, die weiter als die Normalparabel sind, zeichnerisch möglichst genau die Nullstellen.
e) Ändere bei jeder der Teilaufgaben die y-Koordinate des Punkts C so ab, dass durch die drei Punkte A, B und C* keine Parabel festgelegt wird.

Zuerst die Unbekannten definieren und die Einheit festlegen:
x: Preis einer Käsesemmel
y: Preis eines Müsliriegels
z: Preis einer Cola

4 Laura überlegt: „Wenn ich eine Käsesemmel, einen Müsliriegel und eine Cola kaufe, bleibt mir noch 1,15 €. Um zwei Käsesemmeln und eine Cola zu kaufen, fehlen mir 15 ct. Kaufe ich drei Müsliriegel und eine Cola, dann bleibt mir noch 1,55 €."
Stelle ein lineares Gleichungssystem mit drei Unbekannten auf und berechne damit den Preis (in €) einer Käsesemmel, eines Müsliriegels und einer Cola.

Lauras Geldbeutelinhalt

Erklärvideo
Mediencode 61049-14

5 Britta, Merlin und Tina wollen zusammen in eine Disko gehen; dafür ist aber ein Mindestalter von 16 Jahren Voraussetzung. Zusammen sind sie 50 Jahre alt. Merlin und Tina sind zusammen 20 Jahre älter als Britta; Britta und Tina sind zusammen 14 Jahre älter als Merlin. Ermittle rechnerisch, wer bei der Ausweiskontrolle nicht in die Disko kommt.

6 Gegeben sind jeweils Punkte einer Parabel P. Ermittle möglichst geschickt eine Funktionsgleichung der Parabel P in der Form $y = ax^2 + bx + c$ und zeichne den zugehörigen Funktionsgraphen (in einer DGS).

a) $A(1{,}5\,|\,0)$, $B(11\,|\,0)$, $C(4\,|\,3{,}5)$
b) $A(-2\,|\,12)$, $B(0{,}5\,|\,-4{,}5)$, $C(3\,|\,16{,}5)$
c) Scheitelpunkt $S(1{,}5\,|\,-3)$, $P(4{,}5\,|\,3)$
d) $A(-3\,|\,23{,}6)$, $B(0\,|\,-5)$, $C(1\,|\,-2)$
e) Scheitelpunkt $S(5\,|\,-2)$, $P\left(2\,\middle|\,4\frac{3}{4}\right)$
f) $A(-3\,|\,0)$, $B(1\,|\,0)$, $C(2\,|\,-7{,}5)$

7 a) Bestimme das Alter der Wissenschaftlerinnen Marie Curie, Sofia Kowalewskaja und Emmy Noether im Jahr 1888. In diesem Jahr waren Marie Curie und Sofia Kowalewskaja zusammen 59 Jahre, Sofia Kowalewskaja und Emmy Noether zusammen 44 Jahre und Emmy Noether und Marie Curie zusammen 27 Jahre alt.

b) Der Quersummenwert einer dreistelligen natürlichen Zahl ist 14. Vertauscht man ihre Hunderter- und ihre Einerziffer, so ist die neue Zahl um 495 kleiner als die ursprüngliche. Subtrahiert man bei der ursprünglichen Zahl die Einerziffer von der Hunderterziffer, so erhält man die Zehnerziffer. Berechne, um welche Zahl es sich handelt.

Curie
Noether
Kowalewskaja

8 Die Tabelle zeigt einen Ausschnitt aus der Unfallstatistik einer Großstadt.

Alter der Fahrerin/des Fahrers des Unfallfahrzeugs	20	40	60
Anzahl der Unfälle in dieser Altersgruppe in einem Jahr	250	150	200

a) Die Zuordnung des Alters zur Anzahl der Unfälle soll durch eine quadratische Funktion modelliert werden. Ermittle einen Funktionsterm dieser Funktion.

b) Berechne die Anzahl der Unfälle, die gemäß der Modellierung aus Teilaufgabe a) von 18-jährigen (50-jährigen) Fahrerinnen/Fahrern verursacht werden.

c) Berechne das Alter, in dem nach dem Modell die wenigsten Unfälle verursacht werden.

9 a) Berechne jeweils die Masse eines lila Würfels, einer grünen Kugel und einer blauen Pyramide.

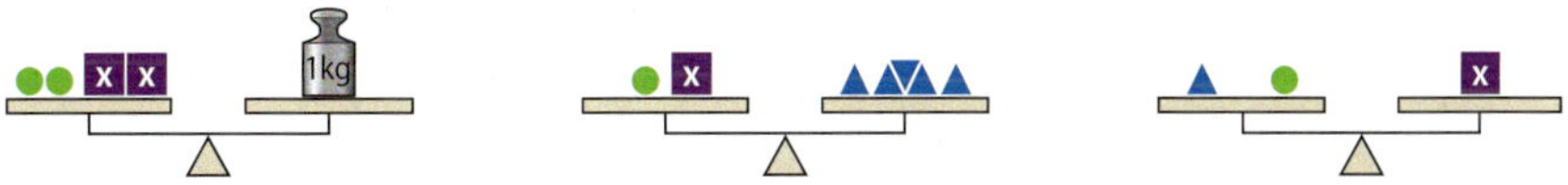

b) Erstelle selbst solche Aufgaben mit zugehöriger Lösung und tausche sie mit deinen Mitschülerinnen und Mitschülern.

10 Oftmals werden Kellertüren durch Bögen abgestützt, um die Lasten des darüber liegenden Mauerwerks gut zu verteilen. Das Weingut „Riesling" plant für den Weinkeller den Bau eines neuen parabelförmigen Eingangs. Um mit einem Gabelstapler in den Weinkeller fahren zu können, muss der Eingang die Bedingungen in der Abbildung erfüllen.

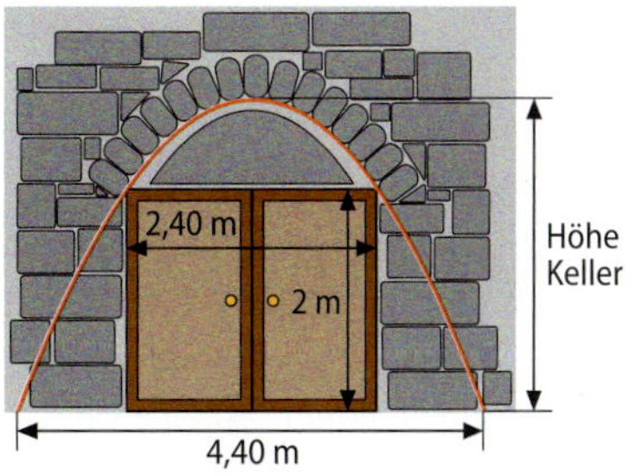

a) Ermittle rechnerisch die Gleichung einer quadratischen Funktion, um den parabelförmigen Eingang zu modellieren.

b) Bestimme rechnerisch die Mindesthöhe des Kellers, um den Eingang mit den gegebenen Maßen bauen zu können.

11 Die Klippenspringer von Acapulco springen von einem 35 m hohen Felsen in den Pazifik. Durch Überdecken mit einem geeigneten Koordinatensystem kann die Flugbahn der Springer mithilfe einer Parabel modelliert werden.

a) Begründe, dass der Funktionswert des Scheitelpunkts der maximalen Höhe von 35,5 m entspricht, obwohl der Fels nur 35 m hoch ist.

b) Ermittle eine Funktionsgleichung dieser Flugparabel.

c) Ein anderer Springer springt von einem 10 m hohen Sprungturm. Gehe von einer identischen Flugkurve aus und ermittle rechnerisch eine zum 10-m-Turm gehörende Funktionsgleichung.

d) Berechne, in welcher horizontalen Entfernung vom Absprungpunkt der Springer in Teilaufgabe c) ins Wasser eintaucht.

Nimm an, dass zwischen dem Durchmesser und dem Preis ein quadratischer Zusammenhang besteht.

12 In der Pizzeria „Da Marco" soll das Mittagstisch-Angebot um eine XS-Pizza (d = 15 cm) und eine XL-Pizza (d = 45 cm) erweitert werden. Marco behauptet, dass diese dann 2,50 € bzw. 6,60 € kosten sollten. Entscheide und begründe rechnerisch, ob Marcos Behauptung eine logische Schlussfolgerung ist.

Pizzeria „Da Marco"

Pizza S (Durchmesser 20 cm)	3,00 €
Pizza M (Durchmesser 30 cm)	4,25 €
Pizza L (Durchmesser 40 cm)	5,75 €

13 Ermittle möglichst geschickt eine Funktionsgleichung einer der Wasserparabeln.

Hallo Sophie,

ich schicke dir ein Rätsel:
Jede der Wasserparabeln des Springbrunnens ist so breit wie das Becken (gemessen: 3,20 m) und etwa 1,70 m hoch (geschätzt!).

Kannst du jetzt eine der Wasserparabeln zeichnen?

Viele Grüße
Lucas

14 Ermittle rechnerisch eine Gleichung der quadratischen Funktion f in allgemeiner Form.

a) $A(5|-1)$ und $B(10|4)$ liegen auf G_f mit $f\colon x \mapsto 0{,}2x^2 - bx + c$ mit $b, c \in \mathbb{R}$.

b) Der Graph G_f der Funktion f stellt eine an der x-Achse gespiegelte und verschobene Normalparabel mit dem Scheitelpunkt $S(-3|4)$ dar.

c) $A(3|-1)$ und $B(2|-7)$ liegen auf G_f mit $f\colon x \mapsto ax^2 + bx + c$ mit $a \in \mathbb{R}\setminus\{0\}$ und $b, c \in \mathbb{R}$. Die Gleichung der Symmetrieachse des Graphen G_f lautet $x = 4$.

15 Bei der Sommer-Werbeaktion eines Onlineshops konnte man aus den Sonderangeboten T-Shirt, Jeans und Badetasche bis zu drei Artikel (von jedem aber höchstens ein Stück) bestellen. Bestimme rechnerisch den Preis jedes Artikels, wenn bei jeder Lieferung pauschal 5,50 € für Versandkosten berechnet wurden.

Es hat bestellt	T-Shirt	Jeans	Badetasche	Gesamtpreis
Gregor	x	x		34,90 €
Laura	x	x	x	40,40 €
Lucas		x	x	29,45 €
Sophie	x		x	21,95 €

16 Henry hat folgende Aufgabe in seinem Heft gelöst:
Ermittle eine Funktionsgleichung der Parabel P, auf welcher die Punkte A(3 | 1), B(−2 | −4) und C(8 | −4) liegen.

I: $1 = 9a + 3b + c$
II: $-4 = 4a + 2b + c$
III: $-4 = 64a + 8b + c$

I − II: $5 = 5a + b$
III − II: $0 = 60a + 6b$
$0 = 60a + 6(5 - 5a)$

$a = -1$
$b = 5 - 5 \cdot (-1) = 10$
$c = 1 - 9 \cdot (-1) + 3 \cdot 10 = 40$

a) Beschreibe Henrys Vorgehen in Worten.
b) Finde die beiden Fehler, die Henry gemacht hat, und berichtige seine Lösung.
c) Charlotte behauptet, dass Henry die Aufgabe geschickter hätte lösen können. Entscheide und begründe, ob sie Recht hat.

Werkzeug

Lineare Gleichungssysteme mit einer DGS lösen

Juliane hat eine Funktionsgleichung $y = -\frac{1}{6}x^2 + \frac{1}{6}x + 3$ der Parabel aufgestellt, die durch die drei Punkte A(−2 | 2), B(1 | 3) und C(4 | 1) verläuft. Um ihre Ergebnisse zu prüfen, nutzt sie das CAS einer DGS.

- Sie gibt die allgemeine Form der quadratischen Funktion in Zeile 1 ein. Achte auf den Doppelpunkt vor dem Gleichheitszeichen.
- In den Zeilen 2–4 trägt sie die drei Punkte in die Funktionsgleichung ein.
  Das CAS gibt jeweils die zugehörige Gleichung des linearen Gleichungssystems aus.
- Sie markiert die Zeilen 2–4, indem sie beim Anklicken die STRG-Taste gedrückt hält, und klickt anschließend auf das Symbol x= . Dann erscheint in Zeile 5 die Lösung des Gleichungssystems der Zeilen 2–4.

CAS

f(x):=a*x^2+b*x+c
→ $f(x) := ax^2 + bx + c$

f(−2)=2
→ $4a - 2b + c = 2$

f(1)=3
→ $a + b + c = 3$

f(4)=1
→ $16a + 4b + c = 1$

{$2,$3,$4}
Löse: $\left\{\left\{a = -\frac{1}{6},\ b = \frac{1}{6},\ c = 3\right\}\right\}$

CAS ist die Abkürzung für Computer-Algebra-System.

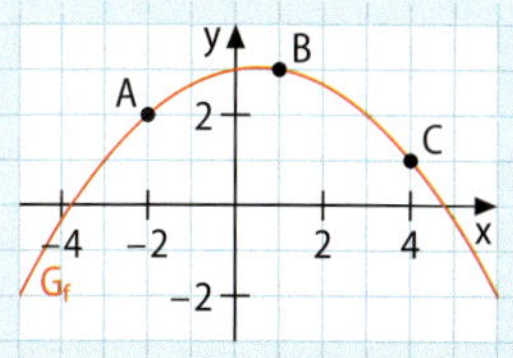

17 Der Kugelstoßer David Storl wurde 2011 in Daegu (Südkorea) als erster Deutscher Weltmeister mit einer Weite von 21,78 m. Aufgrund der Eigenschaften der Kugel entspricht die Flugbahn beim Kugelstoßen ziemlich genau einer Parabel.

Bei einem von David Storls Trainingsstößen wurden mithilfe eines Videoanalyseprogramms drei Punkte der Flugbahn der Kugel gemessen:

$P_1(0|2{,}24)$ $P_2(1|2{,}92)$ $P_3(2|3{,}52)$

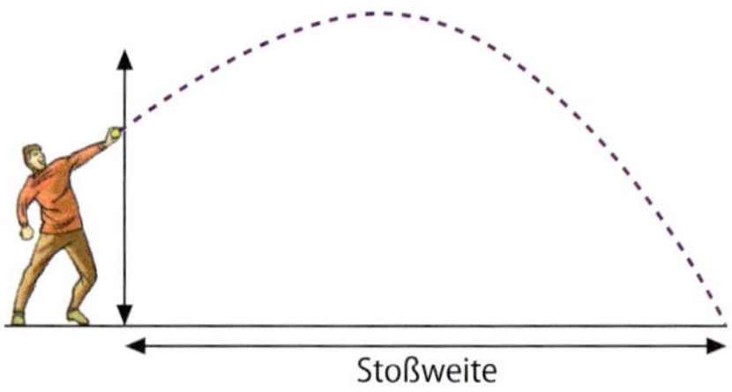

a) Ermittle rechnerisch die Höhe und die Weite von Davids Trainingsstoß in Metern. Vergleiche den Trainingsstoß mit der Siegerweite bei der Weltmeisterschaft 2011.

b) Bestimme rechnerisch die Funktionsgleichung der Parabel für eine Stoßweite von 18,54 m und eine Abwurfhöhe von 1,92 m. Beschreibe dein Vorgehen. Verwende für den Parameter b den Wert 1.

18 Eine Hochspannungsleitung hängt zwischen den Punkten A und B näherungsweise parabelförmig durch. Der Punkt B ist von $A(0|0)$ in horizontaler Richtung 100 m entfernt und liegt 20 m höher als A. Der tiefste Punkt C der Parabel P ist von A in horizontaler Richtung 20 m entfernt.

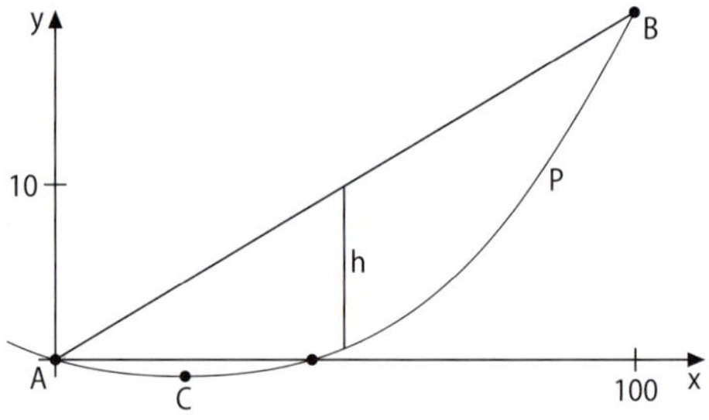

a) Bestimme eine Gleichung der quadratischen Funktion f, welche die Hochspannungsleitung zwischen den Punkten A und B modelliert.

b) Gib die Gleichung der Funktion f in der allgemeinen und in der Nullstellenform an.

c) Stelle einen Term h (x) für den Durchhang h auf. Ermittle rechnerisch, an welcher Stelle der Durchhang am größten ist, und berechne h_{max}.

d) Überprüfe deine Ergebnisse in einer DGS.

19 In Hamburg steht der „Berliner Bogen“, dessen gläsernes Dach einen parabelförmigen Querschnitt hat. Das Dach ist 36 m hoch und 70 m breit. Die Länge (Tiefe) des Baus beträgt 140 m.

a) Ermittle möglichst geschickt eine Funktionsgleichung für die parabelförmige Randlinie des Dachs.

b) In der 6. Etage in 19 m Höhe sollen Büroflächen vermietet werden. Schätze die Gesamtfläche ab, die vermietet werden kann. Gehe dabei zunächst von der maximalen Grundfläche des Gebäudes aus. Beschreibe dein Vorgehen.

c) Recherchiere weitere Bauwerke, die parabelförmige Elemente besitzen. Diskutiert in der Klasse, welche Größen euch bekannt sein müssen, um die parabelförmigen Linien modellieren zu können.

Parabelflüge

Wissenschaftliche Experimente im Zustand der Schwerelosigkeit sind nicht nur im Weltraum möglich, sondern auch in Flugzeugen, z. B. im Airbus ZERO-G.
Als **Parabelflug** wird ein Flugmanöver bezeichnet, bei dem ein Flugzeug eine zur Erdoberfläche hin geöffnete Parabel beschreibt. Bei diesem Manöver – es entspricht physikalisch einem „schiefen Wurf" – wird durch das Abschalten der Triebwerke für knapp eine halbe Minute der Zustand der Schwerelosigkeit erzeugt.

Ein Pilot beschreibt den Flug so: „In etwa 7500 m Höhe ziehe ich das Flugzeug steil nach oben. In 9000 m Höhe nehme ich den Schub raus und es beginnt der Flug entlang einer Parabelbahn. Ab diesem Moment ist im Flugzeug alles schwerelos. Die maximale Höhe unseres Flugzeugs beträgt gut 10 000 m. Nach 5000 m (gemessen in horizontaler Richtung) haben wir dann wieder unsere Ausgangshöhe von 9000 m erreicht. Dann fange ich das Flugzeug ab und die Schwerkraft macht sich im Flugzeug wieder bemerkbar."

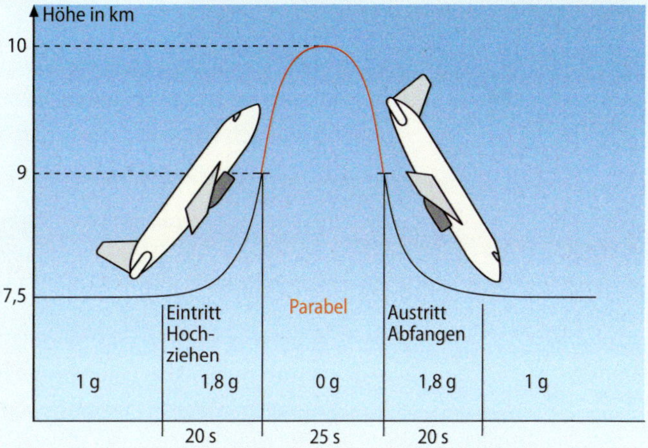

- Erläutere, welche Bedeutung die Angaben 1 g, 1,8 g und 0 g in der Skizze haben.
- Gib zur Beschreibung des Piloten eine Funktionsgleichung der geflogenen Parabel an.
- Zeichne die Parabel in einer DGS und gib einen geeigneten Maßstab für eine Skizze der Parabel in deinem Heft an.
- Ein weiterer Parabelflug kann durch die drei Punkte B(–1,7 km | 7,6 km), M(0 | 8,5 km) und E(1,7 km | 7,6 km) beschrieben werden. Ermittle auf zwei verschiedene Arten eine Funktionsgleichung für diesen Parabelflug und beschreibe dein Vorgehen.
- Informiere dich, welche Möglichkeiten es gibt, an Parabelflügen teilzunehmen, und mit welchen Kosten man rechnen muss.
- Recherchiere, zu welchen Zwecken Parabelflüge durchgeführt werden.

Um sich an die Schwerelosigkeit zu gewöhnen, werden häufig zuerst „Mondparabeln" geflogen. Der Flug einer „Mondparabel", der 23 Sekunden dauert und in einer Höhe von 7,2 km startet, kann durch die Punkte A(0 | 7,2), B(11,5 | 8,0) und C(23 | 7,2) beschrieben werden.

- Gib an, welche maximale Höhe das Flugzeug bei der „Mondparabel" erreicht.
- Ermittle möglichst geschickt eine Funktionsgleichung der „Mondparabel".
- Recherchiere, worin sich eine „Mondparabel" von der Parabel unterscheidet, die der Pilot beschrieben hat.

Entdecken

Die Carrick-a-Rede ist eine Insel in Nordirland, die man nur zu Fuß über eine schmale Hängebrücke erreichen kann. Louis legt ein Koordinatensystem über das Bild, dessen x-Achse auf dem Meeresspiegel liegt und dessen y-Achse die Brücke in ihrem tiefsten Punkt schneidet. So kann er die Hängebrücke näherungsweise mithilfe der Gleichung $y = \frac{4}{1000}x^2 + 30$ (y: Höhe in Metern über dem Meeresspiegel) beschreiben.

- Gib an, wie weit der tiefste Punkt der Brücke vom Meeresspiegel entfernt ist.
- Erläutere, ob man die Brücke auch durch andere Funktionsterme beschreiben könnte.

Verstehen

Mit Funktionen kann man Sachverhalte aus dem Alltag erschließen (**modellieren**). Zugehörige Problemstellungen kann man graphisch oder rechnerisch lösen.

Erklärvideo

Mediencode 61049-15

Mithilfe quadratischer Funktionen kann man realitätsnahe und innermathematische Problemstellungen lösen. Dabei sind häufig die **Nullstellen (f(x) = 0)** oder die **y-Koordinate des Scheitelpunkts** als **größter** bzw. **kleinster** Funktionswert besonders interessant.

Die Funktion **f: $x \mapsto a(x - d)^2 + e$**, $D_f = \mathbb{R}$, mit Scheitelpunkt **S(d|e)** besitzt für …
- $a < 0$ den maximalen Funktionswert e für $x = d$.
- $a > 0$ den minimalen Funktionswert e für $x = d$.

Beim Modellieren ist es günstig, durch eine geschickte Wahl des Koordinatenursprungs den Funktionsterm der quadratischen Funktion möglichst einfach zu gestalten.

Beispiele

Strategiewissen
Alltagssituationen mithilfe von Parabeln modellieren

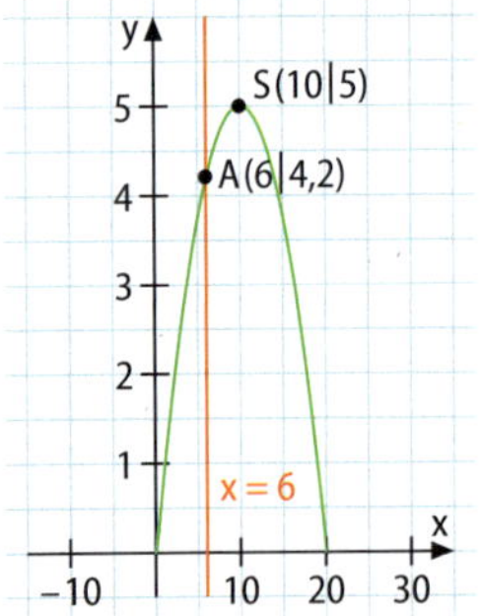

I. Ein Fußballspieler schießt den Ball 20 m weit und 5 m hoch. Die Flugbahn des Balls ist annähernd parabelförmig. Prüfe rechnerisch, ob ein Gegenspieler, der beim Schuss 6 m vom Spieler entfernt steht, den Ball mit dem Kopf abfangen kann. Beschreibe dein Vorgehen.

Lösung:

1 Lege das Koordinatensystem günstig fest:
Legt man den Ursprung in den Abschusspunkt, so kennt man den Punkt O(0|0) und den Scheitel S(10|5) der Parabel. Dieser ist der höchste Punkt in der „Mitte" der Flugbahn.

2 Bestimme die Funktionsgleichung mithilfe der Scheitelpunktform:
Setze S(10|5) in die Scheitelpunktform ein: $f(x) = a(x - 10)^2 + 5$. Berechne den Wert von a durch Einsetzen von O(0|0): $0 = a(0 - 10)^2 + 5 \Rightarrow a = -0{,}05$.
Man erhält die Funktionsgleichung $y = -0{,}05(x - 10)^2 + 5$.

3 Berechne die gesuchte Größe:
Ermittle die Flughöhe im Abstand $x = 6$ vom Ursprung:
$f(6) = -0{,}05(6 - 10)^2 + 5 = 4{,}2$.

4 Interpretiere das Ergebnis im Sachkontext:
Der Ball hat 6 m vom Abschusspunkt entfernt eine Flughöhe von 4,20 m. Der Gegenspieler kann den Ball unmöglich mit dem Kopf abfangen.

II. Das Start-up-Unternehmen „BioPack" will eine nachhaltige Gemüseverpackung als Alternative zu Plastikverpackung herstellen. Es hat ermittelt, dass sich der Gewinn G (in €) in Abhängigkeit von der verkauften Stückzahl x im ersten Monat durch die Funktion $G(x) = -0{,}00001x^2 + 0{,}54x - 2000$, $D_G = \mathbb{R}_0^+$, modellieren lässt.

a) Berechne die Nullstellen der Funktion G und gib deren Bedeutung im Sachkontext an.

b) Berechne G (0) und interpretiere dessen Bedeutung im Sachzusammenhang.

c) Ermittle rechnerisch den größtmöglichen Gewinn im ersten Monat.

Lösung:

a) Bestimme die Nullstellen: $G(x) = 0$

$$\Rightarrow x_{1/2} = \frac{-0{,}54 \pm \sqrt{0{,}54^2 - 4 \cdot (-0{,}00001) \cdot (-2000)}}{2 \cdot (-0{,}00001)} = \frac{-0{,}54 \pm \sqrt{0{,}2116}}{-0{,}00002}$$

$\Rightarrow x_1 = 4000$ und $x_2 = 50\,000$

Interpretiere das Ergebnis im Sachzusammenhang:

Für diese Stückzahlen wird kein Gewinn erzielt, aber auch kein Verlust.

b) Setze $x = 0$ in den Funktionsterm ein: $G(0) = -2000$.

Interpretiere das Ergebnis im Sachzusammenhang:

Wird keine Verpackung verkauft, so macht das Unternehmen einen Verlust in Höhe von 2000 €. Dieser entsteht z. B. durch Fixkosten (Personal- und Gebäudekosten usw.).

c) Ermittle mithilfe der Nullstellen die x-Koordinate des Scheitelpunkts:

$$x_S = \frac{x_1 + x_2}{2} = \frac{4000 + 50\,000}{2} = 27\,000$$

Berechne die zugehörige y-Koordinate: $y_s = G(x_s) = 5290$.

Interpretiere das Ergebnis im Sachzusammenhang:

Werden 27 000 Verpackungen im ersten Monat verkauft, wird ein maximaler Gewinn von 5290 € erzielt.

Strategiewissen
Extremwertprobleme ohne Nebenbedingungen lösen

Höhere Stückzahlen können Kosten überproportional steigen lassen, z. B. durch höhere Personalkosten. Dies führt dann zu einem Gewinnrückgang.

III. Zwei reelle Zahlen unterscheiden sich um 3. Ermittle, für welches Zahlenpaar der Produktwert am kleinsten ist. Löse das Problem rechnerisch und beschreibe dein Vorgehen.

Lösung:

1 Lege die Variablen fest und stelle die Formel für die zu optimierende Größe in Abhängigkeit von mehreren Variablen (Hauptbedingung) auf:

x: kleinere Zahl y: größere Zahl Produkt $P(x; y) = x \cdot y$

2 Ermittle, wie die gewählten Variablen voneinander abhängen (Nebenbedingung) und ersetze die eine Variable durch die andere:

$y = x + 3 \quad \Rightarrow \quad P(x) = x(x + 3)$

3 Ermittle, z. B. durch quadratische Ergänzung, die Koordinaten des Scheitelpunkts S der zugehörigen quadratischen Funktion:

$P(x) = x(x + 3) = x^2 + 3x = (x^2 + 3x + 1{,}5^2) - 1{,}5^2 = (x + 1{,}5)^2 - 2{,}25$

$\Rightarrow S(-1{,}5 \,|\, -2{,}25)$

4 Interpretiere die Werte im Aufgabenkontext:

Die gesuchten Zahlen sind $x = -1{,}5$ und $y = -1{,}5 + 3 = 1{,}5$; ihr Produktwert ist $-2{,}25$.

Strategiewissen
Extremwertprobleme mit Nebenbedingungen lösen

Nachgefragt

- Beschreibe, in welche Richtung eine Parabel geöffnet sein muss, wenn man mithilfe einer quadratischen Funktion einen minimalen bzw. maximalen Wert ermitteln will.
- Erläutere, warum man einen Sachverhalt aus dem Alltag nicht immer exakt modellieren kann.

Aufgaben

1 Entscheide und begründe jeweils, ob der Scheitelpunkt der Funktion f: $x \mapsto f(x)$ bei der Modellierung eines Sachverhalts den größten oder den kleinsten Funktionswert beschreibt. Ermittle jeweils die Wertemenge der Funktion.

a) $f(x) = x^2 - 2x - 3$ **b)** $f(x) = x^2 + x$ **c)** $f(x) = -x^2 - 4x + 3$
d) $f(x) = -x^2 + 7$ **e)** $f(x) = -2x^2 + 2x - 0{,}5$ **f)** $f(x) = -3x^2 - 24x - 50$

2 In der Eifel gibt es in den Kratern erloschener Vulkane annähernd kreisförmige Seen, die man Maare nennt. Die Querschnitte der Maare können mit Funktionsgleichungen der Form $y = ax^2 + bx + c$ im eingezeichneten Koordinatensystem näherungsweise beschrieben werden.

a) Entscheide und begründe, für welches der abgebildeten Maare der Faktor a den kleinsten Wert besitzt.

b) Legt man das Koordinatensystem wie in der Abbildung fest, so lässt sich der Querschnitt des Gemündener Maars annähernd durch die Funktion f: $x \mapsto 0{,}0016x^2$ (x in m, f(x) in m) beschreiben. Die maximale Tiefe des Gemündener Maars beträgt 38 m. Ermittle rechnerisch möglichst exakt den Durchmesser der Wasseroberfläche.

c) Berechne mithilfe der Ergebnisse aus Teilaufgabe b) den Flächeninhalt der annähernd kreisrunden Wasseroberfläche in Hektar.

d) Beschreibe, wie man die Tiefe des Gemündener Maars in 50 m Entfernung von der tiefsten Stelle berechnen kann.

3 In einem gleichschenkligen Dreieck sind die Basis und die zugehörige Höhe zusammen 6 cm lang.

a) Zeichne zwei solche Dreiecke (in einer DGS) und gib jeweils ihren Flächeninhalt an. Miss dazu die benötigten Streckenlängen in deiner Zeichnung.

Die Lösungsschritte sind in Beispiel III. beschrieben.

b) Beschreibe die Maßzahl seines Flächeninhalts (in cm^2) durch einen Funktionsterm A(x) (x: Länge der Basis in cm) und bestimme rechnerisch, für welche Dreiecksmaße der Flächeninhalt am größten ist.

c) Zeichne den zum Funktionsterm A(x) gehörenden Graphen G_A (in einer DGS) und prüfe die Richtigkeit deiner Ergebnisse aus Teilaufgabe b).

4 Anton hat bei einer Bank 700 € angelegt. Nach zwei Jahren erhält er einschließlich des Zinseszinses 728,28 € von der Bank. Gib einen Funktionsterm an, mit welchem der Zinssatz p dieser Anlage berechnet werden kann, und bestimme diesen. Beschreibe dein Vorgehen.

5 Im Kleinbetrieb Designlux werden Künstler-Designerleuchten hergestellt und für 250 € pro Stück verkauft. Bei einer Wochenproduktion von n Leuchten entstehen fixe Kosten in Höhe von durchschnittlich 2775 € und variable Kosten, deren Höhe in Euro sich durch $50n + n^2$ beschreiben lässt.

a) Informiere dich, was man unter fixen bzw. variablen Kosten versteht, und gib mögliche Beispiele im Sachzusammenhang an.

b) Gib einen Funktionsterm für den Gewinn in Abhängigkeit von der Anzahl n an. Erstelle mithilfe einer DGS den Graphen der Gewinnfunktion. Berechne den Gewinn, wenn wöchentlich 150 Leuchten hergestellt und auch genauso viele verkauft werden.

c) Ermittle, bei welchen Stückzahlen die Firma einen Gewinn erzielt und bei welcher Stückzahl dieser Gewinn am größten ist.

6 Betrachtet man den Körperschwerpunkt eines Hochspringers, so kann seine Flugbahn annähernd durch eine Parabel beschrieben werden. Bei einem optimalen Sprung liegt der Scheitelpunkt genau 5 cm oberhalb der Latte, und der Sportler springt eine Armlänge (etwa 90 cm) vor dem Hochsprunggerüst ab.

a) Bestimme einen Funktionsterm für einen optimalen Sprung, wenn die Latte auf 2 m liegt und der Sportler 1,85 m groß ist. Sein Körperschwerpunkt liegt beim Absprung 103 cm über dem Boden. Beschreibe dein Vorgehen.

b) Entscheide und begründe, ob ein Sportler, dessen Flugbahn sich durch den Funktionsterm $y = -1{,}36x^2 + 2{,}36$ beschreiben lässt, die Hochsprunglatte in einer Höhe von 2,40 m mit einem optimalen Sprung überfliegen kann.

c) Erläutere anhand der Graphen, welche Konsequenzen es hat, wenn ein Springer den Absprungpunkt nicht exakt trifft.

7 Auf einer dreieckigen Wiese zwischen drei Spazierwegen soll ein möglichst großes rechteckiges Fußballfeld entlang zweier der drei Wege angelegt werden.

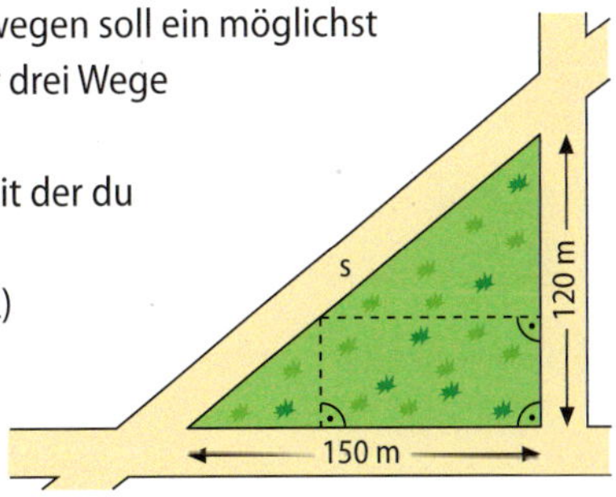

Erklärvideo

Mediencode 61049-16

a) Gib die Gleichung einer linearen Funktion an, mit der du den Spazierweg s beschreiben kannst.

b) Gib einen Funktionsterm des Flächeninhalts A (l) (in m^2) des Fußballfelds in Abhängigkeit von dessen Länge l (in m) an.

c) Ermittle rechnerisch den größtmöglichen Flächeninhalt des Fußballfelds und recherchiere, ob auf diesem Feld offizielle Fußballspiele ausgetragen werden dürfen.

8 Ein Unternehmen, das Textilien nachhaltig produziert, kalkuliert den Verkaufspreis einer Jacke in Abhängigkeit von den Herstellungskosten. Die Kostenfunktion (x: Anzahl verkaufter Jacken) lässt sich durch die Funktion K mit $K(x) = 0{,}1x^2 - 28x + 40\,920$ (K (x) in €) beschreiben. Der Verkaufspreis soll 180 € betragen.

a) Ermittle rechnerisch die benötigte Mindestverkaufsmenge, damit das Unternehmen einen Gewinn mit der Jacke erzielt.

b) Berechne den maximalen Gewinn, den das Unternehmen mit der Jacke erzielen kann.

c) Nenne Gründe dafür, dass der Gewinn trotz steigender Absatzzahlen wieder sinkt.

d) Entscheide und begründe, ob es für das Unternehmen wirtschaftlicher wäre, die Jacke für einen Preis von 150 € zu verkaufen.

9 Es wird immer wieder darüber diskutiert, ein Tempolimit auf deutschen Autobahnen einzuführen. Herr Linde arbeitet im Außendienst und fährt pro Woche durchschnittlich 500 Autobahnkilometer ohne Geschwindigkeitsbegrenzung. Der durchschnittliche Kraftstoffverbrauch in Liter auf 100 km seines Pkw kann näherungsweise durch die Funktion $f: x \mapsto 0{,}0002x^2 + 0{,}009x + 3{,}2$ in Abhängigkeit von der Geschwindigkeit x (in km/h) beschrieben werden.

a) Zeichne in einer DGS den Graphen G_f der Funktion f im Intervall [0 km/h; 220 km/h] und lies den durchschnittlichen Kraftstoffverbrauch bei einer Geschwindigkeit von 130 km/h bzw. 180 km/h ab.

b) Ermittle rechnerisch, wie viel Prozent mehr Kraftstoff Herr Linde benötigt, wenn er statt 130 km/h auf der Autobahn 180 km/h fährt.

c) Berechne anhand des aktuellen Benzinpreises, wie viel Geld Herr Linde im Jahr (etwa 47 Arbeitswochen) im Vergleich zu einer Durchschnittsgeschwindigkeit von 180 km/h spart, wenn ein Tempolimit von 130 km/h auf den Autobahnen eingeführt wird.

d) Ausschnitt aus einem Zeitungsartikel:

> **Was bringt ein Tempolimit für die Umwelt?**
> Bei steigender Geschwindigkeit nimmt der Luftwiderstand und damit der Kraftstoffverbrauch zu. Man kann sagen: Sehr hohe Geschwindigkeiten schaden der Umwelt vor allem durch den erhöhten CO_2-Ausstoß. Neuere Studien zeigen, dass ein Tempolimit von 130 km/h ein Einsparpotenzial von 1,6 % des CO_2-Ausstoßes der Autos hat. Da der CO_2-Ausstoß von Autos 2018 auf Autobahnen bei etwa 39,1 Millionen Tonnen lag und der gesamte CO_2-Ausstoß Deutschlands 755 Millionen Tonnen beträgt, kann man als Fazit ziehen, dass …

Recherchiert aktuelle Zahlen und diskutiert, inwieweit sich ein Tempolimit auf deutschen Autobahnen positiv auf den Klimaschutz auswirkt.

e) Bestimme den Funktionswert f(0) und erläutere diesen im Sachzusammenhang.

f) Erläutere Grenzen des Modells.

10 In den parabelförmigen Torbogen P wurde eine Stahlkonstruktion eingezogen. Dabei wurden die Punkte $S(-4|5)$ und $T(6|0)$ durch eine Stange miteinander verbunden.

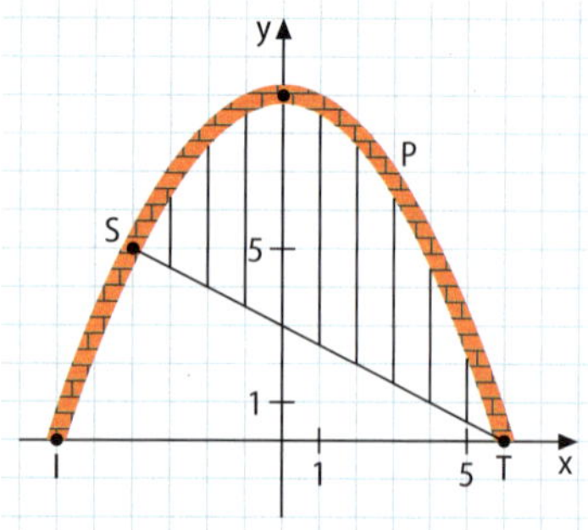

a) Gib eine Gleichung des Torbogens P und eine Gleichung der Geraden ST an.

b) Der Torbogen und die Stange sind durch parallel zur Symmetrieachse des Torbogens verlaufende Stäbe miteinander verbunden. Bestimme rechnerisch die Länge des längsten Stabs.

11 Die Flugbahn einer Silvesterrakete kann mithilfe der Funktion $f: x \mapsto -0{,}4x^2 + 16x + 1$ (x: Entfernung der Rakete vom Abschusspunkt in m; f(x) Flughöhe der Rakete in m) modelliert werden. Berechne die maximale Flughöhe der Rakete und ermittle rechnerisch, in welcher horizontalen Entfernung vom Abschusspunkt gemäß des Modells Reste der Rakete wieder auf den Boden auftreffen.

12 Victor hat im Urlaub einen Brückenbogen fotografiert und möchte prüfen, ob dessen Verlauf durch eine Parabel modelliert werden kann. Er hat hierzu bereits ein Koordinatensystem in sein Foto eingezeichnet. Beschreibe Victors weiteres Vorgehen bei der Lösung der Aufgabe in Worten.

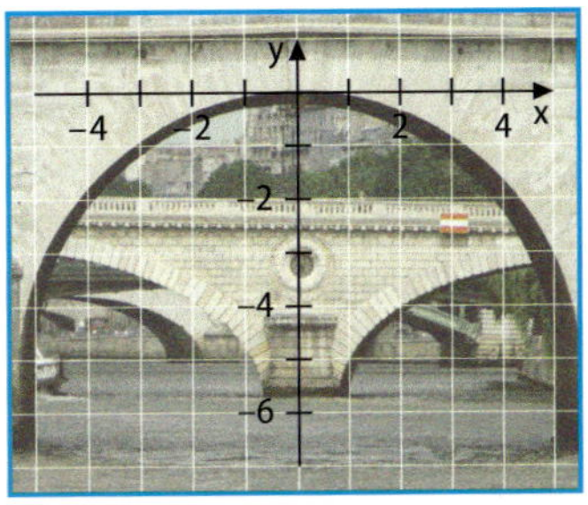

13 Die Rentenplus AG möchte ein neues aktienbasiertes Versicherungsprodukt anbieten. Die Versicherungsmathematiker haben berechnet, wie groß je nach Entwicklung des Aktienkurses der erwartete Verlust bzw. Gewinn sein würde.

Aktienrisiko (in %)	erwarteter Gewinn oder Verlust (in %)
−40	−40
−20	−20
0	0
20	10
40	15

Auswirkungen negativer Szenarien sind viel größer als die von positiven.

Die Gesellschaft hat zwei Funktionen gewählt, um die Auswirkungen der Aktienrisiken x (in %) zu veranschaulichen:

1 g: $x \mapsto 0{,}92x$; g(x): Gewinn/Verlust in %

2 f: $x \mapsto -0{,}0071x^2 + 0{,}81x$; f(x): Gewinn/Verlust in %

Dieses Vorgehen nennt man Curve-Fitting-Methode.

a) Zeichne die Graphen G_f und G_g der Funktionen (in einer DGS) für $x \in [-100; 100]$.

b) Beschreibe, in welchen Intervallen die beiden Funktionen die Zuordnung von Aktienrisiko zu erwartetem Verlust bzw. Gewinn gut modellieren.

c) Erläutere Grenzen der linearen und der quadratischen Modellierung.

Alltag

Optimierung und Umweltschutz

In Deutschland werden jährlich mehr als 19 Millionen Tonnen Verpackungen hergestellt. Für den Umwelt- und Klimaschutz ist es wichtig, möglichst wenig Material für die Verpackungen zu verbrauchen, und, wann immer es möglich ist, auf Umverpackungen zu verzichten.

Justus hat im Supermarkt festgestellt, dass viele zylinderförmige Metalldosen mit gleichem Inhalt ähnliche Maße besitzen. Er möchte herausfinden, welche zylinderförmige Verpackung für 500 mℓ am wenigsten Blech in der Herstellung benötigt.

$V = 0{,}5\,\ell = 0{,}5\,dm^3$ $\quad V_Z = r^2\pi h \quad$ $O(r) = 2\pi r\left(r + \frac{0{,}5}{\pi r^2}\right)$

- Erkläre, wie Justus den Funktionsterm O in Abhängigkeit vom Radius r der Dose erhält.
- Erläutere, warum er diese Optimierungsaufgabe nicht mit seinem bisherigen Wissen zu Extremwertaufgaben lösen kann.
- Ermittle mithilfe einer DGS möglichst genau einen Wert für den Radius und die Höhe der „optimalen“ zylinderförmigen Verpackung.
- Recherchiere, welche umweltfreundlichen Alternativen es für herkömmliche Verpackungen gibt. Präsentiere deine Ergebnisse in der Klasse.

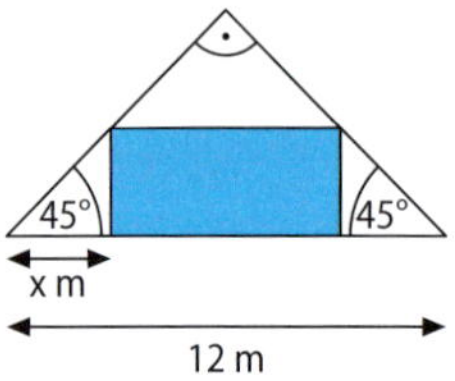

14 In einem Dachstudio soll an der 12 m breiten Giebelwand eine bodentiefe, rechteckige Glasfront eingebaut werden (vgl. Abbildung).

a) Bestimme einen Funktionsterm für den Flächeninhalt der Glasfront in Abhängigkeit von x und gib eine sinnvolle Definitionsmenge an.

b) Ermittle rechnerisch den größtmöglichen Flächeninhalt der Glasfront und gib den zugehörigen Wert für x an.

c) Bestimme mithilfe einer Wertetabelle den x-Wert, für den die Glasfront quadratisch ist, und berechne, um wie viel Prozent die quadratische Fläche kleiner ist als die größtmögliche rechteckige Fläche.

15 Die Entwicklung des Anteils erneuerbarer Energien am Energieverbrauch in Deutschland lässt sich auf der Datenbasis von 2004 bis 2018 näherungsweise anhand der Funktion

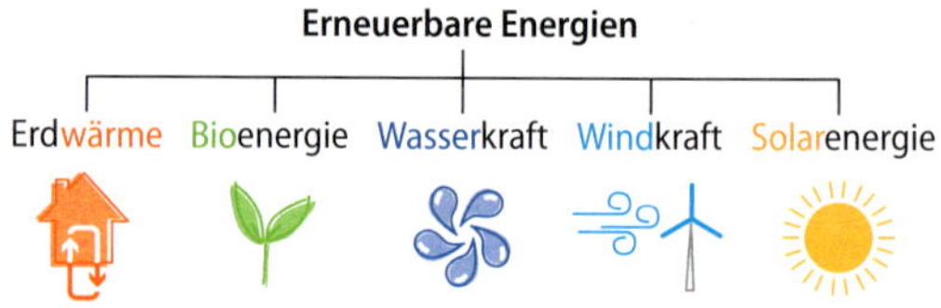

f: $x \mapsto -0{,}01x^2 + 0{,}9x + 6{,}2$ beschreiben (x: Anzahl der Jahre ab 2004; f(x) in %).

a) Zeichne den Graphen G_f der Funktion f in einer DGS. Beschreibe, wie du ermitteln kannst, welchen Anteil die erneuerbaren Energien am Energieverbrauch in den Jahren 2010 und 2018 hatten, und gib die Funktionswerte an.

b) Ziel der Bundesregierung ist es, bis zum Jahr 2025 40 bis 45 Prozent der Energie aus erneuerbaren Energiequellen zu gewinnen. Ermittle rechnerisch, ob dies realistisch ist, wenn die Modellierung auch künftig zutreffend ist.

c) Ermittle das Jahr, in welchem nach der Modellvorstellung der Anteil erneuerbarer Energien am Energieverbrauch am größten wäre.

d) Beurteile, ob die Entwicklung des Anteils erneuerbarer Energien nach der Modellvorstellung im Hinblick auf die Weltklimaziele des Pariser Abkommens zielführend ist.

16 Das Diagramm zeigt die Emission von Kohlenstoffdioxid (CO_2) und Methan in Deutschland.

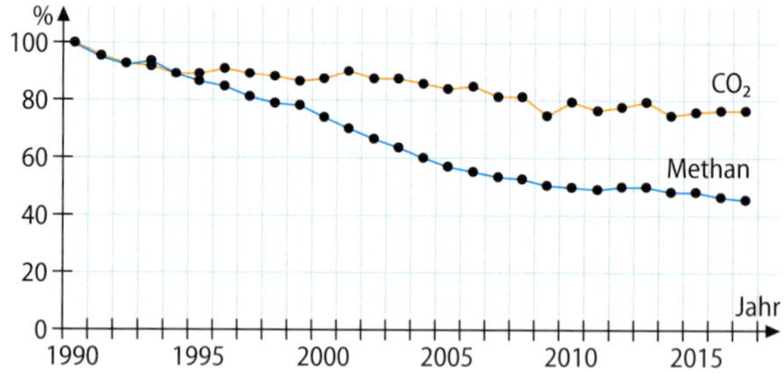

a) Erläutere, wie sich der Ausstoß von CO_2 seit 1990 entwickelt hat.

Die Entwicklung des CO_2-Ausstoßes kann annähernd durch die Funktion f mit $f(x) = 0{,}02x^2 - 1{,}5x + 100$ (x: Anzahl der Jahre ab 1990, f(x) in %) beschrieben werden.

b) Zeichne den Graphen G_f der Funktion f (in einer DGS). Beschreibe, welche Werte des Diagramms durch die Modellierung nicht gut abgebildet werden.

c) Ermittle rechnerisch das Jahr, in welchem der CO_2-Ausstoß gemäß der Modellierung seinen Tiefpunkt hätte.

d) Entscheide und begründe, ob eine lineare Funktion zur Modellierung des Sachverhalts besser geeignet wäre.

e) Recherchiere die Klimaziele der Bundesregierung für 2030, 2040 und 2050. Erläutere, welche Eigenschaften eine quadratische Funktion g aufweisen muss, um die Zielerreichung modellieren zu können.

Vertiefung

Funktionsgleichungen mithilfe einer DGS experimentell bestimmen

Zu allen Zeiten und in allen Kulturen hatten Brücken eine große Bedeutung. Ihr Aussehen hat sich im Laufe der Zeit verändert. Zwei Typen findet man jedoch immer wieder: Bogenbrücken und Hängebrücken.

Brücke über den Tiber zur Engelsburg in Rom (Bogenbrücke)

Römische Steinbrücken gibt es seit dem 6. Jahrhundert v. Chr. Die Brücke in Rom über den Tiber zur Engelsburg stammt aus dem Jahr 137 n. Chr. Vor allem die frühen Brückenbögen besitzen meist Halbkreisform.

Ponte Vecchio in Florenz

Die flachen Bögen der Renaissancezeit ermöglichten Brücken, die oft ohne Zwischenpfeiler den Fluss überspannten. Um die hohen Baukosten abzudecken, erhoben die Fürsten Brückenzoll oder ließen Läden auf den Brücken errichten und verlangten von den Pächtern hohe Mieten. Die Fürstenfamilie der Medici ließ z. B. auf dem Ponte Vecchio nur Goldschmiede zu.

Als erste Hängebrücken gelten Seilbrücken in Ostasien und Südamerika. Erste westliche Kettenbrücken stammen aus dem 18. Jahrhundert. Der Verlauf der Tragseile von Hängebrücken kann häufig durch eine Parabel modelliert werden.

Manhattan Bridge in New York

Jarne war mit seiner Familie im Hunsrück im Urlaub. Dort haben sie eine der längsten Hängeseilbrücken Deutschlands überquert. Ihre Gesamtlänge beträgt 360 m. Jarne nutzt ein Foto der Hängebrücke in einer DGS, um eine Funktionsgleichung der Parabel zu ermitteln, die den Verlauf der Brücke modelliert.

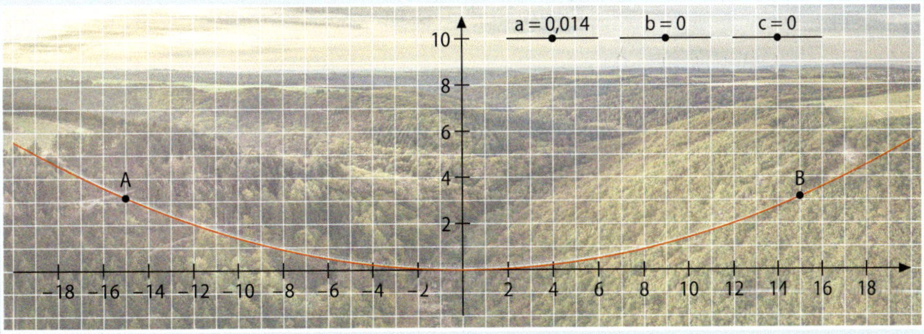

- Beschreibe Jarnes Vorgehen zur Ermittlung einer Funktionsgleichung einer Mitschülerin oder einem Mitschüler. Erkläre dabei auch die Bedeutung einer Längeneinheit im gewählten Koordinatensystem.
- Erläutere, welche Fotos für Jarnes experimentelles Vorgehen geeignet sind, und beschreibe Vorteile einer rechnerischen Lösung von Modellierungsaufgaben.
- Suche selbst nach Fotos von Brückenbauwerken. Bestimme mithilfe einer DGS jeweils eine Funktionsgleichung einer Parabel, die den Verlauf der Brücke, des Bogens oder der Tragseile modelliert. Präsentiere deine Ergebnisse in der Klasse.
- Tragseile können nur näherungsweise mithilfe von Parabeln modelliert werden. Recherchiere, welche mathematische Kurve Tragseile in der Realität beschreiben. Präsentiere deine Ergebnisse.

Entdecken

Smilla hat zum Geburtstag einen Elektroroller bekommen. Für ihren 12 km langen Schulweg benötigt sie morgens mit dem Roller sechs Minuten länger, da sie durchschnittlich 4 km/h langsamer fahren kann als zuvor mit dem Fahrrad.

- Gib an, ob Smillas Schulweg morgens bergauf oder bergab führt, und begründe deine Entscheidung.
- Bestimme die Lösungsmenge der Gleichung $\frac{12}{x} = \frac{12}{x-4} - \frac{1}{10}$ rechnerisch und interpretiere ihre Lösungsmenge im Sachzusammenhang.

Verstehen

Bei vielen Problemstellungen muss die Lösung mehrere Bedingungen gleichzeitig erfüllen. Dies kann man häufig mithilfe von Funktionsgraphen modellieren. Die Lösung des Problems erhält man, indem man jeweils die x-Koordinate ihrer gemeinsamen Punkte bestimmt.

Erklärvideo

Mediencode 61049-17

Schnittpunkte von zwei Funktionsgraphen G_f und G_g kann man **graphisch** und **rechnerisch** ermitteln:

- **Graphische Lösung:** Zeichne beide Funktionsgraphen G_f und G_g und lies die Koordinaten der Schnittpunkte ab.
- **Rechnerische Lösung:** Setze beide Funktionsterme gleich und löse die entstandene Gleichung. Die Lösungsmenge der Gleichung gibt die x-Koordinate(n) x_S des Schnittpunkts bzw. der Schnittpunkte an: $S(x_S \mid f(x_S))$.
  Dabei entstehende **Bruchgleichungen** kann man häufig auf quadratische Gleichungen zurückführen und ihre Lösungsmenge mithilfe der Lösungsformel berechnen.

Beispiele

Strategiewissen
Bruchgleichungen lösen

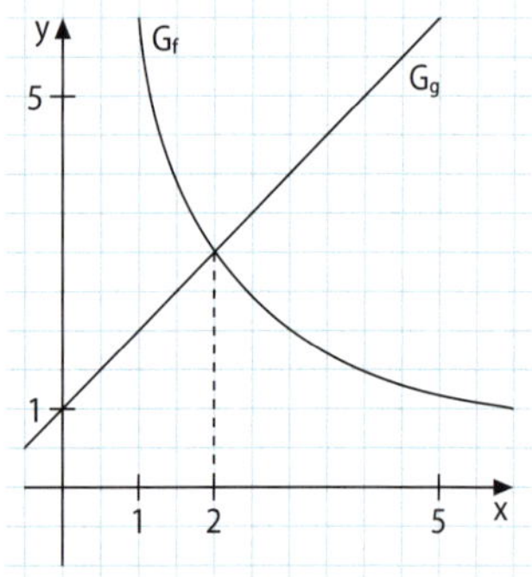

I. Bestimme die Lösungsmenge der Gleichung $x + 1 = \frac{6}{x}$ über $G = \mathbb{R}^+$ graphisch und rechnerisch.

Graphische Lösung:

1 Fasse die beiden Seiten der Gleichung als Funktionsterme f und g auf und zeichne die zugehörigen Funktionsgraphen G_f und G_g:

Gerade g: $x \mapsto x + 1$ und Hyperbel mit f: $x \mapsto \frac{6}{x}$.

2 Lies die Abszissen (x-Koordinaten) der gemeinsamen Punkte ab und notiere sie als Lösungsmenge, wenn sie in der Grundmenge G enthalten sind:

$x = 2 \in G \quad \Rightarrow \quad L = \{2\}$.

Rechnerische Lösung:

1 Löse die Gleichung durch Äquivalenzumformungen:

$$x + 1 = \frac{6}{x} \quad |\cdot x \quad \Leftrightarrow \quad x^2 + x = 6 \quad |-6 \quad \Leftrightarrow \quad x^2 + x - 6 = 0$$

$$x_{1/2} = \frac{-1 \pm \sqrt{1 - 4 \cdot 1 \cdot (-6)}}{2 \cdot 1} = \frac{-1 \pm 5}{2} \quad \Rightarrow \quad x_1 = -3 \text{ und } x_2 = 2$$

2 Prüfe, ob die Lösungen in der Grundmenge G enthalten sind, und gib die Lösungsmenge an:

$x_1 = -3 \notin G = \mathbb{R}^+;\ x_2 = 2 \in G = \mathbb{R}^+ \quad \Rightarrow \quad L = \{2\}$.

II. Ermittle die gemeinsamen Punkte der Graphen der Funktionen $g: x \mapsto 2x$, $D_g = \mathbb{R}$ und $f: x \mapsto \frac{x+1}{x}$, $D_f = \mathbb{R}\setminus\{0\}$ graphisch und rechnerisch.

Strategiewissen
Gemeinsame Punkte von Funktionsgraphen bestimmen

Graphische Lösung:

Zeichne beide Funktionsgraphen G_f und G_g und lies die Schnittpunkte ab:

Die Schnittpunkte sind P(1|2) und Q(−0,5|−1).

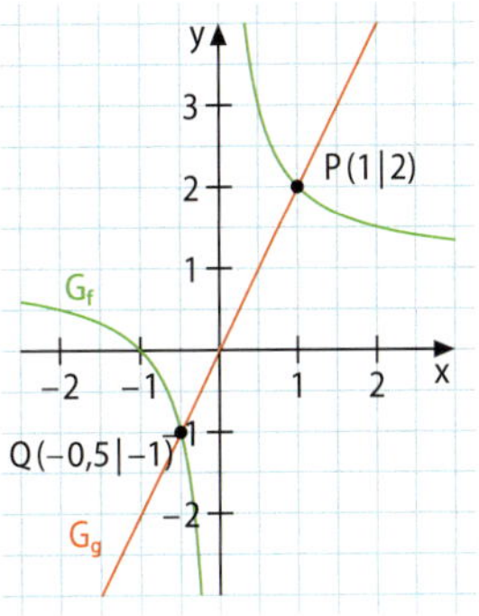

Rechnerische Lösung:

1 Setze die Funktionsterme gleich:

$$f(x) = g(x) \quad \Rightarrow \quad 2x = \frac{x+1}{x} \quad | \cdot x$$

2 Löse die Gleichung:

$$2x \cdot x = x + 1$$
$$2x^2 = x + 1 \quad | -x - 1$$
$$2x^2 - x - 1 = 0$$
$$x_{1/2} = \frac{1 \pm \sqrt{1^2 - 4 \cdot 2 \cdot (-1)}}{2 \cdot 2} = \frac{1 \pm \sqrt{9}}{4} = \frac{1 \pm 3}{4} \quad \Rightarrow \quad x_1 = 1 \text{ und } x_2 = -0{,}5$$

Wähle den einfacheren Funktionsterm.
Als Probe kann man den x-Wert auch in den zweiten Funktionsterm einsetzen.

3 Prüfe, ob die Lösungen in den Definitionsmengen enthalten sind, und berechne durch Einsetzen in einen Funktionsterm die zugehörigen y-Werte.

$x_1 = 1 \in D_f$ und $g(1) = 2$ sowie $x_2 = -0{,}5 \in D_f$ und $g(-0{,}5) = -1$

4 Gib die Schnittpunkte an: P(1|2) und Q(−0,5|−1).

Nachgefragt

- Erkläre die Bedeutung der Aussage „Zwei Funktionsgraphen berühren einander."
- Philipp meint: „Es gibt im Prinzip drei Möglichkeiten, wie zwei Parabeln zueinander liegen können." Entscheide und begründe, ob er Recht hat.

Aufgaben

1 Gib jeweils die maximale Definitionsmenge der Bruchgleichung über der Grundmenge $G = \mathbb{R}$ an und ermittle rechnerisch die Lösungsmenge der Gleichung. Kontrolliere deine Ergebnisse durch eine graphische Lösung mithilfe einer DGS.

a) $\frac{4}{x^2} = 1$ b) $\frac{3}{x} = 12x$ c) $25x^{-1} = x$ d) $\frac{1}{3x} = \frac{3x}{4}$

e) $20x = (5x)^{-1}$ f) $\frac{1}{2x-1} = 1 - 2x$ g) $\frac{1}{x} - 4 = 5x$ h) $\frac{1}{x^2 - 1} = 2$

2 a) Bestimme mithilfe der Abbildung die Funktionsgleichungen der linearen Funktionen g_1, g_2, g_3 sowie der quadratischen Funktionen f_1, f_2 und f_3.

b) Lies die Schnittpunkte aus der Abbildung ab.

1 G_{g3} und G_{f1} schneiden sich in P_1 und P_2
2 G_{g3} und G_{f3} schneiden sich in P_3 und P_4
3 G_{g1} und G_{f1} schneiden sich in P_5
4 G_{g2} und G_{f3} schneiden sich in P_6

c) Weise rechnerisch nach, dass …

1 die Schnittpunkte von G_{g3} und G_{f2} mit den Schnittpunkten von G_{f1} und G_{f2} übereinstimmen.
2 der Schnittpunkt von G_{g1} und G_{f1} auch Schnittpunkt von G_{f1} und G_{f2} ist.

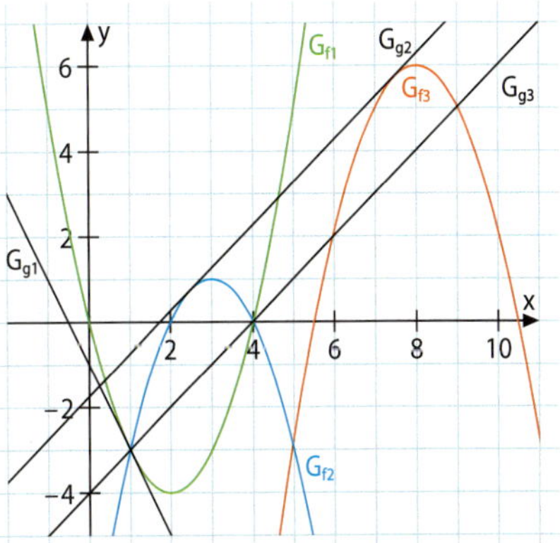

3 Gisem, Tom und Raphael haben die Gleichung $x + 1 = 3 - x^2$ graphisch gelöst. Sie sind dabei unterschiedlich vorgegangen, haben aber alle die gleiche Lösungsmenge bestimmt.

Gisem Tom Raphael

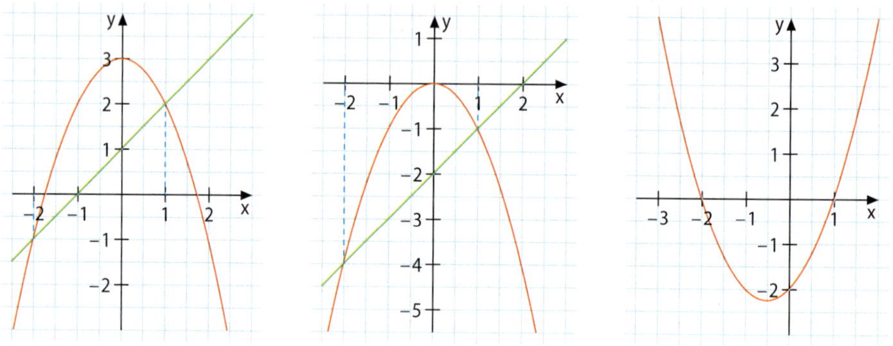

a) Erläutere die Vorgehensweisen von Gisem, Tom und Raphael.

b) Überprüfe die Lösungen rechnerisch.

c) Ermittle jeweils mit einem der Verfahren graphisch die Lösungsmenge der Gleichung. Begründe deine Wahl des Verfahrens und überprüfe dein Ergebnis rechnerisch.

1 $-x + 4 = -x^2 + 6$ **2** $-2x + 3 = x^2 - 3x + 3$

4 Gib für jede der folgenden Bruchgleichungen die maximale Definitionsmenge über der Grundmenge $G = \mathbb{R}$ an. Ermittle jeweils die Lösungsmenge. Überprüfe deine Ergebnisse mithilfe einer DGS.

a) $\frac{3}{x^2 + 2} = \frac{1}{x}$ b) $\frac{x^2 + 3}{x^2 + 1} = 2$ c) $\frac{8}{x} = 3x + 2$

d) $\frac{10}{2x - 3} = x - 1$ e) $\frac{x^2 + 4x}{x + 2} = \frac{2x}{3}$ f) $\frac{x^2 - 5}{x - 1} = \frac{7x + 10}{9}$

g) $\frac{2x - 2}{x + 3} + \frac{x + 3}{x - 3} = 5$ h) $\frac{x^2 + x - 2}{x + 3} = -10$ i) $\frac{8x - 5}{x} = \frac{9x}{x + 2}$

j) $4(x - 1)^{-1} = \frac{3x}{1 - x}$ k) $\frac{2x - 6}{x - 2} = \frac{4}{2x - 1}$ l) $\frac{1}{3}(3 + x) = \frac{x^2 - 1}{x - 4}$

5 Zeichne die Graphen G_f und G_g der Funktionen $f: x \mapsto f(x)$ und $g: x \mapsto g(x)$ in ein Koordinatensystem. Ermittle graphisch und rechnerisch die Koordinaten der Schnittpunkte der Graphen. Kontrolliere deine Ergebnisse in einer DGS.

a) $f(x) = \frac{1}{x}$; $D_f = \mathbb{R}\setminus\{0\}$
$g(x) = x$

b) $f(x) = \frac{1}{x}$; $D_f = \mathbb{R}\setminus\{0\}$
$g(x) = 2x$

c) $f(x) = \frac{5}{x - 2}$; $D_f = \mathbb{R}\setminus\{2\}$
$g(x) = x + 2$

d) $f(x) = \frac{5}{x + 1}$; $D_f = \mathbb{R}\setminus\{-1\}$
$g(x) = x - 3$

e) $f(x) = \frac{x + 8}{x + 2}$; $D_f = \mathbb{R}\setminus\{-2\}$
$g(x) = 2x + 1$

f) $f(x) = \frac{2}{x - 1}$; $D_f = \mathbb{R}\setminus\{1\}$
$g(x) = 1 - x$

g) $f(x) = -\frac{3}{x}$; $D_f = \mathbb{R}\setminus\{0\}$
$g(x) = 2 - x$

h) $f(x) = \frac{16}{x}$; $D_f = \mathbb{R}\setminus\{0\}$
$g(x) = x$

i) $f(x) = \frac{x}{6 - x}$; $D_f = \mathbb{R}\setminus\{6\}$
$g(x) = 4 - 0{,}5x$

j) $f(x) = -\frac{2}{x - 1}$; $D_f = \mathbb{R}\setminus\{1\}$
$g(x) = -2x + 2$

6 Beim Lösen der Bruchgleichungen haben sich Fehler eingeschlichen. Erkläre jeweils die Fehler und berechne die korrekte Lösungsmenge.

a)
$$\frac{2x}{x+3} - \frac{3}{x-1} = 0{,}5 \quad D = \mathbb{R}\setminus\{-1; 3\}$$
$$2x(x+3) - 3(x-1) = 0{,}5(x+3)(x-1)$$
$$2x^2 + 3x + 3 = 0{,}5x^2 + x - 1{,}5$$
$$1{,}5x^2 + 2x - 1{,}5 = 0$$
$$3x^2 + 4x - 3 = 0$$
$$x_{1/2} = \frac{-4 \pm \sqrt{16 - 4 \cdot 3(-4)}}{2 \cdot 3}$$
$$L = \left\{\frac{-2+\sqrt{13}}{3}; \frac{-2-\sqrt{13}}{3}\right\}$$

b)
$$\frac{3x}{x^2-4} - 1 = \frac{2}{x-2} \quad D = \mathbb{R}\setminus\{2; 4\}$$
$$\frac{3x - (x^2-4)}{x^2-4} = \frac{2}{x-2}$$
$$3x - x^2 - 4 = 2(x+2)$$
$$3x - x^2 - 4 = 2x + 4$$
$$x^2 - x + 8 = 0$$
$$D = (-1)^2 - 4 \cdot 1 \cdot 8 < 0$$
$$L = \{\,\}$$

7 Gib jeweils die maximale Definitionsmenge der Bruchgleichung über der Grundmenge $G = \mathbb{R}$ an und ermittle rechnerisch die Lösungsmenge der Gleichung. Mache jeweils eine Probe.

a) $\frac{1}{x-1} + \frac{1}{x-2} = -1{,}5$ b) $\frac{1}{x-1} - 2 = \frac{1}{x+1}$ c) $\frac{8}{x-2} + \frac{1}{x+5} = 3$

d) $\frac{x}{x+1} - \frac{2}{x} = 3$ e) $\frac{1}{x+3} - \frac{2}{x+1} = 3$ f) $\frac{3}{x^2-1} - \frac{2}{x-1} = -1$

g) $\frac{4}{x-3} + \frac{1}{x+3} = \frac{4}{7}$ h) $\frac{4}{x-2} + 6 = \frac{8}{x-3}$ i) $\frac{5}{x+2} + \frac{x-1}{x-3} = 2$

8 Zeichne in ein Koordinatensystem zuerst den Graphen G_f der Funktion $f\colon x \mapsto x^2 - 2$ und dann den Graphen G_{f^*} der Funktion $f^*\colon x \mapsto \frac{1}{f(x)}$ mit maximaler Definitionsmenge ein. Gib D_{f^*} an, ermittle, welche Punkte die Graphen G_f und G_{f^*} gemeinsam haben, und gib deren Koordinaten an.

9 Zeichne mithilfe einer Wertetabelle den Graphen G_f der Funktion $f\colon x \mapsto \frac{8x}{4x^2+1}$, $D_f = \mathbb{R}$, im Bereich $[-4; 4]$.

a) Zeige allgemein, dass für jeden Wert von $x \in \mathbb{R}$ stets $f(-x) = -f(x)$ ist. Deute dies geometrisch.

b) Trage in das Koordinatensystem den Graphen G_k der Funktion $k\colon x \mapsto \frac{1}{x}$, $D_k = \mathbb{R}\setminus\{0\}$, ein. Ermittle die Koordinaten der gemeinsamen Punkte $S\,(x_S > 0)$ und T von G_f und G_k. Bestimme rechnerisch, ob G_f für $x = 2$ oberhalb oder unterhalb von G_k verläuft.

10 Gesucht ist jeweils der Zähler eines Bruchs. Ermittle rechnerisch jeweils, ob es eine natürliche Zahl gibt, welche das Zahlenrätsel löst.

a) Der Nenner ist um 1 kleiner als das Zweifache des Zählers. Der Bruch und sein Kehrbruch besitzen den gleichen Wert.

b) Der Nenner ist um 2 größer als der Zähler. Der Bruch ist um 1 größer als sein Kehrbruch.

c) Der Nenner ist zweimal so groß wie der Zähler vermindert um 2. Addiert man zum Nenner 1, so ist der Wert des Bruchs ein Drittel so groß wie der um 1 vergrößerte Kehrwert des ursprünglichen Bruchs.

d) Der Zähler ist der Vorgänger des Nenners. Addiert man zu Zähler und Nenner jeweils 2, so ist der Wert des Bruchs um 0,5 kleiner als der Kehrwert des ursprünglichen Bruchs.

11 Gegeben sind die Funktionsterme von sechs Parabelpaaren.

1 $f_1: x \mapsto x^2$ $f_2: x \mapsto 2x^2 - 4$	**2** $f_1: x \mapsto x^2$ $f_2: x \mapsto -x^2 + 4$	**3** $f_1: x \mapsto x^2$ $f_2: x \mapsto -(x-2)^2 - 4$
4 $f_1: x \mapsto 2(x-1)^2$ $f_2: x \mapsto -3(x+1)^2$	**5** $f_1: x \mapsto x^2$ $f_2: x \mapsto 2x^2 + 1$	**6** $f_1: x \mapsto -\frac{1}{4}x^2 + 1$ $f_2: x \mapsto x^2 - 4$

a) Finde zunächst durch Überlegen die Paare heraus, bei denen die Parabeln keine gemeinsamen Punkte haben. Gib jeweils eine Begründung an.
b) Ermittle durch Rechnung die gemeinsamen Punkte jedes der übrigen Parabelpaare.
c) Überprüfe deine Ergebnisse durch Zeichnen der Parabelpaare (in einer DGS).
d) Bei den Parabeln, die einander schneiden, bilden die Schnittpunkte und die beiden Parabelscheitel ein Viereck. Berechne bei denjenigen Vierecken, die mindestens zwei Symmetrieachsen besitzen, den Flächeninhalt.

12 Gegeben ist die Gleichung $\frac{2x-1}{x^2-1} - 3 = \frac{2}{x+1}$.
a) Begründe, dass $x = 1$ keine Lösung der Gleichung ist.
b) Bestimme zeichnerisch mithilfe einer DGS die Lösungsmenge der Gleichung über der Grundmenge $\mathbb{R}$ möglichst exakt.
c) Beschreibe, warum Mathematiker eine rechnerische Lösung im Vergleich zu einer zeichnerischen Lösung bevorzugen, und ermittle rechnerisch die Lösungsmenge der Gleichung.

13 Die ICE-Strecke zwischen München und Berlin ist ungefähr 630 km lang. Seit 2018 kann man sie zweieinhalb Stunden schneller zurücklegen als früher. In Frankreich gibt es jedoch Hochgeschwindigkeitsstrecken, die wenige Kilometer nach dem Startbahnhof bis wenige Kilometer vor dem Zielbahnhof für eine um 50 km/h höhere Höchstgeschwindigkeit ausgebaut sind. Wäre dies auch in Deutschland der Fall, so würde ein ICE 1 auf der Strecke von München nach Berlin nochmals 24 Minuten einsparen, wenn er fast die ganze Strecke mit Höchstgeschwindigkeit fahren könnte.
a) Bestimme rechnerisch die 2018 gefahrene Durchschnittsgeschwindigkeit eines ICE 1 auf der Strecke München–Berlin (in km/h).
b) Recherchiere, wie lange ein ICE aktuell für die Strecke München–Berlin benötigt.
c) Erläutere, warum Hochgeschwindigkeitsbahntrassen zwischen großen deutschen Städten einen Beitrag zum Klimaschutz leisten können.

14 Theo möchte zur Verringerung der Heizkosten an seinen Hauswänden Dämmplatten anbringen lassen. In einem Prospekt heißt es, dass bei einer Dicke d (in cm) der Dämmplatten die jährlichen Heizkosten H (in € pro m^2 Wand) durch den Term $H(d) = \frac{9}{d+2}$ gegeben sind. Die Firma rechnet für das Anbringen einer Dämmschicht der Dicke d mit Kosten von $K(d) = 1 + 2d$ pro m^2, $d > 0$.
a) Zeichne die Graphen beider Funktionen (in einer DGS) und lies ab, bei welcher Dicke der Dämmplatten die Heizkosten nur noch die Hälfte (ein Drittel, ein Viertel) betragen. Bestätige deine Ergebnisse rechnerisch.
b) Gib eine sinnvolle Definitionsmenge für die Funktion H an.
c) Diskutiert, ob die Schnittpunkte der Graphen G_H und G_K eine Bedeutung im Sachkontext haben.

Vertiefung

Der goldene Schnitt

Ob ein Kunstwerk oder ein Gegenstand des Alltags als schön oder harmonisch gelungen empfunden wird, hängt auch von seinen Proportionen ab. Bei vielen Kunstwerken der Antike, aber auch in der Architektur und in Kunstwerken späterer Jahrhunderte sowie in der Natur spielt ein bestimmtes Streckenverhältnis eine Rolle. Dieses Verhältnis nennt man das Verhältnis des Goldenen Schnitts.

Teilung einer Strecke nach dem Goldenen Schnitt

Eine Strecke $\overline{AB}$ der Länge $|\overline{AB}| = a$ heißt nach dem Goldenen Schnitt geteilt, wenn sich die Länge x der kleineren Teilstrecke zur Länge $a - x$ der größeren Teilstrecke ebenso verhält wie die Länge der größeren Teilstrecke zur Länge a der Gesamtstrecke:
$x : (a - x) = (a - x) : a$.

Konstruktion der Teilstrecken

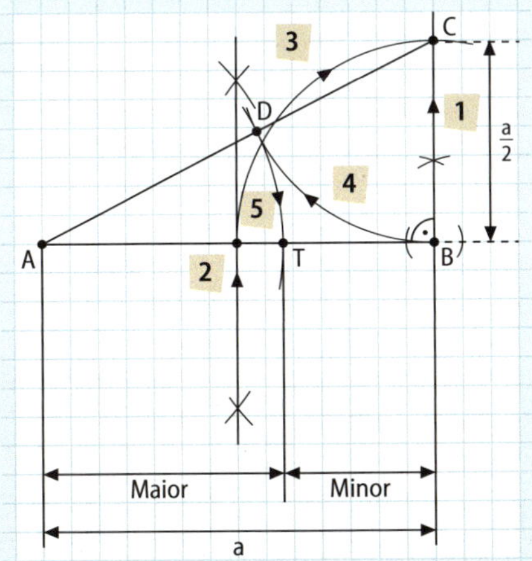

Berechnung der Längen der Teilstrecken und des Teilverhältnisses Φ des Goldenen Schnitts

$\frac{x}{a-x} = \frac{a-x}{a}$; $\quad | \cdot a(a-x)$

$ax = a^2 - 2ax + x^2$; $\quad | -a^2 + 2ax - x^2$

$-x^2 + 3ax - a^2 = 0$; $\quad | \cdot (-1)$

$x^2 - 3ax + a^2 = 0$;

$x_{1,2} = \frac{3a \pm \sqrt{9a^2 - 4a^2}}{2} = \frac{3a \pm a\sqrt{5}}{2}$;

$x_1 = \frac{3a + a\sqrt{5}}{2} = \frac{a}{2}(3 + \sqrt{5}) > a$ und ist deshalb keine Lösung;

$x_2 = \frac{3a - a\sqrt{5}}{2} = \frac{a}{2}(3 - \sqrt{5})$

Länge der kürzeren Teilstrecke („Minor"):
$\frac{a}{2}(3 - \sqrt{5}) \approx 0{,}382a$

Länge der längeren Teilstrecke („Maior"):
$a - x = \frac{a}{2}(\sqrt{5} - 1) \approx 0{,}618a$

Teilverhältnis des Goldenen Schnitts:

$$\Phi = \frac{\frac{a}{2}(\sqrt{5}-1)}{\frac{a}{2}(3-\sqrt{5})} = \frac{\sqrt{5}-1}{3-\sqrt{5}} = \frac{(\sqrt{5}-1)(3+\sqrt{5})}{(3-\sqrt{5})(3+\sqrt{5})}$$
$$= \frac{3\sqrt{5}+5-3-\sqrt{5}}{9-5} = \frac{2\sqrt{5}+2}{4} = \frac{\sqrt{5}+1}{2}$$

$\Phi = 1{,}6180339887\ldots$

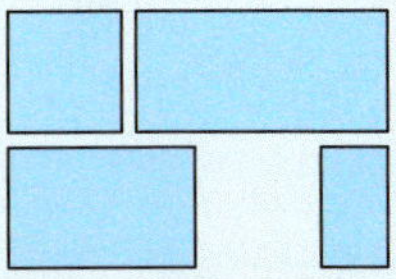

Welches Rechteck findest du am schönsten?

- Zeichne (in einer DGS) eine Strecke $\overline{AB}$ der Länge 10 cm und konstruiere den Punkt T, der die Strecke $\overline{AB}$ im Verhältnis des Goldenen Schnitts teilt. Konstruiere dann …
  1 Ein „goldenes Rechteck" mit den Seitenlängen $|\overline{AT}|$ und $|\overline{BT}|$.
  2 Zwei gleichschenklige „goldene Dreiecke" mit den Seitenlängen $|\overline{AT}|$ und $|\overline{BT}|$.

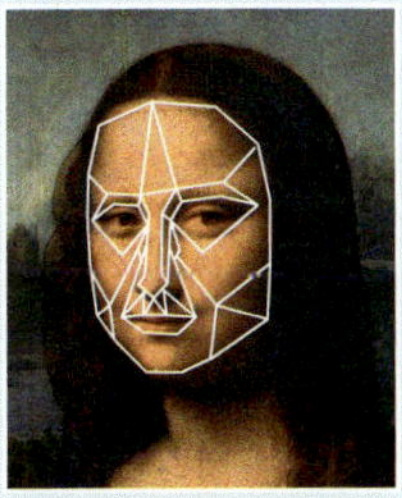

- Die Frage, was „Schönheit" eigentlich sei, wurde schon oft diskutiert, z. B. auch im Zusammenhang mit Gemälden wie der Mona Lisa von Leonardo da Vinci. Dabei wurde u. a. versucht, bestimmte Proportionen wie jene des goldenen Schnitts bei menschlichen Gesichtern zu finden. Daran wird kritisiert, dass damit versucht werde, die subjektiv empfundene Schönheit messbar zu machen. Diskutiert diese Meinung in eurer Klasse.
- Recherchiere, was man unter dem silbernen Schnitt versteht, und präsentiere deine Ergebnisse in der Klasse.

3 Trainingsrunde

Zu 3.1

1 Berechne die Lösungsmenge des linearen Gleichungssystems.

I: $5 = 4x + 3y + 2z$
II: $1 = 2x + 5y + 2z$
III: $11 = x - 4y + 3z$

I: $-5 = 3x + 2y - z$
II: $14 = 4x + 4y + 3z$
III: $-9{,}5 = 3x + 5y - 4z$

2 Bestimme jeweils eine Gleichung der quadratischen Funktion f in der allgemeinen Form $y = ax^2 + bx + c$.

a) Der Graph G_f der Funktion ist eine nach unten geöffnete Normalparabel mit dem Scheitelpunkt $S(-1|4)$.
b) Die Punkte $A(0|2)$, $B(-2|6)$ und $C(6|14)$ liegen auf G_f.
c) Der Graph G_f besitzt die Nullstellen $x_1 = -2$ und $x_2 = 3$, und es gilt $a = -1$.

a) Der Graph G_f der Funktion hat die folgenden Schnittpunkte mit den Koordinatenachsen: $N_1(-3|0)$, $N_2(5|0)$ und $T(0|3)$.
b) Die Punkte $A(-6|7)$, $B\left(-2\middle|5\frac{2}{3}\right)$ und $C(3|-11)$ liegen auf der Parabel.
c) Die Punkte $A(-2|6)$, $B(-1|8)$ und $C(0|6)$ liegen auf der Parabel.

Zu 3.2

3 Nunzio und Clarissa möchten in ihrer Schulgarten-AG im Schulhof mit 12 m Zaun ein möglichst großes Beet vom Hof abteilen. Dazu haben sie zwei Vorschläge erarbeitet.

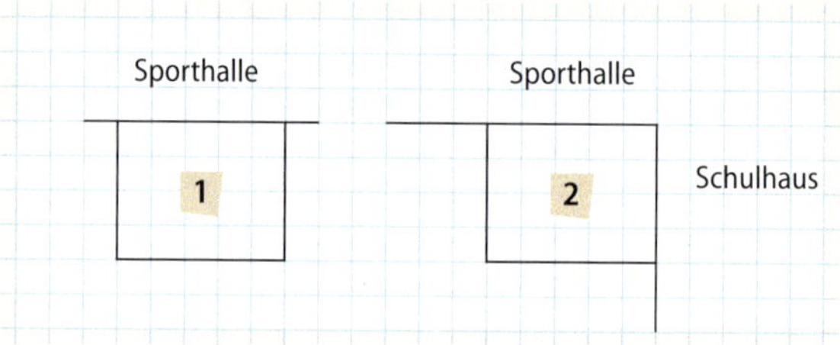

a) Begründe anhand der Abbildung, dass man mit Vorschlag 2 ein flächengrößeres Beet erstellen kann.
b) Gib für den Vorschlag 1 einen Term A (x) zur Berechnung des Flächeninhalts an.
c) Zeige, dass das Beet in Vorschlag 2 einen größtmöglichen Flächeninhalt von 36 m^2 besitzt.

a) Ermittle für Vorschlag 1 den größtmöglichen Flächeninhalt des Beets.
b) Beschreibe in Worten, wie sich die Terme der beiden Vorschläge unterscheiden.
c) Gib an, um wie viel Prozent das flächengrößte Beet aus Vorschlag 2 (36 m^2) größer ist als das Beet des ersten Vorschlags.

4 Modelliere die Brücken jeweils durch eine quadratische Funktion. Dabei gilt, dass ….

die y-Achse auch gleichzeitig Symmetrieachse der Parabel ist.

Bogenbrücke im Kromlauer Park
Höhe: 6,5 m; Spannweite: 15,6 m

die y-Achse nicht Symmetrieachse der Parabel ist.

Müngstener Brücke
Höhe: 69 m; Spannweite: 79 m

5 Die Flugbahn von Patricks Golfball kann näherungsweise durch eine Parabel beschrieben werden.

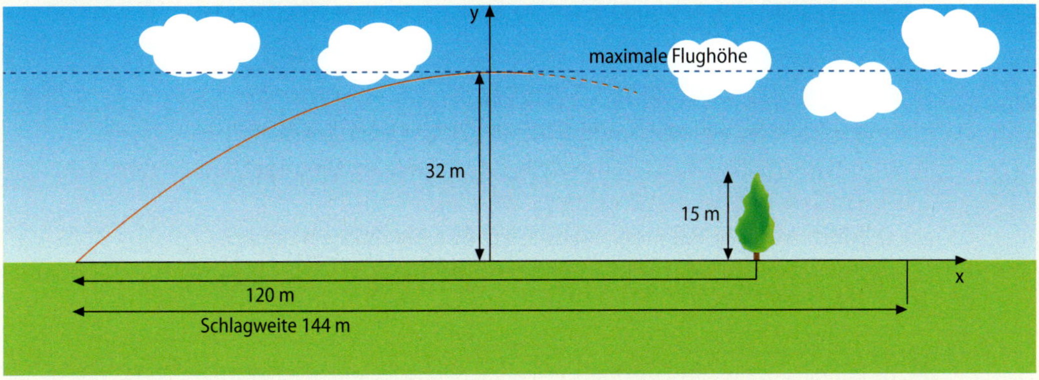

a) Gib an, welche maximale Höhe der Golfball erreicht.
b) Erläutere, weshalb es günstig ist, das Koordinatensystem wie in der Abbildung zu wählen.
c) Bestimme die Flugkurve des Balls in der Form $y = ax^2 + bx + c$.

a) Gib an, wie weit Patrick den Golfball schlägt.
b) Bestimme die Flugkurve des Balls in Nullstellen- und in Scheitelpunktform.
c) Ermittle, ob es Patrick gelingt, mit dem Schlag den Baum zu überspielen.

6 Ermittle jeweils die Schnittpunkte der beiden Funktionsgraphen graphisch und rechnerisch. Zu 3.3

a) $f\colon x \mapsto -x - 2$ $\quad g\colon x \mapsto x^2 - 2$
b) $f\colon x \mapsto x^2 - 3x$ $\quad g\colon x \mapsto -x^2 + 2$

a) $f\colon x \mapsto -x^2 + 2x$ $\quad g\colon x \mapsto 3x^2 - 2x - 3$
b) $f\colon x \mapsto 1{,}5x + 3$
$g\colon x \mapsto -\frac{2x}{x+4}$, $D_g = \mathbb{R}\setminus\{-4\}$

7

Begründe, dass $x = 2$ keine Lösung der Gleichung $\frac{2x-1}{x-2} = \frac{x^2}{x-2}$ ist. Bestimme rechnerisch die Lösungsmenge der Gleichung über der Grundmenge $G = \mathbb{R}$.

Begründe, dass $x = -1$ keine Lösung der Gleichung $\frac{5}{x-1} = \frac{2x+3}{x^2-1}$ ist. Bestimme rechnerisch die Lösungsmenge der Gleichung über der Grundmenge $G = \mathbb{R}$.

8 Gib jeweils die Definitionsmenge der Bruchgleichung über der Grundmenge $G = \mathbb{R}$ an und berechne die Lösungsmenge.

a) $\frac{9}{x-1} = \frac{x}{x+16}$
b) $\frac{-7+3x}{3+x} = \frac{2x-5}{1+2x}$

a) $\frac{3x^2+5}{12} = 1 + \frac{2x^2-5}{6}$
b) $\frac{x^2-2x+1}{x^2+2x+1} - \frac{x-1}{x+1} = 2$

9 Entscheide und begründe jeweils, ob die Aussage wahr oder falsch ist.

a) Zwei Geraden besitzen immer mindestens einen Schnittpunkt.
b) Die Graphen von zwei quadratischen Funktionen müssen sich nicht schneiden.

a) Die Graphen von zwei quadratischen Funktionen können mehr als zwei Schnittpunkte besitzen.
b) Eine Hyperbel und eine Gerade haben immer mindestens einen Schnittpunkt.

10 Gegeben sind die quadratischen Funktionen $f: x \mapsto f(x)$.

1 $f(x) = -(x + 1)^2 + 6$
2 $f(x) = (x - 2)^2 + 16$
3 $f(x) = 0{,}1\,(x - 2)(x + 3)$
4 $f(x) = 2x^2 - 12x + 10$
5 $f(x) = \frac{3}{4}x^2 + 7$
6 $f(x) = -\frac{1}{2}x^2 - x + 1{,}5$
7 $f(x) = -4\,(x - 1)(x - 2)$
8 $f(x) = -1{,}5x^2 - 5x - 6$

a) Berechne jeweils die Schnittpunkte der Graphen mit den Koordinatenachsen.
b) Gib den größten bzw. kleinsten Wert an, den die Funktion annimmt. Begründe dein Ergebnis und gib die Wertemenge der Funktion an.
c) Beschreibe das Monotonieverhalten des Graphen G_f der Funktion f.
d) Kontrolliere deine Ergebnisse, indem du den Graphen G_f der Funktion (in einer DGS) zeichnest.

11 Bestimme jeweils eine Funktionsgleichung der quadratischen Funktion f in der allgemeinen Form mit den angegebenen Eigenschaften.
a) Der Parameter a der quadratischen Funktion ist $a = 2{,}5$. Außerdem liegen die Punkte $A(2|10)$ und $B(-3|12)$ auf dem Graphen G_f der Funktion.
b) Die Punkte $A(4|0)$, $B(0|-8)$ und $C(-2|-36)$ liegen auf dem Graphen G_f der Funktion.
c) Der Graph G_f der Funktion ist die abgebildete Parabel.

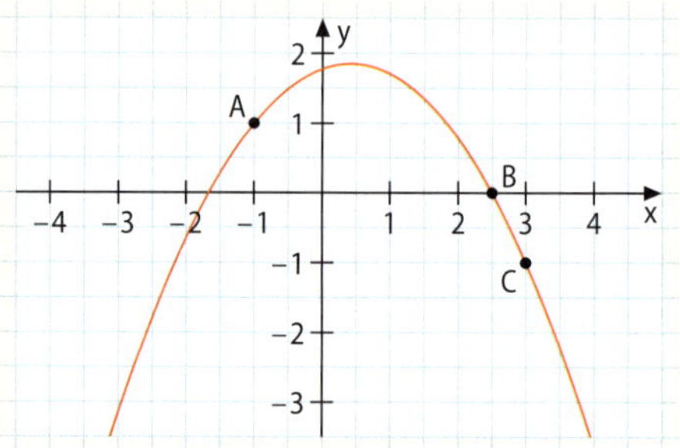

zu 11 c)

12 Emely und Luca lösen die folgende Aufgabe auf verschiedene Weisen. Beschreibe jeweils ihr Vorgehen und erläutere dessen Vor- und Nachteile.

Ermittle die gemeinsamen Punkte der Graphen der quadratischen Funktionen
$f: x \mapsto x^2 + 3x - 3$
und $g: x \mapsto -x^2 + 3x + 5$.

Emely
$f(x) = g(x)$

$x^2 + 3x - 3 = -x^2 + 3x + 5$
$2x^2 - 8 = 0$
$x^2 = 4$
$x_1 = -2;\ x_2 = 2$

$y_1 = (-2)^2 + 3 \cdot (-2) - 3 = -5$
$y_2 = 2^2 + 3 \cdot 2 - 3 = 7$

$L = \{(-2|-5);\ (2|7)\}$

Luca

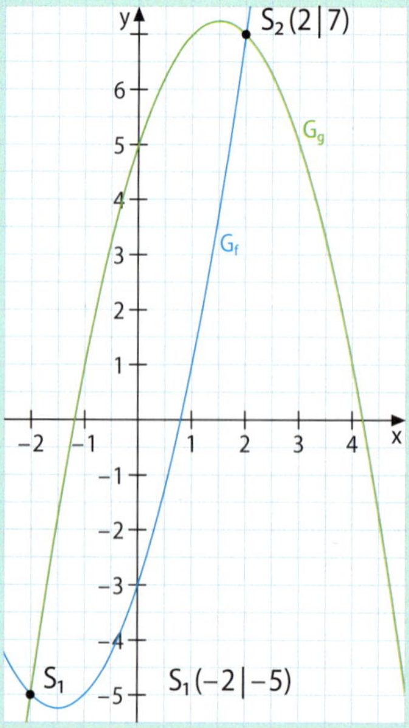

13 Wirft man einen Stein aus 50 m Höhe mit einer Anfangsgeschwindigkeit von 4 Metern pro Sekunde senkrecht nach unten, wird die Höhe des Steins in Abhängigkeit von der Zeit t durch die Funktionsgleichung $h(t) = 50 - 5t^2 - 4t$ beschrieben. Die Höhe h wird in Metern und die Zeit t in Sekunden gemessen.

a) Bestimme rechnerisch, nach welcher Zeit der Stein auf dem Boden auftrifft.

b) Vergleiche den Graphen G_h der Funktion h mit dem Graphen G_g der Funktion $g: t \mapsto t^2 + 0{,}8t - 10$. Beschreibe dabei Zusammenhänge der Graphen und der Funktionsgleichungen.

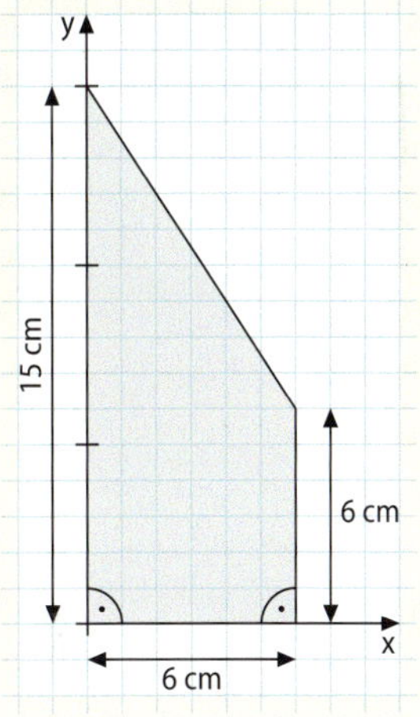

14 Ein Stück Papier hat die Form des abgebildeten Trapezes mit den angegebenen Maßen. Daraus soll ein Rechteck mit möglichst großem Flächeninhalt ausgeschnitten werden. Die Schnitte sollen parallel zu den 6 cm bzw. 15 cm langen Seiten erfolgen.

a) Zur mathematischen Bearbeitung des Problems wird das Trapez wie skizziert in ein Koordinatensystem eingetragen. Gib Gleichungen der Geraden an, auf denen die Seiten des Trapezes liegen.

b) Bestimme die Lage des Rechtecks, das den größten Flächeninhalt hat.

15 Die Fahrbahn der Golden Gate Bridge verläuft 67 m über dem Meer. Diese Brücke hat eine Spannweite von 1280 m und die Haltemaste überragen die Fahrbahn um 122 m. Ermittle eine zugehörige Funktionsgleichung für das annähernd parabelförmige Halteseil.

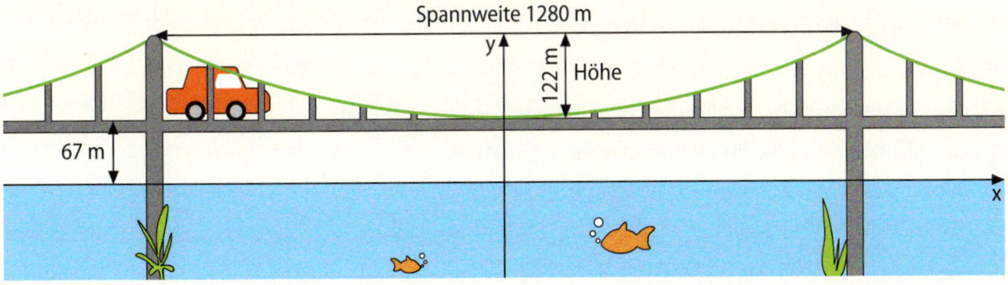

Golden Gate Bridge

Skizziere zunächst das Koordinatensystem mit der Parabel.

16 A, B und C sind jeweils Punkte einer Parabel P. Trage die Punkte in ein Koordinatensystem ein und skizziere einen möglichen Verlauf der Parabel. Bestimme dann möglichst geschickt eine Funktionsgleichung dieser Parabel.
Ändere danach jeweils die y-Koordinate des Punkts C so ab, dass die drei Punkte A, B und C* keine Parabel festlegen.

a) $A(-3|0)$, $B(1|0)$, $C(0|-3)$
b) $A(-1|6)$, $B(3|6)$, $C(-2|11)$
c) $A(1|6)$, $B(-2|-3)$, $C(0{,}5|3{,}25)$
d) $A(1|0{,}25)$, $B(-2|1)$, $C(4|4)$
e) $A(-1|3)$, $B(0|2)$, $C(1|3)$
f) $A(1|-8)$, $B(3|0)$, $C(4|-2)$

17 Die Fontäne einer Bewässerungsanlage (Maßeinheit Meter) beschreibt näherungsweise einen Parabelbogen. Sie kann für $x \in \mathbb{R}_0^+$ durch die quadratische Funktion $f: x \mapsto 2\,\text{m} - \frac{8x^2}{25\,\text{m}}$ modelliert werden. Berechne, wie viel Quadratmeter Gartenfläche mit dieser Fontäne bewässert werden können, wenn diese um die y-Achse rotiert.

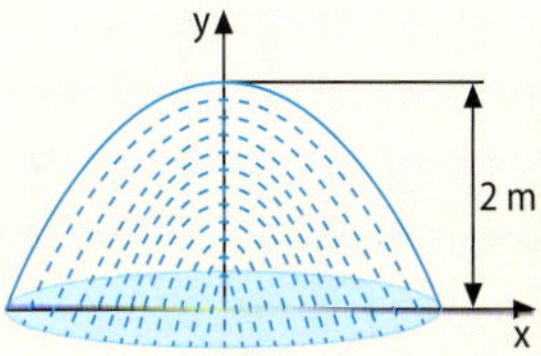

18 Die Schüler der 9. Klassen fahren mit dem Bus in den Skikurs. Für den Bus werden 1568 € berechnet. Die 8 freien Plätze werden durch Schüler aus anderen Klassenstufen belegt. Der Fahrpreis verringert sich somit um 3,50 € pro Person.
Berechne die Anzahl der Mitfahrer und den Preis pro Mitfahrer.

19 Ein Bauer will zwei Weideflächen einzäunen, um Jungtiere von Muttertieren zu trennen. Er möchte deshalb auf einer Wiese zwei gleich große Rechtecke abstecken, die eine gemeinsame Seite haben. Ihm stehen 1000 m Elektrozaun zur Verfügung. Berechne die Seitenlängen der Rechtecke so, dass der Flächeninhalt möglichst groß ist.

20 a) Zeichne ein Koordinatensystem in dein Heft und trage dort die Parabeln P_1 mit $y = x^2 + 2$ und P_2 mit $y = -(x - 2)^2 + 1$ ein.

b) Verbinde jeweils für $x_1 = -1$, $x_2 = 0$, $x_3 = 1$ und $x_4 = 2$ übereinander liegende Parabelpunkte B_1 und B_2 miteinander und gib die Längen der Strecken $\overline{B_1B_2}$ an.

c) Verbinde zwei beliebige übereinander liegende Parabelpunkte B_1 und B_2 und gib einen Funktionsterm für die Länge d der Strecke $\overline{B_1B_2}$ an.

d) Bestimme rechnerisch, für welche Lage der beiden Punkte die Länge d ihren kleinsten Wert d_{min} annimmt und gib diesen an. Prüfe deine Ergebnisse in einer DGS.

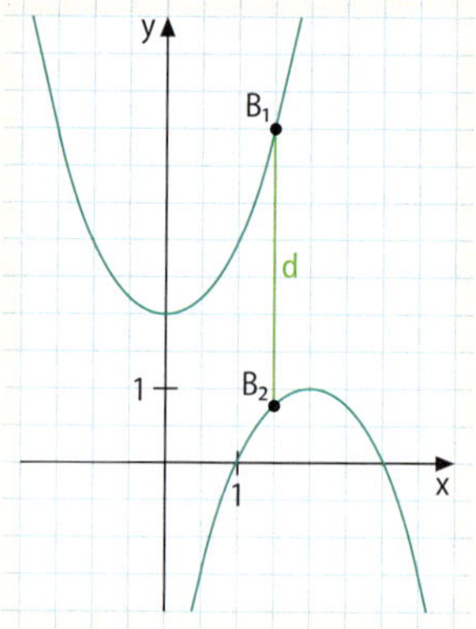

21 Gib bei jeder Bruchgleichung jeweils zunächst die maximale Definitionsmenge an. Ermittle dann die Lösungsmenge und mache die Probe.

a) $\frac{x - 1}{x + 2} - \frac{4 - x}{x - 3} = \frac{x^2 - x + 1}{(x + 2)(x - 3)}$ b) $\frac{2x + 1}{3x + 2} + \frac{x - 1}{2(3x - 2)} = \frac{10x - 12x^2}{8 - 18x^2}$

22 Für einen Snowboard-Sprungwettbewerb wird eine Rampe präpariert. Die Teilnehmer starten von einer waagrechten Plattform, gleiten ab dem Punkt B(−5|6) ohne Knick durch die Rampe und beginnen den Sprung im Punkt C(0|2). Die Flugbahn des Sprungs kann durch die Parabel P mit $y = -\frac{3}{5}x^2 + \frac{12}{5}x + 2$ (x: Länge in m; y: Höhe über dem Boden in m) modelliert werden.

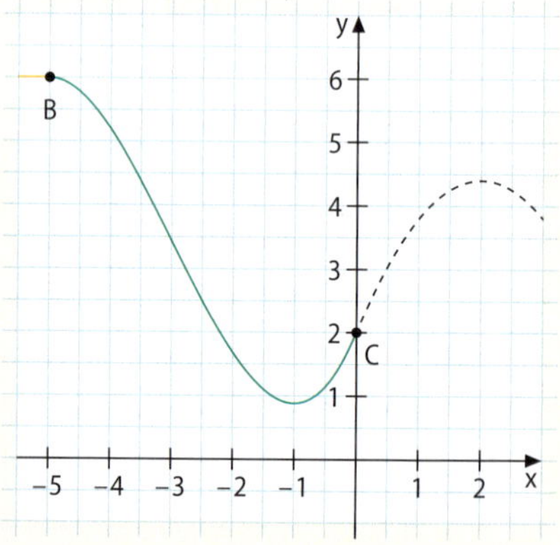

a) Gib an, wie hoch die Startplattform über dem Boden liegt.

b) Ermittle die Sprunghöhe des Snowboardfahrers unter Berücksichtigung seines Absprungpunkts.

c) Berechne die Sprungweite des Snowboardfahrers, wenn die Schneehöhe am Landepunkt einen Meter beträgt.

23 Bei einem Wasserbecken eines Brunnens sind Boden und Wände jeweils 10 cm dick. Die Summe aus Radius R und Höhe h beträgt immer 100 cm. Stelle einen Term der Funktion V auf, die das Volumen des Wassers in Abhängigkeit vom Radius R (in cm) beschreibt. Ermittle den größtmöglichen Wert unter der Bedingung $20 < R < 65$.

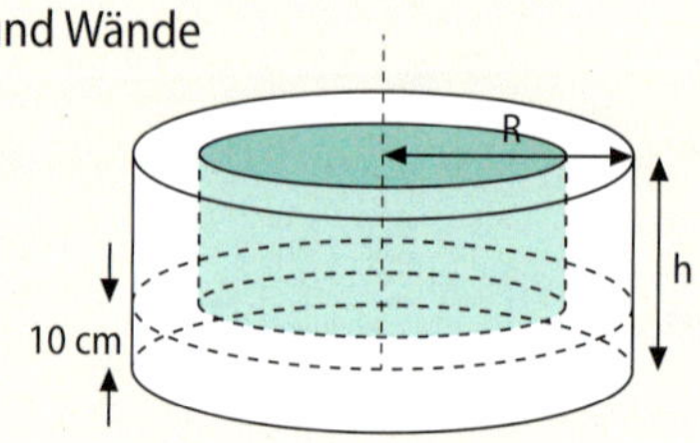

Seite 78

Lineare Gleichungssysteme mit drei Unbekannten

Ein lineares Gleichungssystem mit drei Unbekannten, z. B. x, y und z, löst man wie folgt:

- Löse eine der Gleichungen nach einer Variablen auf und setze das Ergebnis in die beiden anderen Gleichungen ein.
- Bestimme die Werte der beiden verbliebenen Variablen.
- Setze die Ergebnisse in eine der drei ursprünglichen Gleichungen ein, um den Wert der dritten Variablen zu erhalten. Gib die Lösungsmenge an: $L = \{(x|y|z)\}$.

Ermittle die Lösungsmenge des linearen Gleichungssystems mit drei Unbekannten.

I: $x - y - z = 0$ II: $x + 2y + z = 1$

III: $x + y + 2z = -1$

1 I': $x = y + z \Rightarrow$ II': $3y + 2z = 1$

III': $2y + 3z = -1$

2 II': $z = \frac{1}{2} - \frac{3}{2}y$ in III': $\Rightarrow$ $\mathbf{y = 1}$

Setze $y = 1$ in II' ein: $\mathbf{z = -1}$

3 Setze $y = 1$ und $z = -1$ in I' ein: $\mathbf{x = 0}$

$\Rightarrow \quad L = \{(0|1|-1)\}$

Seite 86

Anwendungen quadratischer Funktionen

Mit quadratischen Funktionen kann man viele Alltagssituationen und innermathematische Problemstellungen lösen. Dabei sind häufig die **Nullstellen** $(\mathbf{f(x) = 0})$ oder die **y-Koordinate des Scheitelpunkts** als **größter** bzw. **kleinster** Funktionswert besonders interessant.

Die Funktion **f:** $x \mapsto a(x - d)^2 + e$, $D_f = \mathbb{R}$, mit Scheitelpunkt **S(d|e)** besitzt für …

- $a < 0$ den maximalen Funktionswert e für $x = d$.
- $a > 0$ den minimalen Funktionswert e für $x = d$.

Beim Modellieren von Problemstellungen mithilfe quadratischer Funktionen sollte man auf eine geschickte Wahl des Koordinatensystems achten.

Mario möchte ein rechteckiges Freigehege einzäunen. Er hat dafür 10 m Zaun gekauft. Bestimme die Seitenlängen des Geheges mit maximalem Flächeninhalt.

1 Lege die Variablen fest und stelle die Formel für die zu optimierende Größe auf:

l: Länge (in m), b: Breite (in m) des Geheges

Flächeninhalt des Geheges $A = l \cdot b$

2 Ersetze eine Variable durch die andere:

$U = 2(l + b) \quad \Rightarrow \quad b = \frac{U}{2} - l = 5 - l$

$A(l) = l(5 - l) = -l^2 + 5l$

3 Ermittle den maximalen bzw. minimalen Wert z. B. mit quadratischer Ergänzung:

$A(l) = -(l^2 - 5l) = -(l - 2{,}5)^2 + 6{,}25$

4 Interpretiere die Werte im Sachzusammenhang: maximaler Flächeninhalt des Geheges $A = 6{,}25\ \text{m}^2$ für $l = b = 2{,}5\ \text{m}$

Seite 94

Gemeinsame Punkte von Funktionsgraphen

Schnittpunkte von zwei Funktionsgraphen kann man auf zwei Arten ermitteln.

- **Graphische Lösung:** Zeichne beide Funktionsgraphen und lies die Koordinaten der Schnittpunkte ab.
- **Rechnerische Lösung:** Setze beide Funktionsterme gleich und löse die entstandene Gleichung. Die Lösungsmenge der Gleichung gibt die x-Koordinate(n) des Schnittpunkts bzw. der Schnittpunkte an: $S(x_S|f(x_S))$.

Ermittle die gemeinsamen Punkte der Graphen G_f und G_g der Funktionen f: $x \mapsto \frac{x+1}{x}$, $D_f = \mathbb{R}\setminus\{0\}$, und g: $x \mapsto x + 1$, $D = \mathbb{R}$.

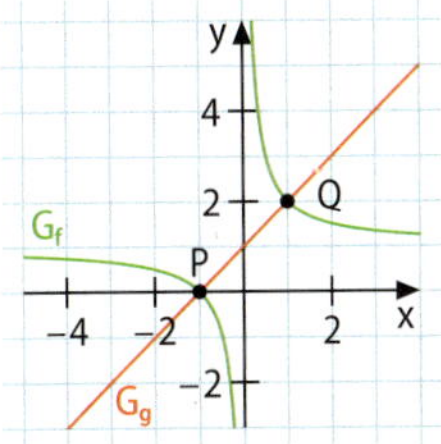

$f(x) = g(x)$

$\frac{x+1}{x} = x + 1 \quad | \cdot x$

$x + 1 = x^2 + x \quad | - x$

$1 = x^2$

$x_1 = -1$ und $x_2 = 1$

$g(-1) = 0$ und $g(1) = 2$

Schnittpunkte

$P(-1|0)$ und $Q(1|2)$

Aufgaben zur Einzelarbeit

Überprüfe deine Fähigkeiten und Kompetenzen. Bearbeite dazu die folgenden Aufgaben und bewerte anschließend deine Lösungen mit einem Smiley.

☺	😐	☹
Das kann ich **wirklich gut!**	Das kann ich **fast!**	Das muss ich **noch üben!**

1 Entscheide und begründe, welche Situation **1** bis **4** durch welchen Funktionsterm **A** bis **D** modelliert werden kann. Gib die Bedeutung des Scheitelpunkts im Sachkontext an.

1 Amy schlägt einen Golfball 120 m weit.

2 Der Benzinverbrauch eines Pkw beträgt bei 80 km pro Stunde ungefähr 6,7 Liter auf 100 km.

3 Eine Solaranlage hat im Jahresvergleich im Juni die größte Anzahl an Kilowattstunden produziert.

4 Ein Baggersee ist an der tiefsten Stelle ungefähr 6,4 m tief.

A $y = -25(x - 6)^2 + 869{,}5$

B $y = -0{,}01x(x - 120)$

C $y = 0{,}4x^2 - 6{,}4$

D $y = 0{,}0003x^2 + 0{,}008x + 4{,}1$

2 Von einer rechteckigen Marmorplatte ist eine Ecke abgebrochen. Um die Platte verarbeiten zu können, soll daraus ein möglichst großes rechteckiges Stück geschnitten werden.

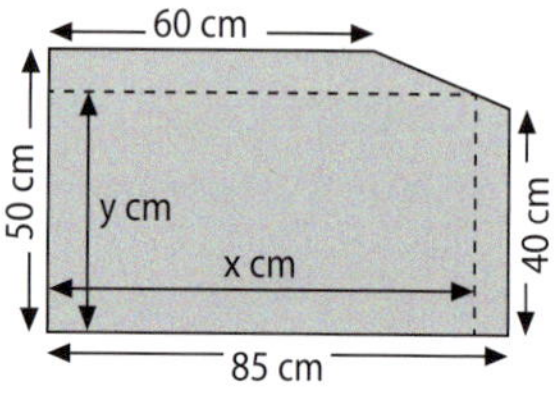

a) Lege ein Koordinatensystem fest und bestimme die Gleichung einer linearen Funktion der Abbruchkante.

b) Berechne, welche Maße die neue rechteckige Platte besitzt und wie viel Prozent der ursprünglichen Plattenfläche sie einnimmt.

3 Löse das lineare Gleichungssystem mit drei Unbekannten und mache die Probe.

I: $x - 2y + z = 0$

II: $20 + 2z = 3x + 4y$

III: $1 = 2x - y + 3z$

4 Bestimme eine Funktionsgleichung der Parabel, die durch die Punkte $A(10|-4)$, $B(5|-6{,}5)$ und $C(0|6)$ verläuft, und gib deren Wertemenge an. Kontrolliere dein Ergebnis mit einer DGS.

5 Im Nürnberger Tiergarten sind die Vorführungen in der Delphinlagune eine Attraktion. Dabei schwimmt Sunny in Richtung Pfleger, springt dann 3 m hoch und 8 m weit aus dem Wasser und schnappt sich den Fisch. Gib eine Funktionsgleichung von Sunnys parabelförmiger Flugbahn an.

6 Im tschechischen Kurort Marienbad kann man bei den Wasserspielen 256 „Wasserparabeln" sehen, die jeweils 6 m weit sind. Erläutere, welche weiteren Informationen du benötigst, um eine Funktionsgleichung der Parabel bestimmen zu können.

7 Rosalie hat die Lösungsmenge der Gleichung $x - 0{,}5 = \frac{x + 1}{x}$ graphisch ermittelt.

a) Erkläre ihre Vorgehensweise und gib die Definitionsmenge der Gleichung an.

b) Prüfe rechnerisch, ob Rosalie die Lösungsmenge korrekt angegeben hat.

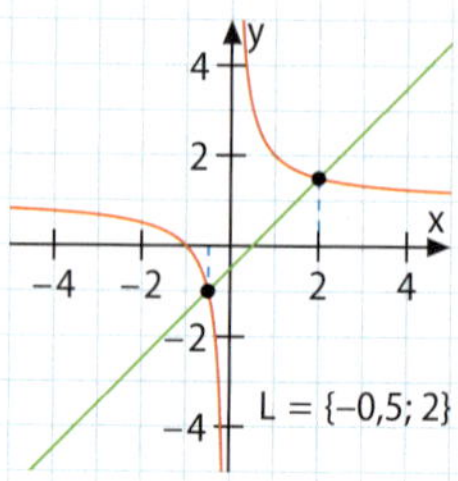

8 Gib die Funktionsgleichungen von zwei Parabeln an, die nur einen gemeinsamen Punkt besitzen.

Aufgaben für Lernpartner

Arbeitsschritte

1. Bearbeite die folgenden Aufgaben zuerst allein.
2. Suche dir einen Partner oder eine Partnerin und arbeitet zusammen weiter: Erklärt euch gegenseitig eure Lösungen. Korrigiert fehlerhafte Antworten.

Sind folgende Behauptungen richtig oder falsch? Begründe.

A Modelliert man einen Sachverhalt durch eine nach unten geöffnete Parabel, so kann man für die Problemstellung einen maximalen Wert ermitteln.

B Ein Schüler wirft im Sportunterricht einen Ball 30 m weit und 5 m hoch. Die Flugbahn des Balls kann durch die Gleichung $y = a \cdot (x - 15)^2 + 5$, $a \in \mathbb{R}^-$, modelliert werden.

C Wird eine parabelförmige Brückendurchfahrt durch eine quadratische Funktionsgleichung $y = ax^2 + bx + c$ modelliert, dann ist a in jedem Fall eine negative Zahl.

D Martins Sprung vom 10-m-Brett kann man durch eine parabelförmige Flugkurve beschreiben. Das Koordinatensystem ist so gewählt, dass der Sprungturm an der Stelle $x = 0$ liegt. Will man wissen, wie weit entfernt vom Sprungturm Martin ins Wasser eintaucht, muss man die Nullstellen der Funktion bestimmen.

E Kennt man die Scheitelkoordinaten einer Parabel, so kann man deren Funktionsgleichung rechnerisch eindeutig bestimmen.

F Die Lösungsmenge der Gleichung $\frac{1}{x^2 - 4} = 1$ über der Grundmenge $\mathbb{R}$ lautet $L = \{-2; 2\}$.

G Liegen die drei Punkte $A(-2|1)$, $B(3|3)$ und $C(7|-4)$ auf einer Parabel, so lautet eine Gleichung des linearen Gleichungssystems zur Bestimmung der Funktionsgleichung $y = ax^2 + bx + c$ der Parabel: $7 = 16a - 4b + c$.

H Um ein lineares Gleichungssystem mit drei Unbekannten zu lösen, ist es im Allgemeinen günstig, zunächst eine der Variablen zu eliminieren.

I Die Lösungsmenge des Gleichungssystems ist die leere Menge.
I: $0 = x + y + z$
II: $5 = 2x - y + 3z$
III: $5 - x = y + z$

J Eine Parabel und eine Gerade können sich in drei Punkten schneiden.

K Eine Parabel mit der Gleichung $y = ax^2$, $a \in \mathbb{R}\setminus\{0\}$, und eine Gerade müssen keinen gemeinsamen Punkt besitzen.

L Die Gleichung $\frac{5}{x} = x - \frac{11}{x}$ hat die Lösungsmenge $L = \{-4; 4\}$ über der Grundmenge $\mathbb{R}$.

M Kennt man zwei Punkte einer Parabel, so kann man unter bestimmten Umständen deren Funktionsgleichung eindeutig ermitteln.

Ich kann …	„Am Ziel!"-Aufgaben	Hilfe
… Funktionsgleichungen von Parabeln aufstellen.	2, 4, 5, C, E, G, M	S. 78, 86
… lineare Gleichungssysteme mit drei Unbekannten aufstellen und lösen.	3, 4, G, H, I	S. 78
… Problemstellungen mithilfe quadratischer Funktionen beschreiben.	1, 2, 6, A, B, C, D	S. 86
… Extremwertprobleme und Optimierungsaufgaben lösen.	1, 2, 4, A, C	S. 86
… gemeinsame Punkte von Funktionsgraphen ermitteln.	7, 8, J, K	S. 94
… Bruchgleichungen lösen, die sich auf quadratische Gleichungen zurückführen lassen.	7, L, F	S. 94

4 Startklar!

Grundwissen

Mediencode 61049-18

Aufgabe	Ich kann schon …
1	… relative Häufigkeiten als Schätzwerte für Wahrscheinlichkeiten verwenden.
1, 2	… Laplace-Experimente von anderen Zufallsexperimenten unterscheiden.
3	… die Anzahl von Kombinationsmöglichkeiten mithilfe des Zählprinzips bestimmen.
4	… Ereignisse als Mengen schreiben.
4	… das Gegenereignis zu einem Ereignis sowie sichere und unmögliche Ereignisse angeben.

1 Eren hat eine Tüte Schokoerdnüsse gekauft. Es gibt sie mit gelber, oranger, roter, grüner, blauer und brauner Glasur. Ohne hinzusehen, nimmt Eren eine Schokoerdnuss heraus und betrachtet ihre Farbe. Begründe, dass Eren jetzt noch nicht entscheiden kann, ob es sich um ein Laplace-Experiment handelt.

2

Entscheide und begründe, ob das Spiel fair ist.

3 In einem Restaurant gibt es sechs verschiedene Vorspeisen, zehn unterschiedliche Hauptgerichte und fünf verschiedene Desserts. Bestimme, wie viele verschiedene Drei-Gänge-Menüs man in diesem Restaurant bestellen kann, und gib an, wie viele dieser Menüs jeweils den gleichen Hauptgang haben.

4 Das abgebildete Glücksrad wird zweimal gedreht. Anschließend wird die Summe der jeweils erreichten Zahlen gebildet.

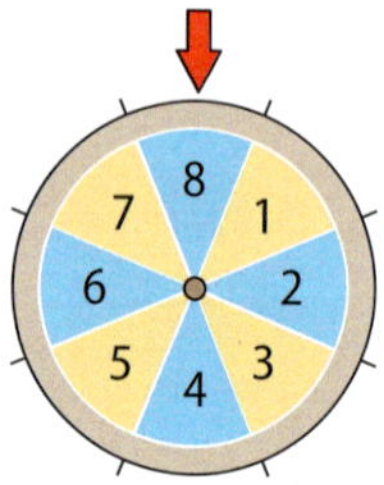

a) Ermittle die Ergebnismenge Ω.

b) Gib folgende Ereignisse jeweils als Teilmenge von Ω an.
A: „Die Zahl ist gerade."
B: „Die Zahl ist größer 0."
C: „Die Zahl lässt sich durch fünf teilen."
D: „Die Zahl ist zweistellig."
E: „Die Summe ist höchstens 1."

c) Formuliere ein Ereignis, das die gleiche Anzahl von Ergebnissen wie das Ereignis A hat.

d) Bilde das Gegenereignis zu C. Gib es als Teilmenge von Ω an.

e) Bestimme, mit welcher Wahrscheinlichkeit man die Ereignisse B, C und E jeweils erwarten kann, wenn das Glücksrad sehr oft gedreht wird.

f) Formuliere ein sicheres und ein unmögliches Ereignis im Sachzusammenhang.

4 Wahrscheinlichkeit verknüpfter Ereignisse

Einstieg

Viele bayerische Schulen haben einen eigenen Schulchor. In der Tabelle sind die musischen Aktivitäten der Schülerinnen und Schüler an einer Schule dargestellt.

- Beschreibe die Bedeutung der einzelnen Einträge in der Tabelle.

Von allen Schülerinnen und Schülern der Schule wird eine Person zufällig ausgewählt.

- Ermittle rechnerisch, mit welcher Wahrscheinlichkeit man erwarten kann, dass die Person im Schulchor singt (im Orchester spielt).
- Berechne, mit welcher Wahrscheinlichkeit man erwarten kann, dass die Person im Schulchor singt und Mitglied im Orchester ist.

	im Schulchor	nicht im Schulchor	gesamt
im Orchester	10	50	60
nicht im Orchester	40	500	540
gesamt	50	550	600

Historische Ecke

Mediencode 61049-19

Ausblick

Am Ende dieses Kapitels hast du gelernt, …

- … verknüpfte Ereignisse zu beschreiben und diese mithilfe von Mengendiagrammen und Vierfeldertafeln darzustellen.
- … Wahrscheinlichkeiten verknüpfter Ereignisse zu bestimmen.

4 Entdecken

Kap. 4.1

Gut umhüllt

Mengendiagramm

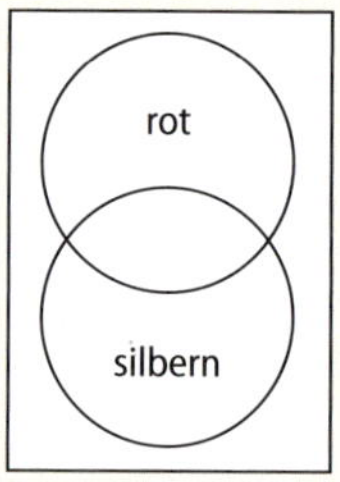

Aliya hat ein neues Smartphone bekommen. Mit ihrer Freundin sucht sie im Internet nach einer Hülle, die rot, silbern – oder doch blau? – sein soll. Oder sollen mehrere Farben auf der Hülle sein? Die Entscheidung fällt ihr schwer. Ihre Freundin malt ein Mengendiagramm auf ein Blatt Papier.

- Beschreibe die Bedeutung des Bereichs, in dem sich die beiden Kreise überdecken.
- Zeichne ein Mengendiagramm für drei Farben. Beschrifte die Bereiche mit den möglichen Farben der Hülle.
- Übertrage das abgebildete Mengendiagramm in dein Heft und schraffiere den Bereich, der zur jeweiligen Aussage passt.
  1 Die Hülle ist rot und silbern. 2 Die Hülle ist rot oder silbern. 3 Die Hülle ist nicht rot.

Kap. 4.1 und 4.2

Emojis

Esra hat Emojis in zwei Mengen eingeteilt und ein zugehöriges Mengendiagramm gezeichnet.

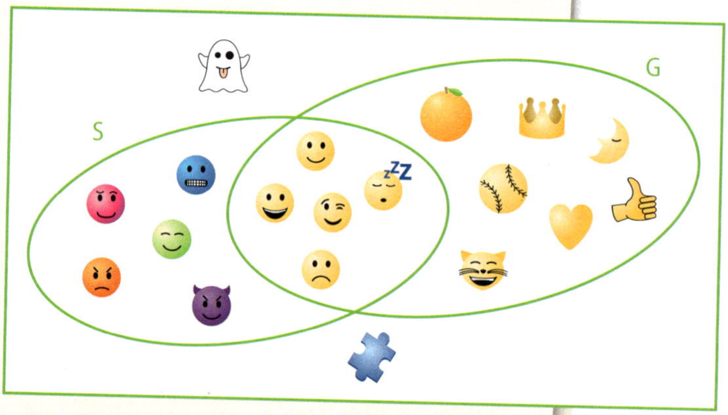

- Beschreibe Esras Einteilung und finde Bezeichnungen für die Mengen S und G.
- Erkläre, warum zwei Emojis in keiner der beiden Mengen enthalten sind, und welche Bedeutung der Bereich hat, in dem sich G und S überlappen.
- Ein beliebiges Emoji wird ausgewählt. Gib das Ereignis jeweils in Symbolschreibweise an und berechne die zugehörige Wahrscheinlichkeit.
  1 E_1: Emoji ist gelb.
  2 E_2: Emoji ist ein Smiley.
  3 E_3: Emoji ist weder gelb noch ein Smiley.
  4 E_4: Emoji ist gelb oder ein Smiley, aber nicht beides.
- Recherchiere, was man unter einer Vierfeldertafel versteht, und präsentiere deine Ergebnisse in der Klasse.
- Zeichne eine Vierfeldertafel zu den abgebildeten Smileys mit absoluten Häufigkeiten zu den Ereignissen S: „Emoji ist ein Smiley." und A: „Emoji hat geschlossene Augen."
- Schraffiere in der Vierfeldertafel jeweils den Bereich
  1 gelb, der zum Ereignis „Emoji ist ein Smiley und hat die Augen geschlossen." gehört.
  2 blau, der zum Ereignis „Emoji ist kein Smiley und hat die Augen offen." gehört.
  3 grün, der zum Ereignis „Emoji ist ein Smiley oder hat die Augen geschlossen, aber nicht beides." gehört.

Kap. 4.2 und 4.3

Messenger-Dienste

Vermutlich nutzen du und auch deine Mitschülerinnen und Mitschüler auf euren Smartphones Messenger-Dienste. Beantworte folgende Fragen zunächst für dich alleine und diskutiert sie anschließend in der Klasse.

- Wie viele verschiedene Messenger kennst du?
- Nutzt du Messenger-Dienste auf deinem Smartphone?
- Warum hast du dich gegen einen bzw. für einen bestimmten oder mehrere Messenger entschieden?
- Welche Entscheidungskriterien könnte es noch geben?

Die Klasse 9a macht eine Projektarbeit zur Datensicherheit. Dabei geht es unter anderem darum, dass manche Messenger-Dienste alle Daten verschlüsselt übertragen. So wird verhindert, dass Daten vom Hersteller oder dem Telefonanbieter mitgelesen werden können. Diese Daten können dann z. B. für kommerzielle Werbezwecke ausgewertet werden.

Bevor das Projekt beginnt, werden alle Schülerinnen und Schüler der Klasse aufgefordert, zwei Fragen zu beantworten:

1 Benutzt du einen Messenger auf deinem Smartphone (oder auch mehrere)?
2 Hast du dir bereits Gedanken über die Sicherheit deiner Chats gemacht?

Die Auswertung der Befragung ist in der Vierfeldertafel dargestellt.

	sorgt sich um Datensicherheit	macht sich über Datensicherheit keine Gedanken	gesamt
benutzt mindestens einen Messenger	13	16	29
benutzt keinen Messenger	1	1	2
gesamt	14	17	31

- Beschreibe die Bedeutung der Zahlen in den einzelnen Zellen der Vierfeldertafel.
- Gib an, welcher Anteil der Klasse sich bereits Gedanken über das Thema Datensicherheit gemacht hat.
- Berechne, wie viel Prozent der Schülerinnen und Schüler sich keine Gedanken über das Thema „Datensicherheit" machen und trotzdem einen Messenger nutzen.
- Übertrage die Vierfeldertafel in dein Heft und gib anstelle der absoluten Häufigkeiten die relativen Häufigkeiten an.
- Entscheide und begründe, ob man auf dieser Datengrundlage die Wahrscheinlichkeit des Ereignisses „Schülerinnen und Schüler haben sich mit dem Thema Datensicherheit beschäftigt oder nutzen einen Messenger" für alle Schülerinnen und Schüler der Schule ermitteln kann.
- Nennt und diskutiert in eurer Klasse weitere Bereiche, in denen es wichtig ist, sich um die Sicherheit der eigenen Daten zu kümmern. Erstellt zu mehreren dieser Bereiche jeweils eine Vierfeldertafel, die die Daten eurer Klasse abbildet.

Entdecken

Familie Thoran (Saskia, Roman, Elena und Maren) macht mit dem Fahrrad einen Ausflug und alle fahren dabei **hintereinander**. Unterwegs müssen sie an einer Kreuzung anhalten. Betrachte die folgenden Ereignisse:

E_1: „Eine weibliche Person erreicht zuerst die Kreuzung."
E_2: „Eine weibliche Person erreicht als letzte die Kreuzung."

- Schreibe jeweils alle Ergebnisse für E_1 und E_2 auf.
- Gib die Ergebnisse an, die entweder E_1 oder E_2 oder beide gleichzeitig erfüllen.
- Gib die Ergebnisse für das Ereignis E_3: „Sowohl die erste als auch die letzte Person an der Kreuzung ist weiblich." an.

Verstehen

Ereignisse sind jeweils eine Teilmenge der **Ergebnismenge Ω**, die alle möglichen Ergebnisse eines Zufallsexperiments enthält. Man kann Ereignisse miteinander verknüpfen, um neue Ereignisse zu bilden.

*Ein Ereignis kann möglich, unmöglich („**unmögliches Ereignis**") oder sicher („**sicheres Ereignis**") sein.*
*Ein **Elementarereignis** ist ein Ereignis, das aus genau einem Ergebnis besteht.*

Die **Schnittmenge** besteht aus allen Ergebnissen, bei denen **beide Ereignisse A und B zugleich** eintreten.

Man schreibt: $\mathbf{A \cap B}$ (und spricht: „A geschnitten B").

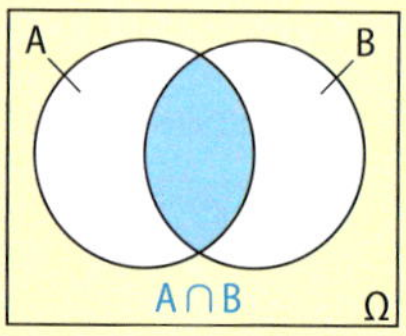

Die **Vereinigungsmenge** besteht aus allen Ergebnissen, bei denen **mindestens eines der zwei Ereignisse A und B** eintritt.

Man schreibt: $\mathbf{A \cup B}$ (und spricht: „A vereinigt B").

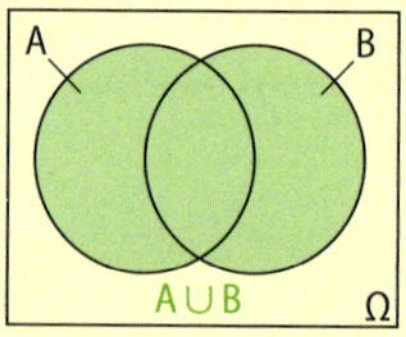

Beispiele

I. In einer Urne befinden sich sechs nummerierte Kugeln. Die Kugeln mit den Nummern 1 bis 3 sind rot, die mit den Nummern 4 und 5 blau und Nummer 6 ist grün. Elias zieht eine Kugel und notiert sich deren Nummer. Betrachtet werden die Ereignisse:
E_1: „Die Kugel ist blau."
E_2: „Die Kugel ist nicht rot."
E_3: „Die Kugel ist rot oder grün."

a) Gib die Ergebnismenge Ω und die Ereignisse jeweils in Mengenschreibweise an.
b) Gib jeweils die verknüpften Ereignisse $E_1 \cap E_2$, $E_1 \cap \overline{E_3}$ und $E_1 \cup E_3$ in Mengenschreibweise an und veranschauliche sie in einem Mengendiagramm.

*$\overline{E}$ beschreibt das **Gegenereignis** zu E. Es umfasst alle Ergebnisse, die nicht Teil des Ereignisses E sind.*

Lösung:

a) $\Omega = \{1; 2; 3; 4; 5; 6\}$; $E_1 = \{4; 5\}$; $E_2 = \{4; 5; 6\}$; $E_3 = \{1; 2; 3; 6\}$

b) $E_1 \cap E_2 = \{4; 5\}$

$E_1 \cap \overline{E_3} = \{4; 5\}$
$\overline{E_3} = \{4; 5\} = E_1$

$E_1 \cup E_3 = \{1; 2; 3; 4; 5; 6\}$
$E_1 \cup E_3 = \Omega$

*Diese Mengendiagramme bezeichnet man auch als **Venn-Diagramme**.*

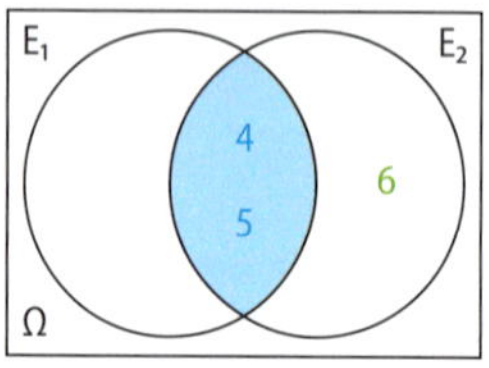

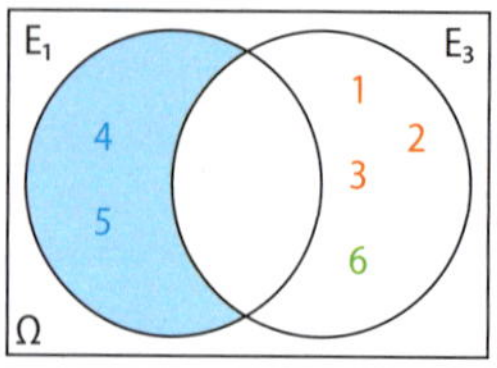

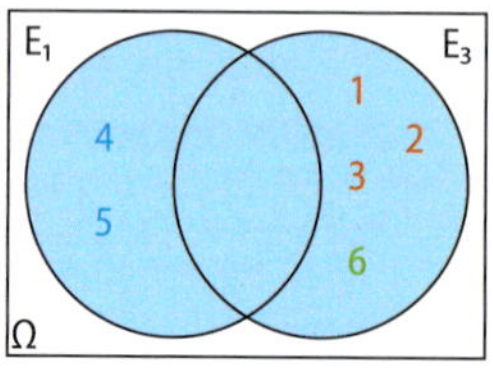

II. Beschreibe die in Symbolschreibweise vorliegenden Ereignisse jeweils in Worten und stelle sie in einem Mengendiagramm dar.

1 $\overline{A} \cap \overline{B}$ **2** $\overline{A \cap B}$ **3** $(\overline{A} \cap B) \cup (A \cap \overline{B})$

Lösung:

1 Weder das Ereignis A noch das Ereignis B treten ein bzw. keines der beiden Ereignisse tritt ein.

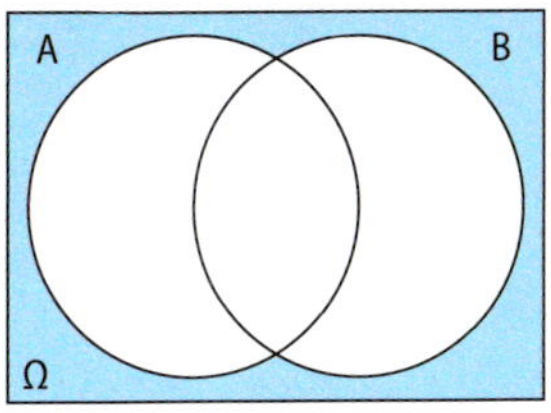

2 Höchstens eines der beiden Ereignisse tritt ein bzw. es treten nicht beide Ereignisse zugleich ein.

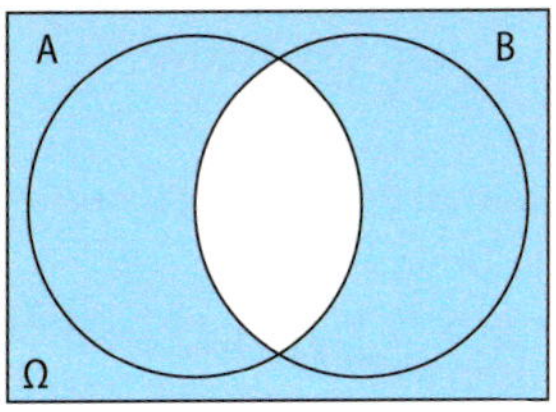

3 Genau eines der beiden Ereignisse tritt ein bzw. Ereignis A oder Ereignis B tritt ein, aber nicht beide.

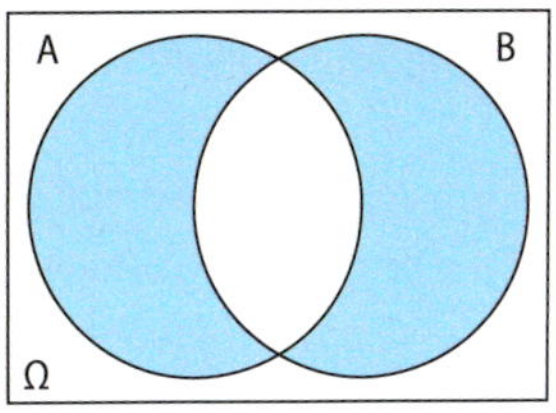

III. Ein Meinungsforschungsinstitut stellt in einer Umfrage fest, welche der folgenden „Ereignisse" auf die befragten Personen zutreffen.

A: „Die Person ist älter als 30 Jahre."

B: „Die Person ist mit der Arbeit der gegenwärtigen Regierung zufrieden."

C: „Die Person ist verheiratet."

Notiere jeweils in Symbolschreibweise die verknüpften Ereignisse, dass die befragte Person …

a) älter als 30 Jahre und mit der Arbeit der gegenwärtigen Regierung zufrieden ist.

b) verheiratet oder mit der Arbeit der gegenwärtigen Regierung zufrieden ist.

c) verheiratet oder mit der Arbeit der gegenwärtigen Regierung zufrieden ist, aber nicht beides.

d) nicht verheiratet und höchstens 30 Jahre alt ist.

e) entweder verheiratet oder mit der Arbeit der gegenwärtigen Regierung unzufrieden ist, aber nicht beides.

In der Mathematik bedeutet „oder", dass mindestens eines der Ereignisse eintritt.

Lösung:

a) $A \cap B$ **b)** $B \cup C$ **c)** $(\overline{B} \cap C) \cup (B \cap \overline{C})$ **d)** $\overline{A} \cap \overline{C}$ **e)** $(B \cap C) \cup (\overline{B} \cap \overline{C})$

Nachgefragt

- Erläutere anhand geeigneter Beispiele die Gleichungen $A \cap B = A$ bzw. $A \cap B = \overline{A}$.
- Beschreibe anhand von Mengendiagrammen den Unterschied zwischen „mindestens das Ereignis A tritt ein" und „genau das Ereignis A tritt ein".

Aufgaben

1 Für den Geburtstag einer Person werden folgende Ereignisse betrachtet:

E_1: „Die Person hat am 1. August Geburtstag."

E_2: „Die Person hat im März Geburtstag."

E_3: „Die Person hat im Sommer Geburtstag."

E_4: „Die Person hat in der ersten Jahreshälfte Geburtstag."

Beschreibe die verknüpften Ereignisse jeweils in Worten und gib für jedes verknüpfte Ereignis, sofern möglich, ein konkretes Beispiel an.

a) $E_3 \cap E_4$ **b)** $E_2 \cap E_4$ **c)** $E_3 \cup E_4$ **d)** $E_2 \cap E_3$

e) $E_1 \cap E_3$ **f)** $\overline{E_1} \cap E_2$ **g)** $(E_2 \cap \overline{E_3}) \cup (\overline{E_2} \cap E_3)$ **h)** $\overline{E_1 \cap E_3}$

2

1
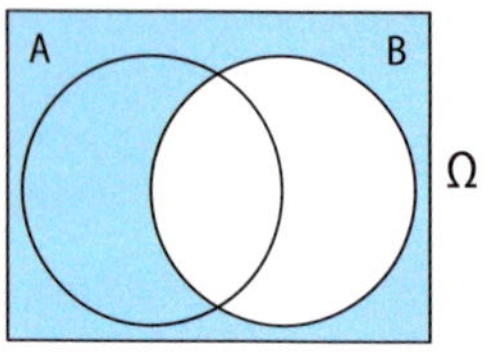

2
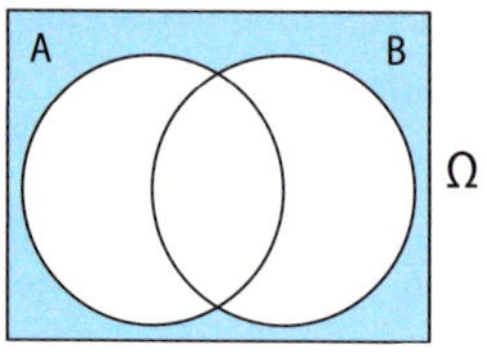

3
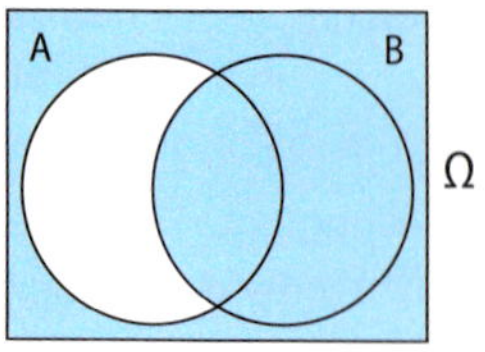

a) Gib zu jedem Mengendiagramm eine zugehörige Symbolschreibweise an und beschreibe das verknüpfte Ereignis in Worten.

b) Überlege dir eine geeignete Aufgabenstellung und beschreibe die verknüpften Ereignisse jeweils im von dir gewählten Sachkontext.

3 Ein Laplace-Spielwürfel wird einmal geworfen. Es werden folgende Ereignisse betrachtet:
E_1: „Die geworfene Augenzahl ist mindestens 4."
E_2: „Die geworfene Augenzahl ist eine Primzahl."

a) Gib die Ergebnismenge Ω und die Ereignisse E_1 und E_2 in Mengenschreibweise an.

b) Notiere das Ereignis jeweils in Symbolschreibweise und gib die zugehörige Mengenschreibweise an.
 1 Die geworfene Augenzahl ist mindestens vier und eine Primzahl.
 2 Die geworfene Augenzahl ist mindestens vier und keine Primzahl.
 3 Die geworfene Augenzahl ist mindestens vier oder eine Primzahl.
 4 Die geworfene Augenzahl ist mindestens 4 oder eine Primzahl, aber nicht beides.

4 Die vier Schüler Anton **A**, Boris **B**, Conny **C** und Dana **D** müssen noch ihre mündliche Schulaufgabe in Englisch ablegen. Die Reihenfolge der Prüflinge wird ausgelost, indem die Namen nacheinander aus einer Lostrommel gezogen werden. Es werden folgende Ereignisse definiert:
E_1: „Zuerst wird Boris geprüft."
E_2: „Anton wird nach Dana geprüft."

a) Gib an, wie viele Elemente die Ergebnismenge Ω besitzt.

b) Gib E_1 und E_2 als Teilmengen von Ω an.

c) Beschreibe die Ereignisse jeweils in Worten.
 1 $E_1 \cap E_2$ 2 $\overline{E_2}$ 3 $E_1 \cup E_2$ 4 $\overline{E_1 \cap \overline{E_2}}$

d) Gib das Ereignis „Boris wird nicht zuerst geprüft oder Anton wird nach Dana geprüft, aber nicht beides." in Symbolschreibweise an.

5 In einer Lostrommel sind 15 Kugeln, die mit den Zahlen 1 bis 15 nummeriert sind. Eine Kugel wird zufällig gezogen. Betrachtet werden die Ereignisse:
E_1: „Die Kugel zeigt eine gerade Zahl."
E_2: „Die Kugel zeigt eine Zahl, die den Teiler 3 besitzt."
E_3: „Die Kugel zeigt eine Primzahl."
E_4: „Die Kugel zeigt eine Zahl, die mehr als drei Teiler besitzt."

a) Gib die Ereignisse E_1, E_2, E_3 und E_4 jeweils in Mengenschreibweise an.

b) Beschreibe die folgenden Ereignisse jeweils im Sachkontext und gib sie als Teilmenge der Ergebnismenge Ω an.
 1 $E_1 \cap E_3$ 2 $E_1 \cup E_4$ 3 $E_2 \cap \overline{E_1}$ 4 $\overline{E_2 \cup E_3}$

c) Begründe oder widerlege jeweils die Aussage.
 1 $E_1 \cap E_3 = \{\ \}$ 2 $E_1 \cup E_3 \neq \Omega$ 3 $\overline{E_2 \cap E_3} = \Omega$ 4 $\overline{E_1} \cap E_3 = E_3$

6 Prüfe jeweils, ob die Schlussfolgerung richtig ist. Gib für falsche Folgerungen Gegenbeispiele an.

a) $A \cap B = \{\} \Rightarrow \overline{A} \cap \overline{B} = \{\}$ **b)** $A \cap B = \{\} \Rightarrow \overline{A} \cap B = \{\}$ **c)** $A \cap B = \{\} \Rightarrow \overline{A} \cap B \neq \{\}$

7 Ein Meinungsforschungsinstitut sucht Umfrageteilnehmer und -teilnehmerinnen, die nach folgenden Kriterien einer Gruppierung zugeteilt werden:

A: Person ist männlich.

B: Person ist verheiratet.

C: Person ist älter als 24 Jahre.

Als Probanden sitzen im Wartezimmer

1 Tanja und Max, seit 30 Jahren glücklich verheiratet, sowie

2 Niklas (26 Jahre) mit seiner Freundin Helena (25 Jahre).

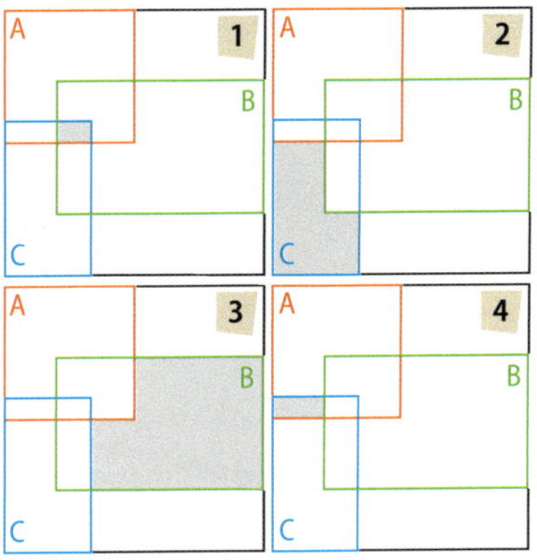

Für vier Umfragen sind in den Anforderungscharts die Eigenschaften der Probanden markiert.

a) Ordne möglichst jedem Chart eine der vier Personen passend zu.

b) Entwirf selbst Charts zu von dir formulierten Kriterien und präsentiere sie in deiner Klasse.

8 Die Schwimmerinnen **B**ritta, **L**isbeth und **N**atalie gewinnen bei den Olympischen Spielen im gleichen Wettbewerb je eine Medaille. Die Ereignisse E_1, E_2 und E_3 werden definiert durch

E_1: „Britta erhält Gold."

E_2: „Lisbeth erhält nicht Bronze."

E_3: „Natalie erhält Bronze."

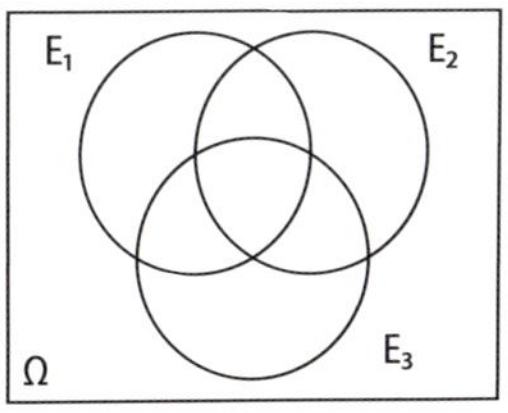

Beschreibe die folgenden Ereignisse im Sachkontext und zeichne ein zugehöriges Mengendiagramm.

1 $E_1 \cap E_2 \cap E_3$ **2** $\overline{E_1} \cap E_2 \cap E_3$ **3** $E_1 \cap \overline{E_2} \cap \overline{E_3}$

4 $\overline{E_1} \cap \overline{E_2} \cap \overline{E_3}$ **5** $\overline{E_1 \cup E_2 \cup E_3}$ **6** $E_1 \cup (E_2 \cap \overline{E_3})$

Wissen

Die Gesetze von De Morgan

Die Zusammenhänge $\overline{A} \cap \overline{B} = \overline{A \cup B}$ und $\overline{A \cap B} = \overline{A} \cup \overline{B}$ bezeichnet man nach dem Mathematiker Augustus De Morgan (1806 – 1871) als **Gesetze von De Morgan**. Er gilt gemeinsam mit George Boole als Begründer der formalen Logik. Die Gesetze von De Morgan werden häufig in der Elektrotechnik oder Informatik genutzt, insbesondere in der Digitaltechnik.

- Veranschauliche die Gesetze von De Morgan durch Mengendiagramme.
- Gib jeweils mithilfe der Gesetze von De Morgan eine äquivalente Symbolschreibweise der Ereignisse an und beschreibe sie anschließend in Worten: **1** $\overline{\overline{E_1} \cup \overline{E_2}}$ **2** $\overline{\overline{E_1} \cap \overline{E_2}}$
- Recherchiere, ob die Gesetze von De Morgan auch für mehr als zwei Ereignisse gültig sind.

Entdecken

Die Volleyball-Schulmannschaft ist sehr erfolgreich. Sie gewann mehrfach die Stadt- und die Landesmeisterschaft. Manchmal gewann sie beide Titel im gleichen Jahr. In der Tabelle sind die Erfolge der Mannschaft aus den letzten zehn Jahren dargestellt.

	L	$\overline{L}$	gesamt
S			7
$\overline{S}$	1		
gesamt	3		10

S: „Mannschaft wurde Stadtmeister."
L: „Mannschaft wurde Landesmeister."

- Beschreibe die Bedeutung der einzelnen Felder in der Tabelle.
- Übertrage die Tabelle in dein Heft und ergänze die fehlenden Angaben. Beschreibe dein Vorgehen.

Verstehen

Neben Mengen- und Baumdiagrammen nutzt man in der Wahrscheinlichkeitsrechnung häufig sogenannte Vierfeldertafeln zur übersichtlichen Darstellung von Sachverhalten.

Mithilfe einer **Vierfeldertafel** kann man Zusammenhänge zwischen zwei Ereignissen darstellen. So erhält man schnell einen Überblick, wie oft die Ereignisse einzeln, gemeinsam oder gar nicht eintreten. In den Zellen der Vierfeldertafel können absolute oder relative Häufigkeiten stehen.

Beispiel: Umfrage unter 500 Schülerinnen und Schülern:
A: „Die Person besucht die Jahrgangsstufe 9."
B: „Die Person ist mindestens 15 Jahre alt."

absolute Häufigkeiten

	A	$\overline{A}$	gesamt
B	35	180	215
$\overline{B}$	25	260	285
gesamt	60	440	500

relative Häufigkeiten

	A	$\overline{A}$	gesamt
B	7 %	36 %	43 %
$\overline{B}$	5 %	52 %	57 %
gesamt	12 %	88 %	100 %

Bei einer entsprechend großen Grundmenge kann man aus der Vierfeldertafel auch die **Wahrscheinlichkeiten einzelner oder verknüpfter Ereignisse** ableiten.

*Führt man ein Zufallsexperiment sehr häufig durch, stabilisieren sich die relativen Häufigkeiten der Ereignisse (**Gesetz der großen Zahlen**) und man kann daraus ableiten, mit welcher **Wahrscheinlichkeit P (E)** man das Ereignis E erwarten darf.*

Beispiele

I. **a)** Veranschauliche in einer Vierfeldertafel, welche Wahrscheinlichkeiten man aus ihren einzelnen Zellen ableiten kann. Gib an, welchen Wert $P(\Omega)$ besitzt.

b) Beschreibe, wie man die Wahrscheinlichkeit des Ereignisses $A \cap B$ bestimmen kann, wenn alle anderen Zellen der Vierfeldertafel gegeben sind.

Lösung:

a) $P(\Omega) = 100\,\%$

	B	$\overline{B}$	gesamt
A	$P(A \cap B)$	$P(A \cap \overline{B})$	$P(A)$
$\overline{A}$	$P(\overline{A} \cap B)$	$P(\overline{A} \cap \overline{B})$	$P(\overline{A})$
gesamt	$P(B)$	$P(\overline{B})$	$P(\Omega)$

b) Man subtrahiert z. B. von P (A) die Wahrscheinlichkeit $P(A \cap \overline{B})$, denn es gilt $P(A) = P(A \cap B) + P(A \cap \overline{B})$.

Erklärvideo

Mediencode 61049-20

	M	$\overline{M}$	gesamt
D			70
$\overline{D}$	180		930
gesamt		800	1000

M: „Auto wurde am Montag gebaut."
D: „Auto besitzt einen Defekt."

II. Neuwagen mit Defekten werden auch als „Montagsautos" bezeichnet, weil am Montag angeblich besonders viele Produktionsfehler passieren. Ein Hersteller hat eine Stichprobe erhoben.

a) Ergänze die fehlenden absoluten Häufigkeiten in der Vierfeldertafel.

b) Ermittle rechnerisch die Wahrscheinlichkeit der Ereignisse E_1 und E_2.

1 E_1: „Ein Auto wurde am Montag gebaut und besitzt einen Defekt."

2 E_2: „Ein Auto wurde am Montag gebaut oder besitzt einen Defekt, aber nicht beides."

Lösung:

a)

	M	$\overline{M}$	gesamt
D	20	50	70
$\overline{D}$	180	750	930
gesamt	200	800	1000

$930 - 180 = 750$
$800 - 750 = 50$
$70 - 50 = 20$
$1000 - 800 = 200$

b) **1** $P(E_1) = P(D \cap M) = \frac{20}{1000} = \frac{2}{100} = 0{,}02 = 2\,\%$

2 $P(E_2) = P(D \cap \overline{M}) + P(\overline{D} \cap M) = \frac{50}{1000} + \frac{180}{1000} = 0{,}05 + 0{,}18 = 0{,}23 = 23\,\%$

III. Beschreibe die Ereignisse $\overline{A}$, $A \cap B$, $A \cup B$, $\overline{A} \cap \overline{B}$, $\overline{A \cap B}$ und $(\overline{A} \cap B) \cup (A \cap \overline{B})$. Veranschauliche sie anhand der vier inneren Zellen einer Vierfeldertafel.

Lösung:

$\overline{A}$	Gegenereignis zu A; Nicht das Ereignis A	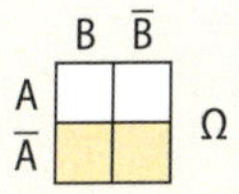
$A \cap B$	Ereignis A und Ereignis B; Beide Ereignisse; Sowohl A als auch B	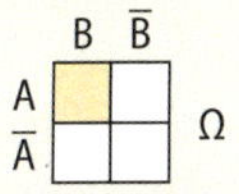
$A \cup B$	Ereignis A oder Ereignis B; Mindestens eines der beiden Ereignisse	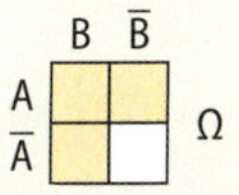
$\overline{A} \cap \overline{B} = \overline{A \cup B}$	Keines der beiden Ereignisse; Weder A noch B	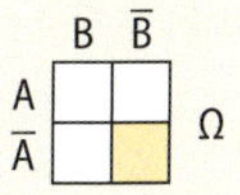
$\overline{A \cap B} = \overline{A} \cup \overline{B}$	Höchstens eines der beiden Ereignisse; Nicht beide Ereignisse	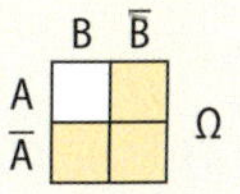
$(\overline{A} \cap B) \cup (A \cup \overline{B})$	Genau eines der beiden Ereignisse; A oder B, aber nicht beide	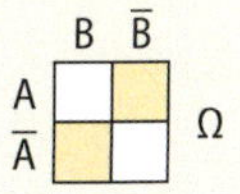

Nachgefragt

- Überprüfe die Aussage: „Wenn man die relativen Häufigkeiten in einer Vierfeldertafel einträgt, so ist in der letzten Spalte der letzten Zeile der Wert kleiner oder gleich 1 bzw. 100 %."
- Nimm Stellung zu der Aussage: „Wenn $P(A) = \frac{1}{3}$ und $P(B) = \frac{1}{2}$ ist, dann ist $P(A \cap B) < \frac{1}{3}$ und $P(A \cup B) > \frac{1}{2}$."

Aufgaben

Erklärvideo

Mediencode 61049-21

1 a) Übertrage jeweils die Vierfeldertafel in dein Heft und ergänze die fehlenden Einträge.

1

	B	$\overline{B}$	gesamt
A		800	1000
$\overline{A}$	400	300	
gesamt			

2

	D	$\overline{D}$	gesamt
C	20 %		
$\overline{C}$		0,1	
gesamt	0,7		

b) Gib die Vierfeldertafel **1** mit relativen Häufigkeiten an.

c) Begründe, dass du die relativen Häufigkeiten aus der Vierfeldertafel **2** nicht in absolute Häufigkeiten übertragen kannst.

2 Bei einem Einstellungstest, an dem 250 Personen teilnehmen, werden Kopfrechnen (K) und logisches Denken (D) geprüft. Besteht ein Prüfling beide Teile, wird er anschließend zu einem Vorstellungsgespräch eingeladen. Einige der zugehörigen relativen Häufigkeiten sind in der Vierfeldertafel festgehalten.

a) Übertrage die Vierfeldertafel in dein Heft und vervollständige sie.

b) Berechne die Anzahl der Personen, die zum Vorstellungsgespräch eingeladen werden.

c) Bestimme rechnerisch die Anzahl der Personen, die nicht eingeladen werden, obwohl sie einen der beiden Testteile bestanden haben.

	D	$\overline{D}$	gesamt
K			0,20
$\overline{K}$	0,56		
gesamt		0,36	

N: „Verfolgt die Nachrichten."
B: „Kennt den Namen des Bundespräsidenten."

3 Bevor die Klasse 9b im nächsten Schuljahr das Fach *Politik und Gesellschaft* bekommt, macht ihre Geschichtslehrkraft eine Umfrage, um herauszufinden, wie viele Schülerinnen und Schüler die Nachrichten verfolgen und wie viele den Namen des aktuellen Bundespräsidenten kennen.

	B	$\overline{B}$	gesamt
N		4	13
$\overline{N}$	3		
gesamt			29

a) Übertrage die Vierfeldertafel in dein Heft und vervollständige sie.

b) Gib an, wie viele Schülerinnen und Schüler die Klasse 9b besuchen und erkläre die Bedeutung der Zahl im markierten Feld.

c) Erhebt die gleichen Daten für eure Klasse und vergleicht sie mit den gegebenen. Entscheidet anhand der Daten, welche der beiden Klassen sich mehr für Politik interessiert.

M: „Jugendlicher ist männlich."
H: „Jugendlicher ist Hassbotschaften begegnet."

4 67 % der in einer Studie befragten Jugendlichen sind im Monat vor der Befragung Hasskommentaren im Internet begegnet. Unter den Befragten sind 52 % männlich; 31 % sind weiblich und Hassbotschaften begegnet.

a) Erstelle zum Sachverhalt eine Vierfeldertafel und gib die Wahrscheinlichkeit an, dass ein Jugendlicher männlich ist und Hassbotschaften begegnet ist.

b) Diskutiert, wie man mit Hassbotschaften im Internet umgehen sollte.

5 Das Albert-Einstein-Gymnasium hat 1200 Schülerinnen und Schüler. 30 % von ihnen engagieren sich in der SMV. 65 % der Aktiven sind Mädchen. Von der Schülergruppe, die sich nicht engagiert, sind 45 % Mädchen.

a) Erstelle eine Vierfeldertafel mit absoluten Häufigkeiten zu dem Sachverhalt.

b) Berechne die Wahrscheinlichkeit, dass eine zufällig ausgewählte Person männlich und in der SMV tätig ist.

6 Eine Umfrage in einem Club erbrachte die Ergebnisse **1**, **2** und **3**. Erstelle eine Vierfeldertafel und bestimme den Anteil der Gäste, die weiblich sind und Loungemusik mögen.

1 60 % der Gäste sind weiblich.

2 55 % aller Besucher bevorzugen Loungemusik.

3 30 % der Gäste sind männlich und mögen keine Loungemusik.

7 Die Mathematiklehrkräfte der vier 9. Klassen eines Gymnasiums laden alle 120 Schülerinnen und Schüler zur Teilnahme an einem Mathematikwettbewerb ein. Das Ergebnis ist in einer Vierfeldertafel dargestellt.

	Mädchen	Junge	gesamt
nimmt teil	36		90
nimmt nicht teil		26	
gesamt			120

a) Übertrage die Vierfeldertafel in dein Heft und ergänze sie dann dort.

b) Entscheide und begründe jeweils, ob die Behauptung wahr, falsch oder mit den Angaben nicht entscheidbar ist.

1 90 % aller Mädchen dieser vier 9. Klassen nehmen teil.

2 Drei Viertel aller Schülerinnen und Schüler der vier 9. Klassen nehmen teil.

3 In einer dieser vier 9. Klassen nehmen alle Jungen teil.

4 Mehr als die Hälfte aller Jungen dieser vier 9. Klassen nehmen teil.

5 Aus einer Klasse nimmt nur ein Junge teil.

6 Von den drei Besten sind zwei Mädchen.

8 Krankheiten werden häufig durch Schnelltests diagnostiziert. 60 von 10 000 Personen erkranken jährlich an einer bestimmten Infektionskrankheit. Ein Test zeigt bei 95 % der Erkrankten ein positives Ergebnis, d. h. der Test erkennt eine Erkrankung. Doch auch ungefähr 1 % der Gesunden erhalten ein positives Testergebnis.

a) Erstelle eine Vierfeldertafel mit absoluten Häufigkeiten zum Sachverhalt.

b) Gib an, wie viele Personen ein positives Testergebnis erhalten und tatsächlich erkrankt sind.

c) Berechne die Wahrscheinlichkeit, dass eine Person gesund ist und ein negatives Testergebnis erhält.

9 Beim ELISA-Suchtest geht es darum, möglichst alle HIV-infizierten Personen zu entdecken. Dabei nimmt man bei diesem Test bewusst in Kauf, auch nicht infizierte Personen zunächst als HIV-positiv zu testen. Mit einem Kontrolltest, der jedoch viel aufwendiger und teurer ist, werden alle Personen nochmals getestet, die vom ELISA-Test als infiziert eingestuft worden sind. Die Vierfeldertafel zeigt die Verteilung der Ergebnisse, die man aufgrund der Verteilung der HIV-Infizierten in Deutschland pro 1 Million Einwohner erwarten kann.

	HIV-infiziert	nicht HIV-infiziert	gesamt
ELISA-Test positiv	999	1998	2997
ELISA-Test negativ	1	997 002	997 003
gesamt	1000	999 000	1 000 000

a) Bestimme den Prozentsatz an HIV-Infizierten, den man in Deutschland erwartet.

b) Gib an, bei wie viel Prozent der untersuchten Personen ein Kontrolltest gemacht werden muss.

c) Berechne, wie viel Prozent der Testergebnisse „falsch positiv" bzw. „falsch negativ" sind. Erläutere, warum Mediziner die Anzahl „falsch negativer" Tests minimieren wollen.

„falsch positives" Ergebnis: Testergebnis ist positiv und die Person ist nicht infiziert.

Entdecken

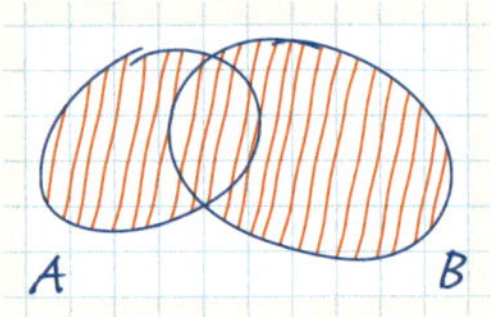

Marco und Korbinian versuchen, mithilfe eines Mengendiagramms eine Formel zu finden, mit der sie die Wahrscheinlichkeit der Vereinigungsmenge der Ereignisse A und B berechnen können.

Korbinian: „Mit unserem Mengendiagramm sieht man das sofort: Es ist $P(A \cup B) = P(A) + P(B)$."

Marco: „Aber das ist doch unlogisch! Stell dir vor, dass $P(A) = 0{,}5$ und $P(B) = 0{,}75$. Dann wäre $P(A \cup B) = 0{,}5 + 0{,}75 = 1{,}25$. Das kann doch nicht sein."

- Begründe, inwiefern Marcos Ergebnis zeigt, dass Korbinian nicht Recht hat.
- Zeichne selbst ein Mengendiagramm. Markiere die Ereignisse A und B in unterschiedlichen Farben und korrigiere anhand deiner Zeichnung Korbinians Formel.
- Formuliere ein Zufallsexperiment und zwei zugehörige Ereignisse, sodass Korbinians Rechnung richtig ist.

Verstehen

Bei Zufallsexperimenten kann man neben den Wahrscheinlichkeiten einzelner Ereignisse auch die Wahrscheinlichkeiten verknüpfter Ereignisse (z. B. Schnitt- oder Vereinigungsmengen) berechnen.

Diesen Zusammenhang nennt man ***Additionssatz****.*

Für zwei Ereignisse A und B aus der Ergebnismenge Ω gilt:

$$\mathbf{P(A \cup B) = P(A) + P(B) - P(A \cap B).}$$

Ein Spezialfall liegt vor, wenn die beiden Ereignisse unvereinbar (disjunkt) sind, also $A \cap B = \{\ \}$ ist. Dann gilt:

$$\mathbf{P(A \cup B) = P(A) + P(B).}$$

Beispiel

a) Veranschauliche die Formel $P(A \cup B) = P(A) + P(B) - P(A \cap B)$ in einer Vierfeldertafel.
b) Begründe den Additionssatz rechnerisch anhand einer Vierfeldertafel.

Lösung:

a) Markiert man die Wahrscheinlichkeiten $P(A)$ und $P(B)$ der Ereignisse A und B in unterschiedlichen Farben, so wird ersichtlich, dass die Wahrscheinlichkeit $P(A \cap B)$ der Schnittmenge sowohl in $P(A)$ als auch in $P(B)$ enthalten ist. Das bedeutet, dass man $P(A \cap B)$ zweimal berücksichtigt und deshalb einmal subtrahieren muss.

	B	**$\overline{B}$**	**gesamt**
A	$P(A \cap B)$	$P(A \cap \overline{B})$	$P(A)$
$\overline{A}$	$P(\overline{A} \cap B)$	$P(\overline{A} \cap \overline{B})$	$P(\overline{A})$
gesamt	$P(B)$	$P(\overline{B})$	1

b) Aus der Betrachtung der Vierfeldertafel folgt:

1 $P(A \cup B) = P(A \cap B) + P(A \cap \overline{B}) + P(\overline{A} \cap B)$

2 $P(A) = P(A \cap B) + P(A \cap \overline{B})$

3 $P(B) = P(A \cap B) + P(\overline{A} \cap B)$

Aus 2 und 3 folgt:

$$\begin{aligned} P(A) + P(B) &= P(A \cap B) + P(A \cap \overline{B}) + P(A \cap B) + P(\overline{A} \cap B) \\ &= P(A \cap B) + P(A \cap \overline{B}) + P(A \cap B) + P(\overline{A} \cap B) \\ &\overset{1}{=} P(A \cap B) + P(A \cup B) \end{aligned}$$

Daraus folgt: $P(A \cup B) = P(A) + P(B) - P(A \cap B)$.

Nachgefragt

- Erläutere anhand eines Beispiels, was man unter „disjunkten Ereignissen" versteht.
- Entscheide und begründe, ob für drei Ereignisse A, B und C gilt:
  $P(A \cup B \cup C) = P(A) + P(B) + P(C) - P(A \cap B \cap C)$.

Aufgaben

1 Erkläre anhand der folgenden Aufgabenstellung den Additionssatz.

> Aus den ersten hundert natürlichen Zahlen wird zufällig eine Zahl gezogen.
> Ermittle die Wahrscheinlichkeit, dass die gezogene Zahl durch 7 oder 9 teilbar ist.

2 In der Klasse 9c besitzen 8 Mädchen und 6 Jungen einen E-Scooter. Von den Schülerinnen und Schülern der Klasse sind 15 Mädchen.

a) Übertrage die Vierfeldertafel in dein Heft und vervollständige sie.

b) Ermittle die Wahrscheinlichkeiten $P(E)$, $P(W)$ und $P(E \cap W)$.

c) Gib mithilfe der Wahrscheinlichkeiten aus Teilaufgabe b) die Wahrscheinlichkeit an, dass …

1. eine Person männlich ist oder einen E-Scooter besitzt.
2. eine Person keinen E-Scooter besitzt.
3. eine Person weiblich ist und keinen E-Scooter besitzt.

	W	$\overline{W}$	
E			
$\overline{E}$			
			25

W: „Person ist weiblich."
E: „Person besitzt einen E-Scooter."

3 Thomas hat an 40 % aller Unterrichtstage eines Schuljahres bis mindestens 15.15 Uhr Unterricht. An 70 % der Schultage hat er direkt nach der Schule eine längere Verabredung.

a) Tina behauptet, dass diese Angaben falsch sein müssen, weil man bei der Addition auf mehr als 100 % kommt. Entscheide und begründe, ob Tina Recht hat.

b) Thomas hat (im Durchschnitt) an der Hälfte aller Schultage mit spätem Unterrichtsschluss noch eine Verabredung. Erstelle eine Vierfeldertafel zum Sachverhalt mit den Ereignissen U und V.

c) Berechne anhand der Vierfeldertafel aus Teilaufgabe b) die Wahrscheinlichkeit, dass Thomas …

1. nach 15 Uhr nach Hause kommt.
2. spätestens um 15 Uhr nach Hause kommt.

Mithilfe des Gegenereignisses lassen sich Wahrscheinlichkeiten manchmal leichter bestimmen.

4 Eine Umfrage zum Thema „Schlager" hatte folgende Ergebnisse:

1. 55 % der Bevölkerung mögen Schlager.
2. 51 % der Bevölkerung sind Männer.
3. 76 % der Bevölkerung sind männlich oder mögen Schlager.

a) Bestimme ausschließlich mit diesen Daten die Wahrscheinlichkeit, dass …

I. eine Person männlich ist und Schlager mag.
II. eine Person weiblich ist und keine Schlager mag.

b) Überprüfe deine Ergebnisse aus Teilaufgabe a) anhand einer Vierfeldertafel zu diesem Sachverhalt mit den Ereignissen S: „Person mag Schlager." und M: „Person ist männlich.".

Erklärvideo
Mediencode 61049-22

5 Für die Ereignisse A, B und C gilt $\Omega = A \cup B \cup C$ und $A \cap B = B \cap C = C \cap A = \{\}$.
Ferner ist $P(A) = P(B) = 3 \cdot P(C)$

a) Berechne die Wahrscheinlichkeit für jedes der drei Ereignisse.

b) Ermittle rechnerisch die Wahrscheinlichkeit des Ereignisses $B \cup C$.

c) Überlege dir ein geeignetes Zufallsexperiment sowie passende Ereignisse A, B und C.

4 Trainingsrunde

Zu 4.1

1

Zu Neles Clique gehören 15 Mädchen. Zehn von ihnen spielen im Handballverein und fünf sind im Ruderverein. Nur zwei von Neles Freundinnen sind in beiden Vereinen.
Betrachtet werden folgende Ereignisse:
A: „Freundin ist im Handballverein."
B: „Freundin ist im Ruderverein."

a) Übertrage das Mengendiagramm in dein Heft und beschrifte es.

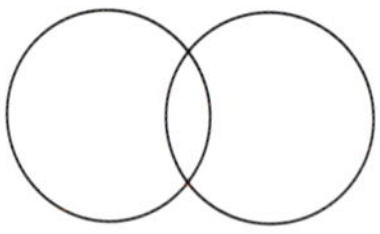

b) Beschreibe die folgenden Ereignisse in Worten.
1 $A \cap B$ **2** $A \cup B$

Zu Bens Freundeskreis gehören 20 Jungen. Zehn spielen im Fußballverein, vier sind im Ruderverein und sechs spielen Tennis. Einer ist Mitglied im Fußball- und im Ruderverein. Vier spielen Tennis und Fußball. Nur zwei sind in allen drei Vereinen.
Betrachtet werden folgende Ereignisse:
A: „Freund ist im Fußballverein."
B: „Freund ist im Ruderverein."
C: „Freund spielt Tennis."

a) Zeichne ein Mengendiagramm.
b) Beschreibe die folgenden Ereignisse in Worten.
1 $A \cap B$ **2** $A \cup B$ **3** $\overline{A} \cap C$
4 $B \cup \overline{C}$ **5** $A \cap B \cap C$

2 Ein Laplace-Würfel wird zweimal geworfen. Betrachtet werden die Ereignisse:
A: „Die Augenzahl im ersten Wurf ist mindestens 3."
B: „Die Augenzahl im zweiten Wurf ist höchstens 3."
C: „Die Augensumme beider Würfe ist gleich 7."

a) Gib die Ereignisse A, B und C in Mengenschreibweise an.
b) Beschreibe die Ereignisse $A \cap B$ und $A \cap C$ in Worten.
c) Notiere das dargestellte Ereignis in Symbolschreibweise.

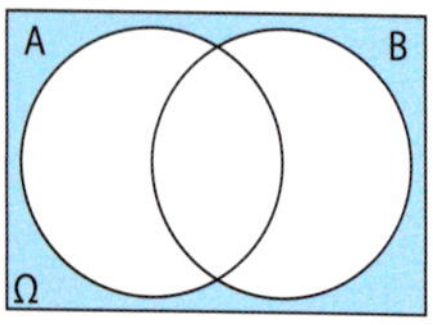

a) Gib die Ereignisse $A \cap B$ und $A \cap C$ in Mengenschreibweise an.
b) Begründe, dass $\overline{A} \cap B \cap C = \{\ \}$ gilt.
c) Beschreibe das dargestellte Ereignis im Sachkontext.

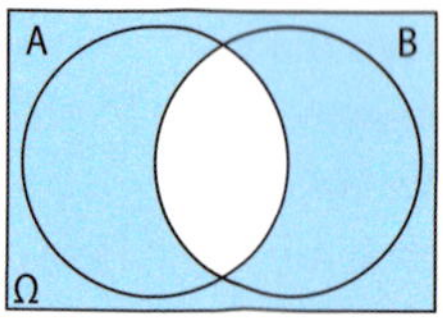

Zu 4.2

3 Jonas stellt eine Fotocollage aus 40 Bildern zusammen. Er hat die Freundinnen und Freunde auf 20 Bildern fotografiert. Auf 12 Fotos sind Sonnenuntergänge zu sehen; auf zwei dieser Sonnenuntergangfotos sind Freundinnen und Freunde abgebildet. Betrachtet werden die Ereignisse S: „Das Foto zeigt einen Sonnenuntergang." und F: „Auf dem Foto sind Freundinnen und Freunde zu sehen.".

a) Erstelle eine Vierfeldertafel mit absoluten Häufigkeiten.
b) Berechne die Wahrscheinlichkeit des Ereignisses $F \cap \overline{S}$ und beschreibe das Ereignis in Worten.
c) Bestimme rechnerisch den Anteil der Bilder, auf denen Freunde und ein Sonnenuntergang zu sehen sind.

a) Erstelle eine Vierfeldertafel mit relativen Häufigkeiten.
b) Gib die Wahrscheinlichkeiten der Ereignisse $S \cap \overline{F}$ und $\overline{S}$ an und beschreibe sie in Worten.
c) Bestimme rechnerisch die Wahrscheinlichkeit des Ereignisses $S \cup F$ und veranschauliche es in der Vierfeldertafel.

	B	$\overline{B}$
A		
$\overline{A}$		

4 a) Übertrage die Vierfeldertafel viermal in dein Heft und markiere anschließend jeweils die Ereignisse.

1 A 2 $A \cap B$
3 $A \cup \overline{B}$ 4 $A \cup \overline{A}$

1 $A \cup \overline{B}$ 2 $\overline{A \cap B}$
3 $A \cap \overline{A}$ 4 $(A \cup B) \cap (\overline{A} \cup \overline{B})$

b) Gib jeweils für 3 und 4 aus Teilaufgabe a) eine andere Darstellung in Symbolschreibweise an.

5 Herr Schulz hat einen Obstbaubetrieb. Er hat verschiedene Obstbäume, z. B. Apfelbäume, gepflanzt. Bei einer Kontrolle stellt er fest, dass bereits viele der gepflanzten Bäume blühen. Übertrage die Vierfeldertafel in dein Heft und ergänze die fehlenden Angaben.

	Blüte	$\overline{\text{Blüte}}$	gesamt
Apfel	780		960
$\overline{\text{Apfel}}$			
gesamt		300	1200

Bestimme rechnerisch die Wahrscheinlichkeit, dass ein zufällig ausgewählter Baum ein Apfelbaum ist und noch nicht blüht.

	Blüte	$\overline{\text{Blüte}}$	gesamt
Apfel		$\frac{3}{8}$	
$\overline{\text{Apfel}}$			0,2
gesamt		40 %	

Zum Obstbaubetrieb gehören 2000 Bäume. Ermittle rechnerisch die Anzahl der blühenden Apfelbäume.

6 Zur Untersuchung der Wirksamkeit eines Grippemittels wurden von 1000 Testpersonen 600 mit dem Mittel geimpft. Es stellte sich heraus, dass insgesamt 220 der Testpersonen an Grippe erkrankten und davon 60 geimpft waren. Betrachtet werden die Ereignisse A: „Eine Person ist geimpft." und B: „Eine Person ist erkrankt.".

a) Stelle die Daten in einer Vierfeldertafel mit absoluten Häufigkeiten dar.

b) Gib das Ereignis jeweils in Symbolschreibweise an und berechne die zugehörige Wahrscheinlichkeit.

1 Eine Person ist nicht geimpft und erkrankt.

2 Eine Person ist weder erkrankt noch geimpft.

a) Stelle die Daten in einer Vierfeldertafel mit relativen Häufigkeiten dar.

b) Beschreibe das Ereignis jeweils im Sachkontext und berechne die zugehörige Wahrscheinlichkeit.

1 $A \cap B$
2 $\overline{A \cap B}$
3 $\overline{A \cup B}$
4 $A \cup \overline{B}$

7 Zwei Laplace-Würfel werden gleichzeitig geworfen. Man verliert, wenn die Ereignisse E_1: „Die Augensumme ist ungerade." oder E_2: „Beide Würfel zeigen die gleiche Augenzahl." eintreten.

Zu 4.3

Begründe, dass E_1 und E_2 disjunkte Ereignisse sind.

Bestimme mithilfe des Additionssatzes die Wahrscheinlichkeit zu verlieren.

8 In einer Urne befinden sich 20 Kugeln, die von 1 bis 20 nummeriert sind. Es wird zufällig eine Zahl gezogen. Betrachtet werden die Ereignisse A: „Die Zahl ist gerade.", B: „Die Zahl hat den Teiler 3.", C: „Die Zahl ist größer als 10." und D: „Die Zahl ist ein Vielfaches von 5.".

a) Gib die Ereignisse $C \cup D$ und $C \cap D$ in Mengenschreibweise an.

b) Begründe, warum die Aussage $P(C) + P(D) = P(C \cup D)$ falsch ist.

a) Gib die Ereignisse $A \cap C$ und $B \cap D$ in Mengenschreibweise an.

b) Begründe, dass die Aussage $P(\overline{A}) + P(B) = P(\overline{A} \cup B)$ falsch ist.

9 Übertrage die Vierfeldertafel in dein Heft, vervollständige sie und bestimme rechnerisch die Wahrscheinlichkeiten P (E), P (S ∩ E) und P (S ∪ E).

	E	$\overline{E}$	gesamt
S	0,2		0,6
$\overline{S}$		0,3	
gesamt			

10 In einer Kiste sind zehn Kugeln mit den Nummern 0 bis 9. Es wird „blind" eine Kugel gezogen und die Nummer notiert.

a) Gib die folgenden Ereignisse in Mengenschreibweise und ihre Wahrscheinlichkeiten an:
A: „Die Nummer ist ungerade." B: „Die Nummer ist durch 3 teilbar."
C: „Die Nummer ist kleiner als 5." D: „Die Nummer ist eine Primzahl."
E: „Die Nummer ist eine Quadratzahl." F: „Die Nummer ist größer als 8."

b) Gib die Ereignisse $A \cap B$, $A \cup D$, $\overline{A \cup C}$ und $\overline{D \cap F}$ in Mengenschreibweise und in Worten an.

c) Gib die folgenden Ereignisse in Symbolschreibweise und in Mengenschreibweise an:
1 „Die Nummer ist ein Vielfaches von 3, aber keine Quadratzahl."
2 „Die Nummer ist ungerade oder eine Quadratzahl, aber nicht beides."
3 „Die Nummer ist ungerade oder eine Quadratzahl (oder beides)."

11 Erläutere die Vierfeldertafel und beschreibe hierzu mindestens zwei verschiedene Aufgabenstellungen, die du beantworten kannst. Bearbeite sie gemeinsam mit deiner Nachbarin oder deinem Nachbarn und präsentiert eure Ergebnisse in der Klasse.

	leidet an Reizhusten	leidet nicht an Reizhusten	gesamt
Raucher	1155	295	1450
Nichtraucher	351	199	550
gesamt	1506	494	2000

12 Im Fahrradbereich der Schule stehen 360 Fahrräder. Darunter sind 240 Mountainbikes. Bei einer Überprüfung stellt sich heraus, dass sieben von zehn Fahrrädern eine Beleuchtung haben. Von den Mountainbikes hat jedes fünfte keine Beleuchtung.
Betrachtet werden die Ereignisse M: „Das Fahrrad ist ein Mountainbike." und B: „Das Fahrrad hat eine Beleuchtung.".

a) Erstelle eine Vierfeldertafel mit relativen Häufigkeiten.

b) Berechne die Wahrscheinlichkeit, dass …
1 ein Fahrrad kein Mountainbike ist.
2 ein Fahrrad kein Mountainbike ist und keine Beleuchtung besitzt.
3 ein Fahrrad ein Mountainbike ist oder eine Beleuchtung besitzt.
4 ein Fahrrad kein Mountainbike ist oder eine Beleuchtung besitzt, aber nicht beides.

c) Lars: „Es gibt mehr Fahrräder, die ein Mountainbike sind und keine Beleuchtung haben, als Fahrräder, die kein Mountainbike sind und keine Beleuchtung haben."
Begründe, ob Lars Recht hat.

13 Am Thomas-Mann-Gymnasium werden die Fremdsprachenwahlkurse Japanisch und Schwedisch angeboten. 5 % der Schülerinnen und Schüler lernen beide Sprachen, 15 % lernen Japanisch, aber kein Schwedisch und insgesamt 15 % aller Schülerinnen und Schüler sind im Schwedischkurs. Betrachtet werden die Ereignisse J: „Teilnahme am Japanischkurs" und S: „Teilnahme am Schwedischkurs".

a) Erstelle zum Sachverhalt eine Vierfeldertafel.

b) Beschreibe die folgenden Ereignisse jeweils im Sachzusammenhang und gib ihre Wahrscheinlichkeit an.

1 $\overline{S} \cap \overline{J}$ 2 $\overline{S} \cup \overline{J}$ 3 $(\overline{S} \cap J) \cup (S \cap \overline{J})$

c) Entscheide und begründe, ob die Ereignisse S und J disjunkt sind.

14 Zecken sind kleine blutsaugende Parasiten, die in der Natur unbemerkt auf Menschen krabbeln und schwere Krankheiten übertragen können. Besonders gefährlich ist dabei die Hirnhautentzündung (FSME). Die Hälfte aller Patienten, die eine Hirnhautentzündung haben, klagt zu Beginn über eine Steifheit des Nackens. Jedoch nennt in einer Arztpraxis jeder 20. Patient dieses Symptom, das auch andere Ursachen haben kann.

a) Fast ganz Bayern ist mittlerweile Risikogebiet für FSME. Erstelle für ein solches Gebiet eine Vierfeldertafel mit den Ereignissen H: „Hirnhautentzündung" und N: „Steifer Nacken". Gehe dabei in einem Risikogebiet von durchschnittlich 3 Erkrankungen pro 100 000 Einwohner aus.

b) Gib die Wahrscheinlichkeit an, dass eine im Risikogebiet lebende Person keinen steifen Nacken besitzt und an einer Hirnhautentzündung leidet.

FSME-Risikogebiete in Bayern: mehr als eine Erkrankung pro 100 000 Einwohner

15 **a)** Erstelle eine Vierfeldertafel zu der Datenanalyse einer Warenhauskette und vervollständige den folgenden Satz: Insgesamt hat das Warenhaus ... so viele weibliche wie männliche Kunden. Abends sind es ... so viele.

b) Bestimme rechnerisch, wie viel Prozent der Kunden weiblich sind und am Abend einkaufen.

c) Schreibe das Ereignis E, für das $P(E) = 35\,\%$ gilt, als Verknüpfung der Ereignisse W und A.

Datenanalyse einer Warenhauskette:
- 60 % aller Kunden sind weiblich.
- 50 % aller Kunden kaufen am Abend ein.
- 35 % aller Kunden sind männlich und kaufen nicht am Abend ein.

W: „Kunde ist weiblich."
A: „Kunde kauft abends ein."

16 75 Jungen und 44 Mädchen besuchen derzeit die 9. Jahrgangsstufe am Goethe-Gymnasium. Im Jahreszeugnis der 8. Jahrgangsstufe hatten 38 der Jungen und 30 der Mädchen in Mathematik die Note 3 oder besser.

a) Stelle die Daten in einer Vierfeldertafel dar.

b) Eine Schülerin oder ein Schüler der 9. Jahrgangsstufe wird zufällig ausgewählt. Schreibe die folgenden Ereignisse als Verknüpfung der Ereignisse M: „Mädchen" und N: „Note 3 und besser" und berechne ihre Wahrscheinlichkeit:

E_1: „Die Person ist männlich und hatte im Jahreszeugnis mindestens die Note 3."

E_2: „Der oder die Ausgewählte hat im letzten Jahr keine 3 in Mathematik geschafft."

E_3: „Es wird ein Mädchen ausgewählt oder ein Junge, der mindestens eine 3 geschafft hat."

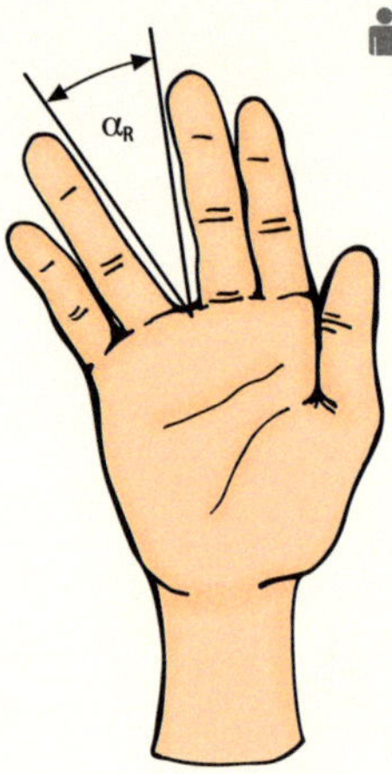

Rechte Hand

17 In einem Wissenschaftsjournal wurde ein Test veröffentlicht, mit dem man feststellen kann, ob jemand Links- oder Rechtshänder ist. Bei dem Test spreizt die Versuchsperson die Finger ihrer linken und ihrer rechten Hand (vgl. Abbildung) so weit wie möglich; dann werden die Größen der Winkel α_L und α_R ermittelt.
Laut diesem Zeitschriftenartikel gilt:
Es liegt Linkshändigkeit vor, wenn α_R größer als α_L ist.
Es liegt Rechtshändigkeit vor, wenn α_L größer als α_R oder ebenso groß wie α_R ist.

a) Führe diesen Test in deiner Klasse durch.

b) Das Ergebnis eines solchen Tests ist in der Vierfeldertafel dargestellt.

	Anzahl der Personen, bei denen das Testergebnis		
	zugetroffen hat	**nicht zugetroffen hat**	**gesamt**
Rechtshänder	3240	1210	4450
Linkshänder	447	103	550
gesamt	3687	1313	5000

1 Trage die relativen Häufigkeiten in eine Vierfeldertafel ein.
2 Gib an, wie groß bei diesen Testergebnissen die Wahrscheinlichkeit ist, dass bei einer zufällig ausgewählten Testperson das Ergebnis falsch ist.
3 Luisa: „Der Test liefert bei Rechtshändern die zutreffenderen Ergebnisse."
Nimm Stellung zu Luisas Aussage.

18 Eine Firma produziert Schrauben, von denen jede zehnte fehlerhaft ist. Deshalb werden Kontrollen durchgeführt.
10 % der fehlerhaften Schrauben und 95 % der Schrauben, die die Normen erfüllen, werden als einwandfrei eingestuft.

	Schraube fehlerhaft	**Schraube in Ordnung**	**gesamt**
T_{gut}	0,01		
T_{Fehler}			
gesamt			1,0

a) Übertrage die Vierfeldertafel in dein Heft und vervollständige sie.

b) An einem Tag werden 50 Millionen Schrauben produziert. Gib an, wie viele Schrauben im Durchschnitt einwandfrei sind.

c) Gib die Wahrscheinlichkeit dafür an, dass eine Schraube einwandfrei ist und bei der Kontrolle als fehlerhaft eingestuft wird.

19 Ein Reiseunternehmen will neue Mitarbeiter und Mitarbeiterinnen einstellen.
Es bewerben sich schriftlich 24 Personen; davon sind zwei Drittel Frauen.
Ein Viertel der männlichen Bewerber und die Hälfte der Bewerberinnen haben einen Hochschulabschluss. Der Anteil der Männer, die bereits länger als ein Jahr im Ausland gelebt haben, ist doppelt so hoch wie bei den Frauen.

a) Ermittle rechnerisch die Wahrscheinlichkeit, dass eine zufällig ausgewählte Bewerbung von einem Mann mit Hochschulabschluss stammt.

b) Gib an, wie viele verschiedene Möglichkeiten es gibt, die Bewerbungsschreiben …
1 auf einen Stapel zu legen.
2 so auf einen Stapel zu legen, dass die Bewerbungsschreiben der Personen mit Hochschulabschluss oben liegen.
3 so auf einen Stapel zu legen, dass die Bewerbungsschreiben der männlichen Bewerber oben liegen.

Seite 112

Verknüpfte Ereignisse – Mengendiagramme

Die **Schnittmenge** besteht aus allen Ergebnissen, bei denen **beide Ereignisse A und B zugleich** eintreten.

Man schreibt: $A \cap B$ („A geschnitten B").

Die **Vereinigungsmenge** besteht aus allen Ergebnissen, bei denen **mindestens eines der zwei Ereignisse A und B** eintritt.

Man schreibt: $A \cup B$ („A vereinigt B").

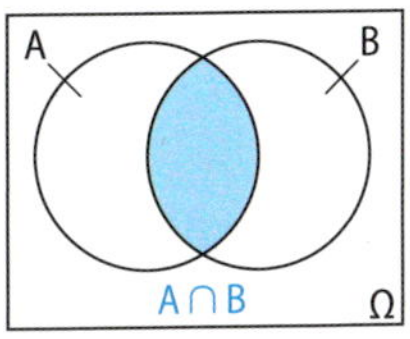

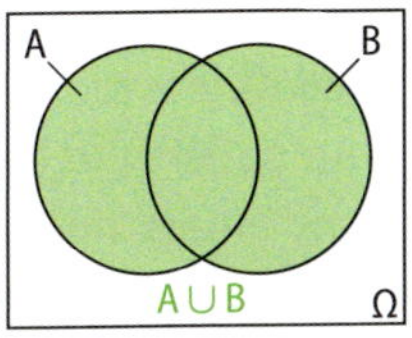

Leni wirft einen Laplace-Würfel einmal und liest die Augensumme ab.

A: „Die Zahl ist gerade."

B: „Die Zahl besitzt den Teiler 3."

$A = \{2; 4; 6\}$ $\quad B = \{3; 6\}$

$A \cap B = \{6\}$ $\quad A \cup B = \{2; 3; 4; 6\}$

Seite 116

Verknüpfte Ereignisse – Vierfeldertafel

Mithilfe einer **Vierfeldertafel** kann man Zusammenhänge zwischen zwei Ereignissen darstellen. So erhält man schnell einen Überblick, wie oft die Ereignisse einzeln, gemeinsam oder gar nicht eintreten. In den Zellen der Vierfeldertafel können **absolute** oder **relative** Häufigkeiten stehen.

Bei einer entsprechend großen Grundmenge kann man aus der Vierfeldertafel auch die **Wahrscheinlichkeiten einzelner oder verknüpfter Ereignisse** ableiten.

Z: „Schüler besucht die 10. Klasse."

A: „Schüler ist mindestens 16 Jahre alt."

	Z	**$\bar{Z}$**	**gesamt**
A	35	180	215
$\bar{A}$	25	260	285
gesamt	60	440	500

Es gilt z. B.: $P(Z) = \frac{60}{500} = 0{,}12 = 12\,\%$

$P(A) = \frac{215}{500} = 0{,}43 = 43\,\%$

$P(A \cap Z) = \frac{35}{500} = 0{,}07 = 7\,\%$

	Z	**$\bar{Z}$**	**gesamt**
A	7 %	36 %	43 %
$\bar{A}$	5 %	52 %	57 %
gesamt	12 %	88 %	100 %

Seite 120

Der Additionssatz

Für zwei Ereignisse A und B aus der Ergebnismenge Ω gilt:

$$\mathbf{P(A \cup B) = P(A) + P(B) - P(A \cap B).}$$

Ein Spezialfall liegt vor, wenn die beiden Ereignisse unvereinbar (disjunkt) sind, also $A \cap B = \{\ \}$ ist. Dann gilt:

$$\mathbf{P(A \cup B) = P(A) + P(B).}$$

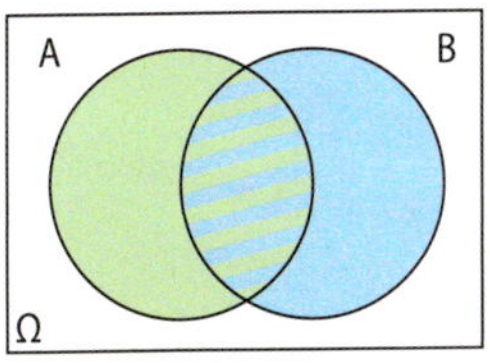

	B	**$\bar{B}$**	**gesamt**
A	$P(A \cap B)$	$P(A \cap \bar{B})$	$P(A)$
$\bar{A}$	$P(\bar{A} \cap B)$	$P(\bar{A} \cap \bar{B})$	$P(\bar{A})$
gesamt	$P(B)$	$P(\bar{B})$	1

4 Am Ziel!

Aufgaben zur Einzelarbeit

Überprüfe deine Fähigkeiten und Kompetenzen. Bearbeite dazu die folgenden Aufgaben und bewerte anschließend deine Lösungen mit einem Smiley.

☺	😐	☹
Das kann ich **wirklich gut!**	Das kann ich **fast!**	Das muss ich **noch üben!**

1 Schreibe jeweils in Symbolschreibweise und zeichne ein zugehöriges Mengendiagramm.

a) Es tritt sowohl das Ereignis G als auch das Ereignis H ein.

b) Es tritt weder das Ereignis G noch das Ereignis H ein.

c) Es tritt mindestens eines der Ereignisse G und H ein.

d) Es tritt das Ereignis G ein, jedoch nicht das Ereignis H.

e) Es tritt höchstens eines der Ereignisse G und H ein.

2 Übertrage die Vierfeldertafel in dein Heft und vervollständige sie.

	A	$\overline{A}$	gesamt
B	0,25	0,3	
$\overline{B}$			
gesamt	0,3		

3 Zu einem Faschingsfest verkleiden sich 120 Gäste, der Rest kommt ohne Verkleidung. 90 Frauen haben sich verkleidet. Das ist die Hälfte der weiblichen Gäste. Ohne Verkleidung kommen 60 Männer. Betrachtet werden die Ereignisse W: „Die Person ist weiblich." und V: „Die Person ist verkleidet.".

a) Erstelle zum Sachverhalt eine Vierfeldertafel mit absoluten Häufigkeiten sowie eine Vierfeldertafel mit relativen Häufigkeiten.

b) Ermittle die Wahrscheinlichkeit, dass …

1 eine Person weiblich ist.

2 eine Person männlich ist und verkleidet zum Fest kommt.

3 eine Person weder männlich ist noch verkleidet zum Fest kommt.

c) Entscheide und begründe, ob $P(W) + P(\overline{V}) = P(W \cup \overline{V})$ gilt.

4 An einem Flughafen trägt etwa jeder hundertste Passagier verbotene Drogen bei sich. Die Spürhunde der Polizei erkennen Drogenschmuggler mit 99 %-iger Wahrscheinlichkeit. Allerdings schlagen sie auch bei Unschuldigen in 5 % der Fälle an. Betrachtet werden die Ereignisse D: „Person trägt Drogen bei sich." und S: „Spürhund schlägt Alarm.".

a) Beschreibe die Ereignisse jeweils im Sachkontext.

1 $\overline{D \cup S}$ **2** $D \cap \overline{S}$ **3** $\overline{D \cap S}$

b) Gib das Ereignis jeweils in Symbolschreibweise an und berechne seine Wahrscheinlichkeit.

1
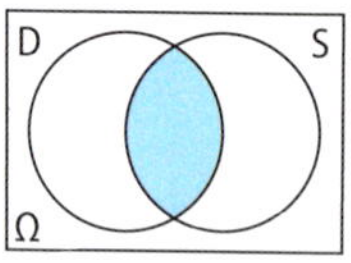

2
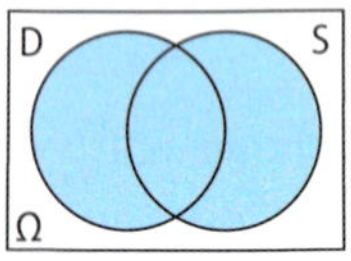

5 Erkläre den Unterschied zwischen „Es tritt das Ereignis A oder das Ereignis B ein, aber nicht beide." und „Es tritt das Ereignis A oder das Ereignis B ein.". Zeichne jeweils ein Mengendiagramm.

6 Auf einem Volksfest kann man an einem Stand kleine Kunststoffenten angeln, die auf der Unterseite jeweils eine Zahl zwischen 1 und 10 tragen. Oskar angelt eine Ente.

a) Entscheide und begründe, ob für die Ereignisse E_1: „Die Zahl ist ungerade." und E_2: „Die Zahl ist durch 3 teilbar." die Gleichung $P(E_1 \cup E_2) = P(E_1) + P(E_2)$ erfüllt ist.

b) Gib im Sachkontext zum Ereignis E_2 ein Ereignis E_3 an, sodass $P(E_3 \cup E_2) = P(E_3) + P(E_2)$ erfüllt ist. Beschreibe deine Überlegungen.

Aufgaben für Lernpartner

Arbeitsschritte

1. Bearbeite die folgenden Aufgaben zuerst allein.
2. Suche dir einen Partner oder eine Partnerin und arbeitet zusammen weiter: Erklärt euch gegenseitig eure Lösungen. Korrigiert fehlerhafte Antworten.

Sind folgende Behauptungen richtig oder falsch? Begründe.

A Gilt $A \cap B = A$, so tritt das Ereignis A automatisch ein, wenn das Ereignis B eintritt.

B Gilt $A \cup B = \{\}$, so sind $A = \{\}$ und $B = \{\}$.

C Gilt $A \cap B = A$, so tritt das Ereignis B automatisch ein, wenn das Ereignis A eintritt.

D Eine Vierfeldertafel kann nur absolute Häufigkeiten darstellen.

E Der Fall $A \cap \overline{B} = \overline{A}$ kann nicht eintreten, ist also unmöglich.

F Die markierte Menge wird beschrieben durch $(A \cap \overline{B} \cap C) \cup (\overline{A} \cap C)$.

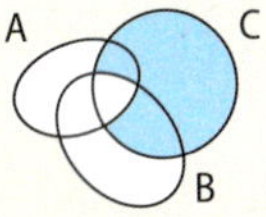

G Gilt $P(A \cup B) = P(A) + P(B)$, so gilt: $A \cap B = \{\}$.

H $P(A \cup B \cup C)$
$= P(A) + P(B) + P(C) - P(A \cap B \cup C)$

I In der Vierfeldertafel gilt $P(M) = P(\overline{M})$ und $P(M \cap N) = 0{,}6$.

	N	$\overline{N}$	
M	33		
$\overline{M}$			43
		31	86

J Ein Laplace-Würfel wird zweimal geworfen. Die Ereignisse A: „Man würfelt einen Pasch." und B: „Die Summe beider Augenzahlen ist eine Primzahl." sind disjunkt.

K Ein Kartenspiel besteht aus je acht Karten der Farben Herz, Pik, Kreuz und Karo. Von jeder Farbe gibt es einen König. Aus dem gut gemischten Spiel wird eine Karte blind gezogen. Die Vierfeldertafel beschreibt die Situation korrekt.

	König	kein König	gesamt
♥	$\frac{1}{32}$	$\frac{7}{32}$	$\frac{1}{4}$
kein ♥	$\frac{3}{32}$	$\frac{21}{32}$	$\frac{3}{4}$
gesamt	$\frac{1}{8}$	$\frac{7}{8}$	1

L Für zwei Ereignisse A und B kann niemals gelten: $P(A) + P(B) > 1$.

M In einer Vierfeldertafel mit relativen Häufigkeiten zu den Ereignissen A und B kann man die Wahrscheinlichkeiten $P(A)$, $P(\overline{A})$ und $P(A \cup B)$ direkt ablesen.

N In einer Vierfeldertafel mit relativen Häufigkeiten ist die Summe der markierten Zellen immer 1.

	A	$\overline{A}$	
B			
$\overline{B}$			

O Es gilt $A \cap \Omega = A$.

P Es gilt $A \cap \overline{A} = \{\}$ und $A \cup \overline{A} = \Omega$.

Ich kann …	„Am Ziel!"-Aufgaben	Hilfe
… verknüpfte Ereignisse beschreiben und sie mithilfe von Mengendiagrammen und Vierfeldertafeln darstellen.	1, 3, 4, 5, A, B, C, D, E, F, J, O, P	S. 112, 116
… Wahrscheinlichkeiten verknüpfter Ereignisse bestimmen.	2, 3, 4, 6, G, H, I, K, L, M, N	S. 116, 120

5 Startklar!

Grundwissen

Mediencode 61049-23

Aufgabe	Ich kann schon …
1	… einfache Bruchgleichungen lösen.
2	… Rechnungen mit Maßstäben durchführen.
3	… kongruente Figuren erkennen.
4, 5	… die Kongruenzsätze für Dreiecke anwenden.
6	… zu einem Satz den Kehrsatz formulieren.

1 Löse jeweils die Gleichung.

a) $\frac{2}{3} = \frac{4}{x}$ **b)** $\frac{7}{2} = \frac{x}{5} + 1$ **c)** $\frac{x+1}{2} = \frac{x+3}{6}$ **d)** $\frac{80}{x} = \frac{320}{30+x}$ **e)** $\frac{x+5}{x} = \frac{2x+2}{x+3}$

2 Übertrage die Sätze ins Heft und ergänze die fehlenden Werte in einer passenden Maßeinheit.

a) Bei einem Maßstab von 1:25 entsprechen 15 cm auf der Karte …

b) Bei einem Maßstab von 75:1 entsprechen 20 cm im Modell …

3 Begründe jeweils, welche Figuren zueinander kongruent sind, und erkläre deine Vorgehensweise.

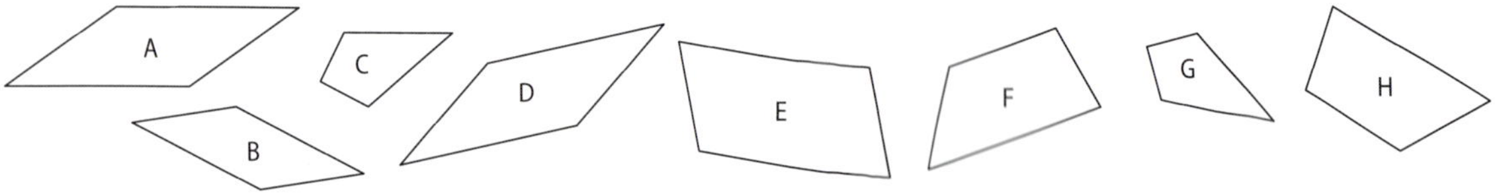

4 Durch einen Berg soll ein geradliniger Tunnel gebaut werden. Die Stellen, an denen die Eingangsportale des Tunnels geplant sind, sind von einem Punkt P aus unter einem Winkel von 42° sichtbar und von diesem Punkt 1200 m bzw. 1500 m entfernt. Bestimme die Länge des Tunnels aus einer Zeichnung im Maßstab 1:20 000.

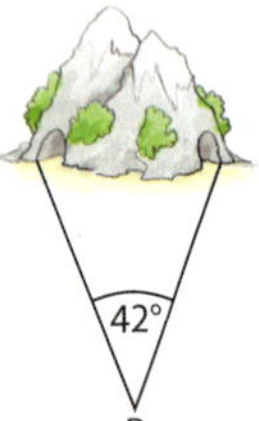

5 Begründe jeweils mithilfe der Kongruenzsätze für Dreiecke, ob aus den Bestimmungsstücken ein Dreieck eindeutig konstruiert werden kann. Führe in den Fällen, in denen das möglich ist, die Konstruktion durch.

a) $a = 5$ cm; $b = 3$ cm; $c = 2{,}5$ cm **b)** $c = 5$ cm; $\alpha = 90°$; $\beta = 110°$ **c)** $a = 5$ cm; $c = 4$ cm; $\beta = 40°$

d) $b = 4$ cm; $\alpha = 80°$; $\gamma = 40°$ **e)** $a = 5$ cm; $c = 4$ cm; $\gamma = 30°$ **f)** $\alpha = 52°$; $\beta = 80°$; $\gamma = 48°$

6 Entscheide und begründe jeweils, ob der Satz wahr oder falsch ist. Formuliere dann jeweils den Kehrsatz und begründe, ob dieser wahr oder falsch ist.

a) Wenn zwei natürliche Zahlen durch 7 teilbar sind, dann ist auch deren Summe durch 7 teilbar.

b) Wenn der Punkt C eines Dreiecks ABC auf einem Halbkreis über der Strecke $\overline{AB}$ liegt, dann hat das Dreieck bei C einen rechten Winkel.

c) Wenn ein Dreieck gleichseitig ist, dann hat es zwei gleich große Winkel.

d) Wenn zwei parallele Geraden a und b von einer dritten Geraden c geschnitten werden, so sind die auftretenden Stufenwinkel gleich groß.

5 Ähnlichkeit und Strahlensatz

Einstieg

- Ermittle durch Konstruktion, wie weit die Markise am Erdgeschoss ausgefahren werden muss, wenn das Erdgeschoss im Schatten liegen, die Terrasse aber Sonne haben soll.
- Bestimme zeichnerisch, wie weit die Markise ausgefahren sein müsste, wenn man sie am 1. oder am 2. Obergeschoss anbringen möchte, um den gleichen Beschattungseffekt zu erzielen.

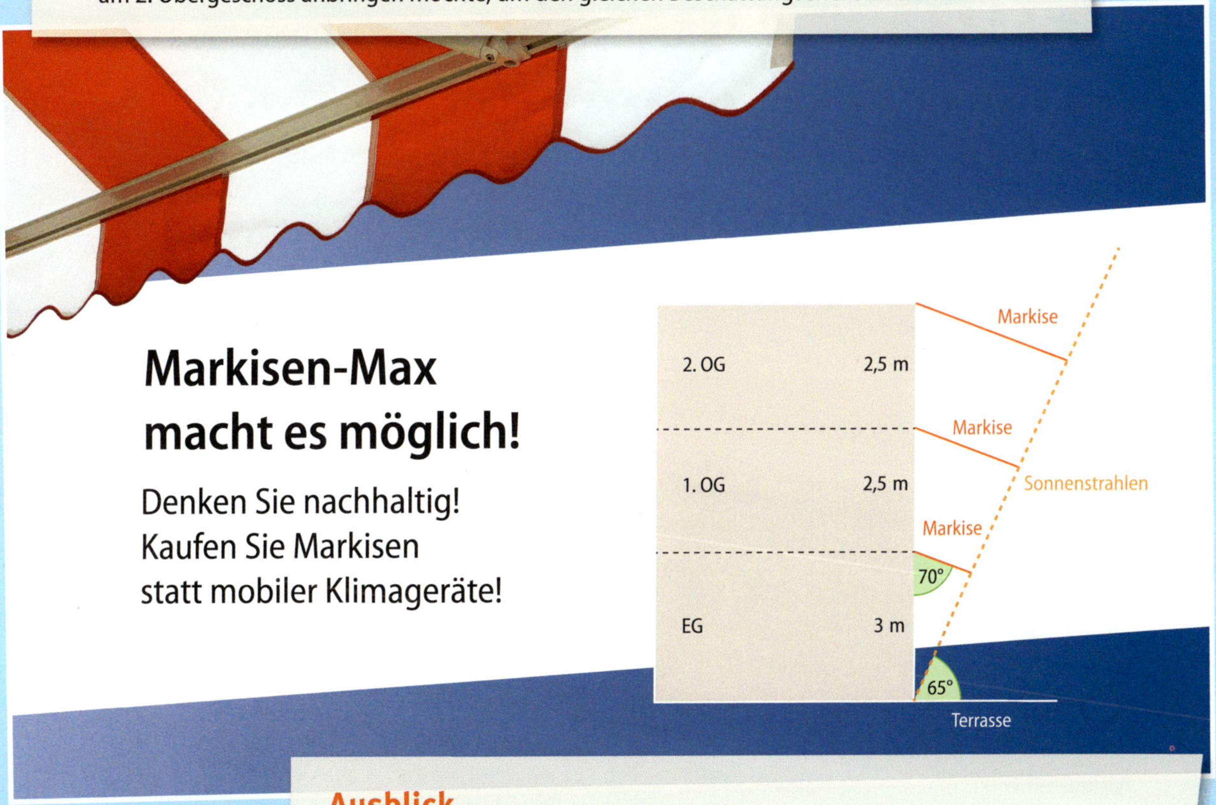

Ausblick

Am Ende dieses Kapitels hast du gelernt, …

- … den Begriff „Ähnlichkeit" anschaulich zu erläutern.
- … eine Figur maßstäblich zu vergrößern und zu verkleinern.
- … wie sich der Flächeninhalt einer Figur bzw. das Volumen eines Körpers verändert, wenn die Figur bzw. der Körper maßstäblich vergrößert oder verkleinert wird.
- … zu überprüfen, ob zwei Figuren, insbesondere Dreiecke, zueinander ähnlich sind.
- … die Strahlensätze bei innermathematischen Problemstellungen sowie bei Aufgaben in Sachzusammenhängen anzuwenden.

Historische Ecke
Mediencode 61049-24

Kap. 5.1

Ganz großes Kino

In den drei Kinos Binomaxx, Glori Palast und Theatri werden die eingesetzten Projektoren mithilfe eines Testbildes überprüft.

Binomaxx

Glori Palast

Theatri

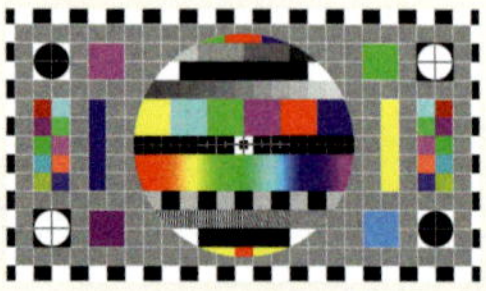

- Begründe durch den Vergleich verschiedener geometrischer Figuren, die auf den Testbildern zu sehen sind, dass nicht alle drei Kinos das gleiche Bildformat nutzen.
- Recherchiere die derzeit in der Filmbranche üblichen Bildformate und gib an, ob eine der drei Abbildungen einem dieser Formate entspricht.
- Jan sagt: „Die drei Bilder sind zwar nicht gleich, aber durchaus ähnlich."
  Nimm zu seiner Aussage Stellung.

Kap. 5.1

Beam me up!

Ein Beamer steht 4 m von der Projektionsfläche entfernt. Er projiziert ein Bild von 2,5 m Breite und 1,4 m Höhe.

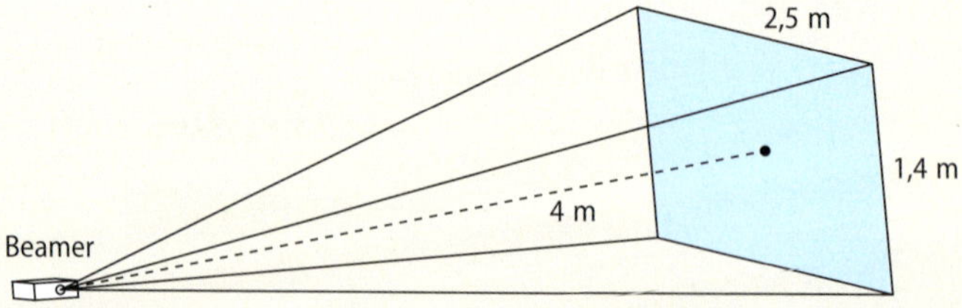

- Recherchiere die bei Beamern am häufigsten vorkommenden Verhältnisse von Bildbreite zu Bildhöhe.
- Erläutere anhand einer Skizze, welche Maße das Bild des Beamers hat, wenn man seinen Abstand zur Wand verdoppelt (verdreifacht).
- Stelle aus den bisherigen Ergebnissen eine Vermutung auf, in welchem Zusammenhang der Abstand des Beamers von der Projektionsfläche und der Flächeninhalt des projizierten Bildes auf der Projektionsfläche stehen. Begründe deine Vermutung.

Kap. 5.1

Nicht täuschen lassen!

Daten werden oft mit Bilddiagrammen veranschaulicht.
Beispiel: Im Jahr 2015 kostete eine Tonne Kakaobohnen 1500 US-$, im Jahr 2020 war der Preis auf 2300 US-$ gestiegen.

- Überprüfe, ob die Abbildungen die Preisverhältnisse angemessen widerspiegeln.

Kakaopreis im Jahr 2015

Kakaopreis im Jahr 2020

Kap. 5.2

Größenmessung mit dem Handy

Halte dein Handy mit ausgestrecktem Arm senkrecht so vor dich, dass sich der untere Rand auf Augenhöhe befindet. Fotografiere einen Gegenstand mit bekannter Höhe (z. B. eine Person) so, dass der höchste Punkt genau am oberen Rand des Fotos liegt. Anhand dieses Fotos kannst du jetzt die Höhe von beliebigen Objekten bestimmen, wenn du sie auf genau die gleiche Art fotografierst.

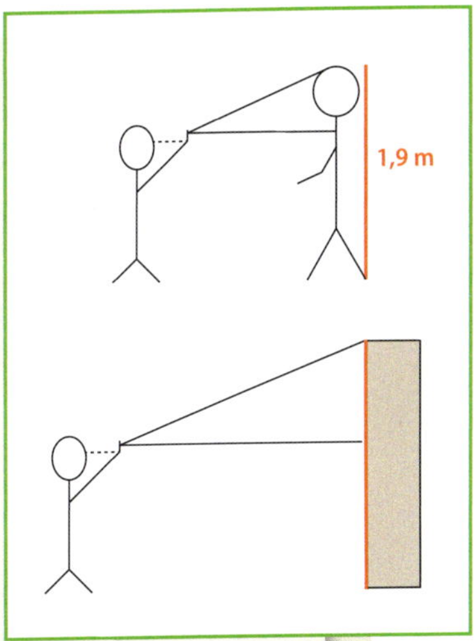

- Überlege, welche Maße du für die Bestimmung der Höhe von Objekten mithilfe deines Fotos noch benötigst.
- Vergleiche die eingezeichneten Dreiecke miteinander. Beschreibe Gemeinsamkeiten und Unterschiede.
- Probiere das Verfahren bei verschiedenen Gegenständen aus.

Kap. 5.3

Dynamische Verhältnisse

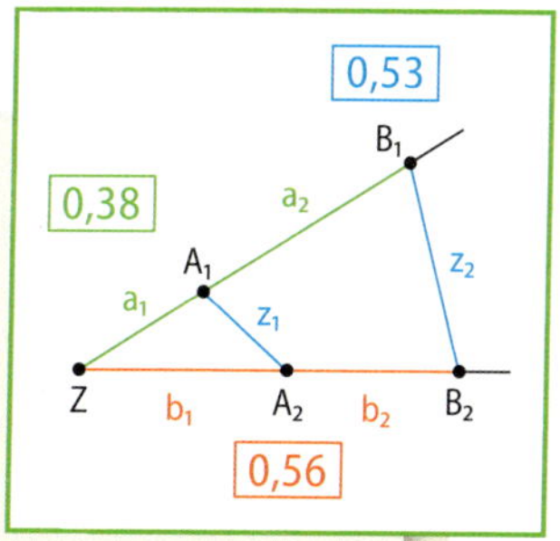

In der abgebildeten dynamischen Zeichnung sind die Punkte A_1, A_2, B_1 und B_2 Gleiter auf fixierten Halbgeraden; die Längenverhältnisse $\frac{a_1}{a_1 + a_2}$, $\frac{b_1}{b_1 + b_2}$ und $\frac{z_1}{z_2}$ werden dynamisch gemessen. Fertige mit einer DGS die Zeichnung selbst an und sorge dann durch Ziehen an den Punkten A_1, A_2, B_1 und/oder B_2 dafür, dass zwei der drei Längenverhältnisse gleich werden. Beobachte dabei das dritte dieser Längenverhältnisse sowie die gegenseitige Lage der beiden blauen Strecken und formuliere deine Beobachtungen.

Entdecken

- Bei manchen Bildern fällt es schwer zu unterscheiden, was vergrößert oder verkleinert wurde. Begründe deine eigene Einschätzung.
- Schätze, mit welchem Faktor man das Modellauto vergrößern müsste, damit es in einem realistischen Verhältnis zu der in Originalgröße abgebildeten Tischgruppe passt.

Verstehen

Figuren kann man maßstäblich vergrößern oder verkleinern. Der Maßstab beschreibt dabei das Verhältnis sich entsprechender Strecken.

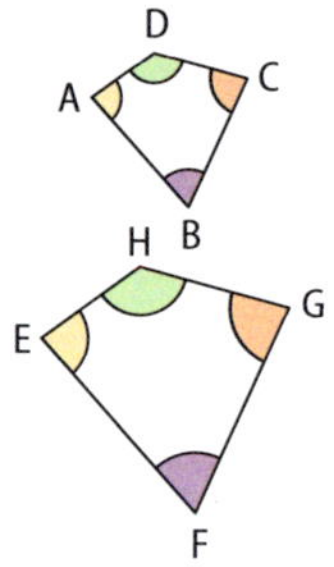

ABCD ~ EFGH

Ist k größer als 1 (kleiner als 1), handelt es sich um eine Vergrößerung (Verkleinerung); für k = 1 sind die Figuren kongruent.

Zwei Figuren A und B sind zueinander **ähnlich**, wenn man sie durch maßstäbliches Vergrößern oder Verkleinern in zueinander kongruente Figuren überführen kann. Man schreibt: **A ~ B** („A ist ähnlich B").

Ähnliche Figuren besitzen die **gleiche Form**. Sie stimmen …

1 in der **Größe einander entsprechender Winkel** sowie

2 im **Verhältnis einander entsprechender Seitenlängen** überein.

Das konstante Verhältnis der einander entsprechenden Seitenlängen heißt **Ähnlichkeitsfaktor k.**

Wird eine Figur F mit dem Flächeninhalt A_F mit dem Faktor k vergrößert $(k > 1)$ bzw. verkleinert $(0 < k < 1)$, so hat die entstehende Figur F* den Flächeninhalt $A_{F^*} = k^2 \cdot A_F$.

Wird ein Körper K mit dem Volumen V_K mit dem Faktor k vergrößert $(k > 1)$ bzw. verkleinert $(0 < k < 1)$, so hat der entstehende Körper K* das Volumen $V_{K^*} = k^3 \cdot V_K$.

Beispiele

I. Begründe, dass die Rechtecke ABCD (Länge l = 16 cm; Breite b = 6 cm) und A'B'C'D' (Länge m = 6,4 cm; Breite n = 2,4 cm) ähnlich sind, und bestimme den Ähnlichkeitsfaktor k.

Lösung:

Die Rechtecke sind ähnlich, weil sie beide vier rechte Winkel haben. Zudem stimmen die Verhältnisse der sich entsprechenden Seitenlängen überein:

$\frac{m}{l} = \frac{6{,}4\text{ cm}}{16\text{ cm}} = \frac{2}{5} = k = \frac{2{,}4\text{ cm}}{6\text{ cm}} = \frac{n}{b}$ bzw. $\frac{l}{b} = \frac{16\text{ cm}}{6\text{ cm}} = \frac{8}{3} = k = \frac{6{,}4\text{ cm}}{2{,}4\text{ cm}} = \frac{m}{n}$.

Strategiewissen
Eine Behauptung kann man mit einem einzigen Gegenbeispiel widerlegen.

II. Widerlege die Behauptung jeweils unter Einbeziehung einer Skizze:
Zwei geradlinig begrenzte Figuren sind ähnlich, wenn sie übereinstimmen …

a) in allen Innenwinkeln. **b)** in allen Seitenverhältnissen.

Lösung:

a)

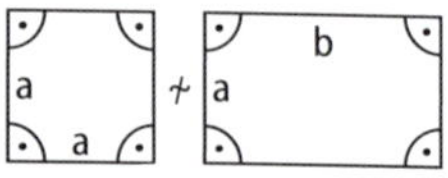

Beide Figuren haben jeweils vier rechte Winkel, aber die sich entsprechenden Seitenlängen stimmen nicht in den Verhältnissen überein $\left(\frac{a}{a} = 1 \neq \frac{a}{b}\right)$. Die Figuren sind nicht ähnlich.

b)

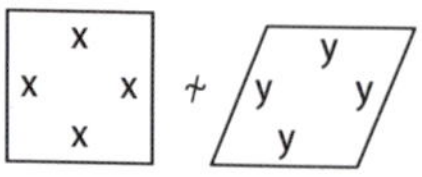

Die sich entsprechenden Seitenlängen der Figuren haben jeweils die gleichen Verhältnisse $\left(\frac{x}{x} = \frac{y}{y} = 1\right)$, die sich entsprechenden Winkel sind jedoch nicht gleich groß. Die Figuren sind nicht ähnlich.

III. Ein Darts-Club informiert auf seiner Internetseite mithilfe einer Grafik, dass sich seine Mitgliederzahl im letzten Jahr verdoppelt hat.

2020

2021

a) Begründe, dass alle Kreise zueinander ähnlich sind.
b) Weise rechnerisch nach, dass die Darstellung manipulativ ist.

Lösung:

a) Die Kreise k_1 (Radius r_1) und k_2 (Radius $r_2 > r_1$) sind in ihrer Form eindeutig festgelegt. Vergrößert man k_1 mit dem Faktor $k = \frac{r_2}{r_1}$, erhält man den Kreis k_2.

b) Zwar gilt in der Abbildung $r_{groß} = 2 \cdot r_{klein}$, allerdings vergrößert sich damit die Fläche auf das Vierfache:
$A_{k2} = r_2^2 \cdot \pi = (2r_1)^2 \cdot \pi = 4 \cdot r_1^2 \cdot \pi = 4 \cdot (r_1^2 \cdot \pi) = 4 \cdot A_{k1}$.

IV. Zeige rechnerisch an einem selbst gewählten Beispiel, wie sich die Fläche einer Figur bei der Vergrößerung mit dem Faktor $k = 2{,}5$ ändert.

Lösung:

Wenn beispielsweise im Dreieck ABC $A_{ABC} = \frac{1}{2} \cdot g \cdot h = \frac{1}{2} \cdot 2\,\text{cm} \cdot 1{,}5\,\text{cm}$ gilt, dann ergibt sich für das um den Faktor 2,5 vergrößerte Dreieck A'B'C':

$$A_{A'B'C'} = \frac{1}{2} \cdot g' \cdot h' = \frac{1}{2} \cdot (2{,}5 \cdot g) \cdot (2{,}5 \cdot h) = 2{,}5 \cdot 2{,}5 \cdot \frac{1}{2} \cdot g \cdot h$$
$$= (2{,}5)^2 \cdot \left(\frac{1}{2} \cdot g \cdot h\right) = 6{,}25 \cdot A_{ABC}.$$

Der Flächeninhalt vergrößert sich also mit dem Faktor $k^2 = (2{,}5)^2 = 6{,}25$.

V. Der kleine Würfel ist durch eine Verkleinerung aus dem großen Würfel entstanden.

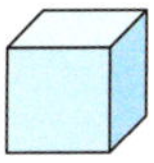

x

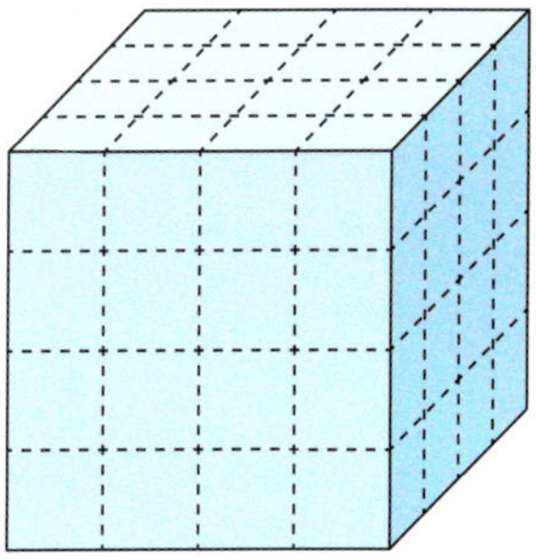

y

a) Erläutere, warum die beiden Körper ähnlich sind, und ermittle rechnerisch mithilfe der Abbildung den Ähnlichkeitsfaktor k.
b) Begründe rechnerisch den Zusammenhang $V_{klein} = \left(\frac{1}{4}\right)^3 \cdot V_{groß}$.

Lösung:

a) Die Körper sind ähnlich, weil sie in allen Winkeln, die ihre Seitenkanten bilden, übereinstimmen (90°-Winkel) und die Seitenkanten jeweils im gleichen Verhältnis $\left(\frac{x}{y} = \frac{0{,}7\,\text{cm}}{2{,}8\,\text{cm}} = \frac{1}{4}\right)$ stehen.

b) $V_{klein} = x^3 = \left(\frac{1}{4} \cdot y\right)^3 = \left(\frac{1}{4}\right)^3 \cdot y^3 = \left(\frac{1}{4}\right)^3 \cdot V_{groß}$

Nachgefragt

- Begründe, warum kongruente Trapeze stets auch ähnlich sind.
- Begründe, warum alle Würfel zum Einheitswürfel ($a = 1\,\text{cm}$) ähnlich sind.

Aufgaben

1 Ein Quadrat hat die Seitenlänge $a = 12\,\text{cm}$.

a) Bestimme jeweils mithilfe des Ähnlichkeitsfaktors k die Seitenlänge des vergrößerten (verkleinerten) Quadrats sowie den zugehörigen Maßstab als Verhältnis zweier natürlicher Zahlen.

1 $k = 10$ **2** $k = 2{,}5$ **3** $k = \frac{1}{3}$ **4** $k = \frac{1}{4}$ **5** $k = \frac{2}{3}$ **6** $k = 1{,}2$

b) Erläutere, wie man allgemein am Maßstab erkennen kann, ob es sich um eine Vergrößerung oder um eine Verkleinerung handelt.
c) Gib für die Ähnlichkeitsfaktoren in Teilaufgabe a) jeweils den Faktor der Veränderung des Flächeninhalts des Quadrats an.

Vergrößerung mit $k = 2$: Maßstab 2:1
Verkleinerung mit $k = 0{,}5$: Maßstab $1:2 = \frac{1}{2}$

2 a) Finde die Rechtecke, die zueinander ähnlich sind. Begründe deine Entscheidung.

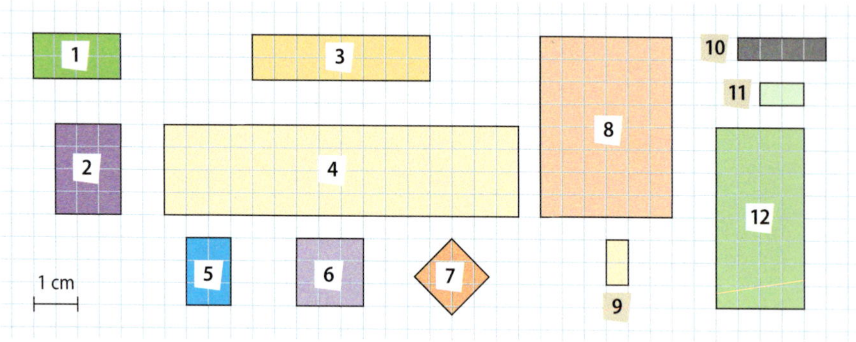

b) Alle Rechtecke werden mit dem Faktor 4,5 vergrößert. Gib jeweils die Flächeninhalte der entstehenden Rechtecke an.

3 Erkläre anhand der Bilder den Unterschied zwischen dem Begriff „ähnlich" im Alltag und im mathematischen Sinn.

1

2

3

4 Zeichne ein Rechteck und trenne davon wie abgebildet ein Teilrechteck ab, das zum ursprünglichen Rechteck ähnlich ist.

a) $a = 10$ cm; $b = 5$ cm
b) $a = 6$ cm; $b = 2$ cm
c) $a = 120$ mm; $b = 80$ mm
d) $a = 7{,}2$ cm; $b = 5{,}4$ cm

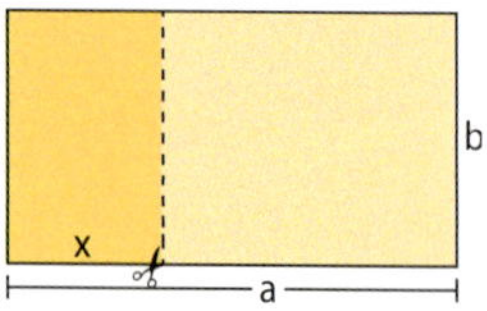

5 Übertrage die beiden Figuren in dein Heft.

a) Zeige, dass die beiden Figuren zueinander ähnlich sind und erläutere dein Vorgehen.
b) Zeichne eine ähnliche Figur, die im Vergleich zur roten Figur mit dem Faktor 4 vergrößert ist.

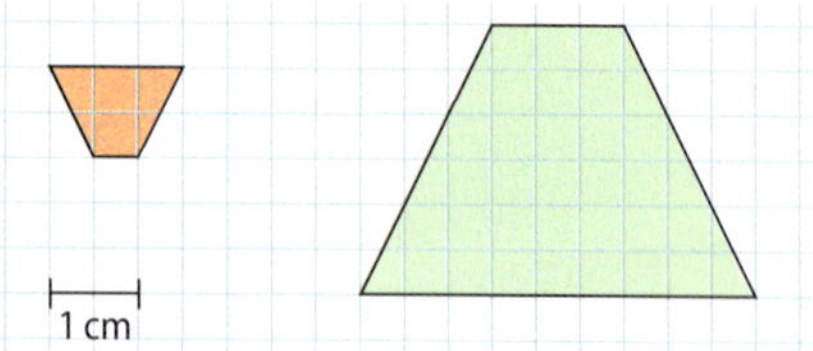

c) Weise mithilfe deiner drei Zeichnungen nach, dass die Zuordnung *Ähnlichkeitsfaktor* ↦ *Flächeninhalt* nicht direkt proportional ist.

6 Übertrage die beiden zueinander ähnlichen Figuren in dein Heft.

a) Erläutere, warum ein Nachweis, dass die Figuren ähnlich sind, mathematisch nicht exakt erbracht werden kann.

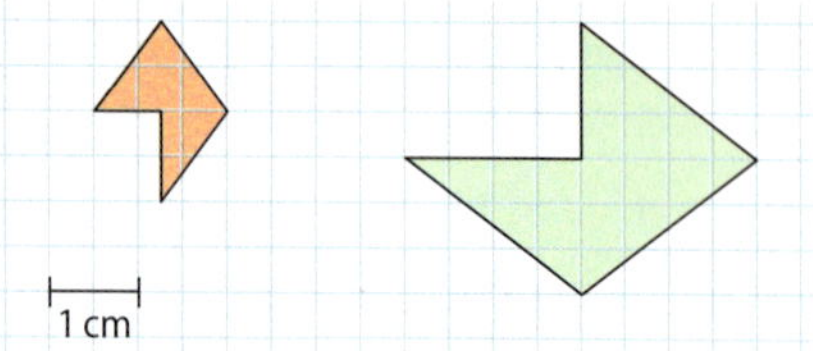

b) Ein Fünfeck mit $a = b = c = 5$ cm, $d = 4$ cm und $e = 3$ cm soll den abgebildeten Figuren ähnlich sein. Erkläre, unter welchen Bedingungen dies möglich ist.

7 Begründe jeweils, dass die weiße Figur nicht durch eine maßstäbliche Vergrößerung oder Verkleinerung aus der grünen Figur entstanden sein kann.

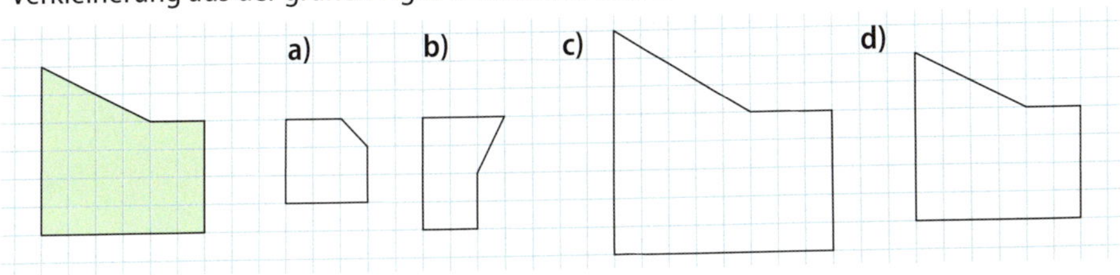

8 Matroschkas sind in Russland beliebte bunte Holzpuppen, die einander „ähnlich" und ineinander stapelbar sind. Elisa behauptet, dass der Materialbedarf für eine Puppe direkt proportional ist zur „Rangnummer", an der sich die jeweilige Puppe in die Reihe einordnen muss. Widerlege diese Behauptung durch eine mathematisch plausible Argumentation.

9 In Hirschberg steht ein 4,50 m langes Modell eines Füllers. Ein Schulfüller ist 15,0 cm lang und hat einen Durchmesser von 1,0 cm.

a) Berechne den Umfang für das maßstäbliche Modell.

b) Gib den Maßstab der Vergrößerung an.

c) Eine normale Tintenpatrone hat etwa einen Inhalt von 1 mℓ. Berechne, welches Volumen eine Tintenpatrone für den Modellfüller hätte.

10 Eine internationale Studie hat ermittelt, dass im Jahr 2019 der Schulunterricht in Deutschland nur zu etwa 30 % digital unterstützt wurde, in Singapur waren es 90 %. Ein Elektronik-Markt nutzte dieses Ergebnis für eine Werbekampagne.

a) Weise rechnerisch nach, dass die Darstellung manipulativ ist.

b) Recherchiere weitere Möglichkeiten, wie man Informationen mithilfe von Diagrammen manipulativ darstellen kann.

Wissen

Selbstähnliche Figuren

Figuren, bei denen ein Ausschnitt der Figur der Gesamtfigur ähnlich ist, nennt man selbstähnlich. In einer Vergrößerung findet man also die Ausgangsfigur (ggf. unendlich oft) wieder.

- Zeichne ein gleichseitiges Dreieck (a = 12 cm) und drittle die Seitenlängen. Entferne nun jeweils den mittleren Streckenteil und errichte darüber wiederum ein gleichseitiges Dreieck usw. Du erhältst die ersten Schritte der „Koch'schen Schneeflocke".

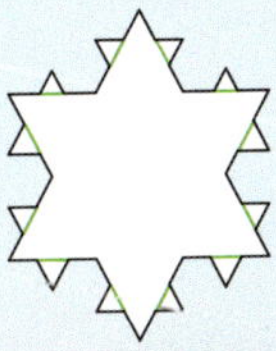

Der Mathematiker Benoît Mandelbrot (1924–2010) hat die Bedeutung solcher Gebilde für die Mathematik entdeckt und in diesem Zusammenhang den Begriff der **Fraktalen Geometrie** geprägt. Mithilfe von Computersimulationen, die die sich sehr oft wiederholenden Vorgänge durchlaufen und graphisch darstellen, entstehen faszinierende selbstähnliche Gebilde wie z. B. das „Apfelmännchen" und die „Juliamengen". Gebilde der fraktalen Geometrie ähneln oft Strukturen, die in der Natur vorkommen. Dies legt die Vermutung nahe, dass Strukturen in der Natur auf einfachen Gesetzmäßigkeiten beruhen, die sich bei der Entstehung allerdings sehr häufig wiederholen.

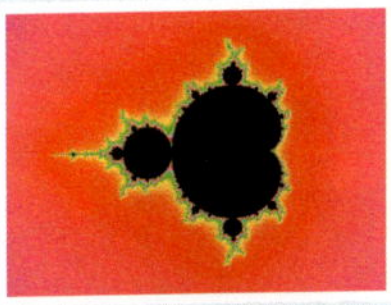

- Recherchiere über die fraktale Geometrie und stelle deine Ergebnisse der Klasse vor.

1 Zoll = 2,54 cm

11 a) Zwei Fernsehgeräte haben die Bildschirmdiagonalen 37 Zoll und 50 Zoll. Begründe, dass die Bildschirme nicht zueinander ähnlich sein müssen.

b) Die Maße der Handydisplays verschiedener Modelle der Firma xTel sind in folgender Tabelle dargestellt. Bestimme jeweils die Bildschirmdiagonale in Zentimeter und gib die Handytypen an, deren Displays ähnlich zueinander sind.

Typ	C50	C60	D35	D40
Diagonale	6,1"	5,5"	5"	4,5"
Höhe	141,47 mm	126,2 mm	115,96 mm	103,23 mm
Breite	63,18 mm	60 mm	51,79 mm	49,07 mm

12 a) Ein Zylinder mit $r = 3\text{ cm}$ und $h = 5\text{ cm}$ wurde mit dem Faktor $k = 4$ vergrößert. Bestimme rechnerisch den Faktor der Veränderung des Volumens sowie der Mantelfläche des Zylinders.

b) Verallgemeinere dein Ergebnis für einen Zylinder mit dem Radius r und der Höhe h.

13 Das Rechteck ABCD ist 10,5 cm lang und 6,0 cm breit. Berechne jeweils den Flächeninhalt des Bildvierecks, wenn es …

a) mit dem Faktor $\frac{2}{3}$ verkleinert wird.

b) mit dem Faktor k ($k > 1$) vergrößert wird.

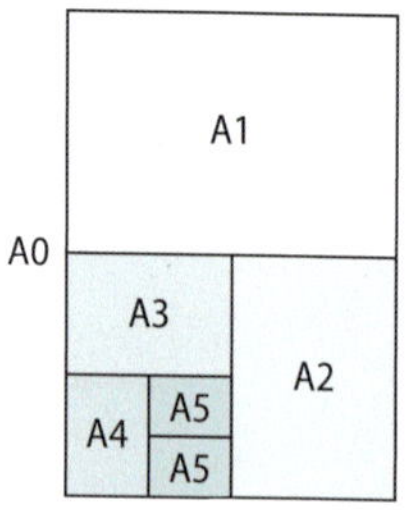

14 DIN-Formate sind genormte Papierformate. Das Urformat (DIN A0) ist ein Rechteck, das 1189 mm lang und 841 mm breit ist. Sein Flächeninhalt beträgt fast genau 1 m². Durch Halbierung der größeren Seite ergibt sich jeweils das nächste DIN-Format.

a) Berechne den Ähnlichkeitsfaktor von einem DIN-Format zum nächstgrößeren (nächstkleineren).

b) Bestimme das Verhältnis der langen zur kurzen Blattkante bei einem Blatt des Formats DIN A4 (DIN A5).

15 Ein kleiner und ein großer Zylinder haben das Volumen 157,08 cm³ bzw. 4241,16 cm³. Begründe, dass die Zylinder ähnlich sein können, aber nicht müssen, und ermittle rechnerisch jeweils den Radius und die Höhe von zwei ähnlichen Zylindern, die die angegebenen Volumina haben.

16 Bestätige Ellas Behauptung für verschiedene Zylinder und Prismen: „Es spielt keine Rolle, welchen Körper ich vergrößere oder verkleinere, der Faktor der Volumenveränderung ist in Abhängigkeit vom Ähnlichkeitsfaktor k immer gleich.“

17 Ein Set aus drei zueinander ähnlichen Truhen steht zum Verkauf. Die größte Truhe hat die Außenmaße $96\text{ cm} \times 48\text{ cm} \times 48\text{ cm}$. Das längste Maß der kleinsten Truhe entspricht dem kleinsten Maß der größten Truhe. Das Volumen der mittleren Truhe beträgt $\frac{27}{64}$ des Volumens der größten Truhe.

a) Berechne die Außenmaße der mittleren und der kleinen Truhe. Erläutere deine Überlegungen.

b) Vergleiche die Oberflächeninhalte der Truhen und bestimme die Faktoren a, b und c in folgenden Gleichungen:

1 $O_{groß} = a \cdot O_{klein}$ **2** $O_{groß} = b \cdot O_{mittel}$ **3** $O_{mittel} = c \cdot O_{klein}$

Hintergrund

Zentrische Streckungen

Dem maßstäblichen Vergrößern und Verkleinern liegt mathematisch eine Abbildung zugrunde, die **zentrische Streckung**. Dabei wird eine Figur von einem **Streckungszentrum Z** aus mit dem **Streckungsfaktor k** ($k \in \mathbb{R} \setminus \{0\}$) vergrößert oder verkleinert. Für $k < 0$ wird die Figur zusätzlich am Punkt Z gespiegelt. Durch die zentrische Streckung entsteht eine zur ursprünglichen Figur ähnliche Bildfigur.

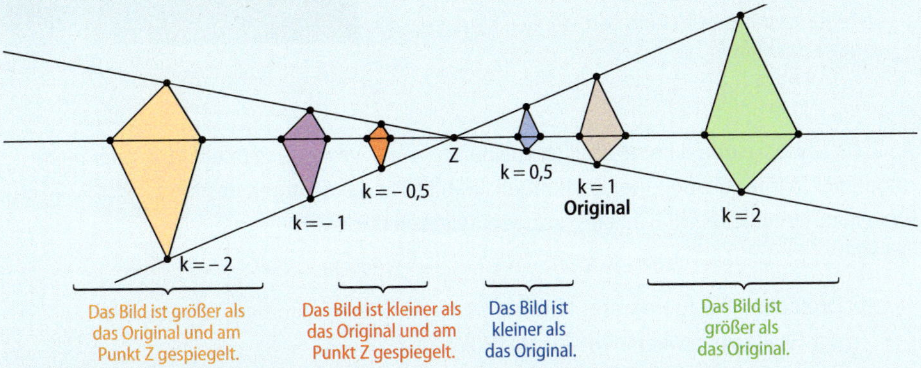

Die Bildstrecken sind dabei jeweils zu den entsprechenden Strecken des Originals parallel. Ihre Länge ist um das |k|-Fache kleiner bzw. größer als die des Originals. Der Flächeninhalt des Bildes ist k^2-fach kleiner bzw. größer als der des Originals.

- Übertrage jede der vier Figuren in dein Heft und strecke sie dann dort vom Streckungszentrum Z aus mit dem Streckungsfaktor $k = 2$.

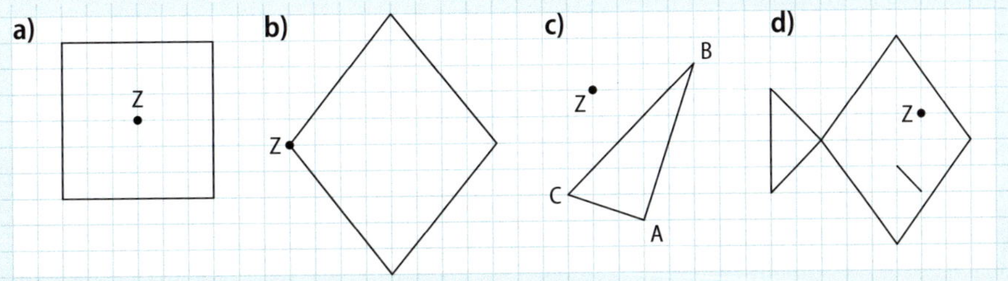

- Übertrage das Koordinatensystem mit der Figur in dein Heft. Führe anschließend die zentrischen Streckungen mit den angegebenen Werten von Z und k durch.
  a) $Z_1(0|3)$; $k_1 = 2$
  b) $Z_2(2{,}5|0{,}5)$; $k_2 = 0{,}5$
  c) $Z_3(4|3)$; $k_3 = -2$

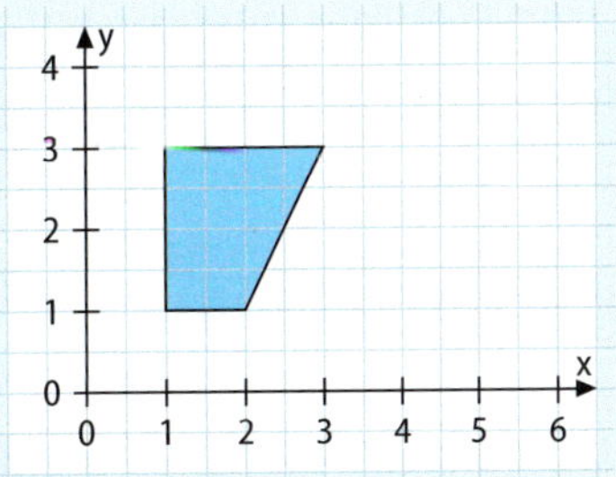

- Zeichne ein Dreieck ABC. Bilde es durch zentrische Streckung mit $Z = C$ und $k = -1{,}5$ ab. Zeige, dass die Seitenmittelpunkte von Dreieck ABC auf diejenigen von Dreieck A'B'C' abgebildet werden.
- Auch mithilfe einer DGS kann man zentrisch strecken. Zeichne mithilfe einer DGS ein Viereck und nutze die Funktion „Strecke zentrisch von Punkt aus" sowie ggf. einen Schieberegler für zentrische Streckungen mit unterschiedlichen Streckungsfaktoren.

Entdecken

Frau Weiß veranschaulicht ihrer Klasse, was man in der Mathematik unter ähnlichen Figuren versteht. Sie verwendet dafür das Bild eines Gewächshauses.

- Begründe, dass die dreieckigen Giebel an dem abgebildeten Gewächshaus ähnlich, aber nicht kongruent sind.
- Stelle eine Vermutung auf, ob Dreiecke, die in zwei Seitenlängen übereinstimmen, ähnlich sind.

Verstehen

Auch für Dreiecke gilt, dass sie ähnlich zueinander sind, wenn sie in ihrer Form (aber nicht unbedingt in ihrer Größe) übereinstimmen. Wählt man die richtigen Bestimmungsstücke aus, kann man schnell die Ähnlichkeit von zwei Dreiecken nachweisen.

Die Innenwinkelsumme im Dreieck beträgt immer 180°. Kennt man die Größen von zwei Innenwinkeln, so kann man den dritten berechnen.

Zwei **Dreiecke sind zueinander ähnlich**, wenn sie übereinstimmen …
- in der Größe von zwei Innenwinkeln (**W:W-Satz**).
- in den Verhältnissen der Seitenlängen sich entsprechender Dreiecksseiten (**S:S:S-Satz**).
- in einem Innenwinkel und dem Verhältnis der anliegenden Seitenlängen (**S:W:S-Satz**).
- im Verhältnis zweier sich entsprechender Seitenlängen und dem Gegenwinkel der längeren Seite (**S:s:W-Satz**).

Verschiebungen oder Drehungen verändern die Form eines Dreiecks nicht.

Beweis des W:W-Satzes:

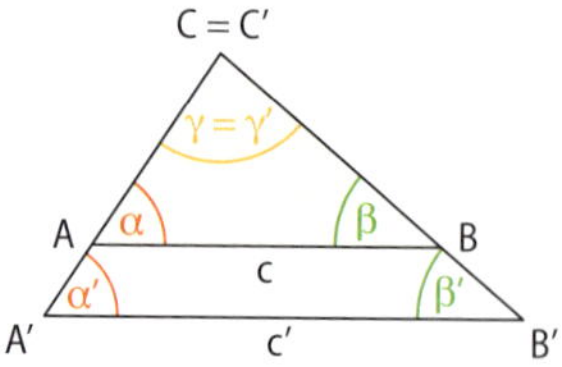

Wenn das kleinere Dreieck ABC und das größere Dreieck A'B'C' in zwei Winkeln übereinstimmen (z. B. $\alpha = \alpha'$ und $\gamma = \gamma'$), stimmen sie wegen der Winkelsumme im Dreieck auch im dritten Winkel überein ($\beta = \beta'$) und man kann dann das Dreieck ABC durch Drehen und Verschieben in das größere Dreieck A'B'C' „einpassen".
Weil nach Voraussetzung die Stufenwinkel α und α' gleich groß sind, verlaufen die Seiten c und c' somit parallel.

Nun wird das Dreieck ABC mit dem Vergrößerungsfaktor $k = \frac{c'}{c}$ vergrößert, sodass c und c' anschließend die gleiche Länge haben. Die Winkelgrößen verändern sich dadurch nicht. Nach dem Kongruenzsatz wsw sind die beiden Dreiecke kongruent, weil sie in einer Seitenlänge ($c = c'$) und den beiden anliegenden Winkeln ($\alpha = \alpha'$ und $\beta = \beta'$) übereinstimmen.

Beispiele

Strategiewissen
Ähnlichkeit von Dreiecken nachweisen

I. Begründe, dass die Dreiecke ABC und A'B'C' zueinander ähnlich sind, und gib – sofern möglich – den Ähnlichkeitsfaktor k an.
$\alpha = 60°$, $\gamma = 45°$ und $\alpha' = 75°$, $\beta' = 45°$

Lösung:
Im Dreieck ABC gilt: $\beta = 180° - (60° + 45°) = 75° = \alpha'$. Zudem gilt $\gamma = \beta' = 45°$.
Somit stimmen die beiden Dreiecke in zwei Innenwinkeln überein und sind damit nach dem W:W-Satz ähnlich.
Den Ähnlichkeitsfaktor k kann man mit den gegebenen Angaben nicht bestimmen. Dazu bräuchte man das Verhältnis der Längen zweier sich entsprechender Seiten.

II. Bestimme die Länge der Seite b' so, dass die Dreiecke ABC ($a = 4$ cm, $c = 3$ cm, $\beta = 30°$) und A'B'C' mit $a' = 9$ cm und $\gamma' = 30°$ ähnlich sind. Begründe zunächst, dass die Lösung nicht eindeutig ist.

Lösung:

Da aus den Angaben nicht eindeutig hervorgeht, ob die gesuchte Seite b' des Dreiecks A'B'C' der Seite c bzw. der Seite a des Dreiecks ABC entspricht, gibt es zwei unterschiedliche Lösungen, die zwar zu ähnlichen, aber nicht zu kongruenten Dreiecken gehören.

Für das Seitenverhältnis $\frac{a}{c}$ gilt: $\frac{a}{c} = \frac{4\text{ cm}}{3\text{ cm}} = \frac{4}{3}$. Damit die Dreiecke ABC und A'B'C' bzw. A'C'B' nach dem S:W:S-Satz ähnlich sind, muss gelten:

$\frac{a'}{b'} = \frac{9\text{ cm}}{b'} = \frac{4}{3} \Rightarrow b' = 6{,}75$ cm bzw. $\frac{b'}{a'} = \frac{b'}{9\text{ cm}} = \frac{4}{3} \Rightarrow b' = 12$ cm

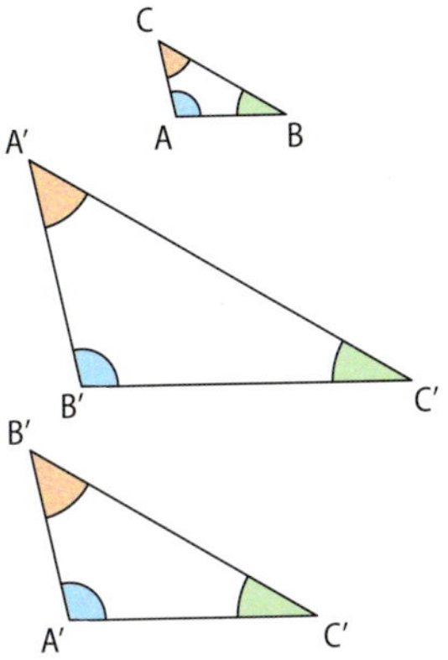

Nachgefragt

- Begründe, warum kongruente Dreiecke stets auch ähnlich sind.
- Samir behauptet, dass rechtwinklige Dreiecke stets zueinander ähnlich sind. Widerlege seine Aussage.

Aufgaben

Erklärvideos

Mediencode 61049-25

1 Gib an, welche Dreiecke zueinander ähnlich sind, und begründe deine Lösung jeweils mithilfe eines Ähnlichkeitssatzes.

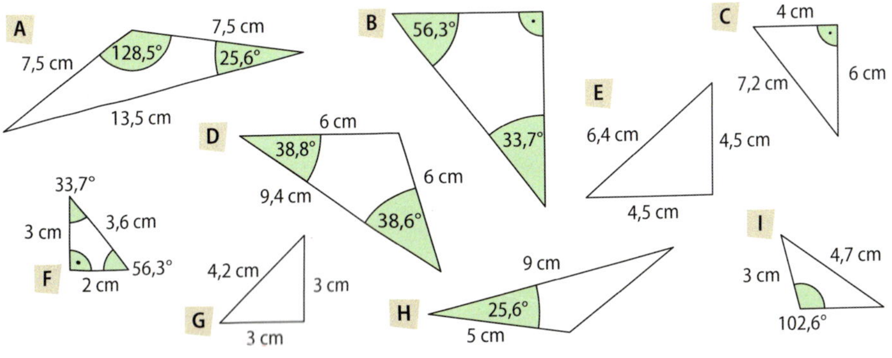

2 Die Dreiecke ABC und A'B'C' sind jeweils ähnlich. Berechne x und y.

a)

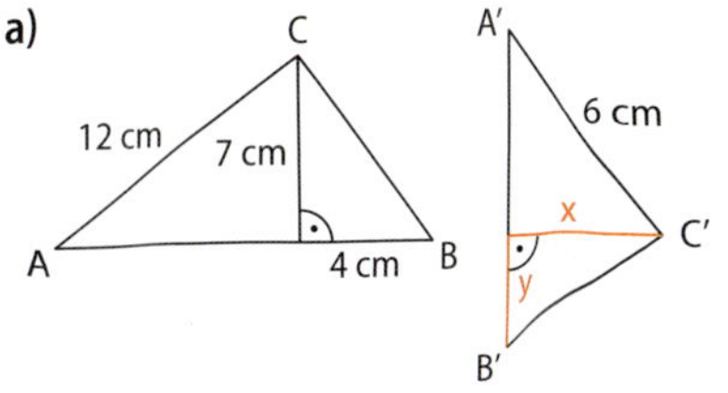

b)

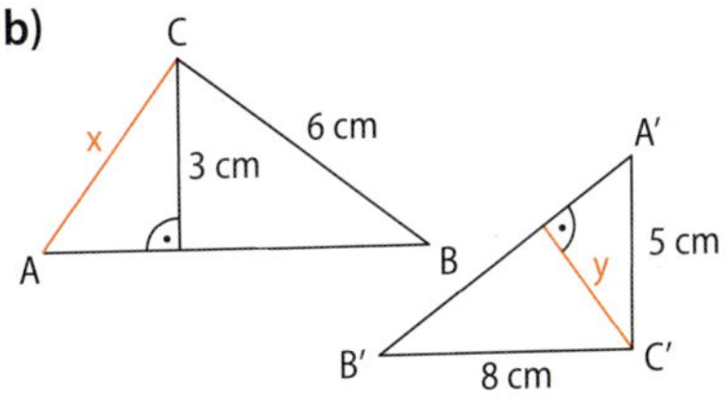

3 Begründe jeweils, ob die Dreiecke ABC und DEF zueinander ähnlich sind.

a) $\alpha = 50°$, $\beta = 40°$, $\gamma = 90°$, $\delta = 90°$, $\varepsilon = 50°$ und $\varphi = 40°$

b) $b = a$, $\alpha = 55°$, $d = e$ und $\varphi = 70°$

c) $a = b = c$ und $d = e = f$

d) $c = 12$ cm, $a = 9$ cm, $\beta = 66°$, $f = 14{,}4$ cm, $d = 10{,}8$ cm und $\varepsilon = 66°$

e) $a = 13$ cm, $b = 7{,}8$ cm, $\gamma = 70°$, $d = 6{,}5$ cm, $e = 3{,}9$ cm und $\varphi = 35°$

f) $e = 5$ cm, $f = 3{,}5$ cm, $\varphi = 90°$, $a = 75$ cm, $b = 52{,}5$ cm und $\alpha = 90°$

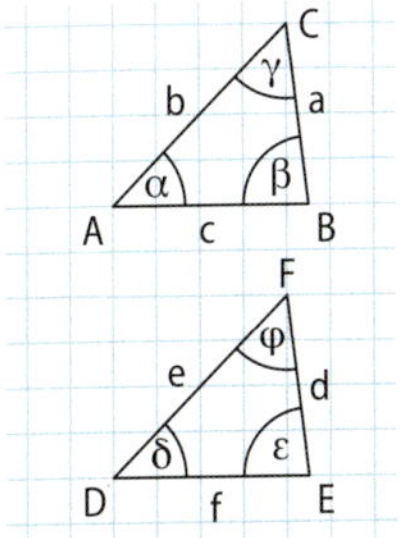

4 Übertrage die Figuren in dein Heft und zerlege sie mit nur einer Strecke in zueinander ähnliche Dreiecke. Begründe jeweils deine Lösung.

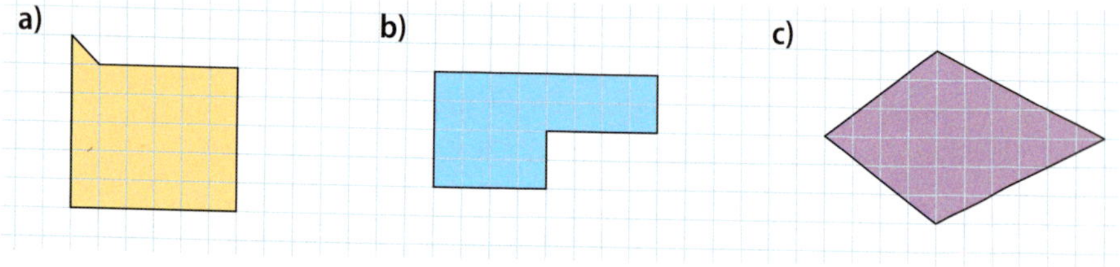

5 Luca behauptet, dass alle gleichseitigen Dreiecke zueinander ähnlich sind. Begründe die Aussage mithilfe unterschiedlicher Ähnlichkeitssätze auf drei verschiedene Arten.

6 Das Dreieck OLE hat den Flächeninhalt 48 cm² und ist zum Dreieck MIA ähnlich. Der Seitenlänge $l = 4$ cm im Dreieck OLE entspricht $m = 12$ cm im Dreieck MIA. Berechne den Flächeninhalt des Dreiecks MIA.

U_{TRE}: Umfang des Dreiecks
A_{TRE}: Flächeninhalt des Dreiecks

7 Finde jeweils heraus, ob die Dreiecke TRE und T′R′E′ zueinander ähnlich sein können.

a) $|\overline{TR}| = 12$ cm; $|\overline{RE}| = 15$ cm; $U_{TRE} = 48$ cm
$|\overline{T'R'}| = 42$ cm; $|\overline{R'E'}| = 52{,}5$ cm; $U_{T'R'E'} = 168$ cm

b) $U_{TRE} = 40$ cm; $U_{T'R'E'} = 100$ cm; $A_{TRE} = 60\ \text{cm}^2$; $A_{T'R'E'} = 375\ \text{cm}^2$

8 a) Erläutere den Kongruenzsatz wsw.

b) Begründe, warum ein vergleichbarer Ähnlichkeitssatz für Dreiecke überflüssig ist.

9 a) Erläutere anhand einer Skizze, wie sich die Flächeninhalte zweier ähnlicher Dreiecke zueinander verhalten.

b) Erläutere anhand einer Skizze, wie sich die Volumina zweier ähnlicher Quader zueinander verhalten.

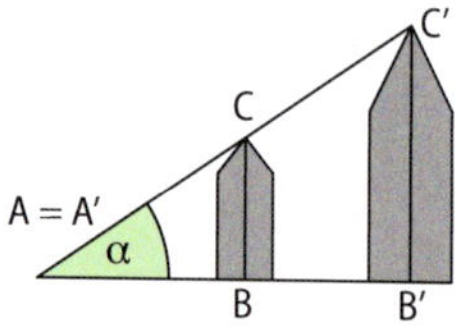

10 Vom Punkt A aus verdeckt der 3 m hohe vordere Turm den hinteren. Du weißt, dass $|\overline{AC}| = 5$ m, $|\overline{AB}| = 4$ m, $|\overline{AB'}| = 16$ m und $|\overline{AC'}| = 20$ m.

a) Begründe, weshalb $ABC \sim A'B'C'$.

b) Stelle eine begründete Vermutung über die Höhe des hinteren Turms auf.

11 Widerlege jeweils die folgende Behauptung durch ein Gegenbeispiel.

a) Vierecke, die in drei Innenwinkeln übereinstimmen, sind ähnlich zueinander.

b) Zwei dreiseitige Prismen sind zueinander ähnlich, wenn ihre Grundflächen ähnliche Dreiecke sind.

12 Gegeben ist die lineare Funktion $f: x \mapsto 4 - 1{,}5x$, $D_f = \mathbb{R}$.

a) Erkläre anhand der Funktion die Begriffe Steigung und y-Achsenabschnitt.

b) Zeichne den Funktionsgraphen G_f sowie drei Steigungsdreiecke, die sich in ihrer Größe unterscheiden. Begründe, warum alle Steigungsdreiecke zueinander ähnlich sind.

13 Zeichne ein beliebiges Dreieck ABC. Zeichne dann jeweils ein zu diesem Dreieck ABC ähnliches Dreieck, das …

a) den 2,5-fachen Umfang besitzt.

b) den 2,25-fachen Flächeninhalt besitzt.

14 Zwei sich entsprechende Seiten ähnlicher Dreiecke sind $\sqrt{7}$ cm und 7 cm lang. Bestimme rechnerisch, wie sich die Umfänge bzw. die Flächeninhalte der Dreiecke zueinander verhalten.

15 Verbindet man die Mitten M_a, M_b und M_c der Dreiecksseiten a, b und c eines beliebigen Dreiecks, so erhält man das sogenannte Mittendreieck. Gib mithilfe einer DGS ähnliche Dreiecke an, die durch das Einzeichnen des Mittendreiecks entstehen. Stelle eine Vermutung auf, wie sich der Flächeninhalt des Mittendreiecks zum Flächeninhalt des ursprünglichen Dreiecks verhält.

16 Das Sechseck ADGHCI besteht aus vier kongruenten Quadraten. Begründe, dass die Dreiecke ABC und CDE zueinander ähnlich sind, und zeige dann, dass $\alpha + \beta + \gamma = 90°$ ist.

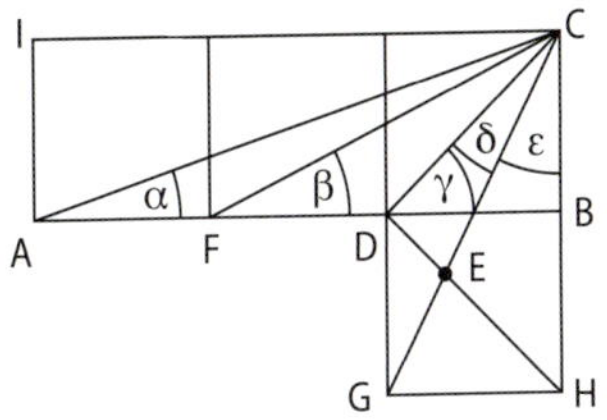

17 Gregor hat ein rechteckiges Stück Papier so gefaltet, dass der Eckpunkt B auf dem Punkt X der Seite $\overline{CD}$ liegt.

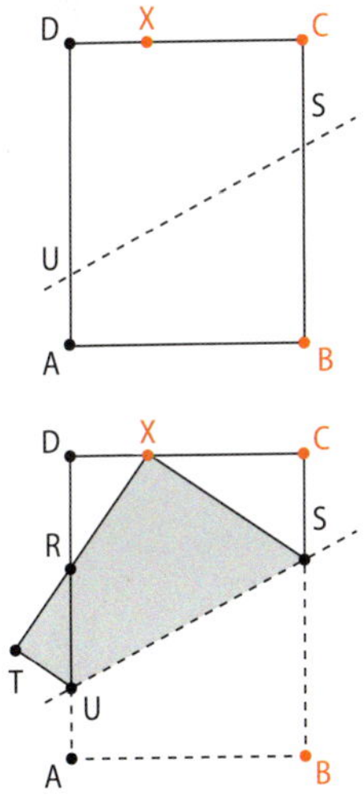

a) Begründe, dass die drei Dreiecke SCX, XDR und TUR der unteren Figur paarweise zueinander ähnlich sind.

b) Erstelle eine dynamische Zeichnung der unteren Figur.
- Zeichne ein regelmäßiges Viereck mit den beiden Anfangspunkten B und C. Damit können die Maße des Rechtecks ABCD durch Ziehen an den Punkten B und C festgelegt werden.
- Lege X als „Punkt auf Objekt" als Gleiter auf $\overline{CD}$.
- Konstruiere die Mittelsenkrechte zu den Punkten X und B und zeichne die Punkte U und S ein.
- Erstelle das Viereck ABSU und spiegle es an der Mittelsenkrechten.

c) Prüfe die Ähnlichkeit der drei Dreiecke SCX, XDR und TUR durch einen Vergleich geeigneter Streckenverhältnisse.

d) Beantworte die folgenden beiden Fragen durch Experimentieren mit deiner dynamischen Zeichnung:

1 Unter welcher Voraussetzung für das Rechteck ABCD kann die Faltachse SU bei geeigneter Lage von X durch die Ecke A verlaufen?

2 Unter welcher Voraussetzung für das Rechteck ABCD können die beiden Dreiecke SCX und XDR bei geeigneter Lage von X nicht nur zueinander ähnlich, sondern sogar zueinander kongruent sein?

18 Zeichne (in einer DGS) ein gleichschenkliges Dreieck ABC mit der Spitze C. Der Kreis um A mit Radius c schneidet im Punkt D die Gerade BC.

a) Zeige, dass das Dreieck ABD ähnlich zum Dreieck ABC ist.

b) Recherchiere, was man unter dem „geometrischen Mittel" versteht, und stelle deine Ergebnisse der Klasse vor.

c) Weise nach, dass $|\overline{AB}|$ das geometrische Mittel von $|\overline{BC}|$ und $|\overline{BD}|$ ist, also dass gilt: $|\overline{AB}| = \sqrt{|\overline{BC}| \cdot |\overline{BD}|}$.

d) Stelle eine Vermutung auf, bei welchen Dreiecken ABC der Flächeninhalt des Dreiecks ABD kleiner (gleich, größer) als der des Dreiecks ABC ist, und überprüfe diese mithilfe einer DGS.

Entdecken

- Stelle ein großes und ein kleines Objekt auf einen Tisch. Sieh so über den Tisch, dass du noch die Kante, aber nicht die Tischplatte siehst.
- Verschiebe den kleinen Körper so, dass er den großen gerade so verdeckt. Untersuche, welche Längen dabei eine Rolle spielen.
- Erläutere, wie dir dein Wissen über die Ähnlichkeit von Dreiecken helfen kann.

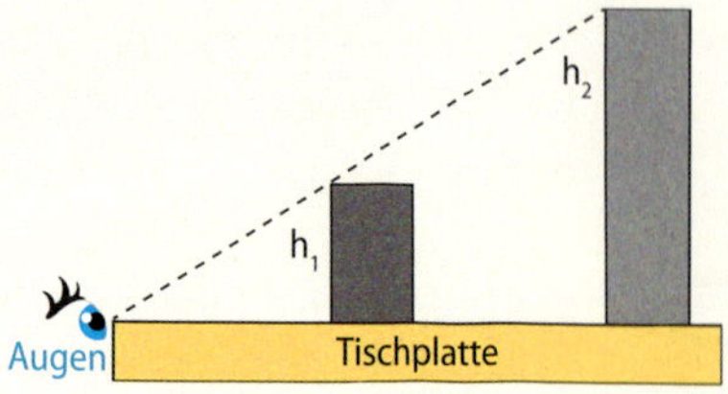

Verstehen

Eine Halbgerade nennt man auch einen Strahl. Deswegen spricht man von den Strahlensätzen.

*Je nach Lage der Parallelen spricht man von einer **V-Figur***

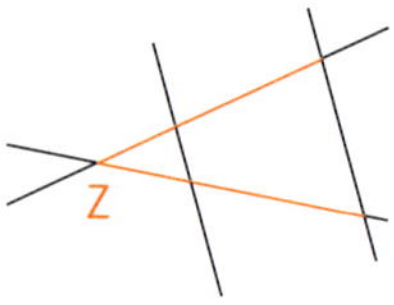

*oder einer **X-Figur**.*

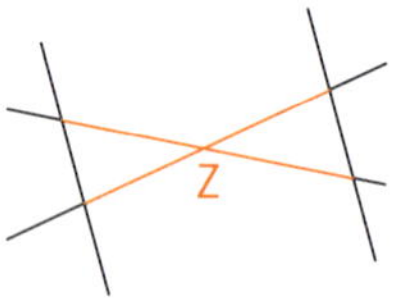

Bei ähnlichen Dreiecken ist das Verhältnis sich entsprechender Seiten stets gleich. Dies kann man bei Berechnungen nutzen.

Wenn zwei Strahlen (oder Geraden), die sich in einem Punkt Z schneiden, von zwei Parallelen, die Z nicht enthalten, geschnitten werden, dann …

- verhalten sich die Längen der Abschnitte auf dem einen Strahl wie die Längen der gleich liegenden Abschnitte auf dem anderen Strahl (**1. Strahlensatz**).

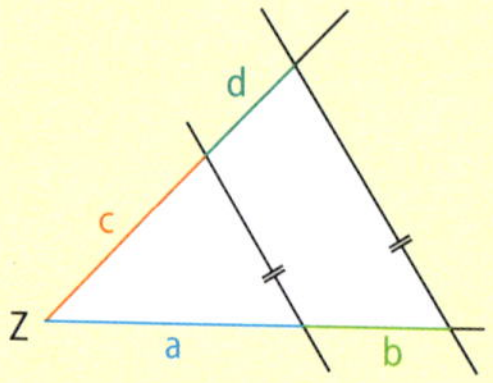

$\frac{a}{b} = \frac{c}{d}$

bzw.

$\frac{a}{a+b} = \frac{c}{c+d}$

$\frac{b}{a+b} = \frac{d}{c+d}$

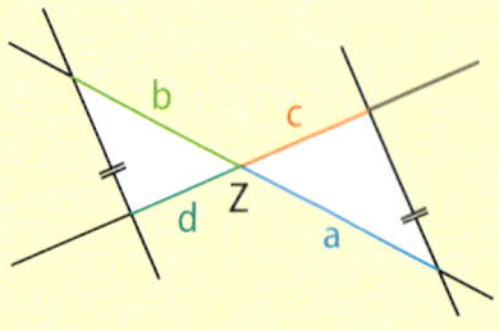

- verhalten sich die Längen der parallelen Abschnitte so zueinander wie die Längen der zugehörigen Abschnitte auf ein und demselben Strahl (**2. Strahlensatz**).

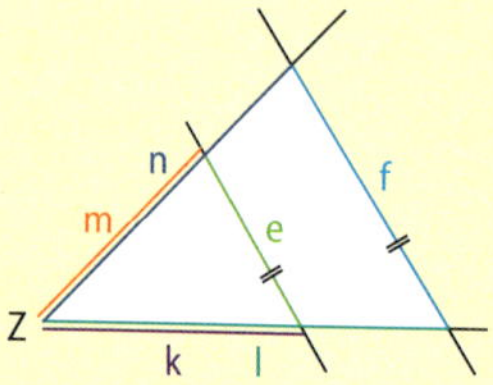

$\frac{k}{l} = \frac{e}{f}$

bzw.

$\frac{m}{n} = \frac{e}{f}$

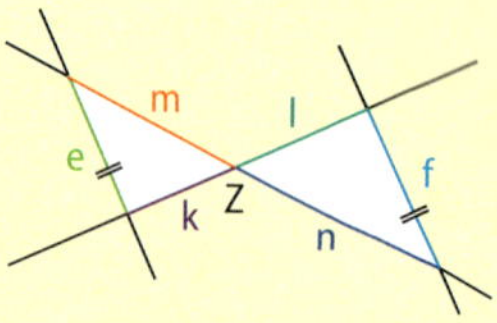

Beachte: Beim zweiten Strahlensatz müssen die Abschnitte immer auf **derselben** Geraden liegen und immer im Schnittpunkt Z beginnen.

Beweise

*An einer Doppelkreuzung sind **Stufenwinkel** genau dann gleich groß, wenn die geschnittenen Geraden parallel zueinander sind.*

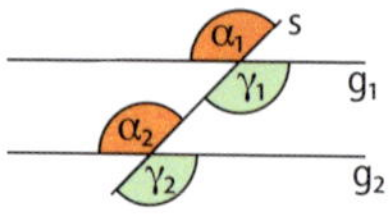

I. Beweise den 1. Strahlensatz für die V-Figur mithilfe der Ähnlichkeit von Dreiecken.

Lösung: Die Dreiecke ZAC und ZBD haben den Winkel φ gemeinsam. Zudem gilt: $\alpha = \beta$ (Stufenwinkel an den Parallelen f und e). Daraus folgt nach dem W:W-Satz, dass die Dreiecke ZAC und ZBD zueinander ähnlich sind. In ähnlichen Dreiecken stehen entsprechende Seitenlängen im gleichen Verhältnis. Damit gilt z. B.: $\frac{a}{c} = \frac{b}{d}$ und damit $\frac{a}{b} = \frac{c}{d}$.

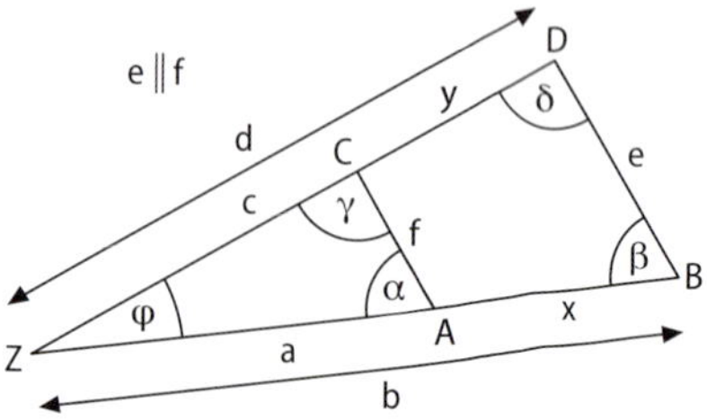

II. Beweise den 2. Strahlensatz für die X-Figur mithilfe der Ähnlichkeit von Dreiecken.
Lösung: Die Winkel φ und φ' haben die gleiche Größe (Scheitelwinkel).
Zudem gilt: $\alpha = \beta$ (Wechselwinkel an den Parallelen AC und BD). Daraus folgt nach dem W:W-Satz, dass die Dreiecke ZAC und ZBD zueinander ähnlich sind. In ähnlichen Dreiecken stehen entsprechende Seitenlängen im gleichen Verhältnis. Somit gilt z. B.:

$$\frac{|ZA|}{|AC|} = \frac{|ZB|}{|BD|} \text{ und damit } \frac{|ZA|}{|ZB|} = \frac{|AC|}{|BD|}.$$

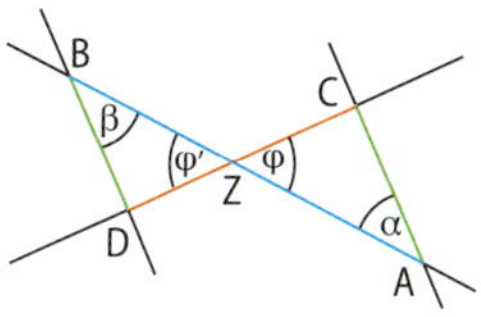

An einer Doppelkreuzung sind ***Wechselwinkel*** *genau dann gleich groß, wenn die geschnittenen Geraden parallel zueinander sind.*

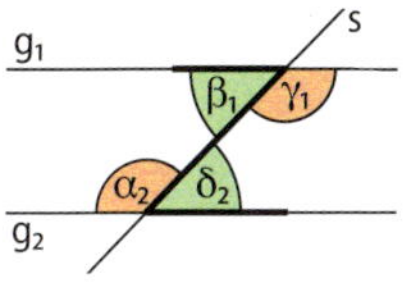

Beispiel

Berechne mithilfe der Strahlensätze die fehlenden Längen x und y.
Lösung:
Berechnung der Länge von …

y mit dem 1. Strahlensatz:

$$\frac{|ZB|}{|BB'|} = \frac{|ZA|}{|AA'|}$$

$$\frac{y}{9{,}5\text{ cm}} = \frac{6\text{ cm}}{7{,}6\text{ cm}} \quad | \cdot 9{,}5\text{ cm}$$

$$y = 7{,}5\text{ cm}$$

x mit dem 2. Strahlensatz:

$$\frac{|A'B'|}{|AB|} = \frac{|ZA'|}{|ZA|}$$

$$\frac{x}{3\text{ cm}} = \frac{6\text{ cm} + 7{,}6\text{ cm}}{6\text{ cm}} \quad | \cdot 3\text{ cm}$$

$$x = 6{,}8\text{ cm}$$

AB ∥ A'B'

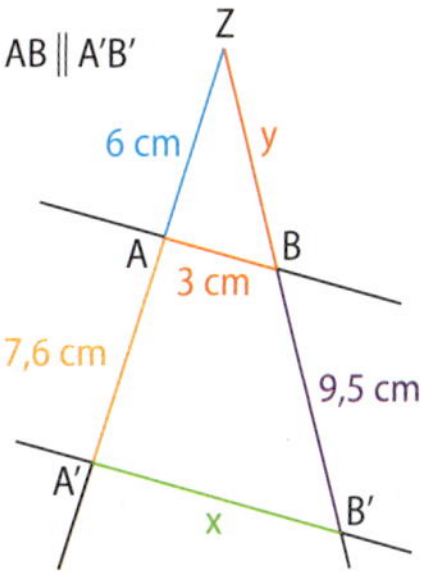

Nachgefragt

- Beschreibe die Strahlensätze in eigenen Worten.
- Marlon behauptet, dass man die Strahlensätze auch auf Figuren anwenden kann, bei denen sich mehrere Geraden in Z schneiden. Begründe, ob Marlon Recht hat.

Aufgaben

1 Berechnungen mithilfe der Strahlensätze führen meist auf Bruchgleichungen.

a) Löse jeweils die Bruchgleichung.

1 $\frac{5}{9} = \frac{x}{27}$ **2** $\frac{6}{y} = \frac{45}{135}$ **3** $\frac{12{,}5}{36} = \frac{17{,}5}{x}$ **4** $\frac{z}{17{,}5} = \frac{22{,}2}{8{,}4}$ **5** $\frac{x}{x+4} = \frac{6}{9}$

b) Skizziere jeweils eine Strahlensatzfigur, die zum rechnerischen Ansatz aus Teilaufgabe a) passt.

Lösungen zu Aufgabe 1:
8; 15; 18; 46,25; 50,4

2 Formuliere die Strahlensätze für die Figuren.

a)
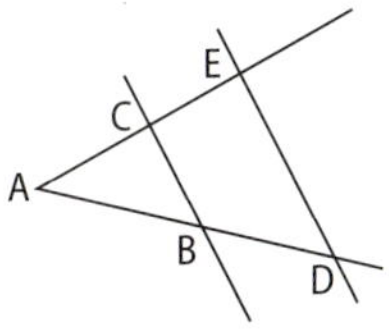

b)
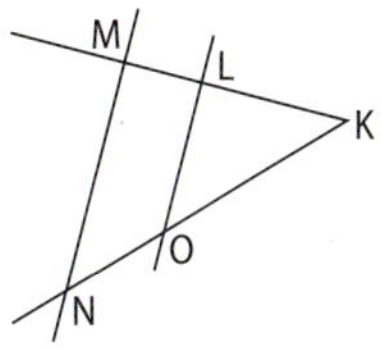

c)
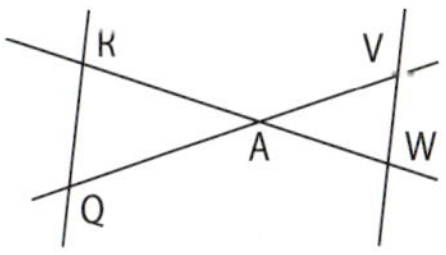

3 Mithilfe von Messzangen kann man die Dicke von sehr dünnen Gegenständen bestimmen. Dabei ist das Verhältnis der Länge d des Messarms zur Länge m des Anzeigearms 1 : 5. Berechne die Dicke eines Prüfstücks, wenn der Anzeigearm 2 mm angibt.

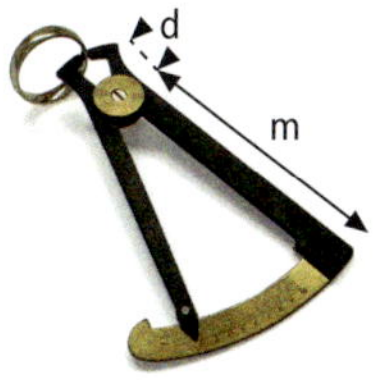

4 Finde möglichst viele Zusammenhänge mithilfe der Strahlensätze.

a) $\frac{|ZA|}{|ZB|} = \frac{\square}{\square}$ b) $\frac{|ZG|}{|ZI|} = \frac{\square}{\square}$ c) $\frac{|ZE|}{|ZF|} = \frac{\square}{\square}$ d) $\frac{|ZE|}{|ZH|} = \frac{\square}{\square}$ e) $\frac{|ZE|}{|EH|} = \frac{\square}{\square}$

f) $\frac{|ZA|}{|AG|} = \frac{\square}{\square}$ g) $\frac{|ZI|}{|ZC|} = \frac{\square}{\square}$ h) $\frac{|DA|}{|FC|} = \frac{\square}{\square}$ i) $\frac{|HE|}{|GD|} = \frac{\square}{\square}$ j) $\frac{|DE|}{|DF|} = \frac{\square}{\square}$

$\overline{AG} \parallel \overline{BH} \parallel \overline{CI}$

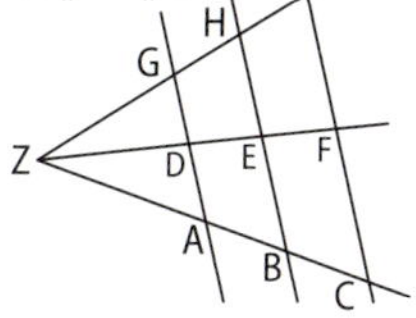

Mögliche Maßzahlen zu 5a):
2; 3,3; 3,6; 4,8; 5,5; 9,6; 12; 15,3; 16,2; 16,5

5 Berechne jeweils die fehlenden Streckenlängen unter der Voraussetzung, dass die Strecken z_1 und z_2 parallel sind.

a)	x_1	x_2	y_1	y_2	z_1	z_2
1	2,4 cm		3,6 cm	5,4 cm		12 cm
2	2,5 cm	6,0 cm		4,8 cm	4,5 cm	
3	2,1 cm	3,3 cm	35 mm		6,3 cm	
4	2,8 cm		14 cm		2,8 cm	61 mm
5		6,0 cm		4,8 cm	4,2 cm	6,3 cm

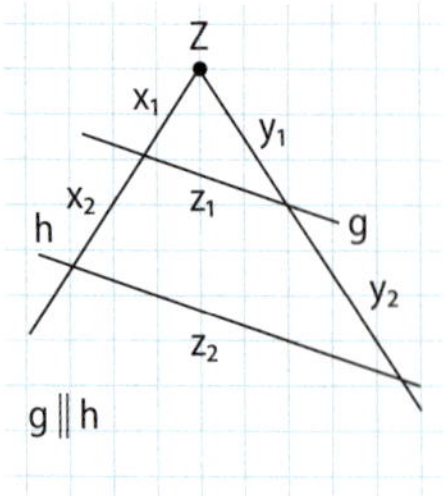

Mögliche Maßzahlen zu 5b):
1,8; 1,9; 2,5; 3,6; 6,3; 7,5; 8,4; 9,6; 11,2; 15,5

b)	x_1	x_2	y_1	y_2	z_1	z_2
1	1,5 cm	2,7 cm	1,0 cm			13,5 cm
2	5,1 cm	6,8 cm		4,8 cm	7,2 cm	
3	1,0 cm		38 mm	9,5 cm	6,2 cm	
4	3,9 cm	9,1 cm	3,6 cm			147 mm
5	28 mm			7,6 cm	2,3 cm	9,2 cm

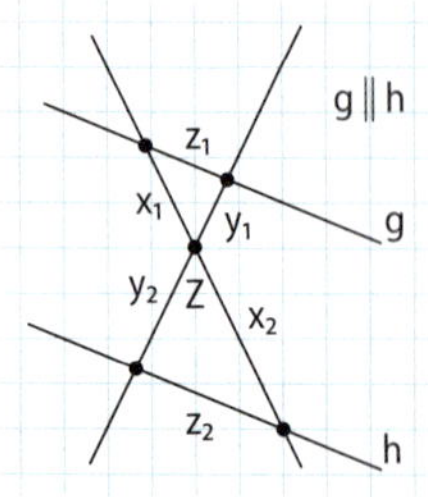

Lösungen zu 6:
36; 24; 12; $14\frac{2}{3}$; 8; 10; 6; 16,5; 3,5; 6,8

6 In den folgenden Figuren verlaufen die sich jeweils nicht schneidenden Geraden parallel. Berechne die farbig markierten Längen.

a)

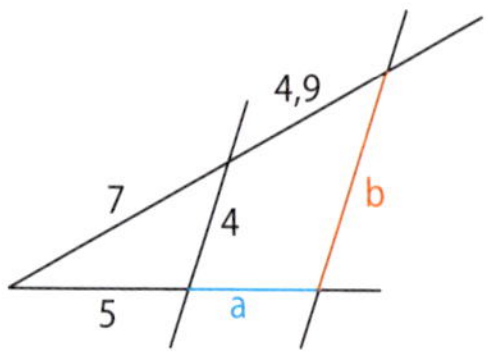

b)

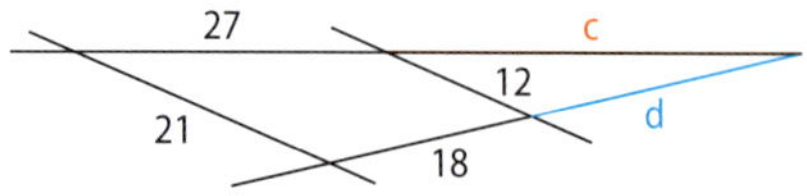

c)

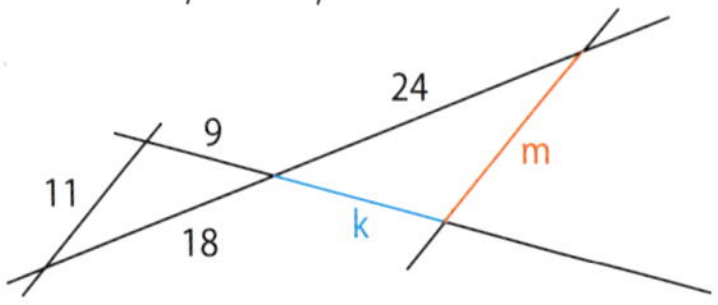

d)

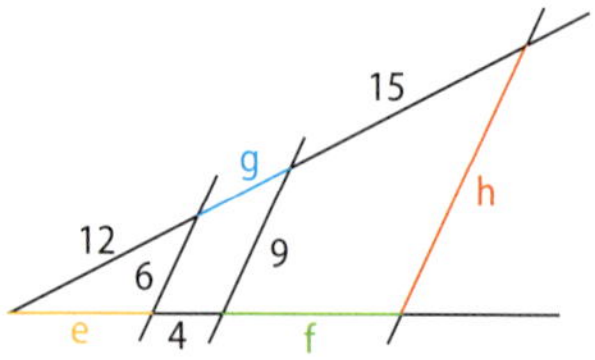

7 Überprüfe, ob die Strahlensätze richtig angewendet wurden (g ∥ h). Beschreibe Fehler und korrigiere sie.

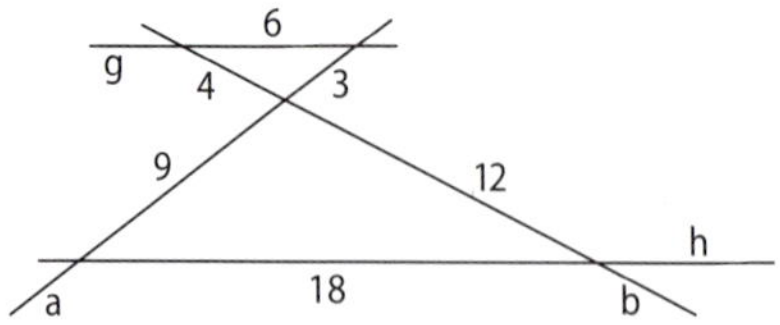

1 $\frac{3}{9} = \frac{18}{6}$

2 $\frac{4}{9} = \frac{6}{18}$

3 $\frac{6}{18} = \frac{4}{12}$

4 $\frac{3}{4} = \frac{9}{12}$

5 $\frac{6}{18} = \frac{9}{12}$

6 $\frac{4}{6} = \frac{9}{18}$

8 In ein rechtwinkliges Dreieck ABC ist ein Quadrat einbeschrieben.

a) Berechne die Seitenlänge dieses Quadrats auf verschiedene Arten und erläutere jeweils dein Vorgehen.

b) Bestimme rechnerisch, wie viel Prozent der Dreiecksfläche das Quadrat einnimmt.

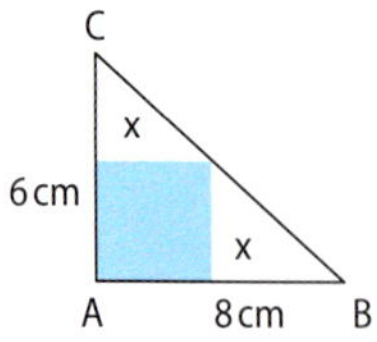

9 a) Begründe, dass die beiden Geraden AC und BD parallel sind.
b) Gib drei Paare ähnlicher Dreiecke an und begründe, warum sie ähnlich sind.
c) Entscheide, ob die folgenden Aussagen wahr oder falsch sind. Korrigiere falsche Aussagen in deinem Heft.

(1) $\frac{e}{u} = \frac{f}{v}$	(2) $\frac{g}{h} = \frac{v}{b}$	(3) $\frac{a}{w} = \frac{h}{g}$
(4) $\frac{c}{d} = \frac{v}{b}$	(5) $\frac{v}{u} = \frac{h}{g}$	(6) $\frac{f}{e} = \frac{b}{a}$

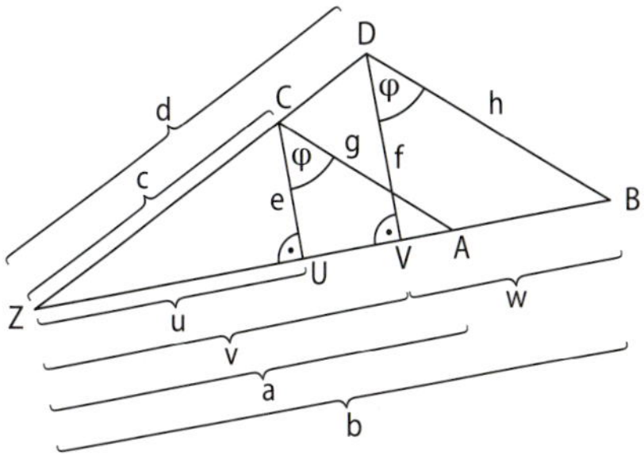

Abbildung nicht maßstabsgetreu

10 Konstruiere mit einer DGS ein Trapez ABDC. Lege dazu zunächst drei Punkte A, B und C beliebig fest.
a) Konstruiere nun D so, dass gilt: $\overline{AB} \parallel \overline{CD}$ und $|\overline{AB}| = 2 \cdot |\overline{CD}|$.
b) Die Geraden AC und BD schneiden sich im Punkt Z. Überprüfe zunächst experimentell, dass die Punkte C und D die Mittelpunkte der Strecken $\overline{AZ}$ bzw. $\overline{BZ}$ sind. Begründe nun diesen Zusammenhang.
c) Die Grundlinie $\overline{AB}$ des Trapezes ABDC hat die Länge a; die Trapezhöhe ist h. Gib das Verhältnis der Flächeninhalte der Dreiecke ABZ und CDZ an und berechne, wie viel Prozent der Fläche des Dreiecks ABZ das Trapez ABDC einnimmt.

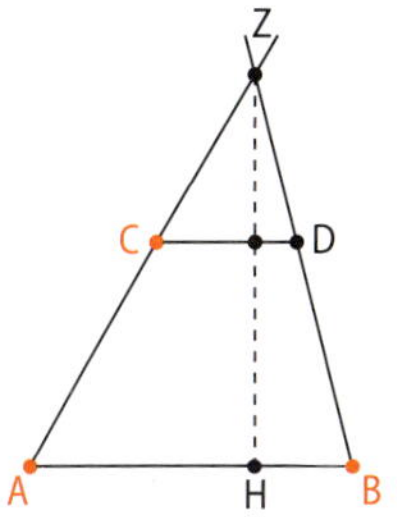

11 Mithilfe eines Försterdreiecks werden Höhen von Bäumen ermittelt.
a) Beschreibe, worauf man bei diesem Verfahren zur Bestimmung der Baumhöhe achten muss.
b) Berechne die Höhe des Baums.

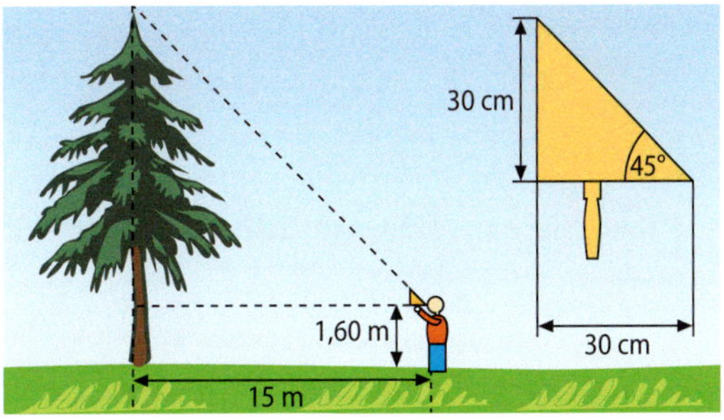

Wissen

Streckenteilungen mit den Strahlensätzen

Jede Strecke kann mithilfe der Strahlensätze in einem beliebigen rationalen Verhältnis geteilt werden.

Beispiel: Für die Teilung einer Strecke $\overline{AB}$ im Verhältnis 5 : 3 gibt es zwei Möglichkeiten:

1
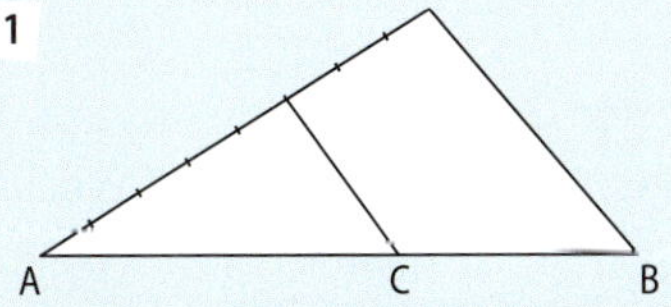

2
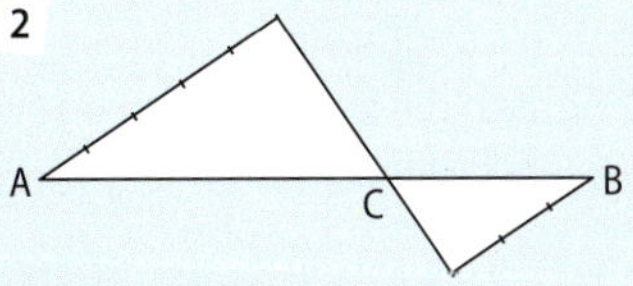

- Erkläre das Vorgehen mithilfe der Strahlensätze.
- Teile eine Strecke der Länge 8 cm im Verhältnis 4:7 (7:4; 2:3; 1:6; 2,5:5).
- Erkläre, ob Strecken auch in irrationale Verhältnisse geteilt werden können und ob diese Methode dafür geeignet ist.

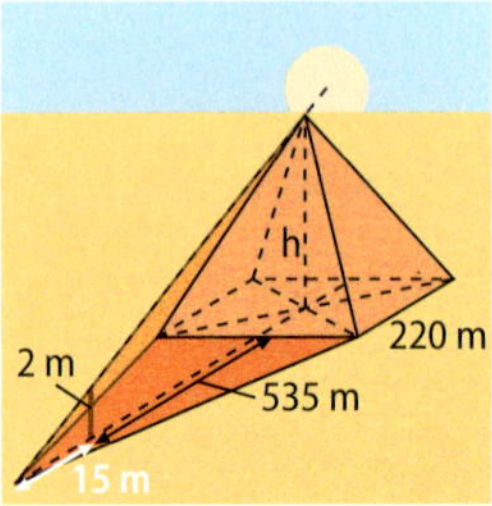

12 Mithilfe der Länge des Schattens, den ein Bauwerk wirft, kann man seine Höhe ermitteln. Dieser Zusammenhang war schon im Altertum bekannt.

a) Der Schatten eines Turms ist 45,5 m lang. Zur gleichen Zeit misst der Schatten eines 1,85 m großen Mannes 2,59 m. Beide Schatten enden im gleichen Punkt. Skizziere die Situation und berechne die Höhe des Turms.

b) Berechne die Höhe der abgebildeten Pyramide.

Erklärvideo

Mediencode 61049-26

13 Mithilfe der Strahlensätze kann man die Längen unzugänglicher Strecken berechnen.

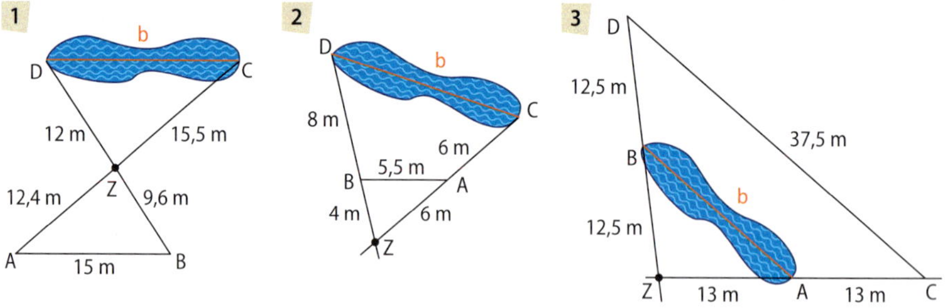

Begründe jeweils, ob die abgebildete Vorgehensweise geeignet ist, die Länge der Strecke b zu messen, und berechne – falls möglich – die Breite des Sees.

14 Ermittle x jeweils geometrisch. Erkläre dein Vorgehen und überprüfe dann dein Ergebnis durch Berechnung von x.

a) (5 cm) : x = (7,5 cm) : (6 cm)

b) (5 cm) : (7 cm) = (4 cm) : x

c) (3,4 cm) : (8,5 cm) = x : (5 cm)

d) x : (4,5 cm) = (3,9 cm) : (6,5 cm)

15 Lucas und sein Vater wollen entsprechend der linken Aufrissskizze im Dachstuhl ihres Hauses in einer Höhe von 2,40 m über dem Fußboden eine Zwischendecke einziehen.

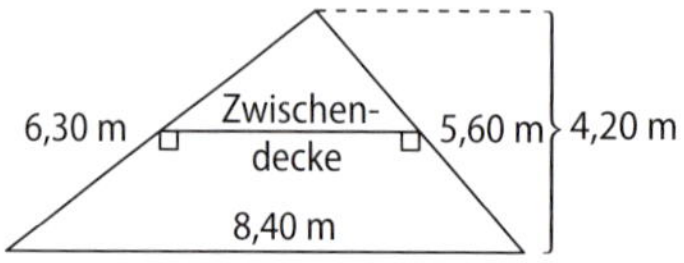

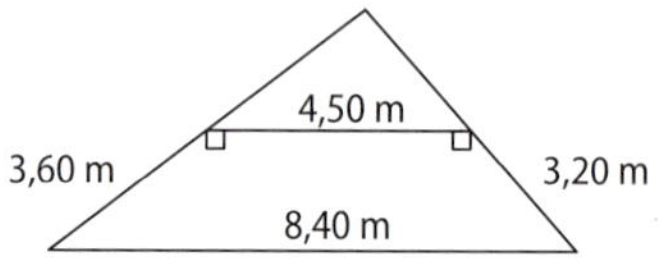

Lucas hat mithilfe der Strahlensätze die Breite der Zwischendecke sowie der beiden unteren Schrägen berechnet und seine Ergebnisse in die rechte Skizze eingetragen. Überprüfe rechnerisch, ob Lucas' drei Ergebnisse richtig sind, korrigiere sie gegebenenfalls und fertige dann einen Aufriss im Maßstab 1:100 an.

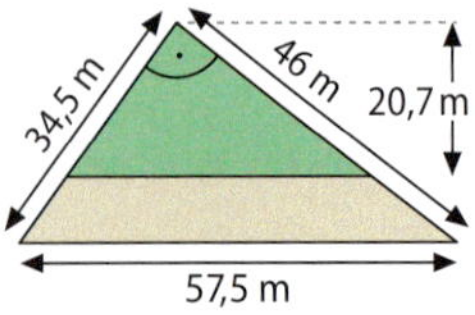

16 Ein Grundstück hat die Form eines rechtwinkligen Dreiecks. Durch eine Straße wird ein Streifen in Trapezform abgetrennt.

a) Ermittle rechnerisch die Seitenlängen des verkleinerten Grundstücks.

b) Berechne, um wie viel Prozent das ursprüngliche Grundstück größer war als das neue.

17 Ein breiter See wird an einer Seite durch eine hohe, steile Klippe begrenzt. Eine Seilbahn, deren Talstation am gegenüberliegenden Seeufer ist, braucht bei einer gleichmäßigen Geschwindigkeit 12 Minuten von der Tal- zur Klippenstation. Die Fahrstrecke beträgt 1720 m. Nach 4,5 Minuten bleibt die Seilbahn 393,75 Höhenmeter unter der Klippenstation wegen eines Defekts stehen.
Skizziere die Situation und berechne die Höhe, in der die Seilbahn über dem See schwebt.

18 Ein Stück Papier hat die Form eines rechtwinkligen Dreiecks mit den Seitenlängen 5 cm, 13 cm und 12 cm. Es wird so gefaltet, dass der Punkt C auf den Punkt A fällt. Berechne den Flächeninhalt der Figur, die nicht „doppelt mit Papier belegt" ist, auf zwei Arten.

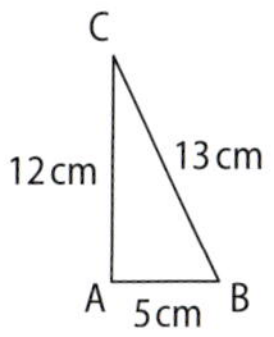

19 Ein Gymnasium baut für den barrierefreien Zugang für Rollstühle am Eingang eine Rampe. Solche Rampen sind nach DIN 18040-1 in einer Breite von 1,8 m auszuführen. Die Rampe soll die Höhe der zwei Eingangsstufen (Stufenhöhe 15 cm) überbrücken.

a) Ermittle zeichnerisch, ob für diese Rampe ein Zwischenpodest nötig ist. Recherchiere hierfür die Vorschriften der DIN 18040-1 für Rampen.

b) Um die Rampe zu stabilisieren, werden 2 m von ihrem Startpunkt entfernt drei zylindrische Stützen mit einem Durchmesser von 20 cm eingebaut. Berechne die Höhe der Stützen und die Masse der drei Balken, wenn ein Kubikmeter des Holzes 770 kg wiegt.

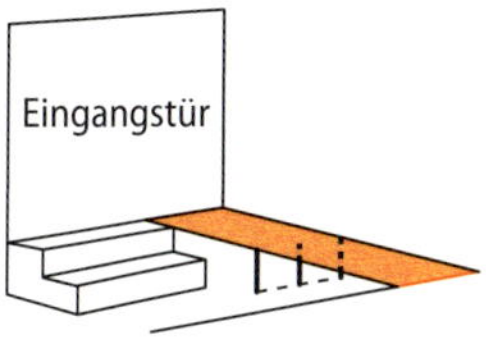

20 Eine Sammellinse erzeugt ein Bild B eines Gegenstands G. Für die Größen in der Abbildung gelten folgende Beziehungen:

1 $\frac{G}{B} = \frac{g}{b}$ **2** $\frac{G}{B} = \frac{f}{b - f}$.

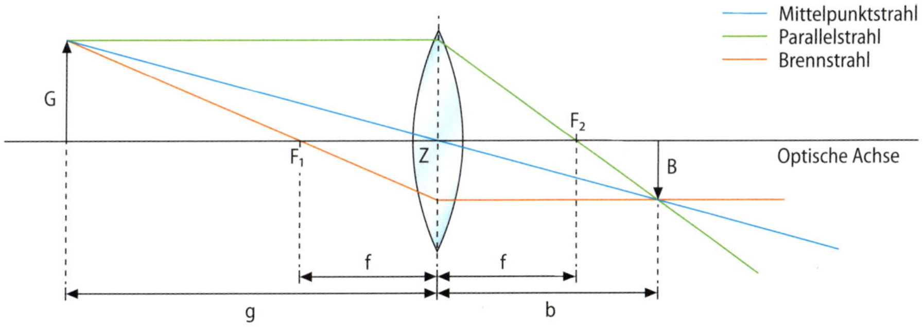

a) Beschreibe zwei Strahlensatzfiguren mit ihrem jeweiligen Zentrum.

b) Leite die Linsengleichung her: $\frac{1}{g} + \frac{1}{b} = \frac{1}{f}$.

Alltag

„Pi mal Daumen"

Die Redewendung „Pi mal Daumen" bedeutet, dass man eine begründete Schätzung z. B. aufgrund der Lebenserfahrung oder einer Überschlagsrechnung abgibt. Ihren Ursprung könnte die Wendung darin haben, dass man Entfernungen und Streckenlängen mit dem Daumen ganz gut bestimmen kann.

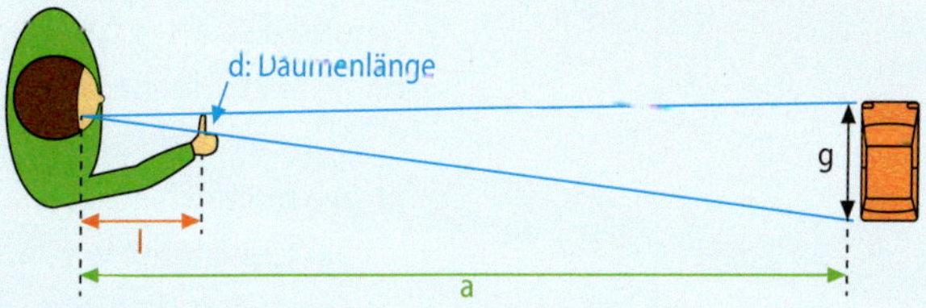

- Erläutere, die „Pi mal Daumen"-Methode mithilfe der Abbildung.
- Probiere selbst aus, den Abstand a oder die Länge (Höhe) g von Gegenständen mithilfe deiner Daumen- und Armlänge zu bestimmen.

Eine weitere Methode, um mit einfachen Mitteln Längen abzuschätzen, ist die „Daumensprung"-Methode. Schließt man abwechselnd das linke und das rechte Auge, so macht der mit ausgestrecktem Arm aufrecht gehaltene Daumen im Gelände scheinbar einen Sprung.

- Probiere den Daumensprung aus. Erkläre die Methode mithilfe einer Skizze.

21 Das Grundstück TRAP ist trapezförmig. Die parallelen Grundstücksgrenzen $\overline{TR}$ und $\overline{AP}$ sind $|\overline{TR}| = 30$ m bzw. $|\overline{AP}| = 12$ m lang. Am Schnittpunkt S der Trapezdiagonalen steht ein Baum, der von T 16 m und von R 18 m entfernt ist.

a) Erstelle mithilfe einer DGS eine Zeichnung des Trapezes und miss die Längen der Trapezdiagonalen. Bestätige deine Ergebnisse rechnerisch.

b) Berechne die Höhe des Trapezes. Begründe, ob du die dafür benötigten Streckenlängen berechnen kannst oder auf eine Messung angewiesen bist.

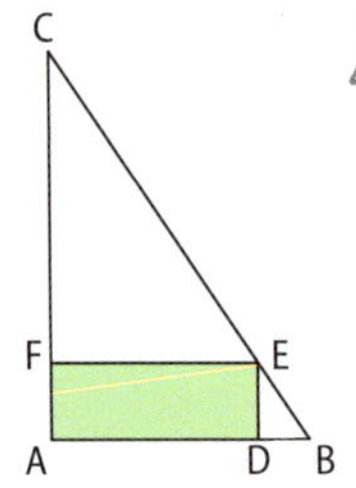

22 Zeichne in einer DGS ein Dreieck ABC mit $\alpha = 90°$. Diesem Dreieck wird ein Rechteck ADEF so einbeschrieben, dass A ein Eckpunkt ist und der Eckpunkt E als Gleiter auf der Strecke $\overline{BC}$ liegt. Lasse dir die Flächeninhalte des Dreiecks und des Rechtecks anzeigen.

a) Beschreibe, wie sich der Flächeninhalt des Rechtecks ändert, wenn sich der Punkt E auf der Strecke $\overline{BC}$ bewegt.

b) Beschreibe die Lage des Punkts F, wenn der Flächeninhalt des Rechtecks maximal ist. Bestimme, wie viel Prozent der Dreiecksfläche das Rechteck dann einnimmt.

c) Bestimme das Verhältnis der Flächeninhalte der beiden Dreiecke ABC und FEC in Abhängigkeit von der Lage des Punkts E.

23 Ein Piratenschatz wurde auf einer einsamen Insel in der Nähe zweier Felsen und einer Palme vergraben. Der Piratenkapitän soll den Schatz aufwändig versteckt haben. Eine alte Karte ist nur unvollständig erhalten. Folgendes ist überliefert:

a) Konstruiere (mithilfe einer DGS) die Situation. Wähle dazu die Standorte für die Palme und die Felsen beliebig und bestimme den Standort des Schatzes.

b) Konstruiere die Situation erneut in der gleichen Zeichnung. Verändere dabei nur den Standort der Palme.

c) Als man sich auf die Suche nach dem Schatz begab, stellte man fest, dass die Palme verschwunden war, nur die Felsen waren noch da. Nutze eine DGS, lege die beiden Felsen fest und experimentiere mit verschiedenen Standorten der Palme. Entwickle ein Vorgehen, wie man auch ohne Kenntnis des Standorts der Palme den Schatz finden kann.

24 Der Punkt P ist Mittelpunkt der Seite $\overline{AB}$ des Quadrats ABCD (Seitenlänge 6 cm). Berechne den Flächeninhalt des Vierecks APUD und beschreibe dein Vorgehen.

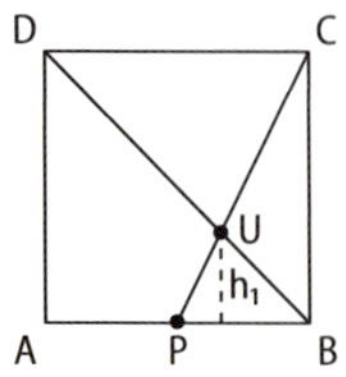

Die Umkehrung der Strahlensätze

Mathematische Aussagen bestehen aus einer Voraussetzung („Wenn …") und einer Behauptung („dann …"). Ob die Aussage wahr ist, muss bewiesen werden. Vertauscht man die Voraussetzung mit der Behauptung, erhält man den Kehrsatz. Satz und Kehrsatz können unabhängig voneinander wahr oder falsch sein.

1 Bilde den Kehrsatz des 1. Strahlensatzes und beweise mithilfe der Abbildung, dass er wahr ist. Verwende hierfür dein Wissen über Winkel an sich schneidenden Geraden sowie über die Eigenschaften ähnlicher Dreiecke.

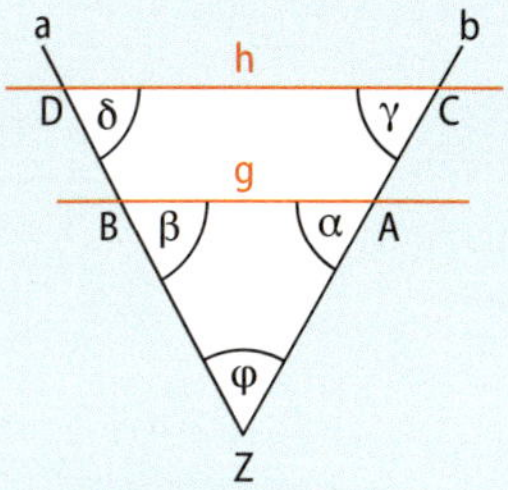

2 Begründe, welche der Geraden zueinander parallel sind.

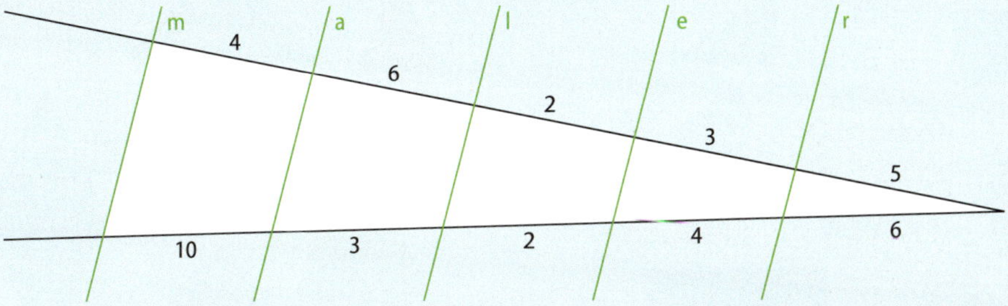

3 Konstruiere mithilfe der Umkehrung des 1. Strahlensatzes zueinander parallele Geraden.

4 Das Viereck ABCD in der Abbildung ist ein Parallelogramm. M ist der Mittelpunkt der Seite $\overline{AB}$; N ist der Mittelpunkt der Seite $\overline{BC}$. Begründe, dass die Strecke $\overline{MN}$ parallel zur Diagonalen $\overline{AC}$ ist.

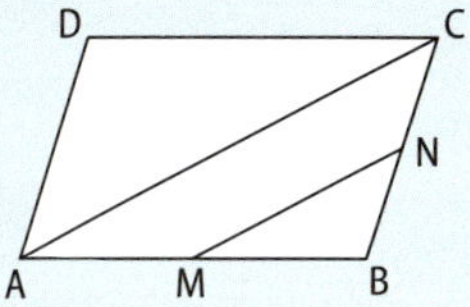

5 Die Punkte M_a, M_b und M_c sind die Mittelpunkte der jeweiligen Dreiecksseiten.

a) Begründe, dass die beiden Strecken jeweils zueinander parallel sind.

I $\overline{M_a M_b}$ und $\overline{AB}$ II $\overline{M_b M_c}$ und $\overline{BC}$

III $\overline{M_c M_a}$ und $\overline{CA}$

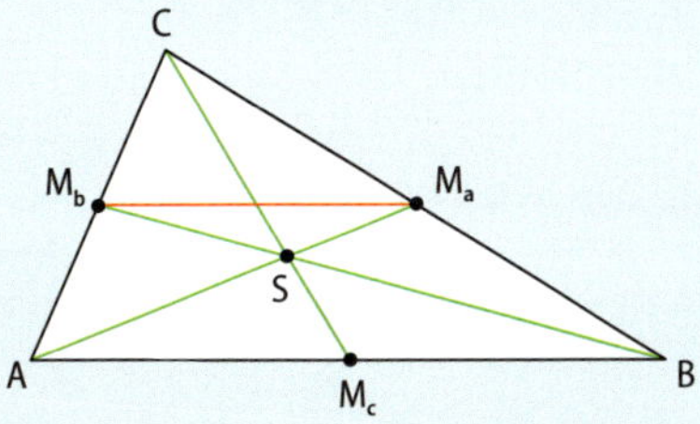

S nennt man den ***Schwerpunkt*** *des Dreiecks.*

b) Die Strecken $\overline{AM_a}$, $\overline{BM_b}$ und $\overline{CM_c}$ nennt man **Seitenhalbierende des Dreieckes** ABC. Weise nach, dass die Seitenhalbierenden jeweils von S im Verhältnis 2 : 1 geteilt werden.

6 Bilde den Kehrsatz des 2. Strahlensatzes und zeige mithilfe der Abbildung, dass er nicht wahr ist.

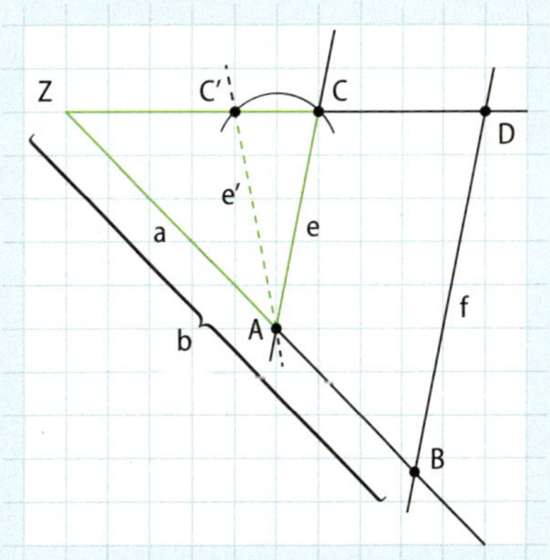

5 Trainingsrunde

Zu 5.1

1 Übertrage die Figur jeweils im angegebenen Maßstab in dein Heft.

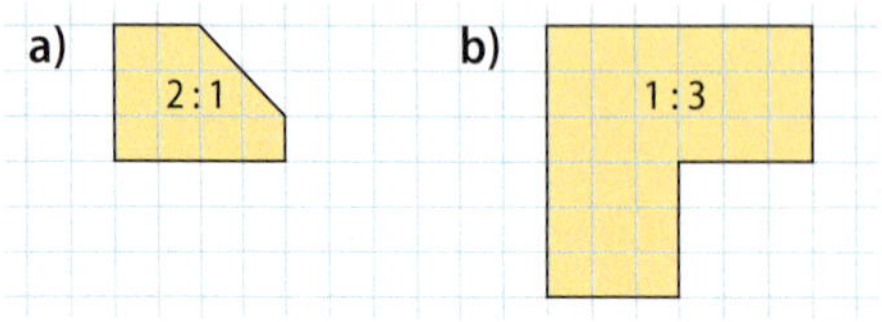

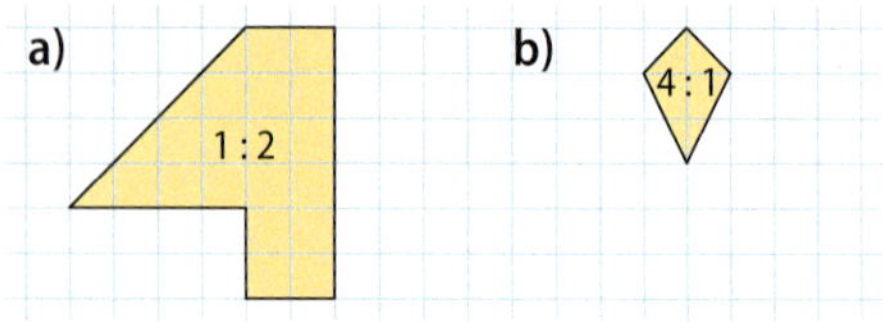

2 Begründe, welche Figuren zueinander ähnlich sind.

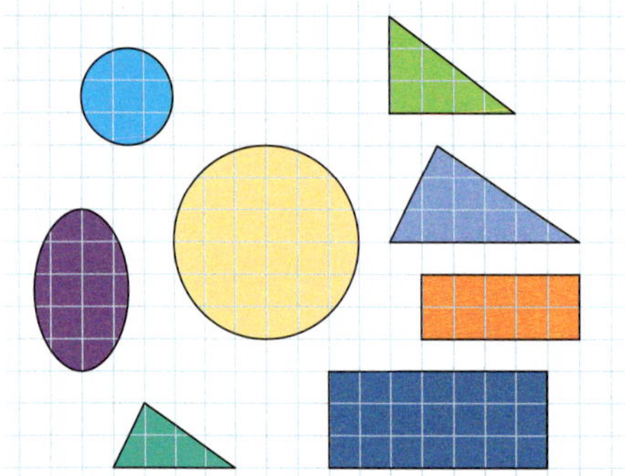

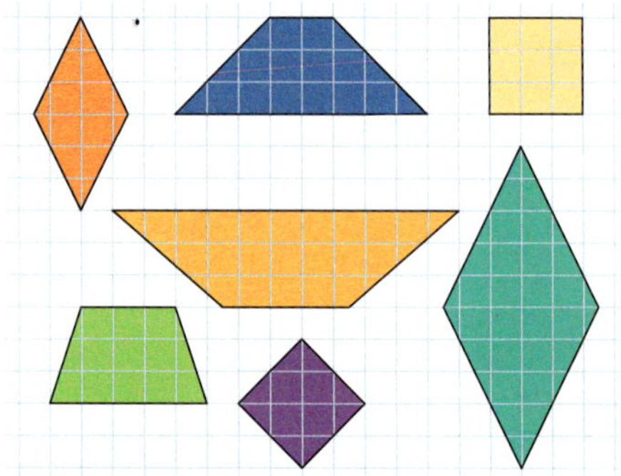

3 Der Bildschirm eines Fernsehgerätes ist 88,6 cm breit und 49,8 cm hoch.

Begründe, dass der Bildschirm durch die Bildschirmdiagonale in zwei ähnliche Dreiecke zerlegt wird.

Bestimme mithilfe einer maßstäblichen Zeichnung die Länge der Bildschirmdiagonalen.

4 Berechne die fehlenden Werte für den Ähnlichkeitsfaktor, die Flächeninhalte und die Volumina.

k	A	A'	V	V'
2	12		24	
1,4		9,8	25	

k	A	A'	V	V'
0,2	7			1
		72,25	128	2000

Zu 5.2

5 Zeichne die Figur in dein Heft und zerlege sie dann dort mithilfe einer einzigen Strecke in zwei zueinander ähnliche Teilfiguren.

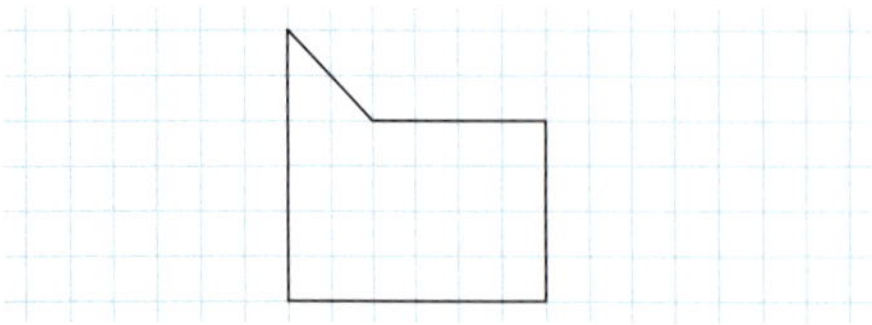

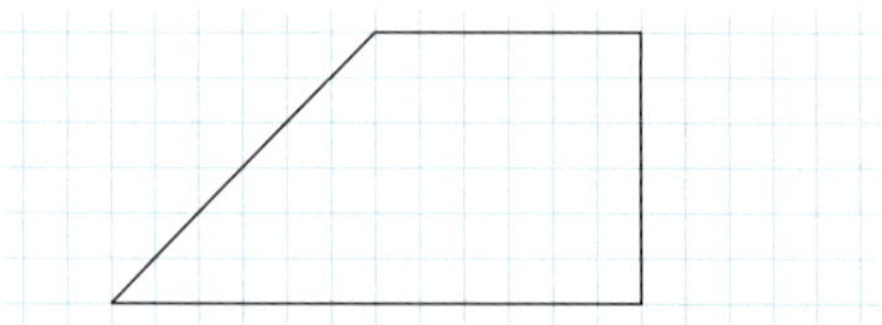

6 Begründe, welche Aussagen stimmen. Ähnlich zueinander sind stets …

a) zwei rechtwinklige Dreiecke.
b) zwei gleichschenklige Dreiecke.
c) zwei gleichseitige Dreiecke.
d) zwei Kreise.

a) zwei Rauten.
b) zwei gleichschenklige Trapeze.
c) zwei kongruente Dreiecke.
d) zwei regelmäßige Sechsecke.

7 Begründe jeweils, ob die Dreiecke ABC und A'B'C' zueinander ähnlich sind.

a) $a = 4\,\text{cm};\ \beta = 73{,}5°;\ c = 2{,}8\,\text{cm}$
$a' = 6\,\text{cm};\ c' = 4{,}2\,\text{cm};\ \beta' = 73{,}5°$

b) $\alpha = 60°;\ \beta = 67{,}5°$
$\alpha' = 60°;\ \gamma' = 52{,}5°$

a) $a = 5\,\text{cm};\ b = 7\,\text{cm};\ \beta = 58{,}5°$
$b' = 3{,}75\,\text{cm};\ \gamma' = 58{,}5°;\ c' = 5{,}25\,\text{cm}$

b) $a = 10\,\text{cm};\ b = 20\,\text{cm};\ c = 30\,\text{cm}$
$a = 40\,\text{cm};\ b = 5\,\text{dm};\ c = 6\,\text{dm}$

8 Zu 5.3

Bei einer Sonnenfinsternis verdeckt der Mond die Sonne. Erkläre das Phänomen mit einer Skizze anhand der Strahlensätze.

Bei einer Mondfinsternis verdeckt der Erdschatten den Mond. Erkläre das Phänomen mit einer Skizze anhand der Strahlensätze.

9 Bestimme die Längen aller vier farbig markierten Strecken in den Strahlensatzfiguren (Maße in cm; Zeichnungen nicht maßstäblich).

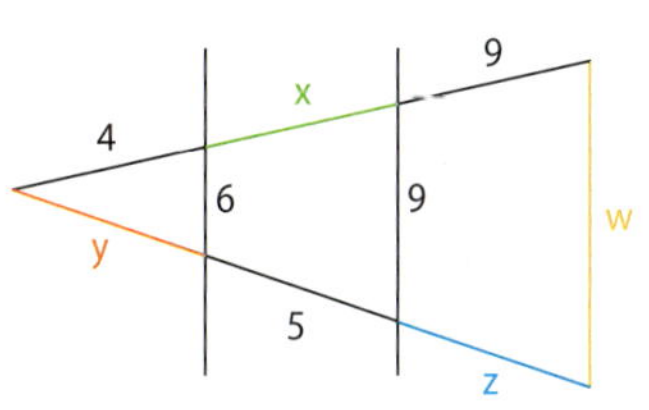

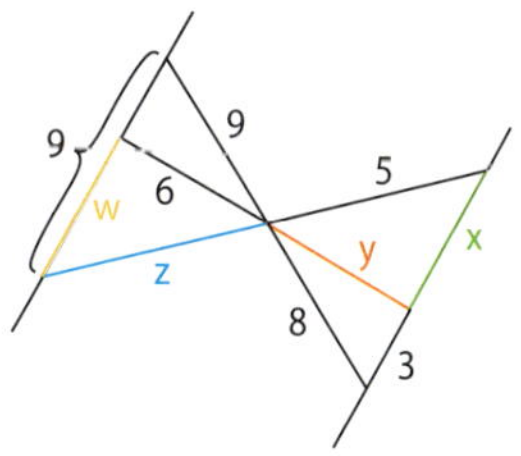

10 Bestimme die Länge der wegen des Wassers nicht direkt messbaren Strecke x aus den angegebenen Maßen.

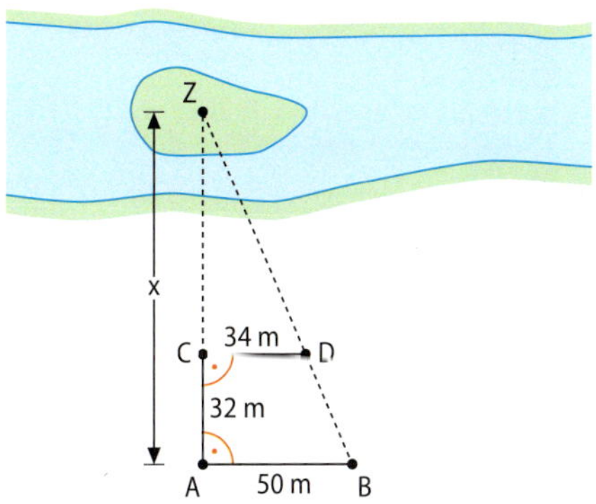

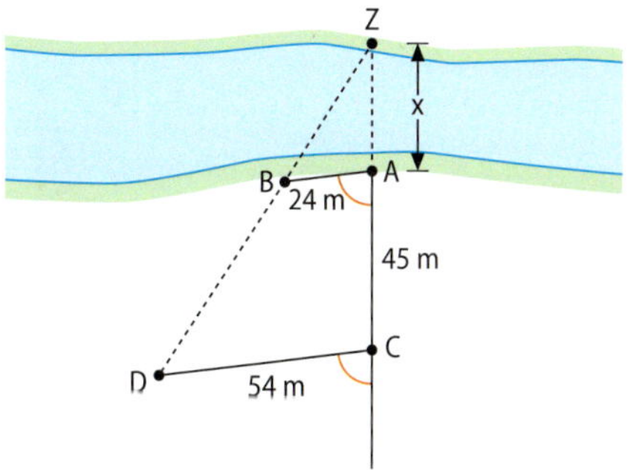

11 Berechne die Höhe des Turms (Zeichnung nicht maßstäblich) und erläutere die verwendeten Zusammenhänge.

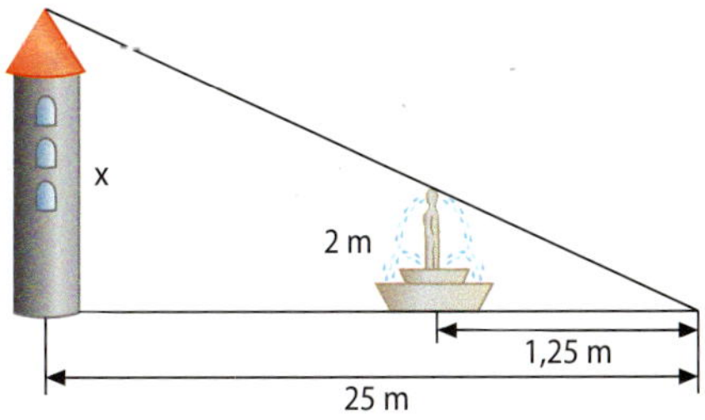

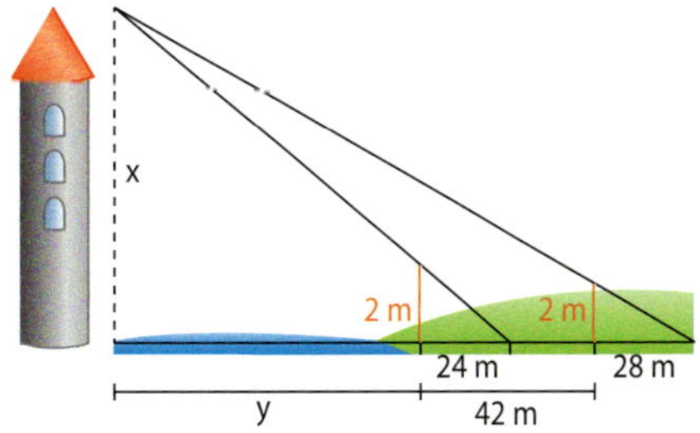

12 Gib an, mit welchem Faktor k die Figuren vergrößert bzw. verkleinert wurden, und vergleiche jeweils die Flächeninhalte.

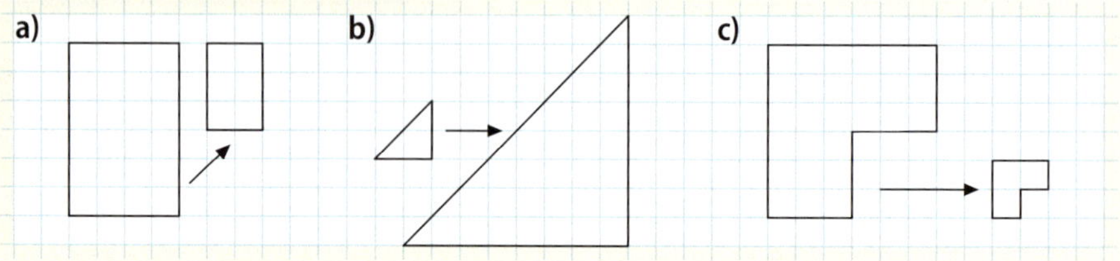

13 Überprüfe die unten stehenden Aussagen auf Richtigkeit. Beweise sie, wenn sie richtig sind, und korrigiere sie, wenn sie falsch sind.

a) Sei ABC ein Dreieck und g eine Gerade, die parallel zu einer Dreiecksseite ist und die anderen Dreiecksseiten je einmal schneidet. Das durch die Schnittpunkte und einen Eckpunkt des Dreiecks entstandene Dreieck ist zum Dreieck ABC ähnlich.

b) Eine Diagonale im Drachenviereck teilt das Viereck stets in zwei zueinander ähnliche Dreiecke.

c) Die Diagonalen einer Raute teilen das Viereck in vier zueinander ähnliche Dreiecke.

d) Wird ein Zylinder mit dem Faktor k verkleinert, so gilt für die Volumina:
$V_{klein} = \sqrt{k} \cdot V_{groß}$.

14 Entscheide und begründe, welche Figuren ähnlich zueinander sind.

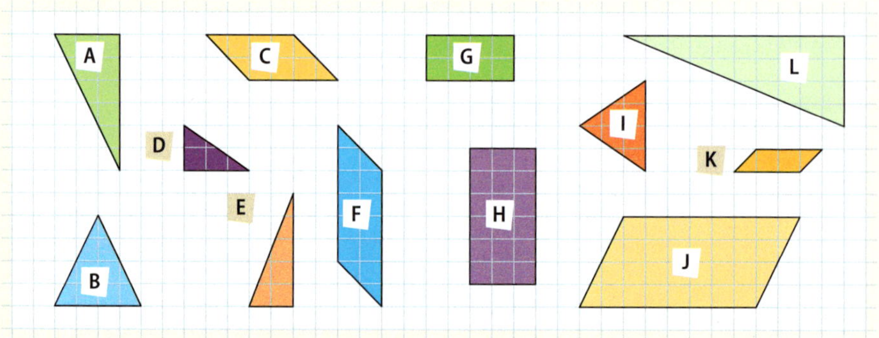

Lösungen zu 15:
2,5; 6; 3; 8; 6; 9; 12; 14,4; 4; 7,5; 12,5

15 Ermittle die Längen der farbig markierten Strecken (alle Maße in cm).

a)

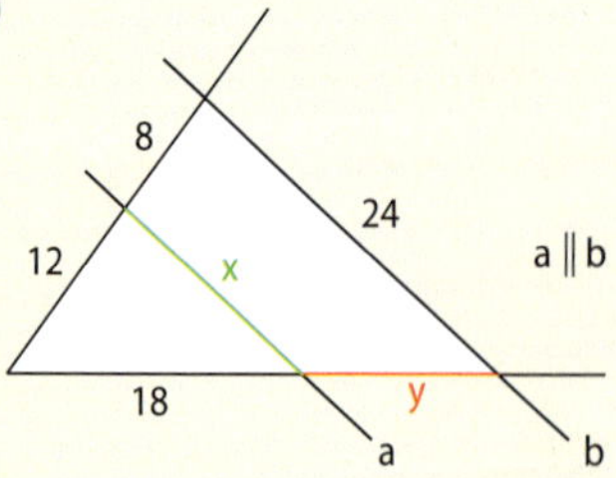

b)

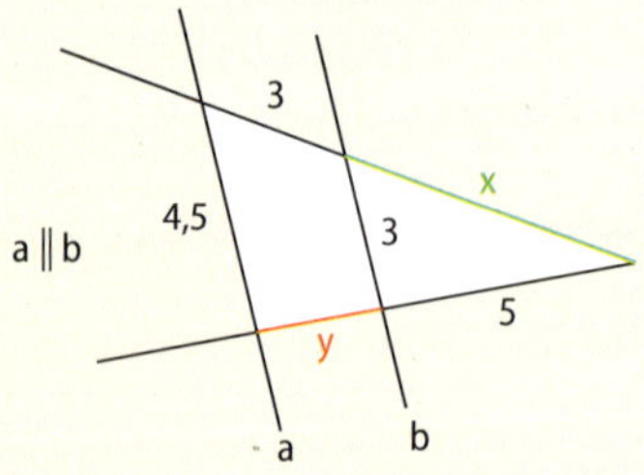

c)

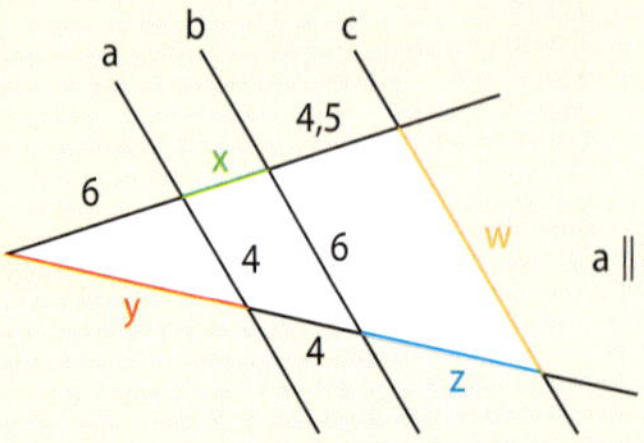

d)

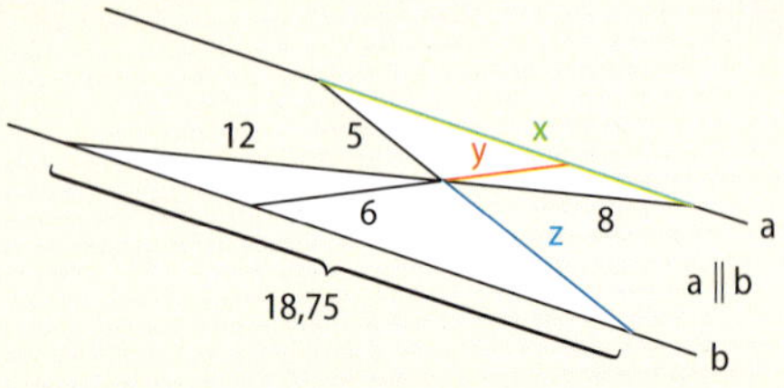

16 Begründe, welche Dreiecke zueinander ähnlich sind.

1 $a = 9\,cm;\ \beta = 81°;\ \gamma = 47°$	**2** $b = 6{,}3\,cm;\ \beta = 52°;\ \gamma = 81°$
3 $b = 9{,}9\,cm;\ \alpha = 47°;\ \gamma = 52°$	**4** $c = 2{,}4\,cm;\ \alpha = 80°;\ \beta = 48°$
5 $a = 7{,}2\,cm;\ \alpha = 52°;\ \gamma = 48°$	**6** $b = 6\,cm;\ \alpha = 47°;\ \gamma = 80°$

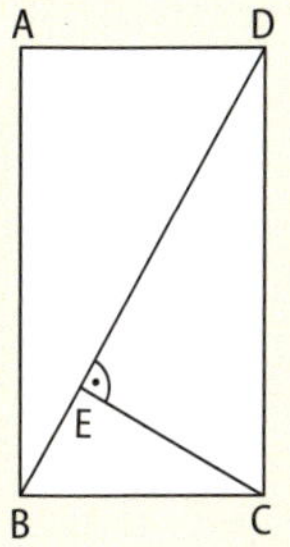

17 Ein Rechteck ABCD wird wie abgebildet in drei Dreiecke zerlegt. Untersuche, ob die Dreiecke zueinander ähnlich sind. Begründe deine Antwort (mithilfe einer DGS).

18 Bestimme jeweils rechnerisch alle Streckenlängen in der abgebildeten Figur ($AE \parallel BF$).

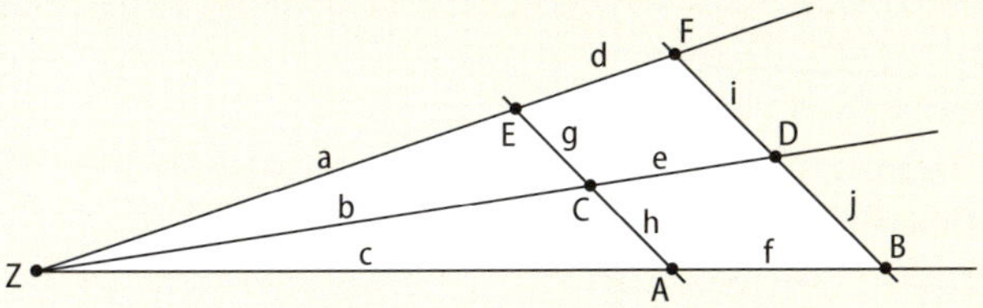

a) $a = 4\,cm;\ b = 5\,cm;\ c = 7{,}5\,cm;\ d = 2{,}5\,cm;\ g = 2\,cm;\ j = 5\,cm$
b) $a = 3{,}2\,cm;\ c = 4\,cm;\ e = 6{,}5\,cm;\ f = 8\,cm;\ h = 1{,}8\,cm;\ i = 3\,cm$
c) $a = 4\,cm;\ c = 3\,cm;\ e = 7{,}4\,cm;\ h = 2\,cm;\ i = 3\,cm;\ j = 6\,cm$

19 Eine vierarmige Wäschespinne hat sechs „umlaufende“ Leinen, die im Abstand von jeweils 16 cm gespannt sind. Die innerste Leine ist 32 cm vom Mittelpunkt des Metallständers entfernt und hat eine Gesamtlänge von 128 cm. Berechne, wie viele Meter Wäscheleine an der Wäschespinne insgesamt zur Verfügung stehen.

20 Ein dreiseitiges Prisma (Kantenlängen $a = 5\,cm;\ b = 12\,cm;\ c = 13\,cm;\ h = 4\,cm$) wird maßstäblich mit dem Faktor $k = 2$ ($k = 5$) vergrößert.
Berechne jeweils das Volumen und den Oberflächeninhalt des vergrößerten Prismas.

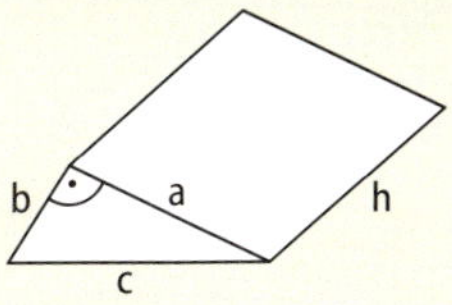

Skizze nicht maßstabsgetreu

21 Recherchiere die Größen der EURO-Geldscheine.
a) Weise rechnerisch nach, dass die Scheine im mathematischen Sinn nicht ähnlich sind.
b) Berechne ausgehend vom 10-€-Schein, welche Seitenlängen die anderen EURO-Geldscheine haben müssten, wenn sie zum 10-€-Schein im mathematischen Sinn ähnlich wären und ihre Flächeninhalte jeweils ihren Wert widerspiegeln sollten. Runde dabei sinnvoll.

22 Die Diagonalen des Rechtecks ABCD sind jeweils 17 cm lang (Abbildung nicht maßstäblich). M ist der Mittelpunkt der Rechtecksseite $\overline{CD}$. Berechne die Länge der Strecke $\overline{ST}$.

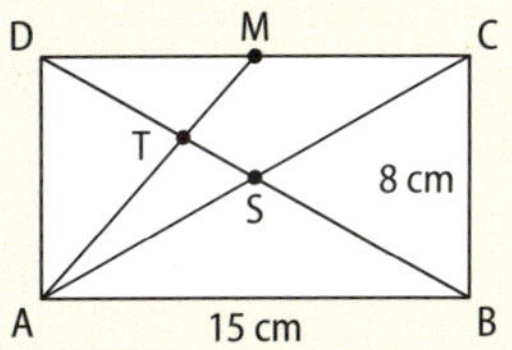

23 Das Schloss Nymphenburg in München ist 632 m breit. Eine Kameradrohne schwebt 300 m vom Schloss entfernt genau vor dessen Mitte, um ein Foto zu machen, das das Schloss in seiner gesamten Breite zeigt. Als die Fotos ausgewertet werden, ist eines dabei, auf dem das Schloss nicht zu sehen ist, dafür aber eine Amsel in ihrer vollen Länge. Ermittle, in welchem Abstand die Amsel etwa an der Drohne vorbeigeflogen ist. Recherchiere hierfür die Daten, die du noch benötigst.

24 Die Abbildung zeigt eine Möglichkeit, die Strecke $\overline{AB}$ im Verhältnis 3:2 zu teilen.

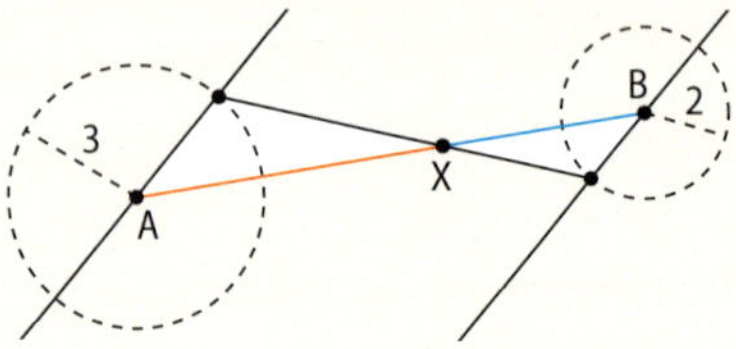

a) Erläutere das gezeigte Vorgehen.
b) Übertrage die Abbildung in eine DGS. Diskutiere mit deiner Nachbarin oder deinem Nachbarn, ob es in der DGS möglich ist, jedes beliebige Teilungsverhältnis darzustellen.

25 Lina behauptet, sie habe eine Möglichkeit gefunden, zwei zueinander parallele Geraden zu konstruieren. Erkläre das Vorgehen von Lina und untersuche experimentell, ob es stets zwei parallele Geraden liefert.

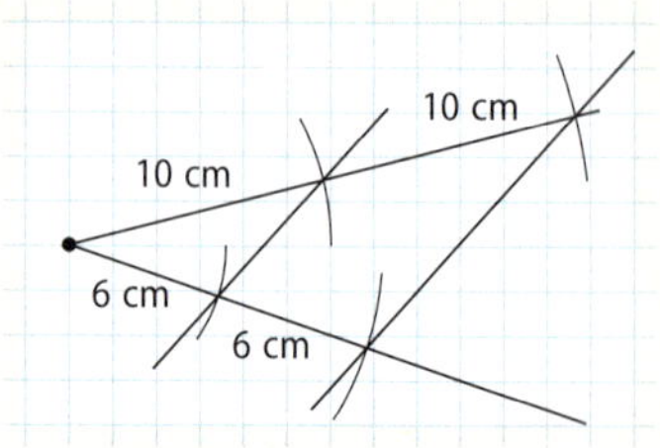

26 Zeichne das rechtwinklige Dreieck DOM (Seitenlängen 5 cm, 12 cm und 13 cm) und trage dann die Höhe $\overline{MI}$ zu dessen Hypotenuse $\overline{DO}$ sowie das Lot $\overline{IN}$ vom Punkt I auf die Kathete $\overline{MD}$ in deine Zeichnung ein.

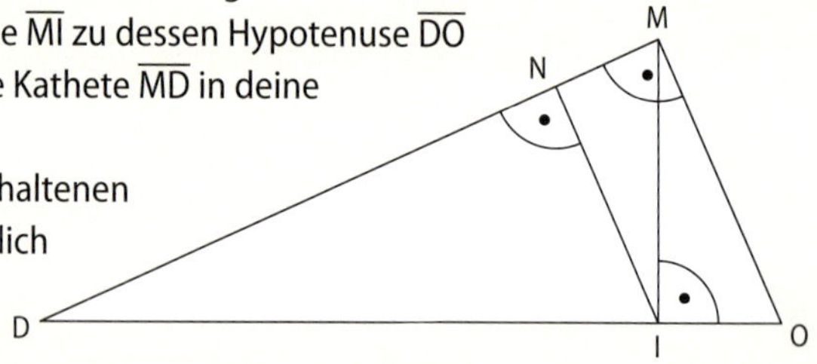

a) Gib alle in deiner Zeichnung enthaltenen Dreiecke an, die zueinander ähnlich sind.
b) Berechne den Flächeninhalt A_{DOM} und den Umfang U_{DOM} des Dreiecks DOM sowie die Länge der Strecke $\overline{MI}$.
c) Gib die Längenverhältnisse $\frac{|\overline{DI}|}{|\overline{IN}|}$, $\frac{|\overline{OM}|}{|\overline{MI}|}$ und $\frac{|\overline{MD}|}{|\overline{OM}|}$ an.

27 In der Kunst wird ein sogenannter „Kanon" genutzt, um menschliche Proportionen besser darstellen zu können. Diese Proportionen verändern sich mit dem Alter eines Menschen.

a) Berechne die Längen der Beine (Höhe des Knies; Kopflänge; Länge vom Bauchnabel bis zum Hals) für einen 1,80 m großen Erwachsenen nach diesem Kanon.
b) Ein einjähriges Kind ist 86 cm groß. Ermittle rechnerisch die Größe seines Kopfes. Vergleiche die Kopfgröße mit der eines Erwachsenen.
c) Recherchiere, warum Kleinkinder einen „verhältnismäßig" großen Kopf haben.
d) Vermiss dich selbst und prüfe, ob der Kanon auf dich zutrifft.

Größe von Menschen in Vielfachen ihrer Kopfgröße

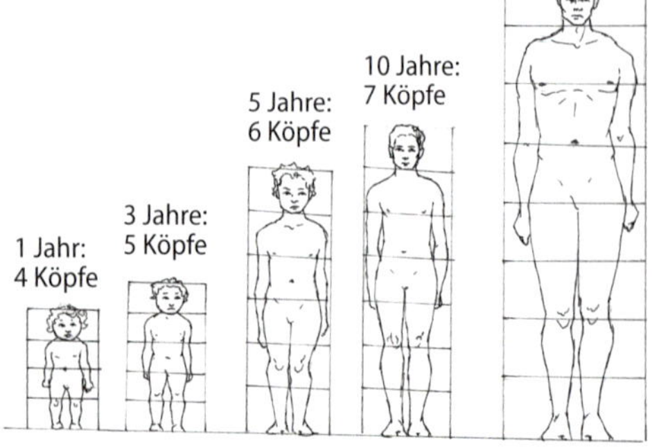

Maßstäbliches Vergrößern und Verkleinern – ähnliche Figuren

Seite 134

Zwei Figuren A und B heißen **ähnlich (A ~ B)**, wenn sie

- in der Größe einander entsprechender Winkel sowie
- im Verhältnis einander entsprechender Seitenlängen übereinstimmen.

Das konstante Verhältnis einander entsprechender Seitenlängen heißt **Ähnlichkeitsfaktor k**.

Beim maßstäblichen Vergrößern (Verkleinern)

- wird bei Figuren der **Flächeninhalt um das k^2-Fache größer (kleiner)**.
- wird bei Körpern das **Volumen um das k^3-Fache größer (kleiner)**.

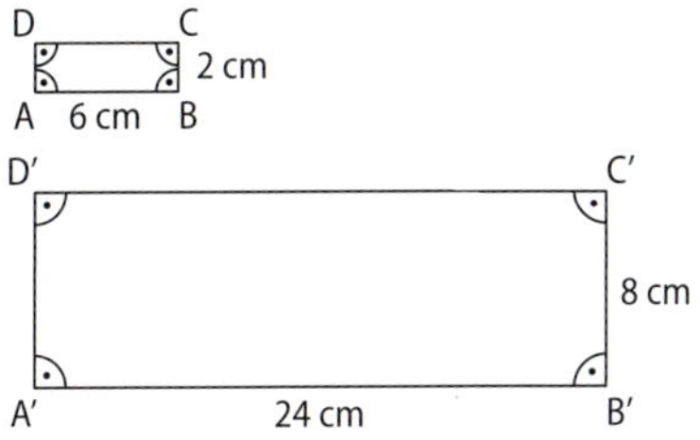

Die Rechtecke haben jeweils vier rechte Winkel und es gilt: $\frac{6\text{ cm}}{2\text{ cm}} = 3 = \frac{24\text{ cm}}{8\text{ cm}}$

Ähnlichkeitsfaktor: $k = \frac{24\text{ cm}}{6\text{ cm}} = 4$

Für die Flächeninhalte gilt:

$A_{A'B'C'D'} = 192\text{ cm}^2 = 16 \cdot 12\text{ cm}^2$
$= 16 \cdot 6\text{ cm} \cdot 2\text{ cm} = (4)^2 \cdot A_{ABCD}$

Ähnlichkeit von Dreiecken

Seite 140

Zwei Dreiecke sind zueinander ähnlich, wenn sie übereinstimmen

- in zwei Winkeln (W:W-Satz).
- in allen Verhältnissen der Längen entsprechender Seiten (S:S:S-Satz).

Seltener benötigt man den S:W:S- und den S:s:W-Satz.

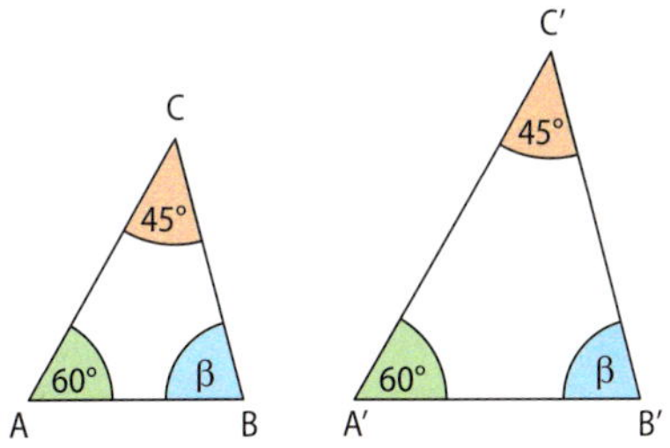

Dreieck ABC ~ Dreieck A'B'C'

Strahlensätze

Seite 144

1. Strahlensatz:
Wenn zwei Strahlen mit gemeinsamem Anfangspunkt Z von zwei Parallelen, die Z nicht enthalten, geschnitten werden, dann verhalten sich die Längen der Abschnitte auf dem einen Strahl zueinander wie die Längen der gleich liegenden Abschnitte auf dem anderen Strahl.

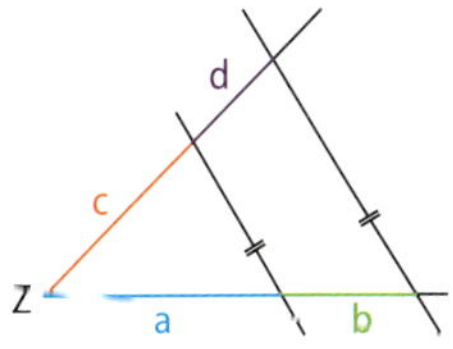

$\frac{a}{b} = \frac{c}{d}$

bzw.

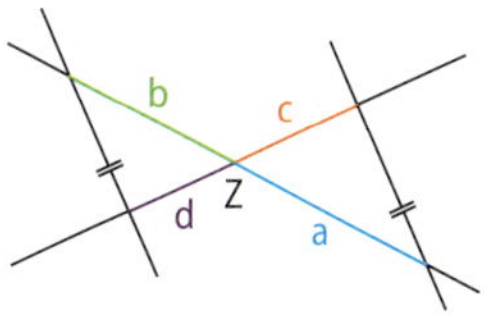

$\frac{a}{a+b} = \frac{c}{c+d}$

2. Strahlensatz:
Wenn zwei Strahlen mit gemeinsamem Anfangspunkt Z von zwei Parallelen geschnitten werden, dann verhalten sich die Längen der Parallelenabschnitte zueinander wie die zugehörigen Längen der Abschnitte auf ein und demselben Strahl.

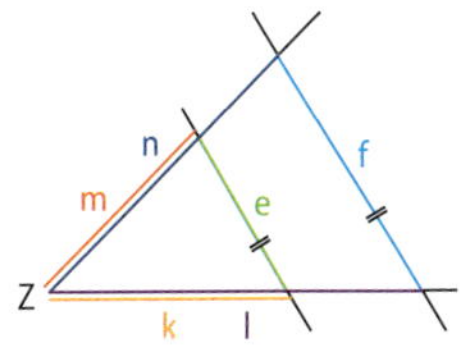

$\frac{k}{l} = \frac{e}{f}$

„V-Figur"

bzw.

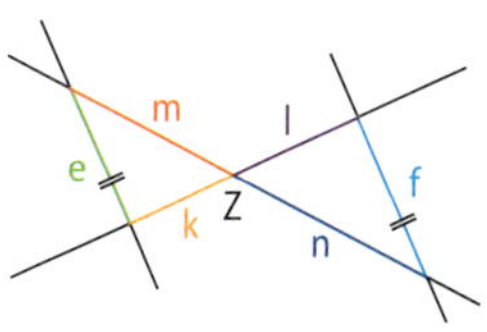

$\frac{m}{n} = \frac{e}{f}$

„X-Figur"

Je nachdem, ob die Parallelen auf derselben Seite von Z liegen, spricht man von V-Figur oder von X-Figur.

Aufgaben zur Einzelarbeit

Überprüfe deine Fähigkeiten und Kompetenzen. Bearbeite dazu die folgenden Aufgaben und bewerte anschließend deine Lösungen mit einem Smiley.

☺	😐	☹
Das kann ich **wirklich gut**!	Das kann ich **fast**!	Das muss ich **noch üben**!

1 Nenne alle ähnlichen Figuren und erkläre mithilfe der Abbildung den Begriff „Ähnlichkeit".

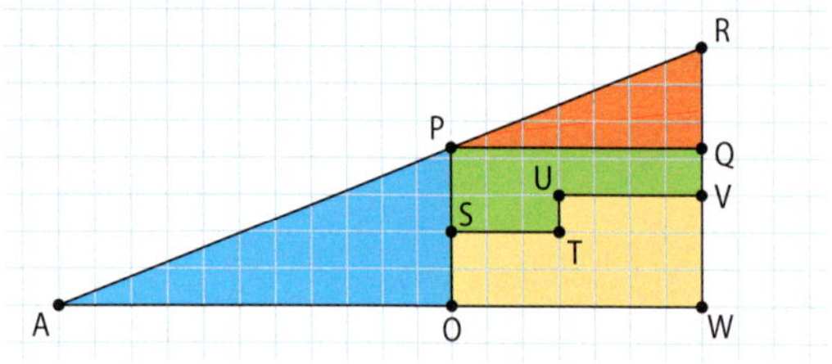

2 Bestimme jeweils den Ähnlichkeitsfaktor k, wenn es sich um eine Vergrößerung (Verkleinerung) handelt.

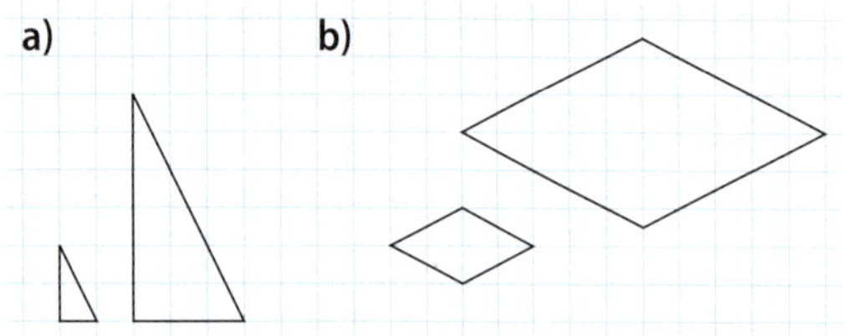

3 Zeichne ein Rechteck ABCD mit den Seitenlängen $a = 4{,}0\,\text{cm}$ und $b = 5{,}0\,\text{cm}$.

a) Vergrößere bzw. verkleinere das Rechteck maßstäblich mit dem Faktor $k = 1{,}5$ bzw. $k = 0{,}5$.

b) Vergleiche die Flächeninhalte des Originalrechtecks mit den Flächeninhalten der Bildrechtecke und stelle eine Vermutung auf.

4 Ein Quader ($l = 12\,\text{cm}$, $b = 12\,\text{cm}$, $h = 10\,\text{cm}$) wird maßstäblich mit $k = 2$ ($k = 5$) vergrößert. Berechne das Volumen und den Oberflächeninhalt des vergrößerten Quaders.

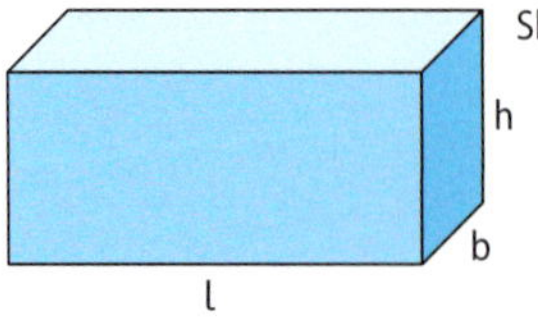

Skizze nicht maßstabsgetreu

5 Begründe, dass alle Quadrate zueinander ähnlich sind.

6 Überprüfe jeweils, ob die beiden Dreiecke ABC und DEF zueinander ähnlich sind.

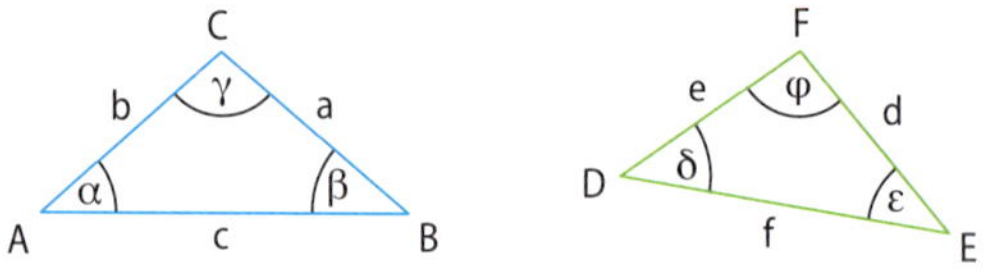

a) $\alpha = 35°$; $\gamma = 100°$; $\delta = 45°$; $\varepsilon = 100°$

b) $a = 2\,\text{cm}$; $b = 7\,\text{cm}$; $c = 8\,\text{cm}$;
$d = 2\,\text{cm}$; $e = 0{,}5\,\text{cm}$; $f = 1{,}75\,\text{cm}$

7 Berechne die Höhe h des Turms.

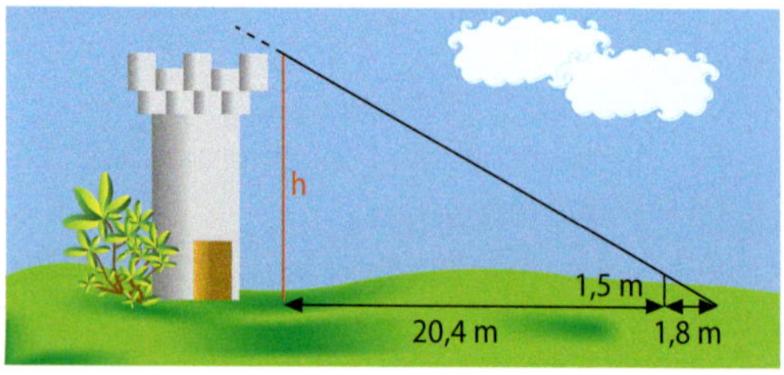

8 **a)** Stelle möglichst viele Zusammenhänge zwischen Streckenlängen mithilfe des 1. und 2. Strahlensatzes her, wenn $g \parallel h$ gilt.

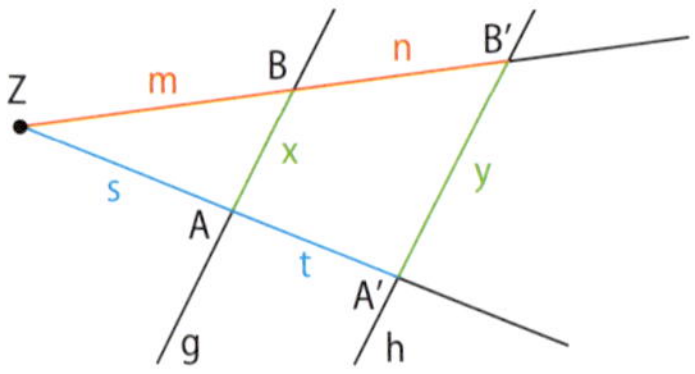

b) Berechne die fehlenden Längen, wenn gilt: $x = 5$; $y = 8$; $n = 2{,}5$; $t = 4$.

9 Das Rechteck ABCD ist 6 cm lang und 5 cm breit. Das Dreieck ABF nimmt 30 % der Rechtecksfläche ein. Ermittle rechnerisch, welchen Flächeninhalt das Dreieck AED besitzt.

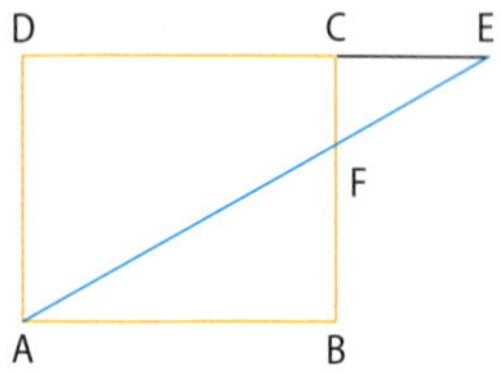

Arbeitsschritte

Aufgaben für Lernpartner

1. Bearbeite die folgenden Aufgaben zuerst allein.
2. Suche dir einen Partner oder eine Partnerin und arbeitet zusammen weiter: Erklärt euch gegenseitig eure Lösungen. Korrigiert fehlerhafte Antworten.

Sind folgende Behauptungen richtig oder falsch? Begründe.

A Ähnliche Figuren stimmen in ihrer Form und Größe überein.

B Zwei Vierecke, die in ihren Winkeln übereinstimmen, sind zueinander ähnlich.

C Der Ähnlichkeitsfaktor $\frac{1}{4}$ entspricht dem Maßstab 4:1.

D Beim maßstäblichen Vergrößern mit dem Faktor $k = 2$ werden die Längen aller Strecken und die Größen aller Winkel verdoppelt.

E Kongruente Figuren sind auch zueinander ähnlich.

F Verdoppelt man die Seitenlängen eines Dreiecks, so vervierfacht sich dessen Flächeninhalt.

G Wird ein Zylinder mit dem Faktor 2 maßstäblich vergrößert, dann versechsfacht sich sein Volumen.

H Alle Rauten sind zueinander ähnlich.

I Stimmen zwei gleichschenklige Dreiecke in einem Basiswinkel überein, dann sind sie zueinander ähnlich.

J Zwei Dreiecke sind zueinander ähnlich, wenn sie in allen drei Seitenlängen übereinstimmen.

K Immer, wenn zwei Geraden von zwei anderen Geraden geschnitten werden, kann man den Strahlensatz anwenden.

L In jeder Strahlensatzfigur finden sich ähnliche Dreiecke.

M Beim 2. Strahlensatz müssen die betrachteten Abschnitte immer auf unterschiedlichen Strahlen liegen.

N Ein gleichschenkliges Trapez, in das die Diagonalen eingezeichnet sind, kann man als „X-Figur" auffassen.

Ich kann …	„Am Ziel!"-Aufgaben	Hilfe
… den Begriff „Ähnlichkeit" anschaulich erläutern.	1, 5, A, B	S. 134
… eine Figur maßstäblich vergrößern oder verkleinern.	2, C, D, E	S. 134
… erklären, wie sich der Flächeninhalt einer Figur bzw. das Volumen eines Körpers verändert, wenn die Figur bzw. der Körper maßstäblich vergrößert oder verkleinert wird.	3, 4, F, G	S. 134, 135
… überprüfen, ob zwei Figuren, insbesondere Dreiecke, zueinander ähnlich sind.	6, H, I, J	S. 134, 140
… die Strahlensätze bei innermathematischen Problemstellungen sowie bei Aufgaben in Sachzusammenhängen anwenden.	7, 8, 9, K, L, M, N	S. 144

6 Startklar!

Grundwissen

Mediencode 61049-27

Aufgabe	Ich kann schon …
1, 2, 3, 4	… Eigenschaften von linearen und quadratischen Funktionen untersuchen.
5, 6, 7	… mit Wurzeln rechnen.
8, 9	… mit Potenzen mit ganzzahligen Exponenten rechnen.

1 Zeichne jeweils den Graphen G_f der Funktion f in ein Koordinatensystem. Bestimme jeweils die maximale Definitionsmenge D_f sowie die Wertemenge W_f und berechne die Schnittpunkte des Funktionsgraphen G_f mit den Koordinatenachsen.

a) $f\colon x \mapsto -\frac{1}{2}x + \frac{3}{4}$ b) $f\colon x \mapsto 3x^2 + 6x - 6$ c) $f\colon x \mapsto -\frac{1}{2}x^2 + 4 - x$ d) $f\colon x \mapsto \frac{1}{x-3} + 2$

2 Ordne den Funktionsgraphen jeweils die passende Funktionsgleichung zu.

1 $f(x) = -0{,}5\,(x - 1)^2$ **2** $f(x) = 2x + 1$ **3** $f(x) = (x + 2)^2$

4 $f(x) = 2x^2 - 4x + 3$ **5** $f(x) = 2$ **6** $f(x) = x^2$

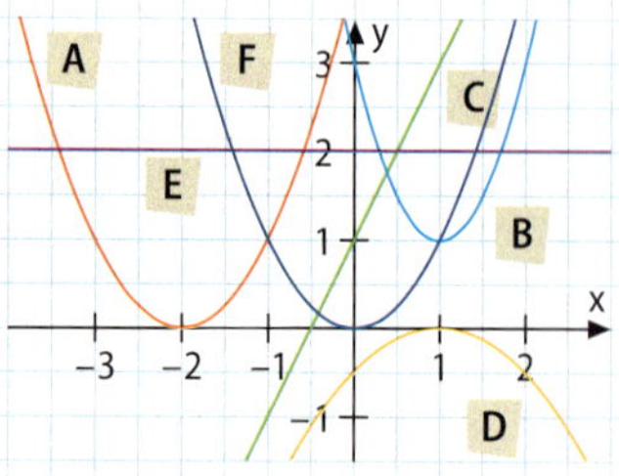

3 Bestimme jeweils rechnerisch die Koordinaten des Scheitels S der Parabel sowie das Monotonieverhalten der Funktion f.

a) $f\colon x \mapsto x^2 - 5$ b) $f\colon x \mapsto -2{,}5\,(x - 5)^2 + 4{,}25$

c) $f\colon x \mapsto -(x + 8)(x + 4)$ d) $f\colon x \mapsto 2x^2 - 12x + 22{,}25$

4 a) Erkläre, wie du die Schnittpunkte der Funktionsgraphen G_f und G_g zweier Funktionen f und g graphisch und rechnerisch bestimmen kannst.

b) Berechne jeweils – soweit möglich – die Koordinaten der Schnittpunkte der Funktionsgraphen G_f und G_g.

1 $f\colon x \mapsto x^2$; $g\colon x \mapsto 2{,}25$

2 $f\colon x \mapsto (x - 2)(x - 4)$; $g\colon x \mapsto -0{,}5\,(x - 3)^2 + 5$

3 $f\colon x \mapsto 3x^2 + 2$; $g\colon x \mapsto -x^2 - 1$

5 Vereinfache den Term jeweils so weit wie möglich.

a) $\sqrt{32} - \sqrt{8}$ b) $\frac{\sqrt{27}}{\sqrt{81}}$ c) $\frac{\sqrt{125}}{\sqrt{128}} : \frac{\sqrt{10^3}}{\sqrt{256}}$ d) $\sqrt{75} - 2\sqrt{98} + 2\sqrt{12} + 3\sqrt{18}$ e) $\left(\sqrt{5} - \sqrt{3}\right) \cdot \left(\sqrt{3} + \sqrt{5}\right)$

6 Gib die Kantenlänge a eines Würfels mit dem Oberflächeninhalt $O_W = 73{,}5\ \text{cm}^2$ an.

7 Vereinfache jeweils den Term unter Verwendung der Betragsschreibweise möglichst weitgehend.

a) $\sqrt{(x + 3)^2}$ für $x \in \mathbb{Q}$ b) $\sqrt{(x - 1)^2}$ für $x \in \mathbb{R}^+$ c) $\sqrt{(x + 5)^2}$ für $x \in \mathbb{R}^-$

8 Vereinfache jeweils so weit wie möglich ($a, b, c \neq 0$).

a) $ab^{-3} \cdot a^{-5}b^6$ b) $\left(\frac{2a^2}{3b^4}\right)^6$ c) $\frac{(6a^3)^2}{2a^2}$ d) $\frac{a^{-4} \cdot b}{c^{-1} \cdot u^3} \cdot \frac{c \cdot u^{-4}}{a^{-5} \cdot b^{-2}}$ e) $\left[(a^2 \cdot b^{-2})^{-2} - \frac{b^4}{a^4}\right]^2$

9 Berechne jeweils den Wert des Terms und erläutere dein Vorgehen.

a) a^3, wenn $a^2 = 56{,}25$ ($a > 0$) ist b) a^2, wenn $a^3 = \frac{1}{8}$ ist

6 Potenzfunktionen und Erweiterung des Potenzbegriffs

Einstieg

Funktionen bzw. deren Graphen begegnen dir z. B. in der Natur, in technischen Bereichen und sogar bei vielen Freizeitaktivitäten. Besonders häufig sieht man Geraden und Parabeln, also die Graphen linearer und quadratischer Funktionen.

- Nenne Beispiele für Funktionsgraphen im Alltag.

Ausblick

Am Ende dieses Kapitels hast du gelernt, …

- … Potenzfunktionen mit natürlichen Exponenten zu beschreiben und ihre Eigenschaften zu untersuchen.
- … den Wurzelbegriff zu erweitern und Potenzgleichungen zu lösen.
- … mit Potenzen mit rationalen Exponenten zu rechnen.

Historische Ecke

Mediencode 61049-28

Kap. 6.1 und 6.2

Planetensystem – Naturgesetze

Johannes Kepler
(1571–1630)

Der Astronom Johannes Kepler beschrieb mit drei Gesetzen den Umlauf der Planeten um die Sonne. Das dritte Keplersche Gesetz lautet:

> «Die dritten Potenzen der mittleren Entfernung der Planeten von der Sonne verhalten sich wie die Quadrate der Umlaufzeiten.»

- Stelle eine Gleichung für das dritte Kepler'sche Gesetz auf und überprüfe mithilfe der Tabelle seine Gültigkeit an drei Beispielen.

Planet	Masse in kg	mittlere Entfernung a zur Sonne in AE	Umlaufzeit T in Jahren
Merkur	$3{,}30 \cdot 10^{23}$	0,3871	0,2408
Venus	$4{,}87 \cdot 10^{24}$	0,7233	0,6152
Erde	$5{,}97 \cdot 10^{24}$	1,000	1,000
Mars	▪	▪	1,881
Jupiter	$1{,}90 \cdot 10^{27}$	5,203	11,86
Saturn	$5{,}69 \cdot 10^{26}$	9,583	29,46
Uranus	$8{,}68 \cdot 10^{25}$	19,20	▪
Neptun	$1{,}02 \cdot 10^{26}$	30,07	164,8

AE: Astronomische Einheit
1 AE: Abstand Sonne–Erde
≈ 149,6 Mio. km

- Berechne die Umlaufzeit des Planeten Uranus.
- Mithilfe des dritten Kepler'schen Gesetzes und den Daten des Planeten Venus soll nun die mittlere Entfernung des Planeten Mars von der Sonne ermittelt werden. Beschreibe die Schwierigkeit, die sich dabei ergibt. Entwickle rechnerische und graphische Lösungsstrategien und bestimme die mittlere Entfernung des Planten Mars von der Sonne auf zwei Dezimalen genau.
- Recherchiere, warum Pluto derzeit nicht mehr als Planet geführt wird, und überprüfe, ob auch für Pluto das dritte Kepler'sche Gesetz gilt.
- Erstelle mit Mitschülerinnen und Mitschülern ein kreatives Lernprodukt zum Thema „Leben und Werk von Johannes Kepler".

Schon gewusst?
Die Reihenfolge der Planeten lässt sich mit einem einfachen Hilfssatz merken.

Kap. 6.3

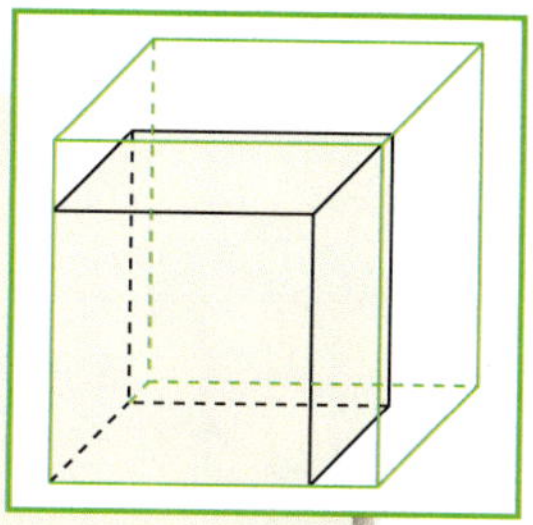

Ein klassisches Problem der Antike

Das klassische Problem der Würfelverdoppelung hat nach Eutokios, einem griechischen Mathematiker, seinen Ursprung vor etwa 2500 Jahren in Griechenland.

> Auf der Insel Delos gab es eine verheerende Pest. Die Delier wandten sich an das Orakel der Insel. Sie erhielten von dem Orakel den Auftrag, einen der würfelförmigen Altäre im Tempel des Apollon zu verdoppeln, also einen gleichförmigen Altar mit doppeltem Rauminhalt zu erbauen.

Dieses Problem ist seitdem unter dem Namen „**Delisches Problem**" bekannt. Mathematisch betrachtet muss man die Lösung der Gleichung $x^3 = 2$ bestimmen.

- Paul und Inken möchten das „Delische Problem" graphisch lösen. Erkläre ihre Überlegungen, vollziehe sie mithilfe einer DGS nach und lies jeweils eine näherungsweise Lösung ab.

Pauls Lösung:

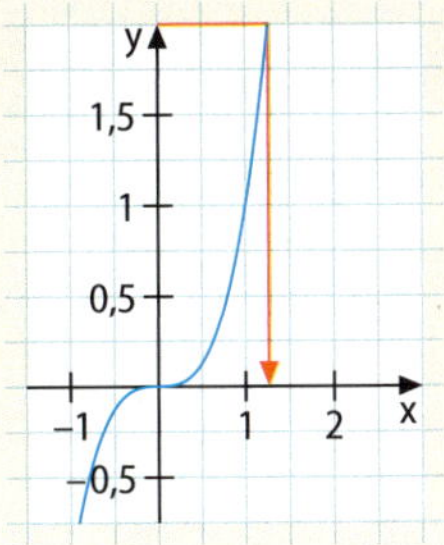

Inkens Lösung:

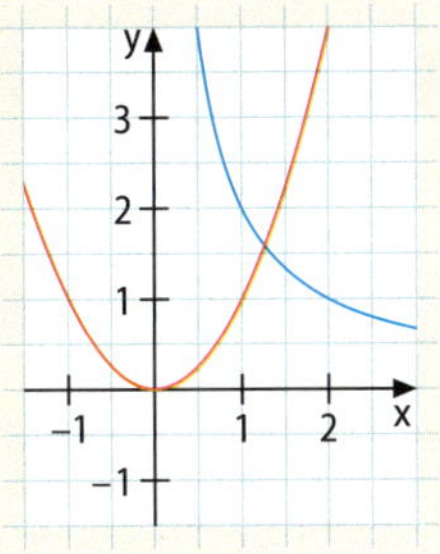

- Bestimme mit dem Taschenrechner eine Lösung des „Delischen Problems" auf drei Dezimalen genau.
- Informiere dich im Internet über die Lösbarkeit des „Delischen Problems" und über Lösungsansätze von der Antike bis zur Gegenwart.

Kap. 6.4

Oberfläche eines Menschen

	x	y
Gregor	183	65
Laura	164	55
Lucas	167	56
Sophie	168	51
Simon	144	33

Den Oberflächeninhalt O_K eines menschlichen Körpers im Alter zwischen 5 und 19 Jahren – gemessen in Quadratmetern – kann man näherungsweise z. B. durch die Gehan-George-Formel $O_K = 0{,}03050 \cdot x^{0{,}35129} \cdot y^{0{,}54375}$ berechnen. Dabei ist x die Größe des Menschen in Zentimeter und y seine Masse in kg.

- Berechne mit dieser Formel die Körperoberfläche von Gregor, Laura, Lucas, Sophie und Simon.
- Übertrage den Sachverhalt in ein Tabellenkalkulationsprogramm, das dir nach Eingabe der Körpergröße x und der Masse y unmittelbar den Oberflächeninhalt angibt.
- Eine andere Berechnungsalternative ist die Formel $O_K = 0{,}007184 \cdot x^{\frac{29}{40}} \cdot y^{\frac{17}{40}}$. Berechne damit die Körperoberflächen und vergleiche sie mit den Ergebnissen nach der Gehan-George-Formel.
- Erläutere, wie man die Körperoberfläche experimentell ermitteln könnte.

Entdecken

- Beschreibe jeweils den Verlauf der Funktionsgraphen und gib ihre Eigenschaften an.
- Für $x > 0$ beschreiben die Zuordnungen A, B und C Zusammenhänge am Würfel. Ordne ihnen den passenden Funktionsgraphen zu.

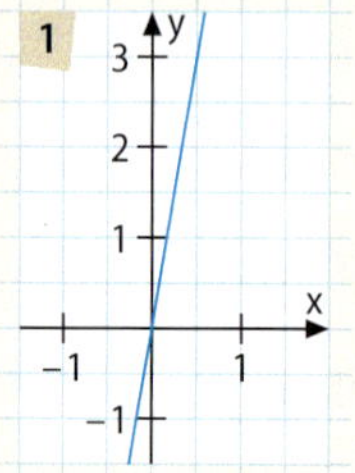

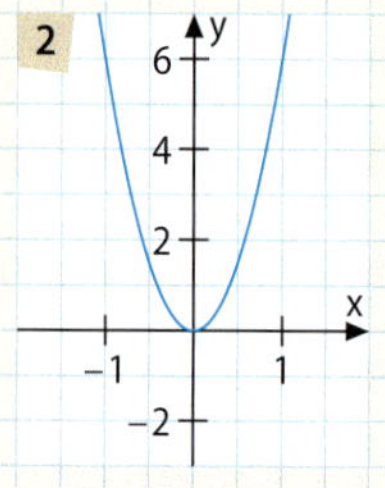

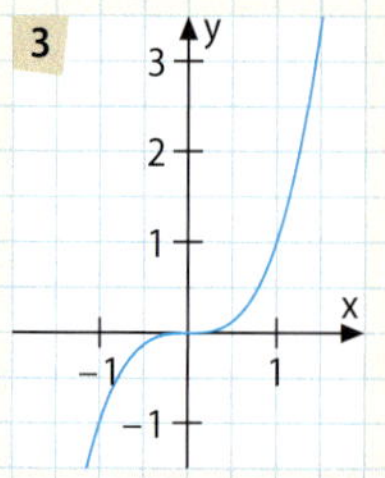

A *Kantenlänge des Würfels ↦ Volumen des Würfels*

B *Kantenlänge des Würfels ↦ Oberflächeninhalt des Würfels*

C *Flächeninhalt einer Seitenfläche des Würfels ↦ Oberflächeninhalt des Würfels*

Verstehen

Lineare und quadratische Funktionen reichen oft nicht aus, um Sachzusammenhänge mathematisch zu beschreiben.

$n = 1$: $f: x \mapsto x$
lineare Funktion

$n = 2$: $f: x \mapsto x^2$
quadratische Funktion

Eine Funktion der Form $\mathbf{f: x \mapsto x^n}$, $n \in \mathbb{N}$, $D = \mathbb{R}$, heißt **Potenzfunktion** (n-ten Grades), der zugehörige Funktionsgraph G_f **Parabel n-ter Ordnung**.
Potenzfunktionen lassen sich in zwei Klassen einteilen:

	n gerade	**n ungerade**
Definitionsmenge	$D_f = \mathbb{R}$	$D_f = \mathbb{R}$
Funktionsgraph G_f	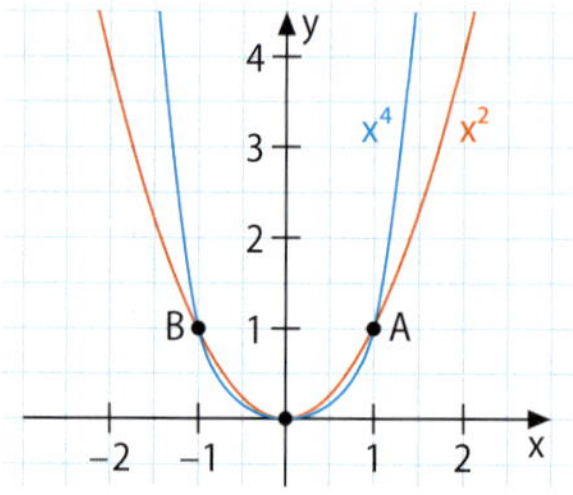 G_f verläuft im I. und II. Quadranten	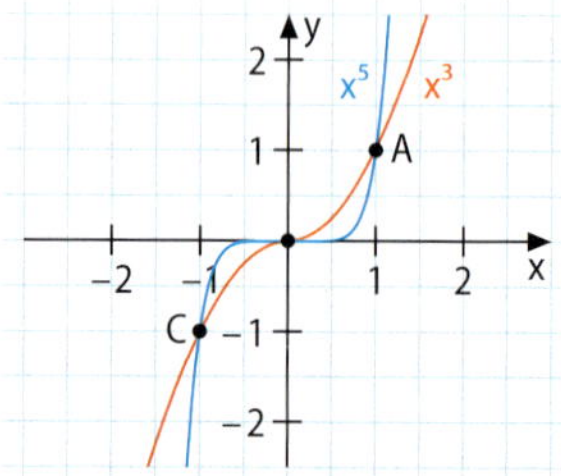 G_f verläuft im I. und III. Quadranten
Wertemenge	$W_f = \mathbb{R}_0^+$	$W_f = \mathbb{R}$
Symmetrie des Funktionsgraphen G_f	achsensymmetrisch bezüglich der y-Achse	punktsymmetrisch bezüglich des Ursprungs
gemeinsame Punkte der Funktionsgraphen	$A(1 \mid 1)$; $B(-1 \mid 1)$; $O(0 \mid 0)$	$A(1 \mid 1)$; $C(-1 \mid -1)$; $O(0 \mid 0)$
Monotonie	$x < 0$: G_f monoton fallend $x > 0$: G_f monoton steigend	G_f monoton steigend für alle $x \in D_f$

Erklärvideo

Mediencode 61049-29

Beispiel

Die Punkte $Q_1(-2 \mid y_1)$, und $Q_2(x_2 \mid 27)$ liegen auf dem Graphen G_f der Funktion $f: x \mapsto x^3$.
Berechne jeweils die fehlende Koordinate.

Lösung: $Q_1(-2 \mid y_1)$: $y_1 = (-2)^3 = -8 \Rightarrow Q_1(-2 \mid -8)$;
$Q_2(x_2 \mid 27)$: Durch Probieren erhält man $3 \cdot 3 \cdot 3 = 27 \Rightarrow Q_2(3 \mid 27)$

Nachgefragt

- Begründe oder widerlege: Der Punkt O (0 | 0) ist stets der tiefste Punkt des Funktionsgraphen einer Potenzfunktion.
- Begründe oder widerlege: Für $x > 0$ gilt: $x^2 < x^4 < 100x^2$.

Aufgaben

1 Gegeben sind die Funktionen $f: x \mapsto x$, $g: x \mapsto x^2$, $h: x \mapsto x^3$, $i: x \mapsto x^4$ und $k: x \mapsto x^5$.

a) Zeichne die zugehörigen Funktionsgraphen mithilfe einer DGS. Gib Gemeinsamkeiten und Unterschiede an.

b) Begründe, dass alle Funktionsgraphen mindestens zwei gemeinsame Punkte haben.

c) Beschreibe jeweils das Symmetrieverhalten der angegebenen Funktion.

d) Gib jeweils den Bereich an, in dem der Funktionsgraph monoton steigt.

2 **a)** Ordne die Funktionsgraphen den Funktionstermen zu. Erkläre dein Vorgehen.

1 $f(x) = x^2$ 2 $f(x) = x^3$ 3 $f(x) = x^6$ 4 $f(x) = x^7$

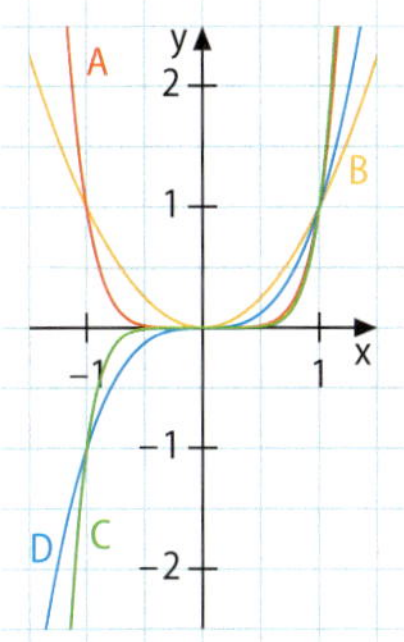

b) Gib jeweils die Symmetrieeigenschaft und die Monotoniebereiche der zugehörigen Funktionsgraphen an.

c) Erläutere, worauf man beim Skizzieren der Graphen besonders achten muss.

3 Die angegebenen Punkte sollen jeweils auf dem Graphen G_f der Funktion f liegen.

1	$f_1(x) = x^2$	$A(3 \mid y_A)$	$B(-2{,}5 \mid y_B)$	$C(x_C \mid 20{,}25)$	$D\left(x_D \mid \frac{6}{19}\right)$
2	$f_2(x) = x^3$	$A(-2 \mid y_A)$	$B(1{,}4 \mid y_B)$	$C(x_C \mid 0{,}125)$	$D(x_D \mid -3^9)$
3	$f_3(x) = x^5$	$A\left(-\frac{1}{2} \mid y_A\right)$	$B(5 \mid y_B)$	$C(x_C \mid -2^{15})$	$D\left(x_D \mid \frac{1}{243}\right)$

a) Berechne die fehlenden Koordinaten. Finde gegebenenfalls mehrere Möglichkeiten.

b) Die Graphen G_{f_1}, G_{f_2} und G_{f_3} sind jeweils symmetrisch. Nutze dies und gib für jede Funktion ohne Rechnung drei weitere Punkte an, die auf dem jeweiligen Graphen liegen.

4 Gib jeweils einen Funktionsterm an, so dass die gegebenen Werte zu einer Potenzfunktion der Form $f: x \mapsto x^n$ passen. Erläutere dein Vorgehen.

x	−3	−2	−1	0	1	2	3
f(x)	9	4	1	0	1	4	9
g(x)	81	16	1	0	1	16	81
h(x)	−27	−8	−1	0	1	8	27
i(x)	−3	−2	−1	0	1	2	3

Erklärvideo

Mediencode 61049-30

5 Beschreibe, wie sich die Funktionswerte von Potenzfunktionen der Form $f: x \mapsto x^n$ verhalten, wenn die x-Werte sehr groß oder sehr klein werden bzw. sich null annähern.

6 Zeichne mithilfe einer DGS und mit zwei Schiebereglern für die Parameter d und e den Funktionsgraphen G_f zur Funktion $f: x \mapsto (x - e)^n + d$. Beschreibe deine Beobachtungen, wenn du die Schieberegler betätigst, und ordne Sie in deine bisherigen Kenntnisse über Parameteränderungen bei unterschiedlichen Funktionsklassen ein.

Entdecken

Die Abbildung zeigt die Graphen G_f, G_g und G_h von drei Potenzfunktionen der Form $x \mapsto ax^n$, $a \in \mathbb{R}\setminus\{0\}$, $n \in \mathbb{N}$, $x \in \mathbb{R}$.

- Bestimme mithilfe einer DGS für jede der Funktionen f, g und h einen möglichst exakten Wert für die Parameter a und n.
- Stelle eine Vermutung auf, wie sich unterschiedliche Werte des Parameters a auf den Funktionsgraphen auswirken.

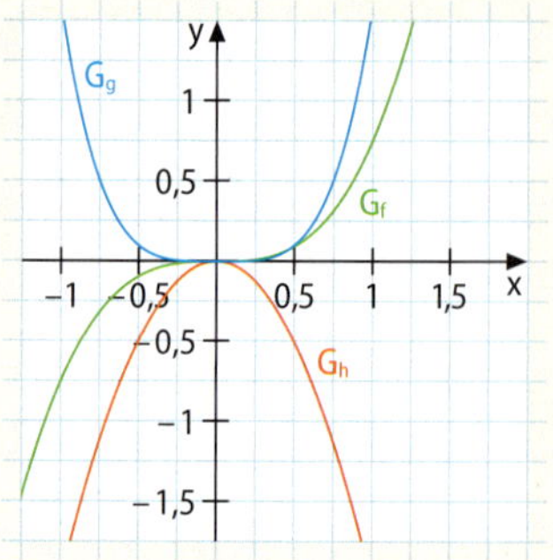

Verstehen

Bereits bei der Betrachtung quadratischer Funktionen wurde ausgehend von der Funktion f: $x \mapsto x^2$, deren Graph G_f die Normalparabel ist, durch die Einführung von Parametern auf die allgemeine quadratische Funktion geschlossen.

Der Funktionsgraph G_f der **Potenzfunktion f: $x \mapsto ax^n$**, $a \in \mathbb{R}\setminus\{0\}$, $n \in \mathbb{N}$, $x \in \mathbb{R}$, ist eine **Parabel n-ter Ordnung** und im Vergleich zum Graphen G_g der Funktion g: $x \mapsto x^n$, $n \in \mathbb{N}$, für …

- $0 < |a| < 1$ in y-Richtung gestaucht, also weiter.
- $1 < |a|$ in y-Richtung gestreckt, also enger.

Für $a < 0$ wird G_g zusätzlich an der x-Achse gespiegelt.

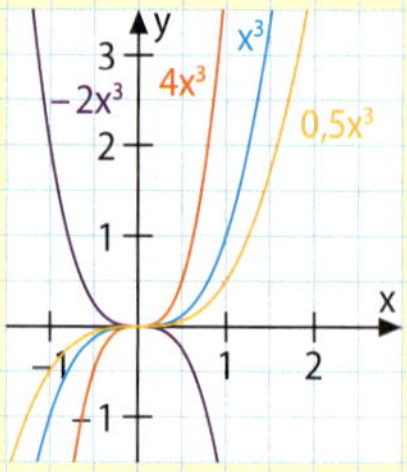

Beispiel

Erklärvideo

Mediencode 61049-31

Gegeben sind die Funktionen g: $x \mapsto -x^4$, h: $x \mapsto 0{,}5x^4$, i: $x \mapsto \sqrt{2}\,x^4$ und k: $x \mapsto -2x^4$.

a) Erläutere jeweils, wie der Graph G_g, G_h, G_i, G_k aus dem Graphen G_f der Funktion f: $x \mapsto x^4$ hervorgeht, und gib die Wertemengen der Funktionen an.

b) Beschreibe das Symmetrieverhalten der Funktionen g, h, i und k und gib an, in welchen Quadranten ihre Funktionsgraphen jeweils verlaufen.

Lösung:

a)

	Im Vergleich zu G_f:	Wertemenge
G_g	Spiegelung an der x-Achse	$W_g = \mathbb{R}_0^-$
G_h	Stauchung um den Faktor 0,5	$W_h = \mathbb{R}_0^+$
G_i	Streckung um den Faktor $\sqrt{2}$	$W_i = \mathbb{R}_0^+$
G_k	Spiegelung an der x-Achse und Streckung um den Faktor 2	$W_k = \mathbb{R}_0^-$

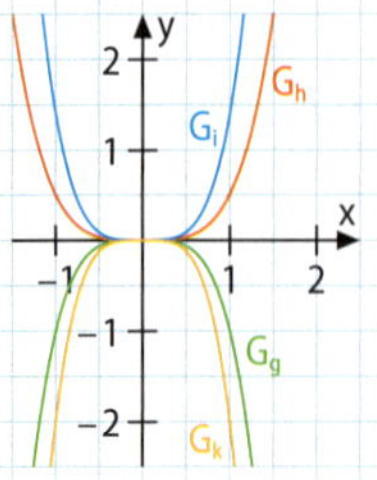

b) G_f ist achsensymmetrisch zur y-Achse, da 4 eine gerade Zahl ist. Durch eine Stauchung, Streckung oder Spiegelung des Funktionsgraphen an der x-Achse verändert sich dieses Symmetrieverhalten nicht. Deswegen sind auch G_g, G_h, G_i, G_k achsensymmetrisch zur y-Achse. G_h und G_i sind nach oben geöffnete Parabeln 4. Ordnung. Sie verlaufen im I. und II. Quadranten; G_g und G_k sind aufgrund der Spiegelung an der x-Achse nach unten geöffnete Parabeln 4. Grades. Sie verlaufen im III. und IV. Quadranten.

- Begründe, warum es keine Potenzfunktion geben kann, deren Funktionsgraph achsensymmetrisch zur x-Achse ist.
- Erläutere anhand einer Skizze, wie sich unterschiedliche Werte des Parameters a auf eine Parabel ungerader Ordnung auswirken.

Nachgefragt

Aufgaben

1 Zeichne jeweils die Funktionsgraphen G_f und G_a der Funktionen f und f_a mithilfe einer DGS, gib ihr Symmetrieverhalten an und beschreibe die Auswirkungen des Koeffizienten a.

a) $f\colon x \mapsto x^3$ und $f_a\colon x \mapsto ax^3$ mit $a \in \{-2; -1; \sqrt{3}; 2\}$

b) $f\colon x \mapsto x^6$ und $f_a\colon x \mapsto ax^6$ mit $a \in \{-\sqrt{5}; -1; 0{,}5; 2\}$

2 Zeichne den Graphen G_f der Funktion f in dein Heft. Erstelle dazu eine Wertetabelle; nutze dabei die Symmetrieeigenschaft des Funktionsgraphen. Kontrolliere deine Ergebnisse mithilfe einer DGS. Gib an, in welchen Intervallen G_f monoton steigend bzw. fallend ist.

a) $f(x) = 0{,}1x^3$ **b)** $f(x) = -\frac{1}{4}x^4$ **c)** $f(x) = -0{,}01x^5$ **d)** $f(x) = \frac{1}{5}x^4$

Nutze die Funktion „TABLE" deines Taschenrechners oder ein Tabellenkalkulationsprogramm.

3 Begründe oder widerlege jeweils. Überprüfe deine Einschätzungen mithilfe einer DGS.

a) Der Graph G_f der Funktion $f\colon x \mapsto x^n$, $n \in \{2; 3; 9; 15\}$, hat zwei Nullstellen.

b) Der Graph G_f der Funktion $f\colon x \mapsto -0{,}4x^7$ ist für alle $x \in \mathbb{R}$ monoton fallend.

c) Der Graph G_f der Funktion $f\colon x \mapsto -x^8$ verläuft überall unterhalb des Graphen G_g der Funktion $g\colon x \mapsto x^5$.

4 Zeige rechnerisch, dass die Punkte $R(-3\,|\,-9)$, $O(0\,|\,0)$ und $T(3\,|\,9)$ sowohl auf einer Geraden g als auch auf einer gestauchten Parabel 3. Ordnung liegen. Gib jeweils eine Funktionsgleichung der Geraden und der Parabel 3. Ordnung an.

5 **a)** $P(0{,}5\,|\,y_P)$ liegt auf dem Graphen der Potenzfunktion $f\colon x \mapsto -0{,}5x^4$. Berechne y_P.

b) $P(x_P\,|\,0)$ liegt auf dem Graphen der Funktion $f\colon x \mapsto 0{,}01\,(x-1)^6$. Berechne x_P.

c) $P(3\,|\,27)$ liegt auf dem Graphen der Funktion $f\colon x \mapsto x^n$. Berechne n.

Erklärvideo

Mediencode 61049-32

6 Der Graph von f mit $f(x) = a \cdot x^n$ verläuft durch die Punkte A, B und C. Bestimme $a \in \mathbb{R}\backslash\{0\}$ und $n \in \mathbb{N}$.

a) $A(1\,|\,2{,}5)$, $B(-2\,|\,-20)$ **b)** $A(2\,|\,-768)$, $B(-1\,|\,-3)$

c) $A(-2\,|\,-3{,}2)$, $B(3\,|\,24{,}3)$ **d)** $A\left(\frac{1}{2}\,\middle|\,-1{,}25\right)$, $B(-0{,}5\,|\,-1{,}25)$, $C(3\,|\,-1620)$

7 Gegeben ist die Funktion $f\colon x \mapsto -0{,}25x^3$.

a) Erstelle eine Wertetabelle und zeichne den Graphen G_f. Nutze dabei die Symmetrieeigenschaften des Funktionsgraphen.

b) Zeichne den Graphen G_g der Funktion $g\colon x \mapsto x^2 - 3x$ in dasselbe Koordinatensystem und berechne die Nullstellen der Funktion g.

c) $P(x_P < 0\,|\,y_P)$ und $Q(x_Q > 0\,|\,y_Q)$ sind Schnittpunkte von G_f und G_g. Stelle den Funktionsterm einer linearen Funktion h auf, deren Graph G_h durch P und Q verläuft.

8 Zeichne den Graphen G_f der Funktion $f\colon x \mapsto |x|^3$, der aus dem Graphen G_g der Funktion $g\colon x \mapsto x^3$ hervorgeht, mithilfe geometrischer Überlegungen und Fallunterscheidungen, aber ohne Wertetabelle. Erläutere deine Überlegungen.

Entdecken

Ein Pflanzkübel soll die Form eines Würfels haben. In ihn sollen mindestens 10 ℓ Erde passen.

- Schätze zunächst die Kantenlänge, die ein solcher Kübel mindestens haben muss. Überprüfe deine Schätzung anschließend rechnerisch.

Verstehen

Manche Gleichungen (z. B. $x^3 = 10$) kann man bisher nur durch gezieltes Probieren lösen. Wenn die Lösung keine rationale Zahl ist, gelingt dies nur näherungsweise.

Gleichungen der Form $\mathbf{x^n = c}$, $n \in \mathbb{N}$, $c \in \mathbb{R}$, heißen **Potenzgleichungen.**

Potenzgleichungen kann man auf verschiedene Arten lösen:

1 **graphisch**: Die Lösungen sind die x-Koordinaten der Schnittpunkte der Graphen von $f: x \mapsto x^n$ und $g: x \mapsto c$.

n gerade	n ungerade
Beispiel: $x^4 = 2$	Beispiel: $x^5 = 2$

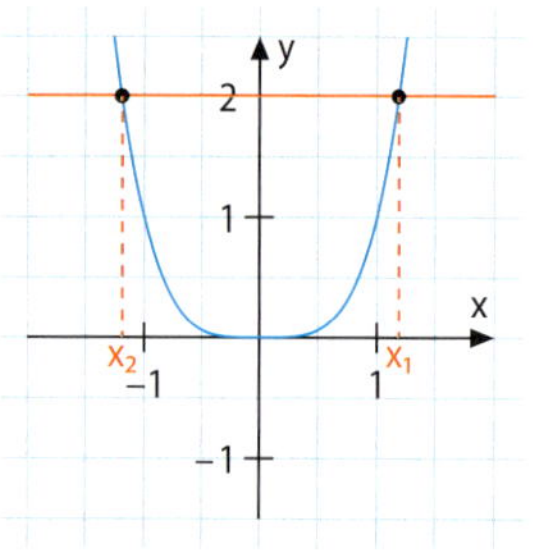

Lösungen:
$x_1 \approx 1{,}2$
$x_2 \approx -1{,}2$

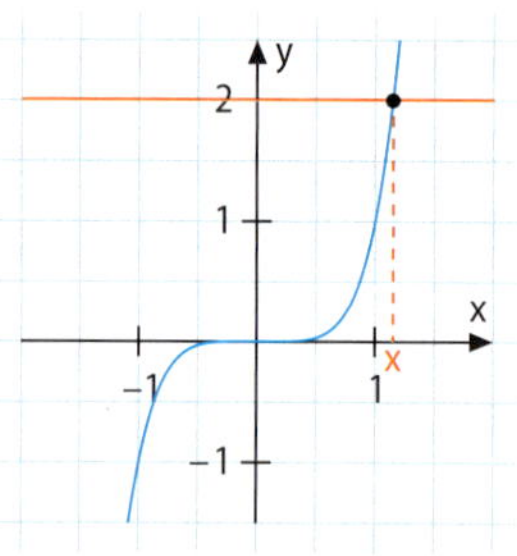

Lösung:
$x \approx 1{,}1$

Wurzelexponent → $\sqrt[n]{c}$ ← *Radikand*

*Für $\sqrt[2]{7}$ schreibt man kürzer $\sqrt{7}$; statt 2-te Wurzel sagt man **Quadratwurzel**.*

2 **rechnerisch**: Auflösen der Gleichung durch Ziehen der n-ten Wurzel.
Unter $\sqrt[n]{c}$ **(n-te Wurzel aus c)**, $c \in \mathbb{R}_0^+$, $n \in \mathbb{N}\setminus\{1\}$, versteht man diejenige nicht-negative Zahl, deren n-te Potenz c ergibt.
Es gilt also: $\left(\sqrt[n]{c}\right)^n = c$ und $\sqrt[n]{c^n} = c$.
Über der Grundmenge $\mathbb{R}$ kann die Gleichung $\mathbf{x^n = c}$ zwei Lösungen, genau eine Lösung oder gar keine Lösung haben:

	n gerade	n ungerade
c > 0	$L = \{-\sqrt[n]{c}; \sqrt[n]{c}\}$	$L = \{\sqrt[n]{c}\}$
c = 0	$L = \{0\}$	$L = \{0\}$
c < 0	$L = \{\,\}$	$L = \{-\sqrt[n]{\lvert c\rvert}\}$

Beispiele

I. Bestimme jeweils den Termwert.

a) $\sqrt[5]{1024}$ b) $\sqrt[4]{0{,}0016}$ c) $\sqrt[3]{\frac{125}{216}}$

Strategiewissen
Wurzelwerte im Kopf berechnen

Lösung: Alle diese Wurzelwerte findet man, indem man den Radikanden „passend" als Potenz einer rationalen Zahl darstellt.

a) $\sqrt[5]{1024} = \sqrt[5]{4^5} = 4$ b) $\sqrt[4]{0{,}0016} = \sqrt[4]{0{,}2^4} = 0{,}2$ c) $\sqrt[3]{\frac{125}{216}} = \sqrt[3]{\frac{5^3}{6^3}} = \sqrt[3]{\left(\frac{5}{6}\right)^3} = \frac{5}{6}$

II. Löse die Potenzgleichung jeweils graphisch und rechnerisch.

a) $x^3 = 2$ **b)** $x^4 = 3$ **c)** $x^3 = -2$ **d)** $x^4 = -2$

1 graphische Lösung:

a) $f: x \mapsto x^3$
$g: x \mapsto 2$

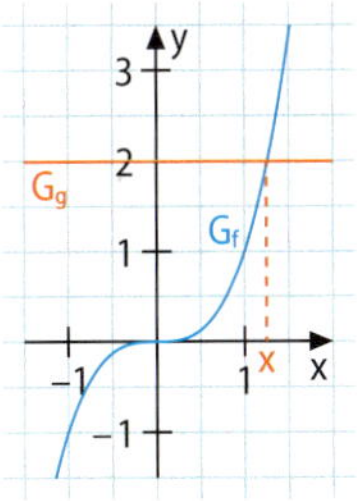

$x \approx 1{,}3$

b) $f: x \mapsto x^4$
$g: x \mapsto 3$

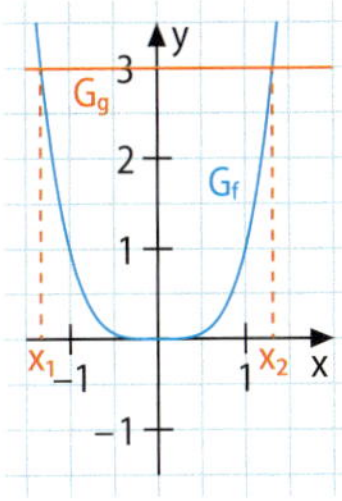

$x_1 \approx -1{,}3$; $x_2 \approx 1{,}3$

c) $f: x \mapsto x^3$
$g: x \mapsto -2$

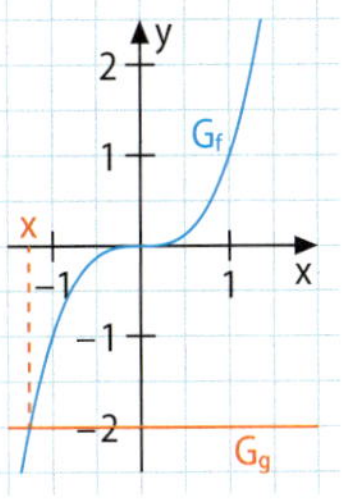

$x \approx -1{,}3$

d) $f: x \mapsto x^4$
$g: x \mapsto -2$

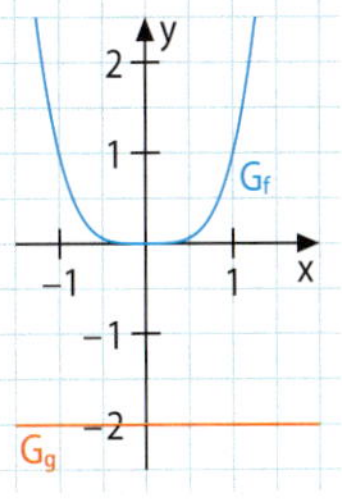

Graphische Lösungen sind oft ungenau.

Strategiewissen
Potenzgleichungen lösen

2 rechnerische Lösung:

a) $x^3 = 2$
$x = \sqrt[3]{2} \approx 1{,}26$
$L = \{1{,}26\}$

b) $x^4 = 3$
$x_{1/2} = \pm\sqrt[4]{3} \approx \pm 1{,}32$
$L = \{-1{,}32; 1{,}32\}$

c) $x^3 = -2$
$x = -\sqrt[3]{|-2|}$
$\approx -1{,}26$
$L = \{-1{,}26\}$

d) $x^4 = -2$
Keine Lösung
$(x^4 \geq 0)$
$L = \{\}$

Beachte:
Der Radikand darf nicht negativ sein.

Nachgefragt

- Erkläre, was der Wurzelexponent der Quadratwurzel ist.
- Widerlege die Behauptung: „$\sqrt[7]{a}$, $a \in \mathbb{R}_0^+$, ist stets irrational."

Aufgaben

1 Gib jeweils die Lösungsmenge der Gleichung an.

a) $x^9 = 1$ **b)** $x^8 = 256$ **c)** $x^4 = -16$ **d)** $x^5 = -\frac{1}{32}$

e) $x^3 = \frac{8}{27}$ **f)** $-x^4 = 625$ **g)** $x^{2004} = -1$ **h)** $x^5 = 0{,}00032$

Nutze zur Bestimmung der Anzahl der Lösungen Skizzen der Funktionsgraphen.

2 Übertrage die Tabelle in dein Heft und ergänze sie dann dort.

a	128	81		0,00032		3^{-6}	10^{-10}	9^3
n	7		3		4	3		2
$\sqrt[n]{a}$		3	5	0,2	0,5		10^{-2}	

3 Gib bei jedem der Terme die maximale Definitionsmenge an und vereinfache ihn dann.

a) $\sqrt[5]{(-a)^{10}}$ **b)** $\sqrt[7]{b^{21}}$ **c)** $\sqrt[6]{729b^{12}}$ **d)** $\sqrt[7]{d^{-7}}$ **e)** $\sqrt[5]{e^{13} : e^{23}}$

f) $\sqrt[6]{\frac{f^{12}}{(f^2 \cdot f)^2}}$ **g)** $\sqrt{8^2b^2 + 15^2b^2}$ **h)** $\sqrt[4]{625 \cdot g^2 \cdot (g^3)^2}$ **i)** $\sqrt[3]{\frac{h^7}{0{,}001 \cdot h}}$

4 Bestimme jeweils die Lösungsmenge näherungsweise mithilfe einer DGS. Nutze dann ein Tabellenkalkulationsprogramm, um die Werte auf ein Tausendstel genau anzunähern.

a) $\frac{1}{10}x^4 = 2$ **b)** $-\frac{1}{5}x^2 = \frac{1}{20}x^3$ **c)** $\frac{1}{1000}x^{10} = 0{,}1$

5 Ermittle bei jeder der vier Gleichungen die Lösungsmenge über $G = \mathbb{R}\setminus\{0\}$.

a) $1000 + 5x^3 = -3x^3$ **b)** $x^6 : 64 = -0{,}5$ **c)** $x + \frac{1}{x} = \frac{9}{x}$ **d)** $x^5 + \frac{1}{x^2} = x^{-2}$

Entdecken

Messwerte:
$V(0) \approx 5{,}0\,mm^3$
$V\left(\frac{1}{3}\right) \approx 6{,}3\,mm^3$
$V\left(\frac{1}{2}\right) \approx 7{,}1\,mm^3$
$V\left(\frac{2}{3}\right) \approx 7{,}9\,mm^3$
$V(1) \approx 10{,}0\,mm^3$

Laura und Sophie untersuchen das Wachstum einer Bakterienkultur. Zu Beginn ihrer Beobachtung nimmt die Bakterienkultur ein Volumen von 5,0 mm^3 ein. Laura und Sophie beobachten, dass sich die Anzahl (und damit das Volumen) der Bakterien jeweils in einer Stunde verdoppelt. Sie dokumentieren ihre Messungen zunächst in Tabellenform.

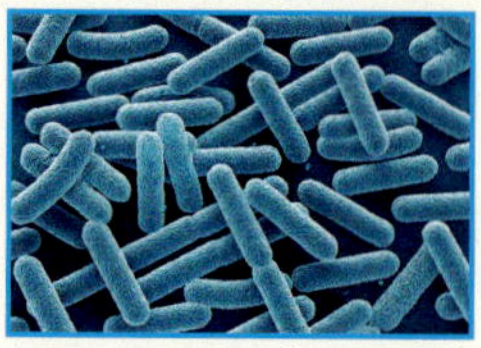

- Erfasse die Messwerte von Laura und Sophie in einem Tabellenkalkulationsprogramm.
- Beschreibe durch einen Term, auf welchen Wert sich das Volumen der Bakterienkultur in den ersten n Stunden ($n \in \mathbb{N}$) vergrößert.
- Erweitere deine Tabelle so, dass man das erwartete Wachstum der Bakterienkultur für die ersten fünf Stunden in Intervallen von 20 min ($20\text{ min} = \frac{1}{3}$ h) ablesen kann. Erstelle auf der Basis der Daten ein Diagramm.

Verstehen

Oft benötigt man Potenzen, deren Exponenten nicht ganzzahlig sind. Die Potenzgesetze für Potenzen mit ganzzahligen Exponenten lassen sich auf solche Potenzen übertragen.

Nur in ganz speziellen Fällen kann der Radikand auch negativ sein (vgl. S. 173).

Allgemeine Wurzeln kann man auch als Potenzen darstellen:

$\sqrt[n]{a} = a^{\frac{1}{n}};\ a \in \mathbb{R}_0^+;\ n \in \mathbb{N}\setminus\{1\}$ $\qquad$ $\sqrt[n]{a^m} = a^{\frac{m}{n}} = (\sqrt[n]{a})^m;\ a \in \mathbb{R}^+;\ m \in \mathbb{Z};\ n \in \mathbb{N}\setminus\{1\}$

Für das Rechnen mit Potenzen mit rationalen Exponenten gilt:

1 $a^{\frac{m}{n}} \cdot a^{\frac{p}{q}} = a^{\frac{m}{n}+\frac{p}{q}}$ $\qquad$ **2** $a^{\frac{m}{n}} : a^{\frac{p}{q}} = a^{\frac{m}{n}-\frac{p}{q}}$ $\qquad$ **3** $\left(a^{\frac{m}{n}}\right)^{\frac{p}{q}} = a^{\frac{m}{n}\cdot\frac{p}{q}}$

4 $a^{\frac{m}{n}} \cdot b^{\frac{m}{n}} = (a \cdot b)^{\frac{m}{n}}$ $\qquad$ **5** $a^{\frac{m}{n}} : b^{\frac{m}{n}} = (a : b)^{\frac{m}{n}}$ $\qquad$ $a, b \in \mathbb{R}^+, m, p \in \mathbb{Z}, n, q \in \mathbb{N}$

Beweis:

Beachte:
$\sqrt[n]{a^m} = a^{\frac{m}{n}}$ und
$(\sqrt[n]{a})^n = (a^{\frac{1}{n}})^n = a$

Entsprechend kann man auch die anderen Potenzgesetze beweisen.

Zu zeigen: $a^{\frac{m}{n}} \cdot b^{\frac{m}{n}} = (a \cdot b)^{\frac{m}{n}}$, $a, b \in \mathbb{R}^+$, $m \in \mathbb{Z}$; $n \in \mathbb{N}$

Man potenziert die linke und die rechte Seite der Gleichung, die beide nicht negativ sind, mit n ($n \in \mathbb{N}$) und nutzt die geltenden Potenzgesetze für Potenzen mit natürlichen Exponenten:

$\left(a^{\frac{m}{n}} \cdot b^{\frac{m}{n}}\right)^n = \left(\sqrt[n]{a^m} \cdot \sqrt[n]{b^m}\right)^n = \left(\sqrt[n]{a^m}\right)^n \cdot \left(\sqrt[n]{b^m}\right)^n = \mathbf{a^m \cdot b^m}$

$\left((a \cdot b)^{\frac{m}{n}}\right)^n = \left(\sqrt[n]{(a \cdot b)^m}\right)^n = (a \cdot b)^m = \mathbf{a^m \cdot b^m}$

Da beide Seiten der Gleichung nach dem Potenzieren mit n zum gleichen Ergebnis führen, muss auch die ursprüngliche Gleichung richtig sein.

Beispiele

Strategiewissen „Zusammenfassen"

I. Vereinfache mithilfe der obigen Rechenregeln jeden der fünf Terme

$5^{\frac{1}{2}} \cdot 5^{\frac{1}{3}}$; $\sqrt{6} : \sqrt[3]{6}$; $\sqrt[3]{2} \cdot \sqrt[3]{16}$; $4^{\frac{1}{3}} \cdot 2^{\frac{1}{3}}$ und $7^{1,25} : 7^{0,25}$ so weit wie möglich und gib dann seinen Wert auf Hundertstel gerundet an.

Lösung:

$5^{\frac{1}{2}} \cdot 5^{\frac{1}{3}} = 5^{\frac{1}{2}+\frac{1}{3}} = 5^{\frac{5}{6}} = \sqrt[6]{5^5} \approx 3{,}82$ $\qquad$ $\sqrt{6} : \sqrt[3]{6} = 6^{\frac{1}{2}-\frac{1}{3}} = 6^{\frac{1}{6}} = \sqrt[6]{6} \approx 1{,}35$

$\sqrt[3]{2} \cdot \sqrt[3]{16} = 2^{\frac{1}{3}} \cdot (2^4)^{\frac{1}{3}} = (2 \cdot 2^4)^{\frac{1}{3}} = (2^5)^{\frac{1}{3}} = 2^{\frac{5}{3}} = \sqrt[3]{2^5} = \sqrt[3]{32} \approx 3{,}17$

$4^{\frac{1}{3}} \cdot 2^{\frac{1}{3}} = (4 \cdot 2)^{\frac{1}{3}} = 8^{\frac{1}{3}} = \sqrt[3]{8} = 2 = 2{,}00$ $\qquad$ $7^{1,25} : 7^{0,25} = 7^{1,25-0,25} = 7^1 = 7 = 7{,}00$

II. Stelle jeden Term zuerst als Wurzel dar und vereinfache ihn dann möglichst weitgehend.

a) $27^{\frac{1}{3}}$ b) $8^{\frac{2}{3}}$ c) $625^{-\frac{1}{4}}$ d) $(a^{10})^{\frac{1}{5}}$; $a \in \mathbb{R}$ e) $256^{0,375}$

Lösung:

a) $27^{\frac{1}{3}} = \sqrt[3]{27} = \sqrt[3]{3^3} = 3$

b) $8^{\frac{2}{3}} = \sqrt[3]{8^2} = \sqrt[3]{64} = \sqrt[3]{4^3} = 4$

c) $625^{-\frac{1}{4}} = \sqrt[4]{625^{-1}} = \sqrt[4]{\frac{1}{625}} = \sqrt[4]{\left(\frac{1}{5}\right)^4} = \frac{1}{5}$

d) $(a^{10})^{\frac{1}{5}} = \sqrt[5]{a^{10}} = \sqrt[5]{(a^2)^5} = a^2$

e) $256^{0,375} = 256^{\frac{3}{8}} = \sqrt[8]{256^3} = \sqrt[8]{(2^8)^3} = \sqrt[8]{2^{24}} = \sqrt[8]{(2^3)^8} = 2^3 = 8$

Strategiewissen
Wurzelschreibweise

III. Vereinfache die beiden Wurzeln $\sqrt[4]{160}$ und $\sqrt[5]{486}$ möglichst weitgehend und gib dann jeweils einen auf Tausendstel gerundeten Näherungswert an.

Lösung:

$\sqrt[4]{160} = \sqrt[4]{16 \cdot 10} = (2^4 \cdot 10)^{\frac{1}{4}} = 2^{\frac{4}{4}} \cdot 10^{\frac{1}{4}} = 2 \cdot \sqrt[4]{10} \approx 3,557$

$\sqrt[5]{486} = \sqrt[5]{243 \cdot 2} = (3^5 \cdot 2)^{\frac{1}{5}} = (3^5)^{\frac{1}{5}} \cdot 2^{\frac{1}{5}} = 3^{5 \cdot \frac{1}{5}} \cdot 2^{\frac{1}{5}} = 3^1 \cdot 2^{\frac{1}{5}} = 3 \cdot \sqrt[5]{2} \approx 3,446$

Strategiewissen
Teilweises Radizieren

IV. Erweitere jeden der beiden Bruchterme $\frac{1}{\sqrt[6]{32}}$ und $\frac{7}{\sqrt{3} - \sqrt{2}}$ so, dass dann im Nenner eine natürliche Zahl steht.

Lösung:

$\frac{1}{\sqrt[6]{32}} = \frac{1 \cdot \sqrt[6]{2}}{\sqrt[6]{2^5} \cdot \sqrt[6]{2}} = \frac{\sqrt[6]{2}}{\sqrt[6]{2^6}} = \frac{\sqrt[6]{2}}{2}$; $\frac{7}{\sqrt{3} - \sqrt{2}} = \frac{7 \cdot (\sqrt{3} + \sqrt{2})}{(\sqrt{3} - \sqrt{2}) \cdot (\sqrt{3} + \sqrt{2})} = \frac{7\sqrt{3} + 7\sqrt{2}}{3 - 2} = 7\sqrt{3} + 7\sqrt{2}$

Strategiewissen
Rationalmachen des Nenners

V. Ein Würfel (Kantenlänge x) hat den Oberflächeninhalt y; gib einen Term für sein Volumen in Abhängigkeit von y an.

Lösung:

$6x^2 = y \quad \Rightarrow \quad x^2 = \frac{y}{6} \quad \Rightarrow \quad x = \pm\sqrt{\frac{y}{6}} \quad \Rightarrow \quad V(y) = \left(\sqrt{\frac{y}{6}}\right)^3 = \left(\frac{y}{6}\right)^{\frac{3}{2}}$

Hinweis: Negative Lösungen sind in vielen Sachzusammenhängen nicht sinnvoll.

Nachgefragt

- Begründe, für welche Werte von m und n der Wert der Potenz $3^{\frac{m}{n}}$ größer als 3 ist.
- Begründe: $a^{\frac{1}{3}}$ ist für $a = 0$ definiert, $a^{-\frac{1}{3}}$ dagegen nicht.

Aufgaben

1 Gib an, welche der Terme nicht definiert sind, und berechne die Werte aller übrigen Terme.

a) $81^{\frac{1}{4}}$ $216^{\frac{1}{3}}$ $10\,000^{-\frac{1}{4}}$ $512^{-\frac{2}{3}}$ $25^{\frac{3}{2}}$ $32^{\frac{3}{5}}$ $0,25^2$

b) $0,25^{\frac{3}{2}}$ $0,008^{-\frac{2}{3}}$ $4^{-2,5}$ $1024^{1,1}$ $\left(\frac{1}{9}\right)^{\frac{3}{2}}$ $-\left(-\frac{1}{27}\right)^{\frac{2}{3}}$ $0,01^3$

c) $-\left(\frac{27}{64}\right)^{-\frac{1}{3}}$ $\left(\frac{36}{49}\right)^{-0,5}$ $\left(-\frac{16}{625}\right)^{0,75}$ $-\left(\frac{81}{256}\right)^{-0,25}$ $-64^{\frac{1}{3}}$ $343^{\frac{2}{3}}$ $(\sqrt[3]{24})^0$

Termwerte zu 1:
-4; $-\frac{4}{3}$; 0,000001; $\frac{1}{64}$; $\frac{1}{32}$; $\frac{1}{27}$; $\frac{1}{16}$; 0,1; 0,125; 1; $\frac{7}{6}$; 3; 6; 8; 25; 49; 125; 2048

2 Schreibe jeweils als Potenz mit möglichst kleiner natürlicher Basis.

a) $\sqrt[5]{16}$ b) $\sqrt[10]{256}$ c) $\sqrt[9]{0,008}$ d) $\sqrt[4]{25}$

e) $\sqrt[12]{\frac{16}{640}}$ f) $\sqrt[4]{32}$ g) $\sqrt[6]{27}$ h) $\sqrt[6]{1000}$

3 Zeige die Gültigkeit der folgenden Zusammenhänge $(x > 0)$.

a) $\sqrt[6]{x^3} = \sqrt{x}$ b) $\sqrt[7]{x^{21}} = x^3$ c) $\sqrt[5]{(\sqrt[3]{x})^{15}} = x$

Erklärvideo

Mediencode 61049-33

4 Gib bei jedem der Terme die maximale Definitionsmenge über $G = \mathbb{R}$ an.

a) $(x-4)^{\frac{2}{3}}$ **b)** $(x^2-5)^3$ **c)** $(4x-6)^{\frac{1}{12}}$ **d)** $(x^2+1)^{\frac{1}{4}}$

e) $(x^4+2x^2+1)^{\frac{1}{2}}$ **f)** $(2x-1)^{\frac{1}{2}} \cdot (2x+1)^{\frac{1}{3}}$ **g)** $[(x-1)^{-\frac{1}{3}}]^{\frac{1}{2}}$ **h)** $[8(x^3+1)]^{\frac{1}{3}}$

5 Ermittle jeweils die Basis x ($x \in \mathbb{R}^+$) möglichst im Kopf.

a) $x^{\frac{2}{3}} = 4$ **b)** $x^{\frac{4}{3}} = 16$ **c)** $x^{\frac{8}{3}} = 1$ **d)** $x^{\frac{3}{2}} = 125$

e) $x^{\frac{2}{5}} = 4$ **f)** $x^{-\frac{1}{3}} = 0{,}125$ **g)** $x^{-\frac{5}{2}} = \frac{1}{32}$ **h)** $x^{\frac{7}{3}} = 128$

Teillösungen zu 6:

$\frac{1}{4}$; $\frac{1}{3}$; $2^{-\frac{1}{2}}$; $2^{-\frac{1}{5}}$; 1;

$2^{\frac{1}{4}}$; $6^{\frac{1}{6}}$; $2^{\frac{7}{6}}$; $3^{\frac{5}{6}}$; $18^{\frac{1}{3}}$;

4; $2^{\frac{9}{4}}$; 8; 25; 1024

6 Vereinfache jeden der Terme möglichst weitgehend und stelle ihn in Potenzschreibweise und in Wurzelschreibweise (bzw. als rationale Zahl) dar.

a) $3^{\frac{1}{2}} \cdot 3^{\frac{1}{3}}$ $2^{\frac{3}{5}} \cdot 2^{-\frac{4}{5}}$ $125^{\frac{1}{2}} \cdot 125^{\frac{1}{6}}$ $a^{\frac{1}{4}} \cdot a^{\frac{1}{12}}$; $a \in \mathbb{R}_0^+$

b) $27^{\frac{5}{3}} : 27^2$ $81^{1{,}5} : 81^{1{,}25}$ $\frac{16^{0{,}75}}{16^{1{,}25}}$ $(b^3)^{\frac{1}{2}} : (b^3)^{\frac{1}{6}}$; $b \in \mathbb{R}^+$

c) $\left(32^{\frac{10}{3}}\right)^{\frac{3}{5}}$ $\left(64^{\frac{1}{14}}\right)^{\frac{21}{4}}$ $\sqrt[3]{4} \cdot \sqrt[4]{4}$ $\left(\sqrt{a^2}\right)^{\frac{3}{4}}$; $a \in \mathbb{R}_0^+$

d) $4^{\frac{2}{3}} \cdot 2^{\frac{2}{3}}$ $32^{0{,}75} : 2^{0{,}75}$ $3^{-\frac{1}{2}} \cdot \left(\frac{2}{3}\right)^{-\frac{1}{2}}$ $a^{\frac{4}{3}} \cdot (a^2)^{\frac{4}{3}}$; $a \in \mathbb{R}_0^+$

e) $\sqrt[3]{6} \cdot \sqrt[3]{3}$ $\sqrt[5]{9} \cdot \sqrt[5]{27}$ $\sqrt[4]{32} : \sqrt[4]{2}$ $\sqrt[6]{b^2} \cdot \sqrt[3]{b^2}$; $b \in \mathbb{R}$

f) $\sqrt{\sqrt[3]{6}}$ $\sqrt[3]{\frac{2}{3}} : \sqrt[6]{\frac{4}{9}}$ $\sqrt[5]{\sqrt[4]{32}}$ $\sqrt[4]{\sqrt[3]{a^{12}}}$; $a \in \mathbb{R}$

7 Für nicht zu große Windgeschwindigkeiten v (in m/s) kann die erzeugte elektrische Leistung P einer Windkraftanlage mithilfe der Formel $P = a \cdot v^3$ berechnet werden. a (Einheit kg/m) ist eine Konstante, die z. B. von der Länge der Flügel der Anlage abhängt.

a) Berechne a, wenn bei einer Windgeschwindigkeit von 6,00 m/s eine Leistung von 756 kW erzeugt wird.

b) Ermittle rechnerisch die nötige Windgeschwindigkeit, damit diese Anlage eine Leistung von 1000 kW erzeugt.

c) Bei einer anderen Windkraftanlage hat a einen um 20 % kleineren Wert. Berechne, um wie viel Prozent die Windgeschwindigkeit größer sein muss, damit sie ebenfalls eine Leistung von 1000 kW erzeugt.

d) Für eine größere Windkraftanlage hat die sogenannte Kennlinie den abgebildeten Verlauf. Erläutere den Verlauf im Sachzusammenhang.

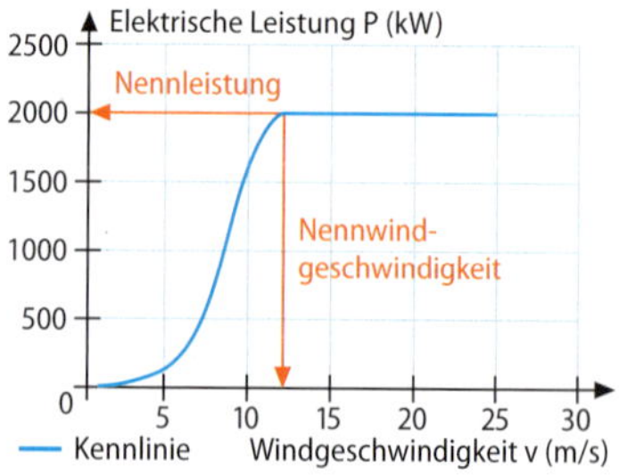

e) Recherchiere, warum Windkraftanlagen im Meer besonders leistungsfähig sind, und beschreibe, wie sich die Kennlinie einer Windkraftanlage mit höherer Leistung gegenüber der abgebildeten Kennlinie ändert.

8 Vereinfache jede der folgenden Wurzeln möglichst weitgehend.

$\sqrt[3]{135} = \sqrt[3]{27 \cdot 5}$
$= \sqrt[3]{27} \cdot \sqrt[3]{5} = 3 \cdot \sqrt[3]{5}$

a) $\sqrt[3]{54}$ **b)** $\sqrt[5]{64}$ **c)** $\sqrt[4]{1250}$

d) $\sqrt[4]{405}$ **e)** $\sqrt{x^3}$; $x \geq 0$ **f)** $\sqrt[3]{x^5}$; $x \geq 0$

g) $\sqrt{\frac{1}{x^3}}$; $x > 0$ **h)** $\sqrt[4]{x^5(x+1)^4}$; $x \geq 0$ **i)** $\sqrt[3]{64x^6}$

9 Vereinfache jeweils möglichst weitgehend ($b \in \mathbb{R}^+$).

a) $\sqrt[3]{\sqrt{b^3}}$ b) $\sqrt[6]{b^2}$ c) $\sqrt{\sqrt[4]{b}}$ d) $\sqrt{\sqrt[4]{b^3}}$ e) $\sqrt{\sqrt{\sqrt{b}}}$ f) $\sqrt[4]{b^2\sqrt{\frac{1}{b^2}}}$

10 Es ist $T_1(x) = \sqrt{x+1}$; $T_2(x) = \sqrt[3]{x^2}$; $T_3(x) = \sqrt[4]{\frac{1}{x^2+1}}$ und $T_4(x) = \sqrt{x \cdot \sqrt[3]{x}}$; $x \in \mathbb{R}^+$.
Gib jeden der sechs Termwerte möglichst weitgehend vereinfacht an.

a) $T_1(2) : T_2(27)$ b) $T_4(8)$ c) $T_1(1) \cdot T_2(1) \cdot T_3(1) \cdot T_4(1)$

d) $[T_1(8) \cdot T_2(8)] : [T_3(\sqrt{8}) \cdot T_4(8)]$ e) $\sqrt{T_1(3)} \cdot \sqrt{T_2(8) : [\sqrt[3]{T_4(1)} + T_3(4\sqrt{5})]}$

f) $\left[\sqrt[3]{T_1(63)} + T_2(5\sqrt{5}) - T_4\left(\frac{1}{8}\right)\right] : T_4(27)$

Lösungen zu 10.

$3\sqrt{3}$	4	$\frac{3}{4}$
S	R	E
$\frac{1}{9}\sqrt{3}$	$\sqrt{6}$	$\sqrt[4]{2}$
O	M	E

Die Buchstaben ergeben den Namen eines Mathematikers.

11 Schreibe jeden der vier Terme ohne Wurzelzeichen.

a) $\sqrt[3]{(a-4)^2}$; $a \geq 4$ b) $\sqrt{a+1}$; $a \geq -1$ c) $\sqrt[4]{16a^3}$; $a \geq 0$ d) $\frac{1}{\sqrt[3]{1+x^3}}$; $x > -1$

12 Berechne jeweils den Termwert.

a) $(\sqrt{7} + \sqrt{11})(\sqrt{7} - \sqrt{11})$ b) $(\sqrt{10} + \sqrt{1000})^2$

c) $(\sqrt{10} + \sqrt{50})^2 + (\sqrt{10} - \sqrt{50})^2$ d) $\left(\sqrt[3]{\frac{1}{8}} - \sqrt[3]{8}\right) \cdot \left(\sqrt[3]{\frac{1}{8}} + \sqrt[3]{8}\right)$

13 Da im Zehnkampf der Männer und im Siebenkampf der Frauen die Leistungen in den einzelnen Disziplinen nicht direkt vergleichbar sind, werden sie mithilfe von funktionalen Zusammenhängen in Punkte umgerechnet, gerundet und dann addiert.

a) Informiere dich über die Disziplinen bei den oben genannten Wettkämpfen.

b) Gib einen im Sachzusammenhang sinnvollen Definitionsbereich für die folgende Berechnungsformel für die Punktzahl P beim 1500-Meter-Lauf der Männer an:
$P(M) = 0{,}03768 \cdot (480 - M)^{1{,}85}$ (M: Laufzeit in Sekunden).

c) Niklas Kaul gewann bei den Weltmeisterschaften 2019 die 1500 Meter in 4 min 15,70 s. Berechne seine erreichte Punktzahl.

d) Begründe, warum es sich beim Funktionsgraphen G_P der Funktion P mit $P(M) = 15{,}9803 \cdot (M - 3{,}8)^{1{,}04}$ (M: Weite in Metern), die die Punktevergabe beim Speerwurf der Frauen beschreibt, annähernd um eine Gerade handelt.

e) Begründe, warum die Leistung M bei Wurf- und Sprungwettbewerben als Minuend und bei Laufwettbewerben als Subtrahend in die Basis eingeht.

Niklas Kaul mit Goldmedaille

Wissen

Wurzeln aus negativen Zahlen

Bei der Definition der n-ten Wurzel, wurde festgelegt, dass der Radikand nicht negativ sein darf.
Wegen $(-2)^3 = -8$ muss aber $\sqrt[3]{-8} = -2$ gelten, denn das Ziehen der 3. Wurzel macht das Potenzieren mit dem Exponenten 3 rückgängig. Auch der Taschenrechner gibt ein entsprechendes Ergebnis aus.
Die Definition der n-ten Wurzel könnte man also folgendermaßen erweitern:

Ist $a \in \mathbb{R}$ und n eine ungerade Zahl, so ist $\sqrt[n]{a}$ diejenige reelle Zahl, deren n-te Potenz a ist.

- Begründe, warum in der obigen Definition eine Einschränkung auf ungerade n notwendig ist.
- Berechne im Kopf den Wert der nachfolgenden Wurzelterme. Überprüfe anschließend mit deinem Taschenrechner.
$\sqrt[3]{-8}$; $\sqrt[3]{-27}$; $\sqrt[3]{-64}$; $\sqrt[3]{-125}$; $\sqrt[7]{-1}$; $\sqrt[3]{-216}$; $\sqrt[5]{-32}$; $\sqrt[5]{-243}$; $\sqrt[7]{-128}$; $\sqrt[5]{-0{,}00001}$

Die absolute Temperatur T in Kelvin erhält man, indem man zur Temperatur in Grad Celsius 273 addiert.

14 Die Bestrahlungsstärke der Sonne beträgt auf der Erde $E_0 = 1367$ Watt pro Quadratmeter. Allerdings werden 30 % (genannt Albedo, abgekürzt mit A) davon wieder in den Weltraum reflektiert. Die absolute Temperatur T (gemessen in Kelvin), auf die ein Körper dadurch aufgewärmt wird, errechnet sich nach der Formel: $T = 45{,}8 \cdot [E_0 \cdot (1 - A)]^{\frac{1}{4}}$.

a) Berechne die Temperatur der Erde in Grad Celsius, die sich aus dieser Formel ergibt.

b) Tatsächlich beträgt die mittlere Temperatur der Erde etwa 15° Celsius. Die Differenz zu dem in Teilaufgabe a) berechneten Wert wird dem sogenannten (natürlichen) Treibhauseffekt zugeschrieben. Recherchiere, warum das Abschmelzen von Eisflächen bei der Beschleunigung des Treibhauseffektes eine bedeutsame Rolle spielt, und präsentiere deine Ergebnisse.

Lösungsterme zu 15: 0; x; 2x; −3x; x + y; x − y; x − 1; $x^{-\frac{1}{2}}$

15 Vereinfache jeden der Terme möglichst weitgehend ($x, y \in \mathbb{R}^+$).

a) $\sqrt[3]{8 \cdot \sqrt[4]{x^{12}}}$ **b)** $\sqrt[3]{x^2 \cdot \sqrt{x^2}}$

c) $\sqrt[2n]{x^n \cdot \frac{1}{x^{2n}}}$; $n \in \mathbb{N}$ **d)** $\left(\frac{\sqrt[6]{x}}{\sqrt[4]{x}} - 2 \cdot \sqrt[12]{\frac{1}{x}}\right)^2 - \sqrt[6]{x^{-1}}$

e) $(\sqrt{x} + 1) \cdot (\sqrt[4]{x} - 1)(\sqrt[4]{x} + 1)$ **f)** $\sqrt[5]{x^3} \cdot x^{\frac{2}{5}} - 4\left(x^{\frac{2}{5}} \cdot x^{-\frac{7}{5}}\right)^{-1}$

g) $\left(x^{\frac{1}{2}} - y^{\frac{1}{2}}\right)\left(x^{\frac{1}{2}} + y^{\frac{1}{2}}\right)$ **h)** $\left(x^{\frac{1}{3}} + y^{\frac{1}{3}}\right)\left(x^{\frac{2}{3}} - x^{\frac{1}{3}}y^{\frac{1}{3}} + y^{\frac{2}{3}}\right)$

16 Ermittle jeweils die Lösungsmenge über der gegebenen Grundmenge.

a) $5^{x-1} = 625^{-1}$; $G = \mathbb{Z}$ **b)** $2^x \cdot 3^y = 648$; $x \in \mathbb{Z}$; $y \in \mathbb{Z}$ **c)** $\sqrt[3]{3} < 9^{\frac{1}{x}} < 3$; $G = \mathbb{Q}$

Ort	h (m)
Totes Meer	−428
Nürnberg	309
München	519
Zugspitze	2962
Mount Everest	8848

17 Mit steigender Höhe h (in Meter m) ändert sich der Luftdruck p (in Hektopascal hPa). Dies kann näherungsweise beschrieben werden durch folgende Formel:

$$p = 1013{,}25 \cdot \left(1 - \frac{0{,}0065\,\frac{K}{m} \cdot h}{T}\right)^{5{,}255} \text{hPa}$$

Dabei ist 1013,25 hPa der mittlere Luftdruck auf Meereshöhe, T die Temperatur (in Kelvin K) auf Meereshöhe und 0,0065 eine Konstante.

a) Begründe ohne Rechnung, ob der Luftdruck mit zunehmender Höhe bei gegebener konstanter Temperatur zu- oder abnimmt.

b) Berechne den Luftdruck p an den in der Tabelle angegebenen Orten. Verwende dabei eine Temperatur von 15 °C (entspricht T= 288 K).

c) Fällt der Luftdruck auf die Hälfte des normalen Wertes, treten beim Menschen Schlafstörungen wegen Sauerstoffmangels auf. Ermittle rechnerisch auf 100 m genau die Höhe, ab der das bezogen auf München für 15 °C der Fall ist.

Girolamo Cardano (1501–1576)

18 Der Mathematiker Girolamo Cardano hat für die Gleichung $x^3 + 3x = 14$ als reelle Lösung $x = 2$ gefunden. Auf einem anderen Lösungsweg kam er zu der reellen Lösung $x = \sqrt[3]{\sqrt{50} + 7} - \sqrt[3]{\sqrt{50} - 7}$.

a) Zeige, dass die Faktorisierung $x^3 + 3x - 14 = (x - 2)(x^2 + 2x + 7)$ richtig ist. Begründe, dass die Gleichung $x^3 + 3x = 14$ die Lösung $x = 2$ besitzt und dass sie keine weiteren reellen Lösungen hat. Halte deine Begründungen schriftlich fest.

b) Zeige, dass $(\sqrt{2} + 1)^3 = \sqrt{50} + 7$ und dass $(\sqrt{2} - 1)^3 = \sqrt{50} - 7$ ist. Erläutere, was du für den Wert des Terms $\sqrt[3]{\sqrt{50} + 7} - \sqrt[3]{\sqrt{50} - 7}$ folgern kannst.

Harmonien in der Musik

Töne sind die Grundelemente der Musik. Physikalisch betrachtet entstehen sie durch **Schwingungen** von Saiten (z. B. Klavier, Geige), von Luftsäulen (z. B. Orgel), von Platten (z. B. Xylophon) usw. Die Höhe eines Tons wird durch die **Frequenz f** dieser Schwingungen und damit durch die Anzahl der Schwingungen pro Zeiteinheit bestimmt.

Die Frequenz wird meist in der Einheit Hz (Hertz) angegeben. 1 Hz bedeutet eine Schwingung pro Sekunde: $1\ \text{Hz} = 1\ \text{s}^{-1}$.

In der Abbildung sind zwei Töne dargestellt:

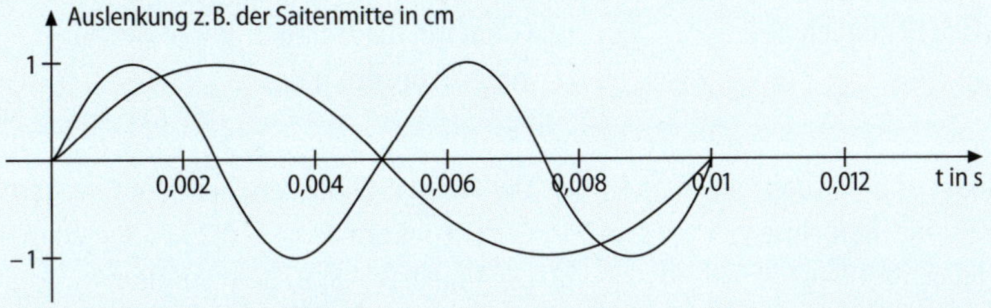

Ton 1:
100 Schwingungen pro Sekunde;
$f_1 = 100$ Hz

Ton 2:
200 Schwingungen pro Sekunde;
$f_2 = 200$ Hz

Das **Frequenzverhältnis** dieser beiden Töne ist $f_2 : f_1 = 2:1$. Ein Frequenzverhältnis von $2:1$ bedeutet, dass der höhere Ton (2) in einem Tonabstand (**Intervall**) von einer Oktave zum tieferen Ton (1) steht.

Eine Oktave liegt z. B. zwischen den ersten beiden Tönen des Songs „Somewhere over the rainbow" von Harold Arlen.

In der westlichen Musik wird eine Oktave in zwölf **Halbtonschritte** aufgeteilt. Bei der **gleichschwebend temperierten Stimmung** haben alle Halbtonintervalle das gleiche Frequenzverhältnis

$$f_2 : f_1 = 2^{\frac{1}{12}} : 1 = \sqrt[12]{2} : 1 \approx 1{,}06.$$

Die Tabelle stellt die Töne einer chromatischen (d. h. nach Halbtönen fortschreitenden) Tonleiter und ihre Frequenzverhältnisse (FV) zum Grundton C dar:

Ton	C	Cis	D	Dis	E	F	Fis	G	Gis	A	Ais	H
FV	$2^{\frac{0}{12}} : 1$	$2^{\frac{1}{12}} : 1$	$2^{\frac{2}{12}} : 1$	$2^{\frac{3}{12}} : 1$	$2^{\frac{4}{12}} : 1$	$2^{\frac{5}{12}} : 1$	$2^{\frac{6}{12}} : 1$	$2^{\frac{7}{12}} : 1$	$2^{\frac{8}{12}} : 1$	$2^{\frac{9}{12}} : 1$	$2^{\frac{10}{12}} : 1$	$2^{\frac{11}{12}} : 1$

Um das Frequenzverhältnis zwischen z. B. den Tönen D und G zu berechnen, bildet man den Quotienten der Frequenzverhaltnisse zum Grundton C:

$$\frac{f_G}{f_D} = \frac{f_G}{f_C} : \frac{f_D}{f_C} = \frac{2^{\frac{7}{12}}}{1} : \frac{2^{\frac{2}{12}}}{1} = 2^{\frac{7}{12}} : 2^{\frac{2}{12}} = 2^{\frac{7}{12} - \frac{2}{12}} = 2^{\frac{5}{12}} \approx 1{,}33$$

Also liegt zwischen D und G das gleiche Intervall wie z. B. zwischen C und F. Man bezeichnet dieses Intervall als Quarte.

- Erkläre, welche der beiden Kurven in obiger Abbildung zum Ton 1 und welche zum Ton 2 gehört.
- Der Kammerton a' hat die Frequenz 440 Hz. Berechne die Frequenzen der Töne, die zwei, vier bzw. fünf Halbtöne tiefer liegen, und gib die Namen dieser Töne an.
- In der reinen Stimmung gibt es das Frequenzverhältnis 3:2; es entspricht dem Intervall Quinte. Untersuche, welches Frequenzverhältnis der gleichschwebend temperierten Stimmung dem Wert $3 : 2 = 1{,}5$ am nächsten kommt und wie groß die prozentuale Abweichung ist.

6 Trainingsrunde

Zu 6.1 und 6.2

1 Gib jeweils drei Beispiele für Potenzfunktionen der Form $f\colon x \mapsto ax^n$, $n \in \mathbb{N}$, $n > 2$, $a \in \mathbb{R}\setminus\{0\}$, $D_f = \mathbb{R}$, mit verschiedenen Exponenten an, deren Graphen G_f die folgenden Bedingungen erfüllen.

a) G_f verläuft nur durch den I. und III. Quadranten.
b) G_f ist im gesamten Definitionsbereich monoton fallend.
c) G_f ist achsensymmetrisch bezüglich der y-Achse.
d) G_f enthält den Punkt $P(1\,|\,2)$.
e) G_f ist punktsymmetrisch bezüglich des Koordinatenursprungs.

a) G_f ist punktsymmetrisch bezüglich des Koordinatenursprungs und im IV. Quadranten monoton fallend.
b) G_f verläuft durch zwei Punkte mit der gleichen y-Koordinate.
c) G_f verläuft weder im I. noch im II. Quadranten.
d) G_f hat mit der Geraden $y = x$ genau einen Schnittpunkt.

2

a) Der Punkt $A(2\,|\,y_A)$ liegt auf dem Graphen G_f der Funktion $f\colon x \mapsto -x^3$. Berechne y_A.
b) Der Punkt $B(x_B\,|\,8)$ mit $x_B < 0$ liegt auf dem Graphen G_f der Funktion $f\colon x \mapsto 0{,}5x^4$. Berechne x_B.

a) Der Punkt $C(2\,|\,8)$ liegt auf dem Graphen G_f der Funktion $f\colon x \mapsto 0{,}25x^n$. Berechne n.
b) Der Punkt $D(-3\,|\,8)$ liegt auf dem Graphen G_f der Funktion $f\colon x \mapsto ax^6$. Berechne a.

3 Bestimme rechnerisch jeweils die fehlende Koordinate y_p des Punkts P so, dass P auf dem Graphen G_f der Funktion f liegt. Gib dann bei jeder Teilaufgabe zwei Werte y_{p*} und y_{p**} an, für die der Punkt $P^*(x_{p*}\,|\,y_{p*})$ „unterhalb" von G_f und der Punkt $P^{**}(x_{p**}\,|\,y_{p**})$ „oberhalb" von G_f liegt.

a) $f\colon x \mapsto -4x$; $P(2\,|\,y_p)$
b) $f\colon x \mapsto 2(x-3)^3$; $P(4\,|\,y_p)$

a) $f\colon x \mapsto 4x^3$; $P(-0{,}2\,|\,y_p)$
b) $f\colon x \mapsto -(2+x)^5$; $P(-3\,|\,y_p)$

4 Der Graph von f mit $f(x) = a \cdot x^n$ verläuft durch die Punkte A, B und C. Berechne $a \in \mathbb{R}\setminus\{0\}$ und $n \in \mathbb{N}$.

a) $A(1\,|\,1)$, $B(-1\,|\,-1)$, $C(3\,|\,27)$
b) $A(0\,|\,0)$, $B(1\,|\,3)$, $C(2\,|\,24)$

a) $A(1\,|\,-1)$, $B(-1\,|\,-1)$, $C(-4\,|\,-256)$
b) $A(0\,|\,0)$, $B(1\,|\,-4)$, $C(-2\,|\,-64)$

5 Begründe oder widerlege jeweils.

a) Der Graph G_f der Funktion $f\colon x \mapsto x^7$ hat zwei Nullstellen.
b) Der Graph G_f der Funktion $f\colon x \mapsto x^{11}$ verläuft überall oberhalb des Graphen G_g der Funktion $g\colon x \mapsto x^9$.
c) Der Graph G_f der Funktion $f\colon x \mapsto -x^{10}$ hat für $x > 0$ negative Funktionswerte.

a) Es ist möglich, dass die Graphen zweier verschiedener Funktionen der Form $f\colon x \mapsto a \cdot x^n$, $a > 0$, $n \in \mathbb{N}$, keinen Punkt gemeinsam haben.
b) Es ist möglich, dass der Graph G_f der Funktion $f\colon x \mapsto a \cdot x^n$, $a \in \mathbb{R}$, $n \in \mathbb{N}$, für $x < 0$ streng monoton steigt und die Funktionswerte alle positiv sind.

Zu 6.3

6 Gib jeweils den maximalen Definitionsbereich an und vereinfache so weit wie möglich.

a) $\sqrt[4]{a^8}$ b) $\sqrt[5]{(-b)^{10}}$ c) $\sqrt[3]{c^5}$
d) $\sqrt[6]{\frac{1}{d^{12}}}$ e) $\sqrt[7]{e^{21}}$ f) $\sqrt[9]{f^{-9}}$

a) $\sqrt[6]{(-a)^7}$ b) $\sqrt[5]{1024(-b)^{11}}$ c) $\sqrt[3]{-(-c)^5}$
d) $\sqrt[5]{d^{13} : d^{23}}$ e) $\sqrt[21]{(5-e)^{84}}$

7 Berechne jeweils zunächst ohne Verwendung des Taschenrechners den Termwert und überprüfe dann dein Ergebnis mit dem Taschenrechner.

a) $\sqrt[3]{8}$; $\sqrt[3]{216}$; $\sqrt[5]{243}$; $\sqrt[9]{512}$

b) $\sqrt[3]{512}$; $\sqrt[6]{1\,000\,000}$; $\sqrt[5]{0}$; $\sqrt[7]{1}$

c) $\sqrt[6]{64\,000\,000}$; $\sqrt[3]{64\,000\,000}$

a) $\sqrt[8]{10^8}$; $\sqrt[4]{10^8}$; $\sqrt[8]{9^4}$; $\sqrt[4]{12^0}$

b) $\sqrt[3]{0{,}027}$; $\sqrt[7]{0{,}0000128}$; $\sqrt[3]{0{,}000125}$

c) $\sqrt[4]{\frac{16}{81}}$; $\sqrt[5]{\frac{1024}{243}}$; $\sqrt[6]{2^4 + 3^3 + 4^2 + 5^1}$

8 Eine Firma stellt würfelförmige Lautsprecher her. Sie werden in rote würfelförmige Kartons verpackt, deren Kantenlänge 20 % größer als die Kantenlänge des darin verpackten Lautsprechers ist.

a) Berechne den Oberflächeninhalt eines Lautsprechers, dessen Verpackung den Inhalt 27 Liter hat.

b) Jeweils vier rote Kartons aus Teilaufgabe a) werden mit Folie zu einem Quader zusammengepackt. Dafür gibt es zwei unterschiedliche Möglichkeiten. Fertige jeweils eine Skizze an und berechne für beide Möglichkeiten den Oberflächeninhalt des Quaders.

a) Gib einen Term an, mit dessen Hilfe man aus dem Volumen V eines roten Kartons den Oberflächeninhalt O eines darin verpackten Lautsprechers berechnen kann.

b) Begründe oder widerlege: Für einen Karton mit doppeltem Volumen wird auch doppelt so viel Verpackungsmaterial benötigt.

9 Entscheide und begründe, welche der Lösungsmengen $L_1 = \{\}$, $L_2 = \{-2\}$, $L_3 = \{-0{,}5; 0{,}5\}$, $L_4 = \{-0{,}5\}$, $L_5 = \{0\}$ und $L_6 = \{-5; 5\}$ zu welcher Gleichung gehört ($G = \mathbb{R}$).

a) $x^3 = -8$ b) $x^4 = 625$ c) $x^9 = 0$

a) $x^3 = -0{,}125$ b) $x^4 = \frac{1}{16}$ c) $x^4 = -16$

10 Vereinfache jeweils so weit wie möglich ($a, b > 0$). Zu 6.4

a) $a^{\frac{1}{3}} \cdot a^{\frac{1}{2}} \cdot a^{\frac{1}{6}}$ b) $\left(a^{1\frac{1}{3}}\right)^{1\frac{1}{2}}$

c) $\sqrt[5]{a} : \sqrt{a}$ d) $\sqrt[4]{a^3} \cdot \sqrt[8]{a^5}$

e) $\sqrt[5]{a^2} \cdot \sqrt[10]{a^3}$ f) $a^{\frac{8}{10}} \cdot \sqrt[4]{a^3}$

a) $a^{\frac{5}{6}} \cdot \sqrt[3]{a^2} \cdot \sqrt{a}$ b) $\left(\sqrt[3]{a^4b^2} - \sqrt{b^3a}\right)^2$

c) $\sqrt[4]{a^0} : \sqrt[5]{a^0}$ d) $\sqrt[4]{a^{-3}} : \sqrt[6]{a^{-5}}$

e) $(\sqrt{a} + 1)^2 - (a^{\frac{1}{2}} - 1)^2$

f) $(a^{\frac{1}{3}} + \sqrt{a})^2$ $(a^{0,5} + \sqrt[3]{a})^2$

11 Bestimme jeweils die Lösungsmenge ($x \in \mathbb{R}^+$).

a) $x^{\frac{1}{2}} = 25$ b) $3x^{\frac{1}{5}} = 6$ c) $x^{0,25} = -18$

d) $x^{-\frac{1}{2}} = 8$ e) $0{,}5\sqrt[3]{x} = 3$

a) $(27x)^{-\frac{1}{3}} = 0{,}5$ b) $\sqrt[3]{4\sqrt[4]{x}} = 2$

c) $x^{\frac{1}{3}} + \sqrt[6]{x^2} = 4$ d) $x^{\frac{2}{5}} \cdot \sqrt[5]{x^{-3}} = 4$

12 Überprüfe die Potenzgesetze gegebenenfalls mithilfe deines Taschenrechners, indem du den Termwert jeweils zunächst ohne und dann mit Verwendung von Potenzgesetzen ermittelst.

a) $16^{\frac{1}{4}} \cdot 625^{\frac{1}{4}}$ b) $1000^{\frac{2}{3}} : 8^{\frac{2}{3}}$

c) $256^{\frac{3}{4}} \cdot 256^{\frac{5}{8}}$ d) $3^{\frac{1}{3}} \cdot 9^{\frac{1}{3}}$

e) $729^{\frac{1}{6}} : 729^{\frac{2}{3}}$ f) $\left(1024^{\frac{2}{5}}\right)^{\frac{3}{4}}$

a) $\left(32^{\frac{1}{2}}\right)^{\frac{2}{5}}$ b) $(25^{0,625})^{1,2}$

c) $8^{\frac{1}{2}} \cdot 0{,}5^{\frac{1}{2}}$ d) $2^{\frac{1}{5}} \cdot 16^{\frac{1}{5}}$

e) $\left(\frac{1}{2}\right)^{\frac{1}{6}} \cdot 128^{\frac{1}{6}}$ f) $x^{\frac{4}{5}} \cdot (x^4)^{\frac{4}{5}}$; $x \geq 0$

13 Entscheide und begründe jeweils (mithilfe einer DGS), für welche der folgenden Funktionen die Aussagen zutreffen. Erläutere, wie du die Aufgabe effizient lösen kannst.

f_1: $x \mapsto x$, f_2: $x \mapsto x^2$, f_3: $x \mapsto x^3$, f_4: $x \mapsto x^4$, f_5: $x \mapsto x^5$, f_6: $x \mapsto x^6$

g_1: $x \mapsto -x$, g_2: $x \mapsto -x^2$, g_3: $x \mapsto -x^3$, g_4: $x \mapsto -x^4$, g_5: $x \mapsto -x^5$, g_6: $x \mapsto -x^6$

h_1: $x \mapsto -0{,}5x^3$, h_2: $x \mapsto -2x^4$, h_3: $x \mapsto -0{,}1x^5$, h_4: $x \mapsto 4x^6$

a) Der Funktionsgraph enthält den Punkt (1 | 1).
b) Der Funktionsgraph ist punktsymmetrisch bezüglich des Koordinatenursprungs.
c) Für die Wertemenge gilt: $W = \mathbb{R}$.
d) Der Funktionsgraph ist stets monoton steigend.
e) Der Funktionsgraph ist achsensymmetrisch und geht nicht durch den I. Quadranten.
f) Der Funktionsgraph hat mit der Geraden $y = 2x$ genau zwei Schnittpunkte.
g) Der Funktionsgraph enthält zwei Punkte mit der y-Koordinate 3.

14 Bestimme jeweils die Lösung der Gleichung graphisch mithilfe einer DGS und überprüfe sie rechnerisch.

a) $x^2 - 2 = 2$ **b)** $x^3 + 1 = 7 + x$ **c)** $0{,}02x^6 + 1 = 0$ **d)** $4{,}375 = x^3 - 1$

15 Stelle jeden der Terme als Wurzel mit möglichst kleinem Wurzelexponenten (bzw. als rationale Zahl) dar und ordne bei den Teilaufgaben a) und b) die Termwerte jeweils in Form einer steigenden Ungleichungskette.

a) $6^{\frac{1}{2}}$ $12^{\frac{1}{3}}$ $2^{\frac{3}{4}}$ $0{,}5^{\frac{4}{3}}$ $5^{\frac{2}{10}}$ $2^{\frac{3}{6}}$ $2^{-0{,}5}$ $8^{-\frac{4}{3}}$

b) $4^{-\frac{1}{2}}$ $8^{-\frac{2}{3}}$ $2^{0{,}5}$ $25^{\frac{3}{2}}$ $27^{-\frac{4}{6}}$ $5^{\frac{6}{3}}$ $1^{-\frac{5}{6}}$ $216^{\frac{2}{3}}$

c) $a^{\frac{1}{3}}$ $a^{\frac{3}{4}}$ $a^{-\frac{3}{4}}$ $a^{-\frac{2}{5}}$ $a^{0{,}8}$ $a^{-2{,}6}$ $a^{0{,}25}$, $a \in \mathbb{R}^+$

16 Vereinfache die Terme. Vermeide negative Exponenten. Die Variablen sind jeweils positive reelle Zahlen.

a) $2 \cdot 2^{-5}$ **b)** $a^{\frac{1}{3}} \cdot a^{-3}$ **c)** $b^{-2} : b^{-3}$ **d)** $(c^2)^{-\frac{1}{2}}$

e) $5^0 \cdot 3^2 \cdot 3^{-0{,}4}$ **f)** $3 \cdot 10^{-3}$ **g)** $5^{\frac{1}{2}x} \cdot 5^{-2x}$ **h)** $8^{-5} : 4^{-5}$

i) $\left(\left(\frac{1}{3}\right)^2\right)^{-1}$ **j)** $e^{-1} \cdot f^{-1}$ **k)** $2 \cdot 3^5 + 7 \cdot 3^5$ **l)** $(-5)^{\frac{3}{4}} \cdot (-5)^{\frac{4}{3}}$

m) $\frac{(3p^{-6}q^3)^{-3}}{(2p^5q^{-2})^4}$ **n)** $\frac{27a^n}{20b^4} : \frac{9a^4}{12b^n}$ **o)** $\frac{a^2 \cdot a^3}{\left(a^{-\frac{1}{5}}\right)^3}$ **p)** $\left(\frac{3ab}{5cd}\right)^4 \cdot \left(\frac{5c}{6a}\right)^3$

17 Vereinfache die Terme so weit wie möglich. Gib jeweils an, ob die Terme für alle reellen Zahlen definiert sind oder ob Einschränkungen vorgenommen werden müssen.

a) $\left(a^{\frac{2}{x}}\right)^{2x}$ **b)** $\left(\sqrt[a]{x^m}\right)^{an}$ **c)** $\left(x^{-2n}\right)^{\frac{4m}{n}}$ **d)** $\left(b^{-\frac{a}{x}}\right)^{\frac{nx}{m}}$

e) $\sqrt[nx]{n^x}$ **f)** $\left(\sqrt[1{,}2]{x^{0{,}3}}\right)^8$ **g)** $x^{\frac{3}{2}} \cdot x$ **h)** $y^{\frac{2}{5}} : y^{-\frac{3}{5}}$

i) $x^{\frac{3}{7}} \cdot x^{\frac{5}{3}} \cdot x^{\frac{7}{9}}$ **j)** $a^{\frac{2}{3}} : a^{\frac{1}{2}}$ **k)** $\left(b^2 \cdot b^{\frac{1}{3}}\right) : b^{\frac{1}{2}}$ **l)** $a^{\sqrt{2}} \cdot a^{\sqrt{8}}$

18 Entscheide, ob die Aussagen wahr oder falsch sind. Begründe deine Entscheidung.

a) $\sqrt{16}$ ist diejenige rationale Zahl, die quadriert 16 ergibt.
b) Es gilt: $x^{\frac{1}{2}} \cdot x^{\frac{1}{2}} = \sqrt[4]{x}$.
c) $\sqrt{25}$ ist größer als $\sqrt{36}$.
d) Wenn a größer wird, wird auch $\sqrt{a}$ größer.
e) Die Gleichung $x^3 = 27$ hat die Lösungen $x = -3$ und $x = +3$.

19 Übertrage jeweils die Tabelle in dein Heft und ergänze sie dann dort ($a, b \in \mathbb{R}^+$).

a)

$\cdot$	$a^{-\frac{1}{4}}$	$\sqrt{a^3}$	$\frac{1}{a}$	$a^{-0,5}$
$a^{\frac{3}{4}}$	$a^{\frac{1}{2}}$			
$a^{-0,25}$	$a^{-\frac{1}{2}}$			
$a^{-\frac{1}{3}}$	$a^{-\frac{7}{12}}$			
$\sqrt[4]{a}$	1			

b)

		Divisor			
	$:$	$\sqrt{b}$	$b^{-\frac{1}{2}}$	$b^{1,5}$	$b^{-\frac{3}{4}}$
Dividend	b	$\sqrt{b}$	$b^{1,5}$	$b^{-0,5}$	$b^{1,75}$
	b^{-1}				
	$b^{-\frac{1}{3}}$				
	$\sqrt[3]{b^2}$				

20 Entscheide und begründe jeweils, welcher der beiden Terme mit dem ursprünglichen Term äquivalent ist ($a, b \in \mathbb{R}^+$). Wenn du die Buchstaben unter den Kästchen mit den richtigen Lösungen in die richtige Reihenfolge bringst, erhältst du den Namen eines bedeutenden Mathematikers.

$a^{\frac{3}{4}} \cdot a^4$		$b^{\frac{3}{2}} : b^{-2}$		$(a^{\frac{3}{8}})^2$		$(b^{\frac{2}{3}})^3$		$(a^{-2}b^3) : (ab)^{-1}$	
a^3	$a^{\frac{19}{4}}$	$b^{\frac{7}{2}}$	b^3	$a^{\frac{9}{64}}$	$a^{\frac{3}{4}}$	b^2	$b^{\frac{6}{9}}$	$a^{-1}b^4$	$a^{-3}b^{-2}$
K	S	G	T	U	A	S	T	U	L

21 Untersuche folgende Funktionen hinsichtlich Definitionsbereich, Wertebereich, Symmetrie und Monotonieverhalten. Berechne zu den gegebenen Funktionswerten jeweils das dazugehörige Argument. Prüfe, ob die gegebenen Punkte A und B auf dem Graphen liegen. Zeichne die Funktionsgraphen mithilfe einer DGS.

a) $f(x) = 3 \cdot x^3$; $y = 81$; $A(6|29)$; $B(1|3)$ **b)** $f(x) = 5 \cdot x^{-1}$; $y = \frac{1}{4}$; $A(1|1)$; $B(2{,}5|2)$

c) $f(x) = 2 \cdot x^4$; $y = 512$; $A(2{,}9|3{,}4)$; $B(2|1)$

d) $f(x) = x^{-2}$; $y = \frac{1}{64}$; $A\left(\frac{1}{12}\middle|24\right)$; $B\left(5\middle|\frac{1}{25}\right)$

22 Reine Natriumchloridkristalle bestehen aus gleich vielen Natrium- wie Chloratomen (genauer: Natrium- bzw. Chlorionen) mit den Atommassen $m_{Na} = 3{,}82 \cdot 10^{-26}$ kg bzw. $m_{Cl} = 5{,}89 \cdot 10^{-26}$ kg. Die Atome bilden ein „kubisches Gitter"; das bedeutet, dass sich an jeder der acht Ecken eines Würfels der Kantenlänge a jeweils ein Atom (und zwar abwechselnd Na und Cl) befindet. Berechne diese Kantenlänge a aus den angegebenen Atommassen und der Dichte $2{,}16\ g\ cm^{-3}$ von Natriumchlorid.

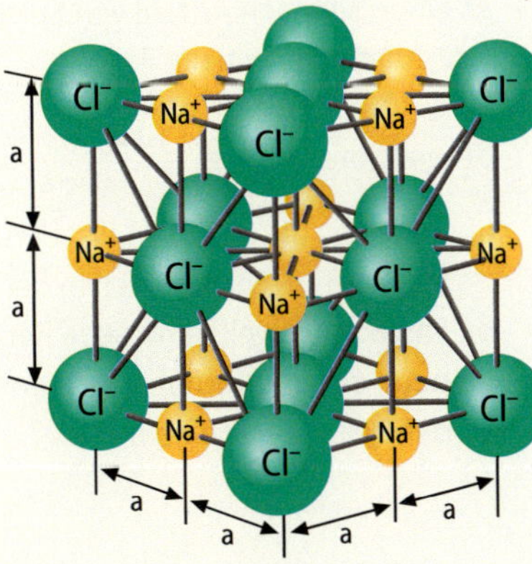

23 Gib jeweils mindestens zwei nichtnegative rationale Zahlen x an, für die gilt:

a) $\sqrt{x} = \sqrt[3]{x}$ **b)** $\sqrt{x} > \sqrt[3]{x}$ **c)** $\sqrt{x} < \sqrt[3]{x}$ **d)** $x^2 > \sqrt{x}$ **e)** $x^2 \leq \sqrt{x}$

K_0: Anfangskapital (z. B. in €)
K_n: Endkapital (z. B. in €)
n: Laufzeit (in Zinsperioden)
p: Zinsfuß
i: Zinssatz; $i = \frac{p}{100}$ (meist in %)
q: Aufzinsungsfaktor; $q^n = (1 + i)^n$

24 Bei längerfristigen Geldanlagen werden zumeist die sich am Ende jeder Zinsperiode ergebenden Zinserträge mitverzinst. Man spricht vom Zinseszinseffekt.

a) Weise nach, dass gilt: $K_n = K_0 \cdot q^n$.

b) Berechne das Endkapital, das sich mit Zinseszins ergibt, wenn Herr Maier 8 Jahre lang 4000 € zu 1,5 % p. a. (per anno: pro Jahr) anlegt.

c) Berechne unter Berücksichtigung des Zinseszinseffekts den Jahreszins, wenn Frau Surp 5 Jahre lang 4000 € anlegt und am Ende 4200 € erhält.

d) Ermittle, für wie viele Jahre Nora unter Berücksichtigung des Zinseszinseffekts 4000 € zu 2,5 % p. a. anlegen muss, um 5379,56 € zu erhalten. Begründe, warum man die Aufgabe nur durch gezieltes Probieren lösen kann.

e) Nutze für die Teilaufgaben a) bis d) entsprechende Funktionen eines Tabellenkalkulationsprogramms.

25 Der Zeitraum für Geldanlagen umfasst in der Regel ein, zwei, drei oder mehr Jahre. Der angelegte Betrag wird mit einem vorher vereinbarten Zins i verzinst. Es ist aber auch möglich, Geldbeträge kürze Zeit (z. B. zwei oder drei Monate) anzulegen. In diesen Fällen spricht man von einer unterjährigen Verzinsung. Vereinfacht kann man dabei bei einer monatlichen Verzinsung von folgendem Zusammenhang ausgehen:

$K(n;\, i;\, K_0)_n = K_0 \cdot \sqrt[12]{(1 + i)^n}$

a) Erkläre die angegebene Berechnungsformel im Sachzusammenhang.

b) Berechne den Betrag, den Herr Doll nach einem Jahr ausbezahlt bekommt, wenn er 100 000 € zunächst sechs Monate zu 2 % und anschließend den Betrag samt Zinsen aus den ersten sechs Monaten in der zweiten Jahreshälfte zu 1,2 % anlegt.

c) In den letzten Jahren hat man auf Geldanlagen nur sehr wenig Zinsen erhalten. In manchen Fällen wurde sogar ein „Strafzins“ fällig. Recherchiere dazu und präsentiere die Ergebnisse.

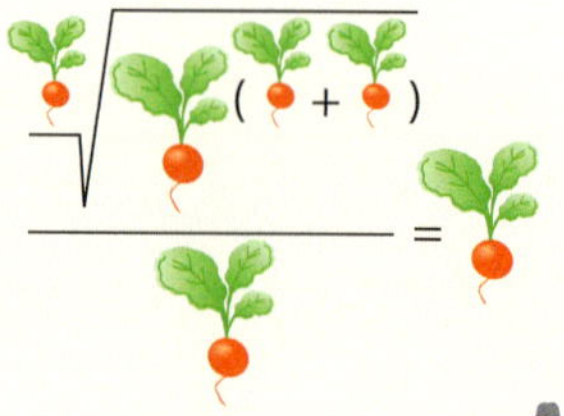

26 Gib an, für welche Zahl $n > 1$ die Radieschen in der Abbildung stehen, und erläutere deine Überlegungen.

27 Ein Club für Brettspiele veranstaltet regelmäßig Turniere, bei denen man je nach Geschick an einer gewissen Anzahl von Spielen teilnehmen kann. Die Gesamtnote eines Spielers errechnet sich nach der Formel

$$\text{Gesamtnote} = \frac{\text{Anzahl der Punkte}}{\text{Anzahl der Turniere}} + 10 \cdot \sqrt[3]{\text{Anzahl der Spiele}}.$$

a) Berechne die aktuellen Platzierungen der vier Spieler bzw. Spielerinnen in der Tabelle.

b) Entwickle jeweils eine neue Regel zur Berechnung der Gesamtnote, nach der Lizzy bzw. Siri den ersten Platz einnimmt.

Name	Anzahl der		
	Punkte	Turniere	Spiele
Lizzy	329	6	54
James	235	4	29
Siri	314	5	24
Franz	293	4	48

28 Stelle mithilfe einer DGS eine Vermutung auf, in welchem Punkt S sich die Funktionsgraphen G_f und G_g mit f: $x \mapsto x^2$, $D_f = \mathbb{R}_0^+$, und g: $x \mapsto \sqrt{2x}$, $D_g = \mathbb{R}_0^+$ schneiden. Präzisiere deine Ergebnisse rechnerisch auf zwei Dezimalen genau.

Potenzfunktionen mit natürlichen Exponenten

Seite 164, 166

Funktionen der Form **f: $x \mapsto x^n$**, $n \in \mathbb{N}$, $D = \mathbb{R}$, heißen **Potenzfunktionen** (n-ten Grades), der Funktionsgraph G_f **Parabel n-ter Ordnung**. Für gerade Exponenten ist der Funktionsgraph G_f achsensymmetrisch bezüglich der y-Achse; für ungerade Exponenten ist G_f punktsymmetrisch bezüglich des Koordinatenursprungs.

Der Funktionsgraph G_h der **Potenzfunktion h: $x \mapsto ax^n$**, $a \in \mathbb{R}\setminus\{0\}$, $n \in \mathbb{N}$, $x \in \mathbb{R}$, ist im Vergleich zum Graphen G_f für …

- $0 < |a| < 1$ in y-Richtung gestaucht, also weiter;
- $1 < |a|$ in y-Richtung gestreckt, also enger;

Für $a < 0$ wird G_f zusätzlich an der x-Achse gespiegelt.

n gerade:

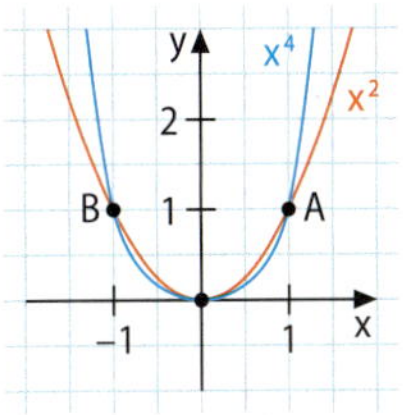

n ungerade:

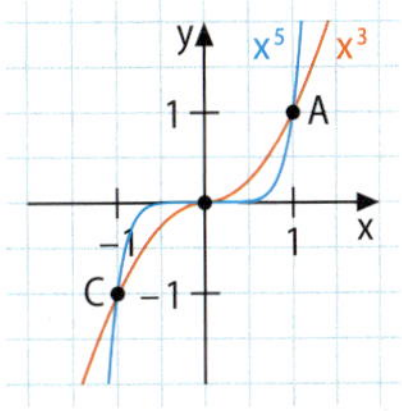

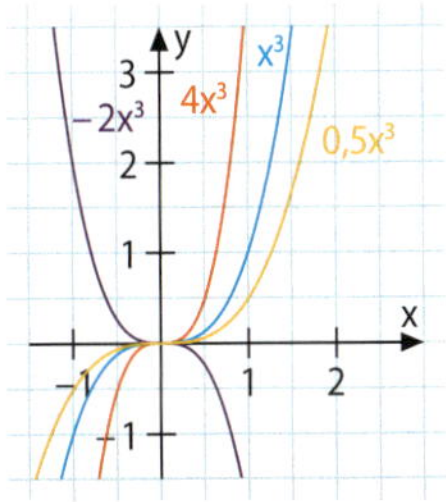

Die allgemeine Wurzel

Seite 168

Unter $\sqrt[n]{c}$ (**n-te Wurzel aus c**), $c \in \mathbb{R}_0^+$, $n \in \mathbb{N}\setminus\{1\}$, versteht man diejenige nichtnegative Zahl, deren n-te Potenz c ergibt.

Es gilt also: $(\sqrt[n]{c})^n = c$ und $\sqrt[n]{c^n} = c$.

$\sqrt[3]{8} = 2$, denn $2^3 = 8$ $\quad$ $\sqrt[4]{625} = 5$, denn $5^4 = 625$

Nur in ganz speziellen Fällen kann der Radikand auch negativ sein (vgl. S. 173).

Beispiel: $\sqrt[3]{-8} = -2$, denn $(-2)^3 = -8$.

Potenzgleichungen

Seite 168

Die Gleichung $x^n = c$, $n \in \mathbb{N}$, $c \in \mathbb{R}$, kann unterschiedlich viele Lösungen besitzen:

	n gerade	n ungerade
$c > 0$	$L = \{-\sqrt[n]{c}; \sqrt[n]{c}\}$	$L = \{\sqrt[n]{c}\}$
$c = 0$	$L = \{0\}$	$L = \{0\}$
$c < 0$	$L = \{\,\}$	$L = \{-\sqrt[n]{\lvert c\rvert}\}$

$c > 0$: $x^6 = 729 \Rightarrow x_{1/2} = \pm\sqrt[6]{729} = \pm 3$

$x^5 = 13 \Rightarrow x = \sqrt[5]{13}$

$c = 0$: $x^8 = 0 \Rightarrow x = 0$

$x^{11} = 0 \Rightarrow x = 0$

$c < 0$: $x^4 = -11 \Rightarrow L = \{\,\}$

$x^7 = -128 \Rightarrow x = -\sqrt[7]{\lvert -128\rvert} = -2$

Potenzen mit rationalen Exponenten

Seite 170

- $\sqrt[n]{a} = a^{\frac{1}{n}}$; $a \in \mathbb{R}_0^+$; $n \in \mathbb{N}\setminus\{1\}$
- $\sqrt[n]{a^m} = a^{\frac{m}{n}} = (\sqrt[n]{a})^m$; $a \in \mathbb{R}^+$; $m \in \mathbb{Z}$; $n \in \mathbb{N}\setminus\{1\}$

Potenzgesetze:

1 $a^{\frac{m}{n}} \cdot a^{\frac{p}{q}} = a^{\frac{m}{n}+\frac{p}{q}}$ $\quad$ **2** $a^{\frac{m}{n}} : a^{\frac{p}{q}} = a^{\frac{m}{n}-\frac{p}{q}}$

3 $\left(a^{\frac{m}{n}}\right)^{\frac{p}{q}} = a^{\frac{m}{n}\cdot\frac{p}{q}}$ $\quad$ **4** $a^{\frac{m}{n}} \cdot b^{\frac{m}{n}} = (a \cdot b)^{\frac{m}{n}}$

5 $a^{\frac{m}{n}} : b^{\frac{m}{n}} = (a : b)^{\frac{m}{n}}$

$a, b \in \mathbb{R}^+$, $m, p \in \mathbb{Z}$, $n, q \in \mathbb{N}$

$8^{\frac{1}{3}} = \sqrt[3]{8} = 2$ $\quad$ $625^{\frac{1}{4}} = \sqrt[4]{625} = 5$

$\sqrt[5]{4^3} = \sqrt[5]{(2^2)^3} = \sqrt[5]{2^6} = \sqrt[5]{2^5 \cdot 2^1}$

$= \sqrt[5]{2^5} \cdot \sqrt[5]{2} = 2\sqrt[5]{2}$ $\quad$ oder

$\sqrt[5]{4^3} = 4^{\frac{3}{5}} = (2^2)^{\frac{3}{5}} = 2^{\frac{6}{5}} = 2^{\frac{5}{5}+\frac{1}{5}}$

$= 2^{\frac{5}{5}} \cdot 2^{\frac{1}{5}} = 2 \cdot \sqrt[5]{2}$

$\left(\frac{81}{64}\right)^{-\frac{3}{4}} = \left(\frac{64}{81}\right)^{\frac{3}{4}} = \left(\frac{2^6}{3^4}\right)^{\frac{3}{4}} = \frac{2^{\frac{18}{4}}}{3^3} = \frac{2^{4+\frac{1}{2}}}{3^3} = \frac{16\sqrt{2}}{27}$

6 Am Ziel!

Aufgaben zur Einzelarbeit

Überprüfe deine Fähigkeiten und Kompetenzen. Bearbeite dazu die folgenden Aufgaben und bewerte anschließend deine Lösungen mit einem Smiley.

☺	😐	☹
Das kann ich **wirklich gut!**	Das kann ich **fast!**	Das muss ich **noch üben!**

1 Gegeben ist die Funktion $f\colon x \mapsto x^4$.

a) Die Punkte P und Q liegen auf G_f. Berechne die fehlenden Koordinaten: $P(0{,}5 \mid y_P)$, $Q(-3 \mid y_Q)$.

b) Begründe ohne Rechnung, dass der Punkt $T(x_T \mid -8)$ nicht auf G_f liegen kann.

c) Gib die Bereiche an, in denen G_f monoton steigt bzw. monoton fällt.

d) Erkläre anschaulich, warum G_f symmetrisch bezüglich der y-Achse ist.

2 Ordne jeweils die Funktionsgraphen richtig zu und begründe deine Überlegungen.

1 $f\colon x \mapsto x^2$

2 $g\colon x \mapsto 2x - 1$

3 $h\colon x \mapsto -0{,}25x^4$

4 $i\colon x \mapsto \frac{1}{2}x^3$

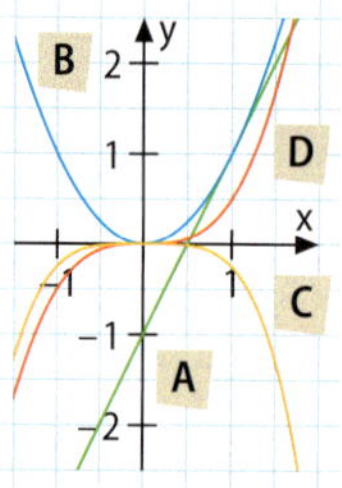

3 Bestimme a oder n > 2 falls möglich so, dass der Graph G_f der Funktion $f\colon x \mapsto a \cdot x^n$, $a \in \mathbb{R}\setminus\{0\}$, $n \in \mathbb{N}$, $D_f = \mathbb{R}$, die vorgegebenen Eigenschaften besitzt. Gib eine Begründung an, falls es keine solche Funktion gibt.

a) $n = 3$; $P(2 \mid 1) \in G_f$

b) G_f ist für $x \in \mathbb{R}$ monoton fallend; $Q(1 \mid 1) \in G_f$.

c) $a = 2^{-5}$; $K(2 \mid 2) \in G_f$

d) Der größte Funktionswert ist 0, und G_f ist punktsymmetrisch bezüglich des Ursprungs.

4 Gegeben ist die Funktion $f\colon x \mapsto x^5$ mit dem Funktionsgraphen G_f.

a) Erläutere jeweils, wie der Funktionsgraph der gegebenen Funktion aus G_f hervorgeht.

1 $f_1\colon x \mapsto 2x^5$ 2 $f_2\colon x \mapsto -x^5$

3 $f_3\colon x \mapsto 0{,}5x^5$ 4 $f_4\colon x \mapsto -1{,}5x^5$

5 $f_5\colon x \mapsto \sqrt{3}\,x^5$ 6 $f_6\colon x \mapsto -\frac{2}{3}x^5$

b) Gib zwei Eigenschaften an, die alle Funktionen aus Teilaufgabe a) gemeinsam haben.

5 Löse die folgenden Potenzgleichungen.

a) $a^5 = 3$ b) $b^6 = 21$ c) $c^7 = 0$

d) $d^8 = -4$ e) $-e^9 = -6$ f) $(64 - 7f^3)^{\frac{1}{3}} = 2$

6 Berechne im Kopf.

a) $\sqrt[3]{8 \cdot 27}$ b) $\sqrt[4]{\frac{81}{625}}$ c) $\frac{\sqrt{7}}{\sqrt{28}}$ d) $\sqrt{\sqrt{256}}$

e) $\sqrt{2} \cdot \sqrt{18}$ f) $\sqrt{4^3}$ g) $\sqrt[3]{3^6}$ h) $\sqrt{\sqrt[3]{64}}$

7 Radiziere so weit wie möglich $(a, b > 0)$.

a) $\sqrt[3]{40}$ b) $\sqrt[4]{32}$ c) $\sqrt[3]{108}$ d) $\sqrt[4]{30\,000}$

e) $\sqrt[5]{160}$ f) $\sqrt[4]{a^5}$ g) $\sqrt[4]{64a^5b^2}$ h) $\sqrt[5]{64a^5b^2}$

8 Begründe jeweils die Aussage oder widerlege sie durch ein Gegenbeispiel.

a) Jede Potenz mit der Basis 2 ist größer als 2.

b) Jede positive Zahl lässt sich als Potenz mit dem Exponenten 0,5 darstellen.

c) Der Wert einer Potenz, die eine negative Zahl als Basis und einen ungeraden Exponenten hat, ist negativ.

d) Der Wert einer Potenz mit der Basis 1,8 kann nicht 1 sein.

9 Gib jeweils an, welche der beiden Zahlen größer ist.

a) $32;\ 3^{\frac{1}{2}}$ b) $2^{\frac{1}{2}};\ 2^{-\frac{1}{2}}$ c) $2^{\frac{1}{3}};\ 3^{\frac{1}{3}}$ d) $2^{-\frac{1}{3}};\ 3^{-\frac{1}{3}}$

10 Vereinfache so weit wie möglich $(a, m, n, x, y \in \mathbb{R}_0^+)$.

a) $a^{\frac{1}{2}} \cdot a^{\frac{3}{2}}$ b) $(y^4)^{\frac{1}{4}}$ c) $\sqrt[3]{2m^2n} \cdot \sqrt[3]{4mn^2}$

d) $\sqrt[4]{x} \cdot x^{\frac{3}{4}}$ e) $\sqrt{x} \cdot \sqrt[3]{x}$ f) $x^2 \cdot \sqrt{x} \cdot x$

11 Noah hat gerechnet: $x^{\frac{2}{3}} \cdot x^{\frac{3}{2}} = x$. Widerlege Noahs Rechnung mit einem Zahlenbeispiel und erläutere, welchen Fehler er gemacht hat.
Gib das richtige Ergebnis an.

Aufgaben für Lernpartner

Arbeitsschritte

1. Bearbeite die folgenden Aufgaben zuerst allein.
2. Suche dir einen Partner oder eine Partnerin und arbeitet zusammen weiter: Erklärt euch gegenseitig eure Lösungen. Korrigiert fehlerhafte Antworten.

Sind folgende Behauptungen richtig oder falsch? Begründe.

A Der Punkt Q (3 | 243) liegt auf dem Graphen G_f der Funktion $f\colon x \mapsto x^5$.

B Der Graph G_f der Funktion $f\colon x \mapsto x^{23}$ ist für $x < 0$ monoton fallend.

C Für jede punktsymmetrische Potenzfunktion gilt: $W_f = \mathbb{R}$.

D Der Graph G_f jeder achsensymmetrischen Potenzfunktion f schneidet die Gerade $y = 5$ in genau zwei Punkten.

E Jede Potenzfunktion $f\colon x \mapsto ax^n$ hat eine Nullstelle.

F Der Graph G_f der Funktion $f\colon x \mapsto 4x^6$ ist symmetrisch bezüglich der x-Achse.

G Für die Gleichung $x^8 = -2{,}5$ gibt es keine Lösung.

H Die Gleichung $26x^7 = -130$ hat genau eine Lösung.

I $\sqrt[n]{x^n} = x$ für alle $x \in \mathbb{R}$ und $n \in \mathbb{N}$.

J Es gilt $(a, b \in \mathbb{R}_0^+)$: $\sqrt[5]{a^6 \cdot b^{20}} = ab^4\sqrt{a}$.

K Die Terme $\left(\frac{1}{2}\right)^{-\frac{1}{4}}$ und $2^{\frac{1}{4}}$ stellen dieselbe Zahl dar.

L Wird eine Potenz potenziert, dann werden die Exponenten multipliziert.

M Für alle $x > 0$ gilt: $\sqrt[3]{x} > \sqrt[4]{x}$.

N Die Zahl 7 kann man nicht als Potenz mit einem Stammbruch als Exponent darstellen.

O Aus $\sqrt[5]{a} = \sqrt[9]{a}$ folgt $a = 0$.

P Die Potenzgesetze für Potenzen mit ganzzahligen Exponenten kann man nur teilweise auf Potenzen mit rationalen Exponenten übertragen.

Q Alle Potenzfunktionen n-ten Grades $(n \in \mathbb{N})$ haben einen Punkt gemeinsam.

R Die Graphen G_f und G_g der Funktionen $f\colon x \mapsto x^3$ und $g\colon x \mapsto -x^3$ besitzen das gleiche Monotonieverhalten.

S Die Terme $\sqrt[3]{128}$ und $4\sqrt[3]{2}$ haben den gleichen Wert.

T Die Gleichung $3x^5 = -96$ besitzt die Lösung $x = -2$.

Ich kann …	„Am Ziel!"-Aufgaben	Hilfe
… Potenzfunktionen mit natürlichen Exponenten beschreiben und ihre Eigenschaften untersuchen.	1, 2, 3, 4, A, B, C, D, E, F, Q, R	S. 164, 166
… mit n-ten Wurzeln rechnen und Potenzgleichungen lösen.	5, 6, 7, 8, G, H, I, J, M, O, S, T	S. 168
… mit Potenzen mit rationalen Exponenten rechnen.	9, 10, 11, K, L, N, P	S. 170

7 Startklar!

Grundwissen

Mediencode 61049-34

Aufgabe	Ich kann schon …
1	… wesentliche Eigenschaften besonderer Dreiecksarten beschreiben.
2, 3, 4	… mit Quadratwurzeln rechnen und quadratische Gleichungen lösen.
1, 5, 6	… Flächeninhalte verschiedener geometrischer Figuren und die Oberflächeninhalte sowie die Volumina bekannter Körper berechnen.
7	… mathematische Sätze beweisen und deren Kehrsatz bilden.

1

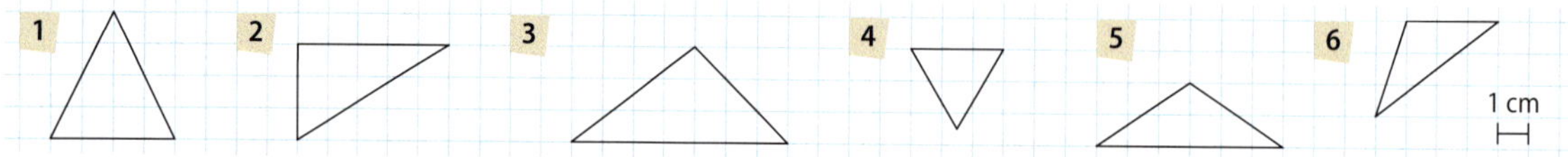

a) Finde unter den abgebildeten Dreiecken gleichschenklige, gleichseitige und rechtwinklige Dreiecke. Gib jeweils wesentliche Eigenschaften dieser Dreiecksarten an.

b) Erkläre, was man unter der Ähnlichkeit und der Kongruenz zweier Dreiecke versteht. Zeichne zu den Dreiecken **2** und **4** jeweils ein ähnliches, aber nicht kongruentes Dreieck.

c) Berechne jeweils ohne Messung – sofern möglich – den Flächeninhalt der Dreiecke.

2 Gib die Quadratwurzeln an.

$\sqrt{36}$; $\sqrt{49}$; $\sqrt{81}$; $\sqrt{121}$; $\sqrt{169}$; $\sqrt{225}$; $\sqrt{400}$; $\sqrt{900}$; $\sqrt{10\,000}$; $\sqrt{\frac{4}{25}}$; $\sqrt{\frac{49}{100}}$; $\sqrt{0{,}81}$; $\sqrt{1{,}21}$; $\sqrt{1{,}44}$; $\sqrt{0{,}01}$; $\sqrt{0{,}0001}$

3 Begründe, welcher der fünf Terme nicht zu den vier anderen „passt".

$\sqrt{36}$ | $\sqrt{36 + 36}$ | $36\sqrt{36}$ | $(\sqrt{36} - \sqrt{12} \cdot \sqrt{3})$ | $\sqrt{36} + \sqrt{72} : \sqrt{2}$

4 Ermittle jeweils rechnerisch die Lösungsmenge der Gleichung.

a) $x^2 + 16 = 25$ **b)** $27 = 33 + x^2$ **c)** $4x^2 - 24x = -36$ **d)** $9x - 18x^2 - 36 = 0$

5 Ein rechteckiges Grundstück ist 64 m lang und 25 m breit. Berechne die Maße eines quadratischen Grundstücks mit dem gleichen Flächeninhalt.

6 Berechne jeweils den Oberflächeninhalt und das Volumen des Körpers.

a)

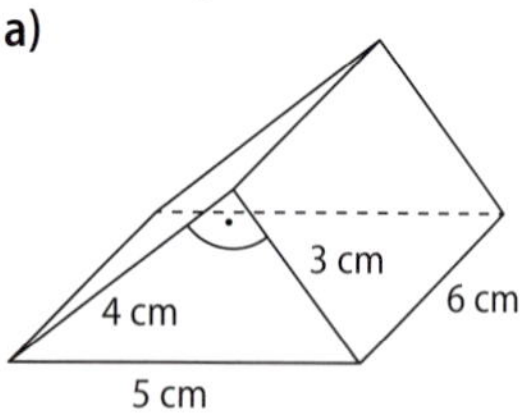

b)

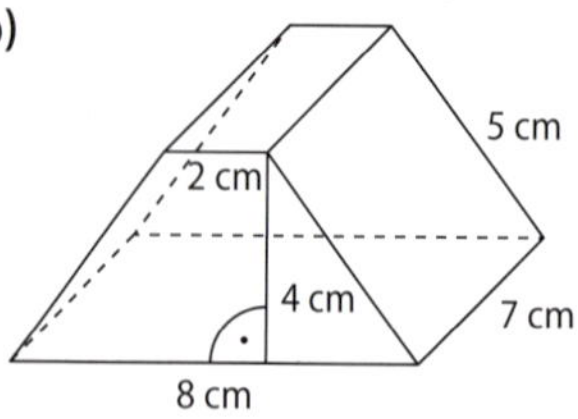

c)

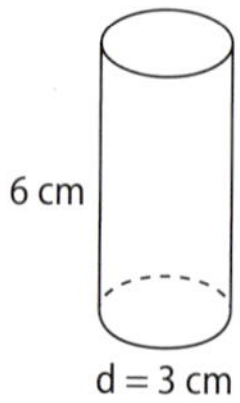

7 Erläutere anhand selbstgewählter Beispiele, dass ein mathematischer Satz und und der zugehörige Kehrsatz unabhängig voneinander richtige oder falsche Aussagen sein können.

7 Satz des Pythagoras

Einstieg

Das Gemälde „Die Schule von Athen" ist ein Fresko, das der Maler Raffael (1483–1520) von 1510 bis 1511 in der Stanza della Segnatura des Vatikans für Papst Julius II. angefertigt hat. Das Gemälde zeigt viele bedeutende Philosophen der Antike. In der Mitte unter dem Bogen sind Platon und Aristoteles dargestellt. Auch der griechische Philosoph Pythagoras von Samos kommt in dem Gemälde vor.

- Recherchiere, welche der Personen des Gemäldes Pythagoras von Samos darstellen soll und welcher mathematische Satz ihn bis heute berühmt gemacht hat.
- Erstelle eine Präsentation über das Leben und Wirken von Pythagoras.

Ausblick

Am Ende dieses Kapitels hast du gelernt, …

- … den Satz des Pythagoras sowie seine Umkehrung zu beweisen und in rechtwinkligen Dreiecken anzuwenden.
- … Streckenlängen in Figuren und Körpern mithilfe des Satzes des Pythagoras zu berechnen und so innermathematische Problemstellungen sowie Aufgaben in Sachzusammenhängen zu lösen.

Historische Ecke

Mediencode 61049-35

Kap. 7.1

Dynamische Geometrie

- Zeichne mithilfe einer DGS ein bei C rechtwinkliges Dreieck ABC. Nutze dazu den Thaleskreis über $\overline{AB}$.
- Konstruiere dann über den Dreiecksseiten jeweils die Seitenquadrate und lass dir die Flächeninhalte anzeigen.
- Verändere nun die Lage des Punkts C auf dem Thaleskreis und beobachte die Veränderung der Flächeninhalte.
- Finde einen Zusammenhang zwischen den Flächeninhalten der Quadrate.

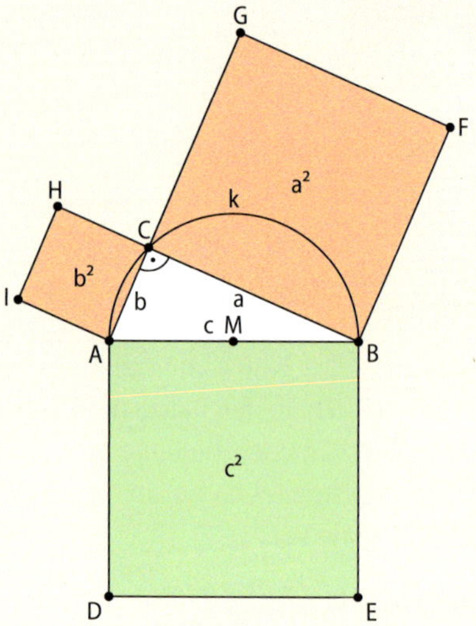

Kap. 7.1

Rechtwinklige Dreiecke im Koordinatensystem

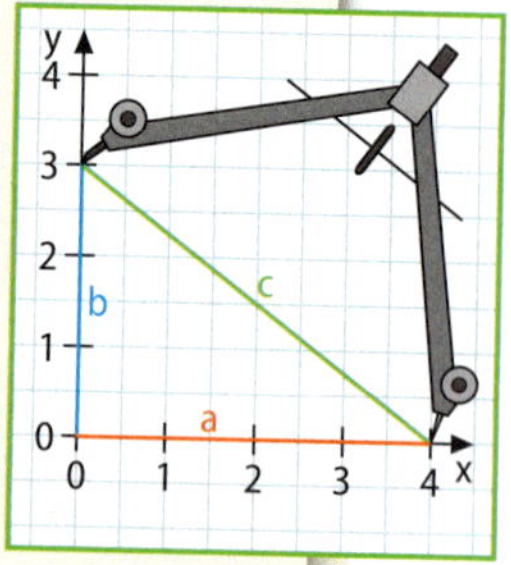

Tim möchte herausfinden, wie die Seitenlängen im rechtwinkligen Dreieck zusammenhängen. Ursprünglich hatte er gedacht, dass alle rechtwinkligen Dreiecke ähnlich sind.

- Widerlege seine ursprüngliche Vermutung.

Dann hat er sich überlegt, dass er sich den Zusammenhang besser in einem Koordinatensystem erschließen kann, wenn er dabei die ohnehin senkrecht stehenden Achsen ausnutzt. Er stellt dazu wie abgebildet mit seinem Zirkel eine 5 cm lange Strecke ein und trägt diese jeweils zwischen den Koordinatenachsen ab.

- Tim erkennt: „Wenn a größer wird …" Vervollständige Tims Satz.

Anschließend misst er genauer nach und erfasst seine Ergebnisse in einer Tabelle.

- Übertrage die Tabelle sowie Tims Zeichnung in dein Heft und vervollständige die Tabelle.
- Stelle eine Vermutung auf, wie die Seitenlängen zusammenhängen könnten.
- Begründe, warum Tims Vorgehen nicht als mathematischer Beweis geeignet ist.

a	1 cm	2 cm	3 cm	3,5 cm	4 cm	4,5 cm
b					3 cm	
c	5 cm	5 cm	5 cm	5 cm	5 cm	5 cm

Kap. 7.1

Stromtrasse

Um die in der Nordsee erzeugte Windenergie auch in Süddeutschland nutzen zu können, wird eine neue Stromtrasse verlegt. Diese verläuft auch durch die in der Abbildung dargestellten Wiesen (blau und grün). Die drei Besitzer der Wiesen haben nun die Wahl: Sie können ihre beiden quadratischen Wiesen an den Stromnetzbetreiber verkaufen oder beide gegen ein anderes quadratisches Grundstück (rot) tauschen. Das getauschte Grundstück grenzt jeweils an die beiden Wiesen an.

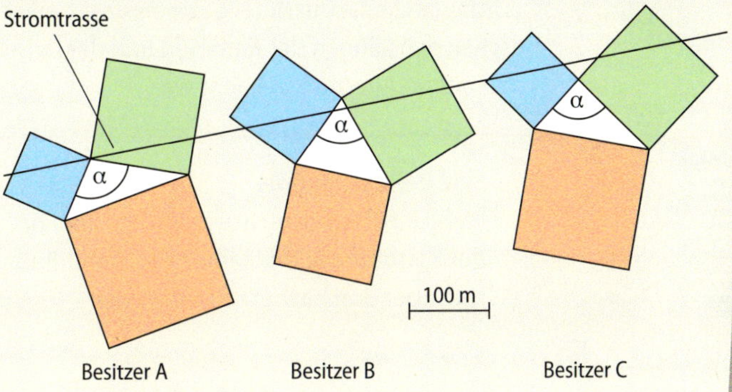

- Schätze ab, für welchen Besitzer der Tausch der Grundstücke vorteilhaft ist.
- Miss die notwendigen Längen ab (Maßstab: 1 cm ≙ 100 m) und berechne jeweils die Flächeninhalte der Grundstücke. Vergleiche die Berechnungen mit deiner Schätzung.
- Miss jeweils den Winkel α zwischen dem blau und dem grün markierten Grundstück eines Besitzers. Stelle eine Vermutung dafür auf, wie die Grundstücksflächen in Abhängigkeit des Winkels α zusammenhängen könnten.

Kap. 7.2

Seilspanner

Im alten Ägypten war es nach den jährlichen Nilüberschwemmungen notwendig, die Felder neu zu vermessen. Die Seilspanner verwendeten für das Aufspannen rechtwinkliger Dreiecke 12-Knoten-Seile mit Knoten in gleichen Abständen.

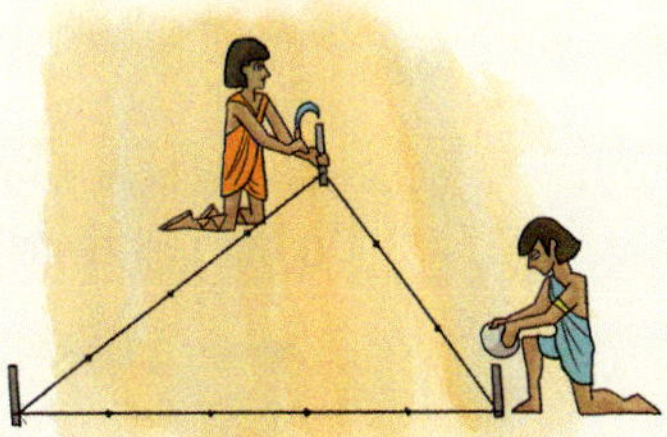

Bearbeitet die folgenden Aufgaben in einer Gruppe mit 3–4 Schülerinnen und Schülern.

- Nehmt ein 3 m langes Seil. Knüpft nach jeweils 25 cm Bänder an das Seil. Haltet den Anfang und das Ende des Seils zusammen und spannt dann mit dem Seil Dreiecke auf, deren Eckpunkte jeweils bei einem Band liegen. Findet eine Aufspannung für ein rechtwinkliges Dreieck und notiert euch, an welchen Stellen die Eckpunkte liegen müssen.
- Überprüft, ob man mit einer 18-Knoten-Schnur, einer 30-Knoten-Schnur, einer 36-Knoten-Schnur bzw. einer 48-Knoten-Schnur jeweils ein rechtwinkliges Dreieck erzeugen kann.

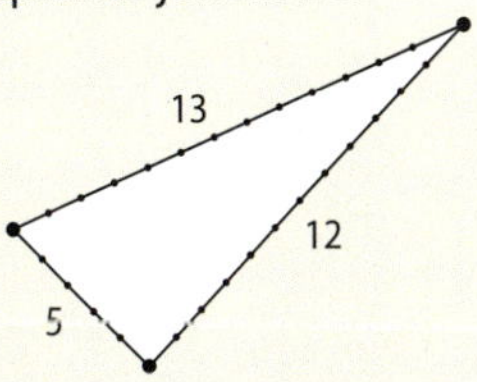

Peter, Mia und Ulas wählen eine andere Methode. Sie schneiden jeweils drei Schnüre in unterschiedlichen Längen zurecht und versuchen daraus ein rechtwinkliges Dreieck zu legen.

- Überprüfe, ob dies mit folgenden Schnurlängen möglich ist:
  1 5 m; 12 m; 13 m **2** 4 m; 7,05 m; 5,5 m **3** 4,5 m; 6 m; 7,25 m

Entdecken

Toms Beobachtung war schon um 2000 v. Chr. in China bekannt.

Tom hat elf Puzzleteile: acht identische weiße Dreiecke sowie je ein kleines grünes, ein mittelgroßes blaues und ein großes rotes Quadrat. Er legt daraus zwei Figuren und stellt fest, dass sie gleichen Flächeninhalt haben.

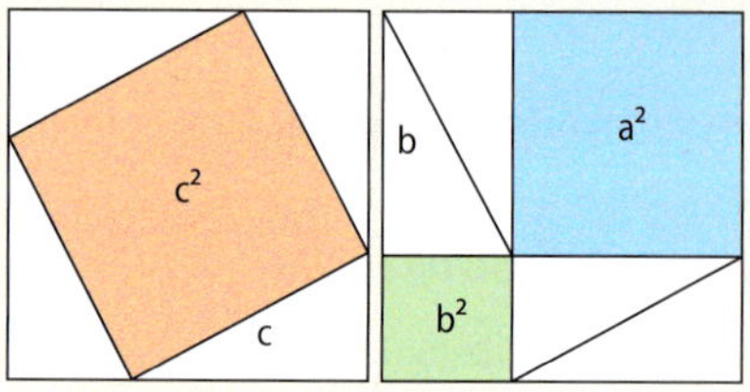

- Begründe Toms Beobachtung.
- Folgere aus Toms Beobachtung einen Zusammenhang zwischen den drei bunten Quadraten.

Verstehen

Ordnet man die Puzzleteile anders an, so erkennt man, dass im rechtwinkligen Dreieck zwischen den Längen der Katheten und der Hypotenuse eine besondere Beziehung besteht, die bereits im Altertum bekannt war.

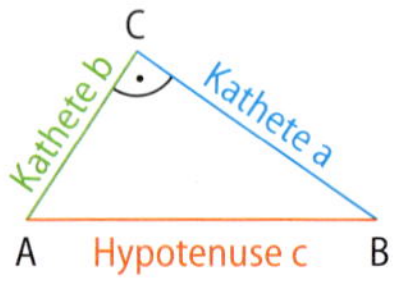

Satz des Pythagoras
Wenn ein Dreieck rechtwinklig ist, dann hat das **Quadrat über der Hypotenuse denselben Flächeninhalt wie die beiden Quadrate über den Katheten zusammen:**

$a^2 + b^2 = c^2$

Umgekehrt gilt:
Wenn für die Längen a, b und c eines Dreiecks die Beziehung $a^2 + b^2 = c^2$ gilt, dann hat das Dreieck bei C einen rechten Winkel.

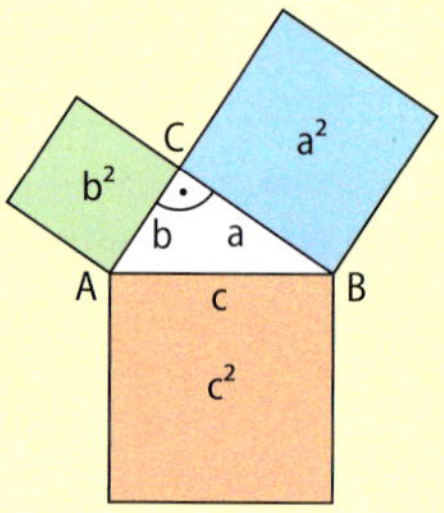

Erklärvideo

Mediencode 61049-36

Beweis des Satzes des Pythagoras:

Man betrachtet ein Trapez, das aus drei Dreiecken zusammengesetzt ist. Die blauen Dreiecke sind rechtwinklig und nach dem sws-Satz kongruent. Da $\alpha + \beta = 90°$, ist auch das dritte (rote) Dreieck rechtwinklig. Für den Flächeninhalt der Figur gilt:

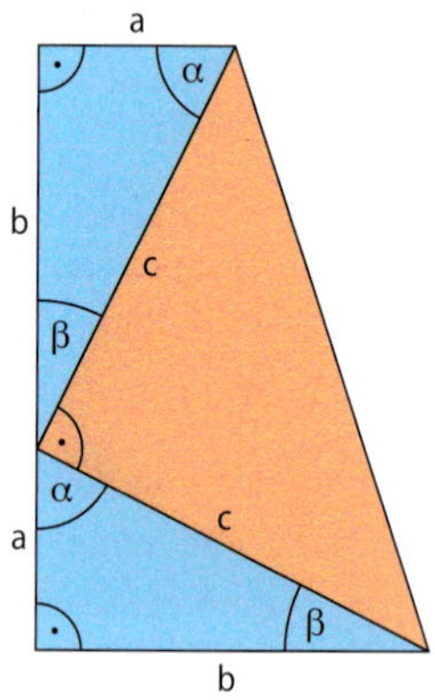

Der Beweis stammt von James A. Garfield, dem 20. Präsidenten der USA, der vor seiner Präsidentschaft Mathematiklehrer war.

1. $A_{gesamt} = A_{Trapez} = \frac{a + b}{2} \cdot (a + b) = \frac{1}{2}(a + b)^2$
2. $A_{gesamt} = 2 \cdot A_{Dreieck\ blau} + A_{Dreieck\ rot}$
$= 2 \cdot \frac{1}{2} \cdot a \cdot b + \frac{1}{2} \cdot c \cdot c = ab + \frac{1}{2}c^2$

Beide Terme beschreiben denselben Flächeninhalt, also gilt:

$\frac{1}{2}(a + b)^2 = ab + \frac{1}{2}c^2 \quad \Rightarrow \quad \frac{1}{2}(a^2 + 2ab + b^2) = ab + \frac{1}{2}c^2 \quad | : \frac{1}{2}$
$\Rightarrow \quad a^2 + 2ab + b^2 = 2ab + c^2 \quad | - 2ab$
$\Rightarrow \quad a^2 + b^2 = c^2$

Beweis der Umkehrung des Satzes des Pythagoras:

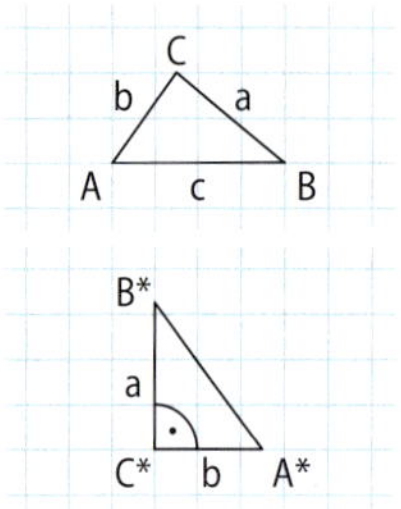

Für das Dreieck ABC wird vorausgesetzt, dass $a^2 + b^2 = c^2$ und damit $\sqrt{a^2 + b^2} = c$ gilt. Nun gibt es zu den Seitenlängen a und b stets ein rechtwinkliges Dreieck A*B*C*. Im Dreieck A*B*C* gilt wie in jedem rechtwinkligen Dreieck der Satz des Pythagoras. Somit kann man folgern: $|\overline{A^*B^*}|^2 = a^2 + b^2$ und damit $|\overline{A^*B^*}| = \sqrt{a^2 + b^2} = c$. Die Dreiecke ABC und A*B*C* stimmen somit in den Seitenlängen a, b und c überein und sind damit nach dem sss-Satz kongruent. Das Dreieck ABC muss also – genauso wie das Dreieck A*B*C* – rechtwinklig sein.

Beispiele

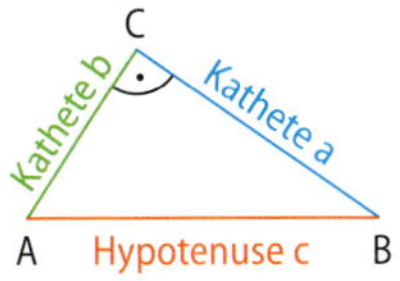

I. Berechne jeweils zunächst die fehlende Seitenlänge und gib dann den Umfang und den Flächeninhalt des rechtwinkligen Dreiecks an.

a) $a = 24\,\text{cm};\ b = 10\,\text{cm}$ **b)** $c = 10\,\text{cm};\ a = 8\,\text{cm}$

Lösung:

a) $c^2 = (24\,\text{cm})^2 + (10\,\text{cm})^2$
$c^2 = 576\,\text{cm}^2 + 100\,\text{cm}^2$
$c^2 = 676\,\text{cm}^2$
$c = 26\,\text{cm}\ (c > 0)$
$U = 24\,\text{cm} + 10\,\text{cm} + 26\,\text{cm} = 60\,\text{cm}$
$A = 0{,}5 \cdot 24\,\text{cm} \cdot 10\,\text{cm} = 120\,\text{cm}^2$

b) $a^2 + b^2 = c^2 \mid -a^2$
$b^2 = c^2 - a^2 = 100\,\text{cm}^2 - 64\,\text{cm}^2$
$b^2 = 36\,\text{cm}^2$
$b = 6\,\text{cm}\ (b > 0)$
$U = 8\,\text{cm} + 6\,\text{cm} + 10\,\text{cm} = 24\,\text{cm}$
$A = 0{,}5 \cdot 8\,\text{cm} \cdot 6\,\text{cm} = 24\,\text{cm}^2$

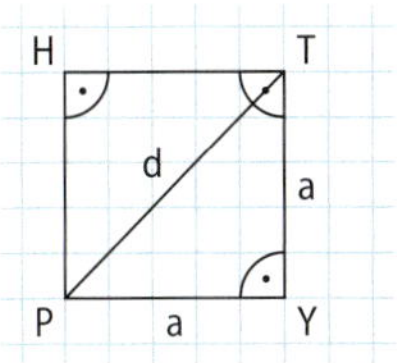

II. Das **Quadrat** PYTH besitzt die Seitenlänge a (z. B. $a = 5\,\text{cm}$).
Ermittle rechnerisch die Länge d (jeder) seiner Diagonalen.
Lösung: Das Dreieck PYT ist gleichschenklig und rechtwinklig; seine Hypotenuse ist $\overline{TP}$.
Also gilt $d^2 = a^2 + a^2$; $d^2 = 2a^2$; $\mathbf{d = a\sqrt{2}}$ ($a = 5\,\text{cm}$: $d = 5\sqrt{2}\,\text{cm} \approx 7{,}1\,\text{cm}$).

III. Der Wipfel einer 10 m hohen Tanne ist bei einem Sturm in 4,50 m Höhe abgeknickt. Erkläre, wie man berechnen kann, in welchem Umkreis das Umknicken gefährlich war.

Lösung:
Der Baumstumpf bildet mit dem Boden und dem abgeknickten Teil des Baums (annähernd) ein rechtwinkliges Dreieck. Da man die Höhe des Baumstumpfs und die Länge des abgeknickten Teiles ($10\,\text{m} - 4{,}50\,\text{m} = 5{,}50\,\text{m}$) kennt, kann man die Entfernung der Baumspitze vom Baumstumpf mithilfe des Satzes des Pythagoras berechnen. Damit erhält man den Radius der kreisförmigen Gefahrenzone.

IV. Untersuche jeweils, ob das Dreieck rechtwinklig ist.

a) $a = 12\,\text{mm};\ b = 35\,\text{mm};\ c = 37\,\text{mm}$ **b)** $x = 18\,\text{mm};\ y = 38\,\text{mm};\ z = 30\,\text{mm}$
c) $r = 4\,\text{cm};\ s = 4\,\text{cm};\ t = 5\,\text{cm}$

Lösung:
Falls das Dreieck rechtwinklig wäre, müsste jeweils die längste Seite die Hypotenuse sein.

a) $a^2 + b^2 = (12\,\text{mm})^2 + (35\,\text{mm})^2 = 144\,\text{mm}^2 + 1225\,\text{mm}^2 = 1369\,\text{mm}^2$;
$c^2 = (37\,\text{mm})^2 = 1369\,\text{mm}^2$: Da $a^2 + b^2 = c^2$ ist, ist das Dreieck rechtwinklig.

b) $x^2 + z^2 = (18\,\text{mm})^2 + (30\,\text{mm})^2 = 324\,\text{mm}^2 + 900\,\text{mm}^2 = 1224\,\text{mm}^2$;
$y^2 = (38\,\text{mm})^2 = 1444\,\text{mm}^2 > 1224\,\text{mm}^2$:
Wegen $x^2 + z^2 < y^2$ ist das Dreieck nicht rechtwinklig (sondern stumpfwinklig).

c) $s^2 + r^2 = (4\,\text{cm})^2 + (4\,\text{cm})^2 = 16\,\text{cm}^2 + 16\,\text{cm}^2 = 32\,\text{cm}^2$;
$t^2 = (5\,\text{cm})^2 = 25\,\text{cm}^2 < 32\,\text{cm}^2$:
Wegen $s^2 + r^2 > t^2$ ist das Dreieck nicht rechtwinklig (sondern spitzwinklig).

Siehe auch Aufgabe 9 auf Seite 191.

Nachgefragt

- Jana behauptet: „Der Satz des Pythagoras gilt auch in jedem gleichschenkligen, aber nicht im gleichseitigen Dreieck." Nimm zu Janas Aussage Stellung.
- Hanna hat sich den Satz des Pythagoras sehr gut eingeprägt: $a^2 + b^2 = c^2$. Erkläre, welche zusätzlichen Informationen sie sich merken muss.

Aufgaben

1 Berechne jeweils den Umfang des Dreiecks.

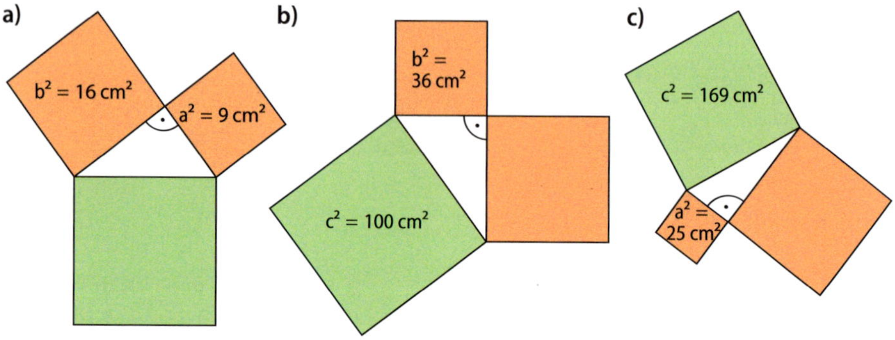

Erklärvideos

Mediencode 61049-37

2 Übertrage die Tabelle in dein Heft und ergänze sie dann dort.

	Kathete a	Kathete b	Hypotenuse c	Umfang U	Flächeninhalt A
a)	20 cm	15 cm			
b)	12 cm		20 cm		
c)	10 dm				$120\ dm^2$
d)	0,5 m	37,5 cm			
e)	a = b	b = a			$128\ cm^2$

3 Begründe jeweils ohne Rechnung und ohne Nachmessen, ob das Dreieck ABC rechtwinklig ist.

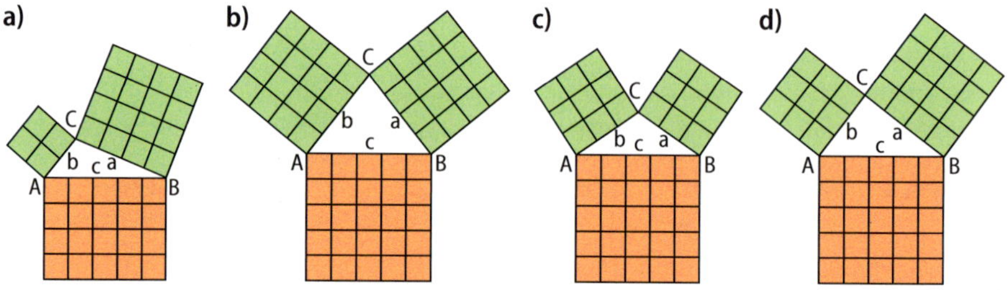

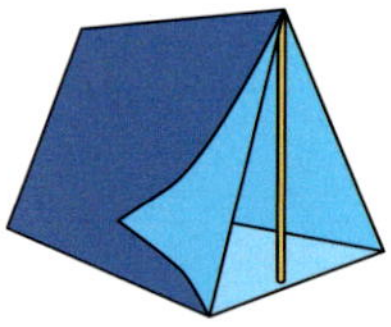

4 Stefans Zelt ist 2,5 m breit, 3,5 m lang und achsensymmetrisch. Eine Seitenfläche ist $7{,}35\ m^2$ groß. Begründe, wie groß Stefan maximal sein darf, damit er in der Zeltmitte gerade noch aufrecht stehen kann.

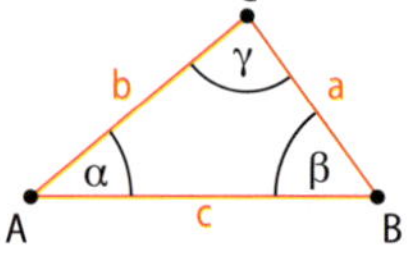

5 Berechne jeweils die fehlenden Seitenlängen sowie den Umfang und den Flächeninhalt des Dreiecks ABC.

a) a = 8 cm; b = 5 cm; $\alpha = 90°$ **b)** b = 4 cm; c = 6 cm; $\alpha = 90°$
c) a = 3,5 cm; b = 7 cm; $\beta = 90°$ **d)** a = 4,5 cm; b = 4,5 cm; $\gamma = 90°$

6 Erkläre jeweils den Fehler, der sich bei der Lösung eingeschlichen hat.

1

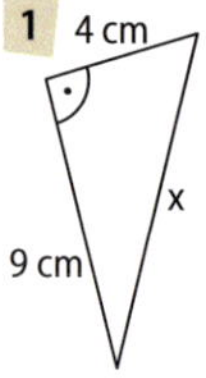

$x^2 = (4\ cm)^2 + (9\ cm)^2$
$x = 4\ cm + 9\ cm$
$x = 13\ cm$

2

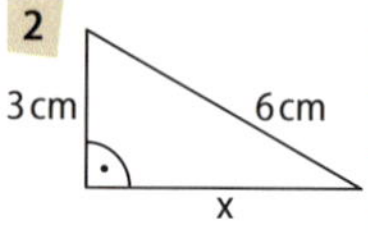

$x^2 = (3\ cm)^2 + (6\ cm)^2$
$x^2 = 9\ cm^2 + 36\ cm^2$
$x^2 = 45\ cm^2$
$x = \sqrt{45}\ cm \approx 6{,}7\ cm$

7 In einem gleichschenklig-rechtwinkligen Dreieck beträgt der Flächeninhalt des Hypotenusenquadrats 128 cm². Berechne den Flächeninhalt des Dreiecks und erkläre dein Vorgehen.

8 Gegeben sind zwei Quadrate mit Seitenlängen 3 cm und 5 cm. Konstruiere ein Quadrat, dessen Fläche so groß ist wie die Summe der Flächen der beiden Quadrate.

Beim Konstruieren verwendet man nur Zirkel und Lineal, ohne Streckenlängen oder Winkelgrößen abzumessen.

9 Wenn in einem Dreieck mit den Katheten a und b und der Hypotenuse c die Gleichung $a^2 + b^2 = c^2$ gilt, ist es rechtwinklig.

a) Gib mithilfe einer DGS an, welcher entsprechende Zusammenhang für spitzwinklige bzw. stumpfwinklige Dreiecke gilt.

b) Entscheide unter Verwendung der Erkenntnisse aus Teilaufgabe a), welche der folgenden Dreiecke rechtwinklig, spitzwinklig oder stumpfwinklig sind.

Seite	1	2	3	4	5	6
a	9 cm	1 cm	6 cm	15 cm	$\sqrt{7}$ cm	2,3 cm
b	12 cm	8 mm	7 cm	16 cm	$3\sqrt{2}$ cm	1,7 cm
c	15 cm	6 mm	11 cm	8 cm	5 cm	2,9 cm

Wissen

Pythagoreische Tripel

Man nennt natürliche Zahlen a, b, c (mit $c > a$ und $c > b$), für die $a^2 + b^2 = c^2$ gilt, **pythagoreische Zahlentripel** (Tripel: Zusammenfassung von drei Dingen, z. B. von drei Zahlen).

- Übertrage die Tabelle in dein Heft und ergänze sie dann dort so, dass sie jeweils pythagoreische Zahlentripel enthält.

a	3	5	8		20	12		28	11		33
b	4		15	24		35	40		60	63	
c	5	13		25	29		41	53		65	65

- Lucas behauptet: „Wenn die natürlichen Zahlen a, b und c ein pythagoreisches Zahlentripel bilden, dann bilden die natürlichen Zahlen ka, kb und kc für jeden Wert von $k \in \mathbb{N}\setminus\{1\}$ ebenfalls ein pythagoreisches Zahlentripel."
  1 Untersuche Lucas' Behauptung an drei verschiedenen Beispielen.
  2 Weise die Gültigkeit von Lucas' Behauptung allgemein nach.
- Sophie behauptet: „Addiert man die Kehrwerte von zwei aufeinander folgenden ungeraden natürlichen Zahlen, dann sind der Zähler und der Nenner des Summenwerts stets die beiden kleineren Zahlen eines pythagoreischen Zahlentripels."
  Beispiel: $\frac{1}{5} + \frac{1}{7} = \frac{7}{35} + \frac{5}{35} = \frac{12}{35}$; $12^2 + 35^2 = 144 + 1225 = 1369 = 37^2$
  Überprüfe Sophies Behauptung anhand von drei verschiedenen Beispielen.

Pierre de Fermat (1607–1665)

Pierre de Fermat behauptete im 17. Jahrhundert, dass es für $n > 2$ keine natürlichen Zahlen x, y und z gebe, für die gilt: $\mathbf{x^n + y^n = z^n}$.
Dieser Zusammenhang wurde als der „**Große Fermat'sche Satz**" bekannt. Es dauerte über 350 Jahre, bis Andrew Wiles 1994 die Gültigkeit des Satzes beweisen konnte.

Andrew Wiles (geb. 1953)

- Informiere dich über den „Großen Fermat'schen Satz" und präsentiere die Ergebnisse.

10 Entscheide rechnerisch, ob die Strecken $\overline{AB}$ und $\overline{DE}$ in der Abbildung zueinander parallel sind. Erkläre dein Vorgehen.

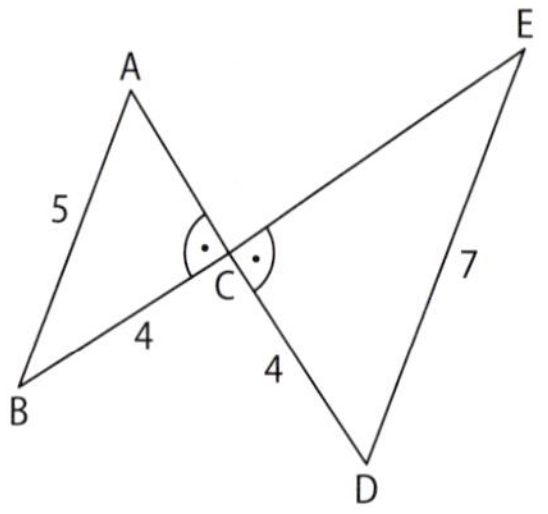

Zeichnung nicht maßstäblich

11 Ein Schilfrohr ragt bei Windstille 30 cm aus dem Wasser eines Sees heraus. Bei starkem Wind liegt die Spitze des Schilfrohrs in 70 cm Entfernung von dessen Standort auf der Wasseroberfläche. Ermittle rechnerisch, wie tief das Wasser an der Stelle ist, an der das Schilfrohr wächst.

12 Das gleichschenklige Dreieck TIP hat den Umfang 24 cm; die Maßzahlen seiner Seitenlängen sind in der Einheit Zentimenter ganzzahlig. Berechne seinen Flächeninhalt. Zur Kontrolle: Es gibt fünf Lösungen.

Erklärvideo

Mediencode 61049-38

13 Sophie behauptet, dass der Flächeninhalt einer **Raute** mit den Diagonalenlängen e und f durch $A_{Raute} = \frac{1}{2}ef$ gegeben ist.

a) Skizziere den Sachverhalt und zeige, dass Sophie Recht hat.

b) Der Flächeninhalt der Raute ECHS beträgt 12 cm²; die Diagonale $\overline{EH}$ ist 4 cm lang. Berechne den Umfang dieser Raute exakt und auf Zentimeter gerundet.

14 Übertrage die Abbildung in eine DGS. Dabei ist $|\overline{BC}| = 12$ cm, M_a ist der Mittelpunkt der Strecke $\overline{BC}$ und $|\overline{AM_a}| = \sqrt{61}$ cm.

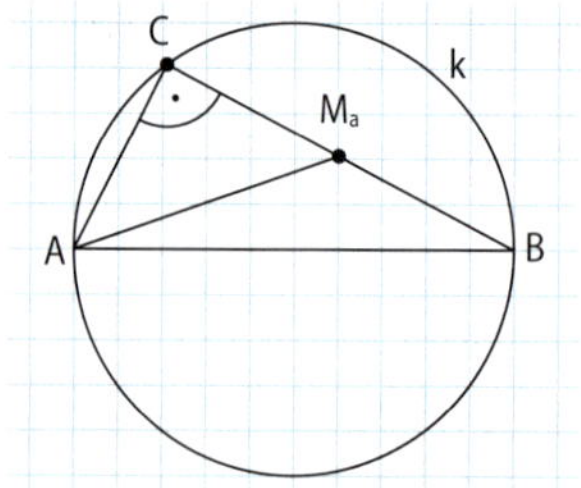

a) Ermittle rechnerisch den Umfang und den Flächeninhalt des Dreiecks ABC.

b) Berechne, wie viel Prozent des Flächeninhalts des Dreiecks ABC das Dreieck AM_aC einnimmt.

c) Berechne, wie viel Prozent des Flächeninhalts seines Umkreises k das Dreieck ABC einnimmt.

15 Ada hat eine „Wurzelspirale" gezeichnet. Erkläre ihr Vorgehen und bestimme rechnerisch die Längen der in der Figur vorkommenden Strecken exakt und auf Millimeter gerundet. Zeichne die Wurzelspirale mit mindestens 12 Schritten in dein Heft (in einer DGS).

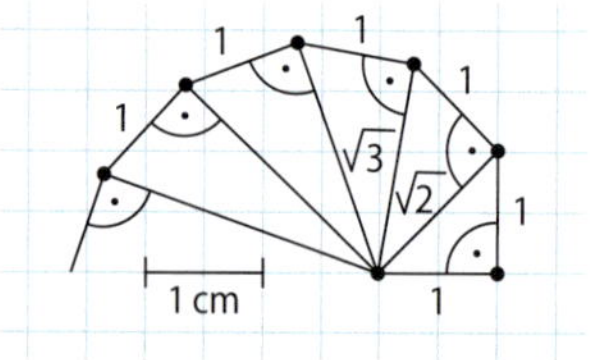

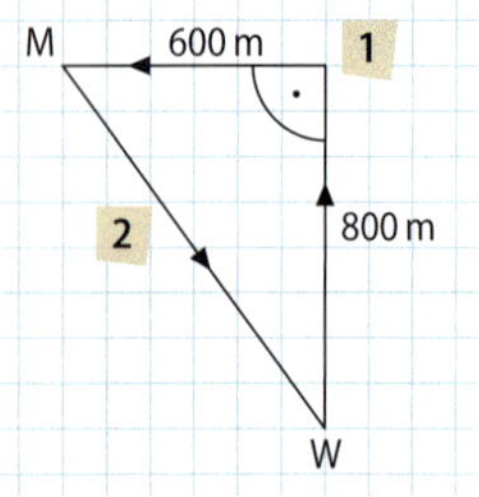

16 Gregor fuhr gestern von seiner Wohnung (W) zu Marios Eisdiele (M). Auf dem Hinweg wählte er den Weg 1, auf dem Rückweg nahm er die Abkürzung 2. Berechne, um wie viel Prozent der Weg 1 länger als Weg 2 bzw. um wie viel Prozent kürzer Weg 2 als Weg 1 ist. Begründe deine unterschiedlichen Ergebnisse.

17 Von einem Rechteck sind die Seitenlängen bekannt:

1 $|\overline{AB}| = 6$ cm; $|\overline{BC}| = 4{,}5$ cm 2 $|\overline{AB}| = 52$ mm; $|\overline{BC}| = 4{,}4$ cm.

a) Zeichne des Rechteck ABCD und berechne die Länge der Diagonalen.

b) Fälle das Lot von A auf die Diagonale $\overline{BD}$ und berechne die Länge der Lotstrecke.

c) Das Rechteck 2 wird um das Vierfache vergrößert. Begründe ohne Rechnung, wie sich dabei der Flächeninhalt und die Längen der Diagonalen verändern.

18 Zeichne in ein Koordinatensystem die Punkte $M(0|1)$ und $P(12|6)$ sowie den Kreis k mit Mittelpunkt M und Radius $r = 5$ cm ein.

a) Konstruiere die Tangenten t_1 und t_2 vom Punkt P an den Kreis k (Berührpunkte B_1 und B_2 mit $x_{B_1} > x_{B_2}$).

b) Berechne die Längen $|\overline{B_1P}|$ und $|\overline{B_2P}|$.

c) Gib drei Eigenschaften des Vierecks MB_1PB_2 an und berechne seinen Flächeninhalt.

19 Ein Tunnel hat einen halbkreisförmigen Querschnitt. Er besitzt vier Fahrspuren von je 3,5 m Breite; auf beiden Seiten und in der Tunnelmitte befindet sich je ein 1,0 m breiter nicht befahrbarer Sicherheitsstreifen.
Ermittle (mithilfe einer DGS), welche maximale Höhe ein Lastwagen haben darf, der auf der rechten Fahrspur fährt, wenn bis zur Tunneldecke ein vertikaler Abstand von 40 cm eingehalten werden muss.

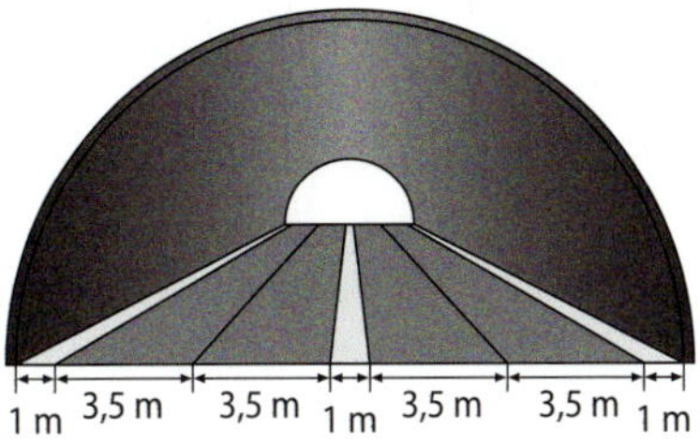

Wissen

Beweise für den Satz des Pythagoras

Ein bekannter Beweis für den Satz des Pythagoras stammt aus Indien. Es soll etwa 1000 Jahre alt sein und nutzt die abgebildete Beweisfigur.

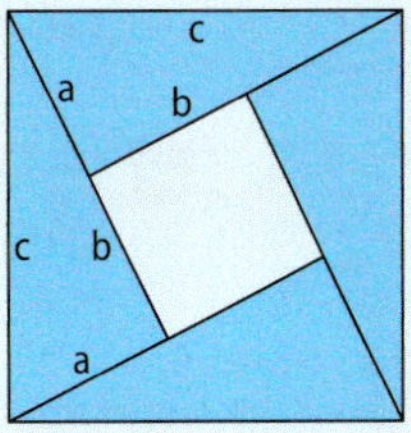

- Begründe den Satz des Pythagoras anhand der Abbildung.

Auch von Leonardo da Vinci (italienischer Bildhauer, Maler und Architekt, 1452–1519) ist ein Beweis überliefert. Er nutzt eine andere Beweisfigur.

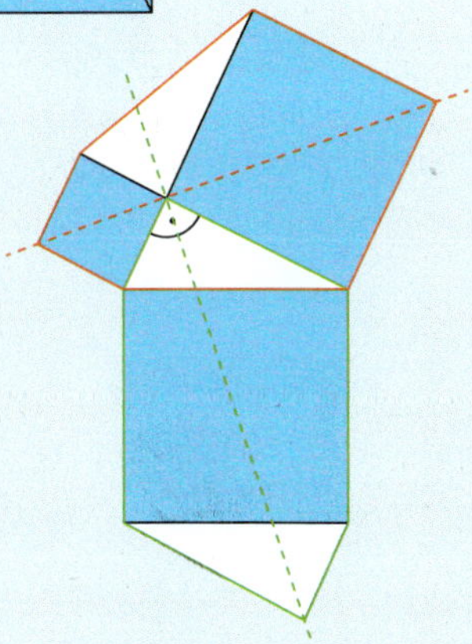

- Untersuche die Symmetrieeigenschaften des rot (grün) umrandeten Sechsecks.
- Begründe, dass die beiden oben bzw. unten ergänzten Dreiecke kongruent sind. Zeige, dass somit der Satz des Pythagoras gefolgert werden kann.

Lucas hat im Internet ein „Pythagoras-Puzzle" gefunden, es zweimal ausgeschnitten und zusammengefügt. Er folgert daraus:

$A_{NICK} = A_{KARL} + A_{LEON}$

- Begründe, warum Lucas' „Puzzle-Beweis" kein Beweis im mathematischen Sinn ist.

Für den Satz des Pythagoras gibt es mehr als 400 unterschiedliche Beweise.

- Recherchiere im Internet weitere Beweisideen und stelle eine, die dir besonders gut gefällt, deiner Klasse vor.

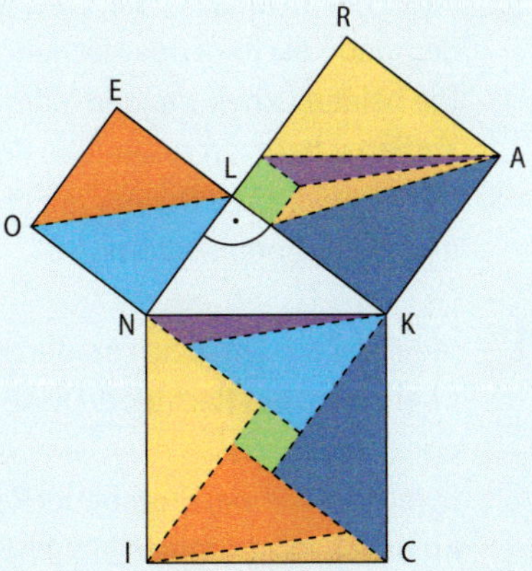

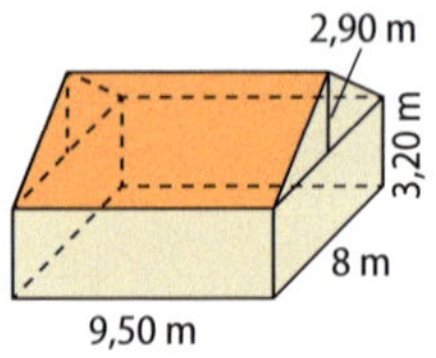

20 Ein Einfamilienhaus besteht aus einem Erd- und einem Dachgeschoss. Das Dachgeschoss soll nach einer Sanierung vermietet werden.

a) Eine neue Dachdeckung kostet 42,50 € pro m^2. Berechne die Gesamtkosten.

b) Wegen der Dachschrägen werden für die Miete nur 40 % der Fläche des Dachgeschosses angerechnet. Pro Quadratmeter werden 9,60 € fällig. Berechne die Mietkosten.

21 In einem Café wird Orangensaft in einem zylinderförmigen Glas serviert, das 16 cm hoch ist und einen Innendurchmesser vom 6 cm hat. Ermittle rechnerisch, wie weit ein 20 cm langer Strohhalm, der schräg im Glas lehnt, aus dem Glas herausragt.

22 Bei einem Umzug muss ein Schrank mit den Außenmaßen 120 cm × 60 cm × 210 cm (L × B × H) durch einen 1 m schmalen Gang, der rechtwinklig abknickt, transportiert werden. Fertige eine Skizze an und begründe rechnerisch, ob der Schrank „um die Ecke geht".

23 Gib d_1, d_2, d_3, d_4, d_{10} und d_n ($n \in \mathbb{N}$) in Abhängigkeit von a an.

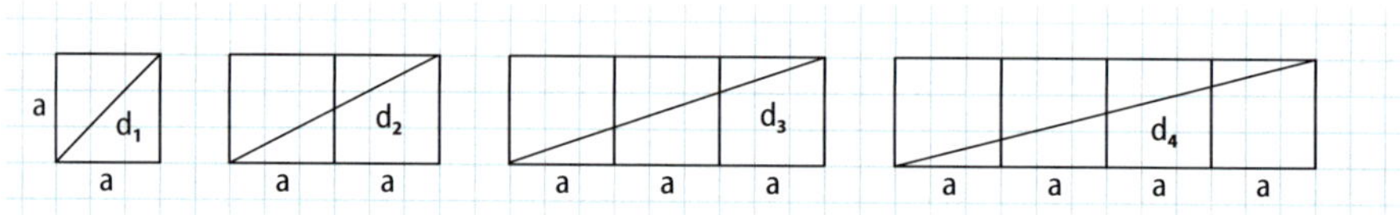

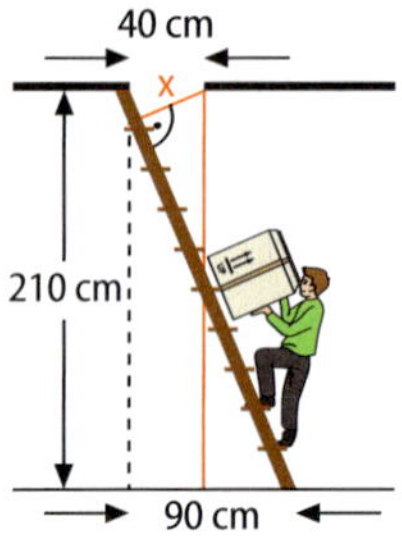

24 Herr Fries möchte einige Sachen, die er selten braucht, auf seinem Dachboden in Umzugskartons lagern. Die Maße eines Kartons sind 525 mm × 310 mm × 335 mm (L × B × H). Finde auf verschiedene Arten heraus, ob die Kartons durch die Luke passen.

25 Eine zufällig gefundene antike Tonscherbe entpuppt sich als Teil eines Tellers aus römischer Zeit. Archäologen vermessen die Scherbe wie folgt: $|\overline{AB}| = 9$ cm und $|\overline{PQ}| = 1{,}5$ cm. Berechne den tatsächlichen Radius des Tellers.

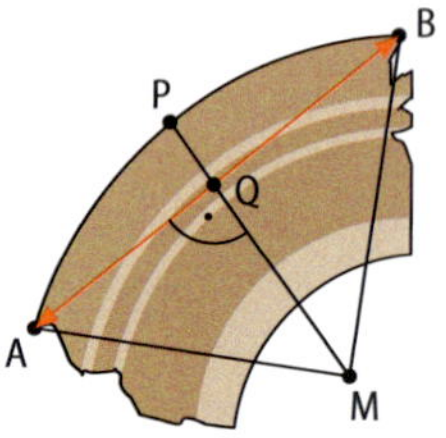

Jeder der drei Halbkreisbögen hat eine Dreiecksseite als Durchmesser.

26 Lucas hat im Internet die „Lunulae des Hippokrates" entdeckt. Begründe die folgende Flächengleichheit:
Die beiden sichelförmigen Möndchen („Lunulae") über den Katheten besitzen zusammen denselben Flächeninhalt wie das rechtwinklige Dreieck mit den Kathetenlängen a und b und der Hypotenusenlänge c.

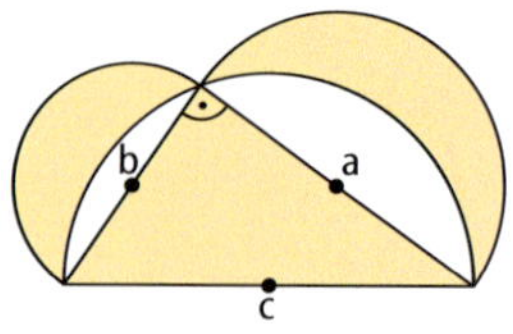

Tipp: Begründe, dass $x + y = 10$ cm gilt.

27 Jeder der beiden gleich großen Kreise berührt sowohl zwei Seiten des Rechtecks QUAD als auch die Rechtecksdiagonale $\overline{UD}$.
Berechne, wie viel Prozent der Rechtecksfläche die beiden Kreisflächen zusammen einnehmen.

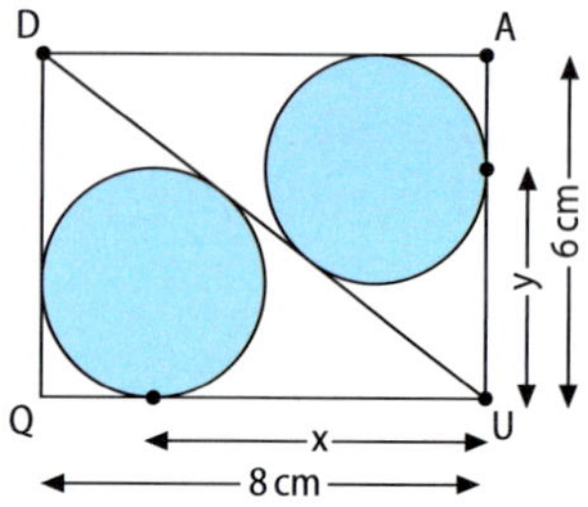

28 An einer Küste steht ein Leuchtturm.

a) Begründe zunächst, warum man mithilfe einer DGS nicht experimentell herausfinden kann, wie weit man vom Leuchtturm aus sehen kann (Sichtweite s).

b) Gib einen allgemeinen Term für die Sichtweite s an. Recherchiere die dazu notwendigen Zusatzinformationen. Berechne die Sichtweite für $h = 40$ m.

c) Als Faustformel findet man oft $s(r;\ h) = \sqrt{2rh}$. Erkläre die Gültigkeit dieser Faustformel. Berechne mit ihr die Sichtweite für den Leuchtturm aus Teilaufgabe b) und vergleiche diese mit dem Ergebnis aus Teilaufgabe b).

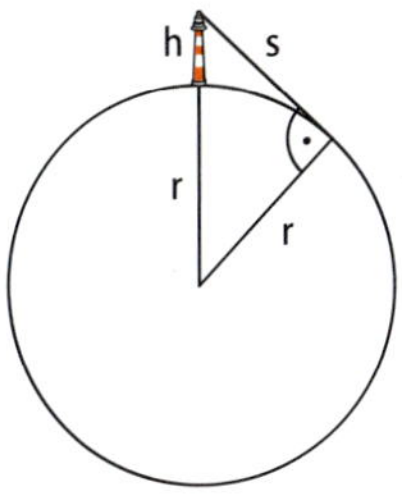

29 Die Sehne $\overline{AB}$ mit der Länge $|\overline{AB}| = 8$ cm steht senkrecht auf dem Durchmesser $\overline{CD}$ des Kreises k. Die Mittelpunkte M_1 und M_2 der beiden einander und k berührenden Kreise k_1 und k_2 liegen auf $\overline{CD}$.
Berechne den Flächeninhalt der getönten Fläche und präsentiere deine Strategie deiner Klasse.

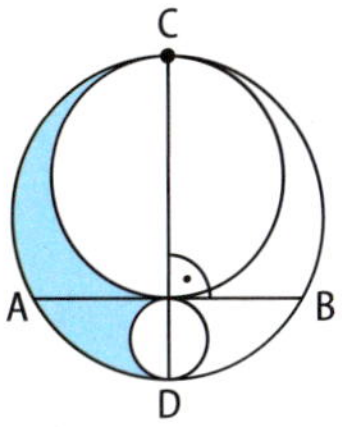

Höhen- und Kathetensatz

Wissen

Zu der **Satzgruppe von Pythagoras** gehören neben dem Satz des Pythagoras noch der **Kathetensatz** (Satz von Euklid) und der **Höhensatz**.
In jedem rechtwinkligen Dreieck zerlegt die Höhe zur Hypotenuse die Hypotenuse in zwei **Hypotenusenabschnitte**:

Zur Kathete b gehört der Hypotenusenabschnitt q.

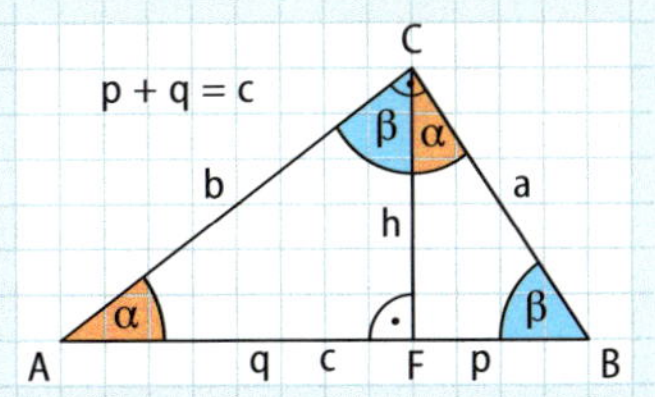

Zur Kathete a gehört der Hypotenusenabschnitt p.

Pythagoras
(etwa 580–500 v. Chr.)

Die beiden Dreiecke CAF und BCF sowie das Dreieck ABC sind zueinander ähnlich, da sie in allen drei Winkeln übereinstimmen. Somit folgt:

$\Delta CAF \sim \Delta ABC$	$\Delta BCF \sim \Delta ABC$	$\Delta CAF \sim \Delta BCF$
$\frac{b}{q} = \frac{c}{b};\ \vert \cdot bq$	$\frac{a}{p} = \frac{c}{a};\ \vert \cdot ap$	$\frac{h}{q} = \frac{p}{h};\ \vert \cdot hq$
$\mathbf{b^2 = cq}$	$\mathbf{a^2 = cp}$	$\mathbf{h^2 = pq}$

Kathetensatz
In jedem rechtwinkligen Dreieck hat das Quadrat über jeder Kathete den gleichen Flächeninhalt wie das Rechteck mit der Hypotenuse und dem dieser Kathete anliegenden Hypotenusenabschnitt als Seiten.

Höhensatz
In jedem rechtwinkligen Dreieck hat das Quadrat über der Hypotenusenhöhe den gleichen Flächeninhalt wie das Rechteck mit den beiden Hypotenusenabschnitten als Seiten.

- Von einem bei C rechtwinkligen Dreieck ABC sind gegeben
  1 $p = 1{,}8$ cm; $q = 3{,}2$ cm. **2** $b = 6$ cm; $q = 2$ cm. **3** $h = 8$ cm; $p = 6$ cm.
  Berechne jeweils die Längen der fehlenden Dreiecksseiten und (auf zwei verschiedene Arten) den Flächeninhalt.
- Leite den Zusammenhang $a^2 = cp$ und $b^2 = cq$ aus dem Satz des Pythagoras her.

Entdecken

Cheops-Pyramide

Die Cheops-Pyramide ist die größte der drei Pyramiden in Gizeh bei Kairo in Ägypten. Sie hat eine quadratische Grundfläche mit einer Seitenlänge a von etwa 230 m. Die Seitenhöhe h_a beträgt circa 186 m.

- Schätze zunächst die Gesamthöhe h der Pyramide und erläutere deine Überlegungen.
- Berechne die Höhe sowie den Oberflächeninhalt der Cheops-Pyramide und erkläre dein Vorgehen.

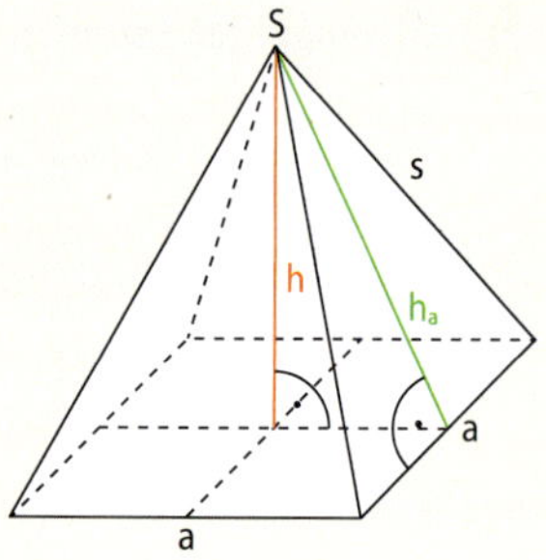

Verstehen

Den Satz des Pythagoras kann man auch zur Berechnung unbekannter Streckenlängen in Figuren und Körpern anwenden. Dabei folgt man zumeist einer bestimmten Strategie.

Man skizziert den Sachverhalt und markiert gegebene und gesuchte Streckenlängen.

↓

Man sucht ein rechtwinkliges Dreieck, das die gesuchte Streckenlänge enthält.

↓

Man prüft, ob die beiden anderen Seiten dieses Dreiecks bekannt sind.

↙ ↘

ja
Man berechnet die gesuchte Seitenlänge mithilfe des Satzes des Pythagoras.

nein
Man sucht ein weiteres rechtwinkliges Dreieck, um zunächst die fehlende(n) Seitenlänge(n) des ersten Dreiecks zu bestimmen.

Beispiele

Strategiewissen
Länge der Diagonalen der Grundfläche und der Raumdiagonalen im Quader berechnen

I. Berechne für einen Quader mit den Kantenlängen a, b und c (z. B. a = 10 cm, b = 8 cm und c = 6 cm) die Länge …

a) der Diagonalen der Grundfläche. **b)** einer Raumdiagonalen.

Lösung:

a) Im rechtwinkligen Dreieck ABD (rechter Winkel bei A) gilt nach dem Satz des Pythagoras für $|\overline{BD}| = e$:

$e^2 = (a^2 + b^2) \quad \Rightarrow \quad \mathbf{e = \sqrt{a^2 + b^2}}$

(im Beispiel: $e = \sqrt{(10\text{ cm})^2 + (8\text{ cm})^2}$
$= \sqrt{164}\text{ cm} \approx 12{,}8\text{ cm}$).

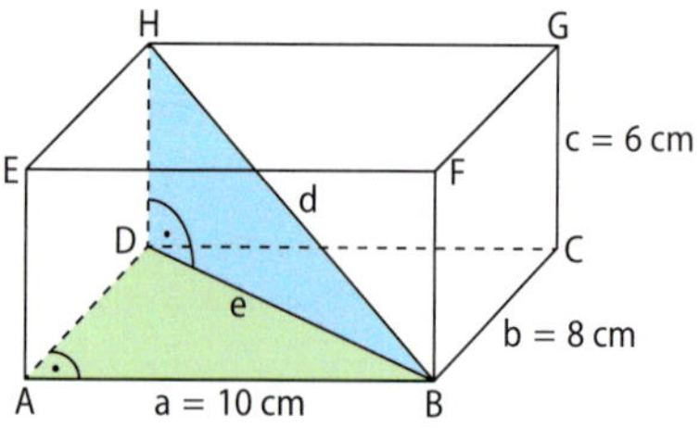

b) Im rechtwinkligen Dreieck DBH (rechter Winkel bei D) gilt nach dem Satz des Pythagoras für die Raumdiagonale $|\overline{BH}| = d$:

$d^2 = e^2 + c^2 = (a^2 + b^2) + c^2 \quad \Rightarrow \quad \mathbf{d = \sqrt{a^2 + b^2 + c^2}}$

Im Beispiel gilt:

$d = \sqrt{(10\text{ cm})^2 + (8\text{ cm})^2 + (6\text{ cm})^2} = \sqrt{200}\text{ cm} \approx 14{,}1\text{ cm}.$

II. In einem Koordinatensystem sind die Punkte $A(x_A|y_A)$ und $B(x_B|y_B)$ gegeben.

Strategiewissen
Länge einer Strecke im Koordinatensystem berechnen

a) Erkläre, wie man die Länge $|\overline{AB}|$ der Strecke $\overline{AB}$ berechnet.

b) Berechne $|\overline{AB}|$ für **1** $A(2|1{,}5)$, $B(8|4{,}5)$ und **2** $A(-4|0{,}5)$, $B(-1|-7{,}5)$.

Lösung:

a) Im rechtwinkligen Dreieck ACB sind die Längen der beiden Katheten bekannt: $|\overline{AC}| = x_B - x_A$ bzw. $|\overline{BC}| = y_B - y_A$. Damit gilt nach dem Satz des Pythagoras:

$|\overline{AB}|^2 = |\overline{AC}|^2 + |\overline{BC}|^2$

$\Rightarrow \quad \mathbf{|\overline{AB}| = \sqrt{(x_B - x_A)^2 + (y_B - y_A)^2}}$.

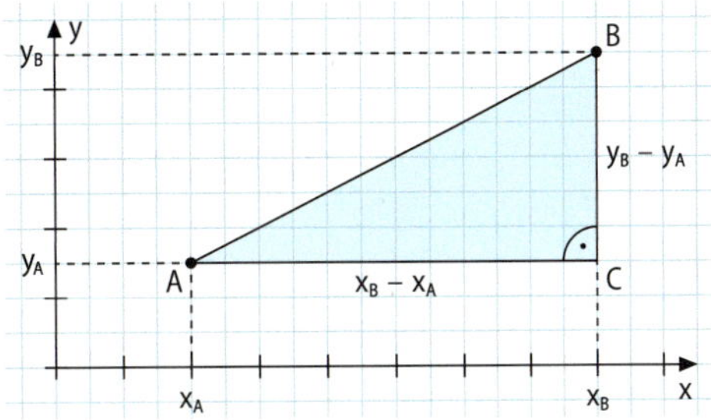

b) **1** $|\overline{AB}| = \sqrt{(8-2)^2 + (4{,}5 - 1{,}5)^2}$
$= \sqrt{36 + 9} = \sqrt{45} = 3\sqrt{5} \approx 6{,}7$ [LE]

2 $|\overline{AB}| = \sqrt{(-1-(-4))^2 + (-7{,}5 - 0{,}5)^2} = \sqrt{9 + 64} = \sqrt{73} \approx 8{,}5$ [LE]

III. Das **gleichseitige Dreieck** TRE besitzt die Seitenlänge b (z.B. b = 6 cm). Berechne seine Höhe h und seinen Flächeninhalt A.

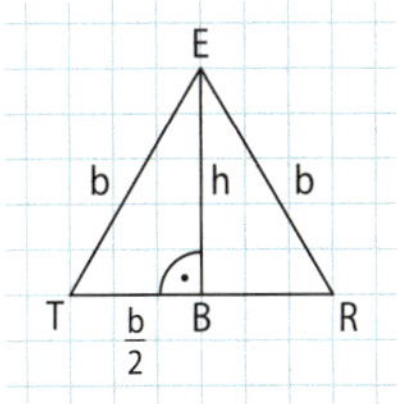

Strategiewissen
Höhe und Flächeninhalt eines gleichseitigen Dreiecks berechnen

Lösung:

Die Höhe $\overline{EB}$ auf die Seite $\overline{TR}$ zerlegt das gleichseitige Dreieck in die beiden kongruenten rechtwinkligen Dreiecke BET und REB. Die Hypotenuse hat jeweils die Länge b; eine der Katheten besitzt die Länge $\frac{b}{2}$, die andere die Länge h.

Nach dem Satz von Pythagoras gilt:

$\left(\frac{b}{2}\right)^2 + h^2 = b^2 \quad \left| -\left(\frac{b}{2}\right)^2 \right. \quad \Rightarrow \quad h^2 = b^2 - \frac{b^2}{4} \quad \Rightarrow \quad h^2 = \frac{3b^2}{4} \ (h > 0) \quad \Rightarrow \quad \mathbf{h = \frac{b}{2}\sqrt{3}}$

(im Beispiel: $h = \frac{6}{2}\sqrt{3}$ cm $= 3\sqrt{3}$ cm $\approx 5{,}2$ cm);

$\mathbf{A} = \frac{1}{2} \cdot b \cdot h = \frac{1}{2} \cdot b \cdot \frac{b}{2}\sqrt{3} = \mathbf{\frac{b^2}{4}\sqrt{3}}$

(im Beispiel: $A = \frac{36}{4}\sqrt{3}$ cm² $= 9\sqrt{3}$ cm² $\approx 15{,}6$ cm²)

IV. Eine quadratische Pyramide (Seitenlänge a = 6 cm) ist 5 cm hoch. Fertige eine Skizze an und ermittle den Oberflächeninhalt der Pyramide. Erläutere deine Überlegungen.

Lösung:

Das Netz der Pyramide besteht aus einem Quadrat (Grundfläche, a = 6 cm) sowie aus vier kongruenten Seitendreiecken mit der Höhe h_a. Mithilfe des markierten rechtwinkligen Dreiecks mit den Katheten h = 5 cm bzw. $\frac{a}{2} = 3$ cm erhält man:

$h_a = \sqrt{(5\text{ cm})^2 + (3\text{ cm})^2} = \sqrt{34}$ cm $\approx 5{,}8$ cm.

Somit erhält man für den Oberflächeninhalt:

$O_{Pyr} = 6\text{ cm} \cdot 6\text{ cm} + 4 \cdot \left(\frac{1}{2} \cdot 6\text{ cm} \cdot \sqrt{34}\text{ cm}\right) = 36\text{ cm}^2 + 12\sqrt{34}\text{ cm}^2 \approx 106\text{ cm}^2$

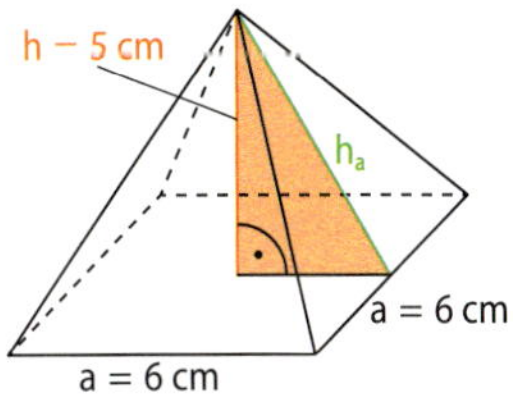

Nachgefragt

- Begründe, warum man jedes Dreieck in zwei rechtwinklige Dreiecke zerlegen kann.
- Anna behauptet: „Nur beim Würfel gibt es vier Raumdiagonalen, die gleich lang sind, beim Quader ist dies nicht der Fall.“ Begründe oder widerlege die Aussage.

Aufgaben

1 Berechne jeweils die Länge $|\overline{AB}|$ der Strecke $\overline{AB}$ ($t \in \mathbb{R}$).

	a)	b)	c)	d)	e)
A	(4 | 5)	(0,3 | 5,4)	(−1 | 8)	(0 | 5)	(t | 2t)
B	(−2,4 | −5)	(−0,4 | 9)	(4 | −2,3)	(−5 | 0)	(4 + t | 2t − 8)

2 Berechne für jeden der Punkte E (5 | 3), I (−2 | 2), N (2 | 4), K (7 | −1), A (−1 | −5), U (−3 | −1) und F (5 | −5) seine Entfernung zum Punkt S (2 | −1). Erkläre deine Ergebnisse geometrisch.

3 a) Zeichne den Streckenzug UNTIER und ermittle seine Länge mithilfe einer DGS.
b) Berechne die Länge des Streckenzugs exakt.

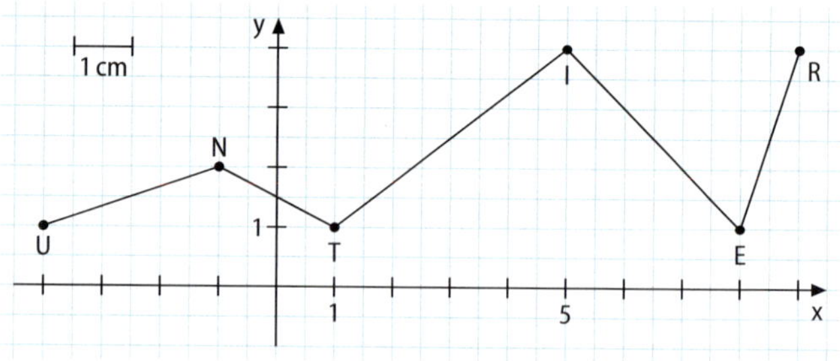

4 Zeichne jeweils ein Koordinatensystem und trage die Punkte A, S und T ein. Bestimme dann auf zwei verschiedene Arten, ob das Dreieck AST rechtwinklig ist.

a) A (10 | 3), S (0 | 8), T (6 | 0)
b) A (8 | −1), S (5 | 3), T (1 | 0)
c) A (2 | 2), S (9 | 1), T (4 | 5)
d) A (1 | −1), S (5 | −4), T (8 | 0)

Erklärvideo

Mediencode 61049-39

5 Berechne jeweils die Längen der eingezeichneten Diagonalen.

a)

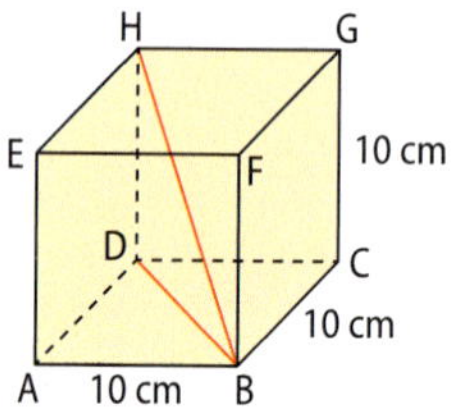

b)

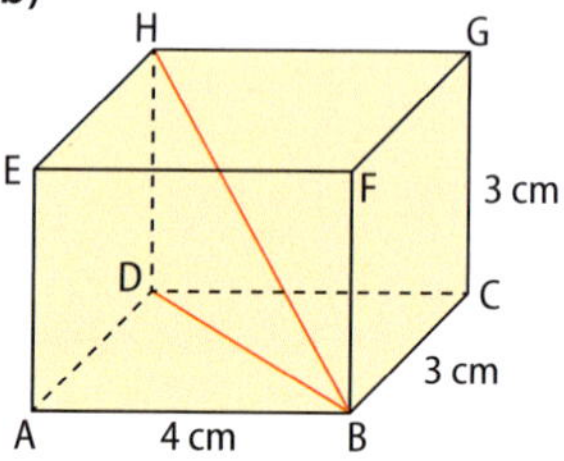

c)

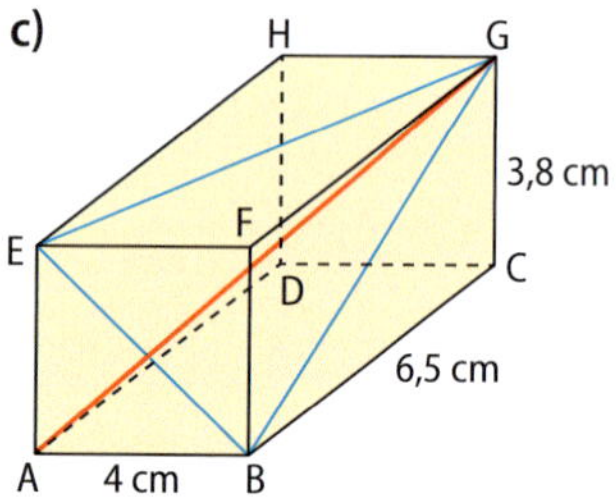

6 Der Umfang des gleichseitigen Dreiecks ABC beträgt 30 cm.
a) Konstruiere das Dreieck ABC.
b) Berechne die Höhe des Dreiecks ABC.

7 Berechne die Raumdiagonale deines Klassenzimmers. Erkläre dein Vorgehen.

8 Eine Anstellleiter ist 6 m lang. Die Leiter steht am Boden 2,05 m von der Wand entfernt. Berechne, in welcher Höhe die Leiter an der Wand lehnt.

9 Die Raumdiagonale eines Quaders ist 15 cm lang. Ermittle mehrere Möglichkeiten, wie lang, wie breit und wie hoch so ein Quader sein kann, und stelle sie deiner Klasse vor.

10 Beim Aufschütten von Sand entsteht ein Kegel der Höhe 6,5 m, die Länge der Strecke s vom Boden bis zur Spitze beträgt 12 m. Berechne, welche Fläche durch den Kegel bedeckt wird.

11 a) Zeichne das Schrägbild eines Würfels (Kantenlänge 6 cm). Wähle einen Eckpunkt aus und berechne, wie weit er von den anderen Eckpunkten des Würfels entfernt ist.

b) Verallgemeinere deine Überlegungen aus Teilaufgabe a), indem du von einer Kantenlänge a des Würfels ausgehst.

c) Untersuche rechnerisch, wie sich die Länge der Raumdiagonale des Würfels sowie sein Oberflächeninhalt und sein Volumen verändern, wenn man die Kantenlänge verdoppelt (verdreifacht).

12 Bei Bildschirmen wird als Größenangabe oft die Länge der Diagonalen in Zoll angegeben.

1 Zoll (1″) ≙ 2,54 cm

a) Vervollständige die fehlenden Werte.

	a)	b)	c)	d)
Höhe	88,6 cm	71,1 cm	42,1 cm	212 mm
Breite	49,8 cm	533 mm		
Diagonale in cm			48,3 cm	43,2 cm
Diagonale in Zoll				

b) Berechne die Seitenlängen eines 41″-Fernsehers mit dem Seitenverhältnis 16 : 9 (4 : 3).

13 Ein 1,00 m breiter, 0,60 m tiefer und 2,36 m hoher Kleiderschrank wird aus Einzelteilen liegend zusammengebaut. Überprüfe, ob man den Kleiderschrank durch Kippen aufstellen kann, wenn das Zimmer 2,50 m hoch ist. Fertige zunächst eine Skizze an.

14 a) Eine Straße hat eine Steigung von 15 %. Erkläre anschaulich anhand einer Skizze, was mit dieser Angabe gemeint ist.

b) Berechne die Länge der Fahrstrecke, wenn man bei einer durchschnittlichen Steigung von 12 % einen Höhenunterschied von 50 m (140 m; 200 m) überwinden muss. Begründe, ob die Zuordnung *Länge der Fahrstrecke* ↦ *überwundener Höhenunterschied* direkt proportional ist. Erkläre dein Vorgehen.

c) Ermittle rechnerisch die Steigung einer geradlinigen, 580 m langen Fahrstrecke, wenn man 56 m Höhenunterschied überwindet.

d) Berechne den absoluten und prozentualen Fehler, wenn man anstelle der Fahrstrecke in c) eine 580 m lange waagrechte Bewegung annimmt.

15 Berechne die Längen und die Steigungen aller sechs Strecken; alle Streckenenden sind Gitterpunkte.

a) Entscheide jeweils, ob die Aussage wahr oder falsch ist:

1 Bei einem Drittel der Strecken ist die Maßzahl der Länge rational.

2 Die Abbildung enthält zwei Paare von parallelen Strecken.

3 Bei zwei Strecken liegt der Mittelpunkt auf der y-Achse.

4 Zwei der Strecken sind parallel und gleich lang.

5 Mehr als 75 % der Strecken sind gleich lang.

b) Die Strecken können jeweils als Teil des Graphen G einer linearen Funktion aufgefasst werden. Gib jeweils einen zugehörigen Funktionsterm an.

c) Erkläre allgemein den Zusammenhang der Steigungen m_f und m_g zweier linearer Funktionen f und g, für die gilt: $G_f \perp G_g$.

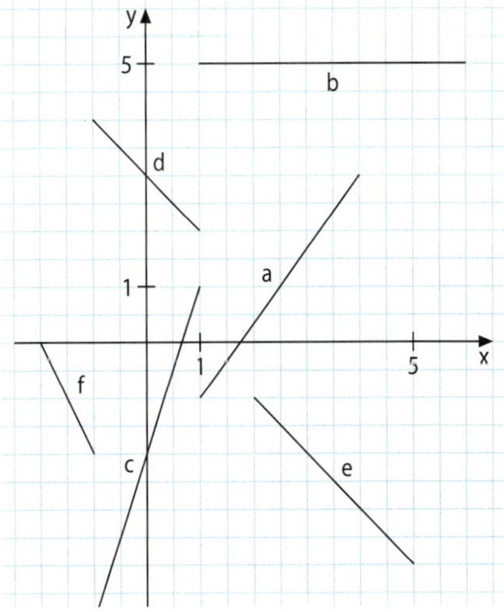

16 Berechne die Längen der Strecken $\overline{AB}$, $\overline{BC}$, $\overline{AC}$, $\overline{DE}$, $\overline{DF}$ und $\overline{EF}$. Erläutere jeweils deine Überlegung.

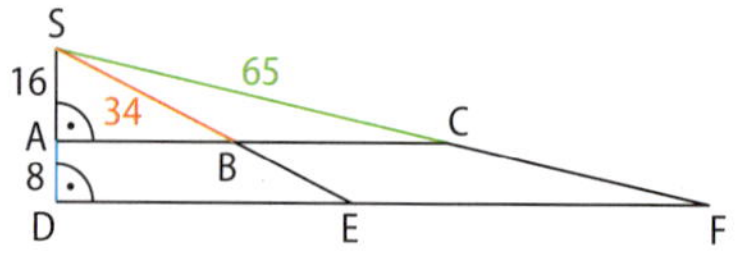

17 Ein Drehleiterfahrzeug der Feuerwehr hat eine Nennrettungshöhe von 23 m und eine Nennausladung von 12 m. Das Fahrzeug hat mit Stützen eine Breite von 2 ,50 m, der Anfang der Leiter befindet sich 1,20 m über dem Boden.

a) Übertrage den Zusammenhang in eine DGS und ermittle damit die Länge der Drehleiter. Überprüfe dein Ergebnis rechnerisch.

b) Gib eine begründete Einschätzung ab, bis zu welchem Stockwerk die Feuerwehr mit dieser Drehleiter Menschen retten kann.

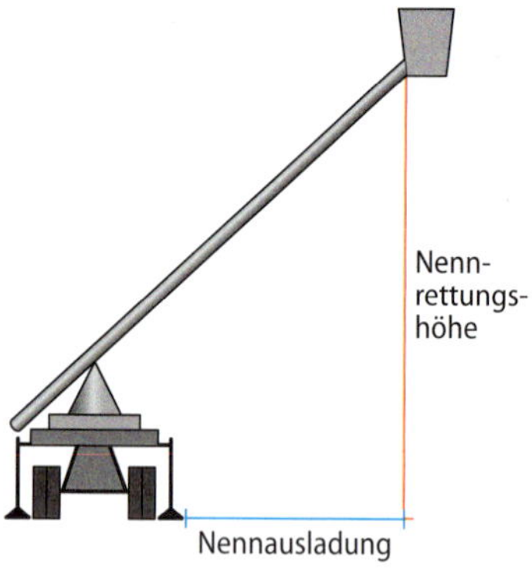

18 Als Haupteingang des Louvre in Paris dient eine gläserne, 21,6 m hohe (gerade) Pyramide mit quadratischer Grundfläche; jede der Seiten der Grundfläche ist 35,4 m lang. Berechne den gesamten Flächeninhalt der Außenfläche dieser Pyramide.

19 Eine Pyramide der Höhe h hat als Grundfläche …

1 ein Quadrat mit der Seitenlänge a.

2 ein regelmäßiges Sechseck der Seitenlänge a.

a) Stelle jeweils einen Term O (a; h) auf, der den Oberflächeninhalt O der Pyramide in Abhängigkeit der Größen a und h angibt.

b) Erläutere deine Überlegungen und begründe, warum man ohne weitere Informationen die Überlegungen nicht auf Pyramiden, die andere regelmäßige n-Ecke als Grundflächen haben, übertragen kann.

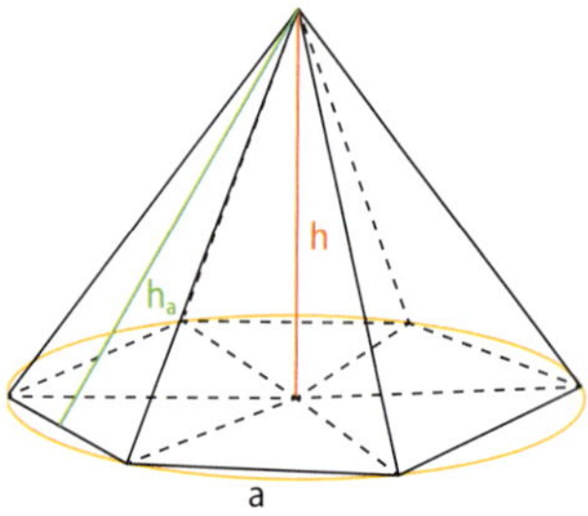

20 Aus vier gleich großen Kugeln mit dem Radius r wird eine „Pyramide" gebaut. Dabei berührt jede Kugel jeweils die drei anderen. Ermittle rechnerisch die Höhe der „Kugelpyramide" in Abhängigkeit von r. Fertige zunächst eine Skizze an.

21 Verbindet man in einem Würfel der Kantenlänge a die Mittelpunkte benachbarter Würfelflächen geradlinig miteinander, so erhält man ein regelmäßiges Oktaeder, also eine Doppelpyramide mit lauter gleich langen Seiten (Seitenlänge b).

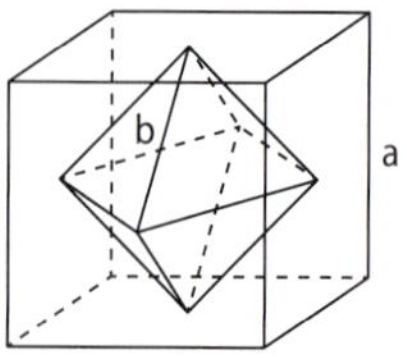

a) Übertrage die Abbildung für $a = 5$ cm in eine DGS.

b) Gib die Länge b in Abhängigkeit von der Länge a an.

c) Bestätige den Euler'schen Polyedersatz $e + f = k + 2$ für den Würfel und das Oktaeder (e: Anzahl der Ecken; f: Anzahl der Flächen; k: Anzahl der Kanten).

d) Recherchiere, für welche weiteren Körper der Euler'sche Polyedersatz gilt. Erstelle zu deinen Ergebnissen eine Mindmap und präsentiere sie der Klasse.

Leonhard Euler (1707–1783)

Konstruktionen

Eine Zeichnung, bei der man auf das Abmessen von Streckenlängen und Winkelgrößen verzichtet und nur Zirkel und Lineal (ohne Markierungen) verwendet, nennt man **Konstruktion**. Das Konstruieren ist also das Zeichnen nach bestimmten Regeln. Eine der spannendsten Fragen der Mathematik ist, welche Streckenlängen sich so konstruieren lassen. Mithilfe des Satzes des Pythagoras sowie des Höhensatzes und der Kathetensätze (vgl. S. 195, Wissen) erweitern sich die Möglichkeiten ganz erheblich. Insbesondere können auch Strecken mit irrationalen Längen konstruiert werden.

Eine Strecke der Länge $\sqrt{15}$ kann z. B. **1** mithilfe des Satzes des Pythagoras oder auch **2** des Kathetensatzes oder **3** des Höhensatzes konstruiert werden.

1 Überlegung: $15 = 16 - 1$; $a^2 = c^2 - b^2$;
hier: $a^2 = (4\,\text{cm})^2 - (1\,\text{cm})^2$
Man konstruiert mithilfe des Thaleskreises ein rechtwinkliges Dreieck mit der Hypotenusenlänge $c = 4$ cm und einer Kathete der Länge $b = 1$ cm. Die zweite Kathete hat dann die Länge $a = \sqrt{15}$ cm.

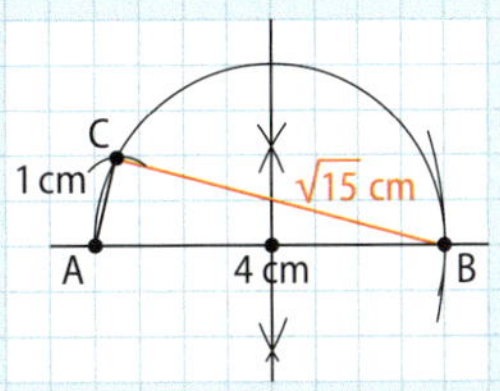

2 Überlegung: $15 = 3 \cdot 5$; $a^2 = c \cdot p$;
hier: $a^2 = 5\,\text{cm} \cdot 3\,\text{cm}$
Man konstruiert mithilfe des Thaleskreises ein rechtwinkliges Dreieck mit der Hypotenusenlänge $c = 5$ cm und einem Hypotenusenabschnitt $p = 3$ cm. Die diesem Hypotenusenabschnitt anliegende Kathete hat dann die Länge $\sqrt{15}$ cm.

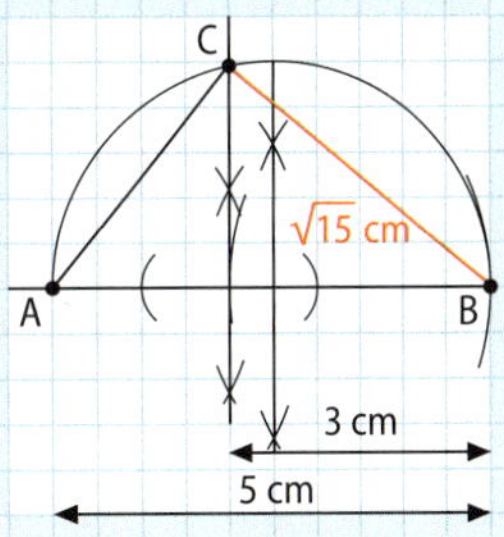

3 Überlegung: $15 = 3 \cdot 5$; $h^2 = p \cdot q$;
hier: $h^2 = 5\,\text{cm} \cdot 3\,\text{cm}$
Man konstruiert mithilfe des Thaleskreises ein rechtwinkliges Dreieck mit $p = 5$ cm und $q = 3$ cm langen Hypotenusenabschnitten. Die Hypotenusenhöhe hat dann die Länge $\sqrt{15}$ cm.

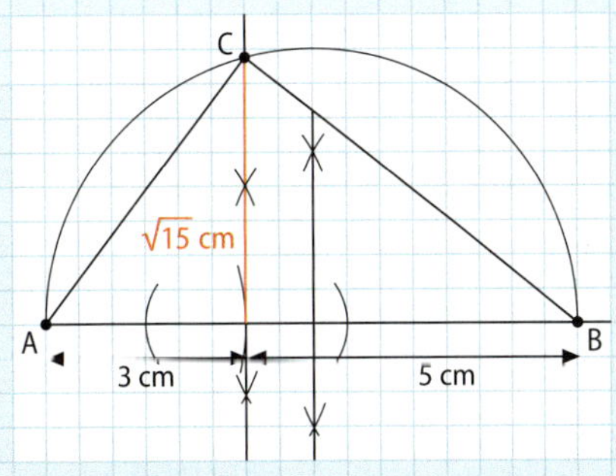

- Konstruiere jeweils auf zwei verschiedene Arten eine Strecke der Länge …
  a) $\sqrt{12}$ cm. b) $3\sqrt{2}$ cm. c) $\sqrt{21}$ cm. d) $\sqrt{13}$ cm. e) $3\sqrt{11}$ cm.
- Konstruiere jeweils auf zwei verschiedene Arten ein Quadrat mit dem Flächeninhalt …
  a) $28\,\text{cm}^2$. b) $32\,\text{cm}^2$. c) $27\,\text{cm}^2$. d) $39\,\text{cm}^2$.
- Konstruiere jeweils die Seitenlänge eines Quadrats, das den gleichen Flächeninhalt besitzt wie ein Rechteck mit den angegebenen Seitenlängen. Gib jeweils zwei Lösungswege an.
  a) 8 cm und 3 cm. b) 10 cm und 5 cm. c) 6 cm und 8 cm. d) 11 cm und 1 cm.
- Ein Quadrat ($A = 20\,\text{cm}^2$) und ein Rechteck (Seitenlängen a und b) besitzen jeweils einen gleich großen Flächeninhalt. Finde jeweils durch Konstruktion die Seitenlänge b, wenn …
  a) $a = 2\sqrt{2}$ cm ist. b) $a = \sqrt{10}$ cm ist. c) $a = 4\sqrt{5}$ cm ist.

Vertiefung

Das Konstruieren lässt sich auf Euklid von Alexandria (3. Jahrhundert v. Chr.) zurückführen. Euklid fasste das geometrische Wissen seiner Zeit in dem Werk „Elemente" zusammen.

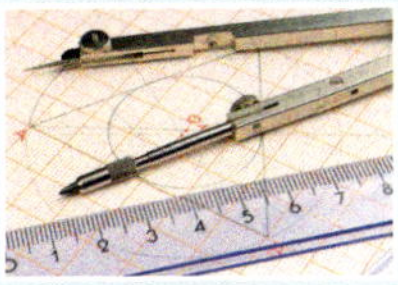

Zirkel und Lineal – deine Konstruktionswerkzeuge

$a^2 + b^2 = c^2$ *(Satz des Pythagoras)*
$h^2 = p \cdot q$ *(Höhensatz)*
$a^2 = c \cdot p$ *(Kathetensatz)*
$b^2 = c \cdot q$ *(Kathetensatz)*
(vgl. S. 195, Wissen)

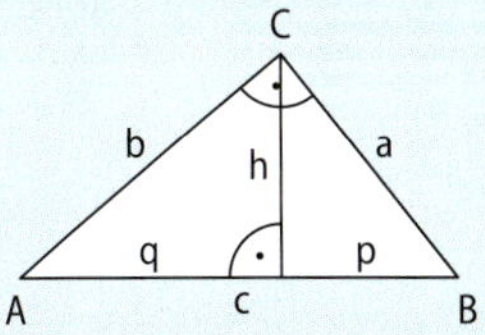

*Für die Konstruktion nutzt man den **Thaleskreis**.*

Zu 7.1

1

Formuliere den Satz des Pythagoras in Worten und erläutere ihn mithilfe einer Skizze. Nenne einen Sachzusammenhang, in dem der Satz Anwendung findet.

Formuliere die Umkehrung des Satzes des Pythagoras in Worten. Nenne einen Sachzusammenhang, in dem die Umkehrung des Satzes des Pythagoras Anwendung findet.

2 Berechne jeweils die Streckenlängen a, u, x, y bzw. z (die Abbildungen sind nicht maßstäblich).

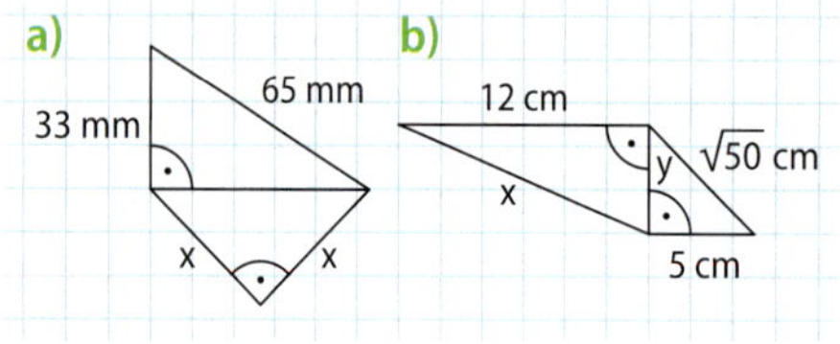

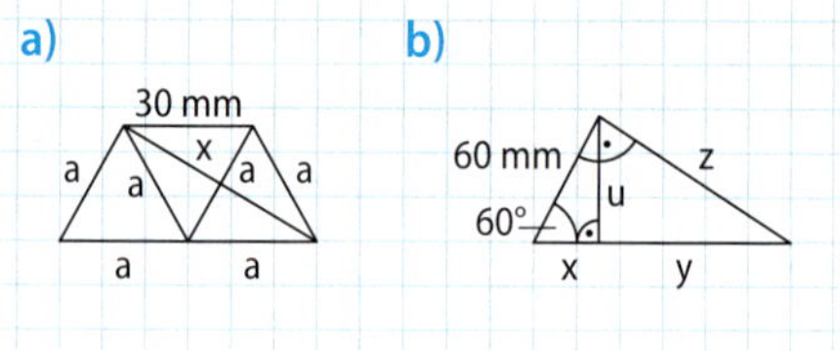

3

Das Dreieck ABC wird durch A (–1 | –3), B (2 | 1) und C (–2 | 4) festgelegt.

a) Zeige rechnerisch, dass das Dreieck rechtwinklig und gleichschenklig ist.

b) Berechne den Umfang und den Flächeninhalt des Dreiecks.

Das Viereck ABCD ist durch A (–1 | 3), B (7 | –1), C (3 | 7) und D (–1,5 | 7,5) festgelegt.

a) Prüfe rechnerisch nach, um welches besondere Viereck es sich handelt.

b) Berechne den Umfang und den Flächeninhalt des Vierecks.

4 Der Satz des Pythagoras setzt die Quadrate der Katheten mit dem Hypotenusenquadrat eines rechtwinkligen Dreiecks in Beziehung. Überprüfe jeweils, ob dieser Zusammenhang auch gilt für …

a) Halbkreise. b) gleichseitige Dreiecke.

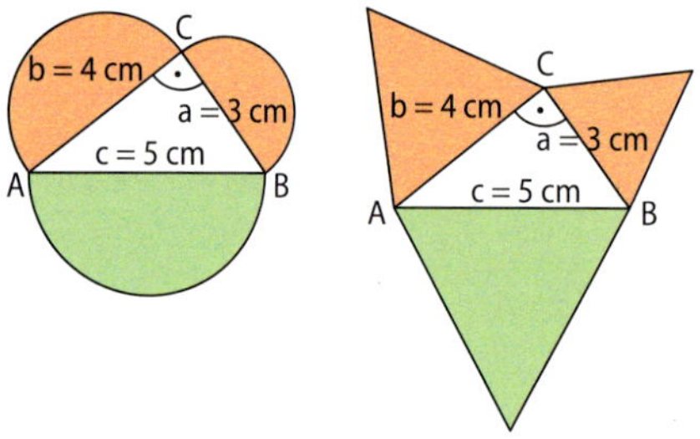

a) Halbkreise. b) gleichseitige Dreiecke.

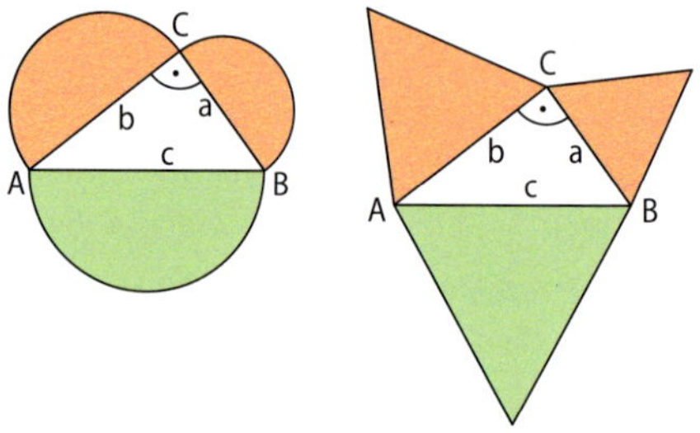

5 a) Erkläre jeweils die abgebildete Konstruktion der irrationalen Länge $\sqrt{13}$.

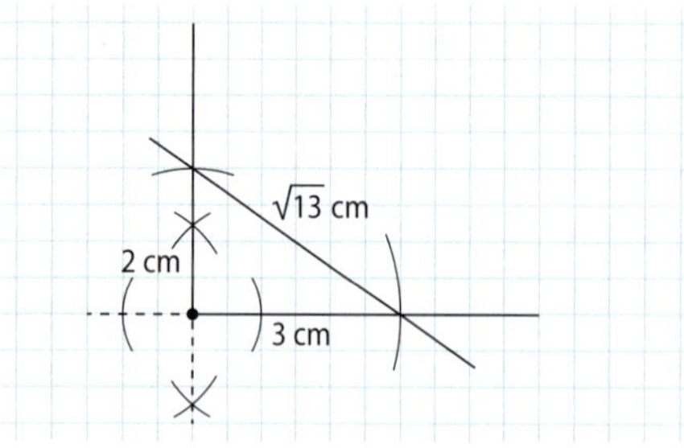

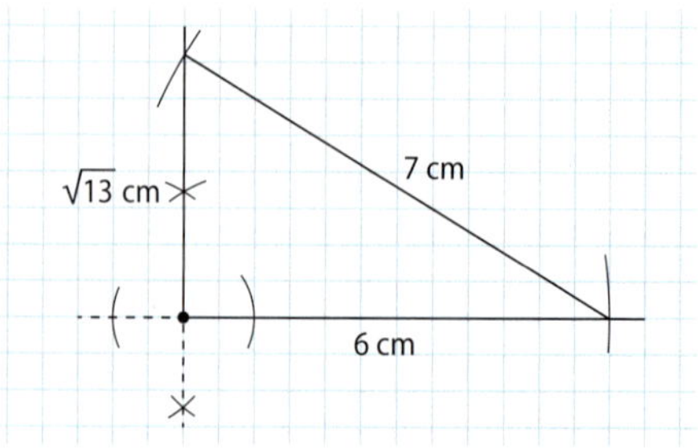

b) Konstruiere auf ähnliche Weise $\sqrt{17}$.

b) Konstruiere auf ähnliche Weise $\sqrt{55}$.

Zu 7.2

6

Berechne die maximale Länge eines Trinkhalms, der nicht knickbar ist, wenn er an der Außenfläche der quaderförmigen Verpackung (l = 12 cm; b = 8 cm; h = 21 cm) angeklebt werden soll.

Überprüfe rechnerisch, in welche Kartons ein 29 cm langer Regenschirm passt.

Größe	Maße: l × b × h (in cm)	Preis (in €)
XS	22,5 × 14,5 × 3,5	1,49
S	25 × 17,5 × 10	1,69
M	37,5 × 30 × 13,5	1,99
L	45 × 35 × 20	2,49

7

Berechne die Länge der Raumdiagonalen eines 2,50 m hohen, 4 m breiten und 7 m langen Aufenthaltsraumes.

Berechne die Länge und die Breite eines 2,50 m hohen Aufenthaltsraumes, wenn er doppelt so lang wie breit ist und die Länge seiner Raumdiagonale 9,30 m beträgt.

8

Vergleiche die Längen der Raumdiagonalen der Würfelbauten, wenn ein einzelner Würfel eine Kantenlänge von a = 1 cm besitzt.

Entscheide und begründe, welche der Würfelbauten mit Würfeln der Kantenlänge a die längste Raumdiagonale besitzt.

1

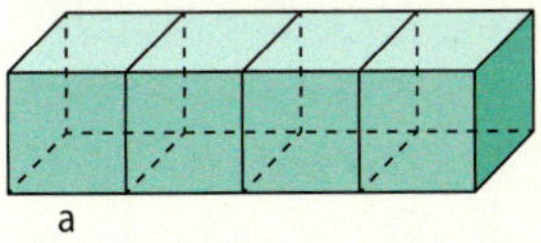

2

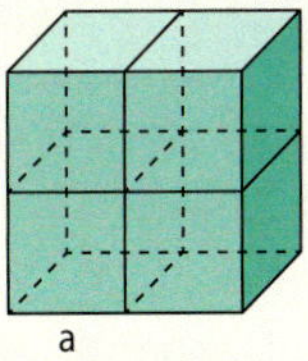

3

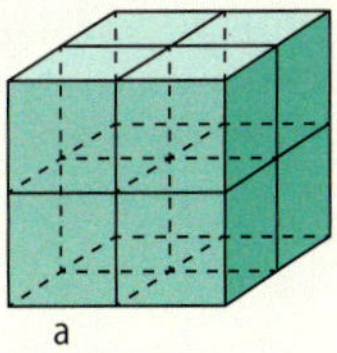

9 Begründe zunächst, warum im markierten Dreieck der Satz des Pythagoras angewendet werden kann, und berechne dann den Flächeninhalt des markierten Dreiecks.

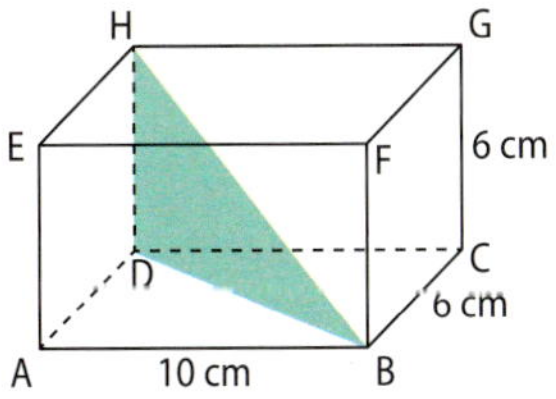

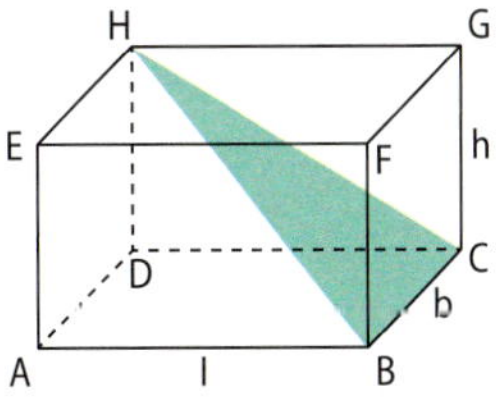

10 Zeichne jeweils das Viereck ABCD in ein Koordinatensystem (mithilfe einer DGS) und überprüfe rechnerisch die vermutete Vierecksform.

A (4,5 | 10), B (1 | 4), C (7,5 | 1), D (10,5 | 7)

A (−0,5 | −3), B (7,5 | −4), C (3,5 | −3), D (6,5 | 3)

11 Die folgenden quadratischen Pyramiden gehören zu den Pyramiden von Gizeh.

Recherchiere die Höhe und die Länge der Grundfläche der Mykerinos-Pyramide und berechne daraus ihren Oberflächeninhalt.

Berechne die Höhe und den Oberflächeninhalt der Chephren-Pyramide, wenn bekannt ist, dass ihre Grundfläche 46 225 m^2 beträgt und eine Kante, die vom Boden zur Spitze verläuft, 208,7 m lang ist.

12 Berechne jeweils die fehlenden Größen des rechtwinkligen Dreiecks sowie seinen Umfang und seinen Flächeninhalt.

	1	2	3	4	5	6
Kathete a	9 cm	5 dm		7 mm	9 m	
Kathete b	12 cm		15 cm			0,24 m
Hypotenuse c		13 dm	17 cm	2,5 cm		26 cm
Umfang						
Flächeninhalt					$180\ m^2$	

13 Überprüfe jeweils rechnerisch und mithilfe einer DGS, ob das Dreieck ABC rechtwinklig oder gleichschenklig oder beides ist.

	a)	b)	c)	d)	e)
A	(−2 | 4)	(2 | 4)	(3 | 4)	(5 | 4)	(5,5 | 0)
B	(5 | 8)	(−3 | 2)	(−5 | 6)	(1 | 7)	(2,5 | 0,5)
C	(2 | 10)	(4 | −1)	(−2 | 1)	(−7 | 0)	(3 | −1,5)

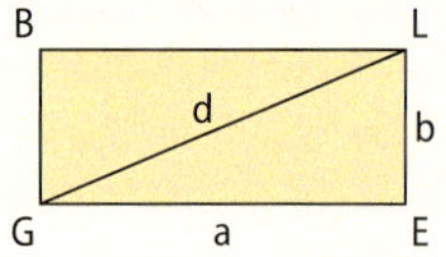

14 Das Viereck GELB ist ein Rechteck. Übertrage die Tabelle in dein Heft und ergänze sie dann dort.

	a)	b)	c)	d)	e)	f)	g)	h)
a	8 cm	5 cm	a = b	8 cm	3 mm	a = 2b		
b		12 cm					b = 0,4a	
d	0,10 m				12 mm			
U			30 cm	46 cm		24 m	42 dm	14 cm
A								$12\ cm^2$

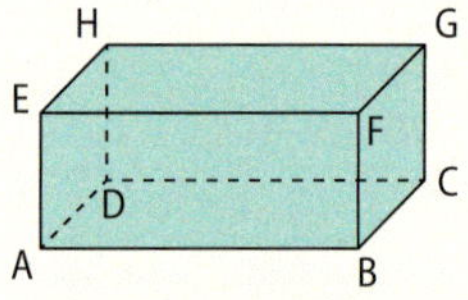

15 Der Quader ABCDEFGH ist 12 cm lang, 5 cm breit und 5 cm hoch.
Konstruiere das Dreieck EBG in wahrer Größe. Berechne dazu die fehlenden Seitenlängen des Dreiecks.

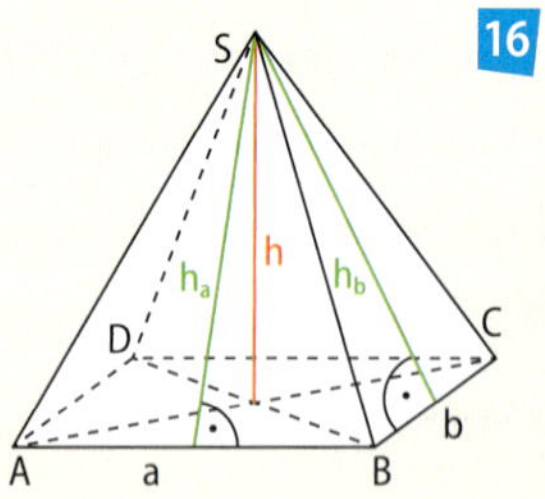

16 Berechne jeweils die Höhen h_a und h_b der Seitendreiecke der rechteckigen Pyramide sowie ihren Oberflächeninhalt.

	a)	b)	c)	d)	e)	f)
Länge a	6 cm	8 cm	7 cm	10 cm	4,5 cm	1,2 m
Breite b	4 cm	5 cm	9 cm	12 cm	55 mm	2,2 dm
Höhe h	5 cm	4 cm	6 cm	7 cm	8 cm	140 cm

17 Zeichne jeweils ein Koordinatensystem und trage dort den Punkt M sowie den Kreis k mit Mittelpunkt M und Radiuslänge r ein. Begründe dann bei jedem der Punkte W, E, R, K, T und G ggf. durch Rechnung, ob er innerhalb der Kreislinie k, auf k oder außerhalb von k liegt.

a) M(0 | 0), r = 5 cm: W(3 | 4), E(4 | 3), R(1 | 6), K(−2 | 2), T(−3 | −4), G(6 | 1)

b) M(2 | −3), r = 3 cm: W(2 | 0), E(0 | −1), R(0 | $3 - \sqrt{2}$), K(−2 | 2), T(5 | −3), G(6 | −1,5)

18 Bei Darts-Spielen gibt es genau festlegte Abstände (vgl. Abbildung). Ermittle rechnerisch oder mithilfe einer DGS die Längen x und y.

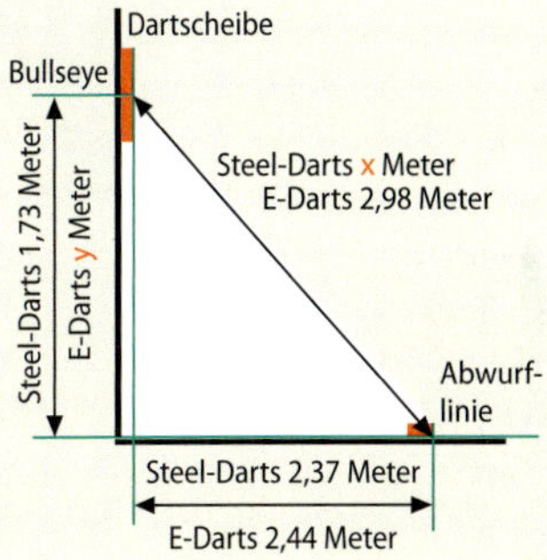

19 a) Erkläre, welche Informationen du benötigst, um die Höhe eines Kegels zu berechnen.
b) Bestimme jeweils die gesuchte Streckenlänge s bzw. h.

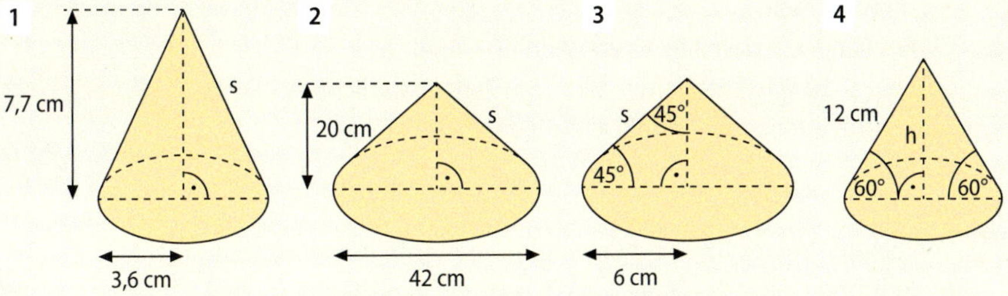

20 Ein 80 m hoher Sendemast soll mit vier Seilen gesichert werden, die jeweils in $\frac{3}{4}$ der Höhe befestigt werden. Die Seile werden 40 m vom Mast entfernt im Boden verankert und sind straff gespannt. Berechne die Gesamtlänge der benötigten Seile.

21 Ein Damm hat einen trapezförmigen Querschnitt mit den in der Abbildung angegebenen Abmessungen.
a) Berechne die Böschungslänge b sowie den Flächeninhalt der Querschnittsfläche.
b) Der Damm ist 2 km lang. Bestimme rechnerisch, wie viele Kubikmeter Erde beim Bau des Damms aufgeschüttet werden mussten.

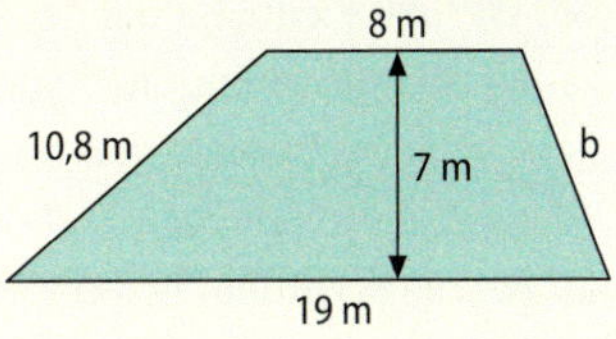

22 a) Stelle die Eigenschaften von besonderen Vierecken in einer Mindmap zusammen und präsentiere sie deiner Klasse.
b) Das Viereck RHOM ist eine Raute. Übertrage die Tabelle in dein Heft und ergänze sie dort.

	1	2	3	4	5	6	7	8
a	10 cm		12 cm					
e		24 m	12 cm	16 dm		56 m		6 cm
f	16 cm			30 dm	48 m			
h							4 cm	
U		52 m				212 m		
A					336 m²		16 cm²	12 cm²

c) Das Viereck KITE ist ein Drachenviereck. Übertrage die Tabelle in dein Heft und ergänze sie dort.

	a	b	$\overline{KT}$	$\overline{IS}$	$\overline{SE}$	$\overline{IE}$	U	A
1	6 cm		6 cm				22 cm	
2			24 cm	12 cm	5 cm			
3	15 cm	8 cm				17 cm		

zu b)

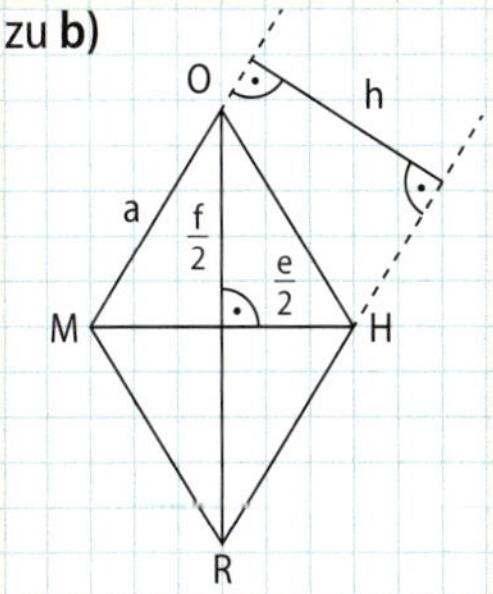

zu c)

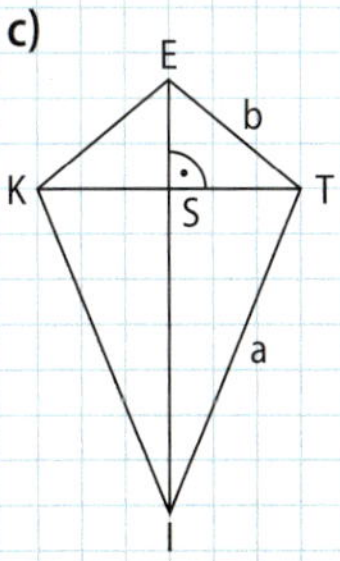

23 Die Abbildung zeigt den Beweis des Satzes des Pythagoras nach Henry Perigal (1801–1898).

a) Erläutere die grundsätzliche Beweisidee und recherchiere das genauere Vorgehen im Internet.

b) Vollziehe den Beweis mithilfe einer DGS experimentell nach.

c) Recherchiere den Beweis von Adolph Göpel (1812–1847). Er ist dem Beweis von Perigal ähnlich, kommt aber sogar ohne Drehung der Puzzlestücke aus.

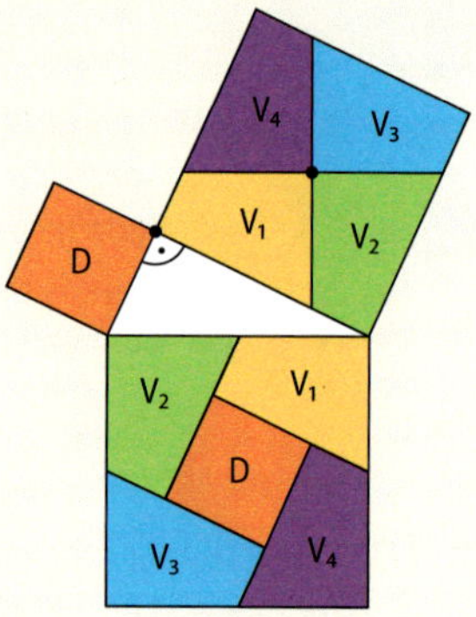

24 Von einem Dreieck ABC sind die Maße in der Abbildung bekannt.

a) Begründe, dass das Dreieck nicht rechtwinklig ist.

b) Übertrage das Dreieck in eine DGS und finde experimentell heraus, für welchen Wert von h das Dreieck rechtwinklig ist. Stelle eine Vermutung für den Zusammenhang zwischen den Größen q, p und h auf.

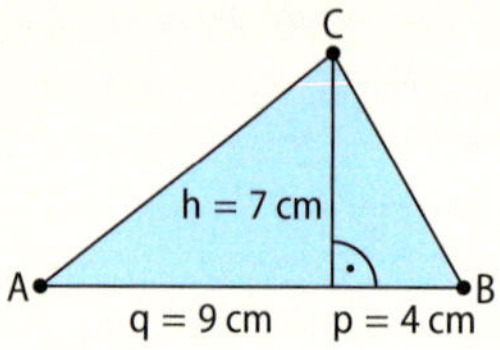

25 Gib Werte für x an, für die der Term $T(x) = 2 \cdot \sqrt{x + 1}$ ganzzahlig ist, und verknüpfe deine Ergebnisse mit Zusammenhängen im rechtwinkligen Dreieck.

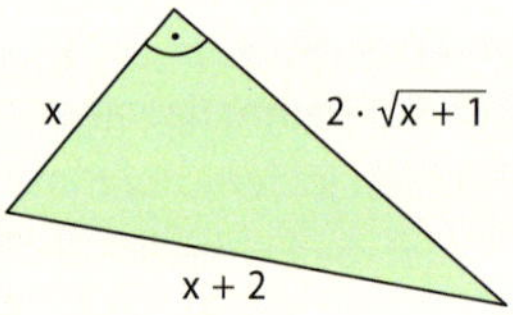

26 a) Für die Koordinaten jedes Punkts $P(x_P | y_P)$, der auf der Kreisline des Kreises k mit dem Mittelpunkt $M(x_M | y_M)$ und dem Radius r liegt, gilt: $(x_P - x_M)^2 + (y_P - y_M)^2 = r^2$. Erläutere diesen Zusammenhang anhand einer Skizze oder in einer DGS.

b) Stelle auf der Grundlage der Überlegungen aus Teilaufgabe a) eine Vermutung auf, welcher Zusammenhang im dreidimensionalen Raum für alle Punkte $P(x | y | z)$ gelten könnte, die auf einer Kugel mit dem Mittelpunkt $M(x_M | y_M | z_M)$ und dem Radius r liegen.

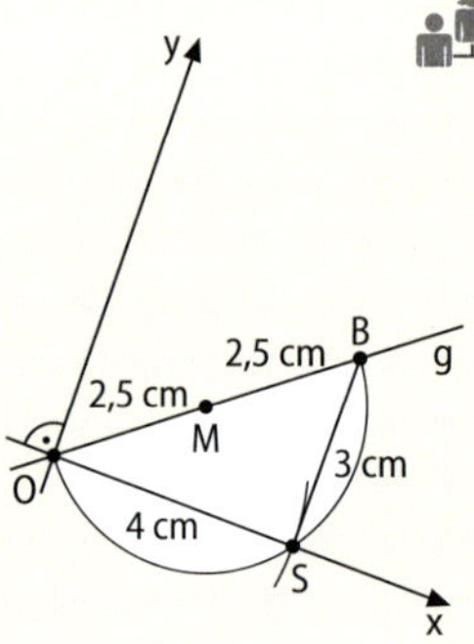

27 Sophie hat zunächst eine Gerade g in ihr Heft gezeichnet. Anschließend hat sie ein Koordinatensystem so ergänzt, dass bezogen auf dieses Koordinatensystem gilt: g: $y = \frac{3}{4}x$. Erläutere Sophies Überlegungen.

28 Von einem Trapez ABCD ist bekannt, dass $\overline{AB} \parallel \overline{CD}$ und $\overline{AC} \perp \overline{BD}$ ist. Zeige, dass $|\overline{AC}|^2 + |\overline{BD}|^2 = \left(|\overline{AB}| + |\overline{CD}|\right)^2$ ist.

Tipp: Spiegle das Trapez ABCD am Mittelpunkt der Seite $\overline{DA}$.

29 Zwei gleich große rechteckige Papierbogen (Länge 25 cm, Breite 15 cm) liegen zunächst so aufeinander, dass der obere Bogen den unteren ganz überdeckt. Dann wird der obere Bogen um seine rechte obere Ecke so weit gedreht, bis die rechten unteren Ecken der beiden Bogen 10 cm voneinander entfernt sind.
Gib auf Prozent gerundet an, welcher Teil des unteren Bogens vom oberen Papierbogen überdeckt wird.

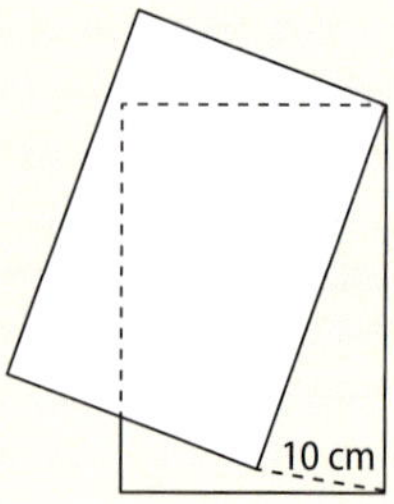

Seite 188

Satz des Pythagoras

In jedem rechtwinkligen Dreieck hat das Quadrat über der Hypotenuse den gleichen Flächeninhalt wie die Quadrate über den Katheten zusammen.
Mit den Bezeichnungen in der Abbildung gilt:
$a^2 + b^2 = c^2$.

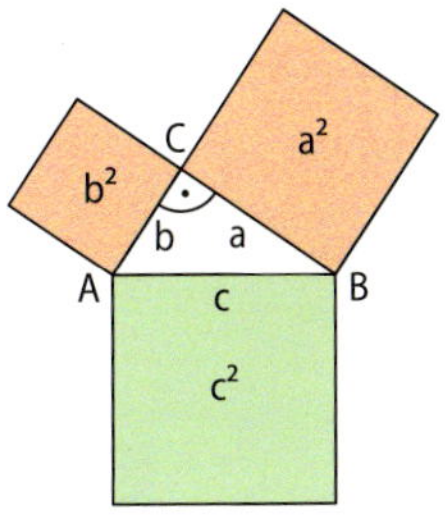

Umkehrung des Satzes des Pythagoras:
Wenn in einem Dreieck ABC mit den Seitenlängen a, b und c die Beziehung $a^2 + b^2 = c^2$ gilt, dann ist das Dreieck rechtwinklig mit der Strecke c als Hypotenuse.

Das Dreieck ABC mit a = 3 cm, b = 4 cm und c = 5 cm ist rechtwinklig, denn:
$(3\text{ cm})^2 + (4\text{ cm})^2 = 9\text{ cm}^2 + 16\text{ cm}^2$
$= 25\text{ cm}^2 = (5\text{ cm})^2$.

Seite 196

Abstand zweier Punkte

Die Länge $|\overline{AB}|$ der Strecke $\overline{AB}$ mit $A(x_A|y_A)$ und $B(x_B|y_B)$ kann man mithilfe des Satzes des Pythagoras berechnen.

$$|\overline{AB}| = \sqrt{(x_B - x_A)^2 + (y_B - y_A)^2}$$

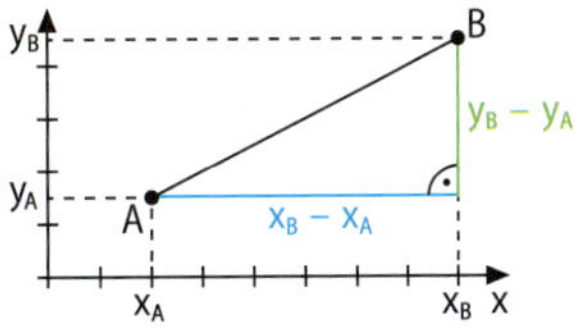

$A(2|1{,}5)$, $B(8|4{,}5)$:
$|\overline{AB}| = \sqrt{(8 - 2)^2 + (4{,}5 - 1{,}5)^2} = \sqrt{36 + 9}$
$= \sqrt{45} = 3\sqrt{5} \approx 6{,}7$ [LE]

$A(-4|0{,}5)$, $B(-1|-7{,}5)$:
$|\overline{AB}| = \sqrt{(-1 - (-4))^2 + (-7{,}5 - 0{,}5)^2} = \sqrt{9 + 64}$
$= \sqrt{73} \approx 8{,}5$ [LE]

Seite 196

Streckenlängen in Figuren und Körpern

Um die Länge einer Strecke in einer Figur oder in einem Körper zu berechnen, versucht man, **rechtwinklige Dreiecke** zu finden, in denen zwei Seitenlängen bekannt sind. Mithilfe des Satzes des Pythagoras lässt sich dann **die fehlende Länge der dritten Seite** berechnen.

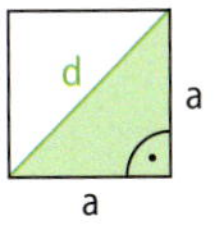

$d = a\sqrt{2}$

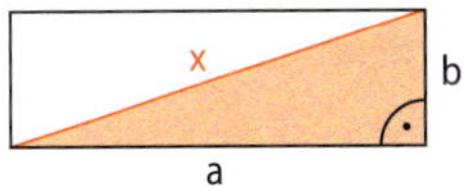

$x = \sqrt{a^2 + b^2}$

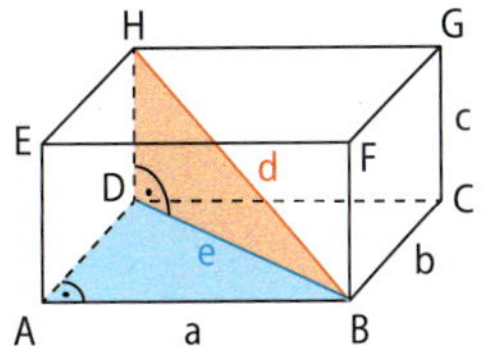

$e = \sqrt{a^2 + b^2}$
$d = \sqrt{a^2 + b^2 + c^2}$

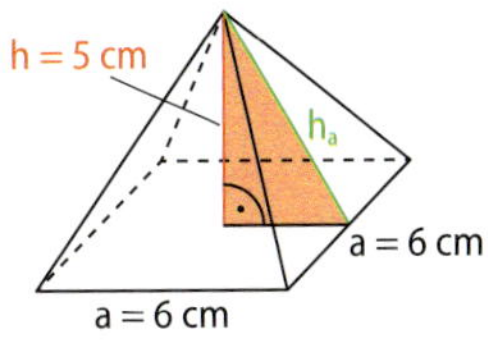

$h_a = \sqrt{(5\text{ cm})^2 + (6\text{ cm} : 2)^2} = \sqrt{34}\text{ cm}$

7 Am Ziel!

Aufgaben zur Einzelarbeit

Überprüfe deine Fähigkeiten und Kompetenzen. Bearbeite dazu die folgenden Aufgaben und bewerte anschließend deine Lösungen mit einem Smiley.

☺	😐	☹
Das kann ich **wirklich gut!**	Das kann ich **fast!**	Das muss ich **noch üben!**

1 Jede der Figuren enthält drei rechtwinklige Dreiecke. Beschreibe sie durch ihre Eckpunkte und gib nach dem Satz des Pythagoras den Zusammenhang zwischen ihren Seitenlängen an.

a)

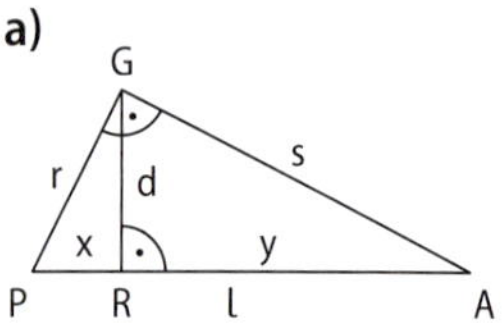

b)

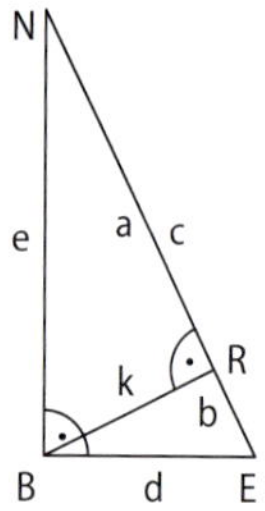

2 Berechne jeweils die fehlende Seitenlänge im rechtwinkligen Dreieck.

a)

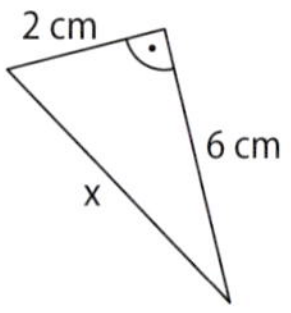

b)

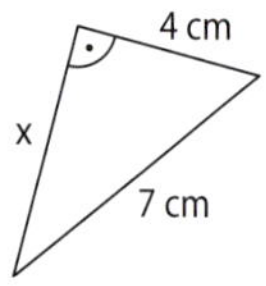

c)

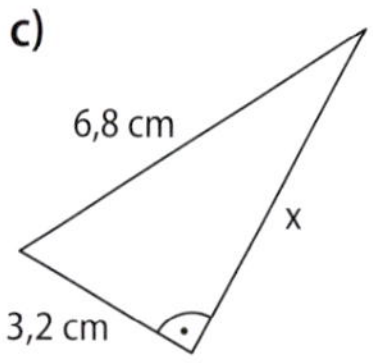

3 **a)** Formuliere in einem Wenn-Dann-Satz die Umkehrung des Satzes von Pythagoras.

b) Überprüfe jeweils rechnerisch, ob das Dreieck ABC rechtwinklig ist.

1 a = 5 cm; b = 4 cm; c = 7 cm

2 a = 4 dm; b = 3 dm; c = 5 dm

3 a = 12 m; b = 13 m; c = 5 m

4 a = 3 dm; b = 22 cm; c = 18 cm

4 Ein Metallrohr (Radius r = 2 cm) der Länge 80 cm soll per Express versendet werden. Untersuche rechnerisch, ob dies in einem quaderförmigen Karton (l = 70 cm, b = 15 cm, h = 10 cm) möglich ist.

5 Bei einem behindertengerechten Eingang dürfen Rampen nicht mehr als 6 % geneigt sein. Ermittle rechnerisch, wie lang eine Rampe, die zwei Stufen (Höhe jeweils 17 cm) überwindet, mindestens sein muss. Fertige zunächst eine Skizze an.

6 Die Abbildung zeigt zwei aufeinander gestapelte Würfel mit einer Kantenlänge von 6 cm. Berechne die Längen der eingezeichneten Diagonalen. Beschreibe dein Vorgehen.

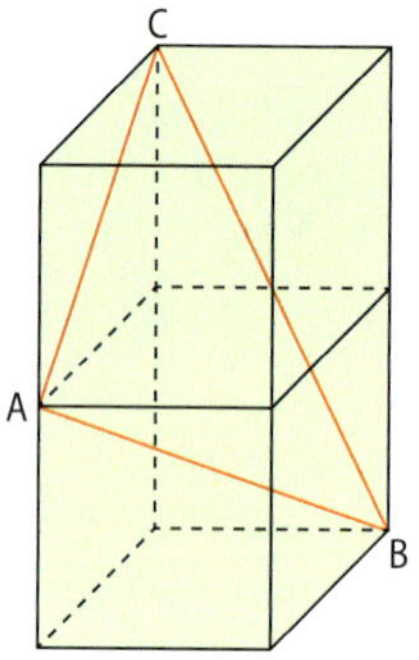

7 Für die Länge $|\overline{PQ}|$ der Strecke $\overline{PQ}$ mit $P(x_P | y_P)$ und $Q(x_Q | y_Q)$ gilt: $|\overline{PQ}| = \sqrt{(x_Q - x_P)^2 + (y_Q - y_P)^2}$.

a) Erkläre diesen Zusammenhang anhand einer Skizze und begründe, dass es keine Rolle spielt, ob die Koordinaten von P oder die von Q jeweils den Minuenden bilden.

b) Berechne jeweils den Umfang des Dreiecks ABC sowie bei den rechtwinkligen Dreiecken auch den Flächeninhalt.

1 U(1 | 2), R(4 | 1), S(3 | 4)

2 B(–3 | –0,5), E(0 | –2,5), N(3 | 2)

3 E(1 | 3), V(–2 | –1), A(2 | –4)

4 L(–1 | 2,5), E$(2 | 2{,}5 - 3\sqrt{3})$, A(5 | 2,5)

8 Lucas und Halil möchten auf dem Sportplatz mithilfe eines 30 m langen Bandmaßes ein rechteckiges, 64 m langes und 48 m breites Spielfeld abstecken. Erkläre, wie sie dabei vorgehen können.

9 Gegeben ist eine rechteckige Pyramide (a = 3 cm, b = 4 cm und h = 5 cm).

a) Berechne den Oberflächeninhalt der Pyramide.

b) Ermittle die Länge der Seitenkante s der Pyramide rechnerisch.

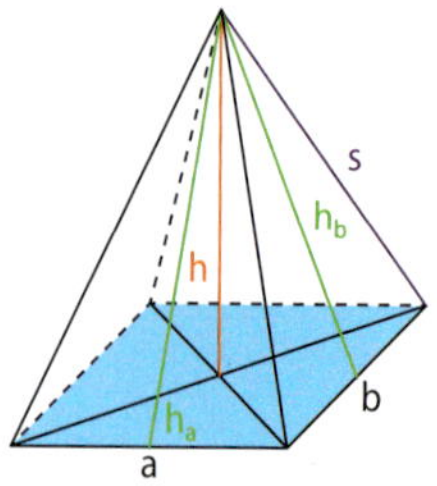

Aufgaben für Lernpartner

Arbeitsschritte

1. Bearbeite die folgenden Aufgaben zuerst allein.
2. Suche dir einen Partner oder eine Partnerin und arbeitet zusammen weiter: Erklärt euch gegenseitig eure Lösungen. Korrigiert fehlerhafte Antworten.

Sind folgende Behauptungen richtig oder falsch? Begründe.

A Die Hypotenuse ist im rechtwinkligen Dreieck die längste Seite.

B Die Summe der Längen der Katheten ist im rechtwinkligen Dreieck stets größer als die Länge der Hypotenuse.

C Katheten im rechtwinkligen Dreieck sind stets unterschiedlich lang.

D Mit dem Satz des Pythagoras können Seitenlängen im rechtwinkligen Dreieck berechnet werden.

E In gleichseitigen Dreiecken kann man den Satz des Pythagoras nicht anwenden.

F Wenn in einem Dreieck mit den Seitenlängen x, y und z die Beziehung $z^2 + y^2 = x^2$ gilt, ist es rechtwinklig.

G Die Diagonale in einem Quadrat der Seitenlänge $a = 8$ cm ist länger als 11 cm.

H Die Länge der Strecke $\overline{AB}$ mit $A(-1|7)$ und $B(-4|-2)$ kann man berechnen durch $\sqrt{(-4-1)^2 + (-2-7)^2}$.

I Die Raumdiagonale eines Quaders kann man mit $d = \sqrt{a^2 + b^2 + c^2}$ berechnen.

J Mithilfe des Satzes des Pythagoras kann man überprüfen, welche Punkte im Koordinatensystem auf dem Kreis mit Mittelpunkt $M(3|4)$ und dem Radius 8 cm liegen.

K Eine gerade Pyramide mit einer rechteckigen Grundfläche hat zwei Paare von kongruenten rechtwinkligen Dreiecken als Seitenflächen.

L Wenn in einem stumpfwinkligen Dreieck die Seitenlängen bekannt sind, kann man mithilfe des Satzes des Pythagoras seinen Flächeninhalt berechnen.

M Mithilfe eines Maßbandes kann man einen rechten Winkel bestimmen.

N Von einer geraden Pyramide der Höhe 8 cm, die eine quadratische Grundfläche (Seitenlänge 10 cm) hat, kann man mithilfe des Satzes des Pythagoras den Oberflächeninhalt berechnen.

O Im gleichseitigen Dreieck gilt für den Flächeninhalt A: $A = \frac{a^2}{2}\sqrt{3}$.

Ich kann …	„Am Ziel!"-Aufgaben	Hilfe
… den Satz des Pythagoras sowie seine Umkehrung beweisen und in rechtwinkligen Dreiecken anwenden.	1, 2, 3, A, B, C, D, E, F, L, M	S. 188
… Streckenlängen in Figuren und Körpern mithilfe des Satzes des Pythagoras berechnen und so innermathematische Problemstellungen sowie Aufgaben in Sachzusammenhängen lösen.	4, 5, 6, 7, 8, 9, G, H, I, J, K, N, O	S. 196

8 Startklar!

Grundwissen

Mediencode
61049-40

Aufgabe	Ich kann schon …
1	… die Größen der Innenwinkel im Dreieck berechnen.
2, 3, 4	… überprüfen, ob Dreiecke kongruent oder ähnlich sind.
5	… den Satz des Pythagoras anwenden.

1 Berechne jeweils die fehlende(n) Winkelgröße(n).

a)

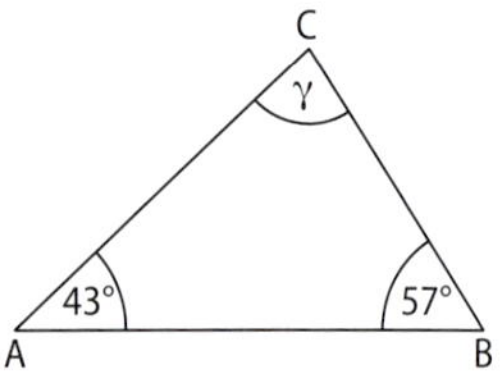

b)

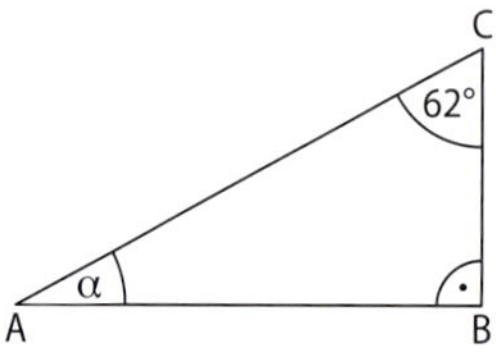

c)

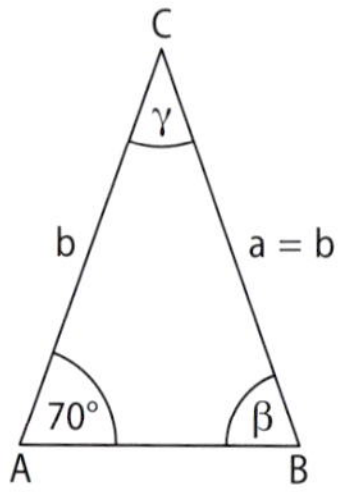

d)

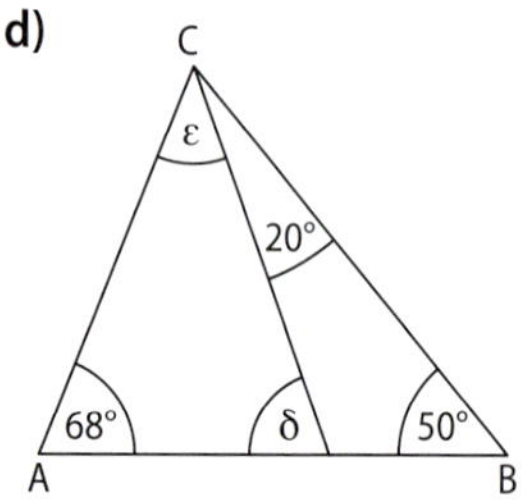

2 **a)** Nenne die vier Kongruenzsätze für Dreiecke und erkläre sie jeweils an einem Beispiel.
b) Begründe: Wenn Dreiecke kongruent sind, dann haben sie denselben Flächeninhalt.
c) Formuliere den Kehrsatz zur Aussage aus Teilaufgabe b) und widerlege ihn mithilfe eines Gegenbeispiels.

3 Entscheide jeweils, ob aus den gegebenen Stücken ein Dreieck eindeutig konstruiert werden kann. Begründe durch die Angabe des passenden Kongruenzsatzes oder durch ein Gegenargument. Konstruiere das Dreieck, falls möglich.

a) $b = 5\text{ cm};\ \alpha = 94°;\ \beta = 86°$
b) $a = 6\text{ cm};\ b = 8\text{ cm};\ c = 10\text{ cm}$
c) $a = 4{,}5\text{ cm};\ b = 6\text{ cm};\ \gamma = 80°$
d) $b = 6{,}2\text{ cm};\ \alpha = 57°;\ \beta = 73°$
e) $a = 5{,}8\text{ cm};\ b = 4{,}6\text{ cm};\ \alpha = 72°$
f) $c = 6\text{ cm};\ b = 4\text{ cm};\ \beta = 50°$

4 **a)** Erkläre, was man unter ähnlichen Dreiecken versteht, und gib Eigenschaften zweier ähnlicher Dreiecke an.
b) Überprüfe jeweils, ob die Dreiecke ähnlich zueinander sind.

5 **a)** Anton behauptet: „Der Satz des Pythagoras lautet: $a^2 + b^2 = c^2$." Beurteile Antons Aussage.
b) Berechne jeweils die Länge der Strecke x.

1

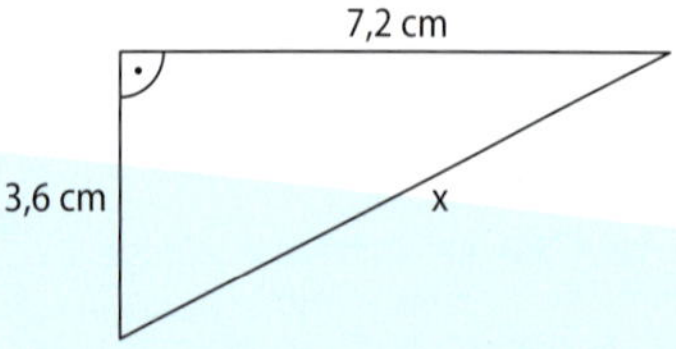

2

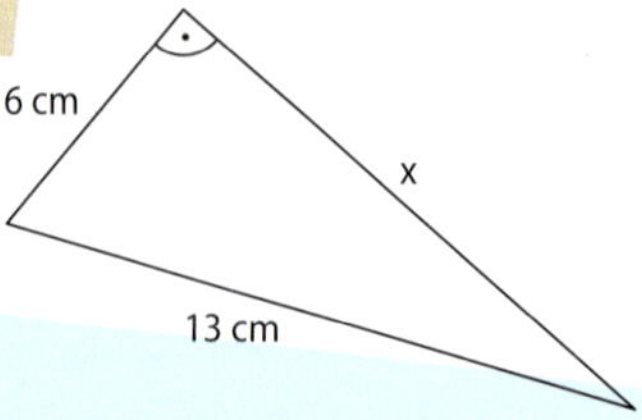

3

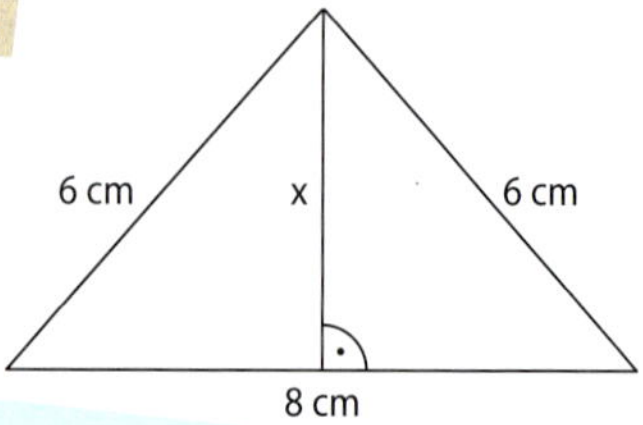

8 Trigonometrie

Einstieg

Die Landvermesser auf der Darstellung aus dem 16. Jahrhundert bestimmen die Breite eines Flusses. Dazu haben sie die Winkel $\alpha = 60°$ und $\beta = 90°$ ausgemessen. Die beiden Messpunkte sind 25 m voneinander entfernt.

- Ermittle die Breite des Flusses durch eine maßstäbliche Zeichnung.

Astronomen bestimmen die Entfernung gewisser Sterne nach dem gleichen Prinzip.

- Überlege, welche Stücke bekannt sein bzw. gemessen werden müssen, damit die Methode übertragbar ist.
- Recherchiere die Bedeutung des Wortes „Trigonometrie“.

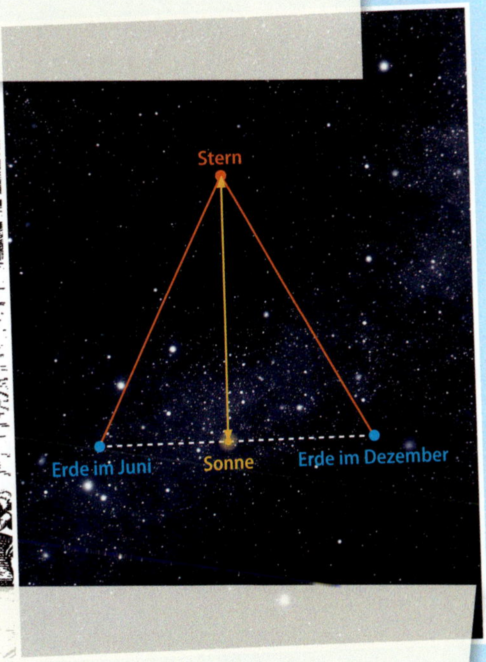

Ausblick

Am Ende dieses Kapitels hast du gelernt, …

- … mit Sinus, Kosinus und Tangens Berechnungen an rechtwinkligen Dreiecken durchzuführen.
- … Zusammenhänge zwischen Sinus, Kosinus und Tangens zu begründen.
- … Sinus- und Kosinuswerte von Winkelgrößen am Einheitskreis zu veranschaulichen.
- … Winkelgrößen, die einen vorgegebenen Sinus- oder Kosinuswert haben, zu bestimmen.
- … mit dem Sinus- und dem Kosinussatz Aufgaben in Sachzusammenhängen zu lösen.

Historische Ecke

Mediencode 61049-41

Kap. 8.1 und 8.2

Höhenmessung

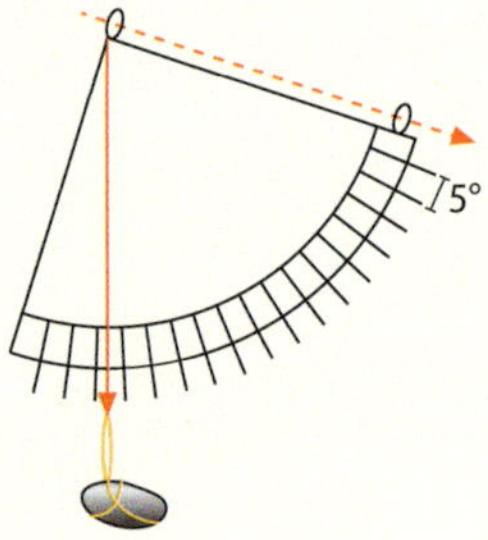

Zur Messung von Höhenwinkeln wurde viele Jahrhunderte der **Quadrant** verwendet. Dieses einfach zu bauende Gerät liefert recht genaue Werte.
Baue gemäß der Abbildung aus Karton und z. B. einem an einer Schnur befestigten Stein als Senklot einen Quadranten (Radiuslänge 20 cm) mit Gradeinteilung.

Befestige an der oberen Kante zwei Ösen (z. B. Ringösen, gebogene Büroklammern), durch die hindurch das zu messende Objekt angepeilt wird.

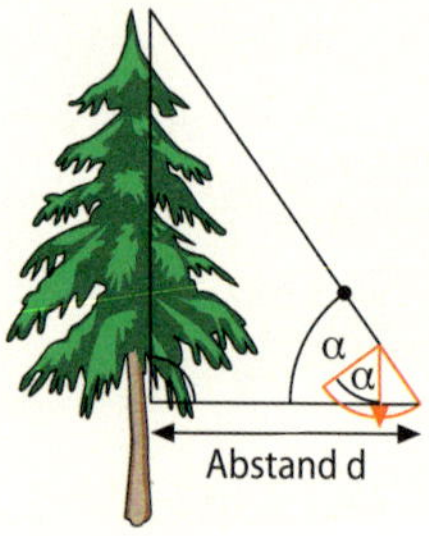

- Erkläre anhand der Abbildung, wie man mit dem Quadranten den Höhenwinkel bestimmt, unter dem ein Objekt (z. B. eine Baumspitze oder ein Stern) erscheint.
- Erläutere, wie man die Höhe des Baumes in der Abbildung bestimmen kann, wenn der Abstand d bekannt ist.
- Versuche selbst, die Höhe eines Gebäudes oder eines Baumes mithilfe deines selbst gebauten Quadranten zu bestimmen.

Kap. 8.4

Gradnetz der Erde

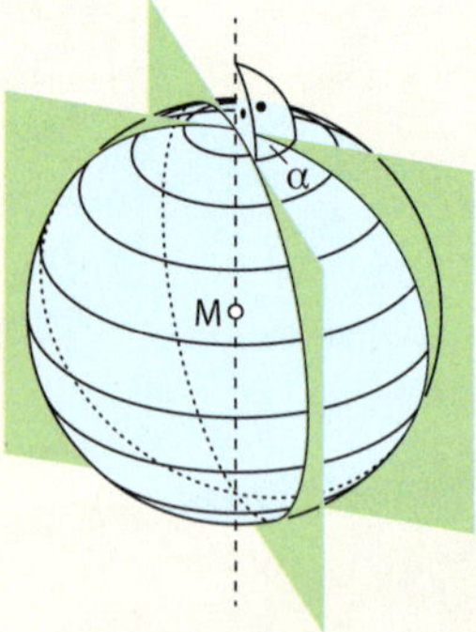

Die Erde kann man sich idealisiert als Kugel vorstellen. Schneidet eine Ebene E eine Kugel mit Radiuslänge R, so entsteht als Schnittfigur ein Kreis k mit Radiuslänge $r \leq R$. Wenn die Schnittebene E den Kugelmittelpunkt M enthält, ist k ein Großkreis $(r = R)$; enthält E den Kugelmittelpunkt nicht, so entsteht ein Kleinkreis $(r < R)$.
Jeder Meridian ist eine Hälfte eines Großkreises durch die Erdpole; jeder Breitenkreis außer dem Äquator ist ein Kleinkreis.

Aus den Meridianen und Breitenkreisen, die senkrecht aufeinander stehen, wird das Gradnetz der Erde gebildet. Jeder Punkt auf der Erde kann durch die Angabe von zwei Winkeln als geographische Koordinaten **eindeutig** beschrieben werden.

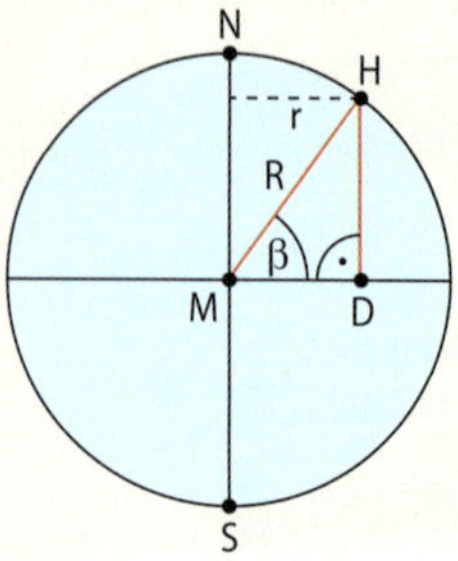

- Ermittle den Radius des Breitenkreises, auf dem Hamburg (53,6° N | 10,0° O) liegt. Berechne die Geschwindigkeit, mit der Hamburg um die Erdachse rotiert.
- Der Großkreisbogen („Luftlinie") zwischen Hamburg (H) und Tunis (T) hat eine Länge von etwa 1890 km. Berechne, um wie viel Prozent die „direkte" Strecke $\overline{HT}$ kürzer ist als dieser Kreisbogen und wie weit sie an der tiefsten Stelle unter der Erdoberfläche verläuft. Fertige zunächst eine Skizze an.

Kap. 8.5

Mathematik am Strand

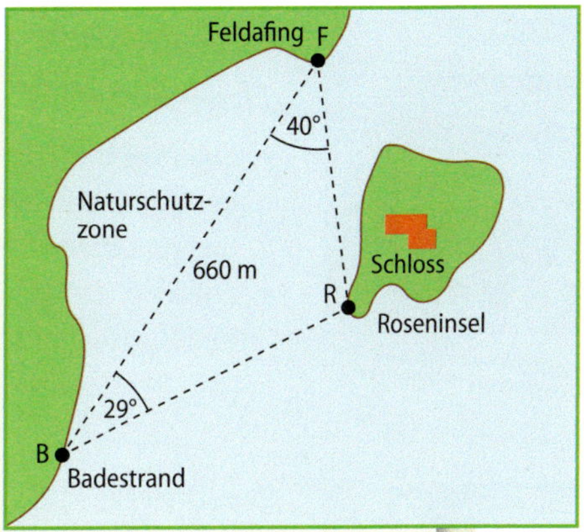

Annika ist eine gute Schwimmerin und möchte vom Badestrand am Starnberger See zur Roseninsel schwimmen.

- Schätze zunächst die Entfernung zwischen Badestrand und Roseninsel. Konstruiere dann maßstabsgetreu das Dreieck BRF in dein Heft (mit einer DGS) und bestimme mithilfe deiner Zeichnung näherungsweise die Länge der Strecke $\overline{BR}$.
- Berechne die Länge der Strecke $\overline{BR}$. (Tipp: Zeichne die Höhe h von F auf die über R hinaus verlängerte Seite $\overline{BR}$ als Hilfslinie ein.)
- Vergleiche deine Rechnung mit der Schätzung und dem Ergebnis der Zeichnung. Beurteile, ob eine gute Schwimmerin die Strecke in etwa einer Viertelstunde zurücklegen kann.

Kap. 8.6

Standortbestimmung für Smartphones

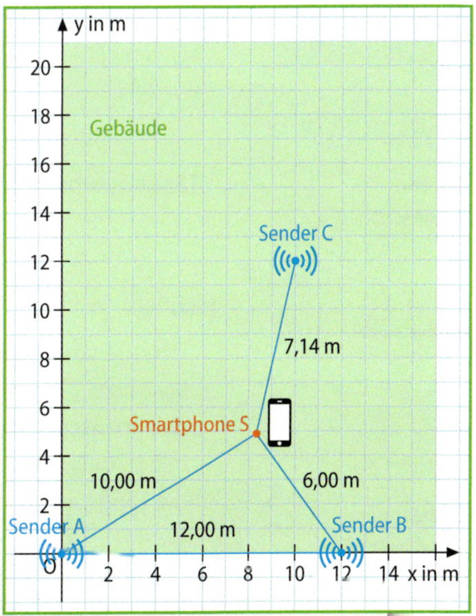

Du hast bestimmt festgelegt, welche Apps auf deinem Smartphone deinen Standort verwenden dürfen. Die Standortbestimmung bietet viele Anwendungsmöglichkeiten.

Funktionsweise der Standortbestimmung: Ein Smartphone misst die Signalstärke von Beacons – den Sendern im Raum – und ermittelt daraus den Abstand zum jeweiligen Sender. Der Einfachheit halber gehen wir davon aus, dass wir uns immer auf demselben Stockwerk bewegen. Das Handy kennt also …

1 die Position der Sender (fest im Raum installiert)
2 den Abstand zu den Sendern aufgrund der Signalstärke.

- Begründe, warum zwei Sender zur **eindeutigen** Standortbestimmung nicht ausreichen. Nutze eine Skizze.

Im skizzierten Beispiel besitzen die drei Sender die Positionen A(0|0), B(12|0) und C(10|12) (1LE ≙ 1m). Die Abstände des Smartphones von den Sendern kannst du der Abbildung entnehmen. Übertrage die Zeichnung in dein Heft (in eine DGS) und zeichne im Dreieck ABS die Höhe von S auf die Seite $\overline{AB}$ als Hilfslinie ein. Der Höhenfußpunkt sei F(x|0).

- Weise nach, dass sich das Smartphone näherungsweise im Punkt S(8,33|4,99) befindet, indem du in den Dreiecken AFS und FBS jeweils den Satz des Pythagoras anwendest.
- Berechne die Größe des Winkels $\alpha = \sphericalangle BAS$.
- Begründe mithilfe der vorher genutzten Zusammenhänge, dass im Dreieck ABS gilt:
  $|\overline{BS}|^2 = |\overline{AB}|^2 + |\overline{AS}|^2 - 2\,|\overline{AB}| \cdot |\overline{AS}| \cdot \cos\alpha$.
- Beurteile, ob es sinnvoll ist, in allen Apps die eigenen Standortdaten zu teilen.

8.1 Steigung und Gefälle – der Tangens als Seitenverhältnis

Entdecken

In den Bergetappen der Tour de France überwinden die Radrennfahrer Steigungen bis zu 18 %. Schwarz gekennzeichnete Skipisten weisen ein Gefälle von bis zu 30° auf. Ein Adler verliert bei Windstille im Gleitflug auf 100 m etwa 6 m an Höhe.

- Erläutere die Begriffe *Steigung* und *Gefälle* mithilfe einer Skizze und ermittle bei jedem der genannten Beispiele mithilfe eines Steigungsdreiecks den Steigungswinkel auf Grad genau bzw. die Steigung in Prozent.
- Erkläre das abgebildete Verkehrsschild und bestimme den maximalen Steigungswinkel des Straßenabschnitts.

Verstehen

Zwei Dreiecke sind bereits ähnlich, wenn sie in der Größe zweier Innenwinkel übereinstimmen. Deswegen hängt im rechtwinkligen Dreieck das Verhältnis der Längen der beiden Katheten nur von der Größe eines der spitzen Winkel ab. Dieses Verhältnis spielt eine wichtige Rolle.

*Das Fachgebiet, das die Winkelgrößen und die Seitenlängen eines Dreiecks in Beziehung setzt, heißt **Trigonometrie**.*

In jedem **rechtwinkligen Dreieck** bezeichnet man das Verhältnis aus der Länge der Gegenkathete und der Länge der Ankathete eines der beiden spitzen Winkel als **Tangens** dieses Winkels.

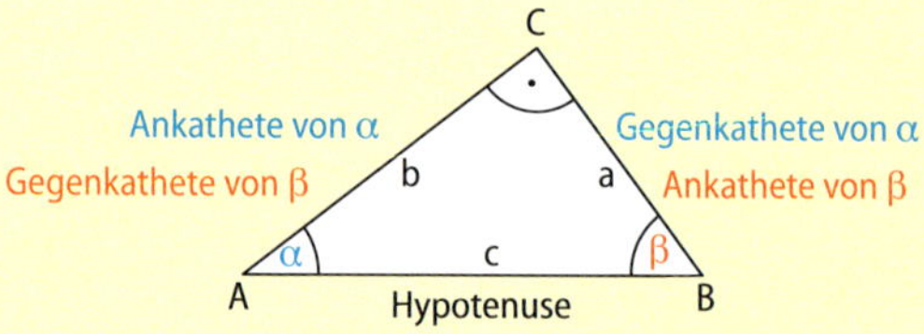

$\tan\alpha = \frac{a}{b}$ $\quad$ $\tan\beta = \frac{b}{a}$

Man liest „Tangens von α".

$$\textbf{Tangens eines Winkels} = \frac{\textbf{Länge der Gegenkathete dieses Winkels}}{\textbf{Länge der Ankathete dieses Winkels}}$$

Beispiele

I. Ermittle tan 37° zeichnerisch und mithilfe des Taschenrechners.

Lösung:

Zeichnerische Lösung: Man zeichnet ein rechtwinkliges Dreieck mit $\alpha = 37°$ und der z. B. 10 cm langen Ankathete; nun misst man die Länge a der Gegenkathete: $a \approx 7{,}5$ cm. Damit ergibt sich:

$\tan 37° = \frac{a}{b} \approx \frac{7{,}5\text{ cm}}{10\text{ cm}} = 0{,}75$. Taschenrechner: $\tan 37° \approx 0{,}7536$

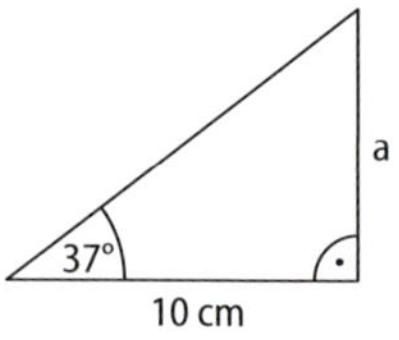

Taschenrechner: tan Einstellung: DEG

II. Begründe, dass für die Steigung m des Graphen einer linearen Funktion gilt: $m = \tan\varphi$. Berechne φ für $m = \frac{2}{3}$.

Lösung:

Die Steigungsdreiecke der Geraden g sind alle zueinander ähnlich, da sie in der Größe ihrer Innenwinkel übereinstimmen. Deshalb ist das Verhältnis m der Längen von Gegen- und Ankathete immer gleich groß, z. B. $m = \frac{4}{6} = \frac{6}{9} \left(= \frac{2}{3}\right)$.

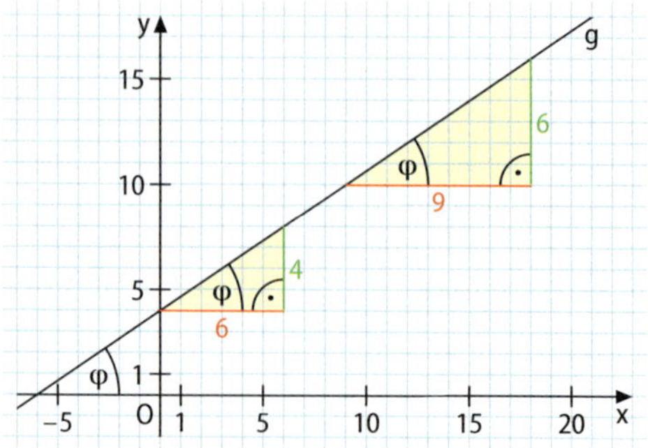

Dieses Verhältnis hängt also nur von der Größe des Steigungswinkels φ ab. Nach der Definition des Tangens gilt: $m = \tan\varphi$. Für $m = \frac{2}{3}$ gilt: $\tan\varphi = \frac{2}{3} \quad \Rightarrow \quad \varphi \approx 33{,}7°$.

Den Winkel kann man mit der Taschenrechnerfunktion $\tan^{-1}$ berechnen.

Nachgefragt

- Begründe, dass die Größe eines spitzen Winkels und der zugehörige Tangenswert nicht direkt proportional zueinander sind.
- Bestimme den Steigungswinkel, der zu einer Steigung von 100 % gehört.

Aufgaben

1 Bestimme jeweils zeichnerisch den Wert des Tangens des Winkels φ und überprüfe dein Ergebnis rechnerisch.

a) $\varphi = 60°$ **b)** $\varphi = 72°$ **c)** $\varphi = 15°$ **d)** $\varphi = 23°$ **e)** $\varphi = 81°$ **f)** $\varphi = 8°$

2 Berechne jeweils die Größe des spitzen Winkels φ.

a) $\tan\varphi = 1{,}20$ **b)** $\tan\varphi = 0{,}45$ **c)** $\tan\varphi = 2{,}75$ **d)** $\tan\varphi = 0{,}060$ **e)** $\tan\varphi = 30{,}0$

3 Übertrage die Tabelle in dein Heft und berechne die fehlenden Werte im Dreieck ABC.

	a	b	c	α	β	γ
a)		5,2 cm		30°	60°	
b)	1,9 cm	18,1 cm			90°	
c)			10,2 cm	90°		38°
d)	12,3 cm				90°	63°

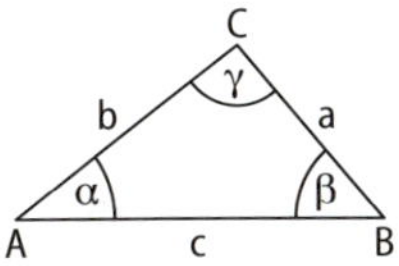

Beachte den Satz des Pythagoras.

Lösungen zu 3:
6°; 27°; 52°; 84°; 90°; 3,0; 6,0; 13,1; 16,6; 18,0; 21,7; 24,1; 27,1

4 Von einem 65 m hohen Leuchtturm erblickt man ein Motorboot unter einem Tiefenwinkel von $\alpha = 4°$. Sabine hat versucht, die Aufgabe zu lösen. Finde ihre Fehler und schreibe eine korrekte Lösung in dein Heft.

$\beta = 90° - \alpha = 86°$ (Nebenwinkel)

$\tan = \frac{l}{65} \Rightarrow l = 65 \cdot \tan 4° = 4{,}55\,m$

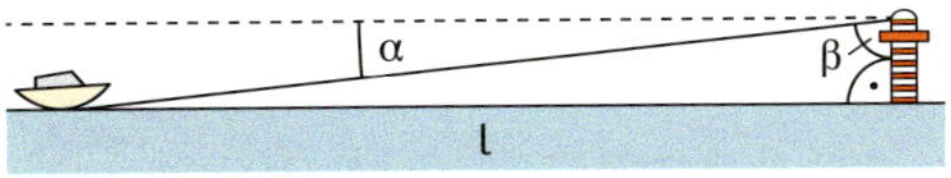

Erklärvideo

Mediencode 61049-42

5 Zeichne jeweils die Gerade g in ein Koordinatensystem. Berechne die Koordinaten des Schnittpunkts von g mit der x-Achse sowie die Größe des Winkels zwischen g und der x-Achse.

a) $g: y = 2x - 4$ **b)** $g: y = \frac{1}{3}x$ **c)** $g: 3x = y - 6$ **d)** $g: 2x - 4y + 7 = 0$

6 Zur Messung der Breite x eines Flusses zieht man eine Standlinie von A nach B so, dass bei B durch Peilung ein rechter Winkel entsteht. Berechne die Flussbreite x und die Länge der Strecke $\overline{A'B'}$ für die angegebenen Maße.

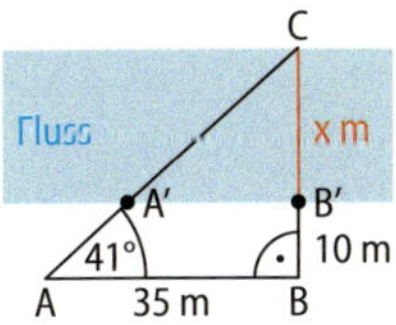

7 Die Abbildung zeigt die Geraden g und h. Gib je eine Gleichung für jede Gerade an. Ermittle dann rechnerisch die Koordinaten ihres Schnittpunkts sowie die Größe ihres spitzen Schnittwinkels.

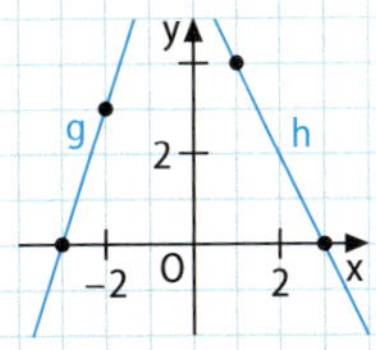

8 Von einem Punkt A aus sieht ein Mann die Kirchturmspitze unter einem Höhenwinkel von 42° und von einem Punkt B aus unter einem Höhenwinkel von 64°. Beide Punkte sind 100 m voneinander entfernt. Die Augenhöhe des Mannes beträgt 1,70 m. Berechne die Höhe des Kirchturms. Präsentiere deine Strategie deiner Klasse.

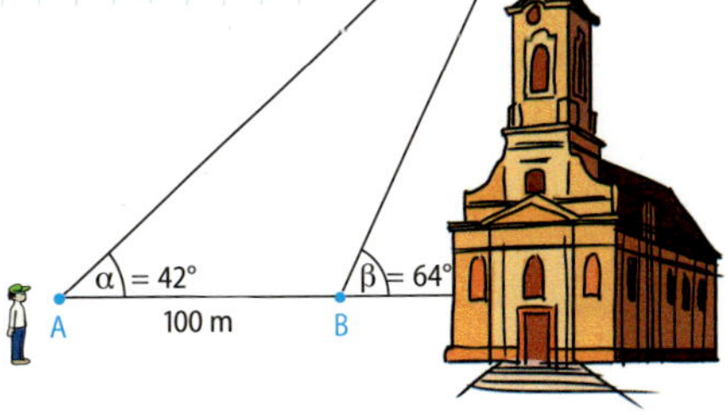

Entdecken

- Zeichne drei verschiedene rechtwinklige Dreiecke ABC mit $\gamma = 90°$ und $\alpha = 40°$ und begründe, dass die Dreiecke alle ähnlich zueinander sind.
- Miss in jedem Dreieck die Seitenlängen und berechne daraus die Seitenlängenverhältnisse $\frac{a}{c}$, $\frac{b}{c}$ und $\frac{a}{b}$. Beschreibe deine Beobachtungen und begründe die Zusammenhänge.
- Zeichne zwei verschiedene rechtwinklige Dreiecke ABC mit $\gamma = 90°$ und **1** $\alpha = 20°$ bzw. **2** $\alpha = 60°$. Beschreibe, wie sich die Seitenlängenverhältnisse $\frac{a}{c}$, $\frac{b}{c}$ und $\frac{a}{b}$ mit der Größe von α verändern.

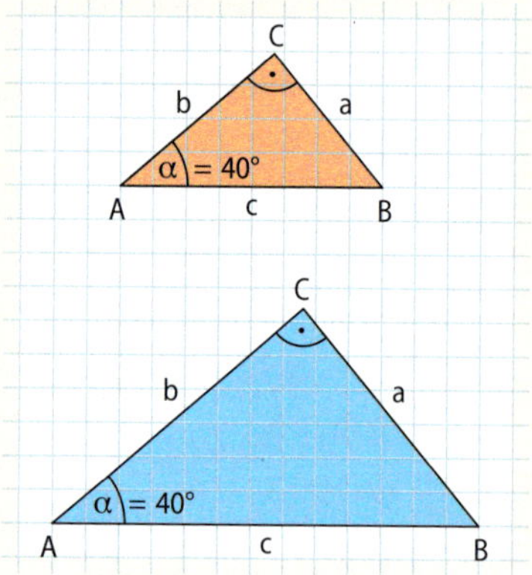

Verstehen

In einem rechtwinkligen Dreieck hängt jedes Verhältnis zweier Seitenlängen nur von der Größe eines der beiden an der Hypotenuse anliegenden Winkel ab und umgekehrt.

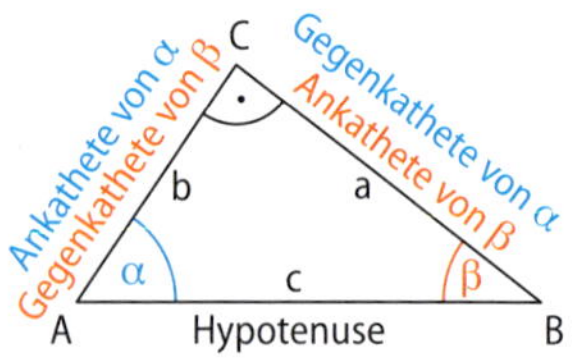

$\sin\alpha = \frac{a}{c}$; $\sin\beta = \frac{b}{c}$

$\cos\alpha = \frac{b}{c}$; $\cos\beta = \frac{a}{c}$

In jedem rechtwinkligen Dreieck gilt:

- Das Verhältnis der Längen von **Gegenkathete zu Hypotenuse** eines spitzen Winkels α nennt man **Sinus** des Winkels α (kurz: $\sin\alpha$):

  Sinus eines Winkels $= \frac{\textbf{Länge der Gegenkathete des Winkels}}{\textbf{Länge der Hypotenuse}}$

- Das Verhältnis der Längen von **Ankathete zu Hypotenuse** eines spitzen Winkels α nennt man **Kosinus** des Winkels α (kurz: $\cos\alpha$):

  Kosinus eines Winkels $= \frac{\textbf{Länge der Ankathete des Winkels}}{\textbf{Länge der Hypotenuse}}$

Mithilfe von Sinus, Kosinus und Tangens kann man also im rechtwinkligen Dreieck ausgehend von jedem Verhältnis zweier Seitenlängen auf die Größen der beiden spitzen Innenwinkel schließen.

Beispiele

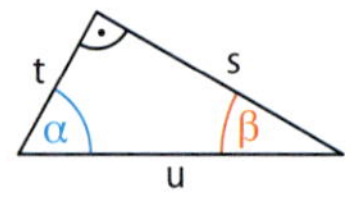

I. Gib jeweils das Verhältnis der Seitenlängen an.

a) $\sin\alpha$; $\sin\beta$ **b)** $\cos\alpha$; $\cos\beta$ **c)** $\tan\alpha$; $\tan\beta$

Lösung:

a) $\sin\alpha = \frac{s}{u}$; $\sin\beta = \frac{t}{u}$ **b)** $\cos\alpha = \frac{t}{u}$; $\cos\beta = \frac{s}{u}$ **c)** $\tan\alpha = \frac{s}{t}$; $\tan\beta = \frac{t}{s}$

Taschenrechner:
Sinus: sin
Kosinus: cos
Tangens: tan
Einstellung: DEG

Den Winkel kannst du mit der Taschenrechnerfunktion $\cos^{-1}$ *berechnen.*

II. Berechne für das rechtwinklige Dreieck …

a) die Größe des Winkels α.

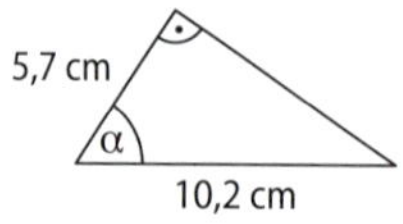

b) die Seitenlänge a.

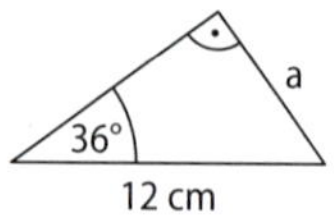

Lösung:

a) $\cos\alpha = \frac{5{,}7\text{ cm}}{10{,}2\text{ cm}} = \frac{19}{34}$

$\Rightarrow \quad \alpha \approx 56{,}0°$

b) $\sin 36° = \frac{a}{12\text{ cm}}$

$\Rightarrow \quad a = 12\text{ cm} \cdot \sin 36°$; $a \approx 7{,}1\text{ cm}$

III. Begründe, dass der Sinuswert eines spitzen Winkels nie größer als 1 sein kann.

Lösung:

Da die Hypotenuse eines Dreiecks immer die längste Seite im rechtwinkligen Dreieck ist,

muss gelten: $\frac{\text{Länge der Gegenkathete des Winkels}}{\text{Länge der Hypotenuse}} < 1$.

IV. In einem rechtwinkligen Dreieck ist das Seitenverhältnis $\frac{a}{b}$ der Katheten bekannt. Erläutere, dass man damit alle Innenwinkel des Dreiecks berechnen kann.

Lösung:

Es gilt $\frac{a}{b} = \tan\alpha$. Damit ergibt sich eindeutig die Größe des Winkels α und somit auch von $\beta = 90° - \alpha$.

Nachgefragt

- Skizziere ein gleichseitiges Dreieck und begründe: $\sin 30° = \frac{1}{2}$.
- Gib die Größe des spitzen Winkels an, dessen Sinus- und Kosinuswert gleich sind, und erläutere dies mithilfe einer Skizze.

Aufgaben

1 Gib jeweils $\sin\alpha$, $\sin\beta$, $\cos\alpha$, $\cos\beta$, $\tan\alpha$ und $\tan\beta$ als Verhältnis der Seitenlängen an.

a)

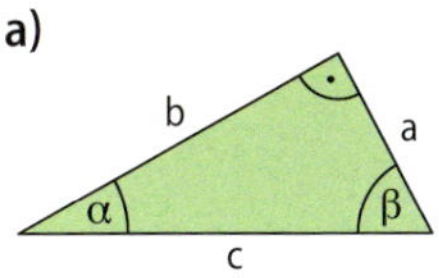

b)

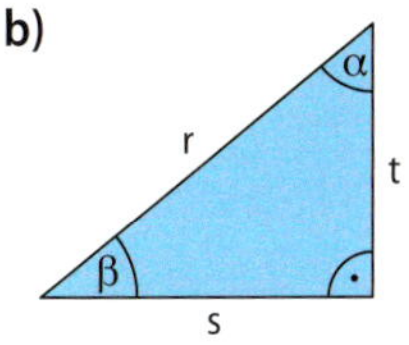

c)

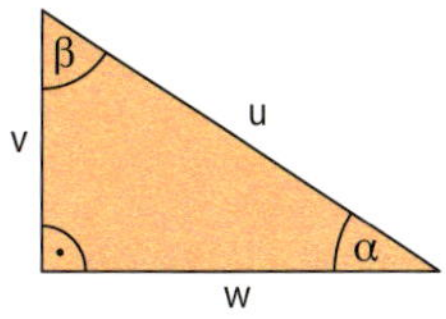

2 **a)** Berechne die Werte des Sinus und des Kosinus des Winkels φ auf Hundertstel gerundet.

1 $\varphi = 60°$ **2** $\varphi = 72°$ **3** $\varphi = 15°$ **4** $\varphi = 23°$ **5** $\varphi = 81°$ **6** $\varphi = 8°$

b) Berechne jeweils die Größe des spitzen Winkels φ auf Zehntelgrad gerundet.

1 $\sin\varphi = 0{,}20$ **2** $\cos\varphi = 0{,}45$ **3** $\sin\varphi = 0{,}45$ **4** $\cos\varphi = \frac{1}{2}\sqrt{2}$

3 Tatiana und Simon haben die Größe des Winkels β im Dreieck ABC berechnet:

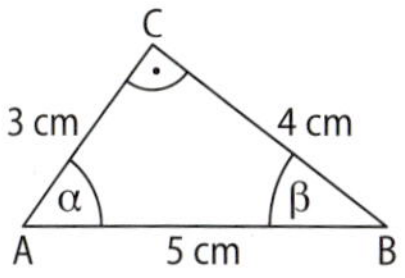

Tatiana:

$\cos\beta = \frac{3\,cm}{5} \approx 53{,}1°$

Simon:

$\sin\beta = \frac{4\,cm}{5\,cm} = 0{,}8 = 53{,}1°$

Korrigiere ihre Fehler. Achte dabei auch auf die korrekte Verwendung mathematischer Symbole und Schreibweisen.

4 Berechne jeweils die Größen der fehlenden Winkel.

a)

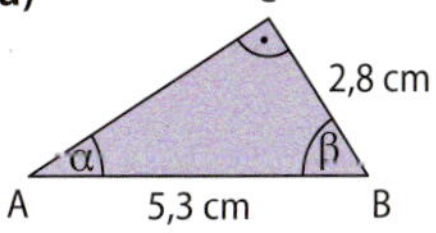

b)

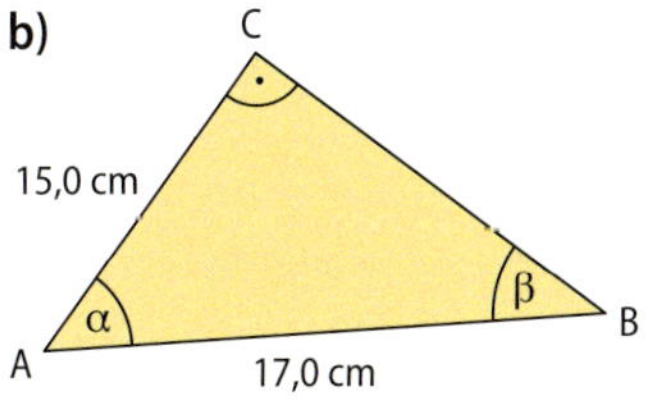

c)

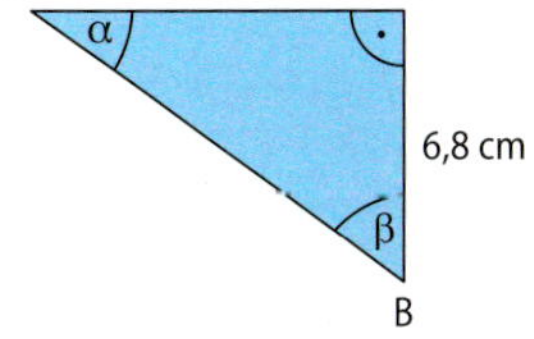

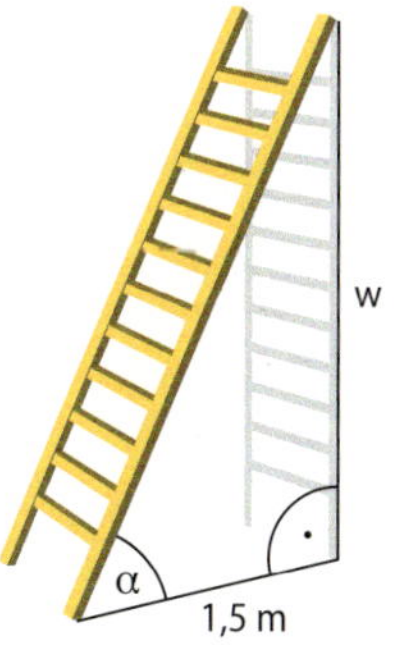

5 Eine elfsprossige Leiter (Sprossenabstand 30 cm) lehnt an einer Wand. Die Enden der Leiter sind jeweils 45 cm von den äußeren Sprossen entfernt. Berechne die Länge der Leiter, die Größe des Winkels α sowie die Länge der Strecke w.

6 Von einem rechtwinkligen Dreieck mit $\gamma = 90°$ sind $b = 2{,}5$ cm und der Winkel $\alpha = 65°$ gegeben. Mike berechnet die fehlenden Seitenlängen und die Größe des fehlenden Winkels.

Skizze:

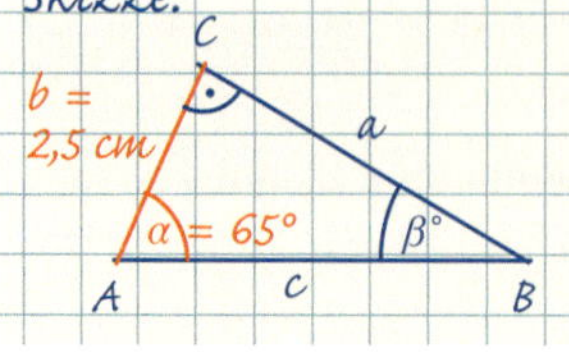

$\tan 65° = \frac{a}{2{,}5\,cm} \Rightarrow a = 2{,}5\,cm \cdot \tan 65° \approx 5{,}4\,cm$

$\cos 65° = \frac{2{,}5\,cm}{c} \Rightarrow c = 2{,}5\,cm \cdot \cos 65° \approx 1{,}1\,cm$

$\tan \beta = \frac{2{,}5\,cm}{5{,}4\,cm} \Rightarrow \beta \approx 25°$

a) Erkläre, wie Mike anhand seiner Ergebnisse erkennen kann, dass seine Rechnung fehlerhaft ist.

b) Beschreibe, wie Mike die Größe des Winkels β einfacher bestimmen kann.

Mögliche (gerundete) Maßzahlen zu 7: 2,3; 2,5; 4,6; 5; 5,4; 6,1; 7; 11; 17; 28; 38; 60; 227

Mögliche (gerundete) Winkelgrößen zu 7: 25°; 28°; 30°; 60°; 62°

7 Das Dreieck ABC ist an der Ecke C rechtwinklig. Übertrage die Tabelle in dein Heft und ergänze sie dann dort.

	a	b	c	α	β	$A_{Dreieck}$	$A_{Umkreis}$
a)			6,0 cm	65°			
b)	3,5 cm		7,0 cm				
c)	8,0 cm	1,50 dm					
d)		4,0 cm		30°			

Eine Skizze kann helfen.

8 a) Begründe: Wenn rechtwinklige Dreiecke in einem spitzen Winkel übereinstimmen, dann sind die entsprechenden Seitenverhältnisse gleich.

b) Formuliere den Kehrsatz zur Aussage aus Teilaufgabe a) und begründe diesen.

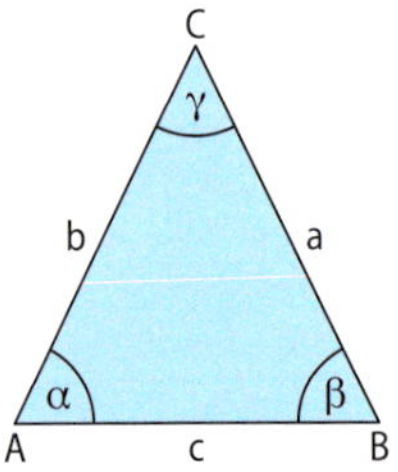

Nutze Hilfslinien.

9 Das Dreieck ABC ist gleichschenklig mit Basis $\overline{AB}$. Berechne jeweils die Längen der fehlenden Seiten, die Größen der fehlenden Winkel sowie den Flächeninhalt.

a) $c = 80$ cm; $\gamma = 84°$ b) $b = 80$ cm; $\gamma = 84°$ c) $a + b = 12$ cm; $\alpha + \beta = 120°$

10 Übertrage das Parallelogramm FOUR, das Trapez TRAP und die Raute RHOM so genau wie möglich in dein Heft und erkläre dein Vorgehen.

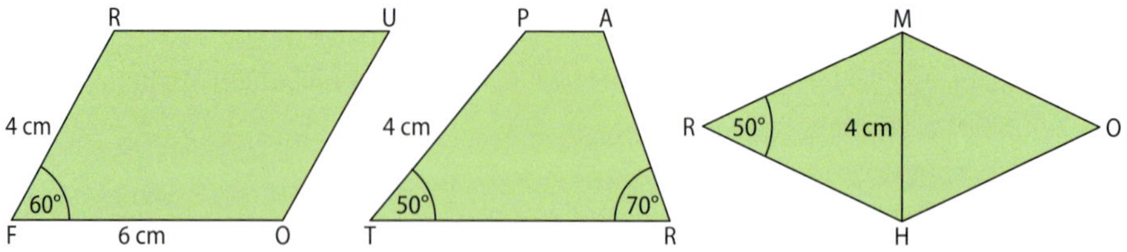

Berechne jeweils den Flächeninhalt und den Umfang der Figur.

11 Ein Bienenstock besteht in der Regel aus Waben, die viele Zellen enthalten. Die Zellen haben (annähernd) die Form eines regelmäßigen Sechsecks (Seitenlänge etwa 6 mm).

a) Berechne den Flächeninhalt einer Wabe …

1 unter Verwendung trigonometrischer Zusammenhänge.

2 unter Verwendung des Satzes des Pythagoras.

b) Recherchiere über die Bedeutung der Bienen für das Gleichgewicht unseres Ökosystems.

12 Eine Seilbahn hat zwei unterschiedlich steile Abschnitte.

a) Berechne die Größe der Steigungswinkel α und β.

b) Bestimme rechnerisch den gesamten Höhenunterschied von der Tal- zur Bergstation.

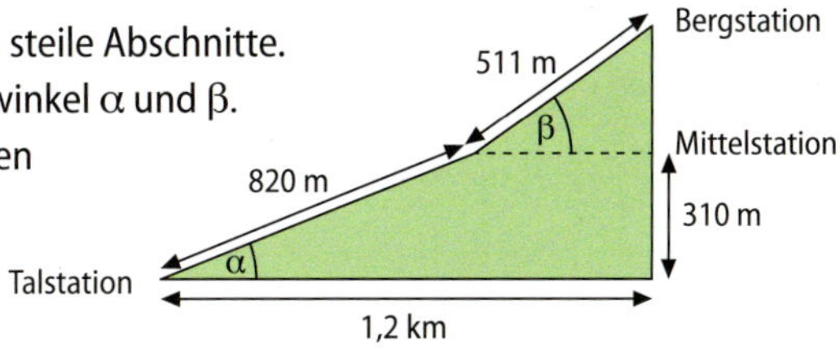

13 Ein Turm der Höhe $h = 25$ m steht auf einem Hang, der unter einem Winkel von $\beta = 28°$ gegen die Horizontale geneigt ist. Die Schattenlänge $|\overline{AB}|$ des Turms beträgt beim momentanen Sonnenstand 45 m.
Berechne den Höhenwinkel α, unter dem die Sonne scheint.

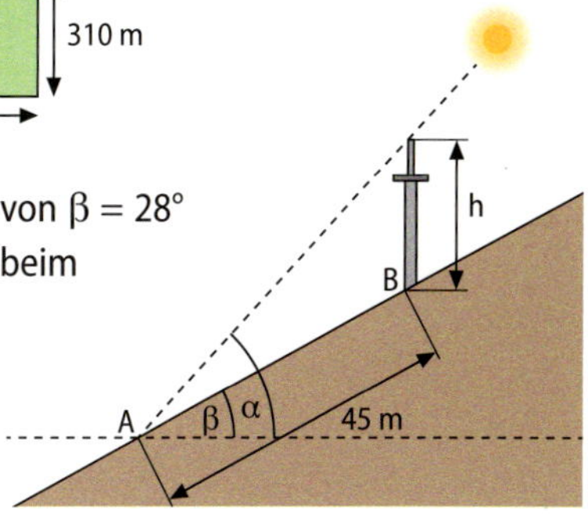

14 Alika hat in einem Mathematikbuch die folgende Formel für den Flächeninhalt eines beliebigen Dreiecks ABC gefunden:

$A = \frac{1}{2} \cdot b \cdot c \cdot \sin\alpha$.

a) Formuliere die Aussage der Formel in Worten und begründe ihre Richtigkeit. Zerlege dazu das Dreieck ABC mit einer Hilfslinie in zwei rechtwinklige Dreiecke.

b) Berechne jeweils mithilfe der Formel den Flächeninhalt eines Dreiecks ABC.

1 $a = 2{,}5$ cm; $b = 6{,}9$ cm; $\gamma = 32°$ **2** $a = 55$ mm; $c = 29$ mm; $\beta = 123{,}8°$

3 $a = 6{,}3$ cm; $c = 4{,}5$ cm; $\alpha = 40°$ **4** $a = 5$ cm; $b = 6{,}9$ cm; $\beta = 40°$

c) Weise mithilfe der Formel nach, dass für den Flächeninhalt eines gleichseitigen Dreiecks mit Seitenlänge a gilt: $A = \frac{a^2}{4}\sqrt{3}$.

d) Entwickle aus obiger Gleichung eine Formel für den Flächeninhalt eines Parallelogramms. Formuliere sie in Worten und begründe sie.

Physik

Lichtbrechung

Licht wird beim Übergang von Luft in Wasser (in Glas, Diamant) „zum Lot hin" gebrochen. Das Brechungsgesetz besagt, dass der Quotient aus dem Sinuswert des Einfallswinkels α und dem Sinuswert des Brechungswinkels β einen konstanten Wert n besitzt, der nur von den beteiligten Materialien abhängt:

$\frac{\sin\alpha}{\sin\beta} = n$ ($n_{\text{Luft-Wasser}} = 1{,}33$; $n_{\text{Luft-Diamant}} = 2{,}42$; $n_{\text{Luft-Brillenglas}} = 1{,}50$).

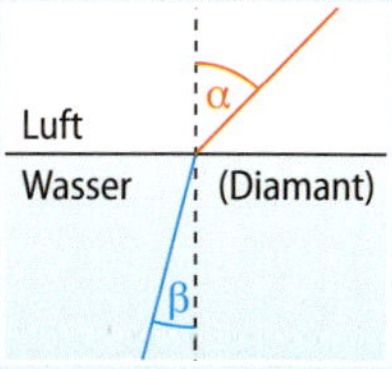

- Berechne für die unterschiedlichen Materialien jeweils den Brechungswinkel, wenn der Einfallswinkel 40° beträgt, und vergleiche deine Ergebnisse.
- Ermittle rechnerisch, unter welchem Winkel Licht aus der Luft auf eine Wasseroberfläche einfallen muss, damit der Brechungswinkel $\beta = 10°$ (30°; 45°; 49°) beträgt.
- Begründe, dass beim Übergang Luft – Wasser der Brechungswinkel β stets kleiner als 48,8° ist.

Fällt Licht aus dem Wasser, z. B. von einer Schwimmbeckenbeleuchtung, auf die Wasseroberfläche, so wird es „vom Lot weg" gebrochen, solange der Winkel im Wasser nicht größer als 48,8° wird. Bei einem größeren Winkel zum Lot tritt „Totalreflexion" auf, das Licht wird an der Wasserfläche vollständig reflektiert.

- Erläutere, wie sich aus $n_{\text{Luft-Wasser}}$ die Größe dieses Winkels ermitteln lässt.

Entdecken

Sven hat ein rechtwinkliges Dreieck gezeichnet und für die Hypotenuse die Länge 1 gewählt. Er ist auf einen erstaunlichen Zusammenhang gestoßen:

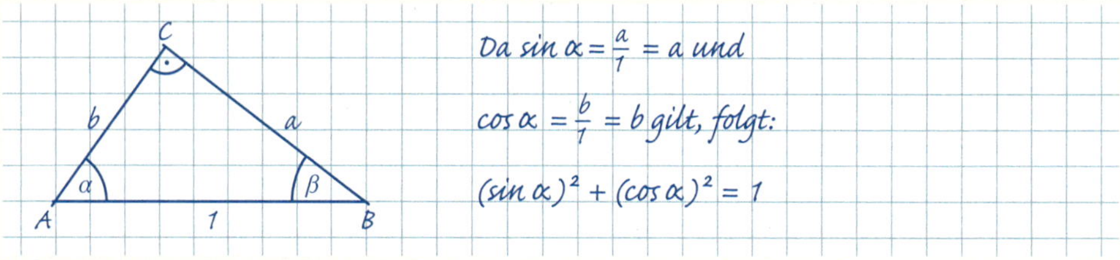

- Erläutere Svens Überlegungen.
- Begründe, dass für alle spitzen Winkel α gilt: $\sin\alpha = \cos(90° - \alpha)$ und $\cos\alpha = \sin(90° - \alpha)$

Verstehen

Da Sinus, Kosinus und Tangens als Längenverhältnisse im rechtwinkligen Dreieck definiert sind, bestehen zwischen ihnen Zusammenhänge, die oft sehr nützlich sind.

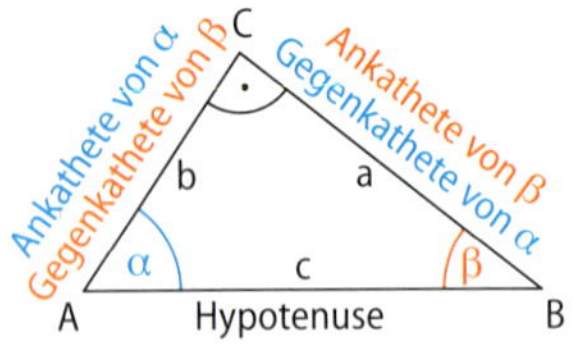

Für spitze Winkel α gilt:

- $\mathbf{(\sin\alpha)^2 + (\cos\alpha)^2 = 1}$ („trigonometrischer Pythagoras")
- $\mathbf{\tan\alpha = \frac{\sin\alpha}{\cos\alpha}}$

Wegen der Innenwinkelsumme im rechtwinkligen Dreieck gilt $\beta = 90° - \alpha$ und damit:

- $\mathbf{\sin\alpha = \cos(90° - \alpha)}$ und $\mathbf{\cos\alpha = \sin(90° - \alpha)}$

Begründungen:

Für $(\sin\alpha)^2$ schreibt man oft auch $\sin^2\alpha$.

I. Leite die Beziehung $(\sin\alpha)^2 + (\cos\alpha)^2 = 1$ her.
Im rechtwinkligen Dreieck ABC ($\gamma = 90°$) gilt: $a^2 + b^2 = c^2$ (Satz des Pythagoras).
Dividiert man die Gleichung durch c^2 ($c > 0$), so folgt: $\left(\frac{a}{c}\right)^2 + \left(\frac{b}{c}\right)^2 = 1$ und somit $(\sin\alpha)^2 + (\cos\alpha)^2 = 1$.

II. Begründe: $\tan\alpha = \frac{\sin\alpha}{\cos\alpha}$. $\quad \frac{\sin\alpha}{\cos\alpha} = \frac{\frac{a}{c}}{\frac{b}{c}} = \frac{a}{c} \cdot \frac{c}{b} = \frac{a}{b} = \tan\alpha.$

Beispiele

I. Begründe durch Umformen von $(\sin\alpha)^2 + (\cos\alpha)^2 = 1$, dass für $0° < \alpha < 90°$ stets $\sin\alpha = \sqrt{1 - (\cos\alpha)^2}$ und $\cos\alpha = \sqrt{1 - (\sin\alpha)^2}$ ist.

Lösung:
Aus $(\sin\alpha)^2 + (\cos\alpha)^2 = 1$ folgt $(\sin\alpha)^2 = 1 - (\cos\alpha)^2$ und damit $\sin\alpha = \pm\sqrt{1 - (\cos\alpha)^2}$.
Da für spitze Winkel α aber stets $\sin\alpha > 0$ ist, gilt: $\sin\alpha = \sqrt{1 - (\cos\alpha)^2}$.
Entsprechend folgert man $\cos\alpha = \sqrt{1 - (\sin\alpha)^2}$.

II. Von einem spitzen Winkel α ist bekannt, dass $\sin\alpha = 0{,}6$ ist. Berechne $\cos\alpha$, ohne vorher α zu ermitteln.

Lösung:
Wegen $(\sin\alpha)^2 + (\cos\alpha)^2 = 1$ gilt: $\cos\alpha = \sqrt{1 - (\sin\alpha)^2}$ und damit
$\cos\alpha = \sqrt{1 - 0{,}6^2} = \sqrt{0{,}64} = 0{,}8$.

Nachgefragt

- Tim behauptet, dass der Sinuswert eines Winkels φ stets größer ist als sein Kosinuswert. Begründe oder widerlege Tims Aussage.
- Begründe ohne Verwendung des Taschenrechners, dass es keinen Winkel φ gibt mit $\sin\varphi = \frac{1}{4}$ und $\cos\varphi = \frac{3}{4}$.

Aufgaben

1 Übertrage jeweils die Angabe in dein Heft und ersetze dann dort den Platzhalter so, dass eine wahre Aussage entsteht.

a) $\cos 85° - \sin 5° = $ ▭ b) $\cos 60°$ ▭ $\sin 30°$ c) $(\sin 43°)^2 + (\cos 43°)^2 = $ ▭

2 Von einem spitzen Winkel φ ist bekannt, dass $\cos\varphi = 0{,}2$ ist. Gib die Werte $\sin\varphi$, $\tan\varphi$, $\cos(90° - \varphi)$ und $\sin(90° - \varphi)$ an, ohne die Größe des Winkels φ zu berechnen.

3 Paolo hat herausgefunden, wie man den Wert sin 60° exakt bestimmen kann. Er zeichnet ein gleichseitiges Dreieck ABC sowie die Höhe von C auf die Seite $\overline{AB}$ als Hilfslinie ein.

a) Begründe mithilfe einer eigenen Zeichnung, dass $\sin 60° = \frac{1}{2}\sqrt{3}$ ist. Bestimme die Werte cos 60°, sin 30° und cos 30°.

b) Zeichne ein gleichschenklig-rechtwinkliges Dreieck und bestimme entsprechend den Wert sin 45° exakt.

c) Übertrage die Tabelle in dein Heft und ergänze sie auch unter Verwendung der Ergebnisse aus den Teilaufgaben a) und b). Gib an, was dir auffällt.

α	0°	30°	45°	60°	90°
sin α				$\frac{1}{2}\sqrt{3}$	
cos α					
tan α					

Diese Werte sollte man sich merken.

4 Begründe, dass in jedem Dreieck ABC mit $\gamma = 90°$ folgende Zusammenhänge gelten.

a) $(\sin\alpha) \cdot (\tan\beta) = \sqrt{1 - (\sin\alpha)^2}$ b) $(\tan\alpha) \cdot (\tan\beta) = 1$

c) $1 + (\tan\alpha)^2 = \frac{1}{(\cos\alpha)^2}$ d) $\sqrt{1 - \cos\alpha} \cdot \sqrt{1 + \cos\alpha} = \sin\alpha$

5 Begründe unter Verwendung trigonometrischer Zusammenhänge, dass gilt:

1 $\frac{h}{q} = \frac{p}{h}$. Folgere daraus den sogenannten Höhensatz des Euklid: $h^2 = p \cdot q$.

2 $\frac{a}{c} = \frac{p}{a}$. Folgere daraus den sogenannten Kathetensatz des Euklid: $a^2 = c \cdot p$.

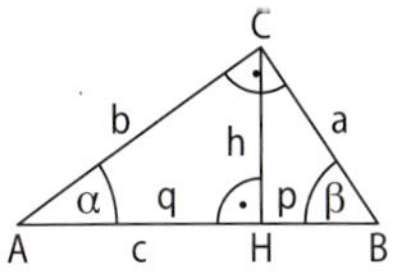

6 Der Punkt P in der Abbildung liegt auf dem Kreis um den Koordinatenursprung mit Radius r.

a) Übertrage die Abbildung in dein Heft und begründe, dass für die Koordinaten des Punktes P gilt: $x = r \cdot \cos\varphi$ und $y = r \cdot \sin\varphi$.

b) Stelle (mithilfe einer DGS) eine Vermutung auf, wie sich der Sinuswert (der Kosinuswert) eines spitzen Winkels φ verändert, wenn der Winkel φ vergrößert wird (aber spitz bleibt), und begründe deine Vermutung.

c) Recherchiere (z. B. im Internet), was man unter **„Polarkoordinaten“** versteht. Fasse deine Ergebnisse auf einem Plakat zusammen und präsentiere sie deiner Klasse.

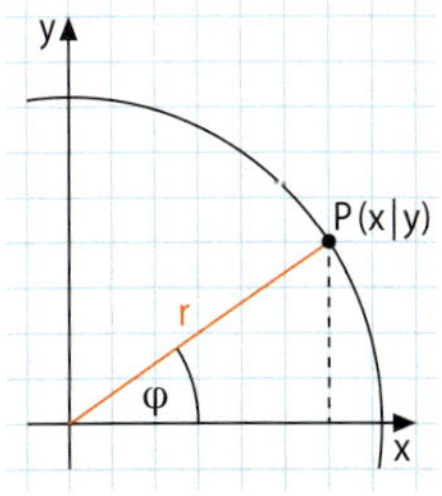

Entdecken

Der Kreis mit dem Radius 1 LE und dem Ursprung als Mittelpunkt heißt Einheitskreis.

- Begründe anhand der Zeichnung, dass der Punkt P die Koordinaten (cos α | sin α) besitzt.
- Übertrage die Zeichnung in eine DGS und bewege den Punkt P auf dem Einheitskreis zunächst im I. Quadranten und dann darüber hinaus. Erkläre, wie sich die Werte von sin α und cos α verhalten, wenn α die Werte von 0° bis 360° durchläuft.

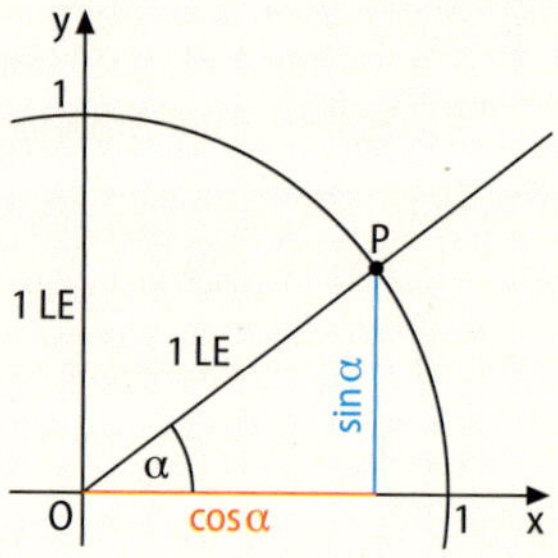

Verstehen

Mithilfe der Darstellung am Einheitskreis können die Werte von sin φ und cos φ für Winkelgrößen 0° ≤ φ ≤ 360° definiert werden.

Insbesondere gilt:
sin 0° = 0; cos 0° = 1;
sin 90° = 1; cos 90° = 0;
sin 180° = 0;
cos 180° = −1;
sin 270° = −1;
cos 270° = 0;
sin 360° = 0;
cos 360° = 1

Für beliebige Winkel 0° ≤ φ ≤ 360° wird der zugehörige Punkt P auf dem **Einheitskreis** betrachtet. Der Sinuswert sin φ ist die y-Koordinate, der Kosinuswert cos φ die x-Koordinate des Punktes P.

I. Quadrant: 0° < φ < 90°

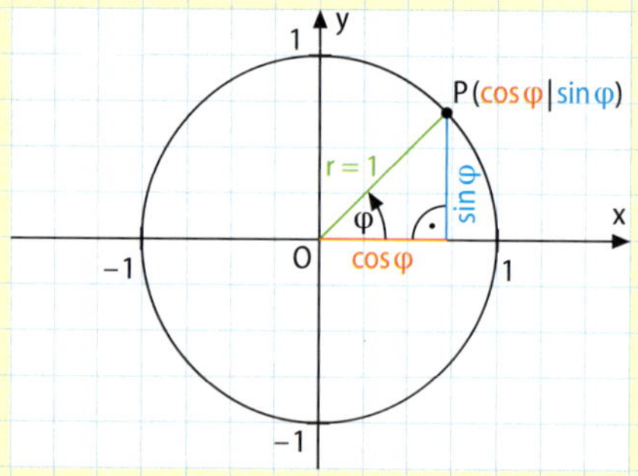

0 < sin φ < 1; 0 < cos φ < 1

II. Quadrant: 90° < φ < 180°

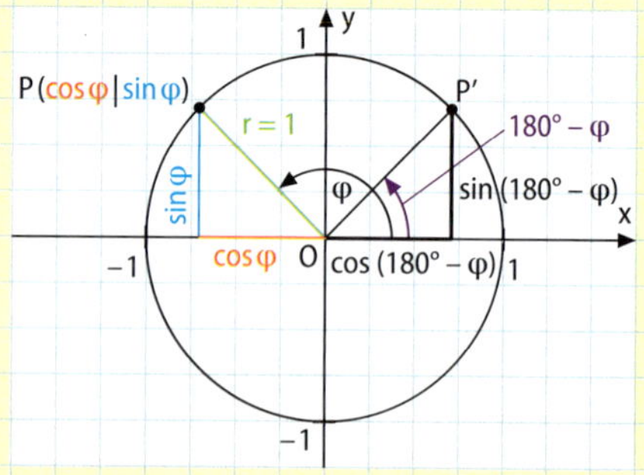

0 < sin φ < 1; −1 < cos φ < 0
sin φ = sin (180° − φ);
cos φ = −cos (180° − φ)

III. Quadrant: 180° < φ < 270°

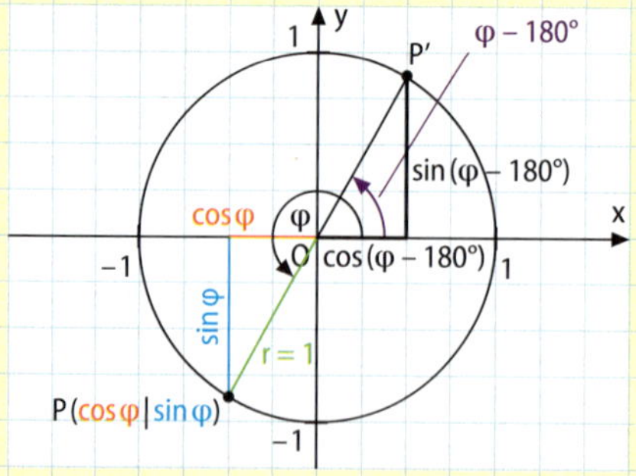

−1 < sin φ < 0; −1 < cos φ < 0
sin φ = −sin (φ − 180°);
cos φ = −cos (φ − 180°)

IV. Quadrant: 270° < φ < 360°

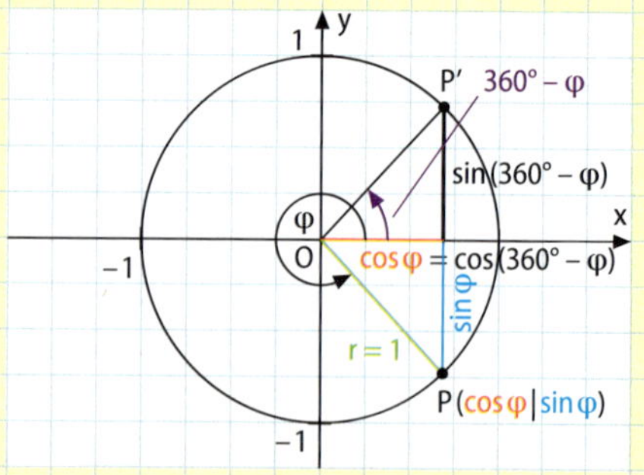

−1 < sin φ < 0; 0 < cos φ < 1
sin φ = −sin (360° − φ);
cos φ = cos (360° − φ)

Für **alle Winkel φ** gilt: sin (−φ) = −sin φ und cos (−φ) = cos φ.

Positiver Drehwinkel: *Drehung* ***gegen den Uhrzeigersinn:***

Negativer Drehwinkel: *Drehung* ***im Uhrzeigersinn:***

Beispiele

I. Bestimme jeweils die exakten Werte der Terme. Verwende dabei die angegebenen Werte und veranschauliche dein Vorgehen am Einheitskreis.

a) $\sin 135°$; $\cos 135°$ **b)** $\sin 210°$; $\cos 210°$ **c)** $\sin 300°$; $\cos 300°$

$\sin 30° = \frac{1}{2} = \cos 60°$

$\sin 45° = \frac{1}{2}\sqrt{2} = \cos 45°$

$\sin 60° = \frac{1}{2}\sqrt{3} = \cos 30°$

Lösung:

Man vergleicht jeweils die Koordinaten des zum gegebenen Mittelpunktswinkel gehörenden Punktes P mit dem entsprechenden Punkt P′ im I. Quadranten.

a)

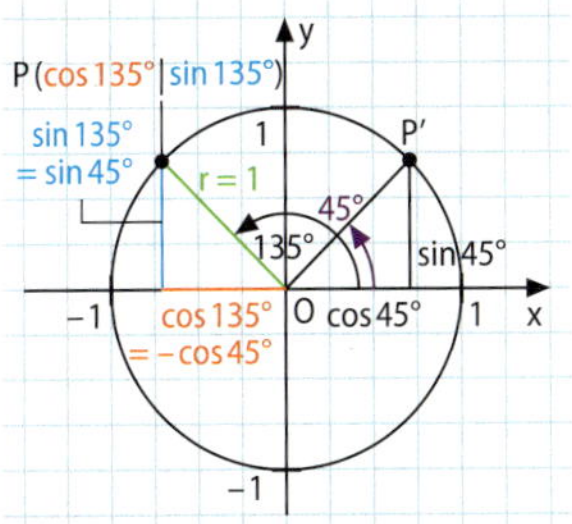

b)

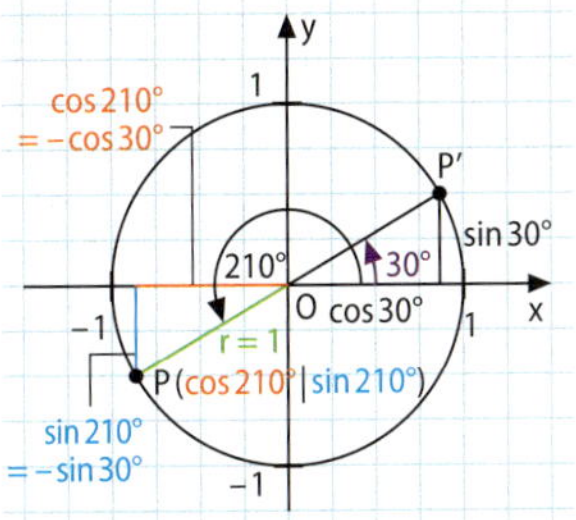

c)

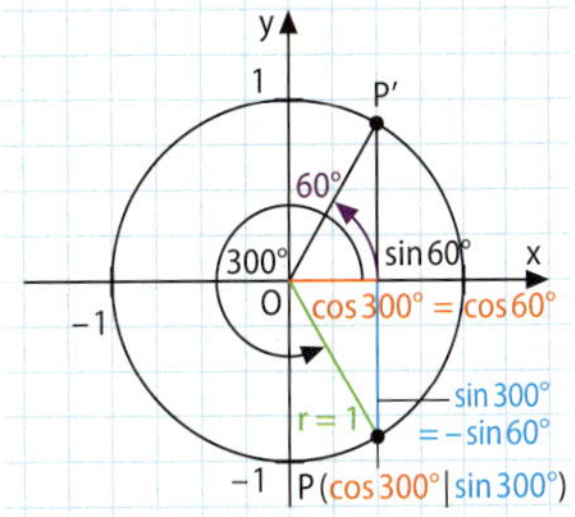

$\sin 135° = \sin 45° = \frac{1}{2}\sqrt{2}$ $\sin 210° = -\sin 30° = -\frac{1}{2}$ $\sin 300° = -\sin 60° = -\frac{1}{2}\sqrt{3}$

$\cos 135° = -\cos 45° = -\frac{1}{2}\sqrt{2}$ $\cos 210° = -\cos 30° = -\frac{1}{2}\sqrt{3}$ $\cos 300° = \cos 60° = \frac{1}{2}$

II. Begründe, dass für alle Winkel φ mit $0° \leq \varphi \leq 360°$ gilt: $(\sin\varphi)^2 + (\cos\varphi)^2 = 1$.

Lösung:

1. Fall: $\varphi \notin \{0°; 90°; 180°; 270°; 360°\}$

Die Punkte $P(\cos\varphi\,|\,\sin\varphi)$ und $P'(\cos\varphi\,|\,0)$ auf der x-Achse bilden mit dem Ursprung ein Dreieck, das bei P′ einen rechten Winkel besitzt. Nach dem Satz des Pythagoras gilt: $(\sin\varphi)^2 + (\cos\varphi)^2 = 1$.

2. Fall: $\varphi \in \{0°; 90°; 180°; 270°; 360°\}$

Für diese Winkel ist entweder der Sinus oder der Kosinus gleich null, während der jeweils andere Wert den Betrag 1 hat. Damit gilt: $(\sin\varphi)^2 + (\cos\varphi)^2 = 0 + 1 = 1 + 0 = 1$.

Skizze für den II. Quadranten:

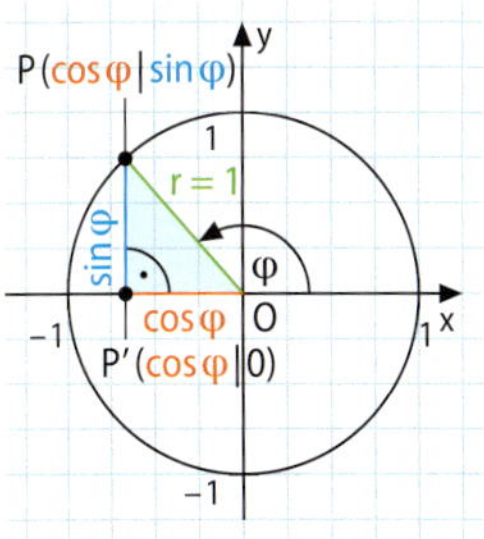

Nachgefragt

- Begründe oder widerlege folgende Behauptung: Es gibt keinen Winkel α mit $0° \leq \alpha \leq 360°$, für den $\sin\alpha + \cos\alpha = 0$ ist.
- Bestimme den größten Wert, den der Term $\sin(2\alpha)$ (bzw. $2\sin\alpha$) für $0° \leq \alpha \leq 360°$ annehmen kann.

Aufgaben

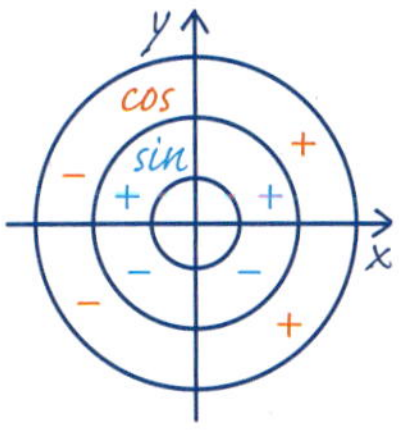

1 Begründe jeweils, ob der Termwert positiv, negativ oder null ist.

a) $\sin 49°$ **b)** $\cos 90°$ **c)** $\cos 327°$ **d)** $\sin 289°$ **e)** $\cos 180°$ **f)** $\sin 301°$
g) $\sin 178°$ **h)** $\cos 95°$ **i)** $\sin 180°$ **j)** $\cos 182°$ **k)** $\sin 265°$ **l)** $\sin 90°$
m) $(\sin 158°) \cdot (\cos 235°)$ **n)** $(\cos 290°) \cdot (\cos 270°)$ **o)** $\sin 310° + \cos 127°$
p) $(\sin 14°)^2 + \cos(14°)^2$ **q)** $\sin 270° \cdot \sin 90°$ **r)** $\cos 180° + \cos 360°$

2 Gib jeweils einen weiteren Winkel an, dessen Sinuswert (Kosinuswert) genauso groß ist wie der des angegebenen Winkels. Beschreibe dein Vorgehen.

a) $\alpha = 37°$ **b)** $\beta = 213°$ **c)** $\gamma = 341°$ **d)** $\delta = 146°$
e) $\varepsilon = 97°$ **f)** $\varphi = 326°$ **g)** $\eta = 192°$ **h)** $\mu = 173°$

3 a) Die Schüler haben jeweils alle Winkel zwischen 0° und 360° mit den vorgegebenen Werten bestimmt und auf eine Dezimale gerundet. Beschreibe schrittweise ihr Vorgehen.

1 Maria: $\sin\alpha = 0{,}6$

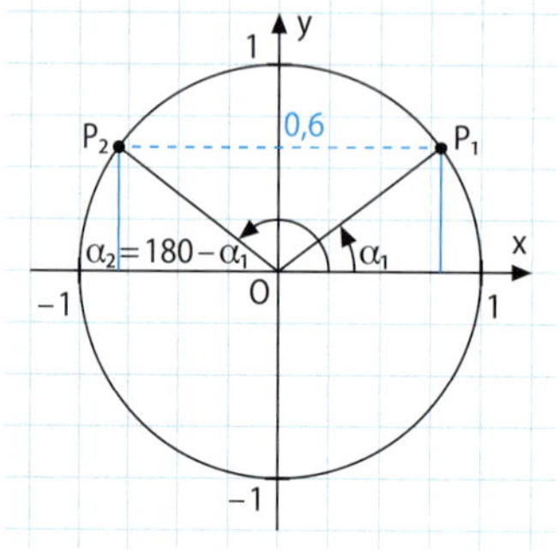

TR: $\alpha_1 \approx 36{,}9°$
Einheitskreis:
$\alpha_2 = 180° - \alpha_1 \approx 143{,}1°$

2 Sören: $\sin\beta = -0{,}3$

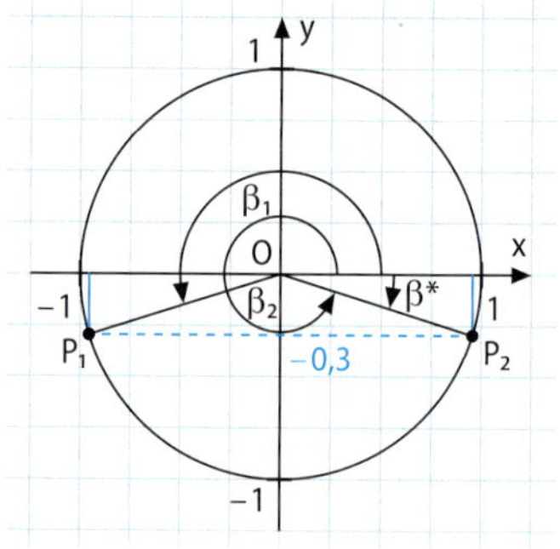

TR: $\beta^* \approx -17{,}2°$
Einheitskreis:
$\beta_1 \approx 180° + 17{,}2° = 197{,}2°$
$\beta_2 \approx 360° - 17{,}2° = 342{,}8°$

3 Ayse: $\cos\gamma = -0{,}4$

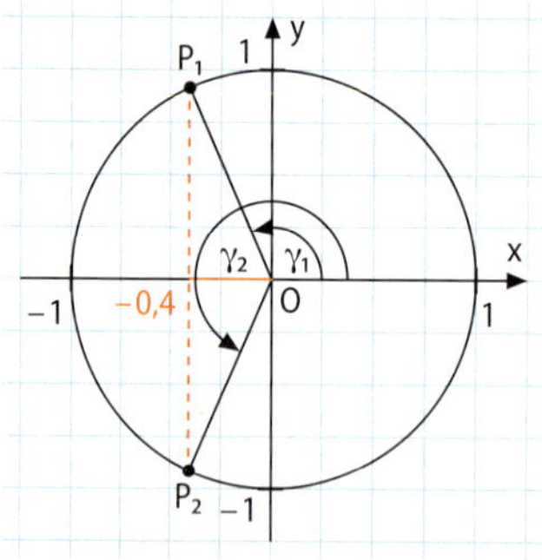

TR: $\gamma_1 \approx 113{,}8°$
Einheitskreis:
$\gamma_2 \approx 360° - 113{,}8° = 246{,}2°$

4 Sebastian: $\cos\delta = 0{,}8$

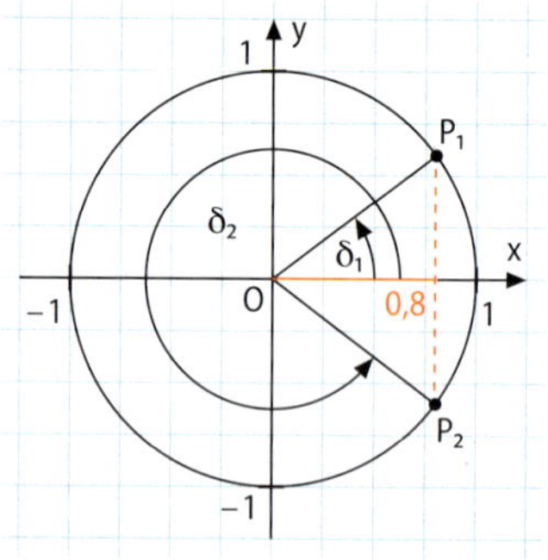

TR: $\delta_1 \approx 36{,}7°$
Einheitskreis:
$\delta_2 = 360° - \delta_1 \approx 323{,}3°$

b) Bestimme mithilfe des Taschenrechners und einer Skizze wie in Teilaufgabe a) jeweils alle Winkel zwischen 0° und 360° mit dem angegebenen Sinus- bzw. Kosinuswert.

1 $\sin\varphi = -0{,}23$ **2** $\cos\varphi = 0{,}81$ **3** $\sin\varphi = -0{,}17$ **4** $\cos\varphi = -0{,}34$

Erklärvideo
Mediencode 61049-43

4 Gib jeweils die Lösung(en) der Gleichung im angegebenen Bereich an.

a) $\sin\varphi = 1$; $0° \le \varphi \le 360°$
b) $\cos\varphi = 0{,}5$; $0° \le \varphi \le 180°$
c) $\sin\varphi = \frac{1}{2}\sqrt{3}$; $0° \le \varphi \le 180°$
d) $\cos\varphi = \frac{1}{2}\sqrt{2}$; $90° \le \varphi \le 270°$
e) $\sin\varphi = 0$; $0° < \varphi < 180°$
f) $\cos\varphi = -\frac{1}{2}\sqrt{3}$; $0° \le \varphi \le 180°$

5 Begründe, ob es Winkel zwischen 0° und 360° mit den angegebenen Eigenschaften gibt.

a) $\sin\alpha < 0$ und $\alpha > 90°$
b) $\cos\beta \le 0$ und $\sin\beta = 0$
c) $\sin\gamma \ge 1$ und $\cos\gamma = 0$
d) $\sin\delta > 0$ und $\delta < 90°$
e) $\cos\varepsilon = -1$ und $\sin\varepsilon > 0$
f) $\cos\varphi \le 0$ und $180° \le \varphi \le 360°$

6 Ermittle jeweils alle Winkel zwischen 0° und 360°, für die die angegebene Beziehung gilt.

a) $\sin\alpha = -\cos\alpha$
b) $\sin\beta + 2\sin\beta = 1{,}5$
c) $\sin\gamma = \cos\gamma$

7 Das größte Riesenrad Europas ist das London Eye (Durchmesser 122 m; Anzahl der Gondeln 32; Dauer einer Umdrehung 30 min; Traglast: 800 Personen).

a) Fertige (in einer DGS) eine Skizze an und lege ein geeignetes Koordinatensystem fest. Berechne die Höhe der Gondeln A und B über dem tiefsten Punkt des Riesenrads.

b) Rudi überlegt: „Vor der Gondel A sind noch drei Gondeln bis zum höchsten Punkt. Also befindet sie sich auf einer Höhe von $\frac{13}{16} \cdot 122\text{ m} \approx 99\text{ m}$ über dem tiefsten Punkt." Vergleiche Rudis Ergebnis mit deinem Ergebnis aus Teilaufgabe a) und begründe.

c) Schätze durch eine Rechnung ab, ob das Riesenrad für den Ein- und Ausstieg von Gästen anhalten muss.

8 Die Abbildungen zeigen den Tangens am Einheitskreis.

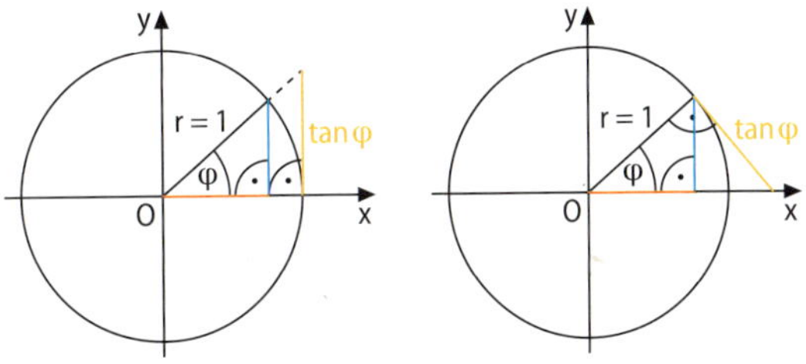

a) Begründe, dass die Länge der gelben Strecke jeweils den Wert $\tan\varphi$ darstellt, und beschreibe jeweils, wie diese Strecke konstruiert wurde.

b) Erkläre, wie man den Tangens für Winkel größer als 90° definieren kann. Begründe, dass $\tan\varphi$ für $\varphi = 90°$ und $\varphi = 270°$ nicht definiert ist.

c) Erläutere den Zusammenhang zwischen „Tangens" und „Tangente".

Vertiefung

Additionstheoreme

Die Formeln, die es ermöglichen, aus den Sinus- und Kosinuswerten zweier Winkel α und β die Sinus- und Kosinuswerte der Winkel $\alpha + \beta$ bzw. $\alpha - \beta$ zu berechnen, nennt man **Additionstheoreme**.

Additionstheoreme:

1 $\sin(\alpha + \beta) = \sin\alpha \cdot \cos\beta + \cos\alpha \cdot \sin\beta$

2 $\sin(\alpha - \beta) = \sin\alpha \cdot \cos\beta - \cos\alpha \cdot \sin\beta$

3 $\cos(\alpha + \beta) = \cos\alpha \cdot \cos\beta - \sin\alpha \cdot \sin\beta$

4 $\cos(\alpha - \beta) = \cos\alpha \cdot \cos\beta + \sin\alpha \cdot \sin\beta$

Beweis ohne Worte:

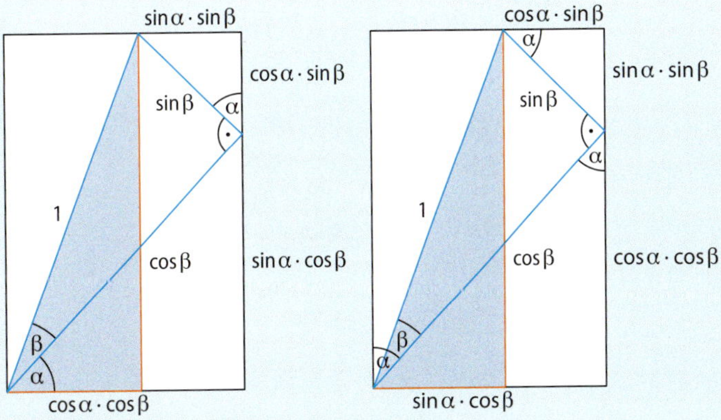

- Erläutere mithilfe der Abbildungen den Beweis der Additionstheoreme mit eigenen Worten.
- Vervollständige die Wertetabelle unter Verwendung der Additionstheoreme, z. B. 90° = 60° + 30°.

α	0°	30°	45°	60°	90°	120°	135°	150°	180°	270°	360°
$\sin\alpha$		$\frac{1}{2}$	$\frac{1}{2}\sqrt{2}$	$\frac{1}{2}\sqrt{3}$							
$\cos\alpha$		$\frac{1}{2}\sqrt{3}$	$\frac{1}{2}\sqrt{2}$	$\frac{1}{2}$							

- Begründe: 1 $\sin(2\alpha) = 2\sin\alpha \cdot \cos\alpha$ 2 $\cos(2\alpha) = 2(\cos\alpha)^2 - 1$.

Entdecken

Um die Länge der unzugänglichen Strecke $\overline{AB}$ zu bestimmen, wird in einem zugänglichen Bereich eine Strecke $\overline{BC}$ abgesteckt und deren Länge gemessen. Nun peilt man von den Endpunkten B bzw. C den nicht zugänglichen Punkt A an und bestimmt die Winkel β und γ.

- Begründe, weshalb man die gesuchte Länge nicht direkt mittels Sinus, Kosinus oder Tangens bestimmen kann.
- Übertrage das Dreieck ABC im Maßstab 1:1000 in dein Heft (eine DGS) und zeichne die Höhe h_c auf die Seite $c = \overline{AB}$ und den Höhenfußpunkt H ein. Bestimme nun mithilfe der Teildreiecke AHC und BCH die Länge der Strecke $\overline{AB}$.

Verstehen

Da man jedes Dreieck in zwei rechtwinklige Dreiecke zerlegen kann, kann man auch in diesen Dreiecken Zusammenhänge zwischen den Winkeln und Seitenlängen herleiten.

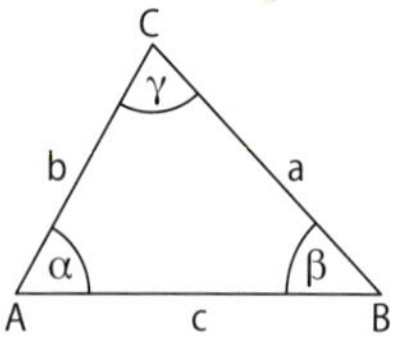

Sinussatz: In jedem Dreieck ABC verhalten sich die **Längen zweier Seiten** wie die **Sinuswerte ihrer Gegenwinkel**:

$$\frac{a}{b} = \frac{\sin\alpha}{\sin\beta} \quad \text{bzw.} \quad \frac{b}{c} = \frac{\sin\beta}{\sin\gamma} \quad \text{bzw.} \quad \frac{a}{c} = \frac{\sin\alpha}{\sin\gamma}.$$

Für den Flächeninhalt A des Dreiecks ABC gilt:

$$A = \frac{1}{2}ab\sin\gamma = \frac{1}{2}ac\sin\beta = \frac{1}{2}bc\sin\alpha.$$

Beweis:

Das Dreieck ABC ist spitzwinklig:

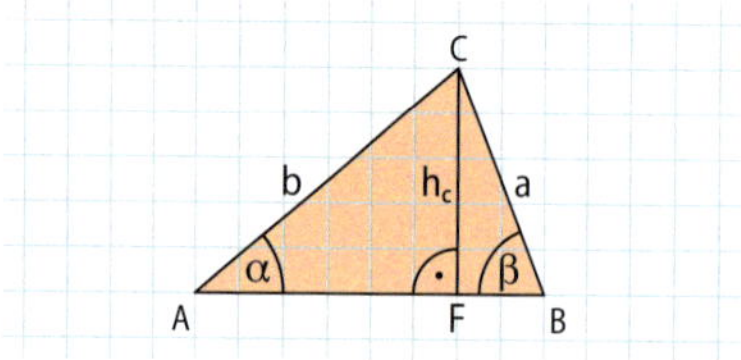

ΔCFB: $\sin\beta = \frac{h_c}{a}$

Das Dreieck ABC ist stumpfwinklig:

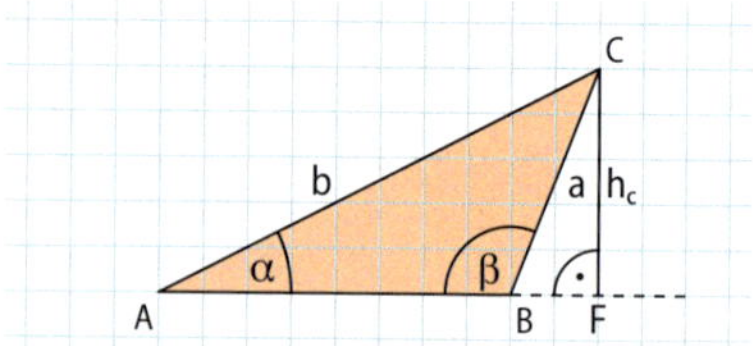

ΔBFC: $\frac{h_c}{a} = \sin(180° - \beta) = \sin\beta$

1 $h_c = a \cdot \sin\beta$

2 ΔAFC: $\sin\alpha = \frac{h_c}{b} \Rightarrow h_c = b \cdot \sin\alpha$

Daraus folgt: $a \cdot \sin\beta = b \cdot \sin\alpha \quad |:(b \cdot \sin\beta)$ und damit $\frac{a}{b} = \frac{\sin\alpha}{\sin\beta}$.

Beispiele

I. Begründe, dass das Dreieck aus den Angaben eindeutig konstruierbar ist, und berechne die gekennzeichneten Größen.

a)

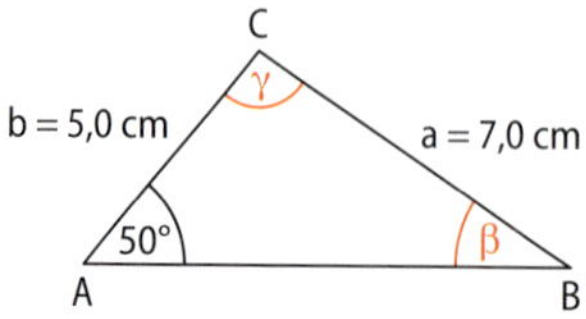

b)

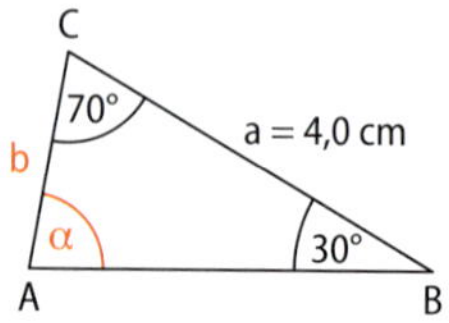

Lösung:

Das Dreieck ist eindeutig nach SsW.

Sinussatz: $\frac{\sin\beta}{b} = \frac{\sin\alpha}{a} \quad | \cdot b$

$\Rightarrow \quad \sin\beta = b \cdot \frac{\sin\alpha}{a} = 5{,}0\text{ cm} \cdot \frac{\sin 50°}{7{,}0\text{ cm}}$

$\Rightarrow \quad \beta \approx 33{,}2°$

$\gamma = 180° - \alpha - \beta \approx 96{,}8°$

Das Dreieck ist eindeutig nach wsw.

$\alpha = 180° - (\beta + \gamma) = 80°$

Sinussatz: $\frac{b}{a} = \frac{\sin\beta}{\sin\alpha} \quad | \cdot a$

$\Rightarrow \quad b = a \cdot \frac{\sin\beta}{\sin\alpha} = 4{,}0\text{ cm} \cdot \frac{\sin 30°}{\sin 80°}$

$\approx 2{,}0\text{ cm}$

Aus $\frac{\sin\alpha}{\sin\beta} = \frac{a}{b}$ folgt
$\frac{\sin\beta}{\sin\alpha} = \frac{b}{a}$ bzw.
$\frac{a}{\sin\alpha} = \frac{b}{\sin\beta}$ bzw.
$\frac{\sin\alpha}{a} = \frac{\sin\beta}{b}$.

Es ist günstig, wenn die gesuchte Größe im Zähler steht.

II. Im Rahmen eines Aufforstungsprojekts soll im Frankenwald ein dreieckiges Waldstück umzäunt werden.

a) Bestimme rechnerisch anhand der Skizze die Länge des Zauns.

b) Erläutere, wie du den Flächeninhalt berechnen könntest.

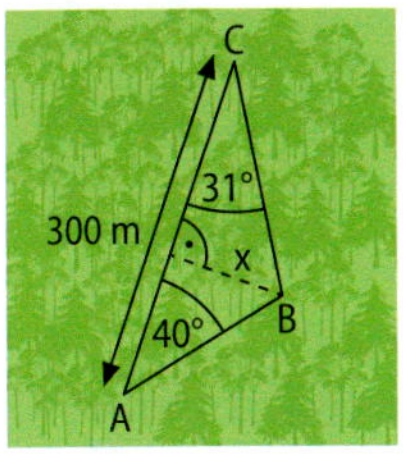

Lösung:

a) Für die Größe des dritten Innenwinkels des Dreiecks errechnet man

$\beta = 180° - (40° + 31°) = 109°$. Nach dem Sinussatz gilt:

$\frac{|\overline{AB}|}{\sin 31°} = \frac{300\text{ m}}{\sin 109°} \quad \Rightarrow \quad |\overline{AB}| \approx 163\text{ m}$ bzw. $\frac{|\overline{BC}|}{\sin 40°} = \frac{300\text{ m}}{\sin 109°} \quad \Rightarrow \quad |\overline{BC}| \approx 204\text{ m}$.

Für die Länge des Zauns ergibt sich somit $163\text{ m} + 204\text{ m} + 300\text{ m} = 667\text{ m}$.

b) Mithilfe des Lots x von B auf $\overline{AC}$ zerlegt man das Dreieck in zwei Teildreiecke. Damit kann man den Flächeninhalt berechnen: $A = \frac{1}{2} \cdot |\overline{AC}| \cdot x$. Die Länge des Lots erhält man im rechtwinkligen Dreieck: $\sin 31° = \frac{x}{|\overline{BC}|}$.

III. Begründe jeweils auf zwei Arten, dass …

a) es zwei (nicht kongruente) Dreiecke ABC mit den Maßen $\alpha = 50°$, $a = 4$ cm, $b = 5$ cm gibt.

b) es kein Dreieck ABC mit den Maßen $\alpha = 65°$, $a = 6$ cm, $b = 7$ cm gibt.

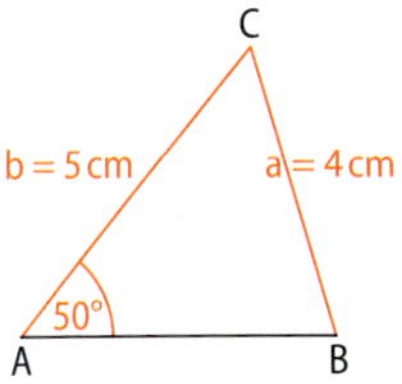

Lösung:

Da in beiden Teilaufgaben der gegebene Winkel nicht der größeren Dreiecksseite gegenüberliegt, ist das Dreieck jeweils nicht eindeutig bestimmt.

a) **1** Bei der Konstruktion ergeben sich zwei nicht kongruente Dreiecke AB_1C bzw. AB_2C, die den Bedingungen genügen.

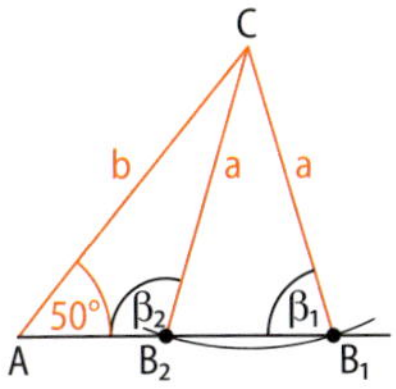

2 Berechnung von β mithilfe des Sinussatzes:

$\frac{\sin\beta}{\sin\alpha} = \frac{b}{a} \quad \Rightarrow \quad \sin\beta = \frac{b}{a} \cdot \sin\alpha = \frac{5}{4} \cdot \sin 50° \approx 0{,}958$

Daraus folgt: $\beta_1 \approx 73{,}2°$ und $\beta_2 = 180° - \beta_1 \approx 106{,}8°$.

Hinweis: Auch bei Dreiecken, die nach dem SsW-Satz eindeutig konstruierbar sind, erhält man mithilfe des Sinussatzes zwei Lösungen, allerdings scheidet eine wegen der Winkelsumme im Dreieck aus.

b) **1** Bei der Konstruktion ergibt sich keine Lösung, da der Kreis um C mit Radius 6 cm den ersten Schenkel des Winkels α nicht schneidet.

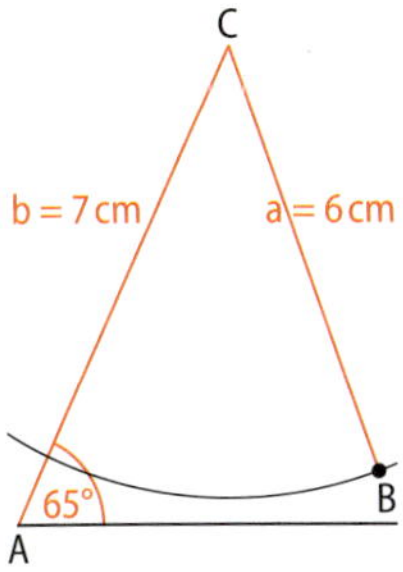

2 Aus $\frac{\sin\beta}{\sin\alpha} = \frac{b}{a}$ folgt $\sin\beta = \frac{b}{a} \cdot \sin\alpha = \frac{7}{6} \cdot \sin 65° \approx 1{,}057 > 1$. Da kein Winkel β mit $\sin\beta > 1$ existiert, gibt es kein Dreieck mit den angegebenen Maßen.

Nachgefragt

- Begründe oder widerlege: „Wenn man von einem Dreieck alle Seitenlängen kennt, kann man mithilfe des Sinussatzes die Maße der Innenwinkel bestimmen."
- Begründe, dass alle im Sinussatz auftretenden Bruchterme definiert sind.

Aufgaben

Erklärvideo

Mediencode 61049-44

1 Berechne jeweils die fehlenden Seitenlängen des Dreiecks. Beschreibe dein Vorgehen.

a)
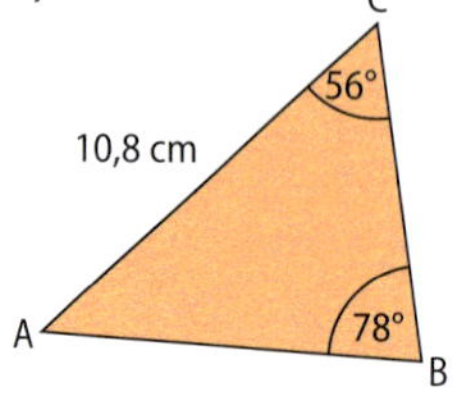

b)
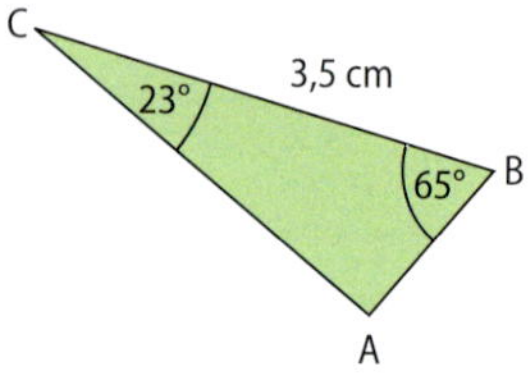

c)
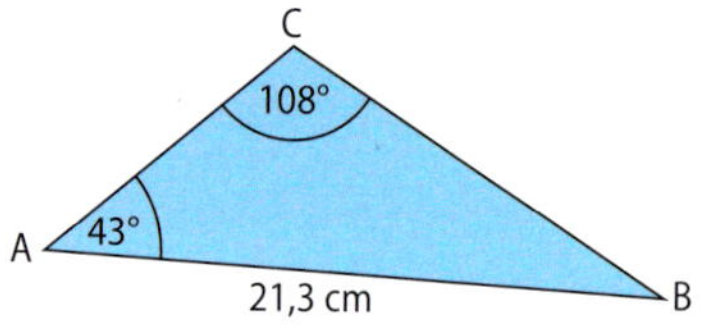

2 Berechne jeweils die fehlenden Winkelgrößen des Dreiecks.

a)
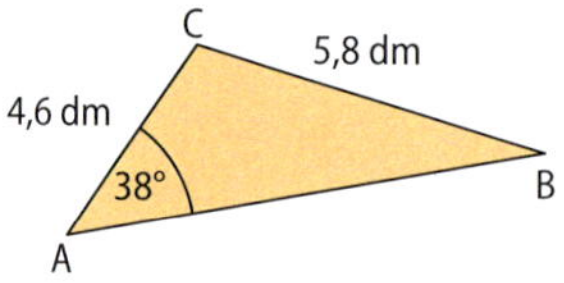

b)
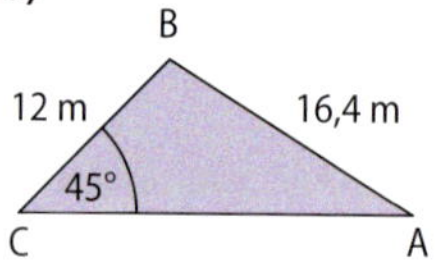

c)
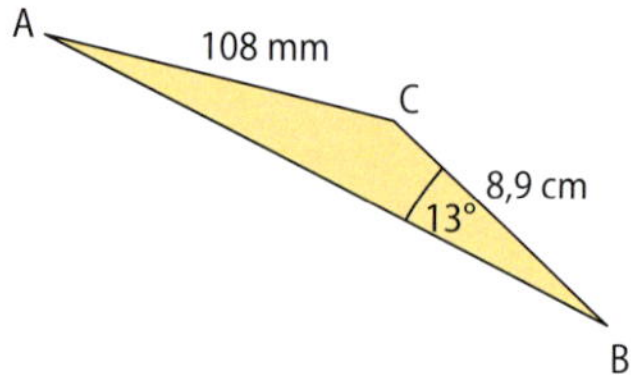

Mögliche Maßzahlen zu 3:
1,5; 2,5; 4,2; 4,7; 5,0; 6,0; 6,2; 6,7; 13; 15; 27; 60; 61; 76

Winkelgrößen zu 3:
10°; 12°; 22°; 24°; 26°; 28°; 62°; 65°; 68°; 80°; 90°; 94°; 97°; 144°; 156°

3 Übertrage die Tabelle in dein Heft und ergänze dann dort jeweils die Seitenlänge(n), die Winkelgröße(n) und ggf. den Flächeninhalt des Dreiecks.

	a)	b)	c)	d)	e)	f)	g)
a		2,6 cm	4,0 cm		27 mm	8 m	25 m
b		5,2 cm		11 m		17 m	10 m
c	6,0 m			60 m	53 mm		
α	45°		53°		12°		
β	70°	60°	30°			90°	
γ							
U							
A				330 m²			125 m²

sm: Seemeile (1 sm = 1,852 km)

4 Ein Schiff peilt auf seinem Kurs zweimal einen Leuchtturm an.

a) Berechne jeweils, wie weit das Schiff zum Zeitpunkt der Peilung vom Leuchtturm entfernt war.

b) Bestimme mithilfe einer Konstruktion mit Zirkel und Lineal, mithilfe einer DGS und rechnerisch die kürzeste Entfernung des Schiffs zum Leuchtturm auf seiner Fahrt.

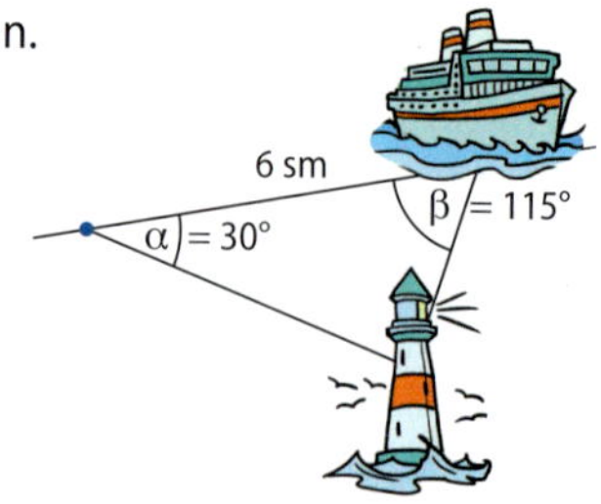

5 a) Konstruiere ein Dreieck mit $a = 4$ cm, $c = 5$ cm und $\alpha = 45°$. Begründe, warum du in diesem Fall zwei verschiedene Lösungen erhältst.

b) Berechne den Winkel γ mit dem Sinussatz. Begründe, dass auch die Rechnung zu zwei verschiedenen Lösungen führt.

c) Untersuche, ob sich aus den folgenden Angaben jeweils eindeutig ein Dreieck konstruieren lässt. Begründe durch Rechnung und durch Konstruktion.

1 $\alpha = 45°$, $a = 5{,}0$ cm, $c = 4{,}0$ cm
2 $\alpha = 37°$, $a = 3{,}1$ cm, $b = 5{,}7$ cm
3 $\beta = 56°$, $a = 3{,}1$ cm, $b = 5{,}7$ cm
4 $\alpha = 118°$, $c = 5{,}9$ cm, $\beta = 83°$

6 Berechne die Längen der Strecken $\overline{EO}$ und $\overline{SE}$, wenn $|\overline{OL}| = 8$ cm und …

a) $\alpha = 10°$ ist. **b)** $\alpha = 15°$ ist. **c)** $\alpha = 25°$ ist. **d)** $\alpha = 30°$ ist.

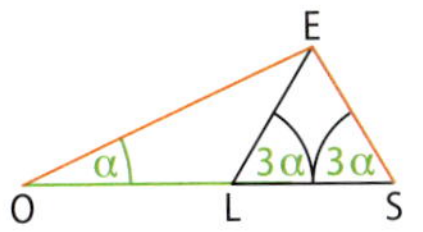

7 Die Punkte $A(-2\,|\,y_A)$, $B(4\,|\,y_B)$ und $C(0\,|\,y_C)$ liegen auf dem Graphen G_f der Funktion $f\colon x \mapsto \frac{8}{4 + x^2}$; $D_f = \mathbb{R}$. Berechne …

a) die Größe des Winkels $\sphericalangle ACB$. **b)** den Flächeninhalt des Dreiecks ABC.

8 Der Sinussatz in einem Dreieck ABC lässt sich auch in der Form $\frac{a}{\sin\alpha} = \frac{b}{\sin\beta} = \frac{c}{\sin\gamma}$ schreiben. Die drei Brüche sind Längen, deren geometrische Bedeutung man erkennt, wenn man den Umkreis des Dreiecks ABC zeichnet.

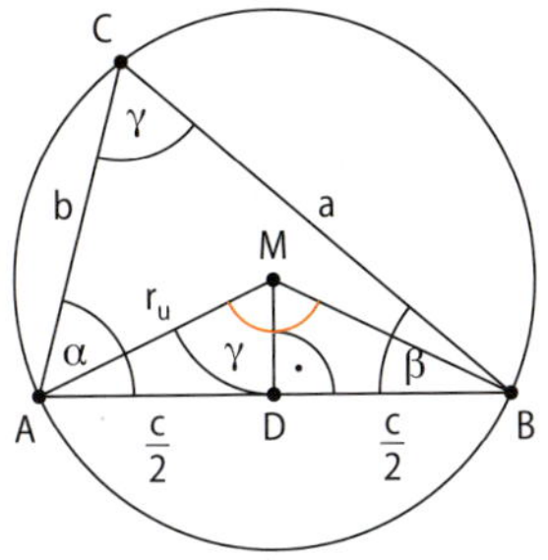

a) Überprüfe mit einer DGS, dass γ halb so groß ist wie der rot eingezeichnete Mittelpunktswinkel bei M.

b) Zeige, dass $\sin\gamma = \frac{c}{2 \cdot r_u}$ gilt, und gib damit eine geometrische Deutung des Bruchs $\frac{c}{\sin\gamma}$. Begründe, dass ebenso $\sin\alpha = \frac{a}{2 \cdot r_u}$ und $\sin\beta = \frac{b}{2 \cdot r_u}$ gilt, und erkläre Lucas folgende Bemerkung: „Diese Überlegungen liefern einen weiteren Beweis des Sinussatzes."

c) Berechne die Maße der nicht gegebenen Größen des Dreiecks ABC mit $\alpha = 78°$, $\gamma = 54°$ und $r_U = 5{,}2$ cm.

Werkzeuge

Berechnungen in Dreiecken

Nike, Tamino und Maja lösen mit unterschiedlichen Methoden ähnliche Aufgaben; allerdings haben sie gelegentlich die Begründungen für ihr Vorgehen vergessen:

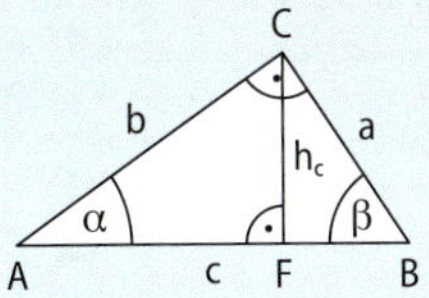

Bestimme jeweils die fehlenden Seitenlängen, die Winkelgrößen sowie die Länge der Höhe h_c des rechtwinkligen Dreiecks ABC ($\gamma = 90°$).

1 **Nike:** Gegebene Größen: $a = 3$ cm, $c = 5$ cm;
Messungen: $|\overline{FC}| = h_c \approx 2{,}5$ cm $\quad b \approx 4{,}1$ cm
$\alpha \approx 37° \quad \Rightarrow \quad \beta = 90° - \alpha \approx 53°$

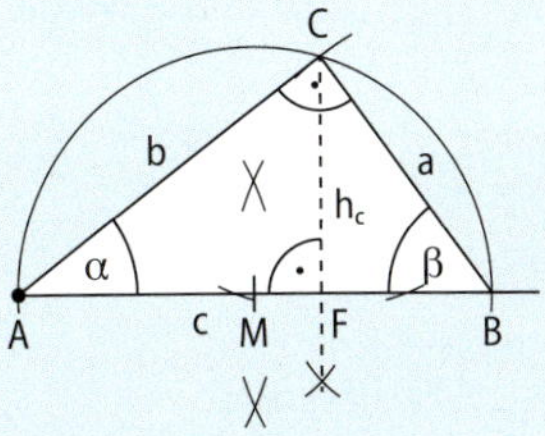

2 **Tamino:** Gegebene Größen: $a = 3$ cm, $h_c = 2{,}4$ cm
ΔFBC: $h_c^2 + |\overline{FB}|^2 = a^2 \quad \Rightarrow \quad |\overline{FB}| = 1{,}8$ cm
$\Delta FBC \sim \Delta AFC$: $\frac{b}{h_c} = \frac{a}{|\overline{FB}|} \quad \Rightarrow \quad b = 4$ cm; $a^2 + b^2 = c^2 \quad \rightarrow \quad c = 5$ cm
Die Winkelgrößen kann ich nur messen, aber nicht exakt berechnen; ich weiß nur: $\beta = 90° - \alpha$.

3 **Maja:** Gegebene Größen: $a = 3$ cm, $h_c = 2{,}4$ cm
ΔFBC: $\sin\beta = \frac{h_c}{a} \quad \Rightarrow \quad \beta \approx 53{,}13° \quad \Rightarrow \quad \alpha \approx 36{,}87°$
ΔAFC: $\frac{h_c}{\sin\alpha} = \frac{b}{\sin 90°} \quad \Rightarrow \quad b = 4$ cm; $a^2 + b^2 = c^2 \quad \Rightarrow \quad c = 5$ cm

- Erläutere jeweils den Lösungsweg und gib die fehlenden Begründungen an.
- Gib an, welche Kenntnisse über Dreiecke bei den einzelnen Lösungswegen notwendig sind.
- Erstelle eine Mindmap mit den verschiedenen „Sätzen und Zusammenhängen", die man für Berechnungen in Dreiecken benötigt.

Entdecken

Mateo findet in einem Mathematikbuch diese Abbildung mit einem spitzwinkligen Dreieck ABC. Daneben steht die Formel $c^2 = a^2 + b^2 - 2ab \cdot \cos\gamma$.

- Beschreibe den Zusammenhang mit eigenen Worten und erkläre den Beweis anhand der Abbildung.
- Begründe, dass diese Art des Beweises nur für spitzwinklige Dreiecke durchführbar ist.

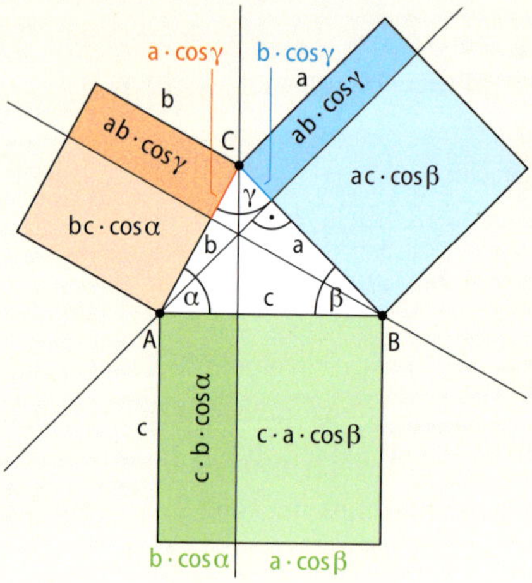

Verstehen

Ein Dreieck ist durch zwei Seitenlängen und die Größe des eingeschlossenen Winkels nach dem sws-Satz eindeutig festgelegt. Die dritte Seitenläge lässt sich daraus berechnen.

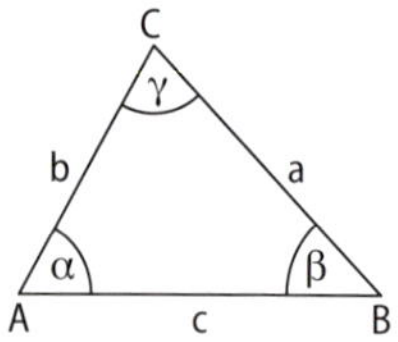

Kosinussatz: In einem beliebigen Dreieck ABC gelten zwischen den Seitenlängen und den Größen der Innenwinkel folgende Zusammenhänge:

$\mathbf{a^2 = b^2 + c^2 - 2bc \cdot \cos\alpha}$; $\mathbf{b^2 = a^2 + c^2 - 2ac \cdot \cos\beta}$; $\mathbf{c^2 = a^2 + b^2 - 2ab \cdot \cos\gamma}$

Für $\gamma = 90°$ gilt: $\cos\gamma = 0$. Deswegen ist der Satz des Pythagoras ein Spezialfall des Kosinussatzes für das rechtwinklige Dreieck.

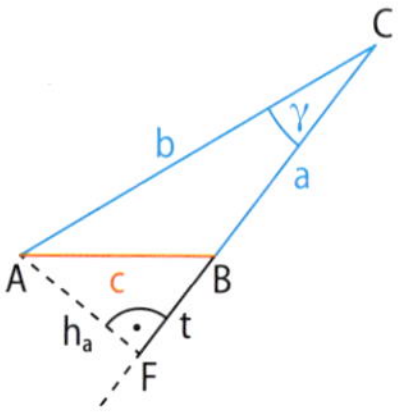

Erinnere dich:
$(\sin\gamma)^2 + (\cos\gamma)^2 = 1$

Beweis (für ein stumpfwinkliges Dreieck ABC):

1 ΔAFC: $\sin\gamma = \frac{h_a}{b} \quad \Rightarrow \quad h_a = b \cdot \sin\gamma$

2 ΔAFC: $\cos\gamma = \frac{a + t}{b} \quad \Rightarrow \quad a + t = b \cdot \cos\gamma \quad \Rightarrow \quad t = b \cdot \cos\gamma - a$

$$\begin{aligned} \Delta AFB\text{: } c^2 &= h_a^2 + t^2 = b^2 \cdot (\sin\gamma)^2 + (b \cdot \cos\gamma - a)^2 \\ &= b^2 \cdot (\sin\gamma)^2 + b^2 \cdot (\cos\gamma)^2 - 2ab \cdot \cos\gamma + a^2 \\ &= a^2 + b^2 \cdot [(\sin\gamma)^2 + (\cos\gamma)^2] - 2ab \cdot \cos\gamma \\ &= a^2 + b^2 - 2ab \cdot \cos\gamma \end{aligned}$$

Strategiewissen
Größen im Dreieck mit dem Kosinussatz berechnen

Beispiel

Gegeben ist ein Dreieck ABC mit den Seitenlängen $a = 4\,\text{cm}$, $b = 5{,}5\,\text{cm}$ und $c = 8\,\text{cm}$.

a) Begründe, dass die Größe des Winkels α nicht mit dem Sinussatz berechnet werden kann.

b) Berechne die Größe des Winkels α.

Lösung:

a) Für die Berechnung mithilfe des Sinussatzes benötigt man zur Berechnung des Winkels α neben zwei Seitenlängen die Größe eines weiteren Innenwinkels.

b) Nach dem Kosinussatz gilt:

$a^2 = b^2 + c^2 - 2bc \cdot \cos\alpha \qquad | - b^2 - c^2$

$\Rightarrow \quad a^2 - b^2 - c^2 = -2bc \cdot \cos\alpha \qquad | : (-2bc) \quad \Rightarrow \quad \frac{b^2 + c^2 - a^2}{2bc} = \cos\alpha$

$\cos\alpha = \frac{(5{,}5\,\text{cm})^2 + (8\,\text{cm})^2 - (4\,\text{cm})^2}{(2 \cdot 5{,}5\,\text{cm} \cdot 8\,\text{cm})} = \frac{78{,}25\,\text{cm}^2}{88\,\text{cm}^2} = \frac{313}{352} \approx 0{,}889 \quad \Rightarrow \quad \alpha \approx 27{,}2°$

- Begründe, von welcher Art ein Dreieck ist, bei dem $2bc \cdot \cos\alpha$ negativ (null) ist.
- Begründe, ob folgende Aussage richtig ist: „Der Satz des Pythagoras gilt in beliebigen Dreiecken, da er ein Spezialfall des Kosinussatzes ist.“

Nachgefragt

Aufgaben

Erklärvideo

Mediencode 61049-45

1 Berechne jeweils die fehlende Seitenlänge des Dreiecks ABC. Beschreibe dein Vorgehen.

a)
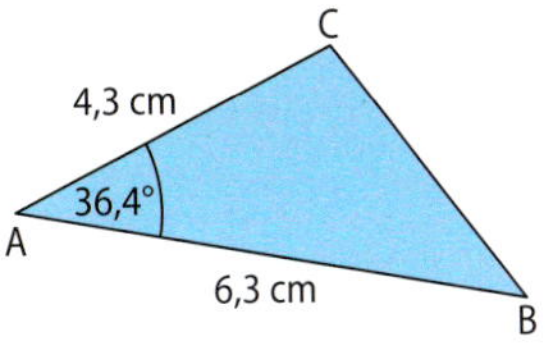

b)
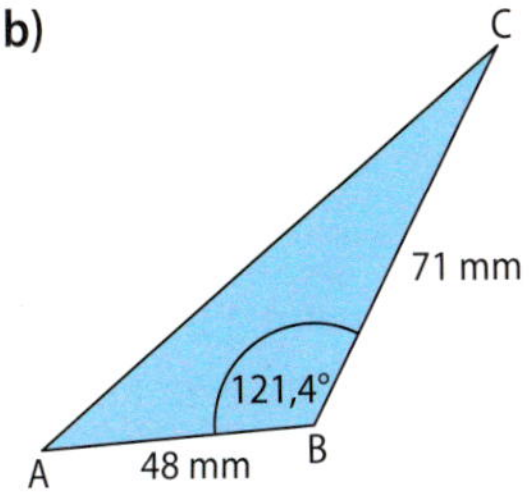

c)
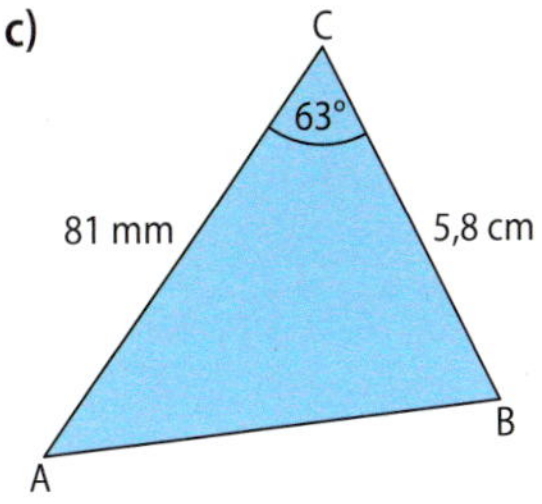

2 Berechne jeweils die Winkelgrößen im Dreieck ABC.

a)
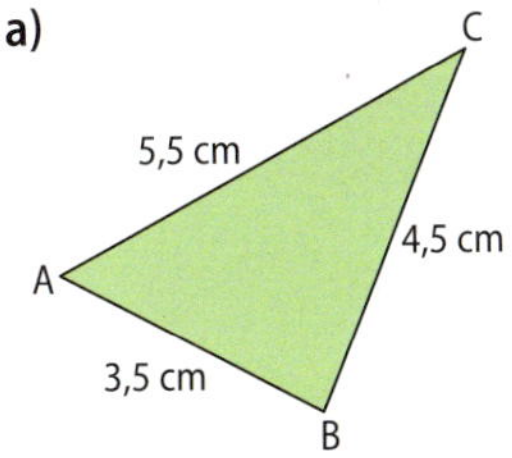

b)
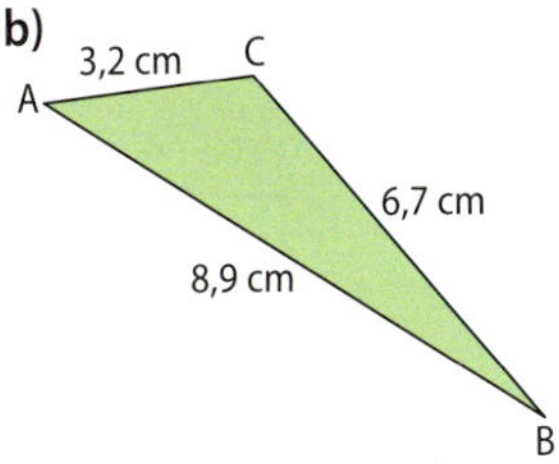

c)
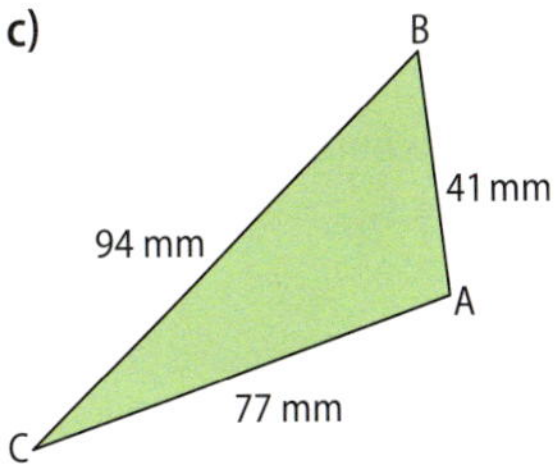

Obwohl ein Dreieck durch seine drei Seitenlängen eindeutig festgelegt ist (sss-Satz), ist es erst jetzt mithilfe des Kosinussatzes möglich, seine Winkelgrößen zu berechnen.

3 Berechne jeweils die fehlenden Werte für ein Dreieck ABC. Runde dabei sinnvoll.

	a)	b)	c)	d)	e)	f)	g)
a	3,5 cm	30 m	100 m		15 cm	3,7 cm	22 cm
b	5,8 cm	16 m	64 m	27 cm	30 cm		
c	8,5 cm	34 m		27 cm	20 cm		44 cm
α				30°			
β						45°	
γ			60°				
A						36,4 cm²	148 cm²

Mögliche Maßzahlen zu 3:
1,3; 1,8; 2,4; 7,7; 14; 24; 25; 28; 65; 88

Winkelgrößen zu 3:
6°; 12°; 16°; 18°; 19°; 26°; 28°; 31°; 36°; 39°; 62°; 75°; 81°; 90°; 117°; 129°; 130°; 146°; 162°

4 Berechne jeweils den Umfang U, die Größe des größten Innenwinkels und den Flächeninhalt A des Dreiecks …

a) EIN mit $E(2|3)$, $I(7|0)$ und $N(5|6)$.
b) TWO mit $T(3|5)$, $W(-2|4)$ und $O(0|0)$.
c) TRE mit $T(2|-4)$, $R(5|4)$ und $E(1|1)$.
d) QUA mit $Q(-3|0)$, $U(2|0)$ und $A(1|3)$.

5 Gegeben ist ein Dreieck ABC mit $a = 8$ cm, $b = 5{,}5$ cm und $c = 6{,}2$ cm.

a) Begründe, dass das Dreieck ABC aus den gegebenen Daten eindeutig konstruierbar ist, führe die Konstruktion durch und miss die Größe des Winkels β.

b) Berechne aus den Angaben die Größe des Winkels β sowie die prozentuale Abweichung deines Ergebnisses aus Teilaufgabe a) vom berechneten Ergebnis.

c) Begründe: Eine Konstruktion ist stets weniger exakt als eine Rechnung.

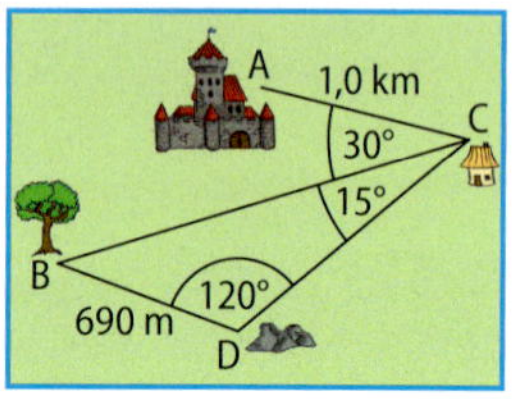

6 Zeige die Gültigkeit des Kosinussatzes in der Form $a^2 = b^2 + c^2 - 2ab \cdot \cos\alpha$ für ein spitzwinkliges Dreieck ABC analog zum Beweis auf S. 230.

7 Berechne die Länge der Strecke $\overline{AD}$ in der Abbildung und bestimme, um wie viel Prozent diese kleiner ist als $|\overline{DC}| + |\overline{CA}|$.

8 Trage das Dreieck ABC jeweils in ein Koordinatensystem ein. Berechne zunächst die Längen der Dreiecksseiten und dann die Größen der Innenwinkel des Dreiecks ABC. Runde sinnvoll.

a) $A(0|1)$, $B(6|0)$ und $C(3|5)$ **b)** $A(-4|-4)$, $B(5|0)$ und $C(-1|3)$

9 In einem Dreieck ist eine Seite 4,6 cm und die andere 4,1 cm lang. Der von ihnen eingeschlossene Winkel beträgt 75°. Berechne die Länge der dritten Seite und die Größe der beiden anderen Innenwinkel. Überprüfe deine Ergebnisse mithilfe einer DGS.

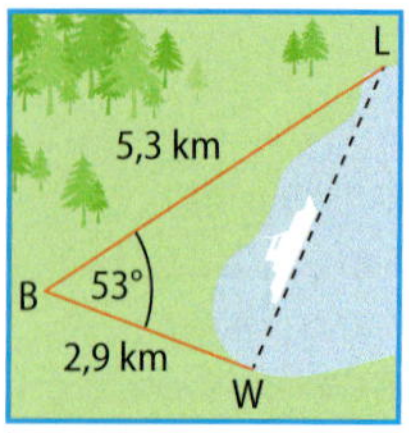

10 Ein Motorboot fährt vom Punkt W bis zum Punkt L mit einer gleichbleibenden Geschwindigkeit von 26 km/h. Berechne, wie lange die Fahrt dauert.

11 **a)** Berechne jeweils die Längen der Diagonalen im Parallelogramm ABCD.
1 $a = 7{,}0$ cm; $b = 4{,}4$ cm; $\alpha = 25°$ **2** $a = 12{,}3$ cm; $d = 4{,}8$ cm; $\delta = 71°$
b) Ermittle rechnerisch die Längen der Diagonalen des Vierecks ABCD.
$a = 5{,}5$ cm; $b = 5{,}1$ cm; $d = 3{,}9$ cm; $\alpha = 78{,}5°$; $\beta = 55{,}8°$

12 Gegeben ist ein Quader mit den Abmessungen $a = 12$ cm, $b = 4$ cm und $c = 8$ cm.
a) Zeichne ein Schrägbild des Quaders in einem geeigneten Maßstab.
b) Berechne die Größen der Winkel zwischen den Flächendiagonalen d, e und f.

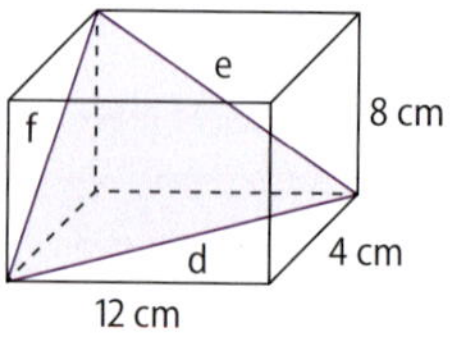

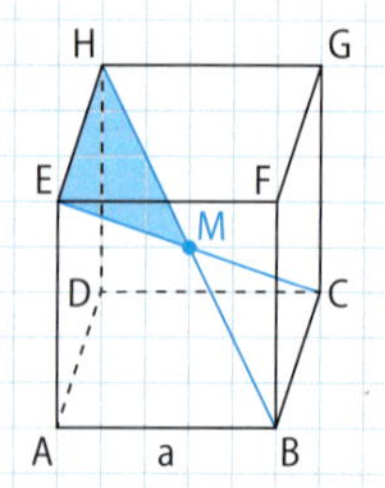

13 Die beiden Raumdiagonalen $\overline{HB}$ und $\overline{EC}$ des Würfels ABCDEFGH (Kantenlänge a) schneiden einander im Punkt M.
Berechne die Größen der Innenwinkel sowie den Flächeninhalt A (a) des Dreiecks HEM in Abhängigkeit von der Kantenlänge a. Löse die Aufgabe auch mithilfe einer DGS.

14 In einen Kreis mit Radius 6 cm sind die Sehnen $\overline{AB}$ mit Länge 3,5 cm und $\overline{BC}$ mit Länge 7,0 cm eingezeichnet.
a) Berechne die Länge der Strecke $\overline{AC}$ durch eine Konstruktion (mithilfe einer DGS). Beschreibe, wie du vorgegangen bist und welche Auffälligkeit sich ergibt.
b) Ermittle rechnerisch die Länge der Strecke $\overline{AC}$ und vergleiche dein Ergebnis mit der zeichnerischen Lösung.

Tipp:
Zeichne die Parallele zu $\overline{AD}$ durch C als Hilfslinie ein.

15 Von einem Trapez ABCD ($\overline{AB} \parallel \overline{CD}$) sind die Seitenlängen $|\overline{AB}| = 12$ cm und $|\overline{BC}| = 8{,}4$ cm sowie die Winkelgrößen $\sphericalangle BAD = \alpha = 60°$ und $\sphericalangle CBA = \beta = 40°$ bekannt.
a) Erstelle eine Skizze und berechne den Umfang U_{ABCD} und den Flächeninhalt A_{ABCD} dieses Trapezes.
b) Bestimme rechnerisch den Umfang eines Quadrats mit dem gleichen Flächeninhalt.

16 An einem Südhang, der gegen die Horizontale einen Neigungswinkel von 20° aufweist, steht eine Tanne. Von einem Punkt P, der 150 m vom Fuß des Baums entfernt ist, wird die Baumspitze anvisiert.

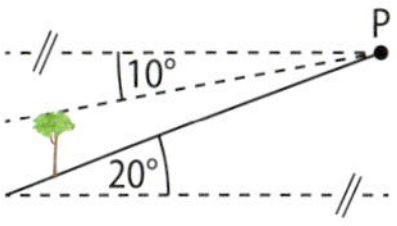

a) Simuliere die Situation in einer DGS. Bestimme die Höhe der Tanne auf zwei Arten. Dokumentiere dein Vorgehen jeweils genau und vergleiche.

b) Berechne die Länge des Schattens, den die Tanne bei einer Mittagssonnenhöhe von 48° auf den Hang wirft.

17 Ein Schiff wird mit der Geschwindigkeit 6 m/s nach Osten gesteuert. Eine Strömung mit der Geschwindigkeit 1 m/s in Richtung NO drängt das Schiff vom Steuerkurs ab.

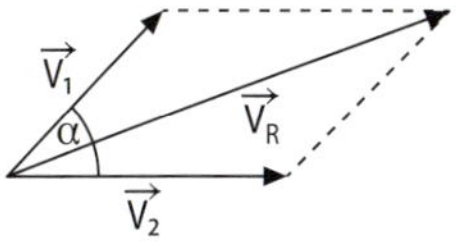

a) Zeichne die Situation maßstabsgetreu und bestimme aus der Zeichnung, wie schnell sich das Schiff tatsächlich bewegt und um wie viel Grad es von seinem Ost-Kurs in Richtung Norden abgelenkt wird.

b) Berechne den Betrag der resultierenden Geschwindigkeit sowie die Größe des Ablenkwinkels α. Vergleiche mit deinen Ergebnissen aus Teilaufgabe a).

18 Die Höhe h einer Arbeitsbühne kann durch zwei Gelenke A und B variiert werden. Dabei gilt $|\overline{AB}| = |\overline{BC}| = 4{,}00$ m, $\alpha \leq 87{,}5°$ sowie $\beta \leq 135°$. A ist dabei 2,60 m über dem Boden.

a) Berechne für $\alpha = 85°$ und $\beta = 115°$ die Höhe h des Punktes C.

b) Simuliere die Situation in einer DGS.

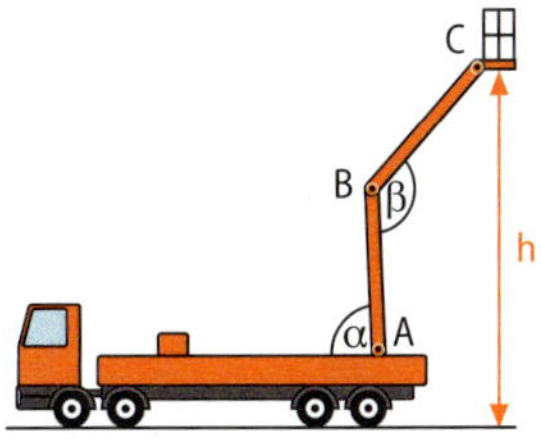

19 Um die Länge einer unzugänglichen Strecke $\overline{CD}$ zu bestimmen, peilt man von zwei Punkten A und B jeweils die Punkte C und D an und misst die Länge der Strecke $\overline{AB}$ sowie die vier Winkel α_1, α_2, β_1 und β_2.
Berechne die Länge der Strecke $\overline{CD}$ in der Abbildung, wenn $|\overline{AB}| = 800{,}0$ m ist.
Dokumentiere dein Vorgehen genau.

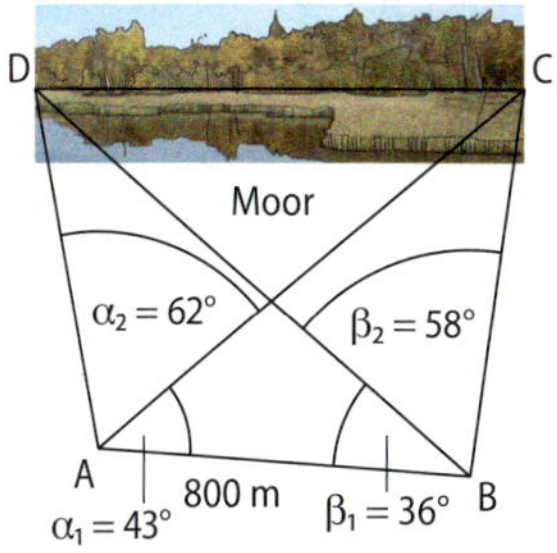

Physik

Kräfteparallelogramm

Greifen an einem Körper zwei Kräfte $\vec{F}_1$ und $\vec{F}_2$ an, so lassen sich diese beiden Kräfte durch eine Kraft ersetzen, deren Betrag und Richtung sich aus dem Kräfteparallelogramm ergibt (siehe Abbildung).

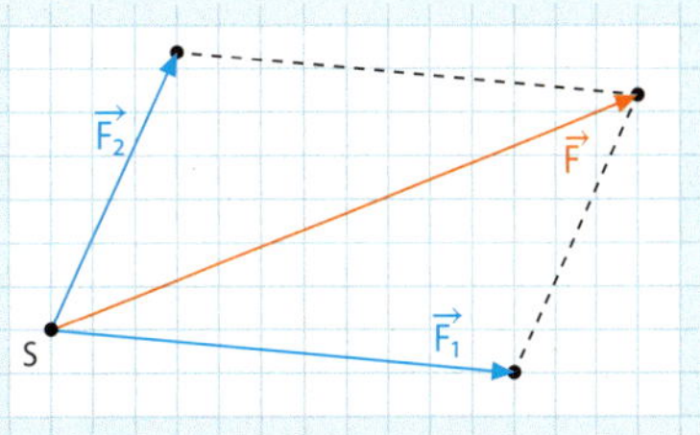

- Zeichne das Kräfteparallelogramm maßstabsgetreu, wenn im Punkt S die Kräfte $\vec{F}_1$ und $\vec{F}_2$ mit dem Betrag 55 N bzw. 35 N angreifen und sie miteinander einen Winkel von 70° einschließen.
  Ermittle zeichnerisch und rechnerisch den Betrag F der Ersatzkraft $\vec{F}$.
- Zwei in einem Punkt K angreifende Kräfte $\vec{F}_1$ und $\vec{F}_2$ haben die Beträge 14 N bzw. 12 N, ihre Ersatzkraft $\vec{F}$ hat den Betrag 23 N.
  Ermittle zeichnerisch und rechnerisch die Größe des stumpfen Winkels zwischen den beiden Kräften $\vec{F}_1$ und $\vec{F}_2$.

8 Trainingsrunde

Zu 8.1

1

Zeichne jeweils die Gerade g in ein Koordinatensystem und berechne ihren Steigungswinkel.

1 g: $y = 3x - 2$ **2** g: $y = 1 - \frac{1}{2}x$

Berechne die Koordinaten des Schnittpunkts der beiden Geraden sowie die Größe ihres spitzen Schnittwinkels.

g_1: $y = 4 - 2x$; g_2: $3x - y - 1 = 0$

2 Bestimme rechnerisch die Höhe des Gebäudes und beschreibe dein Vorgehen.

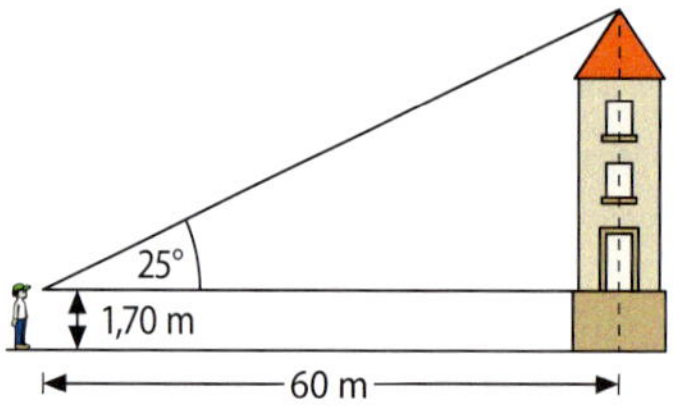

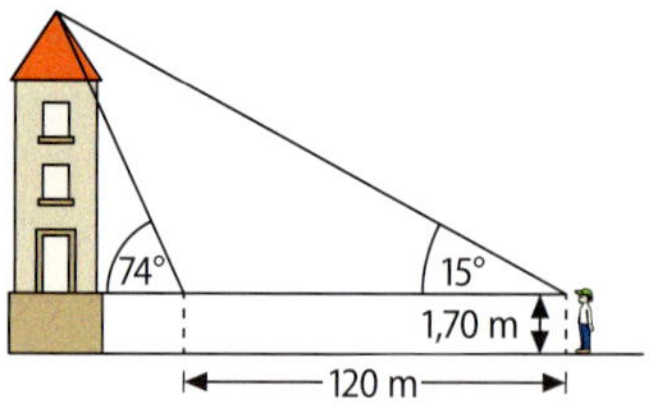

Zu 8.2

3 Berechne jeweils die fehlenden Seitenlänge(n) bzw. Winkelgröße(n) in der gegebenen Figur.

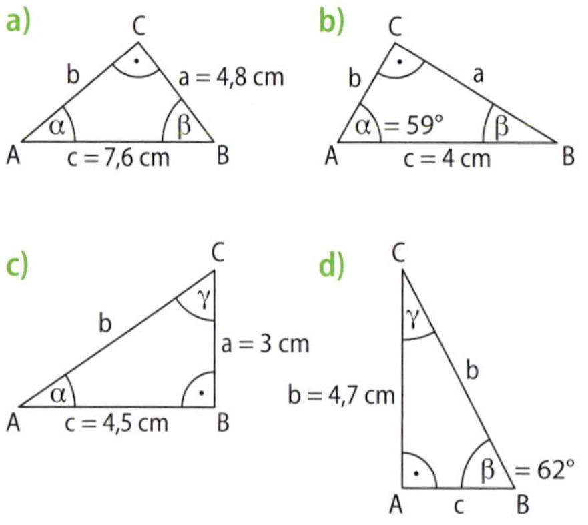

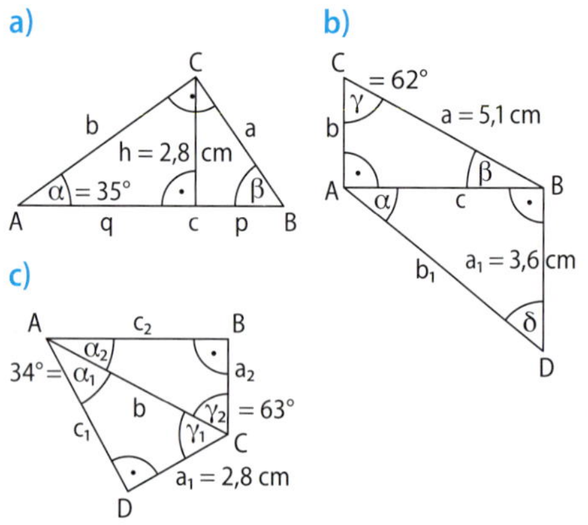

4 Auf dem Spielplatz hängt eine Kinderschaukel an einer $l = 2{,}50$ m langen Kette. Wenn diese um einen Winkel α aus der Ruhelage ausgelenkt wird, so wird das Schaukelbrett zugleich um die Höhe h angehoben.

Berechne die Höhe h, wenn die Schaukel um 53° aus der Ruhelage ausgelenkt wird. Eine Skizze ist hilfreich.

Weise nach, dass für die Höhe $h(\alpha)$, um die die Schaukel bei dem Auslenkwinkel α angehoben wird, gilt: $h(\alpha) = l \cdot (1 - \cos \alpha)$.

5 Gegeben ist ein gleichschenkliges Dreieck mit den Schenkeln a und b und der Basis c.

Berechne die fehlenden Größen des Dreiecks mit $c = 7{,}8$ cm und $\alpha = 35°$. Fertige eine Skizze an und zeichne h_c ein.

Das Dreieck hat den Winkel $\gamma = 116°$ und einen Flächeninhalt von 40 cm². Berechne die Länge der Basis c.

Zu 8.3

6 Übertrage jeweils die Angabe in dein Heft und ersetze dann den Platzhalter durch <, > oder = so, dass eine wahre Aussage entsteht. Begründe jeweils.

a) $\cos 63° \;\square\; \sin 27°$
b) $\cos 48° + \sin 48° \;\square\; 2$

a) $\cos 54° - \sin 36° \;\square\; 0$
b) $2 \cdot \cos 45° \;\square\; \sin 45°$

7 Von einem spitzen Winkel α ist bekannt, dass $\sin\alpha = 0{,}8$ ist. Gesa bestimmt $\cos\alpha$ und $\tan\alpha$, ohne α vorher zu berechnen. Beschreibe ihr Vorgehen.

$$(\sin\alpha)^2 + (\cos\alpha)^2 = 1$$
$$0{,}64 + (\cos\alpha)^2 = 1$$
$$(\cos\alpha)^2 = 0{,}36$$
$$\cos\alpha = 0{,}6$$

$$\tan\alpha = \frac{\sin\alpha}{\cos\alpha} = \frac{0{,}8}{0{,}6} = \frac{4}{3}$$
$$\tan\alpha = 1{,}\overline{3}$$

8 Begründe jeweils, ob der Wert des Terms positiv, negativ oder null ist.

a) $\cos 115°$ b) $\sin 278°$
c) $\cos 270°$ d) $\sin(-35°)$
e) $\cos 90° + \sin 90°$ f) $\cos 214° - 1$

a) $1 - (\sin 73°)^2$ b) $1 - \sin 167°$
c) $\sin 135° + \cos 135°$
d) $\sin 143° + \cos 127°$

9 Bestimme jeweils rechnerisch und ggf. mithilfe einer Skizze alle Winkel φ mit $0° \le \varphi \le 360°$, die die folgende(n) Bedingung(en) erfüllen. Runde sinnvoll, falls nötig.

a) $\sin\varphi = 0$ b) $\cos\varphi = 0{,}3$
c) $\sin\varphi = -0{,}8$ d) $\cos\varphi = -1$
e) $\sin\varphi = 0{,}2$ f) $\cos\varphi = -0{,}5$

a) $\sin\varphi = 1$ und $\cos\varphi \le 0$
b) $(\sin\varphi)^2 + (\cos\varphi)^2 = 1$
c) $\sin\varphi = -0{,}2$ und $\cos\varphi > 0$
d) $2 \cdot \cos\varphi = 1{,}5$ und $\sin\varphi < 0$

10 Von Strecken bekannter Länge aus kann man die Entfernung eines unzugänglichen Punktes oder die Länge einer unzugänglichen Strecke bestimmen. Berechne jeweils die Längen der Strecken x und y. Zu 8.5

a)
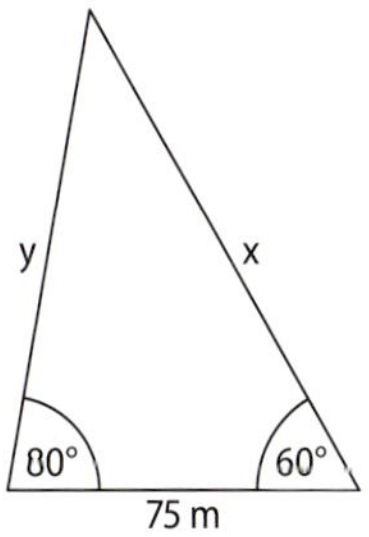

b)
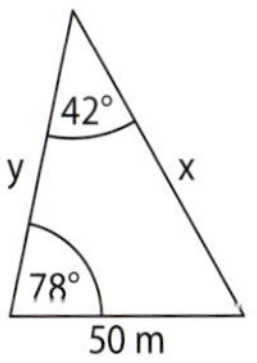

a)
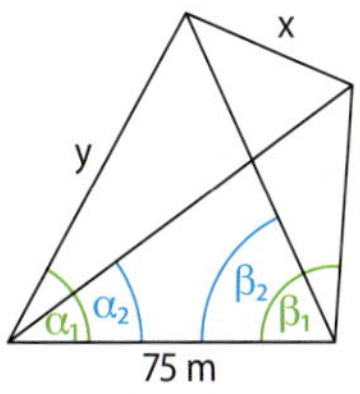

b)
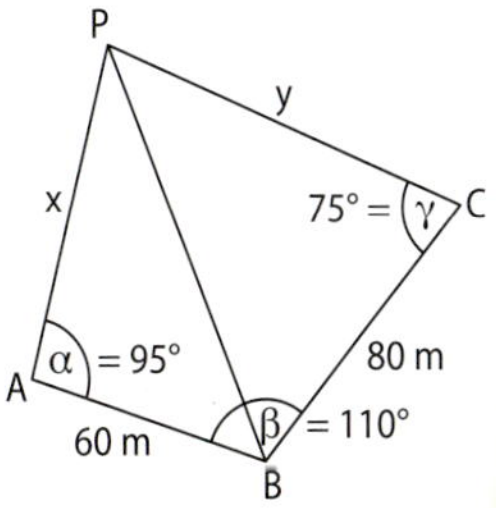

11 Begründe oder widerlege die Aussage. Zu 8.6

Von einem Dreieck ABC ist bekannt: $a = 4$ cm, $b = 8$ cm und $c = 6$ cm. Die Innenwinkel α, β und γ lassen sich mit dem Kosinussatz berechnen.

Von einem Dreieck ABC ist bekannt: $a = 3$ cm, $b = 2$ cm, $\beta = 30°$. Die Größen α, γ und c lassen sich mit dem Kosinussatz berechnen.

12 Berechne die fehlenden Größen des Parallelogramms.

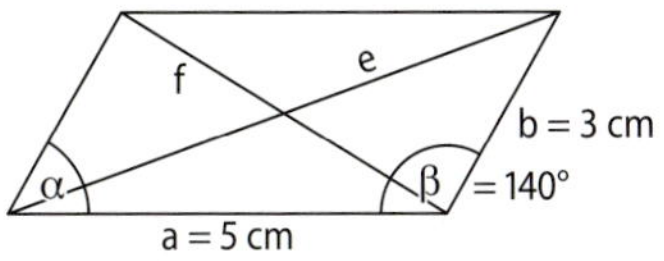

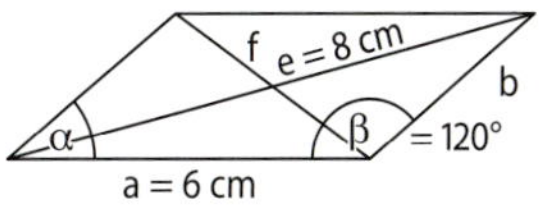

13 Ermittle rechnerisch jede der grün markierten Größen (Zeichnungen nicht maßstäblich).

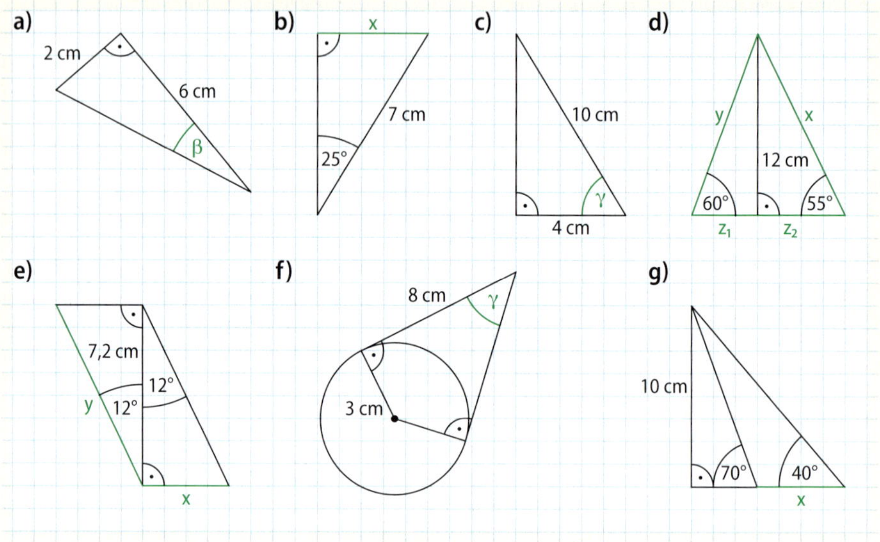

14 Trage die beiden Geraden g: $y = x - 2$ und h: $y = -x + 8$ in ein gemeinsames Koordinatensystem ein. Die y-Achse schneidet die Gerade g im Punkt L und die Gerade h im Punkt E. Die beiden Geraden g und h schneiden einander im Punkt A.

a) Ermittle rechnerisch die Koordinaten der Punkte L, E und A.

b) Zeige auf zwei verschiedene Arten, dass das Dreieck LEA rechtwinklig ist.

c) Berechne den Umfang des Dreiecks LEA, die Größen seiner Innenwinkel sowie seinen Flächeninhalt.

d) Begründe auf verschiedene Arten, dass $M(0|3)$ der Umkreismittelpunkt des Dreiecks LEA ist.

15 Eine Treppe überwindet eine Geschosshöhe von 3,06 m auf 16 Stufen mit jeweils einer Auftrittsbreite von $b = 29$ cm.

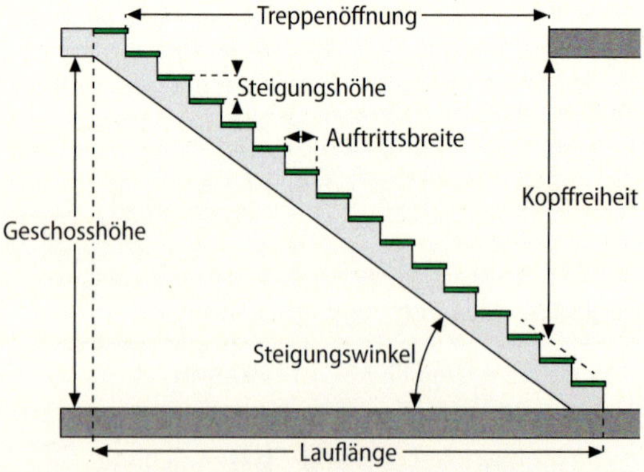

a) Berechne den Steigungswinkel der Treppe.

b) Berechne die Länge der Treppenöffnung, wenn über jeder Stufe mindestens eine Kopffreiheit von 2,15 m sein soll und die Decke $d = 27$ cm dick ist.

c) Gib sinnvolle Maße einer Treppe (Anzahl der Stufen, Auftrittsbreite, Steigungshöhe) für dieselbe Geschosshöhe an, wenn die Lauflänge höchstens 4,00 m betragen darf.

16 Begründe mithilfe des Einheitskreises, dass für einen spitzen Winkel φ folgende Zusammenhänge gelten.

a) $\sin(180° + \varphi) = -\sin\varphi$

b) $\cos(180° - \varphi) = -\cos\varphi$

c) $\cos(180° + \varphi) = \cos(180° - \varphi)$

d) $\sin(360° - \varphi) = -\sin\varphi$

17 Der Schatten eines Einfamilienhauses mit Flachdach ist am 21. 12. eines Jahres in Coburg (50° 16' N, 10° 58' O) 22,3 m lang. Untersuche, ob die Familie im Hochsommer am Gartentisch im Schatten des Hauses Platz findet. Erkläre dein Vorgehen. Eine Skizze ist hilfreich.

> Unter der Mittagshöhe der Sonne versteht man den größten Einstrahlwinkel der Sonnenstrahlen an einem Tag. Die Mittagshöhe auf der Nordhalbkugel erreicht ihren größten Wert am 21. 6. mit $90° + 23{,}5° - \varphi$ und den kleinsten Wert am 21. 12. mit $90° - 23{,}5° - \varphi$. Der Winkel φ ist die geographische Breite des Ortes.

18 Lars hat die abgebildete Aufgabe mithilfe des Kosinussatzes bearbeitet. Sein Ergebnis stimmt nicht. Finde die Fehler, korrigiere sie und präsentiere deine Überlegungen der Klasse.

Gegeben: Dreieck ABC mit $a = 5\,cm$; $b = 6{,}5\,cm$; $c = 2{,}8\,cm$
Gesucht: β
Lösung: $b^2 = a^2 + c^2 - 2ac \cdot \cos\beta$

$$6{,}5^2 = (5 + 2{,}8)^2 - 2 \cdot 5 \cdot 2{,}8 \cdot \cos\beta$$
$$42{,}25 = 60{,}84 - 28 \cdot \cos\beta$$
$$\cos\beta = \frac{42{,}25}{60{,}84 - 28} \approx 1{,}29 > 1 \quad \text{Widerspruch}$$

Ein solches Dreieck kann es nicht geben.

19 Gegeben ist ein Dreieck ABC mit der Seitenlänge $c = 6\,cm$ und den Winkelgrößen $\alpha = 40°$ und $\beta = 70°$.

a) Begründe, dass das Dreieck eindeutig konstruierbar ist, und konstruiere es in deinem Heft (mithilfe einer DGS).

b) Berechne die fehlende Winkelgröße sowie die Seitenlängen a und b und vergleiche deine Ergebnisse mit deiner Zeichnung.

20 An einer Uferböschung, die geradlinig abfällt, wird ein Bootssteg gebaut. Zur Befestigung werden im Abstand von 1,30 m vier Pfähle in den Boden gerammt.

a) Bestimme mithilfe trigonometrischer Zusammenhänge die Länge der Pfähle, wenn diese 1 m tief im Boden verankert sind.

b) Beschreibe eine Berechnungsmöglichkeit ohne trigonometrische Zusammenhänge.

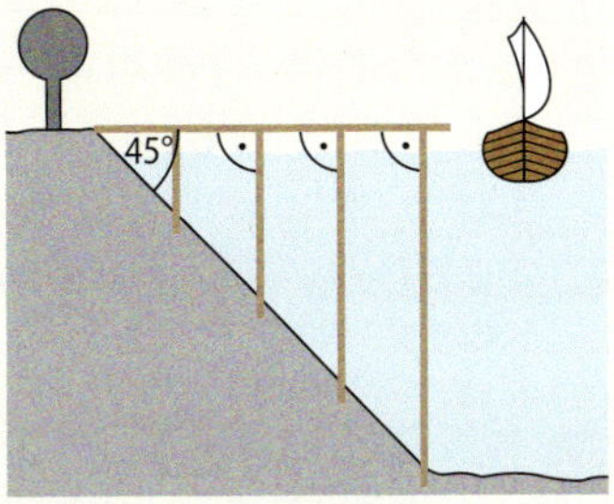

21 Gegeben ist das Dreieck ABC mit A (1 | 2), B (6 | –1) und C (5 | 4). Gesucht sind die Seitenlängen a, b und c. Luisa macht den abgebildeten Ansatz.

a) Beschreibe Luisas Ansatz und berechne die gesuchten Seitenlängen.

b) Bestimme auf unterschiedliche Arten die Größen der Innenwinkel des Dreiecks ABC und beschreibe dein Vorgehen. Tipp: Nutze auch die roten Hilfsdreiecke.

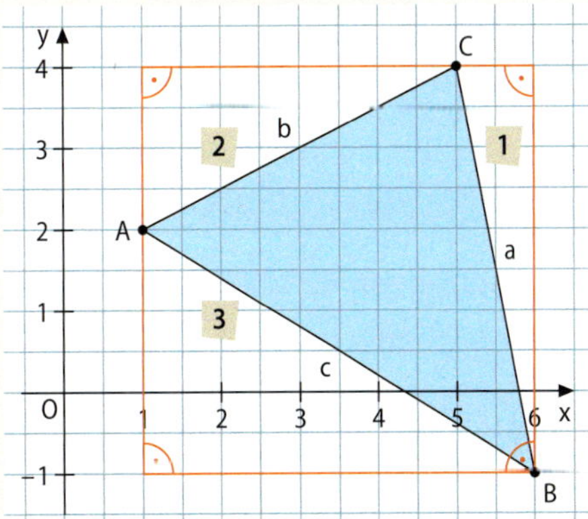

1 $a^2 = (6 - 5)^2 + [4 - (-1)]^2$
2 $b^2 = (5 - 1)^2 + (4 - 2)^2$
3 $c^2 = (6 - 1)^2 + [2 - (-1)]^2$

22 Aus Mary's englischem Mathematikbuch:
At what angle φ must each side of a 200-foot-drawbridge be raised to create a 100-foot-gap?

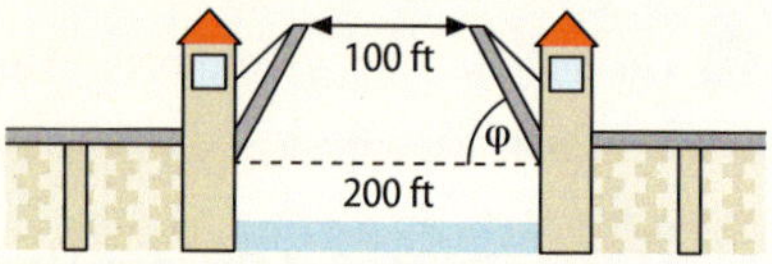

23 Ein gleichseitiges Dreieck hat eine Höhe von 8 cm. Bestimme die Seitenlängen auf verschiedene Arten.

24 Der Hindenburgdamm verbindet die Nordseeinsel Sylt mit dem Festland. Der Querschnitt durch den Damm ist ein gleichschenkliges Trapez. Berechne die Dammhöhe und überprüfe das Ergebnis durch eine maßstabsgetreue Zeichnung (mit einer DGS).

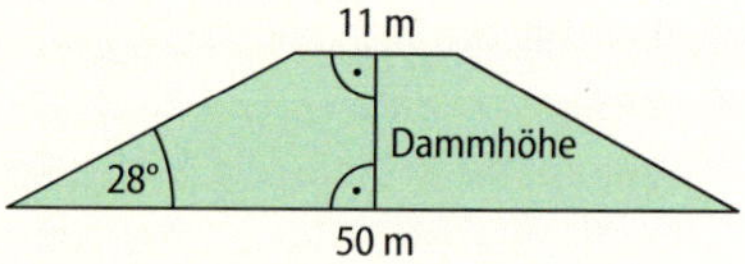

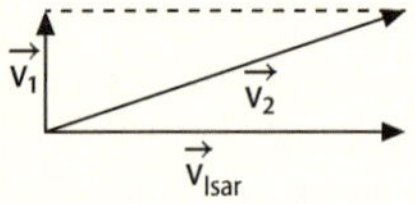

25 Ein Schlauchboot fährt mit 1 m/s von einem Ufer der Isar zum anderen. Die Isar ist an dieser Stelle 32 m breit und hat eine Fließgeschwindigkeit von 3 m/s. Das Boot wird abgetrieben.

a) Lia fertigt eine Skizze an. Übertrage die Skizze in dein Heft und erkläre die Bedeutung von $\vec{v_1}$ und $\vec{v_2}$.

b) Berechne, unter welchem Winkel das Schlauchboot das andere Ufer erreicht.

26 Zwei Schlepper ziehen ein großes Frachtschiff mit einer Zugkraft von jeweils 500 kN und unter einem Winkel von 30° in den Hafen. Bestimme, mit welcher Kraft das Frachtschiff „nach vorne" gezogen wird.

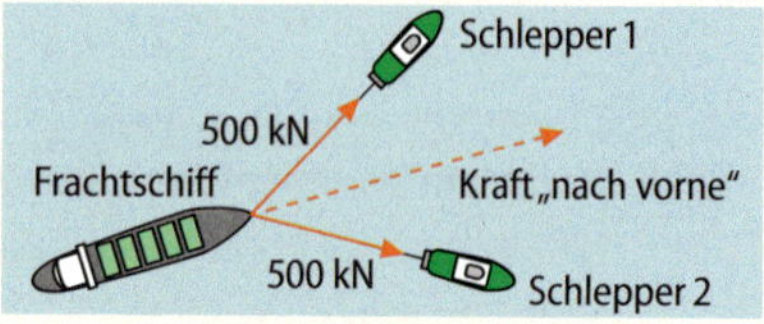

27 Die Skizze zeigt die Maße eines symmetrischen Flugdrachens. Es gilt: $t = 1{,}12$ m, $s = 10{,}50$ m und $\alpha = 120°$.

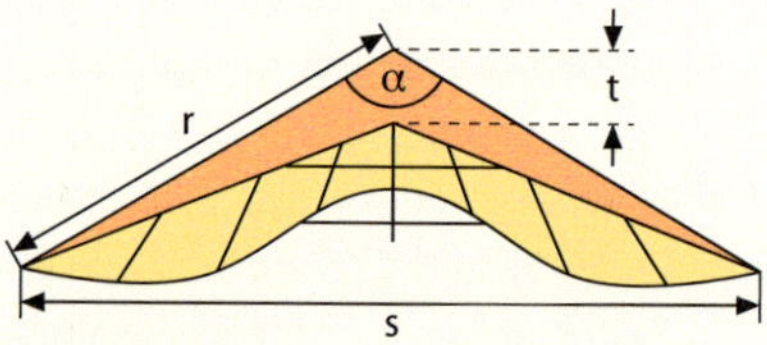

a) Berechne die Länge r der vorderen Kante der Tragfläche.

b) Der vordere Teil des Flugdrachens wird mit rotem Stoff bespannt. Bestimme rechnerisch, wie viele Quadratmeter Stoff dafür notwendig sind.

c) Die Restfläche des Flugdrachens soll mit gelbem Stoff bespannt werden. Ihr Inhalt ergibt sich aus der roten Fläche mit einem Materialzuschlag von 16 %. Berechne die Gesamtfläche des Gleiters.

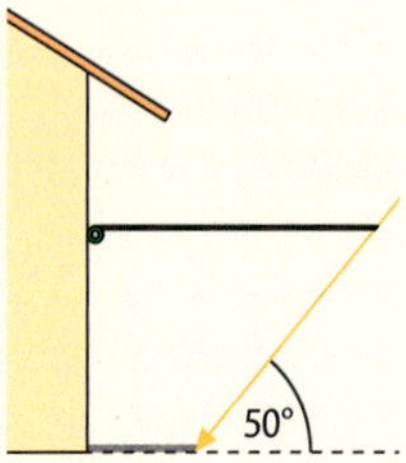

28 An einer Hauswand befindet sich in 3,0 m Höhe eine ausrollbare Markise.

a) Ermittle auf unterschiedliche Arten, wie breit der Schattenstreifen vor dem Haus ist, wenn bei einer Sonnenhöhe von 50° die Markise auf ihre maximale Breite von 4,0 m waagrecht ausgefahren wird.

b) Durch Kippen der Markise kann die Schattenbreite verändert werden. Berechne, um wie viel die Schattenbreite im Vergleich zur waagrechten Lage der Markise bei einer Sonnenhöhe von 50° durch Kippen vergrößert werden kann.

Sinus, Kosinus und Tangens

Seite 214, 216, 220

In einem rechtwinkligen Dreieck sind die Seitenverhältnisse eindeutig durch die Größe eines der beiden spitzen Winkel des Dreiecks festgelegt. Umgekehrt legt das Verhältnis zweier Seitenlängen die Größe der beiden spitzen Innenwinkel eindeutig fest. Es gilt:

- **Sinus von α** $= \frac{\text{Länge der Gegenkathete von } \alpha}{\text{Länge der Hypotenuse}}$
- **Kosinus von α** $= \frac{\text{Länge der Ankathete von } \alpha}{\text{Länge der Hypotenuse}}$
- **Tangens von α** $= \frac{\text{Länge der Gegenkathete von } \alpha}{\text{Länge der Ankathete von } \alpha}$

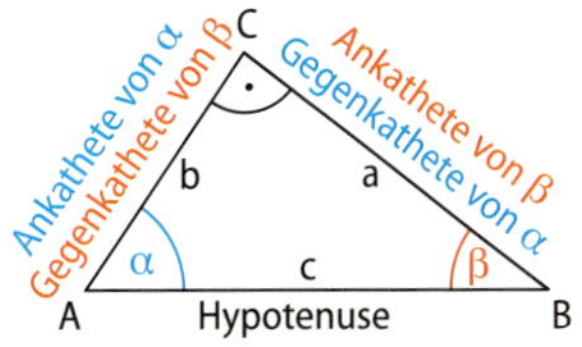

$\sin\alpha = \frac{a}{c}$; $\sin\beta = \frac{b}{c}$

$\cos\alpha = \frac{b}{c}$; $\cos\beta = \frac{a}{c}$

$\tan\alpha = \frac{a}{b}$; $\tan\beta = \frac{b}{a}$

Für spitze Winkel α gilt:
- $(\sin\alpha)^2 + (\cos\alpha)^2 = 1$ („trigonometrischer Pythagoras")
- $\sin\alpha = \cos(90° - \alpha)$ und $\cos\alpha = \sin(90° - \alpha)$
- $\tan\alpha = \frac{\sin\alpha}{\cos\alpha}$

Im rechtwinkligen Dreieck ABC ($\gamma = 90°$) gilt der Satz des Pythagoras:

$a^2 + b^2 = c^2 \quad | : c^2$

$\Rightarrow \left(\frac{a}{c}\right)^2 + \left(\frac{b}{c}\right)^2 = 1$

$\Rightarrow (\sin\alpha)^2 + (\cos\alpha)^2 = 1$

Sinus und Kosinus am Einheitskreis

Seite 222

Für beliebige Winkel $0° \leq \varphi \leq 360°$ wird der zugehörige Punkt P auf dem **Einheitskreis** betrachtet. Der Sinuswert **$\sin\varphi$** ist die **y-Koordinate**, der Kosinuswert **$\cos\varphi$** die **x-Koordinate** des Punktes P.

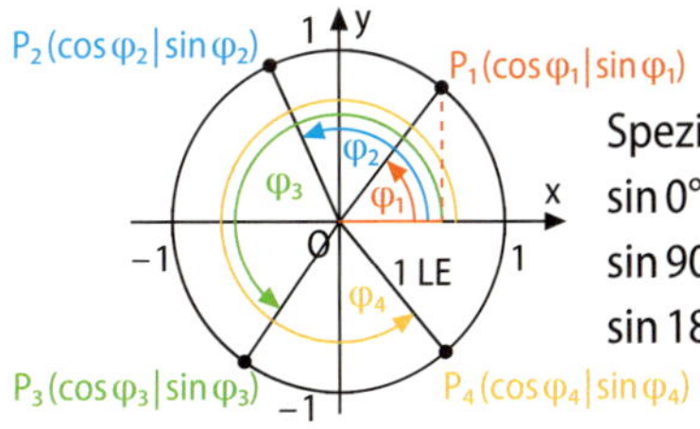

Spezielle Werte:

$\sin 0° = 0$	$\cos 0° = 1$
$\sin 90° = 1$	$\cos 90° = 0$
$\sin 180° = 0$	$\cos 180° = -1$

Sinussatz

Seite 226

In einem beliebigen Dreieck ABC verhalten sich die **Längen zweier Seiten** wie die **Sinuswerte ihrer Gegenwinkel**.

$\frac{a}{b} = \frac{\sin\alpha}{\sin\beta}$ bzw. $\frac{a}{c} = \frac{\sin\alpha}{\sin\gamma}$ bzw. $\frac{b}{c} = \frac{\sin\beta}{\sin\gamma}$

Für den Flächeninhalt A des Dreiecks ABC gilt:

$A = \frac{1}{2}ab\sin\gamma = \frac{1}{2}ac\sin\beta = \frac{1}{2}bc\sin\alpha$

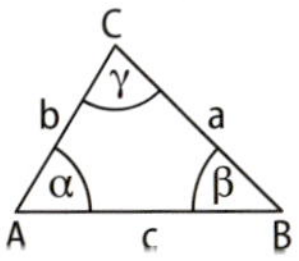

$a = 4\text{ cm}$, $\alpha = 65°$, $\beta = 37°$

Berechne die Länge der Strecke b:

$\frac{b}{a} = \frac{\sin 37°}{\sin 65°} \quad \Rightarrow \quad b = \frac{\sin 37°}{\sin 65°} \cdot 4\text{ cm} \approx 2{,}66\text{ cm}$

Kosinussatz

Seite 230

In einem beliebigen Dreieck ABC gilt:

$a^2 = b^2 + c^2 - 2bc \cdot \cos\alpha$

$b^2 = a^2 + c^2 - 2ac \cdot \cos\beta$

$c^2 = a^2 + b^2 - 2ab \cdot \cos\gamma$

Der Satz des Pythagoras ist ein Spezialfall des Kosinussatzes für das rechtwinklige Dreieck ($\gamma = 90°$).

Für $a = 4\text{ cm}$, $b = 3\text{ cm}$ und

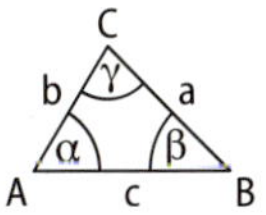

1 $\gamma = 60°$ gilt:

$c = \sqrt{(4\text{ cm})^2 + (3\text{ cm})^2 - 2 \cdot 4\text{ cm} \cdot 3\text{ cm} \cdot \cos 60°}$

$= \sqrt{13}\text{ cm} \approx 3{,}61\text{ cm}$

2 $\gamma = 90°$ gilt: $c = \sqrt{(4\text{ cm})^2 + (3\text{ cm})^2} = 5\text{ cm}$ ($\cos\gamma = 0$)

8 Am Ziel!

Aufgaben zur Einzelarbeit

Überprüfe deine Fähigkeiten und Kompetenzen. Bearbeite dazu die folgenden Aufgaben und bewerte anschließend deine Lösungen mit einem Smiley.

☺	😐	☹
Das kann ich **wirklich gut!**	Das kann ich **fast!**	Das muss ich **noch üben!**

1 Stelle für das rechtwinklige Dreieck die Zusammenhänge für Sinus, Kosinus und Tangens der Winkel α und β auf.

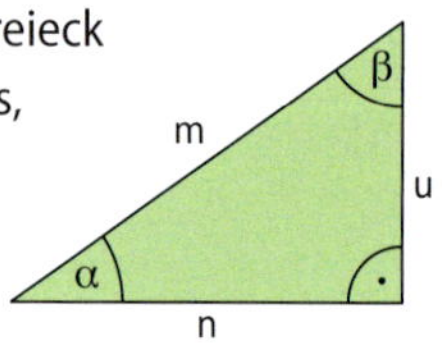

2 Geländefahrzeuge werden miteinander verglichen.

a) Berechne den Steigungswinkel, den Fahrzeuge mit folgender Steigfähigkeit überwinden können.

1 54 % **2** 60 % **3** 90 %

b) Bestimme rechnerisch die Steigung in Prozent für die folgenden Steigungswinkel.

1 30° **2** 35° **3** 58°

3 Berechne im Dreieck die Größen der Innenwinkel sowie jeweils die Länge der rot markierten Strecke.

a)

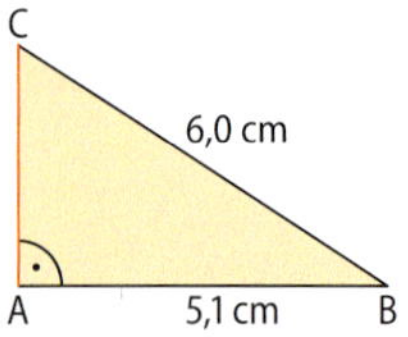

b)

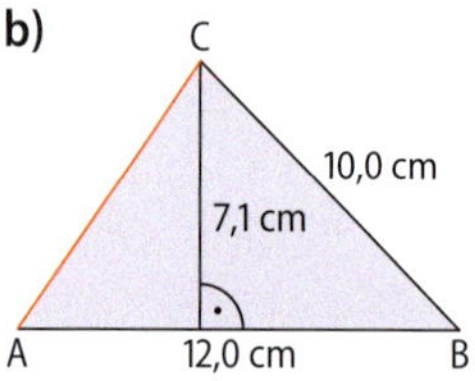

4 Eine Leiter wird zur Reparatur der Dachrinne (6,50 m hoch) an die Hauswand gestellt. Der Anstellwinkel darf höchstens 70° betragen. Berechne, wie lang die Leiter mindestens sein muss, damit sie bis zur Dachrinne reicht. Mache eine Skizze.

5 a) Berechne den Steigungswinkel der zugehörigen Geraden.

1 $y = 0{,}5x + 1$ **2** $4x = 8 + 2y$

b) Bestimme die Größe der von den beiden Geraden eingeschlossenen Winkel zeichnerisch und rechnerisch.

g_1: $y = \frac{1}{2}x + 2$; g_2: $y = 1 - x$

6 Anja hat am 15.8. um 12 Uhr zuerst die Sonnenhöhe $\beta = 52°$ an ihrem Urlaubsort bestimmt und dann die Länge $s = 22$ m des Schattens gemessen, den eine Tanne, die an einem Nordhang steht, hangabwärts wirft. Berechne die Höhe h der Tanne, wenn der Berghang einen Steigungswinkel von 29° hat. Erkläre dein Vorgehen.

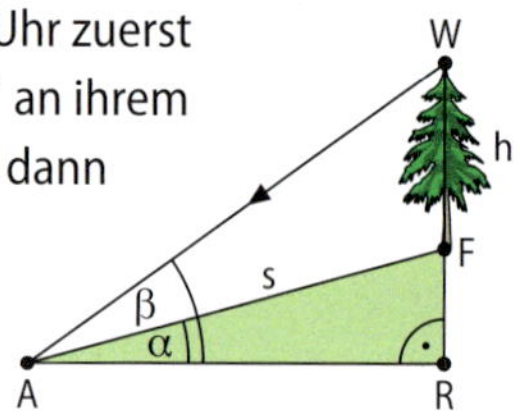

7 Bestimme im rechtwinkligen Dreieck ABC ($\gamma = 90°$) die Größe des gesuchten Winkels mithilfe trigonometrischer Zusammenhänge.

a) $\sin 17° = \cos\beta$
b) $\sin\alpha = \cos 36°$
c) $\sin 56° = \cos\beta$
d) $\sin 72° = \cos\beta$
e) $\sin\alpha = \cos 42°$
f) $\sin\alpha = \cos 58°$

8 Gib jeweils die Größen aller Winkel φ mit $0° \leq \varphi \leq 360°$ an, für die gilt:

a) $\cos\varphi = 0$
b) $\sin\varphi = 0$
c) $\sin\varphi = -0{,}3$
d) $\cos\varphi = -0{,}7$
e) $\sin\varphi = 0{,}4$ und $\cos\varphi < 0$
f) $\cos\varphi = 0{,}1$ und $\sin\varphi < 0$

9 Berechne jeweils die fehlende(n) Seitenlänge(n) bzw. Winkelgröße(n) im Dreieck ABC. Eine Skizze hilft dir.

a) $c = 8{,}5$ dm; $\beta = 32°$; $\gamma = 87°$
b) $a = 5{,}2$ cm; $\beta = 63{,}1°$; $\gamma = 95{,}6°$
c) $a = 7{,}3$ cm; $b = 4{,}7$ cm; $c = 8$ cm

10 Ermittle rechnerisch die Größen der Innenwinkel und den Umfang des markierten Dreiecks. Erkläre dein Vorgehen.

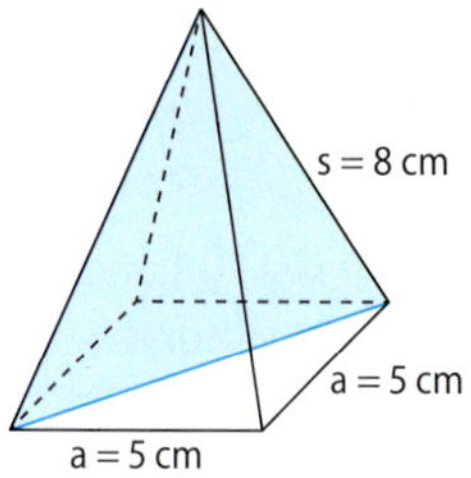

Aufgaben für Lernpartner

Arbeitsschritte

1. Bearbeite die folgenden Aufgaben zuerst allein.
2. Suche dir einen Partner oder eine Partnerin und arbeitet zusammen weiter: Erklärt euch gegenseitig eure Lösungen. Korrigiert fehlerhafte Antworten.

Sind folgende Behauptungen richtig oder falsch? Begründe.

A In einem rechtwinkligen Dreieck ABC mit rechtem Winkel bei C ist die Seite $\overline{AC}$ stets die Ankathete.

B Für den Sinus gilt im rechtwinkligen Dreieck ($\gamma = 90°$): $\sin\alpha = \frac{a}{c}$.

C Wenn zwei rechtwinklige Dreiecke in einem spitzen Innenwinkel übereinstimmen, dann ist das Verhältnis entsprechender Seitenlängen gleich groß.

D Sinus, Kosinus und Tangens eines Winkels sind immer kleiner als 1.

E $\frac{\sin 38°}{\cos 38°} = \tan 38°$.

F Die Steigung einer Geraden im Koordinatensystem ist der Tangens des Winkels, den die Gerade mit der x-Achse einschließt.

G Für alle spitzen Winkel α gilt: $\sin\alpha + \cos\alpha = 1$.

H Für einen spitzen Winkel φ gilt: $\sin\varphi = \sin(180° - \varphi)$.

I Der Sinuswert eines Winkels kann nicht null sein.

J Der Sinuswert und der Kosinuswert desselben Winkels sind stets verschieden.

K Der Sinus- und der Kosinuswert eines Winkels können nicht gleichzeitig negativ sein.

L Der Sinussatz gilt nicht für rechtwinklige Dreiecke.

M Wenn die drei Innenwinkel eines Dreiecks gegeben sind, sind die Seitenverhältnisse festgelegt.

N Wenn in einem Dreieck die Längen zweier Seiten und ein Winkel gegeben sind, so lassen sich die übrigen Winkelgrößen und die verbleibende Seite immer mit dem Sinussatz berechnen.

O Der Kosinussatz ist ein Sonderfall des Satzes des Pythagoras.

P Wenn in einem Dreieck von den drei Seitenlängen und drei Winkelgrößen irgendwelche drei bekannt sind, kann man die übrigen drei daraus berechnen.

Ich kann …	„Am Ziel!"-Aufgaben	Hilfe
… mit Sinus, Kosinus und Tangens Berechnungen an rechtwinkligen Dreiecken durchführen.	1, 2, 3, 4, 5, 6, A, B, C	S. 214, 216
… Zusammenhänge zwischen Sinus, Kosinus und Tangens begründen.	7, D, E, F	S. 220
… Sinus- und Kosinuswerte von Winkelgrößen am Einheitskreis veranschaulichen und Winkelgrößen, die einen vorgegebenen Sinus- oder Kosinuswert haben, bestimmen.	8, G, H, I, J, K	S. 222
… mit dem Sinus- und dem Kosinussatz Aufgaben in Sachzusammenhängen lösen.	9, 10, L, M, N, O, P	S. 226, 230

Startklar! – Seiten 8 bis 10

1 a) $\frac{7}{11} \cdot \frac{2}{13} - \frac{4}{13} \cdot \frac{4}{11} = \frac{7 \cdot 2}{11 \cdot 13} - \frac{4 \cdot 4}{13 \cdot 11}$

$= \frac{14}{143} - \frac{16}{143} = \frac{14 - 16}{143} = -\frac{2}{143}$

b) $0{,}25 + 3{,}57 + 2{,}43 = 0{,}25 + (3{,}57 + 2{,}43)$

$= 0{,}25 + 6 = 6{,}25$

c) $-\frac{3}{5} : (-0{,}2) + \frac{9}{20} = -\frac{3}{5} : \left(-\frac{1}{5}\right) + \frac{9}{20}$

$= -\frac{3}{5} \cdot (-5) + \frac{9}{20} = 3 + \frac{9}{20} = 3 + \frac{45}{100} = 3{,}45$

d) $\frac{3}{4} + \frac{1}{5} + 0{,}25 + 0{,}8 + \frac{1}{2}$

$= 0{,}75 + 0{,}2 + 0{,}25 + 0{,}8 + 0{,}5 = 2{,}5$

e) $\left(-\frac{1}{4} + 2{,}45\right) + \left(-0{,}75 + 1\frac{55}{100}\right)$

$= (-0{,}25 - 0{,}75) + (2{,}45 + 1{,}55)$

$= -(0{,}25 + 0{,}75) + 2{,}45 + 1{,}55 = -1 + 4 = 3$

f) $\frac{2}{5} \cdot \frac{4}{3} + \frac{7}{3} \cdot 0{,}4 + \frac{10}{6} \cdot \frac{2}{5} = \frac{8}{15} + \frac{7}{3} \cdot \frac{2}{5} + \frac{5}{3} \cdot \frac{2}{5}$

$= \frac{8}{15} + \frac{14}{15} + \frac{2}{3} = \frac{22}{15} + \frac{10}{15} = \frac{32}{15} = 2\frac{2}{15}$

g) $(0{,}5)^2 \cdot (-0{,}3) - 0{,}7 \cdot (0{,}5)^2 + 2$

$= (0{,}5)^2 \cdot (-0{,}3 - 0{,}7) + 2 = 0{,}25 \cdot (-1) + 2$

$= -0{,}25 + 2 = 1{,}75$

h) $-4 \cdot \frac{1}{5} \cdot 0{,}25 - \frac{2}{5} \cdot 0{,}5 = -4 \cdot \frac{1}{5} \cdot \frac{1}{4} - \frac{2}{5} \cdot \frac{1}{2}$

$= -\frac{1}{5} - \frac{1}{5} = -\frac{2}{5}$

i) $\left(-\frac{1}{2}\right)^2 \cdot \frac{5}{9} - \left(\frac{1}{3}\right)^2 \cdot 2 = \frac{1}{4} \cdot \frac{5}{9} - \frac{2}{9} = \frac{5}{36} - \frac{8}{36}$

$= -\frac{3}{36} = -\frac{1}{12}$

2 a) $\frac{1}{4} = \frac{5}{20} = \frac{10}{40}; \frac{1}{5} = \frac{4}{20} = \frac{8}{40}$

Beispiel: $\frac{9}{40}$ liegt zwischen $\frac{1}{5}$ und $\frac{1}{4}$.

b) $-\frac{1}{7} = -\frac{2}{14}; -\frac{2}{7} = -\frac{4}{14}$

Beispiel: $-\frac{3}{14}$ liegt zwischen $-\frac{2}{7}$ und $-\frac{1}{7}$.

c) Beispiel: 0,702 liegt zwischen 0,7 und 0,71.

d) Beispiel: −3,2004 liegt zwischen −3,201 und −3,2.

3 a) Direkte Proportionalität mit Proportionalitätsfaktor $m = 33{,}4 : 20 = 1{,}67$ (Dicke einer Münze in mm)

b) Keine Proportionalität. Beim Kauf von 2 Semmeln kostet eine Semmel 40 ct. 10 Semmeln kosten aber nicht 10 · 40 ct = 4 €, sondern nur 3,60 €.

c) Indirekte Proportionalität zwischen Fahrzeit und Geschwindigkeit: $\Delta t = \frac{\Delta x}{v}$ (Δt Fahrzeit, Δx zurückgelegte Strecke, v Geschwindigkeit).

4 a) $7 + 3(x - 2) = 5x - 3$

$7 + 3x - 6 = 5x - 3 \quad | -3x$

$1 = 2x - 3 \quad | +3$

$4 = 2x \quad | :2$

$2 = x$

$2 \in \mathbb{Z} \Rightarrow L = \{2\}$

b) $0{,}5(x + 4) - 3{,}5x = 5$

$0{,}5x + 2 - 3{,}5x = 5$

$-3x + 2 = 5 \quad | -2$

$-3x = 3 \quad | :(-3)$

$x = -1 \notin \mathbb{N} \Rightarrow L = \{\}$

c) $(17 + x) \cdot 5 + x \cdot (x + 1) = (7 + x) \cdot x - 26$

$85 + 5x + x^2 + x = 7x + x^2 - 26$

$x^2 + 6x + 85 = x^2 + 7x - 26 \quad | -x^2 - 6x$

$85 = x - 26 \quad | +26$

$111 = x$

$111 \in \mathbb{Q} \Rightarrow L = \{111\}$

d) $\frac{1}{x^2 + 5} < 0$ Zähler und Nenner sind stets positiv, also kann der Bruch nicht negativ werden. $L = \{\}$

e) $x(17 + x) - x^2 > 34(0{,}5x + 1{,}5)$

$17x + x^2 - x^2 > 17x + 51 \quad | -17x$

$0 > 51$ Widerspruch $\Rightarrow L = \{\}$

f) $\frac{4 + x}{x} > \frac{2x - 1}{2x} \quad | \cdot x \cdot 2x$

$(4 + x)2x > (2x - 1)x$

$8x + 2x^2 > 2x^2 - x \quad | -2x^2 + x$

$9x > 0 \quad | :9$

$x > 0 \Rightarrow L = \mathbb{N}$

g) $\frac{4 + x}{3 + 2x} = \frac{3 + 2x}{4x + 1} \quad | \cdot (3 + 2x)(4x + 1)$

$(4 + x)(4x + 1) = (3 + 2x)^2$

$16x + 4 + 4x^2 + x = 9 + 12x + 4x^2$

$4x^2 + 17x + 4 = 4x^2 + 12x + 9 \quad | -4x^2$

$17x + 4 = 12x + 9 \quad | -12x - 4$

$5x = 5 \quad | :5$

$x = 1 \in \mathbb{N} \Rightarrow L = \{1\}$

h) $\frac{1}{x} + \frac{1}{x + 1} = \frac{14}{2x(x + 1)}$

$\frac{x + 1}{x(x + 1)} + \frac{x}{x(x + 1)} = \frac{14}{2x(x + 1)}$

$\frac{2x + 1}{x(x + 1)} = \frac{7}{x(x + 1)} \quad | \cdot x(x + 1)$

$2x + 1 = 7 \quad | -1$

$2x = 6 \quad | :2$

$x = 3 \in G \Rightarrow L = \{3\}$

i) $\frac{x-2}{x+2} + 4x = \frac{2x(3+2x)}{x+2} \quad | \cdot (x+2)$

$x - 2 + 4x(x+2) = 2x(3+2x)$

$x - 2 + 4x^2 + 8x = 6x + 4x^2 \quad | - 4x^2 - 6x$

$3x - 2 = 0 \quad | + 2; : 3$

$x = \frac{2}{3} \notin G \Rightarrow L = \{\}$

j) $(x + 2{,}5)^2 = 11 + (x - 3)^2$

$x^2 + 5x + 6{,}25 = 11 + x^2 - 6x + 9 \quad | - x^2$

$5x + 6{,}25 = -6x + 20 \quad | + 6x - 6{,}25$

$11x = 13{,}75 \quad | : 11$

$x = 1{,}25 \in \mathbb{Q} \Rightarrow L = \{1{,}25\}$

5 a) $T(x) = (x - 1) + x + (x + 1) = 3x$
Der Termwert ist für jeden Wert von $x \in \mathbb{N}$ ein Vielfaches von 3, also durch 3 teilbar.

b) Der Termwert berechnet sich als Produkt dreier aufeinanderfolgender natürlicher Zahlen. Von diesen ist mindestens eine gerade, also durch 2 teilbar. Deshalb ist auch das Produkt durch 2 teilbar.

c) Der Zähler ist das Produkt dreier aufeinanderfolgender natürlicher Zahlen. Mindestens eine dieser Zahlen ist durch 2 und eine durch 3 teilbar. Somit ist der Zähler durch $2 \cdot 3 = 6$ teilbar und kann mit dem Nenner gekürzt werden.

6 a)

Fruchtjoghurt	
Menge	**Nährwert**
50 g	64 kcal
150 g	192 kcal
175 g	224 kcal
275 g	352 kcal

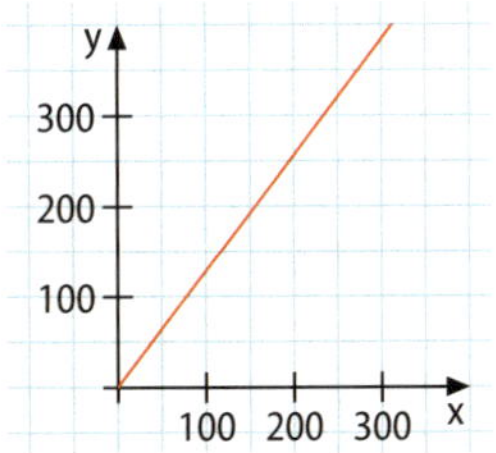

Direkte Proportionalität:
$y = \frac{64}{50} \cdot x$ (x Menge in g, y Nährwert in kcal)

b)

Vieleck	Anzahl der Diagonalen
4-Eck	2
8-Eck	20
12 Eck	54
n-Eck	$\frac{n^2 - 3n}{2}$

Keine direkte Proportionalität, da z. B. $20 = 2{,}5 \cdot 8$ und $54 = 4{,}5 \cdot 12$.

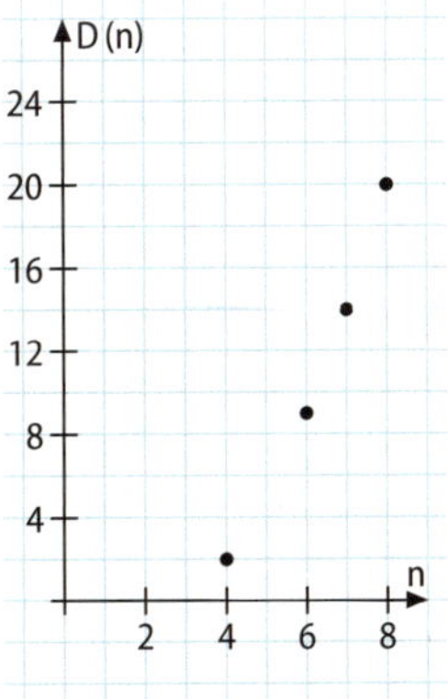

c)

Radius	Kreisflächeninhalt
7 cm	153,9 cm²
10 m	314,2 m²
6 cm	113,1 cm²
12 cm	452,4 cm²
2 mm	12,57 mm²

$A(r) = \pi r^2$ keine direkte Proportionalität

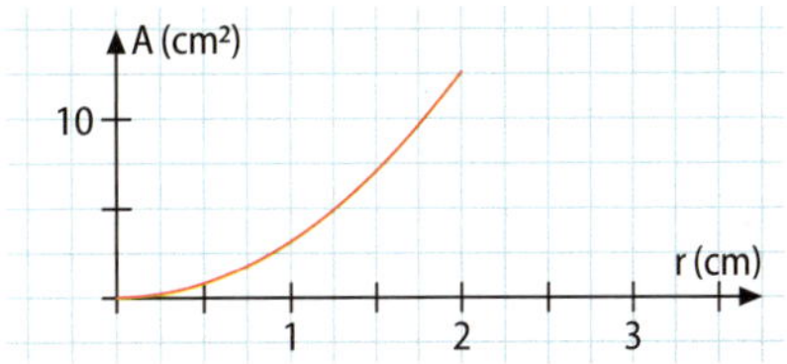

d)

Radius	Kreisumfang
7 cm	44,0 cm
10 m	62,8 m
65,9 dm	414 dm
12 cm	75,4 cm
100 mm	628 mm
2 mm	12,57 mm

$U(r) = 2\pi r$ direkte Proportionalität

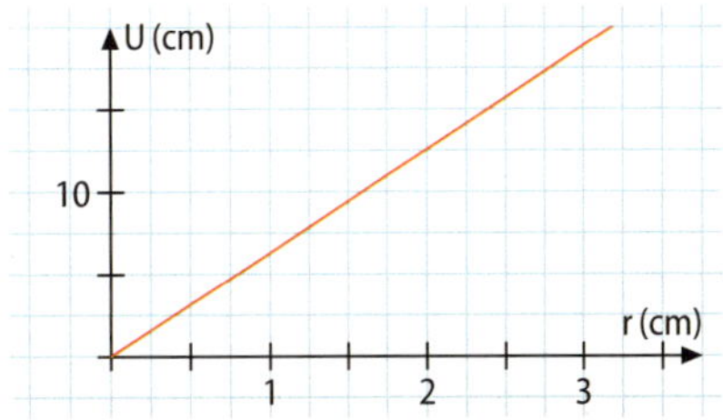

e)

Pizza: $A_{Pizza} = 0{,}072\ m^2$	
Anzahl der gleich großen Stücke	**Flächeninhalt eines Stücks**
12	0,006 m²
8	0,009 m²
3	0,024 m²
2	0,036 m²

$A(n) = \frac{0{,}072}{n}$ (n Anzahl der Stücke, A (n) Flächeninhalt eines Stücks); indirekte Proportionalität

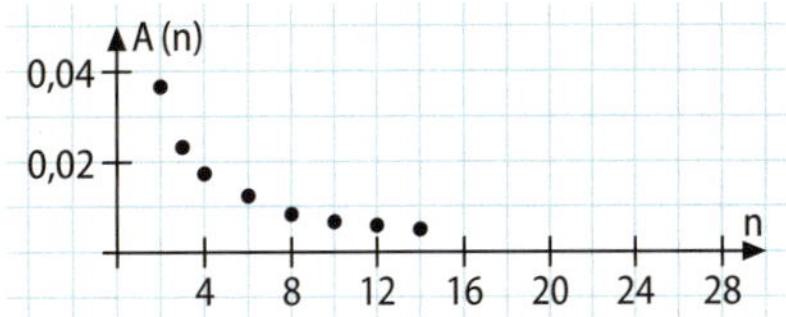

f)

Apfelernte	
Anzahl der Arbeiter	**Äpfel in kg/h**
1	140
4	560
9	1260
21	2940

$E(n) = 140n$ (n Anzahl der Arbeiter, $E(n)$ Erntemenge in kg/h);
direkte Proportionalität mit Proportionalitätsfaktor 140 kg/h.

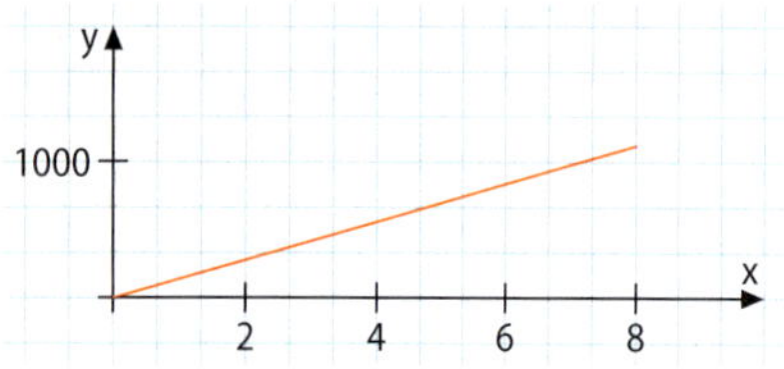

7 a) **1** $g_1: y = 2$

2 Gleichung der Geraden h_1: $y = -0{,}5x - 2{,}5$
Gleichung der Geraden g_2: $y = mx + t$. Wegen $g_2 \perp h_1$ ist $m = -\frac{1}{-0{,}5} = 2$, also $y = 2x + t$.
Einsetzen der Koordinaten von $P(1|2)$ in die Gleichung von g_2 ergibt $2 = 2 \cdot 1 + t$, also $t = 0$. Damit ist g_2: $y = 2x$.

3 Gleichung der Geraden g_3: $y = mx + t$.
Steigung $m = \frac{y_Q - y_P}{x_Q - x_P} = \frac{-3 - 2}{-4 - 1} = 1$, also $y = x + t$.
Einsetzen der Koordinaten von $P(1|2)$ in die Gleichung von g_3 ergibt $2 = 1 + t$, also $t = 1$.
Damit ist g_3: $y = x + 1$.

4 Gleichung der Geraden h_2: $y = 3x + 1$.
Gleichung der Geraden g_4: $y = mx + t$. Da g_4 parallel zu h_2 ist, haben g_4 und h_2 dieselbe Steigung, also $m = 3$ und damit g_4: $y = 3x + t$.
Einsetzen der Koordinaten von $P(1|2)$ in die Gleichung von g_4 ergibt $2 = 3 \cdot 1 + t$, also $t = -1$. Damit ist g_4: $y = 3x - 1$.

5 Gleichung der Geraden g_5: $y = mx + t$. Für $0 < m < 2$ geht die Gerade g_5 durch den I., II. und III. Quadranten. Einsetzen der Koordinaten von $P(1|2)$ in die Gleichung von g_5 ergibt $2 = m + t$ bzw. $t = 2 - m$. Damit ist g_5: $y = mx + (2 - m)$ mit $0 < m < 2$.
Beispiel: g_5: $y = 0{,}5x + 1{,}5$

6 P liegt im I. Quadranten. g_6 muss den Ursprung $O(0|0)$ enthalten, wenn g_6 nur durch den I. und III. Quadranten verläuft, also g_6: $y = mx$.
Einsetzen der Koordinaten von $P(1|2)$ in die Gleichung von g_6 ergibt g_6: $y = 2x$.

b)

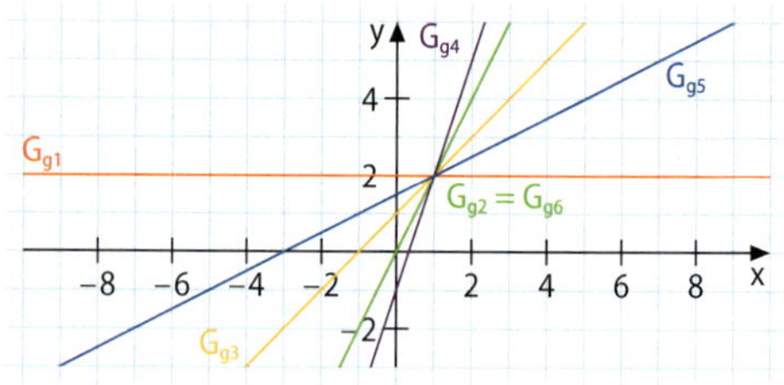

In Teilaufgabe **5** erhält man unendlich viele Funktionsterme, da es für jeden Wert von m mit $0 < m < 2$ eine Gerade g_5 mit g_5: $y = mx + (2 - m)$ gibt, die die Bedingung erfüllt. In der Zeichnung ist die Gerade für $m = 0{,}5$, also g_5: $y = 0{,}5x + 1{,}5$ als Beispiel dargestellt.

8 a) $(x - 5)^2 = x^2 - 10x + 25$
b) $(x + 4)^2 = x^2 + 8x + 16$
c) $-(2a - b)^2 = -(4a^2 - 4ab + b^2) = -4a^2 + 4ab - b^2$
d) $(3x + y)^2 = 9x^2 + 6xy + y^2$
e) $(0{,}25a^2 - y^0)^2 = (0{,}25a^2 - 1)^2$
$= 0{,}0625a^4 - 0{,}5a^2 + 1$
f) $(0{,}5a^2 + b)^2 = 0{,}25a^4 + a^2b + b^2$
g) $(a + c^3)(a - c^3) = a^2 - c^6$
h) $(3v - z^2)(z^2 + 3v) = (3v - z^2)(3v + z^2) = 9v^2 - z^4$
i) $(4x - y)^2 - (y - 4x)^2 = (4x - y)^2 - [(-1) \cdot (4x - y)]^2$
$= (4x - y)^2 - (4x - y)^2 = 0$

9 **1** A, G **2** C, E **3** C, E, F, H **4** D
5 A, D **6** G, H **7** B **8** D, E

Maximale Definitionsmengen:

1 $D_f = \mathbb{Q}\setminus\{3\}$ **2** $D_f = \mathbb{Q}$ **3** $D_f = \mathbb{Q}\setminus\{-1\}$
4 $D_f = \mathbb{Q}\setminus\{2\}$ **5** $D_f = \mathbb{Q}\setminus\{3\}$ **6** $D_f = \mathbb{Q}\setminus\{-1\}$
7 $D_f = \mathbb{Q}\setminus\{1\}$ **8** $D_f = \mathbb{Q}\setminus\{-3\}$

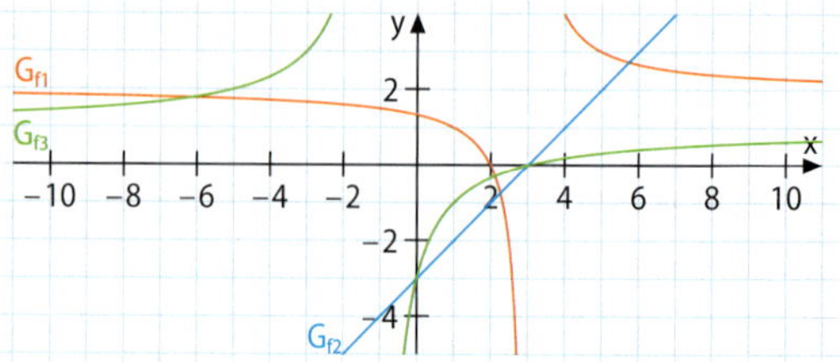

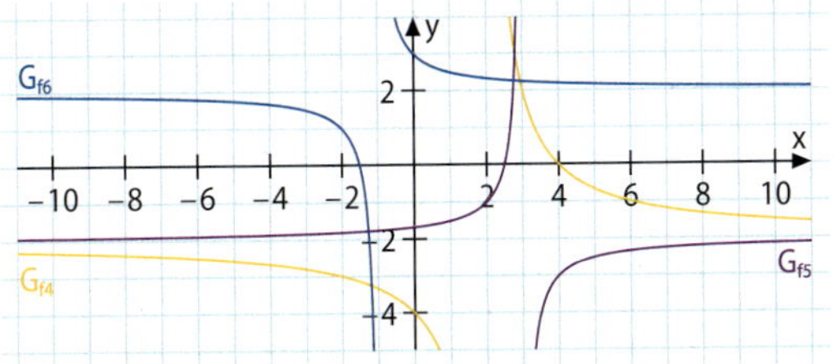

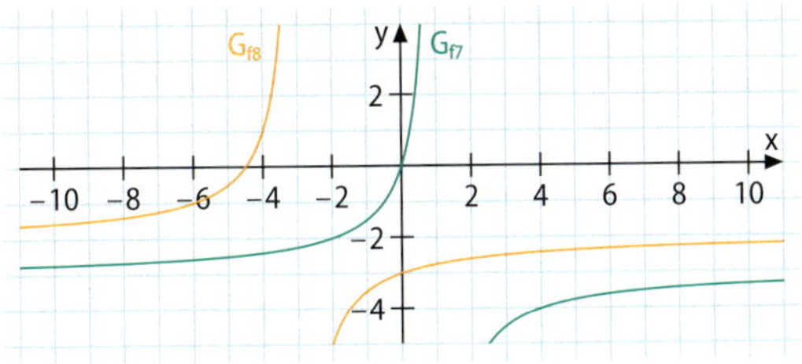

10 a)

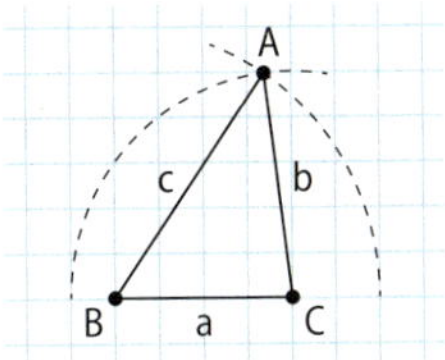

b) Das Dreieck ist nicht konstruierbar, da die Dreiecksungleichung wegen $a + b = c$ nicht erfüllt ist.

c)

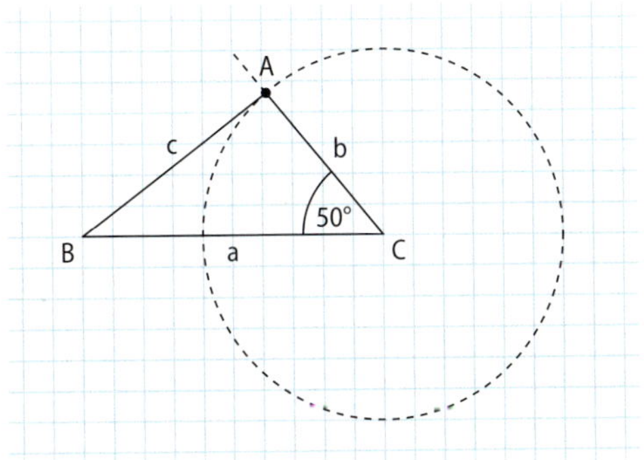

d)

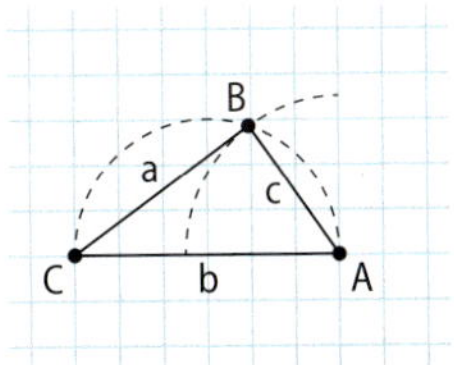

e)

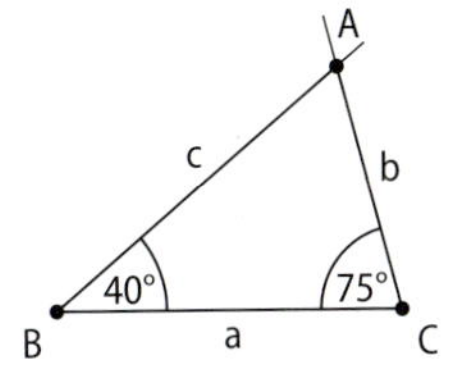

f) Das Dreieck ist aufgrund der Seiten-Winkel-Beziehung nicht konstruierbar. β ist wegen der Winkelsumme im Dreieck der größte Winkel, demnach müsste b die längste Seite sein. Es ist aber $b < a$.

11 a) rechnerische Lösung:

I: $y = 3x + 2$

II: $x + y = -4$

I in II: $x + 3x + 2 = -4$

$4x + 2 = -4 \quad | -2$

$4x = -6 \quad | :4$

$x = -1{,}5$

in I: $y = 3 \cdot (-1{,}5) + 2 = -4{,}5 + 2 = -2{,}5$

$L = \{(-1{,}5 \,|\, -2{,}5)\}$

graphische Lösung:

f: $x \mapsto 3x + 2$ g: $x \mapsto -x - 4$

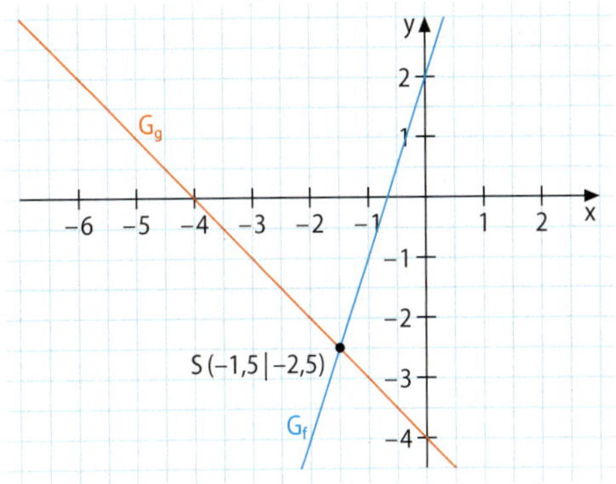

b) I: $x = 5y - 27$

II: $3y = \frac{1}{2}(3x - 9)$

II': $y = \frac{1}{2}(x - 3)$

I in II': $y = \frac{1}{2}(5y - 27 - 3) = \frac{1}{2}(5y - 30)$

$y = 2{,}5y - 15$

$-1{,}5y = -15 \quad \Rightarrow \quad y = 10$

in I: $x = 5 \cdot 10 - 27 = 23$

$L = \{(23 \,|\, 10)\}$

c) I: $x + 1{,}5y = -19$

II: $8x - 1{,}5y = 10$

I + II: $9x = -9 \quad \Rightarrow \quad x = -1$

in I: $-1 + 1{,}5y = -19$

$1{,}5y = -18 \quad \Rightarrow \quad y = -12$

$L = \{(-1 \,|\, -12)\}$

d) I: $\frac{4}{7}x - 1 = -y$

II: $2x = \frac{7}{2}(1 - y)$

$7 \cdot$ I: $4x - 7 = -7y$

$2 \cdot$ II: $4x = 7 - 7y \quad \Leftrightarrow \quad 4x - 7 = -7y$

Die beiden Gleichungen sind identisch und äquivalent zu $y = -\frac{4}{7}x + 1$. Alle Paare $(x \,|\, y)$ mit $y = -\frac{4}{7}x + 1$ sind Lösungen des Gleichungssystems.

$L = \left\{(x \,|\, y) \,\middle|\, y = -\frac{4}{7}x + 1\right\}$.

12 x Anzahl der Dreier, y Anzahl der Fünfer
In der Klasse sind 28 Schülerinnen und Schüler, demnach ist $x + y = 14$ bzw. $y = 14 - x$.
Notendurchschnitt 3,25 bedeutet:

$$3{,}25 = \frac{1 \cdot 1 + 2 \cdot 6 + 3 \cdot x + 4 \cdot 7 + 5 \cdot y + 6 \cdot 0}{28}$$
$$= \frac{1 \cdot 1 + 2 \cdot 6 + 3 \cdot x + 4 \cdot 7 + 5 \cdot (14 - x) + 6 \cdot 0}{28}$$
$$\Leftrightarrow \quad 91 = 1 + 12 + 3x + 28 + 70 - 5x$$
$$\Leftrightarrow \quad 91 = -2x + 111$$
$$\Leftrightarrow \quad -20 = -2x \quad \Rightarrow \quad x = 10 \quad \Rightarrow \quad y = 4$$

Es gab zehn Dreier und vier Fünfer.

13 a: $y = x + 2$ b: $y = 2$
c: $y = -2x$ d: $y = -x - 2$
Individuelle Beschreibung des Vorgehens. Beispiel zu a: $y = mx + t$: Lies den y-Achsenabschnitt $t = 2$ und den Schnittpunkt $N(-2|0)$ mit der x-Achse ab. Setze t und N in die Geradengleichung $y = mx + t$ ein und berechne m durch Lösen der Gleichung $0 = -2m + 2$. Es folgt $m = 1$.

14 a) Bestimme m mithilfe der Formel $m = \frac{y_B - y_A}{x_B - x_A}$:
$m = \frac{-3 - 1}{2 - (-2)} = -\frac{4}{4} = -1 \quad \Rightarrow \quad y = -x + t$
Bestimmung von t z. B. durch Einsetzen der Koordinaten des Punkts B in die Geradengleichung:
$-3 = -1 \cdot 2 + t \quad \Rightarrow \quad t = -1$
gesuchte Geradengleichung: $y = -x - 1$

b) Bestimme m mithilfe der Formel $m = \frac{y_B - y_A}{x_B - x_A}$:
$m = \frac{2{,}5 - (-4)}{0{,}5 - (-2)} = \frac{6{,}5}{2{,}5} = 2{,}6$
Bestimmung von t z. B. durch Einsetzen der Koordinaten des Punkts B in die Geradengleichung:
$2{,}5 = 2{,}6 \cdot 0{,}5 + t \quad \Rightarrow \quad t = 1{,}2$
gesuchte Geradengleichung: $y = 2{,}6x + 1{,}2$

c) Setze $t = 2$ in die Geradengleichung ein:
$y = mx + 2$.
Bestimmung von m durch Einsetzen der Koordinaten des Punkts A in die Geradengleichung:
$-3 = m \cdot 1 + 2 \quad \Rightarrow \quad m = -5$
gesuchte Geradengleichung: $y = -5x + 2$

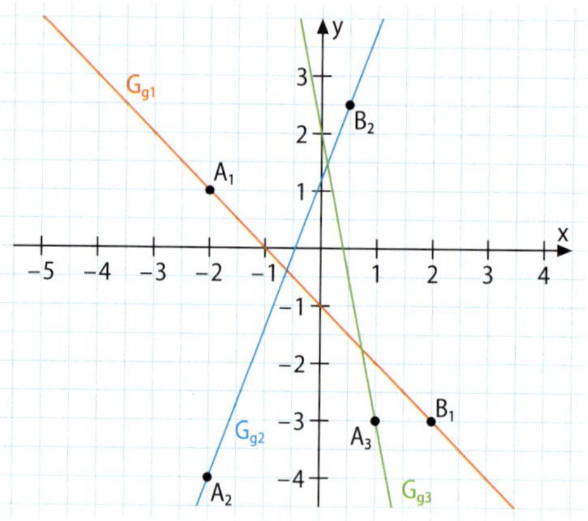

15 a) $V = \pi r^2 h = \pi (3\text{ cm})^2 \cdot 5\text{ cm}$
$= 45\pi\text{ cm}^3 \approx 141{,}37\text{ cm}^3$
$O = 2\pi r^2 + 2\pi r h$
$= 2\pi (3\text{ cm})^2$
$+ 2\pi \cdot 3\text{ cm} \cdot 5\text{ cm}$
$= 48\pi\text{ cm}^2 \approx 150{,}80\text{ cm}^2$

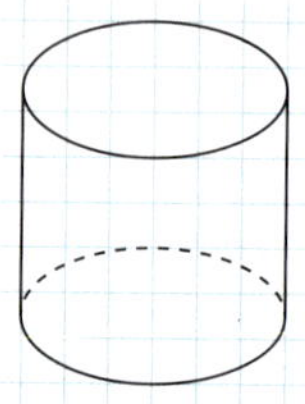

b) Länge einer Grundkante:

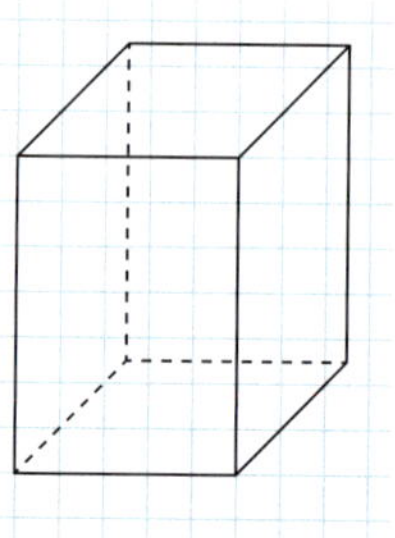

$s = 20\text{ cm} : 4 = 5\text{ cm}$
$V = s^2 \cdot h = (5\text{ cm})^2 \cdot 7\text{ cm} = 175\text{ cm}^3$
$O = 2 \cdot (5\text{ cm})^2 + 4 \cdot 5\text{ cm} \cdot 7\text{ cm} = 190\text{ cm}^2$

16 a) $V = 30\text{ cm} \cdot 35\text{ cm} \cdot 22\text{ cm}$
$- 10\text{ cm} \cdot 20\text{ cm} \cdot 22\text{ cm} = 18\,700\text{ cm}^3$
$O = 2 \cdot (30\text{ cm} \cdot 35\text{ cm} - 10\text{ cm} \cdot 20\text{ cm})$
$+ 2 \cdot 35\text{ cm} \cdot 22\text{ cm} + 2 \cdot 30\text{ cm} \cdot 22\text{ cm}$
$+ 2 \cdot 20\text{ cm} \cdot 22\text{ cm} = 5440\text{ cm}^2$

b) $V = 40\text{ cm} \cdot 50\text{ cm} \cdot 35\text{ cm}$
$- \pi \cdot (11\text{ cm})^2 \cdot 35\text{ cm} \approx 56\,695{,}36\text{ cm}^3$
$O = 2 \cdot (40\text{ cm} \cdot 50\text{ cm} + 40\text{ cm} \cdot 35\text{ cm}$
$+ 50\text{ cm} \cdot 35\text{ cm}) - 2 \cdot \pi \cdot (11\text{ cm})^2$
$+ 2\pi \cdot 11\text{ cm} \cdot 35\text{ cm} \approx 11958{,}76\text{ cm}^2$

17 Die Dreiecke ΔABM_1 und ΔABM_2 stimmen überein in:
- der Basis $\overline{AB}$
- den Seiten $\overline{AM_2}$ und $\overline{BM_1}$
- den Basiswinkeln α und β.

Nach dem SWS-Satz sind sie kongruent. Deshalb sind auch die Seiten $\overline{AM_1}$ und $\overline{BM_2}$ gleich lang.

18 a) $a^3 + a^5$ kann nicht zusammengefasst werden, da die Summanden unterschiedliche Exponenten haben.

b) $2d^4 + 4d^2 = 2d^2(d^2 + 2)$

c) $b^4 \cdot b^2 = b^{4+2} = b^6$

d) $-5e^4 : 2e^2 = \frac{-5e^4}{2e^2} = -2{,}5e^2$

e) $z^4 + 5z^4 = 6z^4$

f) $2^4 - 2^3 = 2^3 \cdot (2 - 1) = 8$

Am Ziel! – Seiten 36 und 37

1 a) $\sqrt{49} = 7$

b) $\sqrt{128} = \sqrt{2 \cdot 64} = 8\sqrt{2}$

c) $\sqrt{363} = \sqrt{3 \cdot 121} = 11\sqrt{3}$

d) $\sqrt{450} = \sqrt{2 \cdot 225} = 15\sqrt{2}$

2 a) $0{,}\overline{7} \in \mathbb{R}$ b) $0{,}\overline{7} = \frac{7}{9} \in \mathbb{Q}$ c) $\sqrt{5} \notin \mathbb{Q}$

d) $\sqrt{5} \in \mathbb{R}$ e) $0 \in \mathbb{Z}$ f) $\pi \notin \mathbb{Q}$

3 a) Gesucht ist die Seitenlänge eines Quadrats mit dem Flächeninhalt A = 11 FE. Man wählt als Startwert z. B. $x_0 = 5$ und berechnet die zugehörige Seitenlänge $y_0 = \frac{11}{5} = 2{,}2$ des Rechtecks.
Nun wählt man als Länge x_1 das arithmetische Mittel von x_0 und y_0: $x_1 = \frac{5 + 2{,}2}{2} = 3{,}6$

$\Rightarrow y_1 = \frac{11}{3{,}6} = \frac{55}{18}$

Das wiederholt man noch zweimal:

$x_2 = \frac{3{,}6 + \frac{55}{18}}{2} \approx 3{,}33$

$\Rightarrow y_2 = \frac{11}{3{,}33} \approx 3{,}30$

$\Rightarrow x_3 = \frac{3{,}33 + 3{,}30}{2} \approx 3{,}32$

$\Rightarrow y_3 = \frac{11}{3{,}32} \approx 3{,}31$

b)

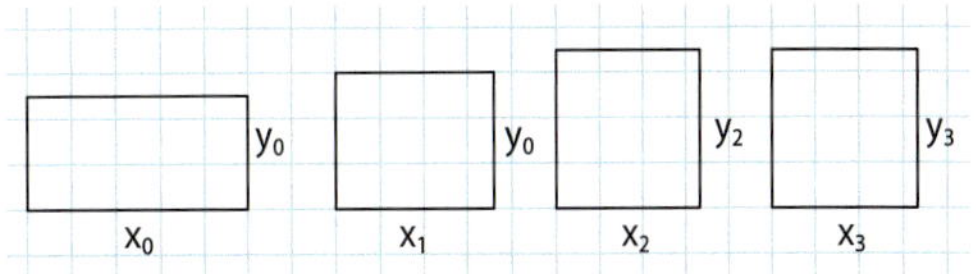

4 a) $5^2 = 25;\ 6^2 = 36 \quad \Rightarrow \quad 5 < \sqrt{28} < 6$

b) $7^2 = 49;\ 8^2 = 64 \quad \Rightarrow \quad 7 < \sqrt{55} < 8$

c) $1^2 = 1;\ 1{,}1^2 = 1{,}21 \quad \Rightarrow \quad 1 < \sqrt{1{,}1} < 1{,}1$

d) $0{,}2^2 = 0{,}04;\ 0{,}3^2 = 0{,}09 \quad \Rightarrow \quad 0{,}2 < \sqrt{0{,}05} < 0{,}3$

5 a) $\sqrt{2} \cdot \sqrt{2} = \sqrt{2 \cdot 2} = \sqrt{4} = 2$

b) $\sqrt{2} \cdot \sqrt{18} = \sqrt{2 \cdot 18} = \sqrt{36} = 6$

c) $\sqrt{3} \cdot \sqrt{27} = \sqrt{3 \cdot 27} = \sqrt{81} = 9$

d) $\sqrt{6} \cdot \sqrt{24} = \sqrt{6 \cdot 24} = \sqrt{144} = 12$

e) $\sqrt{3} \cdot \sqrt{75} = \sqrt{3 \cdot 75} = \sqrt{225} = 15$

f) $\sqrt{8} \cdot \sqrt{50} = \sqrt{8 \cdot 50} = \sqrt{400} = 20$

g) $\sqrt{\frac{8}{18}} = \sqrt{\frac{4}{9}} = \frac{2}{3}$

h) $\frac{\sqrt{72}}{\sqrt{50}} = \sqrt{\frac{72}{50}} = \sqrt{\frac{36}{25}} = \frac{6}{5}$

i) $\frac{\sqrt{24}}{\sqrt{54}} = \sqrt{\frac{24}{54}} = \sqrt{\frac{4}{9}} = \frac{2}{3}$

j) $\frac{\sqrt{192}}{\sqrt{147}} = \sqrt{\frac{192}{147}} = \sqrt{\frac{64}{49}} = \frac{8}{7}$

6 a) $\sqrt{2} \cdot \sqrt{25} = \sqrt{50}$ b) $\sqrt{49} \cdot \sqrt{4} = \sqrt{196}$

c) $\sqrt{20} \cdot \sqrt{5} = \sqrt{100};\ \sqrt{30} \cdot \sqrt{5} = \sqrt{150}$

d) $\sqrt{432} : \sqrt{12} = 6$ e) $\frac{\sqrt{1083}}{\sqrt{3}} = 19$

f) $\sqrt{5} \cdot \sqrt{57{,}8} = 17$

7 $\sqrt{(x-6)^2} = |x - 6| = \begin{cases} x - 6 \text{ für } x > 6 \\ 0 \text{ für } x = 6 \\ -x + 6 \text{ für } x < 6 \end{cases}$

8 a) $x - 4 \geq 0 \quad \Rightarrow \quad x \geq 4 \quad \Rightarrow \quad D = [4; \infty[$

b) $-9x \geq 0 \quad \Rightarrow \quad x \leq 0 \quad \Rightarrow \quad D =]-\infty; 0] = \mathbb{R}_0^-$

c) Der quadratische Term unter der Wurzel kann nicht negativ werden $\Rightarrow$ $D = \mathbb{R}$.

9 a) $\frac{4}{\sqrt{10}} = \frac{4\sqrt{10}}{\sqrt{10} \cdot \sqrt{10}} = \frac{4\sqrt{10}}{10} = \frac{2\sqrt{10}}{5}$

b) $\frac{\sqrt{360}}{\sqrt{240}} = \sqrt{\frac{360}{240}} = \sqrt{\frac{3}{2}} = \frac{\sqrt{3}}{\sqrt{2}} = \frac{\sqrt{3} \cdot \sqrt{2}}{\sqrt{2} \cdot \sqrt{2}} = \frac{\sqrt{6}}{2}$

c) $\frac{50}{2\sqrt{50}} = \frac{\sqrt{50} \cdot \sqrt{50}}{2\sqrt{50}} = \frac{\sqrt{50}}{2}$

$= \frac{\sqrt{2 \cdot 25}}{2} = \frac{\sqrt{2} \cdot \sqrt{25}}{2} = \frac{5\sqrt{2}}{2}$

d) $\frac{9-15}{\sqrt{9+15}} = -\frac{6}{\sqrt{24}} = -\frac{6 \cdot \sqrt{24}}{\sqrt{24} \cdot \sqrt{24}}$

$= -\frac{6\sqrt{24}}{24} = -\frac{\sqrt{24}}{4} = -\frac{\sqrt{4 \cdot 6}}{4}$

$= -\frac{2\sqrt{6}}{4} = -\frac{\sqrt{6}}{2}$

e) $\frac{\sqrt{50+40}}{\sqrt{50-40}} = \frac{\sqrt{90}}{\sqrt{10}} = \sqrt{\frac{90}{10}} = \sqrt{9} = 3$

f) $\frac{\sqrt{6}}{\sqrt{3}+1} = \frac{\sqrt{6}(\sqrt{3}-1)}{(\sqrt{3}+1)(\sqrt{3}-1)} = \frac{\sqrt{6}(\sqrt{3}-1)}{3-1}$

$= \frac{\sqrt{18}-\sqrt{6}}{2} = \frac{\sqrt{2 \cdot 9}-\sqrt{6}}{2} = \frac{3\sqrt{2}-\sqrt{6}}{2}$

10 a) $4x\sqrt{y} - 2y\sqrt{x}$

b) $\frac{\sqrt{x^3}}{\sqrt{2x}} = \frac{x}{2}\sqrt{2}$

c) $\frac{8x}{(2\sqrt{4x})^3} = \frac{8x}{2^3 \cdot (\sqrt{4x})^3} = \frac{8x}{8 \cdot 4x\sqrt{4x}} = \frac{1}{4\sqrt{4x}}$

$= \frac{\sqrt{4x}}{4 \cdot 4x} = \frac{2\sqrt{x}}{16x} = \frac{\sqrt{x}}{8x}$

d) $\frac{7x+7y}{\sqrt{x+y}} = \frac{7(x+y)(\sqrt{x+y})}{x+y} = 7\sqrt{x+y}$

e) $|x| + x = 2x$

f) $x - |x| = 0$

g) $4x\sqrt{y} - 2y\sqrt{x} + 2\sqrt{xy} - y - 2x\sqrt{y} - 2y\sqrt{x}$

$= 2x\sqrt{y} - 4y\sqrt{x} + 2\sqrt{xy} - y$

11 Die Seitenlänge des schraffierten Quadrats ist die halbe Diagonalenlänge des großen Quadrats mit der Seitenlänge x (in cm). Diese Diagonalenlänge des großen Quadrats ist $x\sqrt{2}$, die Seitenlänge des schraffierten Quadrats ist demnach $\frac{1}{2}x\sqrt{2} = \frac{\sqrt{2}}{2}x$. Für den Flächeninhalt des schraffierten Quadrats gilt damit:

$\left(\frac{\sqrt{2}}{2}x\right)^2 = 6 \Leftrightarrow \frac{2}{4}x^2 = 6 \Leftrightarrow \frac{1}{2}x^2 = 6 \Leftrightarrow x^2 = 12$

$\Rightarrow x = \sqrt{12} = \sqrt{4 \cdot 3} = 2\sqrt{3}$

Die Seitenlänge x beträgt $2\sqrt{3}$ cm.

12 a) **1** $T \approx -0{,}66\,°C$

2 $T \approx -10{,}42\,°C$

b) Zunächst nimmt mit steigender Geschwindigkeit die gefühlte Temperatur ab, für hohe Geschwindigkeiten ist nach der Formel eine höhere gefühlte Temperatur zu erwarten.

Aufgaben für Lernpartner

A Die Aussage ist falsch, da $4^2 = 16 > 13$. Die Quadratwurzel aus 13 liegt z. B. zwischen 3 und 4, da $9 < 13 < 16$.

B Die Aussage ist falsch. Für den Startwert 0 ist die Division $\frac{A}{x_0}$ nicht möglich. Das Heron-Verfahren kann mit jedem positiven Wert gestartet werden.

C Die Aussage ist falsch. Gegenbeispiel: 2 ist rational und lässt sich in der Form $2 = \sqrt{4}$ als Wurzel schreiben.

D Die Aussage ist falsch, da sich $\sqrt{\pi}$ nicht als Bruch schreiben lässt und deshalb irrational ist.

E Die Aussage ist falsch. Beträge von reellen Zahlen sind aufgrund der Definition des Betrags nicht negativ.

F Die Aussage ist richtig. Mit dem Heron-Verfahren vollzieht man z. B. schrittweise diese Veränderung.

G Die Aussage ist falsch. Gegenbeispiele: $-\pi$ und $-\sqrt{2}$ sind negativ und irrational.

H Die Aussage ist richtig. Die natürlichen Zahlen sind eine Teilmenge der reellen Zahlen.

I Die Aussage ist richtig. Eine durch 4 teilbare Zahl lässt sich als $4 \cdot k$ mit $k \in \mathbb{N}$ schreiben. Damit gilt: $\sqrt{4 \cdot k} = \sqrt{4} \cdot \sqrt{k} = 2\sqrt{k}$.

J Die Aussage ist falsch. Irrationale Zahlen sind als genau die Zahlen definiert, die sich nicht als Bruch zweier ganzer Zahlen darstellen lassen.

K Die Aussage ist falsch. Der Wert einer Quadratwurzel ist stets nicht-negativ. Damit ist jede Quadratwurzel größer als jede negative Zahl.
Beispiel: $\sqrt{-(-9)} = \sqrt{9} = 3 > -9$.

L Die Aussage ist falsch. Gegenbeispiel: $\sqrt{0{,}16} = 0{,}4 > 0{,}16$.

M Die Aussage ist richtig, da gilt: $\sqrt{x} \cdot \sqrt{y} = \sqrt{xy}$.

N Die Aussage ist richtig: $\sqrt{100} : \sqrt{36} = 10 : 6 = \frac{10}{6} = \frac{5}{3}$.

O Die Aussage ist richtig, da man aus positiven Zahlen a stets die Quadratwurzel ziehen kann und diese eine Lösung ist.

P Die Aussage ist richtig, da beim Heron-Verfahren gleiche Schritte immer wieder wiederholt werden.

Q Die Aussage ist richtig:
$3\sqrt{7} + 2\sqrt{7} = (3 + 2)\sqrt{7} = 5\sqrt{7}$.

R Die Aussage ist falsch. Gegenbeispiel:
$(-4)^2 = 16$, aber $\sqrt{16} = 4 \neq -4$.

S Die Aussage ist richtig.
Beispiel: $\sqrt{2}$ ist irrational, aber $\sqrt{2} \cdot \sqrt{2} = 2$ ist rational.

T Die Aussage ist richtig, wenn der Taschenrechner den exakten Wert $\sqrt{8} = \sqrt{4 \cdot 2} = 2\sqrt{2}$ angibt. Die Aussage ist falsch, wenn der Taschenrechner eine gerundete Dezimalzahl angibt, denn $\sqrt{8}$ ist eine irrationale Zahl.

Startklar! – Seite 38

1 a)

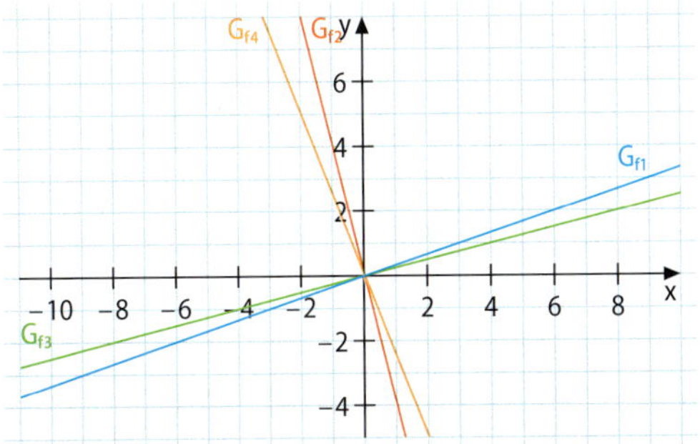

Alle vier Graphen verlaufen durch den Ursprung des Koordinatensystems („Ursprungsgeraden“). Der Faktor m gibt jeweils die Steigung der Geraden an.

b)

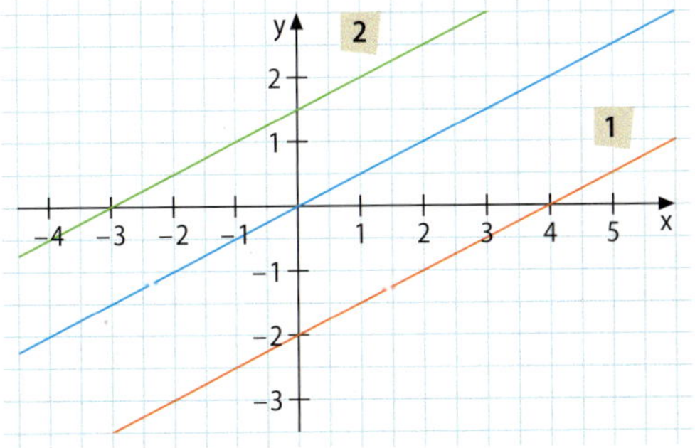

Auswirkung der Verschiebungen auf die Funktionsgleichung:

1 $y = \frac{1}{2}x - 2$ **2** $y = \frac{1}{2}x + 1{,}5$

2 a) Die Aussage ist falsch. Mögliche Begründung z. B.: Die Steigung von f ist 2, der abgebildete Graph hat aber eine negative Steigung und kann deshalb nicht der Graph der Funktion f sein.

b) $f(x) = 0$: $2x + 4 = 0 \Leftrightarrow 2x = -4 \Rightarrow x = -2$.
Die Aussage ist falsch.

c) $g(x) = 2(4 - x) = 8 - 2x$. Die Steigung von G_g ist -2, und die Steigung von G_f ist 2. Die Steigungen sind nicht gleich, also sind die Geraden nicht parallel. Die Aussage ist richtig.

d) $f(0) = 4$, also schneidet der Graph die y-Achse im Punkt $(0|4)$. Die Aussage ist falsch.

e) $f(1) = 6$. Da $6 > -3$ ist, liegt der Punkt T unterhalb von G_f. Die Aussage ist falsch.

3 a)

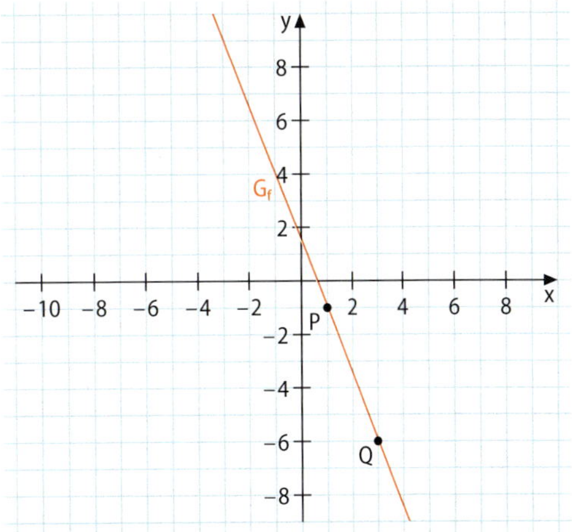

Funktionsgleichung $f(x) = mx + t$
Berechnung der Steigung:
$m = \frac{y_Q - y_P}{x_Q - x_P} = \frac{-6 - (-1)}{3 - 1} = \frac{-5}{2} = -2{,}5$
$f(x) = -2{,}5x + t$
Berechnung des y-Achsenabschnitts durch Einsetzen z. B. der Koordinaten von P:
$-1 = -2{,}5 \cdot 1 + t \Rightarrow t = 1{,}5$
$f(x) = -2{,}5x + 1{,}5$

b) Schnittpunkt T mit der y-Achse:
$f(0) = 1{,}5$; $T(0|1{,}5)$
Schnittpunkt N mit der x-Achse:
$f(x) = 0$: $-2{,}5x + 1{,}5 = 0 \Rightarrow -2{,}5x = -1{,}5$
$\Rightarrow x = 0{,}6$; $N(0{,}6|0)$

4 **a)** I: $x + 4y = 2$

II: $-x + 2y = 0$

I + II: $6y = 2 \Rightarrow y = \frac{1}{3}$

$y = \frac{1}{3}$ in II eingesetzt: $x = 2y \Rightarrow x = \frac{2}{3}$

Lösungsmenge $L = \left\{\left(\frac{2}{3}\middle|\frac{1}{3}\right)\right\}$

Zeichnerische Überprüfung:

I: $x + 4y = 2 \Rightarrow y = 0{,}5 - 0{,}25x$

II: $-x + 2y = 0 \Rightarrow y = 0{,}5x$

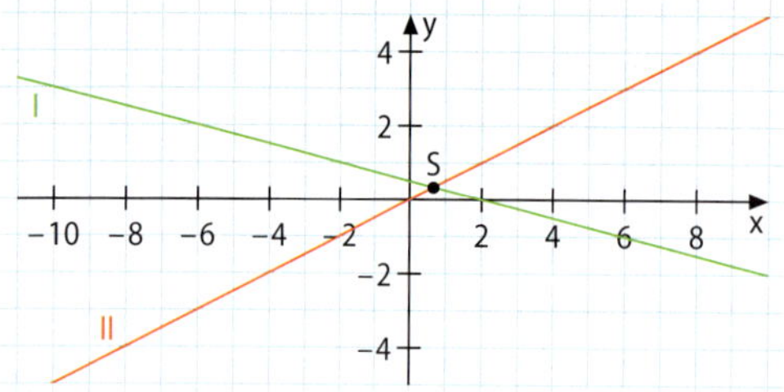

$S\left(\frac{2}{3}\middle|\frac{1}{3}\right)$

b) I: $x - 1 = 2y \Rightarrow$ I': $x = 2y + 1$

II: $4x - 5y = 1$

I' in II einsetzen:

$4(2y + 1) - 5y = 1$

$8y + 4 - 5y = 1 \quad | -4$

$3y = -3 \quad | :3$

$y = -1$

in I': $x = 2 \cdot (-1) + 1 = -1 \qquad L = \{(-1|-1)\}$

Zeichnerische Überprüfung:

I: $x - 1 = 2y \Rightarrow y = 0{,}5x - 0{,}5$

II: $4x - 5y = 1 \Rightarrow 4x - 1 = 5y \Rightarrow y = \frac{4}{5}x - \frac{1}{5}$

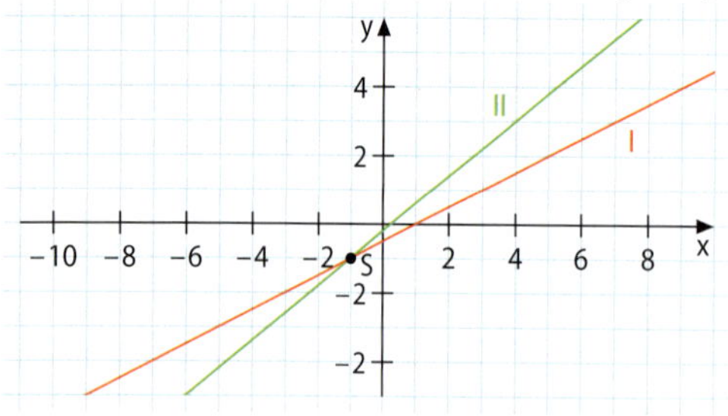

$S(-1|-1)$

5 **a)** $D_f = \mathbb{R}\setminus\{1\}$; senkrechte Asymptote bei $x = 1$

b) $\frac{10}{x-1} = 5 \Leftrightarrow 10 = 5(x - 1) \Leftrightarrow 10 = 5x - 5$

$\Rightarrow x = 3$

Da $x = 3$ in D_f liegt, ist $S(3|5)$ der Schnittpunkt von G_f und G_g.

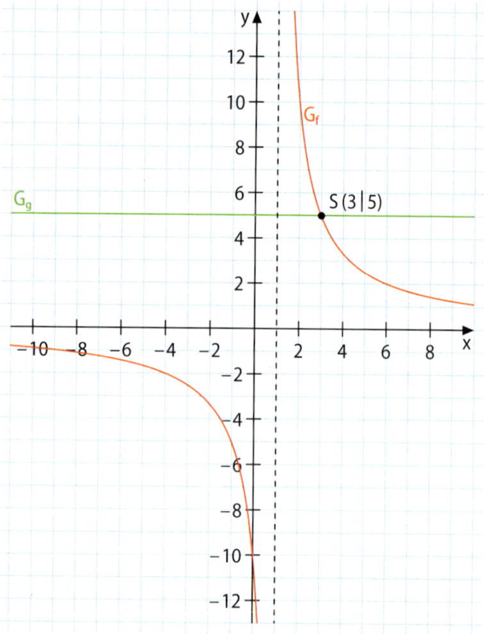

6 Die erste binomische Formel lautet:

$(x + y)^2 = x^2 + 2xy + y^2$.

Gegeben ist hier: $x^2 + 12x +$ ___ .

Durch Vergleich des zweiten Summanden folgt:

$2xy = 12x \Rightarrow 2y = 12 \Rightarrow y = 6$

Die passende binomische Formel lautet also:

$(x + 6)^2 = x^2 + 12x + 36$.

7 **a)** $(x - 4)(x + \mathbf{4}) = x^2 - 16$

b) $(x - \mathbf{2})^2 = \mathbf{x^2} - \mathbf{4x} + 4$

c) $(\mathbf{4x} + y)^2 = 16x^2 + \mathbf{8xy} + \mathbf{y^2}$

d) $(5z - \mathbf{2x})^2 = \mathbf{25z^2} - 20xz + \mathbf{4x^2}$

e) $(\mathbf{x} + \mathbf{3})^2 = x^2 + \mathbf{6x} + 9$

f) $(\mathbf{x} - \mathbf{8y})^2 = x^2 - 16xy + \mathbf{64y^2}$

Am Ziel! – Seiten 72 und 73

1 A(−1,2|1,44) B(3,1|9,61)

C(1,8|3,24) D(2,4|5,76)

2 a)

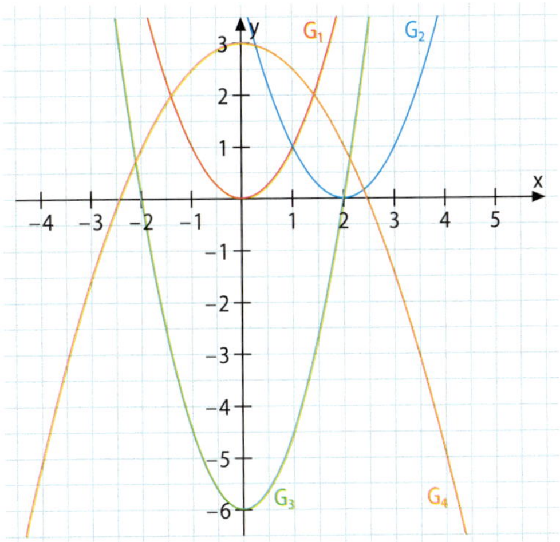

b) Die Normalparabel **1** wurde …
2 um 2 LE nach rechts verschoben.
3 um 6 LE nach unten verschoben; die Parabel ist enger als die Normalparabel (Faktor $a = 1{,}5$).
4 an der x-Achse gespiegelt und um 3 LE nach oben verschoben; die Parabel ist weiter als die Normalparabel (Faktor $a = -0{,}5$).

3 a) Scheitel: $S(2|0)$
Funktionsgleichung: $f(x) = (x - 2)^2$
Nullstelle: $S(2|0)$
Schnittpunkt mit der y-Achse: $T(0|4)$
um 2 LE nach rechts verschobene Normalparabel

b) Scheitel: $S(0|-3)$
Funktionsgleichung: $f(x) = x^2 - 3$
Nullstellen: $N_1(-\sqrt{3}|0)$ und $N_2(\sqrt{3}|0)$
Schnittpunkt mit der y-Achse: $S(0|-3)$
um 3 LE nach unten verschobene Normalparabel

c) Scheitel: $S(0|1)$
Funktionsgleichung: $f(x) = -x^2 + 1$
Nullstellen: $N_1(-1|0)$ und $N_2(1|0)$
Schnittpunkt mit der y-Achse: $S(0|1)$
an der x-Achse gespiegelte und um 1 LE nach oben verschobene Normalparabel

d) Scheitel: $S(2|2)$
Funktionsgleichung: $f(x) = (x - 2)^2 + 2$
keine Nullstellen
Schnittpunkt mit der y-Achse: $T(0|6)$
um 2 LE nach rechts und um 2 LE nach oben verschobene Normalparabel

4

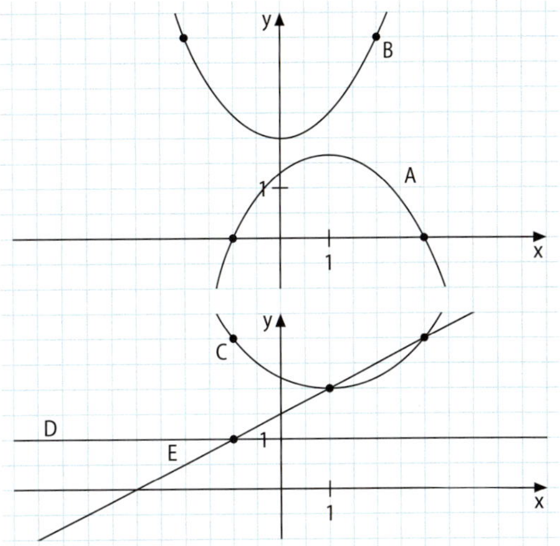

Hinweis:
Bei der Parabel **1** kann man die Nullstellen x_1 und x_2 der Abbildung entnehmen und den Ansatz P: $y = a(x - x_1)(x - x_2)$ wählen; bei den Parabeln **2** und **3** kann man die Scheitelkoordinaten x_s und y_s der Abbildung entnehmen und den Ansatz P: $y = a(x - x_s)^2 + y_s$ wählen; setzt man dann die Koordinaten eines weiteren Parabelpunkts (geeignete Gitterpunkte sind in der Abbildung hervorgehoben) in die Gleichung von P ein, so ergibt sich der Wert des Parameters a. Bei jeder der Geraden können der Abbildung die Koordinaten zweier Punkte entnommen werden.

Gleichungen:
a) $y = 0{,}25(x - 1)^2 + 2$: **3** b) $y = 1$: **4**
c) $y = 0{,}5x + 1{,}5$: **5** d) $y = \frac{1}{2}x^2 + 2$: **2**
e) $y = -0{,}4(x - 3)(x + 1)$: **1**

5 a) Mögliche Lösung: $f: x \mapsto -x^2 + 4$
(allgemein: $f_a: x \mapsto ax^2 + 4$ mit $a < 0$)
b) Mögliche Lösungen: $f: x \mapsto x^2 - 9$ oder: $f: x \mapsto -x^2 + 9$ oder $f: x \mapsto \frac{1}{9}x^2 - 1$ usw.
c) Mögliche Lösung: $f: x \mapsto \frac{1}{2}(x + 2)^2$
(allgemein: $f_a: x \mapsto a(x + 2)^2$ mit $0 < a < 1$)

6 a) $f(x) = -(x + 1)(x - 3) = -(x^2 - 2x - 3) = -x^2 + 2x + 3 = -[(x - 1)^2 - 4] = -(x - 1)^2 + 4$
Schnittpunkt mit der y-Achse: $T(0|3)$
Schnittpunkte mit der x-Achse: $N_1(-1|0)$, $N_2(3|0)$

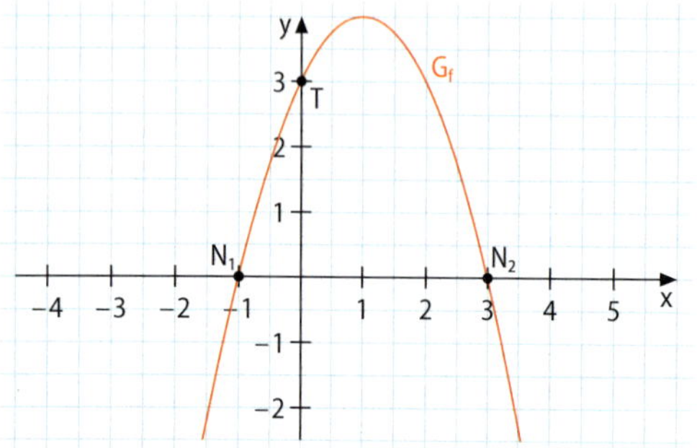

b) $f(x) = 0{,}5(x-3)^2 - 1 = 0{,}5(x^2 - 6x + 9) - 1$
$= 0{,}5(x^2 - 6x + 7) = 0{,}5x^2 - 3x + 3{,}5$

$f(x) = 0 \Rightarrow x_{1/2} = \frac{3 \pm \sqrt{(-3)^2 - 4 \cdot 0{,}5 \cdot 3{,}5}}{2 \cdot 0{,}5}$
$= 3 \pm \sqrt{9-7} = 3 \pm \sqrt{2}$

$f(x) = 0{,}5[x - (3 - \sqrt{2})][x - (3 + \sqrt{2})]$
Schnittpunkt mit der y-Achse: $T(0|3{,}5)$
Schnittpunkte mit der x-Achse: $N_1(1{,}59|0)$, $N_2(4{,}41|0)$

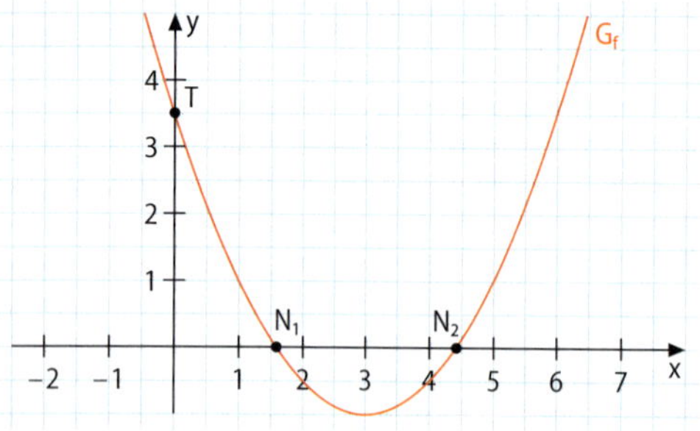

c) $f(x) = -\frac{1}{4}x^2 + 3x - 4 = -\frac{1}{4}(x^2 - 12x + 16)$
$= -\frac{1}{4}[(x-6)^2 - 20] = -\frac{1}{4}(x-6)^2 + 5$

$f(x) = 0 \Rightarrow -\frac{1}{4}(x-6)^2 = -5$
$\Rightarrow (x-6)^2 = 20 \Rightarrow x - 6 = \pm\sqrt{20}$
$\Rightarrow x_{1/2} = 6 \pm 2\sqrt{5}$

$f(x) = -\frac{1}{4}[x - (6 - 2\sqrt{5})][x - (6 + 2\sqrt{5})]$
Schnittpunkt mit der y-Achse: $T(0|-4)$
Schnittpunkte mit der x-Achse: $N_1(1{,}53|0)$, $N_2(10{,}47|0)$

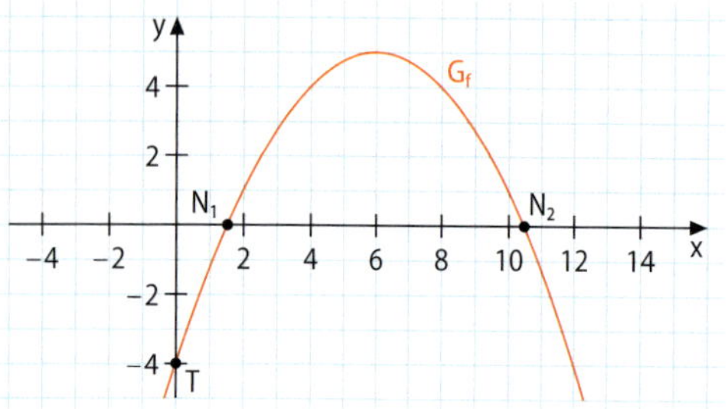

7 a) $D = (-7)^2 - 4 \cdot 4 \cdot (-3) = 49 + 48 = 97 > 0$
Da die Diskriminante $D > 0$ ist, besitzt die Funktion zwei Nullstellen.

b) Eine Nullstelle, da der Graph eine Gerade mit negativer Steigung ist (f ist eine lineare Funktion).

c) Keine Nullstelle, da der Graph parallel zur x-Achse verläuft.

d) Eine (doppelte) Nullstelle, da der Graph eine nach unten geöffnete Parabel mit Scheitel $S(1|0)$ ist.

e) $D = (-8)^2 - 4 \cdot 2 \cdot 12 = 64 - 96 = -32 < 0$
Da die Diskriminante $D < 0$ ist, besitzt die Funktion keine Nullstelle.

f) Zwei Nullstellen, da der Graph eine nach unten geöffnete Parabel mit Scheitel $S(0|4)$ ist.

8 a) $4x^2 + 12x - 91 = 0$;
$x_{1/2} = \frac{-12 \pm \sqrt{144 - 4 \cdot 4 \cdot (-91)}}{2 \cdot 4} = \frac{-12 \pm \sqrt{1600}}{8}$
$= \frac{-12 \pm 40}{8}$;
$x_1 = 3{,}5$; $x_2 = -6{,}5$; $L = \{-6{,}5; 3{,}5\}$

b) $6x^2 - 12x = 0$; $6x(x-2) = 0$;
$x_1 = 0$; $x_2 = 2$; $L = \{0; 2\}$

c) $x^2 + 10x + 16 = 0$;
$x_{1/2} = \frac{-10 \pm \sqrt{10^2 - 4 \cdot 1 \cdot 16}}{2 \cdot 1} = \frac{-10 \pm \sqrt{36}}{2} = \frac{-10 \pm 6}{2}$
$x_1 = -8$; $x_2 = -2$; $L = \{-8; -2\}$

d) $-3\sqrt{7}y + 42 - 3y^2 = 0$; $\quad | : (-3)$
$y^2 + \sqrt{7}y - 14 = 0$;
$y_{1/2} = \frac{-\sqrt{7} \pm \sqrt{(\sqrt{7})^2 - 4 \cdot 1 \cdot (-14)}}{2}$
$= \frac{-\sqrt{7} \pm \sqrt{63}}{2} = \frac{-\sqrt{7} \pm 3\sqrt{7}}{2}$;
$y_1 = \sqrt{7}$; $y_2 = -2\sqrt{7}$;
$L = \{-2\sqrt{7}; \sqrt{7}\}$

9 Der Graph gehört zu einer quadratischen Funktion mit den Nullstellen $x_1 = 1$ und $x_2 = 2$.
Der Graph schneidet die y-Achse im Punkt $(0|2)$.
Julius hat die Lösung der Gleichung $(x-1)(x-2) = 0$ bzw. der Gleichung $x^2 - 3x + 2 = 0$ graphisch ermittelt. Hierzu hat er den Graphen der Funktion $f: x \mapsto x^2 - 3x + 2$ gezeichnet und die Nullstellen abgelesen. Diese Gleichung besitzt daher die Lösungsmenge $L = \{1; 2\}$.

10 Die Lösungsformel für eine allgemeine quadratische Gleichung der Form $ax^2 + bx + c = 0$ $(a \neq 0)$ lautet $x_{1/2} = \frac{-b \pm \sqrt{b^2 - 4ac}}{2a}$. Der Radikand $D = b^2 - 4ac$ ist die Diskriminante der Gleichung. Der Wert bzw. das Vorzeichen der Diskriminante entscheidet über die Anzahl der Lösungen der Gleichung:

$D < 0$: keine Lösung
$D = 0$: genau eine Lösung
$D > 0$: zwei Lösungen.

Aufgaben für Lernpartner

A Die Aussage ist falsch. Die Parabel hat den Scheitel $S(3|1)$.

B Die Aussage ist richtig.

C Die Aussage ist richtig, da $a = 5 > 1$.

D Die Aussage ist richtig, da $f(0) = -5$.

E a) Die Aussage ist falsch, da x nur in der ersten Potenz vorkommt (lineare Funktion).
b) Die Aussage ist richtig. Die Gleichung lässt sich in der Form $y = x^2 + 1$ schreiben.
c) Die Aussage ist richtig. Die Gleichung lässt sich in der Form $y = \frac{1}{2}x^2$ schreiben.

F Die Aussage ist falsch. Der Graph ist eine nach unten geöffnete Parabel mit Scheitel $S(4|3)$, und es gilt $f(0) = -5$. Demnach liegen beide Nullstellen auf der positiven x-Achse. Somit verläuft der Graph nicht durch den 2. Quadranten.

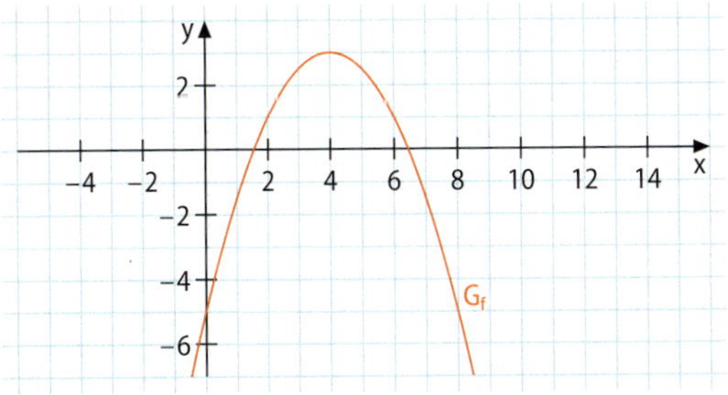

G Die Aussage ist falsch. f besitzt die Nullstellen $x_1 = -2$ und $x_2 = -4$.

H Die Aussage ist falsch. Der Graph zur Gleichung $y = x(x + 5)$ verläuft durch den Punkt $P(0|0)$. Eine mögliche Gleichung zu einer verschobenen Normalparabel, die durch den Punkt $T(0|-5)$ verläuft, lautet z. B. $y = x^2 - 5$.

I Die Aussage ist falsch. Gegenbeispiel: $f(x) = (x - 1)^2$. Die Aussage gilt nur für quadratische Funktionen, deren Scheitel auf der y-Achse liegt (z. B. f mit $f(x) = x^2 + 4$).

J Die Aussage ist falsch. Gegenbeispiel: Folgende Funktionen haben alle den Scheitel $S(0|0)$: $f(x) = x^2$; $g(x) = 0{,}5x^2$; $h(x) = -3x^2$.
Es gibt unendlich viele verschiedene Parabeln mit dem gleichen Scheitel.

K Die Aussage ist richtig. Die x-Koordinate des Scheitels ist das arithmetische Mittel der x-Koordinaten der beiden Nullstellen.

L Die Aussage ist richtig. Der Graph von f hat den Scheitel $S(2|1)$ und ist nach unten geöffnet. Daher ist f im Intervall $]2; \infty[$ monoton fallend.

M Die Aussage ist richtig. Dies ergibt sich aus der Lösungsformel für quadratische Gleichungen (siehe auch Aufgabe 10).

N Die Aussage ist falsch. Gegenbeispiel: Die Gleichung $x^2 = 5$ hat die Lösungen $x_1 = \sqrt{5}$ und $x_2 = -\sqrt{5}$, obwohl 5 keine Quadratzahl ist.

O Die Aussage ist falsch. Die Diskriminante zu dieser Gleichung lautet $D = g^2 - 4 \cdot 0 = g^2$. Falls $g = 0$ ist, hat die Gleichung nur eine Lösung $(x = 0)$. Falls $g \neq 0$ ist, hat die Gleichung stets zwei verschiedene Lösungen $(x_1 = 0$ und $x_2 = -\frac{g}{3})$. Es ist nicht möglich, dass die Gleichung keine Lösung hat.

P Die Aussage ist richtig.
$x^2 + 12x - 13 = (x + 13)(x - 1)$. Die Gleichung kann somit in der Form $(x + 13)(x - 1) = 0$ geschrieben werden. Daran lassen sich die Lösungen $x_1 = -13$ und $x_2 = 1$ direkt ablesen.

Startklar! – Seite 74

1 a)
$$f(x) = g(x)$$
$$x + 3 = 3 - x \quad | + x - 3$$
$$2x = 0 \quad | : 2$$
$$x = 0$$
$x = 0$ in einen Funktionsterm eingesetzt:
$$f(0) = 3 \quad \Rightarrow \quad S(0|3)$$

Probe: g (0) = 3

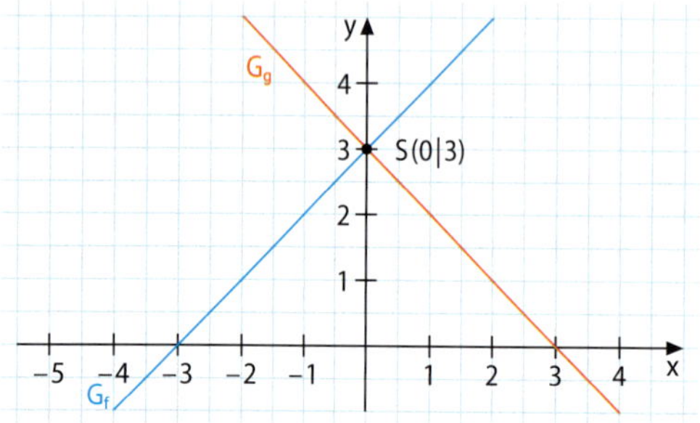

b) $f(x) = g(x)$

$\frac{3}{4}x + 2 = -\frac{7}{4}x - 3 \quad | + \frac{7}{4}x - 2$

$\frac{10}{4}x = -5 \quad | : \frac{10}{4}$

$x = -2$

x = −2 in einen Funktionsterm eingesetzt:

$f(-2) = \frac{3}{4} \cdot (-2) + 2 = 0{,}5$

$\Rightarrow S(-2|0{,}5)$

Probe: g (−2) = 0,5

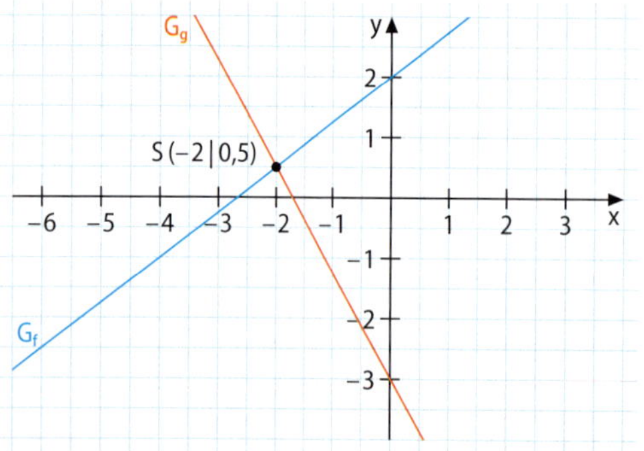

c) $f(x) = g(x)$

$-2 = 3x - 2 \quad | + 2$

$0 = 3x \quad | : 3$

$x = 0$

x = 0 in einen Funktionsterm eingesetzt:

$f(0) = -2 \Rightarrow S(0|-2)$

Probe: g (0) = −2

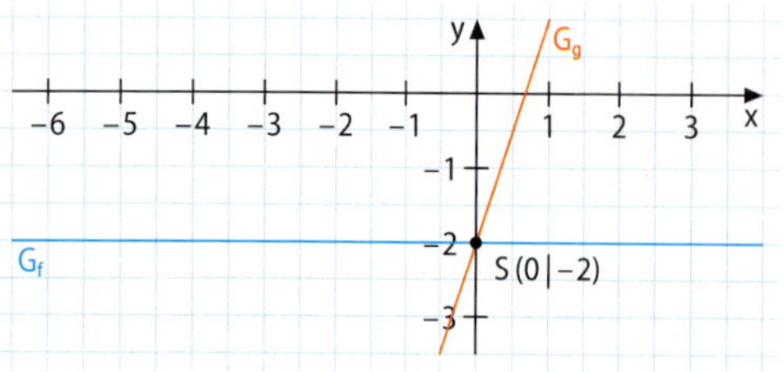

2 a) **1** I: $x + 4y = 2$

II: $2x = 3 - 4y \Rightarrow$ II': $2x + 4y = 3$

II' − I: $x = 1$

in I: $1 + 4y = 2 \Rightarrow y = 0{,}25$

$L = \{(1|0{,}25)\}$

2 I: $2x + y = 2 - 4x \Rightarrow$ I': $y = 2 - 6x$

II: $3x - 2y = 5$

I' in II: $3x - 2(2 - 6x) = 5$

$3x - 4 + 12x = 5$

$15x = 9$

$x = 0{,}6$

in I': $y = 2 - 6 \cdot 0{,}6 = -1{,}6$

$L = \{(0{,}6|-1{,}6)\}$

3 I: $-2x = 2 + 4y$

II: $x - 2y = 4 \Rightarrow$ II': $x = 4 + 2y$

II' in I: $-2(4 + 2y) = 2 + 4y$

$-8 - 4y = 2 + 4y$

$-10 = 8y$

$y = -1{,}25$

in II': $x = 4 + 2 \cdot (-1{,}25) = 1{,}5$

$L = \{(1{,}5|-1{,}25)\}$

4 I: $2(3x - 2y) = -5 \Rightarrow$ I': $6x - 4y = -5$

II: $4x = 3 + y \Rightarrow$ II': $y = 4x - 3$

II' in I': $6x - 4(4x - 3) = -5$

$6x - 16x + 12 = -5$

$10x = 17$

$x = 1{,}7$

in II': $y = 4 \cdot 1{,}7 - 3 = 3{,}8$

$L = \{(1{,}7|3{,}8)\}$

5 I: $1{,}5x - 2{,}5y = 3$

II: $x - y = 1 \Rightarrow$ II': $x = 1 + y$

II' in I: $1{,}5(1 + y) - 2{,}5y = 3$

$1{,}5 + 1{,}5y - 2{,}5y = 3$

$-1{,}5 = y$

in II': $x = 1 - 1{,}5 = -0{,}5$

$L = \{(-0{,}5|-1{,}5)\}$

6 I: $2{,}5x - 3y = 5 \Rightarrow$ I': $5x - 6y = 10$

II: $2x = 2{,}4y + 4 \Rightarrow$ II': $5x - 6y = 10$

$L = \left\{(x|y) \middle| y = \frac{5}{6}x - \frac{5}{3}\right\}$

7 I: $2x = 3 - y \Rightarrow$ I': $y = 3 - 2x$

II: $5x + 1 = 2{,}5y$

I' in II: $5x + 1 = 2{,}5(3 - 2x)$

$5x + 1 = 7{,}5 - 5x$

$10x = 6{,}5$

$x = 0{,}65$

in I': $y = 3 - 2 \cdot 0{,}65 = 3 - 1{,}3 = 1{,}7$

$L = \{(0{,}65 \mid 1{,}7)\}$

8 I: $2{,}2y + 3 = 1{,}6x \quad \Rightarrow \quad$ I': $11y + 15 = 8x$

II: $2{,}4x - 1{,}2y = 4{,}5 \quad \Rightarrow \quad$ II': $y = 2x - 3{,}75$

II' in I': $11(2x - 3{,}75) + 15 = 8x$

$22x - 41{,}25 + 15 = 8x$

$14x = 26{,}25$

$x = \frac{15}{8}$

in II': $y = 2 \cdot \frac{15}{8} - 3{,}75 = 0$

$L = \left\{\left(\frac{15}{8} \middle| 0\right)\right\}$

b) **1** Die Geraden schneiden sich in genau einem Punkt.

2 Die Geraden verlaufen parallel zueinander.

3 Die Geraden sind identisch.

3 a) **f: $x \mapsto x^2 - 4x + 2$**

$f(x) = 0$

$x^2 - 4x + 2 = 0$

$x_{1/2} = \frac{-(-4) \pm \sqrt{(-4)^2 - 4 \cdot 1 \cdot 2}}{2 \cdot 1} = \frac{4 \pm \sqrt{16 - 8}}{2}$

$= \frac{4 \pm \sqrt{8}}{2}$

$\Rightarrow \quad x_1 = 2 - \sqrt{2}$ und $x_2 = 2 + \sqrt{2}$

Der Scheitel ist der tiefste Punkt, da $a = 1 > 0$ gilt.

g: $x \mapsto -\frac{1}{4}x^2 + 2x - 1$

$g(x) = 0$

$-\frac{1}{4}x^2 + 2x - 1 = 0$

$x_{1/2} = \frac{-2 \pm \sqrt{2^2 - 4 \cdot \left(-\frac{1}{4}\right) \cdot (-1)}}{2 \cdot \left(-\frac{1}{4}\right)} = \frac{-2 \pm \sqrt{4 - 1}}{-\frac{1}{2}}$

$= -2 \cdot (-2 \pm \sqrt{3})$

$x_1 = 4 - 2\sqrt{3}$ und $x_2 = 4 + 2\sqrt{3}$

Der Scheitel ist der höchste Punkt, da $a = -\frac{1}{4} < 0$ gilt.

b) $f(x) = x^2 - 4x + 2 = x^2 - 4x + \left(\frac{4}{2}\right)^2 - \left(\frac{4}{2}\right)^2 + 2$

$= (x - 2)^2 - 4 + 2 = (x - 2)^2 - 2 \quad \Rightarrow \quad S(2 \mid -2)$

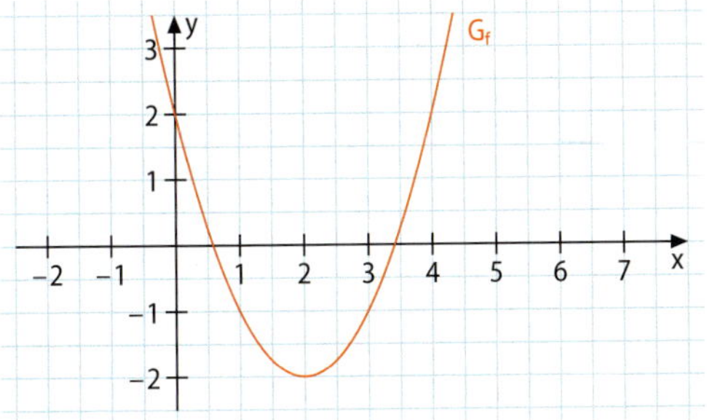

$g(x) = -\frac{1}{4}(x^2 - 8x) - 1$

$= -\frac{1}{4}\left[x^2 - 8x + \left(\frac{8}{2}\right)^2 - \left(\frac{8}{2}\right)^2\right] - 1$

$= -\frac{1}{4}[(x - 4)^2 - 4^2] - 1 = -\frac{1}{4}(x - 4)^2 + 4 - 1$

$= -\frac{1}{4}(x - 4)^2 + 3 \quad \Rightarrow \quad S(4 \mid 3)$

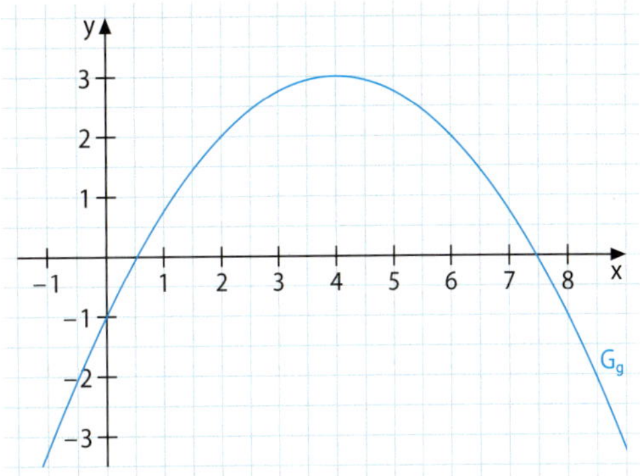

4 a) f: $x \mapsto \frac{1}{x} - 1$; $D_f = \mathbb{R} \setminus \{0\}$

G_f besitzt keinen Schnittpunkt mit der y-Achse.

$f(x) = 0$

$\frac{1}{x} - 1 = 0 \quad | + 1$

$\frac{1}{x} = 1 \quad | \cdot x$

$1 = x \quad \Rightarrow \quad N(1 \mid 0)$

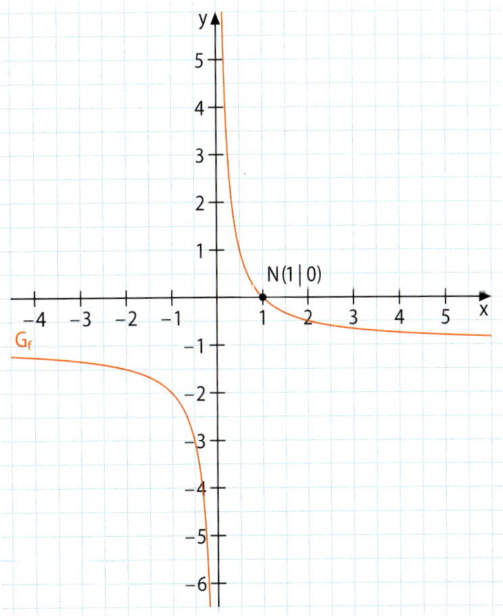

b) $f\colon x \mapsto \frac{1}{x+1} + 2$

$x + 1 = 0$ für $x = -1 \quad \Rightarrow \quad D_f = \mathbb{R}\setminus\{-1\}$

$f(0) = \frac{1}{0+1} + 2 = \frac{1}{1} + 2 = 1 + 2 = 3 \quad \Rightarrow \quad S_y(0\,|\,3)$

$$f(x) = 0$$

$$\frac{1}{x+1} + 2 = 0$$

$$\frac{1}{x+1} + \frac{2\cdot(x+1)}{x+1} = 0 \qquad |\cdot(x+1)$$

$$1 + 2x + 2 = 0$$

$$2x + 3 = 0 \qquad |-3$$

$$2x = -3 \qquad |:2$$

$$x = -\tfrac{3}{2} \quad \Rightarrow \quad N(-1{,}5\,|\,0)$$

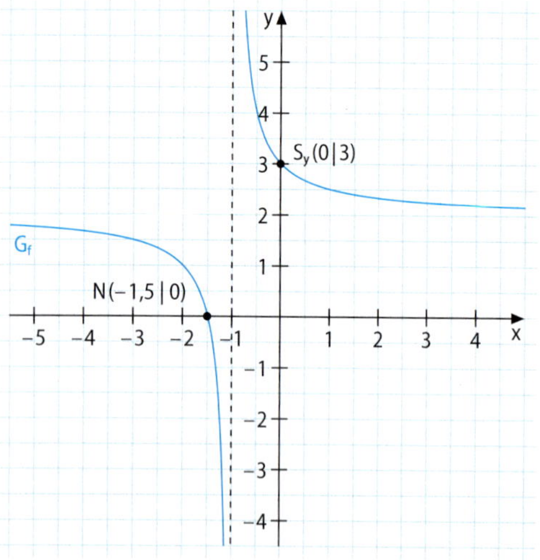

c) $f\colon x \mapsto \frac{1}{3-x} - 4$

$3 - x = 0$ für $x = 3 \quad \Rightarrow \quad D_f = \mathbb{R}\setminus\{3\}$

$f(0) = \frac{1}{3-0} - 4 = \frac{1}{3} - 4 = -3\tfrac{2}{3} \quad \Rightarrow \quad S_y\left(0\,\middle|\,-3\tfrac{2}{3}\right)$

$$f(x) = 0$$

$$\frac{1}{3-x} - 4 = 0 \qquad |+4$$

$$\frac{1}{3-x} = 4 \qquad |\cdot(3-x)$$

$$1 = 4\cdot(3-x)$$

$$1 = 12 - 4x \qquad |+4x-1$$

$$4x = 11 \qquad |:4$$

$$x = \tfrac{11}{4} \quad \Rightarrow \quad N(2{,}75\,|\,0)$$

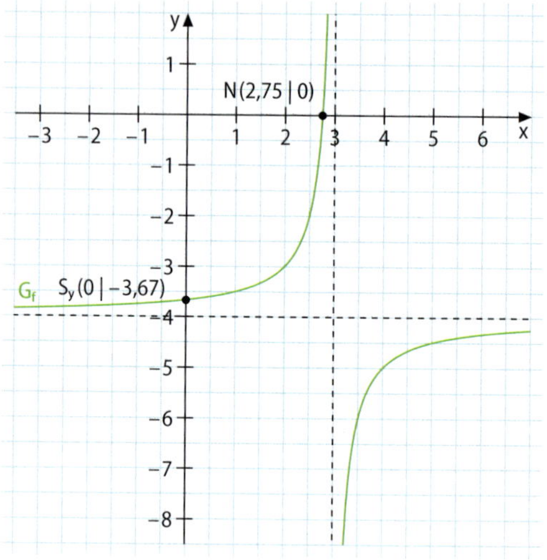

d) $f\colon x \mapsto -\frac{4}{x-2} + 3$

$x - 2 = 0$ für $x = 2 \quad \Rightarrow \quad D_f = \mathbb{R}\setminus\{2\}$

$f(0) = -\frac{4}{0-2} + 3 = 2 + 3 = 5 \quad \Rightarrow \quad S_y(0\,|\,5)$

$$f(x) = 0$$

$$-\frac{4}{x-2} + 3 = 0 \qquad \left|+\frac{4}{x-2}\right.$$

$$3 = \frac{4}{x-2} \qquad |\cdot(x-2)$$

$$3(x-2) = 4$$

$$3x - 6 = 4 \qquad |+6$$

$$3x = 10 \qquad |:3$$

$$x = \tfrac{10}{3} \quad \Rightarrow \quad N\left(3\tfrac{1}{3}\,\middle|\,0\right)$$

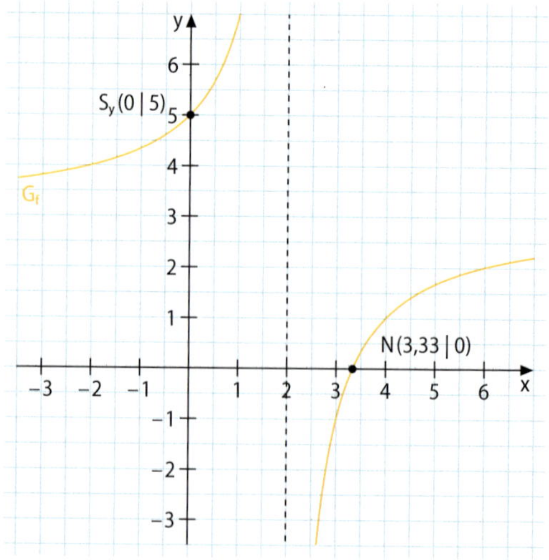

5 **a)** $\frac{6}{3x} = \frac{3}{x-2}$

$3x = 0$ für $x = 0$ und $x - 2 = 0$ für $x = 2$

$\Rightarrow \quad D = \mathbb{R} \setminus \{0; 2\}$

$6(x-2) = 3 \cdot 3x$

$6x - 12 = 9x \qquad | - 6x$

$-12 = 3x \qquad | : 3$

$-4 = x$

$L = \{-4\}$

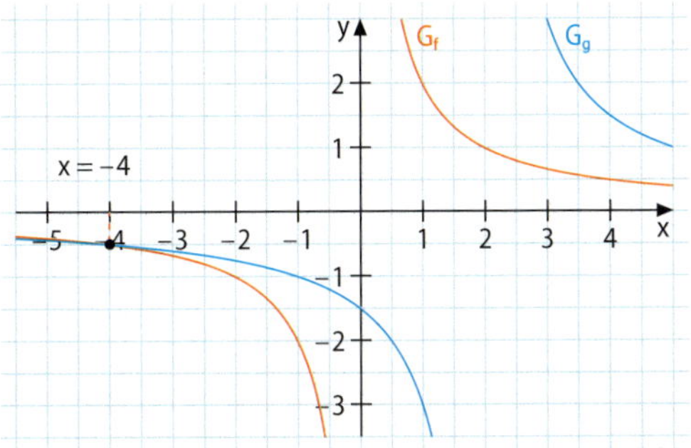

b) $\frac{x}{x^2+1} = \frac{2}{2x-1}$

$x^2 + 1 \neq 0$ für alle $x \in \mathbb{R}$

und $2x - 1 = 0$ für $x = \frac{1}{2} \quad \Rightarrow \quad D = \mathbb{R} \setminus \{0{,}5\}$

$x(2x-1) = 2(x^2+1)$

$2x^2 - x = 2x^2 + 2 \qquad | - 2x^2$

$-x = 2$

$L = \{-2\}$

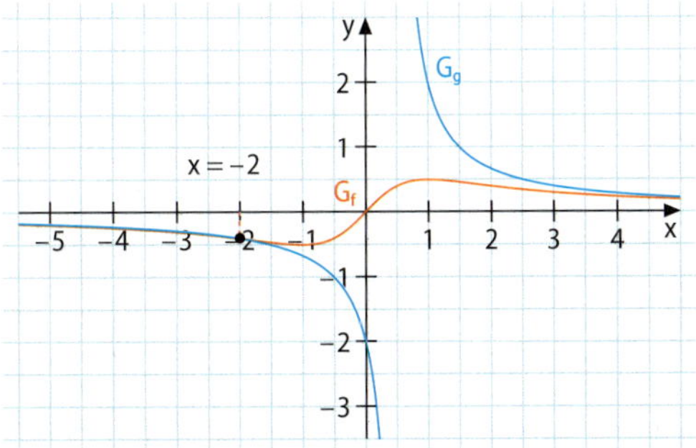

c) $2{,}5 = \frac{5x-2}{7+2x}$

$7 + 2x = 0$ für $x = -3{,}5 \quad \Rightarrow \quad D = \mathbb{R} \setminus \{-3{,}5\}$

$2{,}5(7+2x) = 5x - 2$

$17{,}5 + 5x = 5x - 2 \qquad | - 5x$

$17{,}5 = -2$

$L = \{\}$

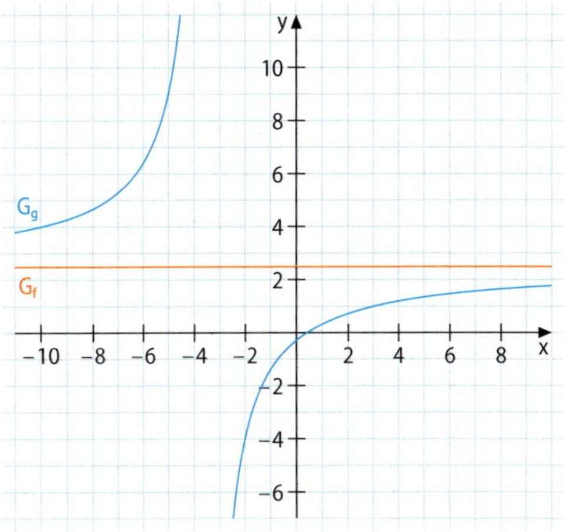

d) $x\left(4 - \frac{8}{4x+1}\right) = 0$

$4x + 1 = 0$ für $x = -\frac{1}{4} \quad \Rightarrow \quad D = \mathbb{R} \setminus \left\{-\frac{1}{4}\right\}$

Ein Produkt hat den Wert null, wenn einer der Faktoren den Wert null besitzt.

1 $x_1 = 0$ **2** $4 - \frac{8}{4x+1} = 0 \qquad | + \frac{8}{4x+1}$

$4 = \frac{8}{4x+1} \qquad | : 4$

$1 = \frac{2}{4x+1} \qquad | \cdot (4x+1)$

$4x + 1 = 2 \qquad | - 1$

$4x = 1$

$x_2 = \frac{1}{4} \qquad L = \left\{0; \frac{1}{4}\right\}$

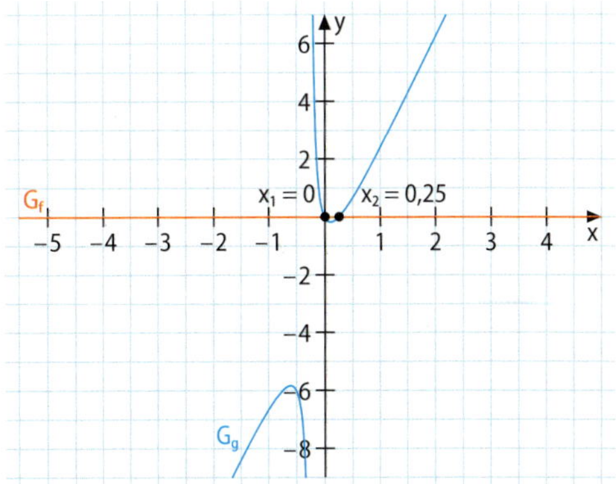

6 **a)** Die Aussage ist falsch, denn z. B. schneiden sich die Geraden g_1: $x \mapsto x$ und g_2: $x \mapsto -x$ im Punkt $S(0|0)$.

b) Die Aussage ist falsch. Wenn die Parabel nach unten geöffnet ist $(a < 0)$, besitzt die Funktion keine Nullstelle. Beispiel: f: $x \mapsto -(x-1)^2 - 1$.

c) Die Aussage ist richtig, denn $\sqrt{D}$ (D: Diskriminante) ist nicht definiert und $x_{1/2} = \frac{-b \pm \sqrt{D}}{2a}$ ist nicht lösbar.

d) Die Aussage ist richtig, denn die Gleichung
$\frac{1}{x^2 + 1} = 0 \quad \Leftrightarrow \quad 1 = 0$
besitzt eine leere Lösungsmenge.

Am Ziel! – Seiten 106 und 107

1 **1 und B:** Das Koordinatensystem ist so gewählt, dass der Abschlag im Ursprung liegt. Die zweite Nullstelle $x = 120$ gibt an, wie weit der Golfball geflogen ist. Die y-Koordinate des Scheitelpunkts beschreibt die maximale Höhe, die der Golfball bei Amys Schlag erzielt.
2 und D: Durch Einsetzen (und Runden auf eine Dezimalstelle) erhält man, dass der Punkt $P(80|6{,}7)$ auf der Parabel mit $y = 0{,}0003x^2 + 0{,}008x + 4{,}1$ liegt. Der Scheitelpunkt ist ein Minimum, da $a = 0{,}0003x^2 > 0$ ist. Der Scheitelpunkt gibt an, bei welcher Geschwindigkeit der minimale Benzinverbrauch in Liter pro 100 km erzielt wird.
3 und A: Der Scheitelpunkt $S(6|869{,}5)$ beschreibt ein Maximum, da $a = -25$ ist. Juni ist der 6. Monat im Jahr. Der Scheitelpunkt $S(6|869{,}5)$ gibt an, dass die Solaranlage im Juni 869,5 kWh Strom produziert hat.
4 und C: Das Koordinatensystem ist so gewählt, dass der tiefste Punkt auf der y-Achse liegt. Der Scheitelpunkt ist ein Minimum, da $a = 0{,}4 > 0$ ist. Die y-Koordinate des Scheitelpunkts $S(0|-6{,}4)$ beschreibt die maximale Tiefe des Sees von 6,4 m.

2 a) Legt man den Koordinatenursprung in die linke untere Ecke der Marmorplatte und wählt den Maßstab 1:10, dann liegen die Punkte $P(6|5)$ und $Q(8{,}5|4)$ auf der Abbruchkante:
$m = \frac{5-4}{6-8{,}5} = \frac{1}{-2{,}5} = -\frac{2}{5}$
Durch Einsetzen der Koordinaten von P und von m in die Funktionsgleichung $y = mx + t$ ermittelt man den Wert des Parameters t und damit die Funktionsgleichung:
$5 = -0{,}4 \cdot 6 + t \quad \Rightarrow \quad t = 7{,}4$
$y = -0{,}4x + 7{,}4$

b) x: Länge der Marmorplatte in dm
y: Breite der Marmorplatte in dm
Es wird die Funktion $A = x \cdot y$ mit $y = -0{,}4x + 7{,}4$, $D_A =]0; 8{,}5[$ betrachtet.

$$\begin{aligned} A(x) &= x \cdot (-0{,}4x + 7{,}4) = -0{,}4x^2 + 7{,}4x \\ &= -0{,}4(x^2 - 18{,}5x) \\ &= -0{,}4\left[x^2 - 18{,}5x + \left(\tfrac{18{,}5}{2}\right)^2 - \left(\tfrac{18{,}5}{2}\right)^2\right] \\ &= -0{,}4[(x - 9{,}25)^2 - 85{,}5625] \\ &= -0{,}4(x - 9{,}25)^2 + 34{,}225 \\ &\Rightarrow S(9{,}25|34{,}225) \end{aligned}$$

Die maximale Fläche einer rechteckigen Platte mit dieser Abbruchkante würde man für eine Länge von 92,5 cm erzielen. Die Platte ist jedoch nur 85 cm lang. Man muss somit den Randpunkt $R(8{,}5|4)$ auswählen.
Dann hat die Platte einen Flächeninhalt von
$A = 85\ \text{cm} \cdot 40\ \text{cm} = 3400\ \text{cm}^2$.
$p = \frac{3400\ \text{cm}^2}{85\ \text{cm} \cdot 50\ \text{cm}} = \frac{3400\ \text{cm}^2}{4250\ \text{cm}^2} = \frac{4}{5} = 80\,\%$
Die Fläche der neuen Platte nimmt 80 % der Fläche der alten Platte ein.

3 I: $x - 2y + z = 0 \quad \Rightarrow \quad$ I': $x = 2y - z$
II: $3x + 4y - 2z = 20$
III: $2x - y + 3z = 1$
I' in II und III eingesetzt:
II': $3(2y - z) + 4y - 2z = 20$
$6y - 3z + 4y - 2z = 20$
$10y - 5z = 20 \quad |:5$
$2y - z = 4$
III': $2(2y - z) - y + 3z = 1$
$4y - 2z - y + 3z = 1$
$3y + z = 1 \quad \Rightarrow \quad z = 1 - 3y$
III' in II' eingesetzt: $2y - (1 - 3y) = 4$
$2y - 1 + 3y = 4$
$5y = 5 \quad |:5$
$y = 1$
$y = 1$ in III' eingesetzt: $z = 1 - 3 \cdot 1 = -2$
$y = 1$ und $z = -2$ in I' eingesetzt: $x = 2 \cdot 1 - (-2)$
$= 2 + 2 = 4$
$L = \{(4|1|-2)\}$
Probe:
I: $4 - 2 \cdot 1 - 2 = 0$ ✓
II: $3 \cdot 4 + 4 \cdot 1 - 2 \cdot (-2) = 12 + 4 + 4 = 20$ ✓
III: $2 \cdot 4 - 1 + 3 \cdot (-2) = 8 - 1 - 6 = 1$ ✓

4 I: $-4 = 10^2 \cdot a + 10b + c$

II: $-6{,}5 = 5^2 \cdot a + 5b + c$

III: $6 = 0^2 \cdot a + 0 \cdot b + c \Rightarrow 6 = c$

$c = 6$ in I und II eingesetzt:

I: $-4 = 100a + 10b + 6 \Rightarrow$ I': $b = -1 - 10a$

II: $-6{,}5 = 25a + 5b + 6$

I' in II eingesetzt: $-12{,}5 = 25a + 5(-1 - 10a)$

$-12{,}5 = 25a - 5 - 50a \quad | + 5$

$-7{,}5 = -25a \quad | : (-25)$

$0{,}3 = a$

$a = 0{,}3$ in II' eingesetzt:

$b = -1 - 10 \cdot 0{,}3 = -1 - 3 = -4$

$f\colon x \mapsto 0{,}3x^2 - 4x + 6$

Probe:

$f(10) = 0{,}3 \cdot 100 - 4 \cdot 10 + 6 = 30 - 40 + 6 = -4$ ✓

$f(5) = 0{,}3 \cdot 25 - 4 \cdot 5 + 6 = -6{,}5$ ✓

$f(0) = 6$ ✓

Zur Bestimmung der Wertemenge wird der Scheitelpunkt ermittelt:

$$f(x) = 0{,}3\left(x^2 - \tfrac{40}{3}x\right) + 6$$
$$= 0{,}3\left[x^2 - \tfrac{40}{3}x + \left(\tfrac{40}{6}\right)^2 - \left(\tfrac{40}{6}\right)^2\right] + 6$$
$$= 0{,}3\left[\left(x - \tfrac{20}{3}\right)^2 - \left(\tfrac{20}{3}\right)^2\right] + 6$$
$$= 0{,}3\left(x - \tfrac{20}{3}\right)^2 - \tfrac{40}{3} + 6 = 0{,}3\left(x - \tfrac{20}{3}\right)^2 - \tfrac{22}{3}$$
$$\Rightarrow S\left(\tfrac{20}{3} \middle| -\tfrac{22}{3}\right)$$
$$\Rightarrow W = \left[-\tfrac{22}{3}; \infty\right[$$

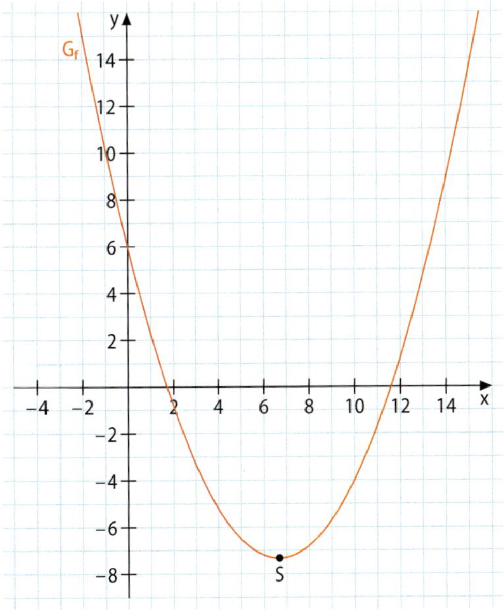

5 Legt man den Absprungpunkt in den Ursprung, erhält man folgende drei Punkte der parabelförmigen Flugbahn: $A(0|0)$, $B(4|3)$ und $C(0|8)$.
Anhand der Nullstellenform erhält man:
$f\colon x \mapsto ax(x - 8)$.
Setze B in die Nullstellenform ein:

$3 = a \cdot 4 \cdot (4 - 8)$

$3 = -16a \quad | : (-16)$

$a = -\frac{3}{16}$

Sunnys parabelförmige Flugbahn lässt sich durch die Funktion $f\colon x \mapsto -\frac{3}{16}x(x - 8)$ beschreiben.

6 Man muss z. B. noch die Höhe der Wasserparabeln kennen. Dann kann man das Koordinatensystem so festlegen, dass der Start der Wasserparabel im Ursprung liegt. Man kennt beide Nullstellen und den Scheitelpunkt.

7 **a)** Rosalie hat die linke Seite der Gleichung als lineare Funktion $g\colon x \mapsto x - 0{,}5$ interpretiert und die rechte Seite als Funktionsterm der gebrochen-rationalen Funktion $f\colon x \mapsto \frac{x+1}{x}$. Sie zeichnet die zugehörigen Graphen G_g (grün) und G_f (rot). Dann liest sie die x-Stellen der Schnittpunkte ab und gibt diese als Lösungsmenge an.
$D = \mathbb{R} \setminus \{0\}$

b)

$x - 0{,}5 = \frac{x+1}{x} \quad | \cdot x$

$x^2 - 0{,}5x = x + 1 \quad | - x - 1$

$x^2 - 1{,}5x - 1 = 0$

$$x_{1/2} = \frac{1{,}5 \pm \sqrt{(-1{,}5)^2 - 4 \cdot 1 \cdot (-1)}}{2}$$
$$= \frac{1{,}5 \pm \sqrt{2{,}25 + 4}}{2}$$
$$= \frac{1{,}5 \pm \sqrt{6{,}25}}{2} = \frac{1{,}5 \pm 2{,}5}{2}$$
$$x_1 = \frac{1{,}5 + 2{,}5}{2} = 2$$
$$x_2 = \frac{1{,}5 - 2{,}5}{2} = -\frac{1}{2}$$

$L = \{-0{,}5; 2\}$

Rosalie hat die Lösungsmenge korrekt angegeben.

8 Individuelle Lösungen. Beispiel: f_1: $x \mapsto x^2$ und f_2: $x \mapsto -x^2$. Die beiden Graphen G_{f1} und G_{f2} besitzen O(0|0) als einzigen gemeinsamen Punkt.

$$\begin{aligned} x^2 &= -x^2 && \mid +x^2 \\ 2x^2 &= 0 && \mid :2 \\ x^2 &= 0 \\ x &= 0 \end{aligned}$$

$f_1(0) = f_2(0) = 0$

Aufgaben für Lernpartner

A Die Aussage ist richtig. Bei einer nach unten geöffneten Parabel besitzt der Scheitelpunkt den größtmöglichen y-Wert.

B Die Aussage ist bei geeigneter Wahl des Koordinatensystems richtig. Im Koordinatensystem muss der Scheitelpunkt S(15|5) lauten. Wählt man das Koordinatensystem anders, so ist die Aussage falsch.

C Die Aussage ist richtig. Der Graph der Funktion, die zur Modellierung verwendet wird, muss eine nach unten geöffnete Parabel sein.

D Die Aussage ist richtig, wenn man vereinfacht annimmt, dass Martins Absprungstelle in $x = 0$ liegt und die Wasseroberfläche auf der Höhe $y = 0$.
Die Nullstelle, die auf der positiven x-Achse liegt, beschreibt dann die Entfernung zum Sprungturm.
Die Aussage wäre falsch, wenn der Absprungpunkt nicht bei $x = 0$ wäre.

E Die Aussage ist falsch. Man benötigt für die eindeutige Bestimmung der Funktionsgleichung einen weiteren Punkt, der auf der Parabel liegt, um den Wert des Parameters a bestimmen zu können.

F Die Aussage ist falsch.
$\frac{1}{x^2-4} = 1 \quad \Rightarrow \quad x^2 - 4 = 1 \quad \Rightarrow \quad L = \left\{-\sqrt{5};\ \sqrt{5}\right\}$

G Die Aussage ist falsch. Beim Einsetzen wurden die x- und die y-Koordinate des Punkts C vertauscht. Die Gleichung müsste lauten: $-4 = 49a + 7b + c$.

H Die Aussage ist richtig (siehe Strategiewissen auf den Seiten 78 und 79).

I Die Aussage ist richtig. Aus Gleichung III folgt $5 = x + y + z$. Dies steht im Widerspruch zu Gleichung I.

J Die Aussage ist falsch. Eine Parabel und eine Gerade können maximal zwei gemeinsame Punkte besitzen.

K Die Aussage ist richtig. Dies gilt z. B. für die Parabel $y = x^2$ und die lineare Funktion $y = -1$.

L Die Aussage ist richtig. Es gilt $5 = x^2 - 11$, d. h. $x^2 = 16$. Somit gilt $L = \{-4; 4\}$.

M Die Aussage ist richtig, wenn einer der Punkte der Scheitelpunkt der Parabel ist. Dann setzt man diesen in die Scheitelpunktform ein und ermittelt mithilfe des zweiten Punkts den Wert des Parameters a.

Startklar! – Seite 108

1 Bei diesem Experiment wird die Farbe der gezogenen Schokoerdnuss betrachtet. Die Ergebnismenge ist $\Omega = \{\text{gelb; orange; rot; grün; blau; braun}\}$. Bei einem Laplace-Experiment sind alle sechs Ereignisse gleich wahrscheinlich, also $P(\text{gelb}) = P(\text{orange}) = P(\text{rot}) = P(\text{grün}) = P(\text{blau}) = P(\text{braun}) = \frac{1}{6}$.
Aus dem Ziehen einer einzigen Nuss kann nicht auf die Wahrscheinlichkeiten der Ereignisse geschlossen werden, insbesondere lässt sich daraus nicht ableiten, ob von jeder Farbe gleich viele Nüsse in der Tüte sind, wie es für ein Laplace-Experiment erforderlich wäre.

2 Das Spiel ist nicht fair. Ist mindestens eine der beiden gedachten Zahlen gerade, so ist auch der Produktwert gerade. Der Produktwert ist also nur bei zwei ungeraden Zahlen ebenfalls ungerade, also nur in 25 % der Fälle.

3 Man kann $6 \cdot 10 \cdot 5 = 300$ verschiedene 3-Gänge-Menüs bestellen. Zu jedem Hauptgericht kann man unter 6 Vorspeisen und 5 Desserts auswählen; es gibt somit zu jedem Hauptgericht $6 \cdot 5 = 30$ Menüs. Jeweils 30 Menüs haben also den gleichen Hauptgang.

4 **a)** $\Omega = \{2; 3; 4; 5; 6; 7; 8; 9; 10; 11; 12; 13; 14; 15; 16\}$
b) $A = \{2; 4; 6; 8; 10; 12; 14; 16\}$
$B = \Omega$ $\quad C = \{5; 10; 15\}$
$D = \{10; 11; 12; 13; 14; 15; 16\}$ $\quad E = \{\}$

c) F: „Die Zahl ist einstellig."

d) $\overline{C}$: „Die Zahl lässt sich nicht durch fünf teilen."

$\overline{C} = \{2; 3; 4; 6; 7; 8; 9; 11; 12; 13; 14; 16\}$

e) $B = \Omega \Rightarrow P(B) = P(\Omega) = 1$ (sicheres Ereignis)

$C = \{5; 10; 15\} \Rightarrow P(C) = \frac{3}{15} = \frac{1}{5} = 20\,\%$

$E = \{\} \Rightarrow P(E) = 0$ (unmögliches Ereignis)

f) Individuelle Lösungen. Beispiele:
sicheres Ereignis: Die Zahl ist kleiner als 20.
unmögliches Ereignis: Die Zahl enthält die Primfaktoren 3 und 7.

Am Ziel! – Seiten 128 und 129

1 a) $G \cap H$

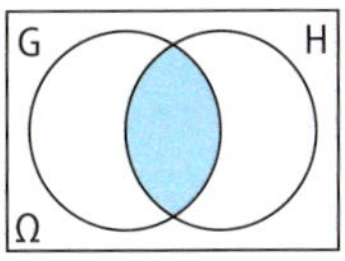

b) $\overline{G \cup H} = \overline{G} \cap \overline{H}$

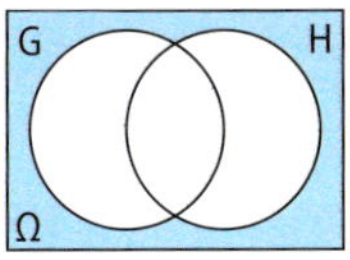

c) $G \cup H$

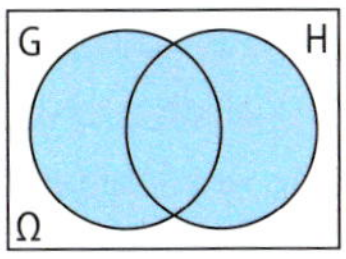

d) $G \cap \overline{H}$

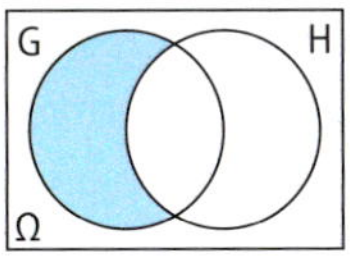

e) $\Omega \setminus (G \cap H) = \overline{G \cap H}$

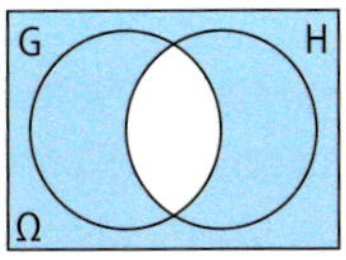

2

	A	$\overline{A}$	gesamt
B	0,25	0,3	0,55
$\overline{B}$	0,05	0,4	0,45
gesamt	0,3	0,7	1

3 a) absolute Häufigkeiten:

	W	$\overline{W}$	gesamt
V	90	30	120
$\overline{V}$	90	60	150
gesamt	180	90	270

relative Häufigkeiten:

	W	$\overline{W}$	gesamt
V	$\frac{90}{270} = \frac{1}{3}$	$\frac{30}{270} = \frac{1}{9}$	$\frac{120}{270} = \frac{4}{9}$
$\overline{V}$	$\frac{90}{270} = \frac{1}{3}$	$\frac{60}{270} = \frac{2}{9}$	$\frac{150}{270} = \frac{5}{9}$
gesamt	$\frac{180}{270} = \frac{2}{3}$	$\frac{90}{270} = \frac{1}{3}$	1

b) **1** $P(W) = \frac{2}{3} \approx 66{,}67\,\%$

2 $P(\overline{W} \cap V) = \frac{1}{9} \approx 11{,}11\,\%$

3 $P(W \cap \overline{V}) = \frac{1}{3} \approx 33{,}33\,\%$

c) $P(W) + P(\overline{V}) = \frac{2}{3} + \frac{5}{9} = \frac{11}{9}$

$P(W \cup \overline{V}) = \frac{180 + 150 - 90}{270} = \frac{240}{270} = \frac{8}{9}$

Die Aussage ist falsch, da W und $\overline{V}$ nicht disjunkt sind.

4 a) $\overline{D \cup S} = \overline{D} \cap \overline{S}$: Die Person trägt keine Drogen bei sich und der Spürhund schlägt nicht an.

$D \cap \overline{S}$: Die Person trägt Drogen bei sich und der Spürhund schlägt nicht an.

$\overline{D \cap S} = \overline{D} \cup \overline{S}$: Die Person trägt keine Drogen bei sich oder der Spürhund schlägt nicht an.

b) **1** Ereignis $D \cap S$: Die Person trägt Drogen bei sich und der Spürhund schlägt an.

2 Ereignis $D \cup S$: Die Person trägt Drogen bei sich oder der Spürhund schlägt an.

Vierfeldertafel:

	S	$\overline{S}$	gesamt
D	$0{,}99 \cdot 0{,}01 = 0{,}0099$	0,0001	0,01
$\overline{D}$	$0{,}95 \cdot 0{,}99 = 0{,}0495$	0,9405	0,99
gesamt	0,0594	0,9406	1

1 $P(D \cap S) = 0{,}0099 = 0{,}99\,\%$

2 $P(D \cup S) = 0{,}01 + 0{,}0594 - 0{,}0099 = 0{,}0595$
$= 5{,}95\,\%$

5 „Es tritt A oder B ein, aber nicht beide." schließt die Schnittmenge $A \cap B$ aus. Mengendiagramm:

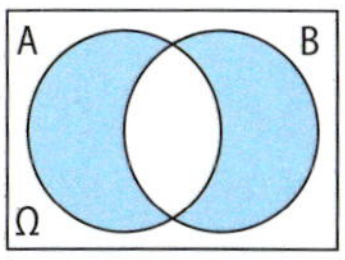

„Es tritt A oder B ein." bedeutet, dass eines der Ereignisse A oder B eintritt oder beide zusammen. Mengendiagramm:

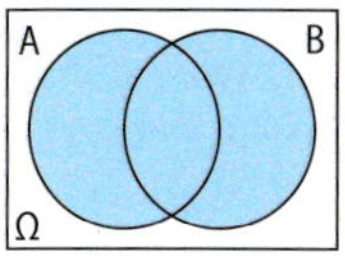

6 a) $E_1 = \{1; 3; 5; 7; 9\}$ $\quad P(E_1) = \frac{5}{10}$

$E_2 = \{3; 6; 9\}$ $\quad P(E_2) = \frac{3}{10}$

$E_1 \cup E_2 = \{1; 3; 5; 6; 7; 9\}$ $\quad P(E_1 \cup E_2) = \frac{6}{10}$

$P(E_1) + P(E_2) = \frac{5}{10} + \frac{3}{10} = \frac{8}{10} \neq P(E_1 \cup E_2)$

Die Gleichung ist nicht erfüllt, da es Ergebnisse gibt, die zu beiden Ereignissen gehören (3 und 9). Diese werden bei der Berechnung von $P(E_1) + P(E_2)$ doppelt gezählt.

b) Individuelle Lösungen. Beispiel: E_3: „Die Zahl ist eine Zweierpotenz."

Die Ereignisse E_2 und E_3 enthalten keine gemeinsamen Ergebnisse (vgl. Additionssatz).

$E_3 = \{1; 2; 4; 8\}$ $\quad P(E_3) = \frac{4}{10}$

$E_3 \cup E_2 = \{1; 2; 3; 4; 6; 8; 9\}$ $\quad P(E_3 \cup E_2) = \frac{7}{10}$

$P(E_3) + P(E_2) = \frac{4}{10} + \frac{3}{10} = \frac{7}{10} = P(E_3 \cup E_2)$

Aufgaben für Lernpartner

A Die Aussage ist falsch. Wenn $A \cap B = A$ gilt, dann ist A eine Teilmenge von B. Das Ereignis B kann eintreten, ohne dass das Ereignis A eintritt.

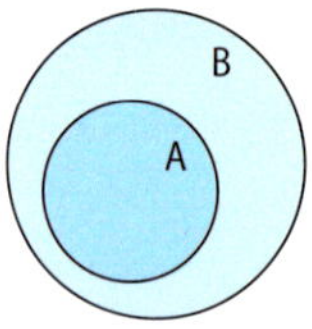

B Die Aussage ist richtig. $A \cup B$ enthält alle Ereignisse, die zu A oder B gehören. Wenn z. B. $A = \{E\}$ wäre (also $A \neq \{\}$), dann wäre das Ereignis E auch in $A \cup B$ enthalten, es würde also $A \cup B \neq \{\}$ gelten im Widerspruch zur Voraussetzung.

C Die Aussage ist richtig. Jedes Ergebnis aus A ist auch ein Ergebnis aus B.

D Die Aussage ist falsch. In einer Vierfeldertafel kann man auch relative Häufigkeiten darstellen.

E Die Aussage ist falsch. Gegenbeispiel: Für $A = B = \Omega$ gilt $\overline{A} = \overline{B} = \{\}$ und damit $A \cap \overline{B} = \{\} = \overline{A}$.
Der Fall $A \cap \overline{B} = \overline{A}$ ist somit nicht unmöglich.

F Die Aussage ist richtig.

G Die Aussage ist richtig. Der Additionssatz besagt $P(A \cup B) = P(A) + P(B) - P(A \cap B)$.
Wenn $P(A \cup B) = P(A) + P(B)$ gilt, dann ist $P(A \cap B) = 0$, also $A \cap B = \{\}$ (unmögliches Ereignis).

H Die Aussage ist falsch. Durch zweimalige Anwendung des Additionssatzes erhält man:
$P(A \cup B \cup C) = P(A) + P(B \cup C) - P(A \cap (B \cup C))$
$= P(A) + P(B) + P(C) - P(B \cap C) - P(A \cap (B \cup C))$.

I Vervollständigte Vierfeldertafel:

	N	$\overline{N}$	
M	33	10	43
$\overline{M}$	22	21	43
	55	31	86

$P(M) = P(\overline{M}) = \frac{43}{86} = \frac{1}{2}$.

Die Aussage $P(M) = P(\overline{M})$ ist richtig.

$P(M \cap N) = \frac{33}{86} \approx 0{,}38 \neq 0{,}6$.

Die Aussage $P(M \cap N) = 0{,}6$ ist falsch.

J Die Aussage ist falsch. Gegenbeispiel: Wenn bei beiden Würfen eine 1 geworfen wird, gehört das Ergebnis sowohl zu A als auch zu B. A und B sind somit nicht disjunkt, da sie (mindestens) ein gemeinsames Element haben.

K Die Aussage ist richtig, wenn man sich für die Ereignisse E_1: „Es wird ein König gezogen." und E_2: „Es wird eine Herz-Karte gezogen." interessiert.

L Die Aussage ist falsch. Gegenbeispiel: Ein Laplace-Würfel wird geworfen und es werden die Ereignisse A: „Die geworfene Augenzahl ist gerade." und B: „Die geworfene Augenzahl ist größer als 1." betrachtet.
Dann gilt: $P(A) = \frac{1}{2}$ und $P(B) = \frac{5}{6}$.
Man erhält $P(A) + P(B) = \frac{1}{2} + \frac{5}{6} = \frac{3}{6} + \frac{5}{6} = \frac{8}{6} > 1$.

M Die Aussage ist nur teilweise richtig. $P(A)$ und $P(\overline{A})$ können direkt abgelesen werden, $P(A \cup B)$ aber nicht. $P(A \cup B)$ kann aus der Vierfeldertafel mithilfe des Additionssatzes berechnet werden.

N Die Aussage ist richtig.

O Die Aussage ist richtig.

P Die Aussage ist richtig.

Startklar! – Seite 130

1 a) $\frac{2}{3} = \frac{4}{x}$ $\quad | \cdot 3x$

$2x = 12$ $\quad | : 2$

$x = 6$

b) $\frac{7}{2} = \frac{x}{5} + 1 \quad | -1$

$\frac{5}{2} = \frac{x}{5} \quad | \cdot 10$

$25 = 2x \quad | : 2$

$x = 12{,}5$

c) $\frac{x+1}{2} = \frac{x+3}{6} \quad | \cdot 12$

$6 \cdot (x+1) = 2 \cdot (x+3)$

$6x + 6 = 2x + 6 \quad | -2x - 6$

$4x = 0 \quad | : 4$

$x = 0$

d) $\frac{80}{x} = \frac{320}{30 + x} \quad | \cdot x(30 + x)$

$80 \cdot (30 + x) = x \cdot 320$

$240 + 80x = 320x \quad | -80x$

$240 = 240x \quad | : 240$

$x = 1$

e) $\frac{x+5}{x} = \frac{2x+2}{x+3} \quad | \cdot x(x+3)$

$(x+5) \cdot (x+3) = x \cdot (2x+2)$

$x^2 + 8x + 15 = 2x^2 + 2x \quad | -2x^2 - 2x$

$-x^2 + 6x + 15 = 0$

$x_{1/2} = \frac{-6 \pm \sqrt{6^2 - 4 \cdot (-1) \cdot 15}}{2 \cdot (-1)} = \frac{-6 \pm \sqrt{96}}{-2} = \frac{-6 \pm 4\sqrt{6}}{-2}$

$x_1 = 3 + 2\sqrt{6},\ x_2 = 3 - 2\sqrt{6}$

2 **a)** Bei einem Maßstab von 1:25 entsprechen 15 cm auf der Karte (15 cm · 25 =) 375 cm in der Wirklichkeit.

b) Bei einem Maßstab von 75:1 entsprechen 20 cm im Modell (20 cm : 75 ≈) 0,27 cm im Original.

3 Kongruente Figuren stimmen in Form und Größe überein. Das trifft jeweils auf die Figuren A und D, C und G sowie F und H zu.

4

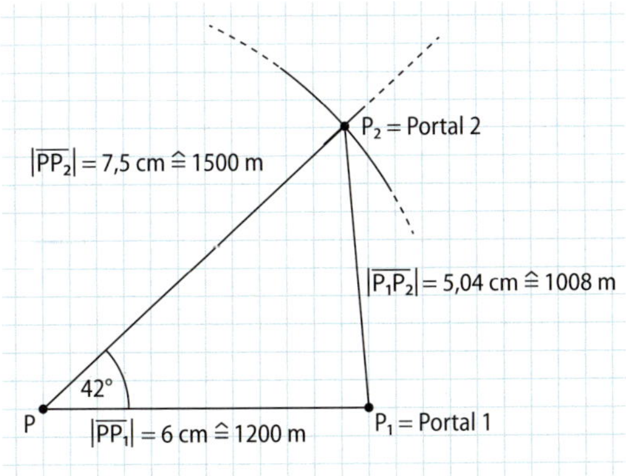

Das Dreieck mit den Eckpunkten P, P_1, P_2 lässt sich mithilfe des Kongruenzsatzes sws konstruieren.
Die Länge der Strecke von P_1 zu P_2 (= Länge des Tunnels) beträgt 5,04 cm · 200 m/cm = 1008 m.

5 **a)**

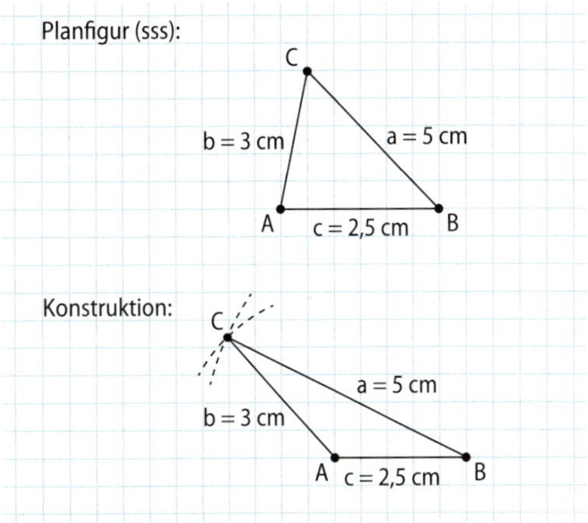

Beschreibung:
1. Die Punkte A und B sind durch die Strecke c festgelegt.
2. C liegt auf a) k(A; 3 cm).
   b) k(B; 5 cm).

b) Das Dreieck ist nicht konstruierbar, da die Summe der Winkel α und β größer als 180° ist.

c)

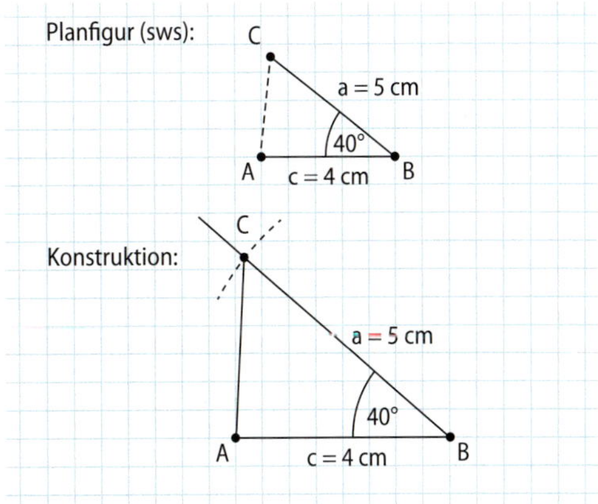

Beschreibung:
1. Die Punkte A und B sind durch die Strecke c festgelegt.
2. C liegt auf a) dem freien Schenkel des Winkels β = 40°.
   b) k(B; 5 cm).

d) 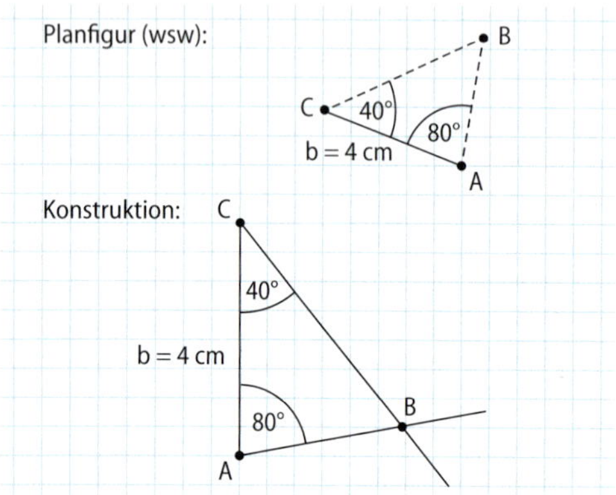

Beschreibung:
1. Die Punkte A und C sind durch die Strecke b festgelegt.
2. B liegt auf a) dem freien Schenkel des Winkels $\alpha = 80°$.
   b) dem freien Schenkel des Winkels $\gamma = 40°$.

e) Das Dreieck ist nicht eindeutig konstruierbar, da der gegebene Winkel nicht der längeren Seite gegenüberliegt.

f) Das Dreieck ist nicht eindeutig konstruierbar, da es keinen Kongruenzsatz www gibt.

6 **a)** Der Satz ist wahr. Wenn zwei natürlich Zahlen a und b durch 7 teilbar sind, dann gibt es natürliche Zahlen u und v, sodass $a = 7u$ und $b = 7v$. Für die Summe der Zahlen a und b gilt damit: $a + b = 7u + 7v = 7(u + v)$. Die Summe ist ein Vielfaches von 7, also ist sie durch 7 teilbar. Kehrsatz: Wenn die Summe zweier natürlichen Zahlen durch 7 teilbar ist, dann sind auch die beiden Zahlen durch 7 teilbar. Der Kehrsatz ist falsch. Gegenbeispiel: $8 + 6 = 14$ ist durch 7 teilbar, aber 8 und 6 sind nicht durch 7 teilbar.

b) Der Satz ist wahr (Satz des Thales). Kehrsatz: Wenn ein Dreieck bei C einen rechten Winkel hat, dann liegt der Punkt C auf dem Halbkreis über der Strecke $\overline{AB}$. Der Kehrsatz ist wahr (Satz des Thales).

c) Der Satz ist wahr (ein gleichseitiges Dreieck hat sogar drei gleich große Winkel). Kehrsatz: Wenn ein Dreieck zwei gleich große Winkel hat, dann ist es gleichseitig. Der Kehrsatz ist falsch. Gegenbeispiel: Ein Dreieck mit $\alpha = \beta = 50°$ und $\gamma = 80°$ ist gleichschenklig, aber nicht gleichseitig. In einem gleichseitigen Dreieck gilt für die Winkel $\alpha = \beta = \gamma = 60°$.

d) Der Satz ist wahr (Stufenwinkelsatz). Kehrsatz: Werden zwei Geraden a und b von einer dritten Geraden c geschnitten und die Stufenwinkel sind gleich groß, so sind a und b parallel. Der Kehrsatz ist wahr (Kehrsatz zum Stufenwinkelsatz).

Am Ziel! – Seiten 158 und 159

1 Ähnliche Figuren:
AWR, AOP, PQR
Bei den ähnlichen Figuren stimmen einander entsprechende Winkel und die Verhältnisse einander entsprechender Seitenlängen überein.

2 In Klammern steht jeweils die Verkleinerung.

a) $k = 3$ $\left(k = \frac{1}{3}\right)$

b) $k = 2{,}5 = \frac{5}{2}$ $\left(k = 0{,}4 = \frac{2}{5}\right)$

3 **a)** 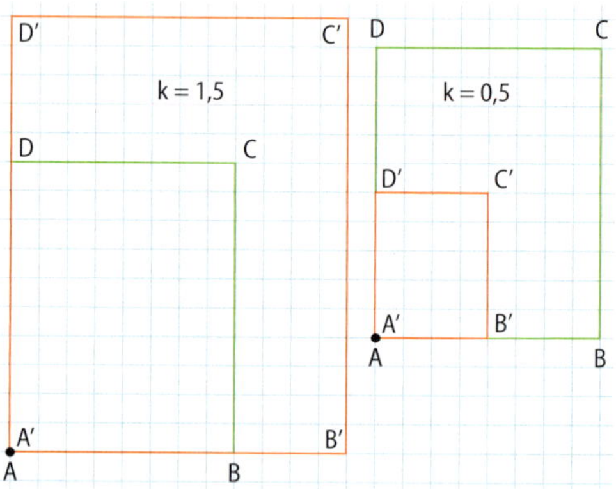

b) Bei $k = 0{,}5$ ist der Flächeninhalt der Bildfigur $\frac{1}{4}$ des Flächeninhalts der Originalfigur.
Bei $k = 1{,}5 = \frac{3}{2}$ ist der Flächeninhalt der Bildfigur $2\frac{1}{4} = \frac{9}{4}$-mal so groß wie der Flächeninhalt der Originalfigur.
Vermutung: $A_{Bildfigur} = k^2 \cdot A_{Originalfigur}$

4 $k = 2$: Der Quader hat die Längen $l = 24$ cm, $b = 24$ cm und $h = 20$ cm.

$O = 2 \cdot (24\,\text{cm} \cdot 24\,\text{cm} + 24\,\text{cm} \cdot 20\,\text{cm} + 24\,\text{cm} \cdot 20\,\text{cm}) = 3072\,\text{cm}^2 = 30{,}72\,\text{dm}^2$

$V = 24\,\text{cm} \cdot 24\,\text{cm} \cdot 20\,\text{cm} = 11\,520\,\text{cm}^3 = 11{,}52\,\text{dm}^3$

$k = 5$: Der Quader hat die Längen $l = 60$ cm, $b = 60$ cm und $h = 50$ cm.

$O = 2 \cdot (60\,\text{cm} \cdot 60\,\text{cm} + 60\,\text{cm} \cdot 50\,\text{cm} + 60\,\text{cm} \cdot 50\,\text{cm}) = 19\,200\,\text{cm}^2 = 192\,\text{dm}^2$

$V = 60\,\text{cm} \cdot 60\,\text{cm} \cdot 50\,\text{cm} = 180\,000\,\text{cm}^3 = 180\,\text{dm}^3$

5 Die Winkel aller Quadrate sind rechte Winkel (90°), also gleich groß. Da die Seiten in einem Quadrat immer gleich lang sind, sind die Verhältnisse aller vier Seiten immer gleich. Somit sind alle Quadrate zueinander ähnlich.

6 a) Aufgrund der Innenwinkelsumme von 180°, die in jedem Dreieck gilt, folgt:
Die Innenwinkel des Dreiecks ABC haben die Größen $\alpha = 35°$, $\beta = 45°$ und $\gamma = 100°$.
Die Innenwinkel des Dreiecks DEF haben die Größen $\delta = 45°$, $\varepsilon = 100°$ und $\varphi = 35°$.
Die Dreiecke ABC und DEF sind zueinander ähnlich, da sie in den Größen ihrer drei Innenwinkel miteinander übereinstimmen.

b) Es gilt $\frac{e}{a} = \frac{1}{4}$; $\frac{f}{b} = \frac{1}{4}$ und $\frac{d}{c} = \frac{1}{4}$, also $\frac{e}{a} = \frac{f}{b} = \frac{d}{c}$; somit sind die beiden Dreiecke ABC und DEF zueinander ähnlich.

7 $\frac{h}{1{,}5} = \frac{20{,}4 + 1{,}8}{1{,}8}$ $\quad h = 18{,}5$

Der Turm ist 18,5 m hoch.

8 a) Lösungsmöglichkeiten:

$\frac{m}{n} = \frac{s}{t}$ $\quad \frac{m+n}{n} = \frac{s+t}{t}$ $\quad \frac{m+n}{m} = \frac{s+t}{s}$

$\frac{x}{y} = \frac{m}{m+n}$ $\quad \frac{x}{y} = \frac{s}{s+t}$

b) $\frac{x}{y} = \frac{m}{m+n} \Rightarrow \frac{5}{8} = \frac{m}{m+2{,}5} \Rightarrow 5m + 12{,}5 = 8m$

$\Rightarrow 3m = 12{,}5 \Rightarrow m = \frac{12{,}5}{3} = \frac{25}{6}$

$\frac{x}{y} = \frac{s}{s+t} \Rightarrow \frac{5}{8} = \frac{s}{s+4} \Rightarrow 5s + 20 = 8s$

$\Rightarrow 3s = 20 \Rightarrow s = \frac{20}{3}$

9 Mit $|\overline{AB}| = 6$ cm und $|\overline{BC}| = 5$ cm gilt:

$A_{ABCD} = 5\,\text{cm} \cdot 6\,\text{cm} = 30\,\text{cm}^2$

$A_{ABF} = 0{,}3 \cdot 30\,\text{cm}^2 = 9\,\text{cm}^2$

$9\,\text{cm}^2 = 0{,}5 \cdot 6\,\text{cm} \cdot |\overline{BF}| = 3\,\text{cm} \cdot |\overline{BF}| \Rightarrow |\overline{BF}| = 3\,\text{cm}$

$|\overline{CF}| = 5\,\text{cm} - |\overline{BF}| = 5\,\text{cm} - 3\,\text{cm} = 2\,\text{cm}$

Strahlensatz an der X-Figur:

$\frac{2\,\text{cm}}{3\,\text{cm}} = \frac{|\overline{CE}|}{6\,\text{cm}} \Rightarrow |\overline{CE}| = 4\,\text{cm}$

$A_{AED} = 0{,}5 \cdot 5\,\text{cm} \cdot (6\,\text{cm} + 4\,\text{cm}) = 25\,\text{cm}^2$

Das Dreieck AED besitzt den Flächeninhalt 25 cm².

Aufgaben für Lernpartner

A Die Aussage ist falsch. Sie stimmen nicht unbedingt in der Größe überein.

B Die Aussage ist falsch. Gegenbeispiel: Ein Quadrat und ein Rechteck, das kein Quadrat ist, stimmen in ihren Winkeln überein (jeweils vier rechte Winkel). Sie sind jedoch nicht ähnlich, da die Verhältnisse einander entsprechender Seiten nicht gleich sind.

C Die Aussage ist falsch. Ähnlichkeitsfaktor $\frac{1}{4}$ bedeutet, dass eine Figur mit dem Faktor $\frac{1}{4}$ verkleinert wird. Beim Maßstab 4:1 wird die Originalfigur mit dem Faktor 4 vergrößert abgebildet.

D Die Aussage ist falsch. Die Streckenlängen werden verdoppelt, die Winkelgrößen bleiben aber gleich.

E Die Aussage ist richtig (Ähnlichkeitsfaktor $k = 1$).

F Die Aussage ist richtig.

G Die Aussage ist falsch. Das Volumen verachtfacht sich.

H Die Aussage ist falsch. Zwei Rauten mit unterschiedlichen Winkelgrößen sind nicht zueinander ähnlich.

I Die Aussage ist richtig. Die Dreiecke stimmen in zwei Winkeln (den Basiswinkeln) überein.

J Die Aussage ist richtig. Die Dreiecke sind sogar kongruent.

K Die Aussage ist falsch. Genau ein Geradenpaar muss parallel zueinander sein, damit die Strahlensätze angewendet werden können.

L Die Aussage ist richtig.

M Die Aussage ist falsch. Die betrachteten Abschnitte müssen immer auf demselben Strahl liegen.

N Die Aussage ist richtig.

Startklar! – Seite 160

1 **a)** $D_f = \mathbb{R};\ W_f = \mathbb{R}$

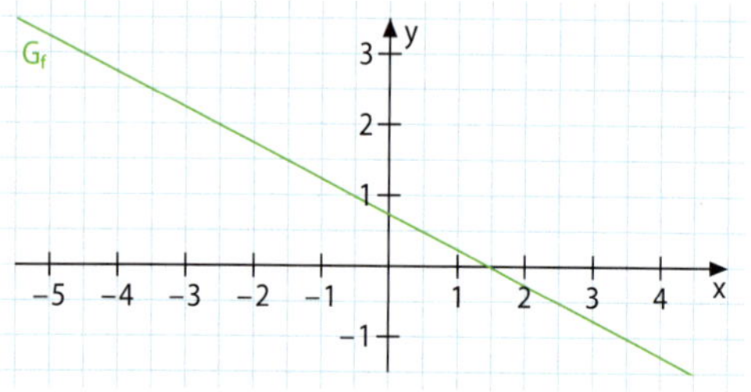

Schnittpunkt mit der x-Achse:

$-\frac{1}{2}x + \frac{3}{4} = 0 \ \Rightarrow\ \frac{1}{2}x = \frac{3}{4} \ \Rightarrow\ x = \frac{3}{2} \ \Rightarrow\ N\left(1\frac{1}{2}\middle|0\right)$

Schnittpunkt mit der y-Achse:

$y = -\frac{1}{2}\cdot 0 + \frac{3}{4} = \frac{3}{4} \ \Rightarrow\ T\left(0\middle|\frac{3}{4}\right)$

b) Scheitelpunktform:

$y = 3(x^2 + 2x + 1 - 1 - 2)$

$\ \ = 3(x^2 + 2x + 1) + 3\cdot(-3)$

$\ \ = 3(x + 1)^2 - 9 \ \Rightarrow\ S(-1|-9)$

$D_f = \mathbb{R};\ W_f = [-9; \infty[$

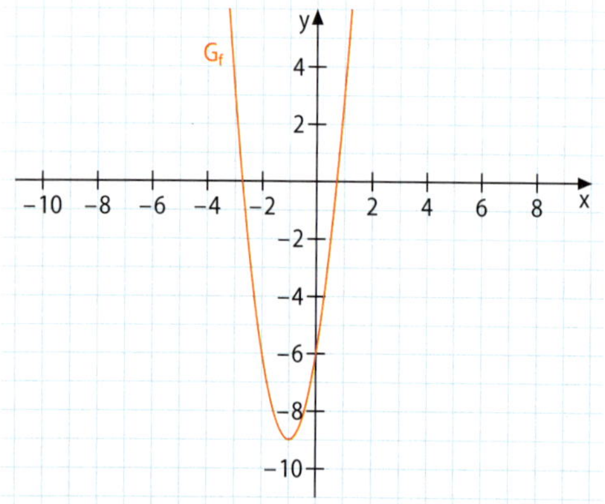

Schnittpunkte mit der x-Achse: $3x^2 + 6x - 6 = 0$

$x_{1/2} = \frac{1}{2\cdot 3}\left(-6 \pm \sqrt{6^2 - 4\cdot 3\cdot(-6)}\right)$

$\ \ = \frac{1}{6}\left(-6 \pm \sqrt{36 + 72}\right) = \frac{1}{6}\left(-6 \pm \sqrt{108}\right)$

$\ \ = \frac{1}{6}\left(-6 \pm 6\sqrt{3}\right) = -1 \pm \sqrt{3}$

$N_1(-1 + \sqrt{3}|0);\ N_2(-1 - \sqrt{3}|0)$

Schnittpunkt mit der y-Achse:

$y = 3\cdot 0 + 6\cdot 0 - 6 = -6 \ \Rightarrow\ T(0|-6)$

c) Scheitelpunktform:

$y = -\frac{1}{2}(x^2 + 2x - 8) = -\frac{1}{2}(x^2 + 2x + 1 - 1 - 8)$

$\ \ = -\frac{1}{2}(x^2 + 2x + 1) + \left(-\frac{1}{2}\right)\cdot(-9)$

$\ \ = -\frac{1}{2}(x + 1)^2 + 4{,}5 \ \Rightarrow\ S(-1|4{,}5)$

$D_f = \mathbb{R};\ W_f =]-\infty; 4{,}5]$

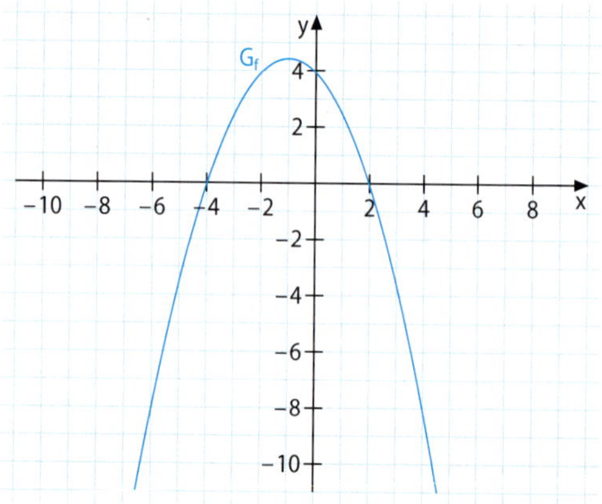

Schnittpunkte mit der x-Achse:

$-\frac{1}{2}x^2 + 4 - x = 0$

$x_{1/2} = \frac{1}{2\cdot\left(-\frac{1}{2}\right)}\left(-(-1) \pm \sqrt{(-1)^2 - 4\cdot\left(-\frac{1}{2}\right)\cdot 4}\right)$

$\ \ = -\left(1 \pm \sqrt{1 + 8}\right) = -(1 \pm 3)$

$x_1 = 2;\ x_2 = -4 \ \Rightarrow\ N_1(2|0);\ N_2(-4|0)$

Schnittpunkt mit der y-Achse:

$y = -\frac{1}{2}\cdot 0 + 4 - 0 = 4 \ \Rightarrow\ T(0|4)$

d) $D_f = \mathbb{R}\setminus\{3\};\ W_f = \mathbb{R}$

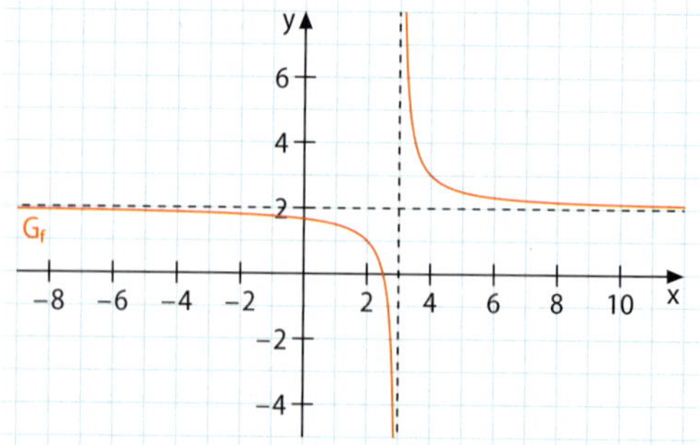

Schnittpunkt T mit der y-Achse:

$y = \frac{1}{0 - 3} + 2 = 1{,}\overline{6}$

$T(0|1{,}\overline{6})$

Schnittpunkt N mit der x-Achse:

$\frac{1}{x-3} + 2 = 0 \quad | -2$

$\frac{1}{x-3} = -2 \quad | \cdot (x-3)$

$1 = -2x + 6 \quad | -6; : (-2)$

$2{,}5 = x$

$N(2{,}5 | 0)$

2 **1** Scheitel $S(1|0)$, $a = -\frac{1}{2} < 0$

$\Rightarrow$ nach unten geöffnet

$\Rightarrow$ **D**

2 Gerade mit positiver Steigung $\Rightarrow$ **C**

3 Scheitel $S(-2|0)$, $a = 1 > 0$

$\Rightarrow$ nach oben geöffnet

$\Rightarrow$ **A**

4 Scheitel:

$y = 2\left(x^2 - 2x + 1 - 1 + \frac{3}{2}\right)$

$= 2(x^2 - 2x + 1) + 2\left(-1 + \frac{3}{2}\right) = 2(x-1)^2 + 1$

$\Rightarrow$ $S(1|1)$, $a = 2 > 0$

$\Rightarrow$ nach oben geöffnet

$\Rightarrow$ **B**

5 Gerade mit Steigung 0 $\Rightarrow$ **E**

6 Scheitel $S(0|0)$, $a = 1 > 0$

$\Rightarrow$ nach oben geöffnet

$\Rightarrow$ **F**

3 **a)** Scheitel $S(0|-5)$, $a = 1 > 0$

$\Rightarrow$ nach oben geöffnet

im Intervall $]-\infty; 0[$ monoton fallend

im Intervall $]0; \infty[$ monoton steigend

b) Scheitel $S(5|4{,}25)$, $a = -2{,}5 < 0$

$\Rightarrow$ nach unten geöffnet

im Intervall $]-\infty; 5[$ monoton steigend

im Intervall $]5; \infty[$ monoton fallend

c) Scheitel: $y = -(x^2 + 4x + 8x + 32)$

$= -(x^2 + 12x + 6^2 - 36 + 32)$

$= -(x+6)^2 + 4$

$\Rightarrow$ $S(-6|4)$

$a = -1 < 0 \Rightarrow$ nach unten geöffnet

im Intervall $]-\infty; -6[$ monoton steigend

im Intervall $]-6; \infty[$ monoton fallend

d) Scheitel: $y = 2(x^2 - 6x + 11{,}125)$

$= 2(x^2 - 6x + 3^2 - 9 + 11{,}125)$

$= 2(x-3)^2 + 4{,}25$

$\Rightarrow$ $S(3|4{,}25)$

$a = 2 > 0 \Rightarrow$ nach oben geöffnet

im Intervall $]-\infty; 3[$ monoton fallend

im Intervall $]3; \infty[$ monoton steigend

4 **a)** graphisch: beide Funktionsgraphen zeichnen und Schnittpunkte ablesen;

rechnerisch: die beiden Funktionsterme gleichsetzen und die Gleichung lösen; anschließend die Lösungen in einen der beiden Funktionsterme einsetzen und die y-Werte berechnen.

b) **1** $x^2 = 2{,}25 = \frac{9}{4} \Rightarrow x_{1/2} = \pm\sqrt{\frac{9}{4}} = \pm\frac{3}{2}$

$y = 2{,}25 \Rightarrow A(-1{,}5|2{,}25); B(1{,}5|2{,}25)$

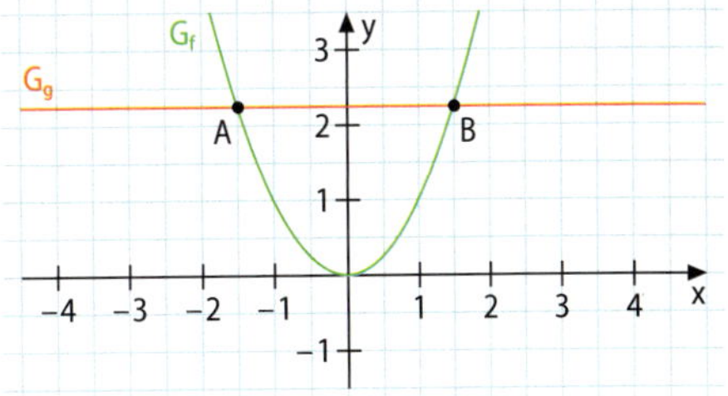

2 $(x-2)(x-4) = -0{,}5(x-3)^2 + 5$

$\Rightarrow x^2 - 4x - 2x + 8 = -0{,}5(x^2 - 6x + 9) + 5$

$x^2 - 4x - 2x + 8 = -0{,}5x^2 + 3x - 4{,}5 + 5$

$x^2 - 6x + 8 = -0{,}5x^2 + 3x + 0{,}5$

$| + 0{,}5x^2 - 3x - 0{,}5$

$1{,}5x^2 - 9x + 7{,}5 = 0 \Rightarrow x_{1/2} = \frac{1}{3}(9 \pm 6)$

$\Rightarrow x_1 = 5; x_2 = 1$

$f(1) = (1-2)(1-4) = 3 \Rightarrow A(1|3)$

$f(5) = (5-2)(5-4) = 3 \Rightarrow B(5|3)$

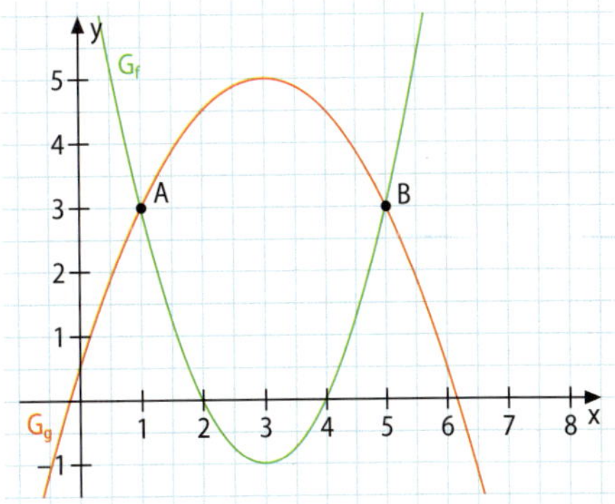

3 $3x^2 + 2 = -x^2 - 1 \quad | + x^2 - 2$

$4x^2 = -3 \quad | : 4$

$x^2 = -\frac{3}{4}$

Diese Gleichung hat keine Lösung.

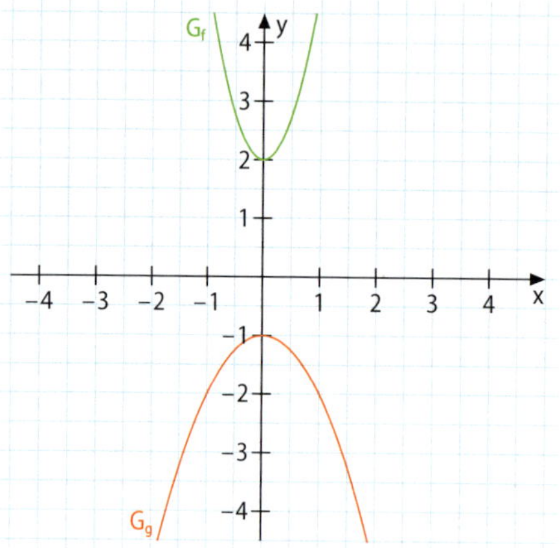

5 a) $\sqrt{32} - \sqrt{8} = \sqrt{16 \cdot 2} - \sqrt{4 \cdot 2} = 4\sqrt{2} - 2\sqrt{2}$
$= 2\sqrt{2}$

b) $\frac{\sqrt{27}}{\sqrt{81}} = \frac{\sqrt{9 \cdot 3}}{9} = \frac{3\sqrt{3}}{9} = \frac{1}{3}\sqrt{3}$

c) $\frac{\sqrt{125}}{\sqrt{128}} : \frac{\sqrt{10^3}}{\sqrt{256}} = \frac{\sqrt{25 \cdot 5}}{\sqrt{64 \cdot 2}} \cdot \frac{16}{10\sqrt{10}}$
$= \frac{5\sqrt{5}}{8\sqrt{2}} \cdot \frac{8}{5\sqrt{10}} = \frac{\sqrt{5}}{\sqrt{2} \cdot \sqrt{2} \cdot \sqrt{5}} = \frac{1}{2}$

d) $\sqrt{75} - 2\sqrt{98} + 2\sqrt{12} + 3\sqrt{18}$
$= \sqrt{25 \cdot 3} - 2\sqrt{49 \cdot 2} + 2\sqrt{4 \cdot 3} + 3\sqrt{9 \cdot 2}$
$= 5\sqrt{3} - 14\sqrt{2} + 4\sqrt{3} + 9\sqrt{2} = 9\sqrt{3} - 5\sqrt{2}$

e) $(\sqrt{5} - \sqrt{3}) \cdot (\sqrt{3} + \sqrt{5}) = \sqrt{15} + 5 - 3 - \sqrt{15} = 2$

6 $O_W = 6a^2 = 73{,}5 \quad \Rightarrow \quad a^2 = 73{,}5 : 6 = 12{,}25$
$\Rightarrow \quad a = 3{,}5$ [cm]

7 a) $\sqrt{(x+3)^2} = |x + 3| = \begin{cases} x + 3 & \text{für } x \geq -3 \\ -x - 3 & \text{für } x < -3 \end{cases}$

b) $\sqrt{(x-1)^2} = |x - 1| = \begin{cases} x - 1 & \text{für } x \geq 1 \\ -x + 1 & \text{für } x < 1 \end{cases}$

c) $\sqrt{(x+5)^2} = |x + 5| = \begin{cases} x + 5 & \text{für } x \geq -5 \\ -x - 5 & \text{für } x < -5 \end{cases}$

8 a) $ab^{-3} \cdot a^{-5}b^6 = a^{1-5}b^{-3+6} = a^{-4}b^3$

b) $\left(\frac{2a^2}{3b^4}\right)^6 = \frac{2^6a^{12}}{3^6b^{24}} = \frac{64a^{12}}{729b^{24}}$

c) $\frac{(6a^3)^2}{2a^2} = \frac{6^2a^6}{2a^2} = 18a^4$

d) $\frac{a^{-4} \cdot b}{c^{-1} \cdot u^3} \cdot \frac{c \cdot u^{-4}}{a^{-5} \cdot b^{-2}} = a^{-4+5}b^{1+2}c^{1+1}u^{-4-3} = ab^3c^2u^{-7}$

e) $\left[(a^2b^{-2})^{-2} - \frac{b^4}{a^4}\right]^2 = \left[\left(\frac{a^2}{b^2}\right)^{-2} - \frac{b^4}{a^4}\right]^2$
$= \left[\frac{b^4}{a^4} - \frac{b^4}{a^4}\right]^2 = 0$

9 a) $a^2 = 56{,}25 = 7{,}5 \cdot 7{,}5 \Rightarrow a = 7{,}5$
$\Rightarrow a^3 = 421{,}875$

b) $a^3 = \frac{1}{8} = \frac{1}{2} \cdot \frac{1}{2} \cdot \frac{1}{2} \Rightarrow a = \frac{1}{2} \Rightarrow a^2 = \frac{1}{4}$

Am Ziel! – Seite 182

1 a) P: $y = 0{,}5^4 = 0{,}0625 \quad \Rightarrow \quad P(0{,}5\,|\,0{,}0625)$
Q: $y = (-3)^4 = 81 \quad \Rightarrow \quad Q(-3\,|\,81)$

b) Da $x^4 \geq 0$ für alle x, kann der Punkt T mit $y_T = -8 < 0$ nicht auf G_f liegen.

c) monoton steigend: $]0; \infty[$
monoton fallend: $]-\infty; 0[$

d) Da der Exponent gerade ist, liefern x-Werte, die sich nur durch das Vorzeichen unterscheiden, denselben y-Wert: $x^4 = (-x)^4$.

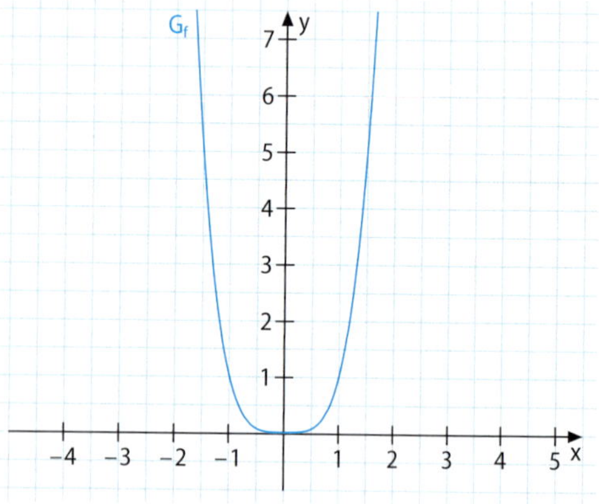

2 **1** Scheitel $S(0\,|\,0)$, $a = 1 > 0$
$\Rightarrow$ nach oben geöffnet $\Rightarrow$ **B**

2 Gerade mit positiver Steigung $\Rightarrow$ **A**

3 Scheitel $S(0\,|\,0)$, $a = -0{,}25 < 0$
$\Rightarrow$ nach unten geöffnet $\Rightarrow$ **C**

4 kubische Parabel $\Rightarrow$ **D**

3 a) $n = 3 \Rightarrow y = a \cdot x^3 \quad P(2|1) \in G_f$
$\Rightarrow 1 = a \cdot 2^3 \Rightarrow a = \frac{1}{8}$
$\Rightarrow f\colon x \mapsto \frac{1}{8}x^3$

b) monoton fallend $\Rightarrow a < 0$ und n ungerade
$\Rightarrow$ G_f verläuft durch den II. und IV. Quadranten, $Q(1|1) \in G_f$ ist also nicht möglich.

c) $a = 2^{-5} \Rightarrow y = 2^{-5} \cdot x^n \quad K(2|2) \in G_f$
$\Rightarrow 2 = 2^{-5} \cdot 2^n \Rightarrow 2^n = 2^6 \Rightarrow n = 6$
$\Rightarrow f\colon x \mapsto 2^{-5}x^6$

d) größter Funktionswert 0 $\Rightarrow a < 0$ und n gerade. Jede solche Funktion ist achsensymmetrisch bezüglich der y-Achse. Damit kann es keine bezüglich des Ursprungs punktsymmetrische Funktion geben.

4 **a)** **1** Streckung von G_f um den Faktor 2 in Richtung der y-Achse

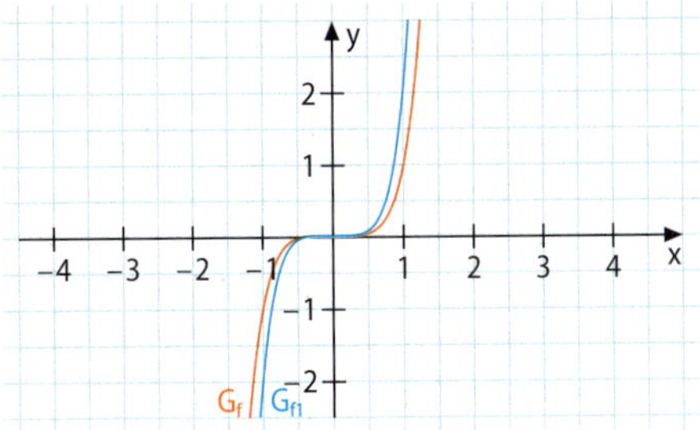

2 Spiegelung von G_f an der x-Achse

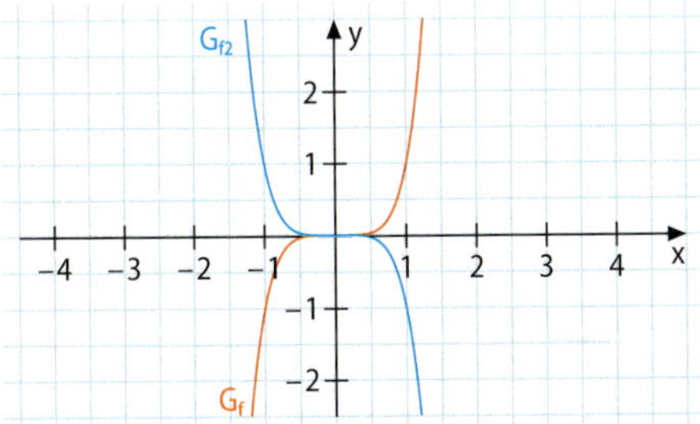

3 Stauchung von G_f um den Faktor 0,5 in Richtung der y-Achse

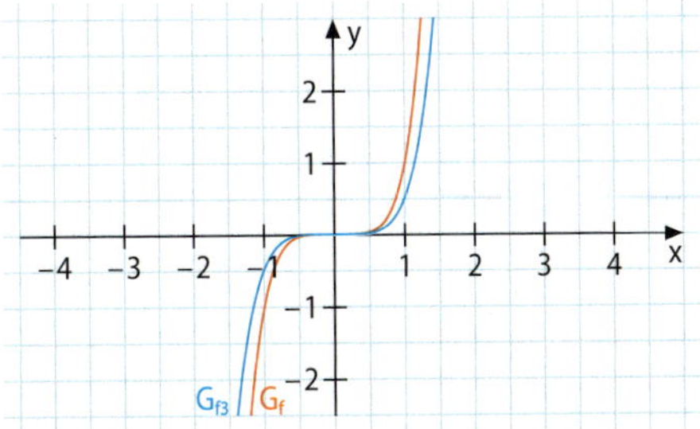

4 Streckung von G_f um den Faktor 1,5 in Richtung der y-Achse und Spiegelung an der x-Achse

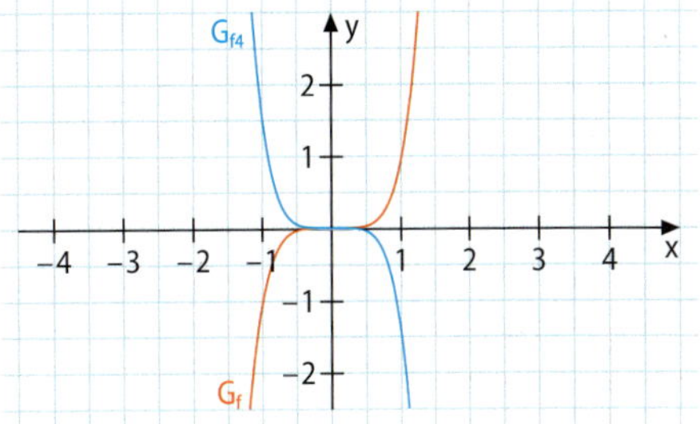

5 Streckung von G_f um den Faktor $\sqrt{3}$ in Richtung der y-Achse

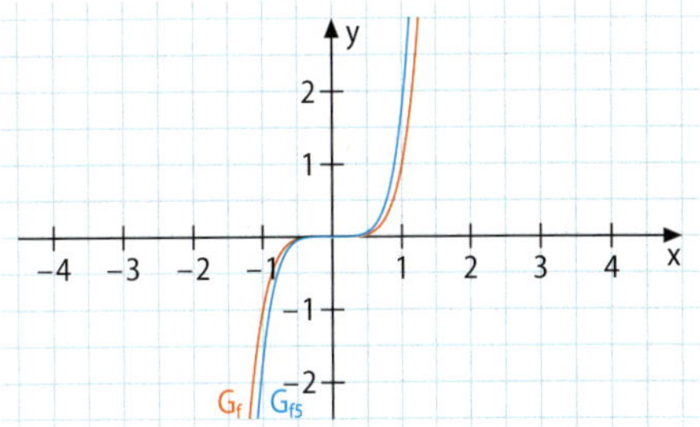

6 Stauchung von G_f um den Faktor $\frac{2}{3}$ in Richtung der y-Achse und Spiegelung an der x-Achse

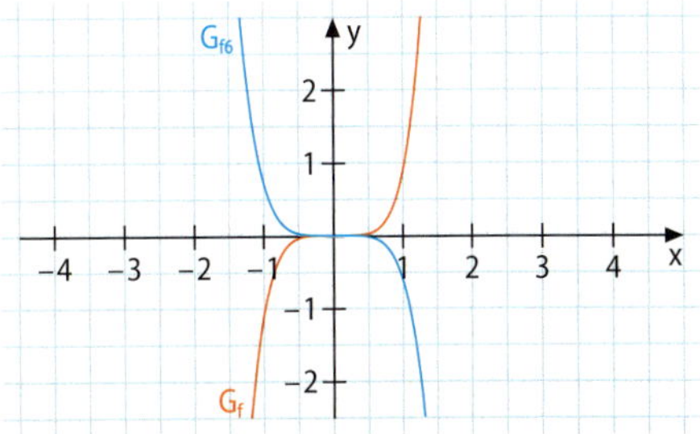

b) Beispiele: Alle Funktionsgraphen enthalten den Punkt $O(0|0)$ und sind bezüglich dieses Punktes punktsymmetrisch.

5 **a)** $a^5 = 3 \Rightarrow a = \sqrt[5]{3} \approx 1{,}246$
$\Rightarrow L = \{\sqrt[5]{3}\}$

b) $b^6 = 21 \Rightarrow b = \pm 21^{\frac{1}{6}} = \pm\sqrt[6]{21} \approx \pm 1{,}661$
$\Rightarrow L = \{\pm\sqrt[6]{21}\}$

c) $c^7 = 0 \Rightarrow c = 0^{\frac{1}{7}} = 0 \Rightarrow L = \{0\}$

d) $d^8 = -4 \Rightarrow L = \{\}$, da bei geradem Exponenten kein negatives Ergebnis möglich ist.

e) $-e^9 = -6 \Rightarrow e^9 = 6$
$\Rightarrow e = 6^{\frac{1}{9}} = \sqrt[9]{6} \approx 1{,}220 \Rightarrow L = \{\sqrt[9]{6}\}$

f) $(64 - 7f^3)^{\frac{1}{3}} = 2 \quad \Rightarrow \quad 64 - 7f^3 = 2^3 = 8$

$\Rightarrow \quad -7f^3 = 56 \quad |:(-7)$

$\Rightarrow \quad f^3 = -8 \quad \Rightarrow \quad f = -2 \quad \Rightarrow \quad L = \{-2\}$

6 a) $\sqrt[3]{8 \cdot 27} = \sqrt[3]{2^3 \cdot 3^3} = 2 \cdot 3 = 6$

b) $\sqrt[4]{\frac{81}{625}} = \sqrt[4]{\frac{3^4}{5^4}} = \frac{3}{5}$

c) $\frac{\sqrt{7}}{\sqrt{28}} = \sqrt{\frac{7}{28}} = \sqrt{\frac{1}{4}} = \frac{1}{2}$

d) $\sqrt{\sqrt{256}} = \sqrt{16} = 4$

e) $\sqrt{2} \cdot \sqrt{18} = \sqrt{2 \cdot 18} = \sqrt{36} = 6$

f) $\sqrt{4^3} = \sqrt{2^6} = 2^3 = 8$

g) $\sqrt[3]{3^6} = 3^2 = 9$

h) $\sqrt{\sqrt[3]{64}} = \sqrt{\sqrt[3]{4^3}} = \sqrt{4} = 2$

7 a) $\sqrt[3]{40} = \sqrt[3]{2^3 \cdot 5} = \sqrt[3]{2^3} \cdot \sqrt[3]{5} = 2\sqrt[3]{5}$

b) $\sqrt[4]{32} = \sqrt[4]{2^5} = \sqrt[4]{2^4} \cdot \sqrt[4]{2} = 2\sqrt[4]{2}$

c) $\sqrt[3]{108} = \sqrt[3]{2^2 \cdot 3^3} = \sqrt[3]{2^2} \cdot \sqrt[3]{3^3} = 3\sqrt[3]{4}$

d) $\sqrt[4]{30\,000} = \sqrt[4]{3 \cdot 10^4} = \sqrt[4]{3} \cdot \sqrt[4]{10^4} = 10\sqrt[4]{3}$

e) $\sqrt[5]{160} = \sqrt[5]{2^5 \cdot 5} = \sqrt[5]{2^5} \cdot \sqrt[5]{5} = 2\sqrt[5]{5}$

f) $\sqrt[4]{a^5} = \sqrt[4]{a^4} \cdot \sqrt[4]{a} = a\sqrt[4]{a}$

g) $\sqrt[4]{64a^5b^2} = \sqrt[4]{2^6a^5b^2} = \sqrt[4]{2^6} \cdot \sqrt[4]{a^5} \cdot \sqrt[4]{b^2}$
$= \sqrt[4]{2^4} \cdot \sqrt[4]{2^2} \cdot \sqrt[4]{a^4} \cdot \sqrt[4]{a} \cdot \sqrt[4]{b^2}$
$= 2 \cdot \sqrt[4]{2^2} \cdot a \cdot \sqrt[4]{a} \cdot \sqrt[4]{b^2}$
$= 2a\sqrt[4]{4ab^2}$

h) $\sqrt[5]{64a^5b^2} = \sqrt[5]{2^6a^5b^2} = \sqrt[5]{2^6} \cdot \sqrt[5]{a^5} \cdot \sqrt[5]{b^2}$
$= \sqrt[5]{2^5} \cdot \sqrt[5]{2} \cdot \sqrt[5]{a^5} \cdot \sqrt[5]{b^2}$
$= 2 \cdot \sqrt[5]{2} \cdot a \cdot \sqrt[5]{b^2}$
$= 2a\sqrt[5]{2b^2}$

8 a) Die Aussage ist falsch. Gegenbeispiel:
$2^{\frac{1}{2}} = \sqrt{2} \approx 1{,}4 < 2$

b) Die Aussage ist richtig: $a = (a^2)^{\frac{1}{2}}$.

c) Die Aussage ist richtig, da jeweils zwei Faktoren zu einem positiven Zwischenergebnis zusammengefasst werden können. Ein negativer Faktor bleibt dann übrig.

$a > 0$; n ungerade:

$(-a)^n = \underbrace{(-a)(-a)}_{a^2}\underbrace{(-a)(-a)}_{a^2}\ldots\underbrace{(-a)(-a)}_{a^2}(-a)$

$= \underbrace{a^2 \cdot a^2 \cdot \ldots \cdot a^2}_{>0} \cdot \underbrace{(-a)}_{<0} < 0$

d) Die Aussage ist falsch: $1{,}8^0 = 1$.

9 a) $3^{\frac{1}{2}} < 3$; $32 > 3 \quad \Rightarrow \quad 32$ ist größer.

b) $2^{\frac{1}{2}} > 1$; $2^{-\frac{1}{2}} = \frac{1}{2^{\frac{1}{2}}} < 1 \quad \Rightarrow \quad 2^{\frac{1}{2}}$ ist größer.

c) $3^{\frac{1}{3}} = (1{,}5 \cdot 2)^{\frac{1}{3}} = \underbrace{1{,}5^{\frac{1}{3}}}_{>1} \cdot 2^{\frac{1}{3}} > 2^{\frac{1}{3}} \quad \Rightarrow \quad 3^{\frac{1}{3}}$ ist größer.

d) $\frac{2^{-\frac{1}{3}}}{3^{-\frac{1}{3}}} = \left(\frac{2}{3}\right)^{-\frac{1}{3}} = \left(\frac{3}{2}\right)^{\frac{1}{3}} > 1 \quad \Rightarrow \quad 2^{-\frac{1}{3}}$ ist größer.

10 a) $a^{\frac{1}{2}} \cdot a^{\frac{3}{2}} = a^{\frac{1}{2} + \frac{3}{2}} = a^2$

b) $(y^4)^{\frac{1}{4}} = y^{4 \cdot \frac{1}{4}} = y$

c) $\sqrt[3]{2m^2n} \cdot \sqrt[3]{4mn^2} = \sqrt[3]{2m^2n \cdot 4mn^2}$
$= \sqrt[3]{8m^3n^3} = 2mn$

d) $\sqrt[4]{x} \cdot x^{\frac{3}{4}} = x^{\frac{1}{4}} \cdot x^{\frac{3}{4}} = x^{\frac{1}{4} + \frac{3}{4}} = x^1 = x$

e) $\sqrt{x} \cdot \sqrt[3]{x} = x^{\frac{1}{2}} \cdot x^{\frac{1}{3}} = x^{\frac{1}{2} + \frac{1}{3}} = x^{\frac{3+2}{6}} = x^{\frac{5}{6}}$

f) $x^2 \cdot \sqrt{x} \cdot x = x^2 \cdot x^{\frac{1}{2}} \cdot x = x^{2 + \frac{1}{2} + 1} = x^{3 + \frac{1}{2}} = x^3\sqrt{x}$

11 Mögliches Gegenbeispiel: $x = 64 = 2^6$:
$(2^6)^{\frac{2}{3}} \cdot (2^6)^{\frac{3}{2}} = 2^{6 \cdot \frac{2}{3}} \cdot 2^{6 \cdot \frac{3}{2}} = 2^4 \cdot 2^9 = 2^{13} \neq 2^6$
Noah hat die Exponenten multipliziert, sie müssen jedoch addiert werden.
richtig: $x^{\frac{2}{3}} \cdot x^{\frac{3}{2}} = x^{\frac{2}{3} + \frac{3}{2}} = x^{\frac{4+9}{6}} = x^{\frac{13}{6}}$

Aufgaben für Lernpartner

A Die Aussage ist richtig, da $f(3) = 3^5 = 243$.

B Die Aussage ist falsch, da der Exponent ungerade und der Faktor vor der Potenz positiv ist. Der Graph der Funktion ist somit im gesamten Bereich steigend (siehe Abbildung).

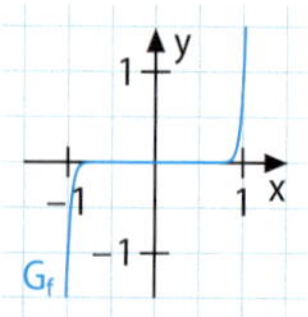

C Die Aussage ist richtig, da bei punktsymmetrischen Funktionen der Exponent ungerade ist. Der Graph hat also die Gestalt wie z. B. in der Abbildung zu B.

D Die Aussage ist falsch. Gegenbeispiel: $f: x \mapsto -x^2$

E Die Aussage ist richtig; da $f(0) = a \cdot 0^n = 0$ ist, ist $x = 0$ eine Nullstelle.

F Die Aussage ist richtig falsch. Der Graph G_f ist bezüglich der y-Achse und nicht bezüglich der x-Achse symmetrisch.

G Die Aussage ist richtig, da die Potenzierung einer Zahl mit einem geraden Exponenten nicht negativ sein kann.

H Die Aussage ist richtig, da der Graph der Funktion im gesamten Bereich monoton steigend ist; $x = -\sqrt[7]{\left|\frac{-130}{26}\right|}$.

I Die Aussage ist falsch. Gegenbeispiel: $\sqrt[2]{(-3)^2} = \sqrt[2]{9} = 3 \neq -3$

J Die Aussage ist falsch, da $\sqrt[5]{a^6 \cdot b^{20}} = (a^6 \cdot b^{20})^{\frac{1}{5}} = a^{\frac{6}{5}} \cdot b^{\frac{20}{5}} = a \cdot a^{\frac{1}{5}} \cdot b^4 = ab^4\sqrt[5]{a}$ und $\sqrt{a} \neq \sqrt[5]{a}$.

K Die Aussage ist richtig, da bei einer Vorzeichenänderung im Exponenten der Kehrwert der Basis eingesetzt werden muss.

L Die Aussage ist richtig, da $(a^m)^n = a^{m \cdot n}$.

M Die Aussage ist falsch. Gegenbeispiel: $\sqrt[3]{\frac{1}{2^{12}}} = \frac{1}{2^4} = \frac{1}{16}$; $\sqrt[4]{\frac{1}{2^{12}}} = \frac{1}{2^3} = \frac{1}{8} > \frac{1}{16}$

N Die Aussage ist falsch, da z. B.: $49^{\frac{1}{2}} = 7$.

O Die Aussage ist falsch, da z. B. ebenfalls gilt: $\sqrt[5]{1} = \sqrt[9]{1}$.

P Die Aussage ist falsch. Alle Potenzgesetze gelten auch für rationale Exponenten.

Q Die Aussage ist richtig, da für Potenzfunktionen f_a: $x \mapsto ax^n$ und f_b: $x \mapsto bx^m$ für alle $a, b \in \mathbb{R}$ und für alle $m, n \in N$ gilt: $a \cdot 0^n = b \cdot 0^m = 0$, also $f_a(0) = f_b(0) = 0$. Alle Potenzfunktionen haben somit den Ursprung $O(0|0)$ gemeinsam.

R Die Aussage ist falsch, da der Graph der Funktion $f: x \mapsto x^3$ monoton steigt, während der von $g: x \mapsto -x^3$ monoton fällt.

S Die Aussage ist richtig, da $\sqrt[3]{128} = (2^7)^{\frac{1}{3}} = 2^{\frac{7}{3}} = 2^{2+\frac{1}{3}} = 2^2 \cdot 2^{\frac{1}{3}} = 4\sqrt[3]{2}$.

T Die Aussage ist richtig, da $3(-2)^5 = 3 \cdot (-32) = -96$.

Startklar! – Seite 184

1 a)
- **1** gleichschenkliges Dreieck: zwei gleich lange Seiten, zwei gleich große Winkel
- **2** rechtwinkliges Dreieck: ein rechter Winkel
- **3** Das Dreieck ist weder gleichseitig noch gleichschenklig und auch nicht rechtwinklig.
- **4** gleichseitiges Dreieck: alle drei Seiten gleich lang, alle drei Winkel gleich groß (60°)
- **5** gleichschenkliges Dreieck: zwei gleich lange Seiten, zwei gleich große Winkel
- **6** Das Dreieck ist weder gleichseitig noch gleichschenklig und auch nicht rechtwinklig.

b) Zwei Dreiecke sind ähnlich, wenn sie in ihrer Form (nicht unbedingt auch in ihrer Größe) übereinstimmen. Zwei Dreiecke sind kongruent, wenn sie in ihrer Form und in ihrer Größe übereinstimmen. Beispiele für Dreiecke, die zu den Dreiecken **2** und **4** ähnlich, aber nicht kongruent sind:

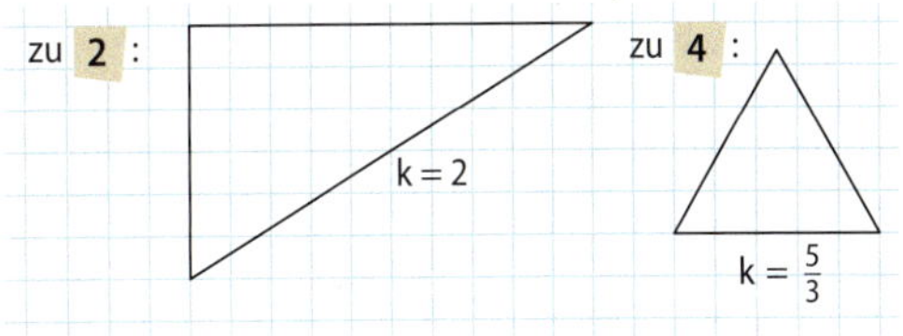

c)
- **1** $A = \frac{1}{2} \cdot 4\,\text{cm} \cdot 4\,\text{cm} = 8\,\text{cm}^2$
- **2** $A = \frac{1}{2} \cdot 3\,\text{cm} \cdot 5\,\text{cm} = 7{,}5\,\text{cm}^2$
- **3** $A = \frac{1}{2} \cdot 7\,\text{cm} \cdot 3\,\text{cm} = 10{,}5\,\text{cm}^2$
- **4** $A \approx \frac{1}{2} \cdot 3\,\text{cm} \cdot 2{,}4\,\text{cm} = 3{,}6\,\text{cm}^2$ (Messung)
- **5** $A = \frac{1}{2} \cdot 6\,\text{cm} \cdot 2\,\text{cm} = 6\,\text{cm}^2$
- **6** $A = \frac{1}{2} \cdot 3\,\text{cm} \cdot 3\,\text{cm} = 4{,}5\,\text{cm}^2$

2 6; 7; 9; 11; 13; 15; 20; 30; 100; $\frac{2}{5}$; $\frac{7}{10}$; 0,9; 1,1; 1,2; 0,1; 0,01

3 $\sqrt{36} = 6$ $\qquad \sqrt{36 + 36} = \sqrt{2} \cdot \sqrt{36} = 6\sqrt{2}$

$36\sqrt{36} = 216 \qquad (\sqrt{36} - \sqrt{12} \cdot \sqrt{3}) = 0$

$\sqrt{36} + \sqrt{72} : \sqrt{2} = 6 + 6 = 12$

$\sqrt{36 + 36}$ passt nicht zu den anderen, da das Ergebnis keine ganze Zahl ist.

4 a) $x^2 + 16 = 25 \quad | -16$

$x^2 = 9$

$L = \{-3; 3\}$

b) $27 = 33 + x^2 \quad | -33$

$-6 = x^2$

$L = \{\}$

c) $4x^2 - 24x = -36 \quad | +36; :4$

$x^2 - 6x + 9 = 0$

$(x-3)^2 = 0$

$L = \{3\}$

d) $9x - 18x^2 - 36 = 0 \quad | :(-9)$

$2x^2 - x + 4 = 0$

$x_{1/2} = \frac{1 \pm \sqrt{-31}}{4}$

Diskriminante negativ $\Rightarrow$ $L = \{\}$

5 Flächeninhalt des rechteckigen Grundstücks:

$A = 64\,\text{m} \cdot 25\,\text{m} = 1600\,\text{m}^2$

Seitenlänge des quadratischen Grundstücks: x m

Flächeninhalt des quadratischen Grundstücks: $x^2\,\text{m}^2$

$x^2 = 1600 \quad \Rightarrow \quad x = 40$

Die Seitenlänge des quadratischen Grundstücks beträgt 40 m.

6 a) $O = 2 \cdot \frac{1}{2} \cdot 3\,\text{cm} \cdot 4\,\text{cm} + 3\,\text{cm} \cdot 6\,\text{cm}$

$+ 4\,\text{cm} \cdot 6\,\text{cm} + 5\,\text{cm} \cdot 6\,\text{cm} = 84\,\text{cm}^2$

$V = \frac{1}{2} \cdot 3\,\text{cm} \cdot 4\,\text{cm} \cdot 6\,\text{cm} = 36\,\text{cm}^3$

b) $O = 2 \cdot \frac{(8\,\text{cm} + 2\,\text{cm}) \cdot 4\,\text{cm}}{2} + 2 \cdot 7\,\text{cm} \cdot 5\,\text{cm}$

$+ 2\,\text{cm} \cdot 7\,\text{cm} + 8\,\text{cm} \cdot 7\,\text{cm} = 180\,\text{cm}^2$

$V = \frac{(8\,\text{cm} + 2\,\text{cm}) \cdot 4\,\text{cm}}{2} \cdot 7\,\text{cm} = 140\,\text{cm}^3$

c) $O = 2 \cdot \pi \cdot (1{,}5\,\text{cm})^2 + \pi \cdot 3\,\text{cm} \cdot 6\,\text{cm}$

$= 22{,}5\pi\,\text{cm}^2 \approx 70{,}69\,\text{cm}^2$

$V = \pi \cdot (1{,}5\,\text{cm})^2 \cdot 6\,\text{cm} = 13{,}5\pi\,\text{cm}^3 \approx 42{,}41\,\text{cm}^3$

7 Beispiel für Satz und Kehrsatz beide richtig:
Satz des Thales und sein Kehrsatz

Satz des Thales: Wenn die Ecke C eines Dreiecks ABC auf einem Kreis mit dem Durchmesser $\overline{AB}$ liegt, dann ist das Dreieck ABC rechtwinklig und C ist der Scheitel des rechten Winkel.

Kehrsatz des Satzes des Thales: Wenn ein Dreieck ABC rechtwinklig ist, dann liegt der Scheitel C des rechten Winkels auf dem Kreis mit der Strecke $\overline{AB}$ als Durchmesser. Beispiel für einen richtigen Satz, dessen Kehrsatz falsch ist:

Satz: Wenn eine Zahl durch 4 teilbar ist, dann ist sie auch durch 2 teilbar. Der Satz ist richtig.

Kehrsatz: Wenn eine Zahl durch 2 teilbar ist, dann ist sie auch durch 4 teilbar.

Der Kehrsatz ist falsch. Gegenbeispiel: 6 ist durch 2 teilbar, aber nicht durch 4.

Am Ziel! – Seiten 208 und 209

1 a) rechtwinklige Dreiecke: PAG; AGR; GPR

Zusammenhang zwischen Seitenlängen:

$l^2 = s^2 + r^2$; $s^2 = d^2 + y^2$; $r^2 = x^2 + d^2$

b) rechtwinklige Dreiecke: ENB; NBR; BER

Zusammenhang zwischen Seitenlängen:

$c^2 = e^2 + d^2$; $e^2 = k^2 + a^2$; $d^2 = b^2 + k^2$

2 a) $(2\,\text{cm})^2 + (6\,\text{cm})^2 = x^2$

$x^2 = 40\,\text{cm}^2 \quad x = \sqrt{40}\,\text{cm} \approx 6{,}32\,\text{cm}$

b) $x^2 + (4\,\text{cm})^2 = (7\,\text{cm})^2$

$x^2 = 33\,\text{cm}^2 \quad x = \sqrt{33}\,\text{cm} \approx 5{,}74\,\text{cm}$

c) $x^2 + (3{,}2\,\text{cm})^2 = (6{,}8\,\text{cm})^2$

$x^2 = 36\,\text{cm}^2 \quad x = 6\,\text{cm}$

3 a) Wenn für die Seitenlängen a, b, c eines Dreiecks ABC die Beziehung $a^2 + b^2 = c^2$ gilt, dann hat das Dreieck bei C einen rechten Winkel.

b) **1** $c > a$ und $c > b$:

$a^2 + b^2 = (5\,\text{cm})^2 + (4\,\text{cm})^2 = 41\,\text{cm}^2$

$c^2 = (7\,\text{cm})^2 = 49\,\text{cm}^2$

$a^2 + b^2 \neq c^2 \quad \Rightarrow$ Dreieck nicht rechtwinklig

2 $c > a$ und $c > b$:

$a^2 + b^2 = (4\,\text{dm})^2 + (3\,\text{dm})^2 = 25\,\text{dm}^2$

$c^2 = (5\,\text{dm})^2 = 25\,\text{dm}^2$

$a^2 + b^2 = c^2 \quad \Rightarrow$ Dreieck rechtwinklig

3 $b > a$ und $b > c$

$a^2 + c^2 = (12\,\text{m})^2 + (5\,\text{m})^2 = 169\,\text{m}^2$

$b^2 = (13\,\text{m})^2 = 169\,\text{m}^2$

$a^2 + c^2 = b^2 \quad \Rightarrow$ Dreieck rechtwinklig

4 $a = 3\,\text{dm} = 30\,\text{cm}$; $a > b$ und $a > c$:

$b^2 + c^2 = (22\,\text{cm})^2 + (18\,\text{cm})^2 = 808\,\text{cm}^2$

$a^2 = (30\,\text{cm})^2 = 900\,\text{cm}^2$

$b^2 + c^2 \neq a^2 \quad \Rightarrow$ Dreieck nicht rechtwinklig

4 Raumdiagonalenlänge d der quaderförmigen Schachtel:

$d = \sqrt{(10\text{ cm})^2 + (15\text{ cm})^2 + (70\text{ cm})^2} \approx 72{,}3\text{ cm} < 80\text{ cm}$

Das Rohr ist zu lang.

5 Die Rampe überwindet eine Höhe von $2 \cdot 17\text{ cm} = 34\text{ cm}$.

Skizze (l: gesuchte Länge der Rampe):

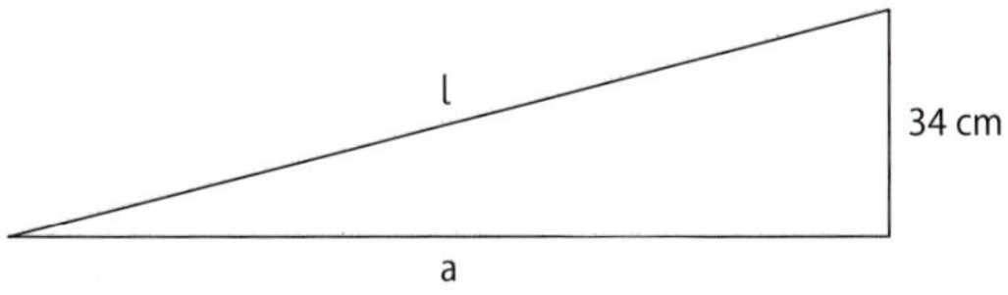

Steigung 6 % = 0,06 bedeutet:

$\frac{34\text{ cm}}{a} \geq 0{,}06 \quad \Rightarrow \quad a \geq \frac{34\text{ cm}}{0{,}06} \approx 567\text{ cm}$

Für die Mindestlänge l gilt damit:

$l^2 = (567\text{ cm})^2 + (34\text{ cm})^2 = 322\,645\text{ cm}^2$

$l \approx 568{,}02\text{ cm} \approx 5{,}7\text{ m}$.

Die Rampe muss mindestens 5,7 m lang sein.

6 Mithilfe des Satzes des Pythagoras berechnet man zunächst die Längen von $\overline{AC}$ und $\overline{CB}$:

$|\overline{AC}|^2 = (6\text{ cm})^2 + (6\text{ cm})^2 = 72\text{ cm}^2 \qquad |\overline{AC}| \approx 8{,}5\text{ cm}$

$|\overline{CB}|^2 = (6\text{ cm})^2 + (12\text{ cm})^2 = 180\text{ cm}^2 \qquad |\overline{CB}| \approx 13{,}4\text{ cm}$

Danach wendet man den Satz des Pythagoras für die Berechnung der Länge der Raumdiagonale $\overline{AB}$ an:

$|\overline{AB}|^2 = (6\text{ cm})^2 + 72\text{ cm}^2 = 108\text{ cm}^2 \qquad |\overline{AB}| \approx 10{,}4\text{ cm}$

7 a)

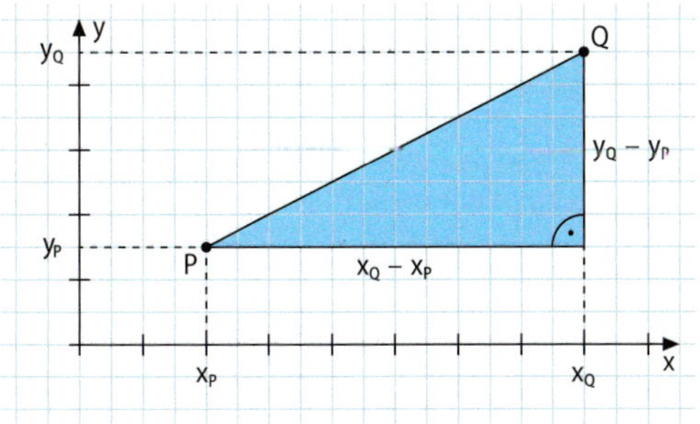

Nach dem Satz des Pythagoras gilt für die Länge $|\overline{PQ}|$ der Strecke $\overline{PQ}$:

$|\overline{PQ}|^2 = (x_Q - x_P)^2 + (y_Q - y_P)^2$

$\Rightarrow \quad |\overline{PQ}| = \sqrt{(x_Q - x_P)^2 + (y_Q - y_P)^2}$.

Wegen der Quadrate unter der Wurzel ändert das Vertauschen der Punkte das Ergebnis nicht:

$|\overline{QP}| = \sqrt{(x_P - x_Q)^2 + (y_P - y_Q)^2}$

$= \sqrt{(x_Q - x_P)^2 + (y_Q - y_P)^2} = |\overline{PQ}|$.

b) **1** $|\overline{UR}| = \sqrt{10}$; $|\overline{RS}| = \sqrt{10}$; $|\overline{SU}| = \sqrt{8} = 2\sqrt{2}$

Da $|\overline{UR}| = |\overline{RS}| \neq |\overline{SU}|$ ist, ist das Dreieck URS zwar gleichschenklig, aber nicht gleichseitig; es ist wegen $|\overline{UR}|^2 + |\overline{RS}|^2 = 20 > |\overline{SU}|^2$ auch nicht rechtwinklig, sondern spitzwinklig.

Umfang: $U_{URS} = 2(\sqrt{10} + \sqrt{2}) \approx 9{,}2$

2 $|\overline{BE}| = \sqrt{13}$; $|\overline{EN}| = \sqrt{29{,}25} = 1{,}5\sqrt{13}$; $|\overline{NB}| = 6{,}5$.

Da $|\overline{BE}|^2 + |\overline{EN}|^2 = 13 + 29{,}25 = 42{,}25$
$= 6{,}5^2 = |\overline{NB}|^2$ ist,

ist das Dreieck BEN bei E rechtwinklig.

Flächeninhalt: $A_{BEN} = \frac{1}{2} \cdot \sqrt{13} \cdot 1{,}5\sqrt{13}$
$= 9{,}75$

Umfang: $U_{BEN} = 2{,}5\sqrt{13} + 6{,}5 \approx 15{,}5$

3 $|\overline{EV}| = 5$; $|\overline{VA}| = 5$; $|\overline{AE}| = 5\sqrt{2}$. Da $|\overline{EV}| = |\overline{VA}|$ und $|\overline{EV}|^2 + |\overline{VA}|^2 = 25 + 25 = 50 = |\overline{AE}|^2$ ist, ist das Dreieck EVA gleichschenklig-rechtwinklig.

Flächeninhalt: $A_{EVA} = \frac{1}{2} \cdot 5 \cdot 5 = 12{,}5$

Umfang: $U_{EVA} = 10 + 5\sqrt{2} \approx 17{,}1$

4 $|\overline{LE}| = 6$; $|\overline{EA}| = 6$; $|\overline{AL}| = 6$.

Da $|\overline{LE}| = |\overline{EA}| = |\overline{AL}|$ ist, ist das Dreieck LEA gleichseitig. Umfang: $U_{LEA} = 18$

8 Unter Verwendung eines pythagoreischen Tripels mit kleinen Zahlen (z. B. (6; 8; 10)) können sie einen rechten Winkel finden (z. B. $|\overline{AB}| = 6$ m; $|\overline{AC}| = 8$ m; $|\overline{BC}| = 10$ m).

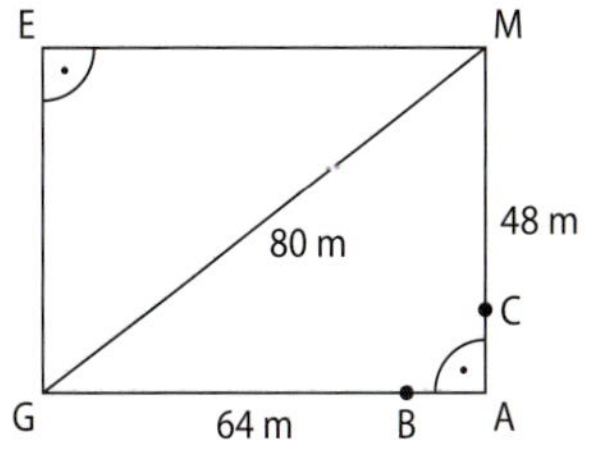

Die längeren Kanten des rechteckigen Spielfeldes können dann durch wiederholtes Anlegen des Maßbandes in gerader Linie abgesteckt werden.

9 a) $h_a^2 = h^2 + \left(\frac{b}{2}\right)^2$

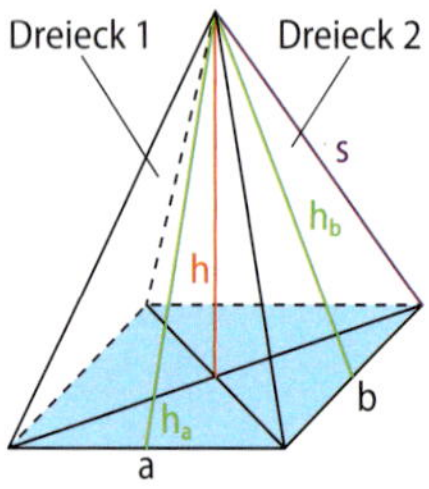

$h_b^2 = h^2 + \left(\frac{a}{2}\right)^2$

$h_a^2 = (5\text{ cm})^2 + (2\text{ cm})^2$
$= 29\text{ cm}^2$

$h_b^2 = (5\text{ cm})^2 + (1{,}5\text{ cm})^2$
$= 27{,}25\text{ cm}^2$

$h_a \approx 5{,}4\text{ cm} \quad h_b \approx 5{,}2\text{ cm}$

$O = A_{Rechteck} + 2 \cdot A_{Dreieck\ 1} + 2 \cdot A_{Dreieck\ 2}$

$O = a \cdot b + 2 \cdot \frac{1}{2} \cdot a \cdot h_a + 2 \cdot \frac{1}{2} \cdot b \cdot h_b$

$O = 3\text{ cm} \cdot 4\text{ cm} + 3\text{ cm} \cdot 5{,}4\text{ cm} + 4\text{ cm} \cdot 5{,}2\text{ cm}$
$= 49\text{ cm}^2$

b) Die Länge der Diagonalen der rechteckigen Grundfläche wird mit d bezeichnet. Für ihre Länge gilt:

$d^2 = a^2 + b^2$

$d^2 = (3\text{ cm})^2 + (4\text{ cm})^2$

$\Rightarrow \quad d^2 = 25\text{ cm}^2$

$\Rightarrow \quad d = 5\text{ cm}.$

Da die Höhe h senkrecht auf der Grundfläche steht und der Höhenfußpunkt (Schnittpunkt der Diagonalen) die Diagonalen halbiert, gilt:

$s^2 = h^2 + \left(\frac{d}{2}\right)^2$

$s^2 = (5\text{ cm})^2 + (2{,}5\text{ cm})^2$

$\Rightarrow \quad s^2 = 31{,}25\text{ cm}^2$

$\Rightarrow \quad s = \sqrt{31{,}25}\text{ cm} \approx 5{,}59\text{ cm}.$

Aufgaben für Lernpartner

A Die Aussage ist wahr.

B Die Aussage ist wahr. In jedem Dreieck ist die Summe der Längen zweier Seiten größer als die Länge der dritten Seite.

C Die Aussage ist falsch. Es gibt gleichschenklig-rechtwinklige Dreiecke. Beispiel: Dreieck mit den Seitenlängen $a = b = 3$ und $c = \sqrt{18}$.

D Die Aussage ist wahr.

E Die Aussage ist wahr. In gleichseitigen Dreiecken sind alle drei Winkel 60° groß. Gleichseitige Dreiecke sind somit nicht rechtwinklig.

F Die Aussage ist wahr (Kehrsatz zum Satz des Pythagoras).

G Die Aussage ist wahr. Für die Länge d der Diagonalen gilt: $d^2 = (8\text{ cm})^2 + (8\text{ cm})^2 = 128\text{ cm}^2$.
Daraus folgt $d = \sqrt{128}\text{ cm} \approx 11{,}31\text{ cm} > 11\text{ cm}$.

H Die Aussage ist falsch. Die Länge der Strecke $\overline{AB}$ beträgt $\sqrt{(-4-(-1))^2 + (-2-7)^2}$.

I Die Aussage ist wahr, wenn a, b und c die Kantenlängen sind.

J Die Aussage ist wahr. Ein Punkt $P(x_P \mid y_P)$ liegt auf dem Kreis, wenn er von dessen Mittelpunkt M den Abstand 8 cm hat. Dieser Abstand $|\overline{MP}|$ lässt sich mit dem Satz des Pythagoras berechnen:
$|\overline{MP}| = \sqrt{(x_P - 3)^2 + (y_P - 4)^2}$.
Ein Punkt P liegt auf dem Kreis, wenn $|\overline{MP}| = 8\text{ cm}$ gilt.
Anmerkung: Es wurde angenommen, dass im Koordinatensystem $1\text{ LE} \mathrel{\widehat{=}} 1\text{ cm}$ gilt. Die Aussage ist jedoch unabhängig von der Skalierung wahr.

K Die Aussage ist im Allgemeinen falsch. Die Seitenflächen müssen keine rechtwinkligen Dreiecke sein.

L Die Aussage ist im Allgemeinen falsch. Lediglich im Sonderfall eines gleichschenklig-stumpfwinkligen Dreiecks ist sie wahr, da man dann die Höhe des Dreiecks mit dem Satz des Pythagoras berechnen kann. Mit der bekannten Länge der Grundseite und der zugehörigen Höhe kann dann der Flächeninhalt des Dreiecks berechnet werden.

M Die Aussage ist wahr (siehe z. B. Aufgabe 8 auf Seite 208).

N Die Aussage ist wahr (siehe z. B. Aufgabe 9 auf Seite 208 mit quadratischer Grundfläche).

O Die Aussage ist falsch. Der Flächeninhalt eines gleichseitigen Dreiecks mit Seitenlänge a ist
$A = \frac{a^2}{4}\sqrt{3}$.

Startklar! – Seite 210

1 **a)** $\gamma = 180° - (43° + 57°) = 180° - 100° = 80°$
b) $\alpha = 90° - 62° = 28°$
c) $\beta = 70°$, da das Dreieck ABC gleichschenklig ist
$\gamma = 180° - 2 \cdot \alpha = 180° - 140° = 40°$

d) Für den Nebenwinkel von δ gilt:

$\delta^* = 180° - (20° + 50°) = 180° - 70° = 110°$

$\Rightarrow \delta = 180° - \delta^* = 180° - 110° = 70°$

$\varepsilon = 180° - (68° + 70°) = 180° - 138° = 42°$

2 **a)** **1** sss-Satz

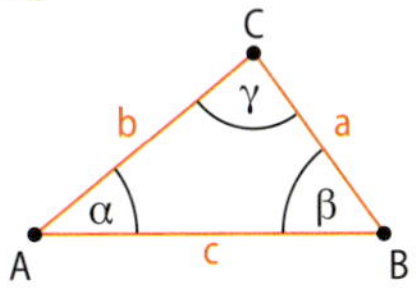

2 sws-Satz

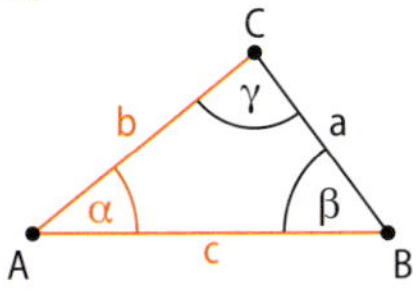

3 wsw-Satz

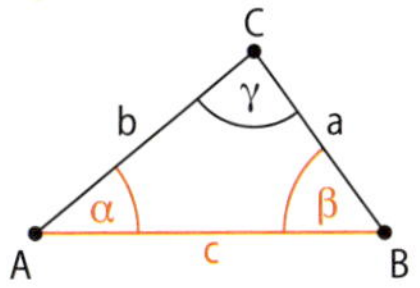

4 SsW-Satz

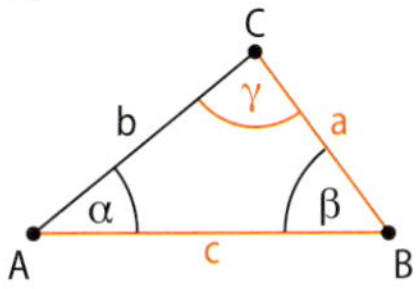

Zwei Dreiecke sind kongruent, wenn sie übereinstimmen …

1 in den Längen aller drei Seiten (sss-Satz).

2 in den Längen von zwei Seiten und in der Größe ihres Zwischenwinkels (sws-Satz).

3 in der Länge einer Seite und in den Größen der beiden an dieser Seite anliegenden Winkel (wsw-Satz).

4 in den Längen zweier Seiten und in der Größe des der längeren dieser beiden Seiten gegenüberliegenden Winkels (SsW-Satz).

b) Kongruente Dreiecke stimmen in Form und Größe überein; damit haben sie auch den gleichen Flächeninhalt.

c) Kehrsatz: Wenn zwei Dreiecke den gleichen Flächeninhalt haben, dann sind sie kongruent.
Die Aussage ist falsch. Gegenbeispiel:

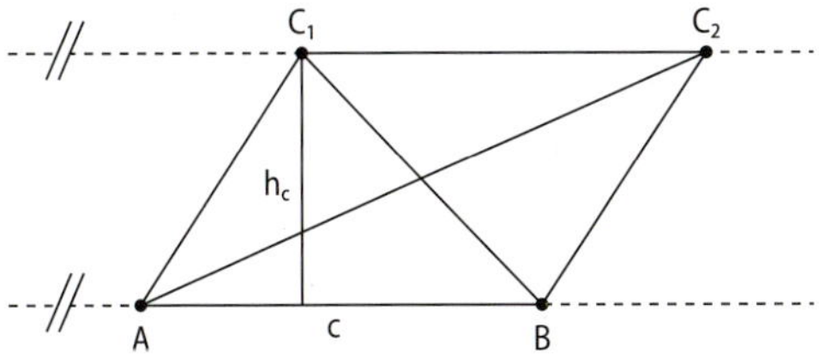

Es gilt: $A_{ABC1} = \frac{1}{2} \cdot c \cdot h_c = A_{ABC2}$, aber die Dreiecke ABC_1 und ABC_2 sind nicht kongruent.

3 **a)** Das Dreieck ist nicht konstruierbar, da α und β zusammen bereits 180° ergeben und der Winkel γ somit 0° groß wäre.

b) Das Dreieck ist konstruierbar nach sss:

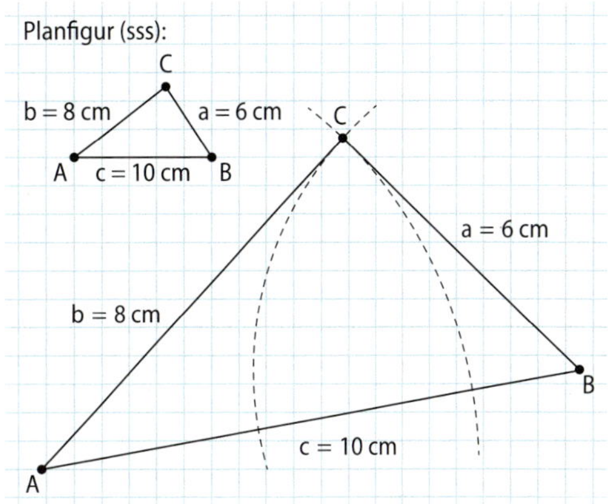

Beschreibung:

1. Die Punkte A und B sind durch die Strecke c festgelegt.
2. C liegt auf a) k(A; 8 cm)
   b) k(B; 6 cm).

c) Das Dreieck ist eindeutig konstruierbar nach sws:

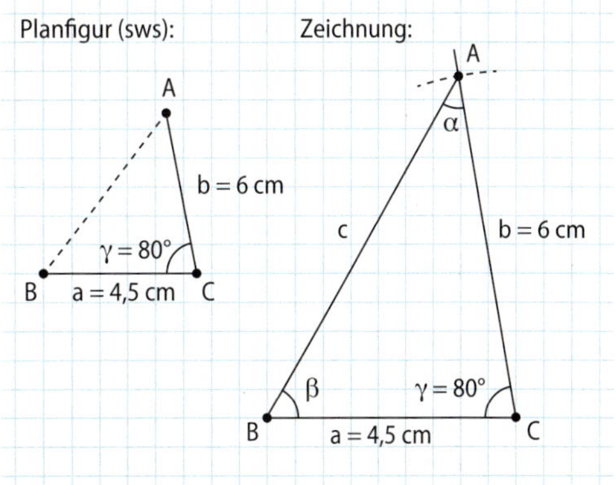

Beschreibung

1. Die Punkte B und C sind durch die Strecke a festgelegt.
2. A liegt auf a) dem freien Schenkel des Winkels γ = 80°
   b) k(C; 6 cm).

d) Das Dreieck ist eindeutig konstruierbar nach wsw. Dafür muss allerdings der Winkel γ berechnet werden:

$\gamma = 180° - 57° - 73° = 50°$

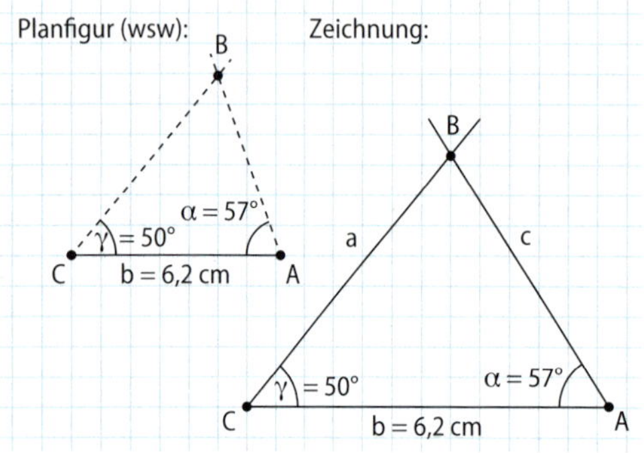

Beschreibung:

1. Die Punkte A und C sind durch die Strecke b festgelegt.
2. B liegt auf a) dem freien Schenkel des Winkels $\alpha = 57°$
   b) dem freien Schenkel des Winkels $\gamma = 50°$.

e) Das Dreieck ist eindeutig konstruierbar nach SsW:

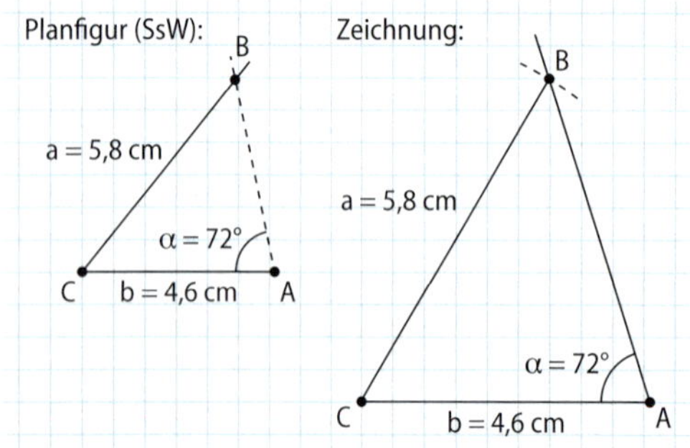

Beschreibung:

1. Die Punkte A und C sind durch die Strecke b festgelegt.
2. B liegt auf a) dem freien Schenkel des Winkels $\alpha = 72°$
   b) k(C; 5,8 cm).

f) Aus den gegebenen Stücken ist kein Dreieck konstruierbar, da der freie Schenkel des Winkels β die Seite b nicht schneidet.

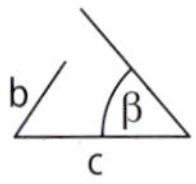

4 **a)** Ähnliche Dreiecke stimmen überein in …

- den Größen aller drei Innenwinkel.
- den Längenverhältnissen einander entsprechender Seiten.

b) **1** Die Dreiecke sind nicht ähnlich zueinander. Das Verhältnis der entsprechenden Seitenlängen unterscheidet sich voneinander (z. B. ist die Länge der waagerechten Kathete doppelt so lang, die der senkrechten aber nicht).

2 Die Dreiecke sind ähnlich zueinander. Die entsprechenden Seitenlängen stehen alle im selben Verhältnis von 2 : 1 zueinander und auch die entsprechenden Winkel sind gleich.

5 **a)** Antons Aussage ist sehr verkürzt und bezieht sich nur auf ein rechtwinkliges Dreieck mit den Katheten a und b und der Hypotenuse c. Im Allgemeinen ist die Aussage daher falsch.

b) **1** $x^2 = (3{,}6\text{ cm})^2 + (7{,}2\text{ cm})^2 = 64{,}8\text{ cm}^2$

$\Rightarrow \quad x = \sqrt{64{,}8}\text{ cm} = \frac{18}{5}\sqrt{5}\text{ cm} \approx 8{,}0\text{ cm}$

2 $x^2 = (13\text{ cm})^2 - (6\text{ cm})^2 = 133\text{ cm}^2$

$\Rightarrow \quad x = \sqrt{133}\text{ cm} \approx 11{,}5\text{ cm}$

3 $x^2 = (6\text{ cm})^2 - \left(\frac{8}{2}\text{ cm}\right)^2 = 20\text{ cm}^2$

$\Rightarrow \quad x = \sqrt{20}\text{ cm} = 2\sqrt{5}\text{ cm} \approx 4{,}5\text{ cm}$

Am Ziel! – Seiten 240 und 241

1 $\sin\alpha = \frac{u}{m} \quad \cos\alpha = \frac{n}{m} \quad \tan\alpha = \frac{u}{n}$

$\sin\beta = \frac{n}{m} \quad \cos\beta = \frac{u}{m} \quad \tan\beta = \frac{n}{u}$

2 Es gilt zwischen Steigung m und Steigungswinkel α folgender Zusammenhang: $\tan\alpha = m$.

a) **1** $\tan\alpha = 0{,}54 \quad \Rightarrow \quad \alpha \approx 28{,}4°$

2 $\tan\alpha = 0{,}60 \quad \Rightarrow \quad \alpha \approx 31{,}0°$

3 $\tan\alpha = 0{,}90 \quad \Rightarrow \quad \alpha \approx 42{,}0°$

b) **1** $m = \tan 30° = \frac{1}{3}\sqrt{3} \approx 0{,}58 = 58\,\%$

2 $m = \tan 35° \approx 0{,}70 = 70\,\%$

3 $m = \tan 58° \approx 1{,}60 = 160\,\%$

3 **a)** $\beta = \sphericalangle CBA, \gamma = \sphericalangle ACB$

$\cos\beta = \frac{5{,}1\text{ cm}}{6{,}0\text{ cm}} \quad \Rightarrow \quad \beta \approx 31{,}8°$

$\gamma \approx 180° - 90° - 31{,}8° = 58{,}2°$

$\sin 31{,}8° = \frac{|\overline{AC}|}{6{,}0\text{ cm}} \quad \Rightarrow \quad |\overline{AC}| = 6{,}0\text{ cm} \cdot \sin 31{,}8° \approx 3{,}2\text{ cm}$

b) $\beta = \sphericalangle CBA$, $\alpha = \sphericalangle BAC$

$\sin\beta = \frac{7{,}1\text{ cm}}{10{,}0\text{ cm}} \Rightarrow \beta \approx 45{,}2°$

Mit Lotfußpunkt L auf $\overline{AB}$ durch C gilt:

$p = |\overline{LB}| = 10{,}0\text{ cm} \cdot \cos 45{,}2° \approx 7{,}0\text{ cm}$

$q = |\overline{AL}| \approx 12{,}0\text{ cm} - 7{,}0\text{ cm} = 5{,}0\text{ cm}$

$\tan\alpha = \frac{7{,}1\text{ cm}}{5{,}0\text{ cm}} \Rightarrow \alpha \approx 54{,}8°$

$\gamma \approx 180° - 54{,}8° - 45{,}2° = 80°$

$\sin 54{,}8° = \frac{7{,}1\text{ cm}}{|\overline{AC}|} \Rightarrow |\overline{AC}| = \frac{7{,}1\text{ cm}}{\sin 54{,}8°} \approx 8{,}7\text{ cm}$

4 $\sin(70°) = \frac{6{,}5\text{ m}}{l} \Rightarrow l = \frac{6{,}5\text{ m}}{\sin(70°)} \approx 6{,}9\text{ m}$

Die Leiter muss mindestens 6,9 m lang sein.

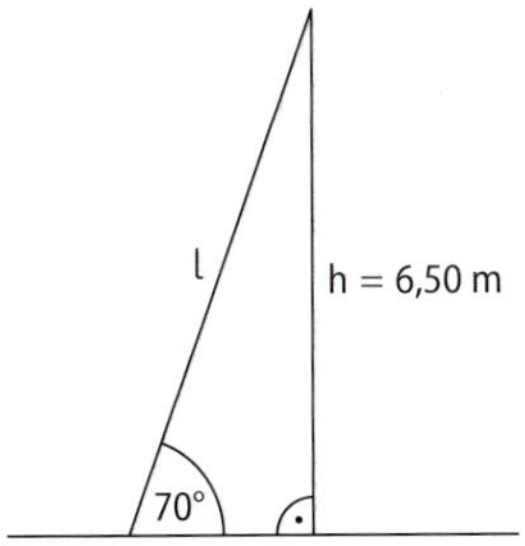

5 **a)** **1** $y = 0{,}5x + 1 \quad m = 0{,}5$

$\tan\alpha = 0{,}5 \Rightarrow \alpha \approx 26{,}6°$

2 $4x = 8 + 2y \Rightarrow y = 2x - 4$

$\tan\alpha = 2 \Rightarrow \alpha \approx 63{,}4°$

b)

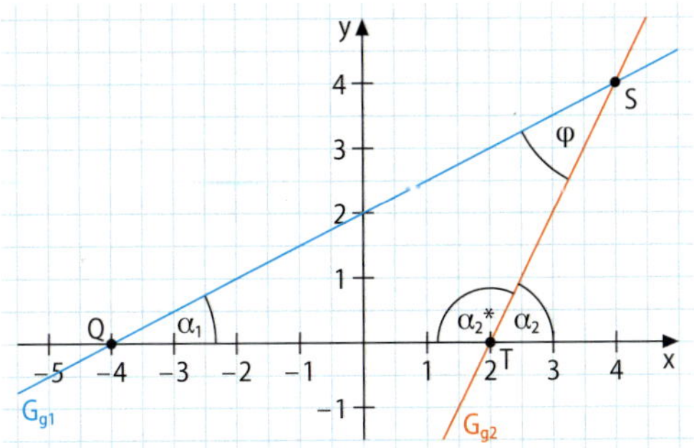

Steigungswinkel von g_1:

$\tan\alpha_1 = m_1 = 0{,}5 \Rightarrow \alpha_1 \approx 26{,}6°$

Steigungswinkel von g_2:

$\tan\alpha_2 = m_2 = 2 \Rightarrow \alpha_2 \approx 63{,}4°$

$\alpha_2^* = 180° - \alpha_2 = 180° - 63{,}4° = 116{,}6°$

$\varphi = 180° - (\alpha_1 + \alpha_2^*) = 180° - (26{,}6° + 116{,}6°)$
$= 36{,}8°$ (Innenwinkelsumme im Dreieck QTS)

6 Im rechtwinkligen Dreieck ARF gilt:

$\sin\alpha = \frac{|\overline{RF}|}{s}$; $|\overline{RF}| = s \cdot \sin\alpha \approx 10{,}7\text{ m}$

$\cos\alpha = \frac{|\overline{AR}|}{s}$; $|\overline{AR}| = s \cdot \cos\alpha \approx 19{,}2\text{ m}$.

Im rechtwinkligen Dreieck ARW gilt:

$\tan\beta = \frac{|\overline{WR}|}{|\overline{AR}|}$; $|\overline{WR}| = |\overline{AR}| \cdot \tan\beta \approx 24{,}6\text{ m}$

$|\overline{WR}| = |\overline{FR}| + h$; $h = |\overline{WR}| - |\overline{FR}| \approx 24{,}6\text{ m} - 10{,}7\text{ m}$
$= 13{,}9\text{ m}$.

7 **a)** $\sin 17° = \cos(90° - 17°) = \cos 73° \Rightarrow \beta = 73°$

b) $\sin\alpha = \cos 36° = \sin(90° - 36°) = \sin 54°$
$\Rightarrow \alpha = 54°$

c) $\sin 56° = \cos(90° - 56°) = \cos 34° \Rightarrow \beta = 34°$

d) $\sin 72° = \cos(90° - 72°) = \cos 18° \Rightarrow \beta = 18°$

e) $\sin\alpha = \cos 42° = \sin(90° - 42°) = \sin 48°$
$\Rightarrow \alpha = 48°$

f) $\sin\alpha = \cos 58° = \sin(90° - 58°) = \sin 32°$
$\Rightarrow \alpha = 32°$

8 **a)** $\varphi_1 = 90°$; $\varphi_2 = 270°$

b) $\varphi_1 = 0°$; $\varphi_2 = 180°$; $\varphi_3 = 360°$

c) $\sin\alpha = -0{,}3 \xrightarrow{TR} \alpha \approx -17{,}5°$;
$\varphi_1 \approx 180° + 17{,}5° = 197{,}5°$;
$\varphi_2 \approx 360° - 17{,}5° = 342{,}5°$

d) $\cos\varphi = -0{,}7 \xrightarrow{TR} \varphi_1 \approx 134{,}4°$;
$\varphi_2 \approx 360° - 134{,}4° = 225{,}6°$

e) $\sin\alpha = 0{,}4 \xrightarrow{TR} \alpha \approx 23{,}6°$;
$\varphi \approx 180° - 23{,}6° = 156{,}4°$; $\cos 156{,}4° < 0$

f) $\cos\alpha = 0{,}1 \xrightarrow{TR} \alpha \approx 84{,}3°$;
$\varphi \approx 360° - 84{,}3° = 275{,}7°$; $\sin 275{,}7° < 0$

9 **a)** Wegen der Innenwinkelsumme im Dreieck gilt
$\alpha = 180° - \beta - \gamma = 180° - 32° - 87° = 61°$.

Mit dem Sinussatz gilt $\frac{b}{\sin\beta} = \frac{c}{\sin\gamma}$

$\Rightarrow b = \sin\beta \cdot \frac{c}{\sin\gamma} = \sin 32° \cdot \frac{8{,}5\text{ dm}}{\sin 87°} \approx 4{,}5\text{ dm}$.

$\frac{a}{\sin\alpha} = \frac{c}{\sin\gamma}$

$\Rightarrow a = \sin\alpha \cdot \frac{c}{\sin\gamma} = \sin 61° \cdot \frac{8{,}5\text{ dm}}{\sin 87°} \approx 7{,}4\text{ dm}$

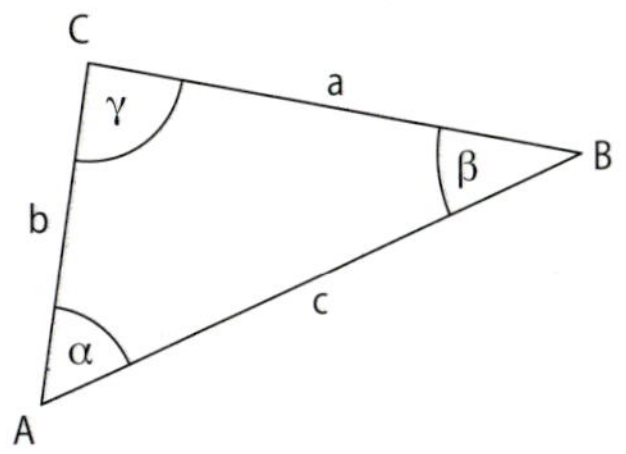

b) Wegen der Innenwinkelsumme im Dreieck gilt
$\alpha = 180° - \beta - \gamma = 180° - 63{,}1° - 95{,}6° = 21{,}3°$.
Mit dem Sinussatz gilt

$\frac{b}{\sin\beta} = \frac{a}{\sin\alpha}$

$\Rightarrow \quad b = \sin\beta \cdot \frac{a}{\sin\alpha} = \sin 63{,}1° \cdot \frac{5{,}2\text{ cm}}{\sin 21{,}3°}$
$\approx 12{,}8\text{ cm}$.

$\frac{c}{\sin\gamma} = \frac{a}{\sin\alpha}$

$\Rightarrow \quad c = \sin\gamma \cdot \frac{a}{\sin\alpha} = \sin 95{,}6° \cdot \frac{5{,}2\text{ cm}}{\sin 21{,}3°} \approx 14{,}2\text{ cm}$

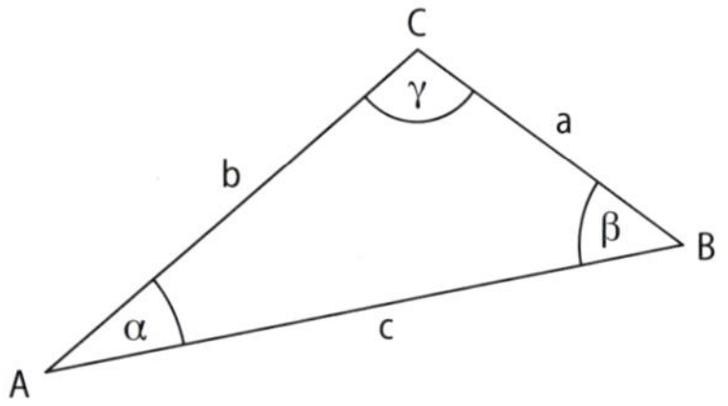

c) Mit dem Kosinussatz:
$a^2 = b^2 + c^2 - 2bc \cdot \cos\alpha \Rightarrow \cos\alpha = \frac{b^2 + c^2 - a^2}{2bc}$
$= \frac{(4{,}7\text{ cm})^2 + (8\text{ cm})^2 - (7{,}3\text{ cm})^2}{2 \cdot 4{,}7\text{ cm} \cdot 8\text{ cm}} = \frac{41}{94}$
$\Rightarrow \alpha \approx 64{,}14°$
Mit dem Sinussatz: $\frac{\sin\gamma}{c} = \frac{\sin\alpha}{a} \Rightarrow$
$\sin\gamma = c \cdot \frac{\sin\alpha}{a} = 8\text{ cm} \cdot \frac{\sin 64{,}14°}{7{,}3\text{ cm}} \Rightarrow \gamma \approx 80{,}45°$
Mit der Innenwinkelsumme im Dreieck:
$\beta = 180° - (\alpha + \gamma) \approx 180° - (64{,}14° + 80{,}45°)$
$= 35{,}41°$

10 Nach dem Satz des Pythagoras gilt im Grundflächenquadrat: $d^2 = a^2 + a^2 = 2a^2$; $d = a \cdot \sqrt{2} = 5\sqrt{2}$ cm.

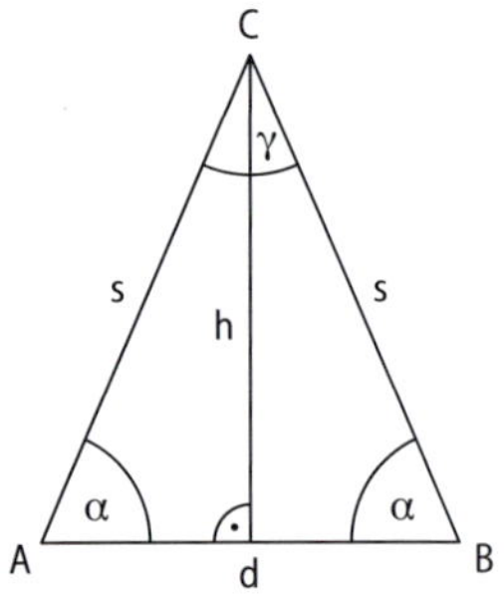

Im gleichschenkligen Dreieck ABC gilt:
$\cos\alpha = \frac{\frac{1}{2}d}{s} = \frac{1}{2} \cdot \frac{5\sqrt{2}\text{ cm}}{8\text{ cm}} \quad \Rightarrow \quad \alpha \approx 63{,}8°$.

Wegen der Innenwinkelsumme im Dreieck ABC gilt:
$\gamma = 180° - 2 \cdot \alpha \approx 180° - 2 \cdot 63{,}8° = 54{,}4°$.

$U_{ABC} = 2 \cdot 8\text{ cm} + 5\sqrt{2}\text{ cm} \approx 23{,}07\text{ cm}$

Aufgaben für Lernpartner

A Die Aussage ist falsch. Die Seite $\overline{AC}$ ist die Ankathete des Innenwinkels mit Scheitel A, aber die Gegenkathete des Innenwinkels mit Scheitel B.

B Dies gilt nur, wenn die Seiten und Winkel im Dreieck „wie üblich" benannt sind. Die Aussage ist für ein beliebig benanntes Dreieck in der Regel falsch.

C Die Aussage ist richtig. Wenn zwei rechtwinklige Dreiecke in einem spitzen Innenwinkel übereinstimmen, so sind auch die beiden verbleibenden Innenwinkel gleich groß und die Dreiecke damit ähnlich. In ähnlichen Dreiecken ist das Verhältnis entsprechender Seitenlängen gleich groß.

D Die Aussage ist falsch. Gegenbeispiele:
$\sin 90° = 1 = \cos 0°$, $\tan 70° \approx 2{,}7 > 1$

E Die Aussage ist richtig. Für jeden Winkel α gilt:
$\tan\alpha = \frac{\sin\alpha}{\cos\alpha}$.

F Die Aussage ist für positive Steigungen richtig. Das ergibt sich aus einem Steigungsdreieck der Geraden, dessen horizontale Seite die Länge 1 hat, die vertikale Seite hat dann genau die Länge m, die Steigung der Geraden. Der Quotient $\frac{m}{1} = m$ ist dann der Tangens des Steigungswinkels.

G Die Aussage ist falsch. Gegenbeispiel:
$\sin 45° + \cos 45° = \frac{1}{2}\sqrt{2} + \frac{1}{2}\sqrt{2} = \sqrt{2} \neq 1$
Es gilt für jeden Winkel α: $(\sin\alpha)^2 + (\cos\alpha)^2 = 1$.

H Die Aussage ist richtig. Dies lässt sich am Einheitskreis nachvollziehen. Der Sinus eines Winkels ist die y-Koordinate des zu diesem Winkel gehörenden Punktes auf dem Einheitskreis. Die zu φ und $(180° - \varphi)$ gehörenden Punkte haben dieselbe y-Koordinate.

I Die Aussage ist falsch. Gegenbeispiel: $\sin 0° = 0$

J Die Aussage ist falsch. Gegenbeispiel:
$\sin 45° = \cos 45° = \frac{1}{2}\sqrt{2}$

K Die Aussage ist falsch. Für alle Winkel α mit $180° < \alpha < 270°$ sind sowohl der Sinus- als auch der Kosinuswert negativ, da der zugehörige Punkt auf dem Einheitskreis im III. Quadranten liegt. Punkte im III. Quadranten haben sowohl eine negative x-Koordinate als auch eine negative y-Koordinate.

L Die Aussage ist falsch. Der Sinussatz gilt in jedem Dreieck.

M Die Aussage ist richtig. Zwei Dreiecke, die in den Größen aller drei Innenwinkel übereinstimmen, sind ähnlich, und ähnliche Dreiecke stimmen in den Verhältnissen entsprechender Seiten überein.

N Die Aussage ist falsch. Die verbleibenden Größen lassen sich nur dann mit dem Sinussatz berechnen, wenn das Dreieck durch die Angaben eindeutig festgelegt ist, d. h. wenn die Angaben die Voraussetzungen eines Kongruenzsatzes erfüllen.

O Die Aussage ist falsch. Der Kosinussatz ist eine Verallgemeinerung des Satzes von Pythagoras, bzw. der Satz des Pythagoras ist ein Spezialfall des Kosinussatzes, der für rechtwinklige Dreiecke gilt.

P Die Aussage ist falsch. Gegenbeispiel: Gegeben seien die Winkelgrößen $\alpha = 45° = \beta$, $\gamma = 90°$.
Mögliche Dreiecke:

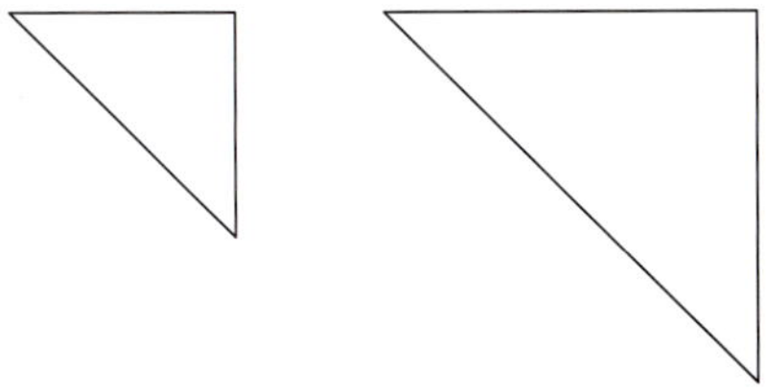

$\mathbb{N}$	Menge der natürlichen Zahlen
$\mathbb{Z}$	Menge der ganzen Zahlen
$\mathbb{Q}$	Menge der rationalen Zahlen
$\mathbb{R}$	Menge der reeller Zahlen
$=$	gleich
$\approx$	ungefähr gleich
$>$	größer als
$<$	kleiner als
$\widehat{=}$	entspricht
$+$	plus
$-$	minus
$\cdot$	mal, multipliziert mit
$:$	geteilt durch, dividiert durch
$\in$	Element von
$\notin$	nicht Element von
a^n	Potenz: „a hoch n“
$\sqrt{a}$	Quadratwurzel aus a
$\sqrt[n]{a}$	n-te Wurzel aus a
$\lvert a \rvert$	Betrag von a
$\frac{a}{b}$	Bruch mit Zähler a und Nenner b
%	Prozent
P, A, …	Punkte
$P(x \mid y)$	Punkt P mit den Koordinaten x und y
g, h, …	Geraden, Halbgeraden (Strahlen)
$\overline{AB}$	Strecke mit den Endpunkten A und B
$\lvert\overline{AB}\rvert$	Länge der Strecke $\overline{AB}$
[AB	Halbgerade mit Anfangspunkt A
AB]	Halbgerade mit Endpunkt B

AB	Gerade AB
l	Lot
m	Mittelsenkrechte; Steigung einer Funktion
w	Winkelhalbierende
$\measuredangle$ ABC	Winkel mit dem 1. Schenkel AB], dem Scheitel B und dem 2. Schenkel [BC
k (A; r)	Kreis mit Mittelpunkt A und Radius r
d	Durchmesser des Kreises
r	Radius des Kreises
U	Umfang
A	Flächeninhalt
O	Oberflächeninhalt
V	Volumen
$\perp$	senkrecht auf
$\parallel$	parallel zu
$A \cong B$	A kongruent zu B
$A \sim B$	A ähnlich zu B
$\sin\alpha$	Sinus von α
$\cos\alpha$	Kosinus von α
$\tan\alpha$	Tangens von α
H	absolute Häufigkeit
h	relative Häufigkeit
$\overline{x}$	arithmetisches Mittel
Ω	Ereignismenge
$\overline{E}$	Gegenereignis zu Ereignis E
$A \cap B$	A geschnitten B
$A \cup B$	A vereinigt B
P (E)	Wahrscheinlichkeit des Ereignisses E

AdobeStock / Artem – S. 136; - / Jürgen Biewer – S. 77; - / David – Cover; - / eugenesergeev – Cover; - / mitand73 – S. 137; - / ra2_studio – S. 111; - / Stanislavss – S. 119; Adpic / Ingram Images Ltd., London – S. 3, 75; Alamy Stock Photo / agefotostock – S. 30; - / eye35.pix – S. 86; - / imageBROKER – S. 155; - / imageBROKER, Manfred Bail – S. 40; - / Lucian Pavel – S. 93; - / Abel F. ROS – S. 12; - / Science History Images – S. 174, 191; - / The Picture Art Collection – S. 64, 115, 200; - / Andrzej Tokarski – S. 201; - / Zoonar GmbH – S. 20, 91; © DLR / Deutsches Zentrum für Luft und Raumfahrt e.V. Bonn – S. 85; dpa Picture-Alliance / akg-images – S. 17; - / AP Photo – S. 76; - / Udo Bernhart – S. 3, 39, 78; - / Bildagentur online, Saurer – S. 137; - / dpa Themendienst, Christin Klose – S. 94; - / Michael Kappeler – S. 173; - / Daniel Karman – S. 125; - / Bernd März – S. 77; - / MP Leemage – S. 21 (2); - / NTB SCANPIX, Alain Goriely, Mathematical Ins – S. 191; - / Okapia, Gert Schütze – S. 99; - / robert-harding, Roy Rainford – S. 200; - / SportMoments, Tom Lorenz – S. 3, 39; - / Gladys Chai von der Laage – S. 76, 89; Dreamstime.com / Paul Prescott – S. 91; Fotolia / dieter76 – S. 100; - / dipego – S. 238; - / euregiophoto – S. 41; - / Ex Quisine – S. 194; - / Dens Kuraiev – S. 41; - / Schwoab – S. 40; - / Dmytro Synelnychenko – S. 133; - / thorabeti – S. 84; - / tmassS – 162; - / wion – S. 100; Fotosearch – S. 3, 39; - / Waukesha – S. 82; Getty Images Plus / Fuse – S. 112; - / iStock Editorial, ablokhin – S. 225; - / iStockphoto – S. 3, 39; - / iStockphoto, artisteer – S. 134; - / iStockphoto, Azure-Dragon – S. 136; - / iStockphoto, Sergey Borislaw – S. 103; - / iStockphoto, Cavan Images – S. 14; - / iStockphoto, Daliu – S. 93; - / iStockphoto, efired – S. 93; - / iStockphoto, Richard Eyre – S. 82; - / iStockphoto, igorbondarenko – S. 196; - / iStockphoto, javi martin – S. 90; - / iStockphoto, Jirobbk – S. 155; - / iStockphoto, pavich – S. 168; - / iStockphoto, Popartic – S. 164; - / iStockphoto, prosot-photography – S. 240; - / iStockphoto, Razvan – S. 214; - / iStockphoto, Fedor Selivanov – S. 106; - / iStockphoto, Alexeyx Surgay – S. 128; - / iStockphoto, Ultima Gaina – S. 93; - / Godfried Edelmann – S. 199; - / ElenySeychelles – S. 4, 131; - / hudiemm – S. 132, 137; Mauritius Images / Alamy Stock Photo, MP – S. 170; - / Alamy Stock Photo, Archive PL – S. 81; - / Alamy Stock Photo, Dmitry Argunov – S. 65; - / Alamy Stock Photo, Hans Blossey – S. 4, 161; - / Alamy Stock Photo, Ian Dagnall Computing – S. 195; - / Alamy Stock Photo, FLHC 70 – S. 81; - / Alamy Stock Photo, GL Archive – S. 29; - / Alamy Stock Photo, JIPEN – S. 124; - / Alamy Stock Photo, Joe – S. 140; - / Alamy Stock Photo, Kondor83 – S. 137; - / Alamy Stock Photo, Nick Maslen – S. 4, 161; - / Alamy Stock Photo, Iain Masterton – S. 4, 161; - / Alamy Stock Photo, B. O'Kane – S. 4, 109; - / Alamy Stock Photo, The History Art Collection – S. 81; - / Alamy Stock Photo, ZUMA Press, Inc. – S. 33; - / Book World Inc. – S. 212; - / imageBROKER, Günter Fischer – S. 172; - / imageBROKER, Hwo – S. 4, 161; - / imageBROKER, Egmont Strigl – S. 106; - / Johannes Pistorius – S. 5, 185; - / Harald Schön – S. 98; - / SuperStock, Fine Art Images – S. 99; - / Tetra Images, Mike Kemp – S. 175; - / Solvin Zankl – S. 218; Marian René Menges, Wedel – S. 3, 11; shutterstock / dotshock – S. 116; Klaus Weinrich Bischberg – S. 145; www.viewstern.de – S. 134; www.wikimedia.org – S. 5, 65, 162, 211 (2).

Textquelle zu Seite 22, Aufgabe 16:
Alexander Aigner: Tangenten an den Frohsinn. Verlag Forschungszentrum Graz, 1978